日本公法译丛

行政上的主观法与法关系

[日] 山本隆司 著

王贵松 译

中国政法大学出版社

2025·北京

GYOSEIJO NO SHUKANHO TO HOKANKEI written by Ryuji Yamamoto

Copyright © 2000 Ryuji Yamamoto

All rights reserved.

Original Japanese edition published by YUHIKAKU PUBLISHING Co., Ltd., Tokyo.

This Simplified Chinese language edition is published by arrangement with YUHIKAKU PUBLISHING Co., Ltd., Tokyo in care of Tuttle-Mori Agency, Inc., Tokyo.

著作权合同登记号：图字 01-2024-5320 号

图书在版编目（CIP）数据

行政上的主观法与法关系 /（日）山本隆司著 ；

王贵松译. -- 北京 ：中国政法大学出版社，2025. 1.

ISBN 978-7-5764-1832-3

Ⅰ．D912.104

中国国家版本馆CIP数据核字第2024UK9845号

出 版 者	中国政法大学出版社
地　　址	北京市海淀区西土城路 25 号
邮寄地址	北京 100088 信箱 8034 分箱　邮编 100088
网　　址	http://www.cuplpress.com (网络实名：中国政法大学出版社)
电　　话	010-58908289(编辑部) 58908334(邮购部)
承　　印	北京中科印刷有限公司
开　　本	880mm×1230mm　1/32
印　　张	17.625
字　　数	510 千字
版　　次	2025 年 1 月第 1 版
印　　次	2025 年 1 月第 1 次印刷
定　　价	95.00 元
声　　明	1. 版权所有，侵权必究。
	2. 如有缺页、倒装问题，由出版社负责退换。

序　言

开始写作本书的动机是为了把握行政机关对私人作出行政作用的关系而探求法的概念，并以此作为行政诉讼法理论的基础。但是，这必然需要思考行政机关对私人作出行政作用，在法上原本意味着什么，这也成为本书论述的重心。近来的社会动向在质疑行政的作用，这无意间赋予了这种考察以现实性，同时也指出了从法上把握行政机关和私人之间关系的另一个角度。用一句话来说，本书分析了行政作用所具有的分配意义，不仅如此，还意识到解析媒介意义的必要性。因此，决定完成本书的写作并公开出版，以此作为开展下一个课题的仪礼。

在本书中，从第一章到第三章以及第六章第一节的原形是 1991 年 2 月提交给东京大学法学部的助手论文。由于该论文在文献阅读上留有疏漏，于是在再次阅读文献的基础上逐字逐句改写论文。那就是在《法学协会杂志》第 110 卷第 10 号、第 11 号以及第 112 卷第 10 号（1993 年 10 月、11 月以及 1995 年 10 月）上刊登的论文。严格来说，它相当于本书从第一章到第三章第二节以及第五章第二节第一款到第三款的部分。

此后，从 1995 年至 1997 年，我有幸有机会作为日本学术振兴会的海外特别研究员在德国海德堡大学学习。在海外研究期间，我深切感受到，对于助手论文中仅作了一般展望的部分，可以尽可能具体论述的时机已经成熟，因而，有必要展望另一个之前的问题。于是就构想了本书的第四章，进而是第五章第一节和第三节。那就是在《法学协会杂志》第114卷第10号、第11号以及第115卷第1号（1997年10月、11月以及1998年1月）上连载的论文。严格来说，它相当于本书从第三章第三节到第五章第一节以及第五章第二节第四款到第六章第一节的部分。

如此，汇总《法学协会杂志》六次刊载的论文就是本书。在汇总之际，作了最小限度的内容和表述上的修正，修改了第三章以下的章节构成，新写了第六章第二节。不过，对《法学协会杂志》发表论文之后再公开的文献、判例只能部分跟进。

在本书刊行之际，我要对学生时代以来就给予我指导的盐野宏先生致以谢意。先生让我明白，应当在正确认识既有法制度、判例和学说、对实务具有敏锐感觉的前提下继续撰写论文，开拓学术新的地平线。我能享受学术所需的自由环境和时间，也是托了先生的福。对于我所表现出来的任性，也必须向他表示歉意。

我很庆幸沐浴着以盐野先生为代表的诸多老师的学恩，但这里我仅提及与本书形成有直接关联的老师姓名。村上淳一、樋口阳一、三谷太一郎、小早川光郎、宇贺克也等教授对我的助手论文提出了宝贵的意见。宫崎良夫、高桥滋两位教授在行政法理论研究会上对我发表在《法学协会杂志》的论文给出了详细的评论。大桥洋一教授即使在海德堡也经常与我讨论，他在九州大学为我提供机会，以《法学协会杂志》刊载的论文为素材进行特殊授课。在此表示谢意。

本书的刊行是在近两年前计划的。但在此期间，由于初次讲授大学的行政法和地方自治法，制作12个学分的笔记，占去了意想不到的精力和时间，出版的准备没能有所进展。有斐阁书籍编辑第一部的佐藤文子不得不反复督促和耐心等待。即便如此，设法对《法学协会杂志》刊载的论文加以修改，使其易于阅读，这要感谢佐藤女士在制作本书上的建议和帮助。另外，本书的出版得到了 1999 年度文部省科学研究费补助金（研究成果公开促进费）的支持。前述日本学术振兴会以及河中自治振兴财团为我在海德堡的研究提供了资助。对于这些研究的支援，由衷地表示感谢。

最后，马上就是父亲一周年的忌日，我要在他的墓前报告本书的出版。同时还要感谢母亲和弟弟一直以来的辛劳。

非常感谢我的德国教授埃伯哈德·施密特 - 阿斯曼（Eberhard Schmidt-Aßmann）博士，感谢他在海德堡两年的指导，感谢他在学术上给予我的启发，这些启发不断拓宽我的视野。他将行政法总论视作需要持续改革的体系，这一观点直击我的内心，也构成了本书的基础。*

山本隆司

1999 年至 2000 年的跨年夜

---

* 这最后一段致谢的原文是德语。——译者注

凡 例

对于引用，除另有说明外，着重号表示强调原文，引号表示引用原文，〔〕括号内的是笔者（山本）的总结或补充。

引用文献的标题适当缩写，德语作者的姓原则上省略。完整的信息参照书后的"文献一览"。另外，表示"公权"的词（subjektives öffentliches Recht 等）缩写为"söR"。

按照惯例，欧盟以及德国法院的判决和决定，仅给出判例集或刊载杂志的页码。判决和决定的年月日，参照书后的"判例索引"。

目 录

序　章

如果说有一个概念、一种制度在行政法上值得居于支配的、"中心的"地位，那就是"法关系"（Rechtsverhältnis）[1]——这话从德国行政法学泰斗巴霍夫说过之后已经过去 20 年了。本书拟探究私人与行政之间的、广义的主观法（subjektives Recht），亦即权利义务、[2]法关系以及自由概念在行政法学理中的意义。

　　首先，相对于日本过去的行政法学，略述本书的问题意识。美浓部达吉博士、佐佐木惣一博士的行政法总则或总论是以行政法关系、行政行为、公法与私法等概念为出发点的。[3]其中，毫不犹豫地采用了行政法关系，其内容是"国家的公权""个人的公权"或"行政的主体的公权""行政的客体的公权"等概念，但对其理论的界定和限定却没有给予过多关注。而行政行为被宽泛地界定为产生法效果的"意思表示或类似的心理表示"或者"精神作用"。如此，多样的行政作用、个人的位置被作为行政行为或公权来分类和叙述。行政法关

---

　　[1]　Bachof, Dogmatik des Verwaltungsrechts, VVDStRL 30, S. 231. 详细参照、塩野宏「紹介」同『公法と私法』341 頁、361~366 頁。

　　[2]　一般不说包括权利义务的概念。例如，Art. "Subjektives Recht", in：Creifelds Rechtswörterbuch, 9. Aufl. (1988) 记述的是权利。当然，也有像基尔克那样包含义务的 Subjektives Recht（第一章第三节第三款二），正文也效仿这一做法。而一般也没有"主观法"的用法。尽管如此，本书仍使用了"主观法"概念，对其理由，参照注(41)。

　　[3]　参照、美濃部『日本行政法上巻』83 頁以下、117 頁以下、154 頁以下、佐々木惣一『日本行政法論総論』81 頁以下、85 頁以下、397 頁以下。

系、行政行为是效仿民事法学，[4]被用于整理和洞察法律规定、判决等的框架或外在体系。[5]而公法私法区分论规定着行政法关系、行政行为的性质，在内在体系中担负着一定的作用[6]。[7]田中二郎博士"参照认可概念的目的"从狭义上理解行政行为，使行政行为的制度性、功能性考察彻底化，同时，根据管理关系理论，使公法私法的区分相对化。但是，他依然维持着行政法关系、行政行为、公法私法的体系。[8]盐野宏教授等的行政过程论则破弃了这一体系。[9]过去是

---

〔4〕 美浓部博士与佐佐木博士不同，他将"法规的制定"从行政行为中排除出去（美濃部・前揭162~163頁、佐々木・前揭416頁以下），将行政行为大致相当于法律行为和准法律行为来把握（美濃部・前揭167頁、佐々木・前揭408頁以下、441頁）。在这一点上，美浓部博士的做法更强，更依存于民事法学的概念。

〔5〕 体系（思考）在德国是考虑私法学而言的。对于其历史，vgl. Coing, Geschichte und Bedeutung des Systemgedankens, in: ders., Gesammelte Aufsätze, Bd. 1, S. 191ff.; Hassemer, Art. "Rechtssystem und Rechtsdogmatik", in: HRG, Bd. 4, S. 383ff. 对于行政法中体系思考的意义，vgl. Schmidt-Aßmann, Das allgemeine Verwaltungsrecht als Ordnungsidee, S. 2ff.

黑克（Heck, Begriffsbildung und Interessenjurisprudenz, S. 142f.）区分了"看得见"（Sichtbarmachung）的外在体系与成为"所生思考之间客观关联"的内在体系〔详细参照、青井「法における類型の問題への一試論（二）」法学49卷5号25~37頁〕。拉伦茨、卡纳里斯在修正后继承了这一区分（Larenz, Methodenlehre, S. 165-173, S. 437-490; Canaris, Systemdenken und Systembegriff, S. 19, S. 40-60）。巴霍夫以这一区分为前提指出，行政目的论仅在外在体系中有意义（Bachof, VVDStRL 30, S. 225-230）。

〔6〕 当然，除裁判管辖等问题外，公法私法区分论并不具有"完全意义上（的）道具概念性质"，并不直接产生实用的结论（塩野「公法と私法——その学説史の考察」同『公法と私法』50頁）。

〔7〕 安念润司明快地指出了这一点〔安念「取消訴訟における原告適格の構造（一）」国家97卷11=12号7~8頁〕："很早以前就有人在一般意义上指出，行政法关系或公法关系也是法律关系，亦即权利义务的关系……上述'法律关系'与私法中的法律关系，亦即各个请求权和作为确认诉讼对象的权利义务关系（或权利义务关系束）有很大不同，而毋宁是用作发生具体权利义务关系的土壤或舞台。因而，它在逻辑上先行于语言本来意义上的法律关系。公法上的'法律关系'一词……的主要作用在于，判别有无私法的适用。它最终其实是一种为了决定性质（Qualifikation）的概念，如此，公法上的'法律关系'就是排除私法而适用公法的'法律关系'，如此就变成了同义反复。"

〔8〕 参照、田中『行政法総論』197頁以下、214頁以下、217頁以下、257頁以下。

〔9〕 参照、塩野『行政法Ⅰ』40~44頁、72~75頁。

以公法与私法、行政行为与非行政行为的单一差异为基础，在公法〔10〕或者行政行为〔11〕的内部再进一步认识各种差异，在这一意义上，它是针对等级体系〔12〕的论战。近年来，学界提出了多个基础性差异交叉的功能系统，具体有重铸行政行为论的行为形式论，〔13〕进而是行政

〔10〕 高木光倡导"实体公法的复权"（高木「当事者訴訟と抗告訴訟の関係」雄川献呈中 364～368 頁）。其中，从提出"行政行为论的负担过重"问题出发（高木「事実行為と行為形式論」同『事実行為と行政訴訟』131～138 頁），一边是"行为形式论"（同書 273～276 頁）、"行政手法论"、"行政手段论"（高木「行政手法論」同『技術基準と行政手続』102～105 頁、高木「実効性確保」公法 49 号 188 頁、194～196 頁），一边是诉讼类型论［"公权力概念的纯化"与"当事人诉讼的活用"（高木『事実行為と行政訴訟』276～280 頁）］，以此为媒介，展开了实体公法论（高木「処分性、原告適格拡大論の再検討」同『事実行為と行政訴訟』337～344 頁）。当然，两者之间存在"理论的整合性"（同書 135 頁）。

〔11〕 兼子仁将一般行政法理解为"国民参与的权力行政程序法"（兼子仁『行政法総論』29～30 頁、37～38 頁）。当然，这与作为"特殊法"的具体实体法（同書 39 頁）有交叉。因而，其问题在于：第一，实体法中也有一般应予考察的部分［这一点因"行政主体固有法"（同書 28 頁、30 頁）而得到部分认可］，为了让"现在尚未充分发达"（同書 271 頁）的特殊法得到发展，也有必要与一般性考察关联起来。第二，既然程序法与实体法相互关联，实体法的一般性考察需要与程序法的一般性考察联动［其必要性特别是因其重视"程序的三种类型"（同書 85 頁、89～93 頁）而得到部分认可］。进一步参照、塩野「行政作用法論」同『公法と私法』232 頁註(59)。

另外，藤田宙靖以"依法律行政原理""三阶段构造模式"为基轴，同时承认有相当例外和界限（藤田『行政法Ⅰ』61 頁以下）。

〔12〕 对于等级与功能系统、两者的分化（差异化）形态的不同，vgl. Luhmann, Soziale Systeme, S. 38f.、S. 260f.、S. 404f. "等级并不是自上而下的审级顺序（Instanzzug）或指令网络〔另参见注(6)〕。等级……只是意味着部分系统可以再分化为部分系统，以这种方法成立包含中包含的及物动词关系。等级化在合理性中的长处是明显的。但是，它依存于仅在部分系统内部能进一步形成部分系统……对于全体社会系统，无论是分节化，还是分层，还是功能分化，的确都能从某种分化的基本图式出发。但是，这并不意味着只能在这样粗略分割的内部进一步形成系统……等级化是分化的一种特殊情形。""如果等级分化是优位的，那么，等级的顶点（或支配的中心）必须能制御系统的边界关系……由此设定分化的界限。随着分化的加剧、外在关系的复杂化，它变得不可能了，必然向功能分化过渡。同时反过来，功能分化的进行，也让分化增大，推翻支配的中心。"

〔13〕 参照、塩野『行政法Ⅰ』40～44 頁、72～75 頁。

手法论、[14]法的结构论。[15]在这些讨论中，可以看到从手段或形式的视角转向包含手段和目的、形式和实质的视角，从行为转向制度。[16]

---

[14] 参照、阿部『行政の法システム（上）』24~28 页，特别是 52~54 页、57 页。进而，中里实将行政手法论一般化，提倡"讨论国家的……政策目的及其实现手法"的"公共政策法"以及作为其一部分的"公共经济法"，讨论"国家直接或间接介入私经济活动（特别是将着重点置于后者）"的目的和手法（中里「国家目的実現のための手法」市原古稀 47 页以下）。

[15] 小早川光郎认为，"'行为形式'即使能成为让'行政过程论'成为法的论述的媒介，因为行为形式是在'法的结构'中予以定位，其限度也在于此"。"在行政法学的考察对象上……后者〔法的结构〕也较前者〔行为〕更为重要。"小早川「行政の過程と仕組み」高柳古稀 155 页。盐野宏也认为，"所有的行为形式均作为法的结构中的部分而具有现实意义"（塩野『行政法Ⅰ』73 页），但"尽管如此，'行为形式'可以脱离'法的结构'来论述，在这一点上与笔者的立场不同"（小早川・前揭 156 页）。

当然，小早川认为，"在行政作用的结构……探讨方法上，有不少场合是应当关注考察其结构关键的一定行为，而……如果是没有固定法结构的行政作用〔部分'事实性行政作用'〕，对该作用的讨论，就只能关注在事物性质上让该作用产生的行为自身"（小早川『行政法上』190~191 页、254 页），他考察了行政上的合意、行政处分、行政机关的事实行为、行政作用上私人的行为（同书 258 页以下）。现阶段还不清楚，无法断言该书第 i 页预告在第三编处理的"行政的过程"与"结构""行为"处于何种关系，但其中的"结构"与"行为"也可能表示相互交叉的不同视角，而不是处于包含关系的大小单位。兼子仁评论道，法的结构论被定性为"实体法的行政法"，与其"程序法的行政法"处于横轴与竖轴的关系（兼子仁『行政法学』83~84 页）。

[16] 盐野宏《行政法Ⅰ》在行为形式上列举了行政立法、行政行为、行政上的契约、行政指导、行政计划，在一般制度上列举了行政上的确保履行义务制度、即时执行、行政调查、行政程序。阿部泰隆在《行政的法体系（上）》中在行政手法上列举了监督、服务和事业经营、土地利用规制、经济性手法、信息的收集和管理、补助、计划、行政指导、信息提供和启发、行政上的强制实现、制裁、民事的手法、纷争解决。行政手法与行政的内容和目的相对应，但对应关系有强弱之分〔参照、阿部『行政の法システム（上）』25 页〕。根据小早川光郎，行为形式论是将行为形式"作为实现一定行政目的的'行政手法'或'行政手段'问题来定位的，考察各自的'行为形式'——也包含手法上的选择问题"（小早川・前揭高柳古稀 153~154 页）。该论文在行政作用的法结构上列举了筹措、调查、规制、给付、诱导。

当然，小早川光郎认为，"行政作用的法的结构尽可能将焦点置于行政作用的样态，而非行政的目的，基本上要么是干涉的结构，要么是给付的结构"，不过，"法的结构有

而本书则尝试着将行政法关系重新解释为有差异的相互交叉的内在体系。[17]如果要先说结论，法关系论不是作为要素的"行为"或现成的"结构"，而是指行为相互的"关系"、相互关系的关系这样的"过程"本身。当然，行为形式论、法的结构论也包含这样的取向，但它们并没有直接表达关系、过程。

其次，说明一下本书的问题意识以及与裁判实务的关系。近年来，在日本行政诉讼的判例中，虽然引用文本（法条）很多，但未必有很强的说服力。因而，没有明确的相互关系和整合性。[18]其原因之一可能就在于缺乏学理。如果学理的功能在于同时实现脱离文本的自由与受文本拘束（"增加可容忍的不确定性"），那么，在案件变化范围大、对应文本少的行政法领域，就非常强烈地要求经由学理实现"法

时直接预定一定的干涉或给付作用，藉此最终期待有所不同，对人们产生一定的诱导效果"，因而，"将间接性诱导设定为第三种派生的类型"（小早川『行政法上』188~189 頁）。这可以说是将行政作用对相对人的直接效果作为中心的观点吗？

〔17〕"请求权的体系"构想重视私人"权利自由的具体化过程"（遠藤『实定行政法』はしがき、40 頁、78 頁），可看作法关系论的萌芽。不过，使用"具体化"这种形而上学的观念，将焦点置于"诉讼上的请求权"一点上，就会在把握"行政的多样性""法的多元构造"上形成桎梏，为此也可能有违行政过程论的意图。另外，特别是在考究"撤销请求权"（遠藤「行政法上の請求権に関する一考察」北法 38 卷 5・6 号 I 1 頁以下、同「収用裁決取消判決の第三者効について」北法 39 卷 5・6 号 II 527 頁以下、遠藤「取消請求権の構造と機能」雄川献呈下 149 頁以下、遠藤「取消請求権に関する一考察」高柳古稀 457 頁以下），探讨其基础之际，在一定范围内就可能参考德国的讨论（第三章第二节）。

〔18〕例如，关于处分性，相关者，最判 1966 年 2 月 23 日民集 20 卷 2 号 271 頁〔土地区划整理项目计划决定〕、最判 1986 年 2 月 13 日民集 40 卷 1 号 1 頁〔市町村营土地改良项目施行认可〕、最判 1992 年 11 月 26 日民集 46 卷 8 号 2658 頁〔第二种市街地再开发项目计划〕。关于原告资格，相关者，最判 1989 年 2 月 17 日民集 43 卷 2 号 56 頁〔新潟空港案〕、最判 1989 年 4 月 13 日判時 1313 号 121 頁〔近铁特急案〕、最判 1989 年 6 月 20 日判時 1334 号 201 頁〔伊场遗址诉讼〕、最判 1989 年 9 月 22 日民集 46 卷 6 号 571 頁〔文殊诉讼〕。

适用关系的关系化"。[19]法关系论是在行政诉讼中易于熟知的学理,值得探讨。另外,有的判例也反映着学理。一是行政行为论的学理。[20]不从"行为"、而从"关系"的角度对其再作探讨,是有益的。二是以民事法理论为准据的学理。[21]考虑到目前裁判实务专家精通民事法理论,可以说这显示了一个可能的方向。但是,为了不沦为形式性的模仿,慎重地辨别以民事法理论为基础的民事法关系与以其为典范而形成的行政法关系和公权论之间的共通点、不同点,就是一项不可或缺的工作。

然而,在日本,只有作为外在体系的法关系论、公权论被简单接受和放置一边了,它们大致对应于使格奥尔格·耶利内克理论发生变形的德国理论。[22]像德国那般的动态驱动,在法关系、主观法概念中所汇集的诸多因素的相克相生、数代人的不断探讨并没有在日本得到体验和重现。[23]

---

[19] Vgl. Luhmann, Rechtssystem und Rechtsdogmatik, S. 16-18. 〔ルーマン(土方訳)『法システムと法解釈学』。〕"学理的功能……不是束缚精神,恰恰相反,而是在于与经验和文本相关联,同时扩大自由。即使是在社会期待被拘束的地方,正是在那里,学理的概念性,让设置距离成为可能。这是通过学理的思考和解释将概念上可自由处理的'素材'——例如规范——与被拘束性关联起来实现的。因为拘束自身仍然也能服从于学理性解释,学理就要从被拘束性中能导出自由。""在法适用关系的两个要素变得有偶然性,亦即〔不仅是案件〕法规范也能大体解释(或者能大体设定)时,关系就具有双面可变性。关系就失去了一方要素所确定的据点。这一据点将法适用关系再度关系化,必须根据关系化的基准来愈合。"

[20] 例如,关于诉讼标的,最判1967年9月19日民集21卷7号1828页〔玛咖拉兹屋案〕。

[21] 例如,可看作是根据"请求确认的法律上利益"来判定是否容许无名抗告诉讼,最判1989年7月4日判时1336号86页〔横川川诉讼〕,根据"条理上的作为义务"来处理国家赔偿请求,最判1991年4月26日民集45卷4号653页〔水俣病认定迟延诉讼〕。

[22] 参见第二章第二节第二款,进而是第四款。

[23] 在外在体系中使用法关系或权利义务概念时,只需想象其日常语言中的含义即可,但在内在体系中使用时,其含义和内容就不是不言自明的,而需要讨论。芝池义一的《行政法总论讲义》敏锐地总结了日本的正统论调。该书在"公法与私法"一章中设"行政上的法关系"一节〔对此,参见注(7)〕,并指出,"从历史来看,在行政法

　　具体而言，第一，没有分析孕育公权的程序法因素与实体法因素。佐佐木博士参照格奥尔格·耶利内克的理论，以意思力和利益（进而是法的承认）为要素来定义权利，[24]但没有意识到两个要素并不齐整。[25]当然，下述市村光惠博士修改后的学说显示着力点由程序法因素向实体法因素移动，颇堪玩味。市村博士当初认为，权利是"能使法律利益充实的法律上状态"，以诉权和自助作为充实利益的方法。如此，宪法上的自由权就不是赋予权利，而是规定统治权的作用，设置了充实利益的手段（例如行政诉讼）才产生公权。[26]但是，市村博士后来认为，权利是"应可主张"利益的状态，充实利益的手段是"以权利的存在为前提的"，而不是权利自身的要素，也承认了自由权的权利性。[27]

的世界引入法关系的观念，是要宣告行政活动所形成的行政体与国民的关系是法的关系，也就是说，它已经不为统治者的意思或恣意所左右，而是权利义务关系……在今天，将行政上的关系作为权利义务关系来构成，殆无异议。在这一意义上，今天不太需要强调行政上的关系是法的关系"。"有时无法顺利地使用法关系的观念来分析行政法的现象〔不依据法律的行政指导的关系、环境行政中行政与居民的关系〕，其利用价值相对较小"（芝池『行政法总论讲义』21 页）。

〔24〕　佐々木惣一『日本行政法原論』130~138 页。进一步参照、佐々木『日本行政法論總論』85~89 页。野村「公権の本質について」同志社論叢 50 号 743 页以下，也同样依据格奥尔格·耶利内克。不过，他参照狄骥，启发了一个方向，即用权利观念替代义务或功能的观念（765 页以下、783 页以下）。野村淳治（野村『行政法総論上卷』）也没有将公权置于重要位置。

〔25〕　参见第二章第二节第一款(3)。德国对于这一点也意识淡薄，参见第二章第二节第二款、第四款。

〔26〕　市村『憲法要論』86~116 页、同『行政法原理』52~66 页。对于否定"自由权"的权利性，该书第 64 页认为，"一木〔喜德郎〕博士行政〔法〕讲义亦持此意见"。

〔27〕　市村『改版行政法原理』28~46 页、同『帝国憲法論』141~163 页。格奥尔格·耶利内克认为，包含容许（Dürfen）、能为（Können）者是私权，仅包含能为者是公权〔第二章第二节第一款(1)〕，市村博士修改学说之后之所以能支持格奥尔格·耶利内克的理论，是因为他与耶利内克一样理解容许，同时没有像耶利内克那样将能为当作对国家作用的参与（包括充实利益的手段），而仅理解为"法律上可欲的力"。

第二，没有分析自由与权利的关系。美浓部博士、佐佐木博士只是在概念上区分了天然的自由与作为"不得违法侵害的消极要求"[28]或"个人的行为自由非依法不受国家侵害的权利"[29]的自由权，而没有详述两者的性质和关系。[30]当然，颇堪玩味的是，田上穰治博士主要参照了格奥尔格·耶利内克之后的德国学说，同时有意识地采取了不同于德国学说的论法，承认自然自由具有比通常权利更高的法之力。他说，"天然的自由具有一定的法的内容，它当然与针对国家的不作为请求权相结合"。"它不需要个人的意思力和利益得到特别法规的承认。"[31]

第三，也没有采用格奥尔格·耶利内克的行为分析方法。[32]相反，美浓部博士大致念想着民事法的请求权、形成权、支配权的类型，[33]在国家公权上，单纯列举了命令权、强制权、形成权、公法上的物权；大致念想着瓦尔特·耶利内克的著作，[34]在个人公权上，列举了政治性权利（politische Rechte）、积极请求权（positive Ansprüche）和自由权（Freiheitsrecht）。[35]

---

〔28〕 美濃部『日本行政法上卷』130～131 頁。进而参照、同『憲法撮要』172 頁以下。另外，美濃部「エリネック氏公権論の梗概」同『憲法及憲法史研究』609 頁以下，是 G. Jellinek, System der subjektiven öffentlichen Rechte（1892）的总论部分的翻译。

〔29〕 佐々木『日本行政法論総論』98～100 頁。进而参照、同『日本行政法原論』156～166 頁。

〔30〕 与德国的讨论（第二章第二节第二款，特别是第四款）比较参照。海老原明夫指出，日本的自由权论中权利概念存在"内容稀薄"性〔海老原「自由権は権利か（三）」ジュリ948 号 12～13 頁〕。

〔31〕 参照、田上「自由権の本質」美濃部還暦 1 卷 198 頁、203 頁。

〔32〕 参见第二章第二节第一款(2)。对于德国也没有继承这一方法，参见第二章第二节第二款、第四款。

〔33〕 参见第一章第三节第三款三。

〔34〕 参见第二章第二节第四款三。

〔35〕 美濃部『日本行政法上卷』117～131 頁。美浓部之所以使用自由权（Freiheitsrecht）和单数形式，是因为它"仅有消极的效果"（同『憲法撮要』174 頁），与瓦尔特·耶利内克采用自由权（不作为的权利）〔Freiheitsrechte（Rechte auf Unterlassung）〕之间没有特别的差别。

第四，穗积八束博士说明了权力与权利的"分化"，认为各种学说将两者"混同"（或者分离），激烈批判了各种学说。[36]但是，他将"通过权力关系加以充实者"作为公权的内容，[37]又以"向国权请求、依靠其保护、可排斥国权"作为自由权的内容，[38]最终承认了请求权、自由权和参政权三个范畴。[39]其与格奥尔格·耶利内克、日本其他学说之间在结论上差异很小。

    4

由于很难从日本的学说中找出重新解释法关系的线索，本书将以德国学说为素材。权利概念（right；droit subjectif）自身不是德国固有的，但德国有关权利的论辩明显特异。如果要先讲结论，它源自社会中法、国家、个人等发生分化，已然分化的学说以尖锐的方式记述了分化。本书将析出法关系或主观法论所假定的社会图景，分析何种现象被当作焦点、现象之间有何种不同、处于何种关系。可以说是将法关系或主观法论作为法解释论上的关于社会现象把握形态的微观理论——作为宏观理论的法治国家论的背面[40]——来探

---

〔36〕　参照、穗積『憲法提要上卷』361～369 頁、同「公権利の観念」『穗積八束博士論文集』711～713 頁。

〔37〕　穗積『憲法提要上卷』370 頁。穗积八束主张私权也与"后援制裁"的权力相关联，进而支持格奥尔格·耶利内克"无公权则无私权"的立论［第二章第二节第一款（1）］（穗積「公権は人格権なり」『穗積八束博士論文集』307 頁）。

〔38〕　穗積『憲法提要上卷』376 頁。

〔39〕　参照、同書 372～382 頁。请求权仅限于以权力关系为内容者，这接近于格奥尔格·耶利内克的立论［第二章第二节第一款（2）（3）］。

另外，上杉慎吉（『帝国憲法述義』241～256 頁）只承认"要求主权行为的权利"，否定自由权、参政权的权利性，但上杉（『新稿憲法述義』267～304 頁）强调它是被"赋与"的，承认自由权、参政权（"翼赞的权利"）的权利性。

〔40〕　对于法治国家（Rechtsstaat），德国具有与 rule of law、Etat de droit 等不同的特有讨论（vgl. Böckenförde, Entstehung und Wandel des Rechtsstaatsbegriffs, in: ders., Recht, Staat, Freiheit, S. 144. 对于该论文，参照、森田・書評・法学 37 巻 3・4 号 146 頁以下。进一步参照、宮崎「西ドイツの行政法学」同『行政訴訟の法理論』299～305 頁），它是以正文所述的分化为背景发展起来的。如此，日本仍然仅接受了片段（"形式性"法治国家论），并被"弃之如敝履"［对此问题，参照、玉井「ドイツ法治国思想の歴史的構造（一）～（五・完）」国家 103 巻 9・10 号 1 頁以下、11・12 号 1 頁以下、104 巻 1・2 号 1 頁以下、5・6 号 1 頁以下、7・8 号 1 頁以下，特别是 103 巻 9・10 号

讨。[41]这时，就要按照时间顺序追溯在各个时代、各种潮流中所设定的问题、观点，检证观点是如何发生变化、得到承继的，是否对积累的问题给出了适当的解答。也就是说，重构学说之间的显在的与潜在的对

6~12 頁]。

　　对于现在法国的法治国家（Etat de droit）论，参照、山元「《法》《社会像》《民主主義》（一）~（五·完）」国家106卷1·2号1頁以下、5·6号46頁以下、9·10号1頁以下、107卷3·4号74頁以下、9·10号147頁以下。

　　〔41〕"主观法"概念的使用目的以及此前的公权论研究与本书的不同即在于此。二战后，原田尚彦（原田「行政行為の取消訴訟制度と原告適格」、同「行政法における公権論の再検討」同『訴えの利益』245頁以下、27頁以下）从倡导扩大行政诉讼原告资格、强化私人地位的目的出发，批判性地探讨了德国公权论，具有论战意义。同样，和田「反射的利益論1~3」法時41卷1号53頁以下、2号85頁以下、3号50頁以下、同·「憲法原理の変革と反射的利益」法論42卷2号113頁以下。村井「公権論序説──『いわゆる給付行政と私人』のための序章」関法16卷4·5·6号189頁以下，其目的已如题目所示。最近全面回顾学说的文献有，中川義朗『ドイツ公権理論の展開と課題』、石川敏行「ドイツ公権理論の形成と展開（一）~（四·完）」新報84卷1·2·3号151頁以下、4·5·6号113頁以下、7·8·9号83頁以下、85卷1·2·3号115頁以下、同「ドイツ公権理論の限界（一）（二·完）」新報86卷4·5·6号113頁以下、7·8·9号135頁以下、塩入「公権の生成と歴史的展開（一）（二·完）」民商112卷2号203頁以下、3号379頁以下、同「公権論の新たなる発展（一）~（三·完）」自研71卷10号97頁以下、72卷1号103頁以下、4号103頁以下；探讨近年学说的有，妹尾「ドイツ行政訴訟論（一）（二）」早稲田政治公法研究8号225頁以下、9号169頁以下、同「ドイツ公権理論」早稲田政治公法研究10号187頁以下。这些考察论述的问题意识，与原田尚彦相近。

　　另外，小早川「取消訴訟と実体法の観念」同『行政訴訟の構造分析』1頁以下、安念「取消訴訟における原告適格の構造（一）~（四·完）」国家97卷11·12号1頁以下、98卷5·6号50頁以下、98卷11·12号84頁以下、99卷7·8号1頁以下，虽然并不是以公权论为直接的主题，但包含着公权论内在的敏锐分析。与过去小早川论文重视一般自由权的逻辑构造（参见第三章第二节）相对，最近的神桥一彦重视在保护规范意义之下的利益评价〔参见第三章第四节。神橋「公権論に於ける基本権の位置づけ（一）~（三·完）」法学58卷3号473頁以下、4号645頁以下、6号1111頁以下〕。这一点颇堪玩味，显示了与德国同样的学说关注点的转变。

　　另外，村上裕章对法国的主观法和客观法的分析富有启发意义。村上「越権訴訟の性質に関する理論的考察（一）（二·完）」九大法学57号1頁以下、58号187頁以下。

话，尝试着过去学说与自己的假想对话（"体系性意图的理论史"[42]）。

　　第一章首先将以 18 世纪末到 19 世纪上半叶的一般法理论为考察的起点，当时，前述的分化已进展到一定程度，[43]接着追溯这一理论在民法学的权利论（所谓意思说、利益说、折衷说）中的变化。第二章首先分析 19 世纪下半叶公权论的萌芽状态，着眼于当时理论的多样性、透视并反省公权论的多个端倪，再看 19 世纪末到魏玛时期的讨论，当时公权论有意识地摄取了民法学说。阅读这一时期公权论的经典理论，不拘泥于传统方法，展示其内在的问题。第三章以二战后的公权论为对象。二战后的公权论堪称百家争鸣，需要明确二战前后的理论、二战后理论的相互之间的异同之处。由此指出从公权论转向法关系论的潮流。第四章不再是学说史，而是转向分析二战后联邦行政法院累积的"权利损毁"的庞大判例，在分析的基础上，将行政机关应当依法衡量、相互调节的各种利益之间关系，亦即行政上的实体法关系类型化。第四章是在分析个人权利利益的裁判保护的古典问题，而第五章则是处理其周边的议题，但今后可能变得更为重要。那就是程序或组织问题——用于明确表达难以个别化的所谓集合化利益以及仅以个人还难以表达的利益，以及公权论的欧洲化问题。第六章作为总结，批判性地探讨近年来德国行政法学方法论上提倡的法关系论，提出本书自己的法关系论。然后尝试着适用法关系论，改革行政诉讼法的理论，以检验这一理论的效能。

　　另外，以下几点不在讨论之列：第一，学者的法理论是在与社会状况、法状况的相互循环中得到确定的。但本书无法从主题上阐明社会状况的侧面。第二，如果法关系、主观法是把握社会现象的形态，那么，几乎所有的国家法学、行政法学理论都涉及法关系、主观法。

---

　　[42]　Vgl. Habermas, Theorie des kommunikativen Handelns, Bd. 1, S. 200f. ［ハーバーマス（河上他訳）『コミュニケイションの行為の理論（上）』。］

　　[43]　在法治国家论上，确定起点也是不可能的。"特殊德国式"法治国家论"是从 18 世纪末到 19 世纪初'自发地'产生的"（玉井·国家 103 卷 9·10 号 3 页以下）。众所周知，其象征性意义常常被归诸康德（z. B. Stolleis, Art. "Rechtsstaat", in: HRG, Bd. 4, S. 367）。

5

本书只能作出形式性的限定，以直接谈到法关系、主观法的理论为对象。第三，对于法关系、主观法，也是聚焦于基础理论，各论只好割爱。第四，关于私人与行政关系的探讨，是与行政诉讼的制度和理论同时展开的，或者说受到其牵引。但是，现在因采用了概括主义，越发有必要在逻辑上让关于私人与行政关系的某种假定先行于行政诉讼的解释论、立法论。本书姑且将私人与行政的关系从诉讼法的探讨中剥离出来予以考察。当然，这种考察的有效性，要在提供具体问题的行政诉讼场合下得到考验（第六章）。

第一章
主观法与法关系的原像

第一节　等级的秩序、"完善"与分化 15

　　在欧洲中世纪，"支配"（Herrschaft）可谓"相互的忠诚关系（Treueverhältnis）、'助言与助力'（Rat und Hilfe）、'保护与庇护'（Schutz und Schirm）的对应"。[1]如此，"支配采取多个下位之家归属于一个上位之家的形式，共同体（Gemeinde）采取家长的合作性（Genossenschaft）团体形式。这种支配性、合作性团体的直接成员不是'个人'，而总是只有家长。他们的'身份'（Status）取决于他们在这种构造中的位置"。[2]与三十年战争、清教徒革命同一时期，霍布斯鲜明地提出自然状态、个别性的人与公共福利和其中的支配服从，可谓前后夹击了旧有的支配构造。[3]但是，德国的国家和社会观的变化却是中间性的、渐进的。[4]对于德国的国家和社会观的变化，本节留意到理论的和实证主义的两种潮流，分为以下三点粗略介

<hr>

〔1〕　Maier, Die ältere deutsche Staats- und Verwaltungslehre, S. 36f.

〔2〕　Brunner, Die Freiheitsrechte, in: ders., Verfassungs- und Sozialgeschichte, S. 193f.〔ブルンナー（石井他訳）『ヨーロッパ——その歴史と精神』。〕

〔3〕　也包括霍布斯对中间团体定位的尝试，参照、遠藤「戦争と平和の法」北法40巻5・6号Ⅰ28~34頁、38~42頁。

〔4〕　对于德国国家学对霍布斯的反应，vgl. Link, Herrschaftsordnung und bürgerliche Freiheit, S. 36-44.

绍：〔5〕国家或支配服从关系与社会的分化（第一款），社会中从高权、既得权关系过渡到国家目的论、"行为（自由）的调和"关系（第二款），个人或个人自由与社会的分化（第三款）。

16

第一款 "国家"与王权

在中世纪，神圣罗马帝国的和平令（Landfriede）禁止使用武力（Fehde），也可被看作实现"和平"（Friede）〔6〕的制度，它超越封建法的界限，创造出实现权利和法的更高层次的权力。〔7〕但是，和平令是由诸侯和都市在国王不在场的情况下缔结的，即使加进来国王，也依然采取了缔约、誓约的形态。〔8〕帝国创设保障和平令实效性的裁判机关、执行机关的计划也没有奏效，〔9〕邦国君主对和平令的介入有所强化。〔10〕

---

〔5〕 本节依据的是二手文献，原创性只能高高挂起了。

〔6〕 在中世纪，和平包含着实现权利和法、禁止使用武力等含义，它与保障安宁安全的近代国家概念一脉相承。对此，vgl. Janssen, Art. "Friede", in: GGB, Bd. 2, S. 545ff., S. 556ff. 对于整个"和平"的概念史，参照、村上淳一『近代法の形成』第四章。

〔7〕 对于详细的和平令，vgl. Gernhuber, Landfriedensbewegung; Angermeier, Königtum und Landfriede. 后者是 1235 年以后的分析（a. a. O., S. 13f.）。亦可参照 Angermeier, Das alte Reich 的论文。

〔8〕 Ebel, Geschichte der Gesetzgebung in Deutschland, S. 46-49.〔エーベル（西川訳）『ドイツ立法史』。〕安格迈尔（Angermeier, Königtum und Landfriede, S. 2-14）认可帝国本来的和平高权、和平权力，兰德韦尔（Landwehr, Königtum und Landfrieden, Der Staat 7, S. 90-97）则予以反驳。

〔9〕 具体情况，vgl. Willoweit, Deutsche Verfassungsgeschichte, S. 56f., S. 63f., S. 75f., S. 95-99。

〔10〕 根据安格迈尔研究（Angermeier, Königtum und Landfriede, S. 560-564），1512 年，自立的地区（Kreis）被赋予了执行和平的权限，1522 年，再次尝试强化等级的中央权力、帝国统治院（Reichsregiment）的权限（不过失败了）。"王权对 1522 年的等级执行规则并不关心，这是不言而喻的，因为 1512 年以来，王权就被等级遮断了和平令的执行领域。"根据埃贝尔研究（Ebel, Geschichte der Gesetzgebung in Deutschland, S. 49），"帝国法上的〔帝国成员之间〕缔约与邦国内的命令法的组合，表明邦国在 16 世纪就已经多少走上了近代国家的道路。"

近代国家是随着邦国国家的形成而产生的。[11]在 16 世纪，[12]出现了一种理论，将以罗马法范畴管辖权（iurisdictio）、纯粹治权（imperium merum）[13]来把握的高级裁判权作为邦国权力，区别于下级裁判权、所有权（dominium）。[14]这种"抽象的、规范的"学说与"具体的、形态学的"学说并行。大公、公爵等统治邦国的现实形态是帝国封地（feudum regale）、帝国荣誉（dignitas regalis），只有皇帝才能分封。[15]这一学说与裁判权说不同，可以包含大部分邦国的作用，[16]显示帝国与邦国权力在封建法上的阶层关系。[17]但是，王权说在裁判

---

　　〔11〕　Vgl. Boldt, Deutsche Verfassungsgeschichte, Bd. 1, S. 149ff. 对于邦国国家成立的详细情况，参照、村上淳一『近代法の形成』第一章、神寶秀夫『近世ドイツ絶対主義の構造』。后者是以注(13)的维莱韦特（Willoweit）论文为线索。

　　〔12〕　另外，对于中世纪后期的邦国权力，vgl. Willoweit, Die Entwicklung und Verwaltung der spätmittelalterlichen Landesherrschaft, in：DVG, Bd. 1, S. 66-71.

　　〔13〕　根据维莱韦特研究（Willoweit, Rechtsgrundlagen der Territorialgewalt, S. 19-24)，巴托鲁斯（Bartolus de Saxoferrato）属于 14 世纪的注释学派，他将管辖权（iurisdictio）分为治权（imperium）与狭义管辖权（iurisdictio simplex，相当于民事诉讼），进一步将治权分为纯粹治权（imperium merum）与混合治权（imperium mixtum）（成年宣告和强制措施等），将立法权、接着是流血裁判权（Blutgerichtsbarkeit）等作为纯粹治权来列举。具有管辖权的诸侯（princeps）并不限定于特定的人的范围，而只是诸侯权力。另外，弟子巴杜尔斯（Baldus de Ubaldis）将流血裁判权而非立法权作为纯粹治权的核心（a. a. O., S. 27 Anm. 41, S. 28）。此外参照、佐々木有司「バルトルスの政治思想（二）」国家 89 巻 3・4 号 11~29 頁。

　　〔14〕　Willoweit, Rechtsgrundlagen der Territorialgewalt, S. 33-37, S. 40-43. 另外，在帝国层面上，对帝国枢密法院（Reichskammergericht）和邦国权力之间、帝国皇室法院（Reichshofrat）和皇帝之间的管辖权（iurisdictio）分配有所讨论。原来裁判权被认为是公权力的中心，后来裁判以外的国家活动才得到明确定位——如后所述，这一点在邦国层面上也是妥当的（Stolleis, Geschichte des öffentlichen Rechts in Deutschland, Bd. 1, S. 156-166）。

　　〔15〕　Willoweit, Rechtsgrundlagen der Territorialgewalt, S. 47-51. 帝国荣誉（dignitas regalis）与帝国直属性（Reichsunmittelbarkeit）更加关联在一起（a. a. O., S. 59-61）。

　　〔16〕　Willoweit, Rechtsgrundlagen der Territorialgewalt, S. 55f. 另外，王权（regalia）被分为大王权（regalia maiora）与小王权（regalia minora）。前者与主权论等相关，后者与官房学、财政学相关（Stolleis, Geschichte des öffentlichen Rechts in Deutschland, Bd. 1, S. 166-170）。

　　〔17〕　巴尔杜斯为了表达从帝国向邦国权力的权限委任（Delegation）（罗马法上的观念），也使用了封建法上的观念（Willoweit, a. a. O., S. 28-32）。

权的定位上存在困难。如果裁判权是王权，骑士等也变得享有王权，就动摇了公爵的帝国封地（feudum regale）与并非依据骑士等的王权的封建之间的区别，而这种区别对于王权说是非常重要的。[18]因为存在皇帝没有册封公爵或者并非帝国直属的情形，因此，王权说与现实之间仍然存在龃龉。[19]

17世纪，邦国中的一般性支配服从关系、领土高权（superioritas territorialis）（高权当局，Obrigkeit，Hoheit）通过服从（subiectio）来把握。另一方面，裁判权变成了邦国权力的一种形态，与封建法一起被削弱了意义。[20]但是，有见解承认邦国权力有博丹所说的主权（maiestas，souveraineté），但因为皇帝处于邦国权力的上位，该权力未必是支配性的。这一见解受到自然法理论很强的影响：①不是在与皇帝的关系上，而是在与臣民的关系上理解主权，将王权解释为主权的权利（iura maiestatis）；②重视大邦国在国际法上的行为能力；③援用德国诸侯的"原初的自由"等。[21]此外，将邦国权力视为个别的法行为、高权行为（actus superioritas）的集合，实证主义的思考也一直存在。[22]

如果单纯化来说，国家的支配服从关系的观念就是从罗马法-封建法、自然法-实证主义、抽象的思考-具体的思考、邦国-帝国的对立中逐渐衍生出来的。下面就来看看自然法理论的构成，它最鲜明地描绘了"国家"的观念。

自然状态与国家的对置，也为近代德国自然法理论所接受，不过，其意味与霍布斯并不相同。首先，根据普芬道夫的观点，"可能

---

[18]　Willoweit, a. a. O., S. 56–59, S. 111.

[19]　A. a. O., S. 31 Anm. 60, S. 50, S. 62 Anm. 212.

[20]　A. a. O., S. 44–47, S. 121–131.

[21]　A. a. O., S. 138–168. 博丹承认帝国等级有主权，视帝国为纯粹的贵族政体；而德国学者承认皇帝有主权，视帝国为混合政体，将主权（maiestas）及其行使（imperium）或者实际最高权（maiestas realis）与身份最高权（maiestas personalis）相区分，煞费苦心。另外，博丹认为，主权受神法（ius divinum）、自然法（ius naturale）、基础性法律（leges fundamentales）拘束，这一学说也为德国所接受（Stolleis, Geschichte des öffentlichen Rechts in Deutschland, Bd. 1, S. 170–186）。

[22]　Willoweit, Rechtsgrundlagen der Territorialgewalt, S. 173–184.

是第一次，私法与公法作为一般的法原则、法制度的两个已然完成的子系统而被相互对置"。[23]普芬道夫及之后的沃尔夫将自然状态当作自然法及由此产生义务和权利的有效状态，[24]进而将保全这些［"安全"或者"安宁"（Ruhe）］列为国家的目的。[25]而在国家形成之际，每个人都缔结了社会契约，设立一个不变的社会，以便相互保护，接着再缔结决定统治形态的服从契约，这里采用了双重构成。[26]国家的支配权作为治权（imperium），含有征收等权限，因而区别于所

---

〔23〕 Bullinger, Öffentliches Recht und Privatrecht, S. 33. 另外参照、塩野「紹介」同『公法と私法』152 頁。

〔24〕 对于普芬道夫，vgl. Denzer, Moralphilosophie und Naturrecht bei Pufendorf, S. 111-113. 普芬道夫在多种意义上使用自然状态的概念，但这里所设想的是一种与其他人有序相处的自然状态（status naturalis in ordine ad alios homines）。Vgl. Medick, Naturzustand und Naturgeschichte der bürgerlichen Gesellschaft, S. 49ff. ; H. Hofmann, Zur Lehre vom Naturzustand, in: ders. , Recht-Politik-Verfassung, S. 104f. 对于沃尔夫，vgl. Ch. Wolff（Hrsg. ）, Grundsätze des Natur- und Völckerrechts, in: Ch. Wolff Gesammelte Werke, Ⅰ. Abt. , Bd. 19, §96（对于该书的使用，参照 Vorwort Ⅷ的注意）。

〔25〕 Vgl. Denzer, Moralphilosophie und Naturrecht bei Pufendorf, S. 113, S. 172-174; Welzel, Die Naturrechtslehre Samuel Pufendorfs, S. 62, S. 63f. ; Ch. Wolff, Grundsätze des Natur- und Völckerrechts, §972; Bachmann, Die naturrechtliche Staatslehre Christian Wolffs, S. 123-128.

〔26〕 Vgl. Denzer, Moralphilosophie und Naturrecht bei Pufendorf, S. 168-170; Hammerstein, Samuel Pufendorf, in: Staatsdenker im 17. und 18. Jahrhundert, S. 181f. ［シュトライス編（佐々木有二・柳原訳）『一七・一八世紀の国家思想家たち』］; Ch. Wolff, Grundsätze des Natur - und Völckerrechts, §973; Bachmann, Die naturrechtliche Staatslehre Christian Wolffs, S. 129-136（沃尔夫分析将重点从服从契约转移至社会契约）; 林克（Link, Herrschaftsordnung und bürgerliche Freiheit, S. 39f. , S. 139f. ）认可双重契约构成的意义。

据称，多重契约的观念出现在中世纪后期，是由阿尔特胡修斯奠定理论基础的（vgl. Gierke, Johannes Althusius, S. 76-122, 特别是参照、加藤新平『法思想史』75~76頁）。当然，阿尔特胡修斯关注的是"共同体的精神和政治的统一形态"，在阿尔特胡修斯看来，"国家和社会、公法和私法即使大致可以在观念上作出区分，但也不是对立的关系"（Stolleis, Geschichte des öffentlichen Rechts in Deutschland, Bd. 1, S. 108 m. w. N. ）。也有评价认为，"在阿尔特胡修斯的政治学教科书中，我们还看不到社会契约理论形象的线索"（Winters, Johannes Althusius, in: Staatsdenker im 17. und 18. Jahrhundert, S. 40）。

有权（dominium）[27]——当然，治权（imperium）是人的支配、所有权（dominium）是物的支配，以这种形式分类为基础，治权（imperium）也显示了家共同体等的关系，而最高所有权（dominium eminens）与过去的上级所有权容易混同。[28]自然状态与国家就是以这种样态被区别开并关联起来的。

　　但是，在另一方面，普芬道夫认为，人类的完善和幸福是自然的

---

　　[27]　根据舒尔策研究［H. K. Schulze, Art. "Dominium（öffentl. - rechtl.）"，in：HRG, Bd. 1；Holzhauer, Art. "Imperium"，in：HRG, Bd. 2］，在中世纪，治权（imperium）主要是表示帝国的支配，邦国以下的支配使用所有权（dominium）来表示。特别是京特（Günther, Art. "Herrschaft"，in：GGB, Bd. 3, S. 39-41）描述了"imperium"概念与"dominium"概念相混淆的状况。

　　[28]　对于普芬道夫、沃尔夫以及其先驱格劳秀斯的学说，vgl. Schwab, Art. "Eigentum"，in：GGB, Bd. 2, S. 95 - 97；Ilting, Art. "Herrschaft"，in：GGB, Bd. 3, S. 36 - 39；Link, Herrschaftsordnung und bürgerliche Freiheit, S. 167-174；Link, Naturrechtliche Grundlagen des Grundrechtsdenkens, in：Birtsch（Hrsg.），Grund - und Freiheitsrechte, S. 224f. Vgl. auch Denzer, Moralphilosophie und Naturrecht bei Pufendorf, S. 105f.，S. 154f.；Bachmann, Die naturrechtliche Staatslehre Christian Wolffs, S. 142-146；Ch. Wolff, Grundsätze des Natur- und Völckerrechts, § 195, 833, 979, 1065.

　　与此相对，在与霍恩（Joh. Friedrich Horn）的论争中，W. 赖泽尔是通过个人的行为为所有提供基础，而不是像格劳秀斯那样以原始的共有、契约为基础［这让人想起格劳秀斯与洛克的所有概念的对照（vgl. Brandt, Eigentumstheorien, S. 22）］，国家只有治权（imperium），因而，反对最高所有权（dominium eminens）的称呼（vgl. G. Meyer, Das Recht der Expropriation, S. 119-129；Link, Herrschaftsordnung und bürgerliche Freiheit, S. 170-174）。相反，仍有学说认可家产国家的上级所有权（vgl. Schwab, a. a. O.，S. 96f.；Link, a. a. O.，S. 174；Erichsen, Verfassungs - und verwaltungsrechtsgeschichtliche Grundlagen, S. 44f.）。这在之后就成为"术语问题"，避免使用最高所有权（dominium eminens）的称呼（vgl. G. Meyer, a. a. O.，S. 129f.；vgl. auch Link, a. a. O.，S. 170 Anm. 80；Layer, Principien des Enteignungsrechtes, S. 127；Gierke, Johannes Althusius, S. 296 Anm. 77）。但值得注意的是，公用征收在实定化之后，其基本性质仍有争议［详细参照，芝池「ドイツにおける公法学の公用収用法理論の確立（一）～（三・完）」法叢92卷1号62頁以下、93卷2号21頁以下、4号40頁以下。另外，分析"古典征收概念的成立"的文献有，楝居「公用収用法理の展開と発展可能性（一）～（五）」神戸32卷2号367頁以下、3号575頁以下、4号833頁以下、33卷1号53頁以下、2号269頁以下］。

目的，因为个别的人类的无力（imbecillitas），社会性（socialitas）就成为自然法的基础。[29]沃尔夫也说，"在人类当中可以看到一种不足的状态，无法通过一个人完成自己与自己的状态，而需要其他人的帮助。自然法则拘束人类去完善自己与自己的状态，因而，自然法也拘束人类以合一之力去完善自己与自己的状态，尽可能促进他人的完善"。[30]也就是说，自然状态与国家的区别，也只不过是走向完善和幸福[31]的社会化阶梯的一个阶段——在普芬道夫看来是绝对的自然状态［包含绝对义务和相对义务（所有、契约）］、现实的自然状态（存在婚姻、家庭、家共同体）和国家，[32]在沃尔夫看来是原初的自然状态（存在与生俱来的权利）、到达的自然状态（包含所有、契约和婚姻、家庭、使用关系）和国家。[33]这就是为什么在普芬道夫那里，"绝对的自然状态只不过是人类社会形成的潜在性初期要素"，"人类学与社会的行为规范的关联，在纯粹自然状态的叙述中只是间接地给出，而在'现实的'自然状态概念中则是历史地显示出来"；[34]在沃尔夫那里，"家"只不过是通向国家的路上"不充分"

18

---

〔29〕 Vgl. Denzer, Moralphilosophie und Naturrecht bei Pufendorf, S. 92 – 99；Welzel, Die Naturrechtslehre Samuel Pufendorfs, S. 44–51；Hammerstein, Samuel Pufendorf, in：Staatsdenker im 17. und 18. Jahrhundert, S. 179f.

〔30〕 Ch. Wolff, Grundsätze des Natur – und Völckerrechts, § 44. Vgl. auch Bachmann, Die naturrechtliche Staatslehre Christian Wolffs, S. 118–120. 对于沃尔夫将自然法的基础从社会性转为"完善"这一点，vgl. Bachmann, a. a. O., S. 80；Denzer, a. a. O., S. 96.

〔31〕 在国家目的上，在比安全或安宁更为抽象的层面上，可举出完善、福祉，对此，可参照注（25）所列文献。将在下一款详细叙述。

〔32〕 对于自然状态的区分，vgl. Medick, Naturzustand und Naturgeschichte der bürgerlichen Gesellschaft, S. 57–63；Welzel, a. a. O., S. 61. 对于义务的区分，vgl. Denzer, a. a. O., S. 142, S. 152ff.

〔33〕 对于自然状态的区分，vgl. Ch. Wolff, a. a. O., § 102. 对于到达的自然状态的内容，vgl. Bachmann, a. a. O., S. 115. 沃尔夫上述著作的第二部分是分析"所有及由此产生的权利义务"，第三部分是分析"支配及由此产生的义务权利"，第三部分进一步分为"一般的支配"与"公共支配或国家的权利"。

〔34〕 Welzel, a. a. O.；Medick, a. a. O., S. 58.

的 "暂定状态",〔35〕而国家则是 "到达的自然状态的一个特例"。〔36〕而在这里,我们可以看到下述与亚里士多德以来的目的论的连续性:〔37〕 "人类社会的最高价值是自给自足。自给自足仅归属于国家。由此可见,国家是所有狭义社会的目的,最终是人类个体的目的……国家 (polis) 是人类能够过上完美生活的唯一地方。这是因为,国家即使是为单纯的生活 (即为保障生存) 而创造的,也是为了完美的生活而存在。"〔38〕正是康德,对这种目的论作出了反思 (第二节第一款)。

23

第二款 "行为的调和" 与各种高权和既得权

如前款所述,即使在邦国与帝国、帝国等级的外部关系中,邦国的一般性领土高权 (superioritas territorialis) 获得意义之后,在邦国 (君主) 与臣民、邦国等级的内部关系中,将邦国高权视为基于王权或特别权源的高权集合的观点也依然受到重视。警察权 (ius politiae) 是指整个行政,到 18 世纪末,它还只是一个整序并描述实定法的概念。〔39〕与高权相对峙的既得权 (iura quaesita) 也不以公法和私法的区分为前提,〔40〕而是指 "基于特别的法的原因而取得的权利,而不仅

---

〔35〕 参照、海老原「カメラールヴィッセンシャフトにおける『家』(一)」国家 94 卷 7・8 号 17~19 頁。

〔36〕 Bachmann, Zur Wolffschen Naturrechtslehre, in: Christian Wolff 1679 – 1754, S. 164. Vgl. auch Bachmann, Die naturrechtliche Staatslehre Christian Wolffs, S. 120.

〔37〕 Vgl. Denzer, a. a. O., S. 95; Bachmann, Die naturrechtliche Staatslehre Christian Wolffs, S. 120.

〔38〕 根据韦尔策尔 (Welzel, Naturrecht, S. 30f.) 对亚里士多德学说的概括。参照、アリストテレス全集 15 (山本光雄訳)『政治学』第一卷第二章、第三卷第六章。

〔39〕 Preu, Polizeibegriff und Staatszwecklehre, S. 37-43. 作为书评,玉井・国家 101 卷 1・2 号 184 頁以下。

〔40〕 Bullinger, Öffentliches Recht und Privatrecht, S. 29, S. 31; Erichsen, Verfassungs- und verwaltungsrechtsgeschichtliche Grundlagen, S. 43f.

仅是与自然的自由相关"。[41]因而，高权只有在一次性地扩张到既得权、旧有法秩序的空隙，并且能援用保护重大公益的紧急权（ius eminens）、防止权利滥用的监督权（ius reformandi politicum）时，才能制约既得权。[42]但是，由于以下三种因素，国家目的论逐渐取代了各种高权和既得权，而得到凸显：[43]①属于高权领域的等级和臣民的特权、王权逐渐被剥夺，而集中于邦国"国家"一侧，等级和臣民的既得权接近于私人所有权；[44]②自然法理论与实证主义的分离被消解，实定邦法在自然法的框架（一般国家法）中来论述；[45]③个别高权和既得权以权源为基础，承认各主体相互独立的领域，这一构造与社会的动态化、复杂化不相适合。[46]

沃尔夫将国家目的分为福祉或富足（vitae sufficientia）与安全或

---

〔41〕 Pütter, Anleitung zum Teutschen Staatsrechte, 1. Theil, S. 151.

〔42〕 Preu, a. a. O., S. 47-51. 当然，也有人不以紧要性而仅以公益作为制约既得权的要件（Link, Herrschaftsordnung und bürgerliche Freiheit, S. 175 - 177；Erichsen, a. a. O., S. 46f.）。

〔43〕 分析 18 世纪后半叶关于邦国高权的国家法理论、至莫尔的警察学等，栗城「十八世紀ドイツ国法理論（一）～（一三）」法雑 10 卷 4 号 1 页以下、11 卷 1 号 87 页以下、12 卷 1 号 67 页以下、4 号 105 页以下、13 卷 1 号 128 页以下、14 卷 1 号 39 页以下、4 号 37 页以下、15 卷 2 号 69 页以下、17 卷 1 号 60 页以下、3 号 28 页以下、22 卷 4 号 1 页以下、24 卷 1 号 1 页以下、4 号 1 页以下。

〔44〕 对于其过程，vgl. Willoweit, Rechtsgrundlagen der Territorialgewalt, S. 355-363；Schwab, Art. Eigentum, in: GGB, Bd. 2, S. 99-103；Link, Herrschaftsordnung und bürgerliche Freiheit, S. 156-161；dens., Naturrechtliche Grundlagen des Grundrechtsdenkens, in: Birtsch（Hrsg.）, Grund- und Freiheitsrechte, S. 222-224. 对于整体所有权的内容变化，参照、村上淳一『近代法の形成』第二章。

〔45〕 Vgl. Willoweit, a. a. O., S. 353-355, S. 363-369. 对于自然法论与国家目的论的关联，vgl. Preu, a. a. O., S. 102 - 106；Scheuner, Staatszwecke, in: GS für Conrad, S. 469f., S. 479f.

〔46〕 从个别高权、既得权到国家目的论的转变，大致对应于与司法国家论相对的行政司法论的登场。对于后者的问题，参照、玉井「ドイツ法治国思想の歴史的構造」国家 104 卷 5・6 号。"如果不把不受法和法院约束的警察活动重新纳入法的范畴，就已经不能为权利提供有意义的保护。极宽泛而言，行政司法论所要解决的正是这种课题"（第 48 页）。

安宁（tranquillitas）［此外是对外的安全（securitas）］，[47]因重视前款所述的"完善"，而让福祉优位。[48]在沃尔夫这里，保护既得权，"防止（权利）保全目的遭到福祉目的的破坏，因此，在某种意义上成为让公共利益分化的一种功能等价物，以便后来得到贯彻的安全目的占据优位"。但是，渐渐地"保护权利不受警察权力影响的功能由安全目的优位于福祉目的〔的命题〕承担起来"。[49]这一见解重视自然状态与国家的分化、将安全目的放在首位，通过在理论支柱上加入康德所说的"行为（自由）的调和"[50]而得到普及。这一见解在谈及"权利"时，它"含有关于个人相互之间社会关系的客观规则"，"因为这种'客观法'与'主观法'是相符的……就没有必要将'主观法'概念与一般（普遍）法概念截然分开"。[51]从这一见解来看，得不出国家作用减少的结论。这是因为这一见解认为，每个人的"行

---

　　[47]　在比抽象意义的福祉、公共利益［参照第一款注(31)］更为具体层面上的分类（vgl. Preu, a. a. O., S. 110）。沃尔夫以前的自然法论，例如普芬道夫，并没有对福祉、公共利益和安全（参见第一款）进行对比，而只是一并写在一起（vgl. Preu, S. 107f., S. 116）。进而是对于在霍布斯以前，在神学基础下，公共利益与和平、正义（法）（参见第一款、本节序）不加对比而并存的状况，以及其变化（世俗化等），vgl. Scheuner, a. a. O., S. 469-475；Link, Herrschaftsordnung und bürgerliche Freiheit, S. 134-138；Maier, Die ältere deutsche Staats- und Verwaltungslehre, S. 56-63. 为了提醒将公共利益与所谓日耳曼法观念结合起来的问题性，vgl. Stolleis, Gemeinwohlformeln, S. 12-38.

　　[48]　Preu, a. a. O., S. 108-112. Vgl. Ch. Wolff, Grundsätze des Natur- und Völckerrechts, §972. 对于"福祉的优越"传统，"对于包括福祉在内的概括性警察概念在19世纪前半叶是否已经过时的问题，应当作出否定的回答"。详细的国家目的论，参照、玉井·前揭论文·国家103卷11·12号40页以下、104卷1·2号1~26页。

　　[49]　Preu, a. a. O., S. 121f., S. 146f. Vgl. auch Kersting, Art. Vertrag, Gesellschaftsvertrag, Herrschaftsvertrag, in：GGB, Bd. 5, S. 925f. —— "〔普芬道夫和沃尔夫的古老〕自然法契约说通过基本法（Grundgesetze）〔较社会契约、服从契约的拘束更为〕有效限制支配权……但是，这一基本法并不起源于自然法……因而，在纯粹服从契约创出的绝对主义因素之外加入了等级的因素。"

　　[50]　参见第二节第一款一。

　　[51]　Kasper, Das subjektive Recht, S. 51-59. "如此，自然法论对于'〔个别性〕权利'问题群，只是作为部分领域，亦即……法源上各个人的问题来把握。这一问题的解答流入了宗教和世界观对人类图景的基础观念，它涉及自由这种自然法理论的基础公理。"

动范围"（Wirkungskreis）也是应予保全的"权利"，也宽泛地理解权利冲突的可能性、权利划定的必要性，以及保全功能，没有排除"间接的"安保作用等。[52]此外，有的理论将国家作用分为强制和促进（向导），将前者限定于紧要的情形和安全目的，仅容许后者用于单纯有益的情形和福祉目的，也宽泛地解释强制的容许范围。[53]有的见解将国家的强制作用限定于狭隘的安全目的，[54]有的见解还否定国家基于福祉目的的促进作用，[55]这些都是特例。[56]

第三款　自由与各种自由

26

　　如第一款所述，在自然法理论中，自然的自由、生来的权利位于

---

　　[52]　对于康德以前的理论、康德影响下的理论，Preu, a. a. O., S. 112–121, S. 226–231.

　　[53]　Preu, a. a. O., S. 208–213. 另外，提示这种方向的沙伊德曼特尔（Scheidemantel）"将国家法缩减到紧要而可能强制的公共利益领域，而将仅为有益、因而不能强制的内容放逐至政治学"，因此，"所有国家权力的范围和界限、强制的（不）容许性也必须能在国家法自身中找到，而政治学则与仅教导贤明地使用权利的根本教义相冲突"。

　　[54]　Preu, a. a. O., S. 231–233.

　　[55]　洪堡（Humboldt, Ideen, S. 55–57）在提出国民机构（Nationalanstalten）的福祉作用之后说，"国民机构与国家机构之间始终存在着不可否认的重要差异。前者仅有间接权力，后者则有直接的〔强制〕权力。因而，前者在缔结、消解、变更结合关系上有很多自由。"即使"国家结合关系是最狭义的国民结合关系"，也存在问题。首先，每个人意思的反映、每个人的脱离都是困难的。"此外，为各个因素缔结各自的结合关系，要比为不特定的将来情形缔结一般性结合关系更好。""最后……一般而言，结合关系越大，救助就越少……在大的结合关系中人容易变成道具。因为这一结合关系，符号（Zeichen）常常替代了事物（Sache）本身，从而妨碍人类的形成（Bildung）。"

　　[56]　格奥尔格·耶利内克（G. Jellinek, Allgemeine Staatslehre, S. 242–249〔イェリネック（芦部他訳）『一般国家学』〕）（1）作为"膨胀的国家目的论"，列举了（a）沃尔夫的"福祉（幸福）"说、边沁式的"效用"说，（b）柏拉图、亚里士多德的"伦理"说、黑格尔对其的"复兴"、施塔尔的"神的使命"说；（2）"限制的国家目的论"，亦即将"安全、自由或者法（权利）"列为国家目的者，列举了洛克、康德。但是，切除各种学说含义的重要部分，嵌入膨胀的-限制的单一坐标轴，并没有建设性。本书大致是依据普罗伊（Preu）。

27 走向"完善"阶梯的最下端。其中，自然的自由，与"支配"并没有明确的相对关系，它受到否定的评价，被缩减为创设自然状态中的所有、共同体，进而是国家的契约，亦即限制或放弃自由的契约（也承认"默示的"契约）。[57]以 1770 年左右为转机，绝对主义自然法理论向启蒙绝对主义自然法理论过渡，但理论的框架并没有变化。第一，国家中的自由（bürgerliche Freiheit）出现在人们的意识中，它受国家目的的界定，是仅受国家目的拘束的自由。将私人福祉纳入国家目的的见解也认为，私人福祉和公共利益的调和是理所当然的，私人福祉通过国家的警察来实现（纪律化）。第二，有见解认为，国家中的自由是仅受法则拘束的自由，这也存在不承认支配权力受实定法拘束的问题。第三，表明了对滥用支配权力的危机意识，只是说到支配者的道德自制，还没有达到法对自由的保障。当然，也出现了变化的萌芽，出现了特定、具体举出人权者，不是以人类理性而是以冲动（Triebnatur）为生来的权利提供根据者，[58]展开洛克式的讨论者。总体而言，自然法理论一方面认为应当使神学的、制度的国家观解体，提出以个人、自然状态、契约作为逻辑性原理起点，另一方面也为国家权力的强化提供了基础。[59]

　　进入 18 世纪末，自由主义自然法理论得到发展：在自然状态中设想的个人的绝对权利以社会和国家中的人、人性、人格性为基础，

---

〔57〕 Klippel, Politische Freiheit und Freiheitsrechte, S. 31-54.（使用该书者，石川敏行「ドイツ公権理論の限界」新報 86 卷 4・5・6 号 127~135 頁。）另外，根据厄斯特赖希（Oestreich, Geschichte der Menschenrechte und Grundfreiheiten, S. 47-53），"德国自然法理论在个人的、生来的、不能放弃的权利学说上具有决定性的重要性〔列举了普芬道夫、托马修斯、沃尔夫的名字〕"。"普芬道夫和沃尔夫超越欧洲，对美国的人权哲学也有影响"（S. 47. Vgl. auch Gierke, Johannes Althusius, S. 115, S. 347）。与此相对，克利佩尔〔Klippel, Politische Freiheit und Freiheitsrechte, S. 72-81; ders., Persönlichkeit und Freiheit, in: Birtsch (Hrsg.), Grund- und Freiheitsrechte, S. 276-280〕的评价大致是相反的。这里依据的是克利佩尔。

〔58〕 另外，英国的"道德情感"论也影响了德国，在德国也考虑"理性"的要素（Preu, Polizeibegriff und Staatszwecklehre, S. 200-202）。

〔59〕 Klippel, Politische Freiheit und Freiheitsrechte, S. 57-71, S. 82-96, S. 104-112.

自由即使通过契约也不可让渡（侵害这种权利的契约无效）；[60]在国家目的限制自由上主张比例原则，[61]批判横亘于个人幸福和道德领域的国家目的和警察；[62]开始承认支配者受实定法拘束，强化了只受法则拘束的自由观念；[63]另外，出现了与洛克相近的见解，即将保护"自由和所有权"作为国家目的，[64]而卢梭式的"民主主义的自由"并没有普及。[65]因而，自然法理论发挥着宪法的替代、实定法的指针作用（一般国家法），但产生出与现实之间的乖离，逐渐沉潜至（法）哲学的领域。[66]

作为受自然法理论影响而制定的法律，可以举出 1794 年的《普鲁士一般邦法》（ALR）。《普鲁士一般邦法》序章Ⅱ"法的一　　28

---

〔60〕　Klippel, a. a. O., S. 113-119, S. 124-131, S. 182-184.

〔61〕　Klippel, a. a. O., S. 129f.; Preu, a. a. O., S. 118, S. 213, S. 246-248. 也参见本款介绍的《普鲁士一般邦法》和皮特（Pütter）的叙述。

〔62〕　Klippel, a. a. O., S. 131-133; Link, Herrschaftsordnung und bürgerliche Freiheit, S. 141-152; ders., Naturrechtliche Grundlagen des Grundrechtsdenkens, in: Birtsch (Hrsg.), Grund- und Freiheitsrechte, S. 227-231.

〔63〕　Klippel, a. a. O., S. 147-150. 对于过去洛克、孟德斯鸠将自由和法律相结合来认识，vgl. Klippel, Art. "Freiheit", in: GGB, Bd. 2, S. 477.

〔64〕　Klippel, Politische Freiheit und Freiheitsrechte, S. 130, S. 133f., S. 144-146. 不过，当然要注意以下的两义性：洛克在正面个人的劳动——而不是像格劳秀斯、普芬道夫、沃尔夫那样以原初的共有、契约——为所有权提供基础，自由和所有权归入同一范畴。但是，洛克的"自由和所有权"在背后又得到既得权的旧社会秩序的支持（参照、村上淳一『近代法の形成』83~84 頁）。以人格的自由为所有权提供基础，同时也意味着因人格的自由而制约所有权（Klippel, a. a. O., S. 145）。如此，如果以"自由和所有权"作为国家目的，就同时包含着对抗国家目的的"自由和所有权"与为国家目的提供基础的"自由和所有权"。其结果并不总是归结为国家目的的减少（参见第二款）。

〔65〕　Klippel, a. a. O., S. 150-152, S. 170-174, S. 181f.; Link, Herrschaftsordnung und bürgerliche Freiheit, S. 152-155.

〔66〕　Klippel, a. a. O., S. 174-177, S. 184-197. 对于自然的自由并没有获得取代既得权的司法意义，参照、玉井「ドイツ法治国思想の歴史的構造」国家104 卷5·6 号11~18 頁。另可参见第二款注(46)。

般原则"设置了如下规定。[67]第73条"国家的成员有义务根据其身份和财产支持共同体的福祉和安全"。第74条"国家成员的个人权利利益与促进共同体福祉的权利义务真正发生矛盾(冲突)时,后者优先"。第75条"与此相对,国家强制特别的权利利益为共同体的福祉作出牺牲,必须予以补偿"。第76条"国家的居民有权要求国家保护人格和财产"。第82条"人的权利因出生、身份以及法则规定了特定效果的行为或事件而成立"。第83条"人的一般权利在不损毁他人权利时探求并促进自身的福祉,以自然的自由为基础"。第84条"国家成员的特别权利义务与其相对于他人及国家的个人状况相关"。第85条"从行为或事件产生的权利义务,仅由法则决定"。第87条"容许做自然法则、实定法则均不禁止的行为"。

由此,自然的自由、仅受法则拘束的自由、基于法则的权利义务、要求国家保护人格和财产的权利等,可被看作18世纪末自然法理论的基础范畴。不过,第一,强调国家目的的反面是,《普鲁士一般法典》(AGB)序章第79条("国家的法律、命令不得超出共同体最终目的的需要,限制公民自然的自由和权利")对应的条文没有进入《普鲁士一般邦法》。[68]编纂者大概与绝对主义自然法理论一样,尊重既得权,却对自然的自由冷淡。[69]第二,斯瓦雷茨认为,国家的首要目的是人格和财产的安全,亦即划定最广义的"每个人的东西",决定并适用纷争的一般性规范。福祉目的并未被否定,但基本上限于由设施(Anstalt)来推进,

---

[67] 依据的是 Hattenhauer usw., ALR Textausgabe。另外, 作为 ALR 研究史的概览, Landau, Neue Forschungen zum prALR, AöR 118, S. 447-449.

[68] Klippel, a. a. O., S. 169. 对于这一条文, vgl. Conrad usw. (Hrsg.), Vorträge, S. 230f., S. 610f. Vgl. auch a. a. O., S. 255-257, S. 467f.

[69] Schwennicke, Die Entstehung der Einl. prALR, IUS COMMUNE, Sonderhefte 61, S. 333-341, S. 370-373; Hellmuth, Naturrechtsphilosophie und bürokratischer Werthorizont, S. 62-78, S. 200-228.

因为道德不适合强制，强制将侵害自然的自由。[70]《普鲁士一般邦法》第二部分第13章"国家的一般权利义务"中"一般原则"第2条、第3条［"国家首长的主要义务是维持内外的安宁和安全，保护属于每个人的东西不受权力和妨害的侵害。""首长有权营造设施，为居民提供手段和机会，培养能力和力量，并将其用于促进幸福（Wohlstand）"］暗含了这种观念。[71]

另一方面，从《普鲁士一般邦法》规定中出现的各种具体的自由（后述）来看，主导的不是"市民的"自由，而是旧等级的自由。[72]"法律的序章含有一种基本权利的目录，反动势力可在重要方面抑制它"，[73]这一评价现在得不到支持了。[74]

上述抽象的、理念的自由与以下具体的、实定的自由大致可以区分。[75]依据基本法（leges fundamentales）的权利和自由（iura et libertates）［"在自己的领域中，亦即自己的自由（Freiheit）、解放中，归

---

〔70〕　Conrad usw.（Hrsg.），Vorträge，S. 5，S. 7-9，S. 458，S. 463-467，S. 639-644. 能举出的可强制的情形，是安全目的能包含的情形、"现实中能否存在尚不清楚"的情形。对于这一理论构成，参见第二款。对于斯瓦雷茨（Carl Gottlieb Svarez）的讨论，参照、石部『啓蒙の絶対主義の法構造』103~108頁。

〔71〕　与警察相关的ALR第二部分第17章第10条并不含有限制国家目的之意，包括这一明快的论证在内，参照、玉井・前揭「（二）（三）」・国家103卷11・12号58~64頁、104卷1・2号5~6頁、Preu, a. a. O.，S. 274-328. Vgl. auch Hellmuth, a. a. O.，S. 30-38，S. 122-141.

〔72〕　对于序章以外的条文，vgl. Scheuner, Die Verwirklichung der Bürgerlichen Gleichheit, in: Birtsch（Hrsg.），Grund- und Freiheitsrechte im Wandel von Gesellschaft und Geschichte, S. 387f. 对于编纂者尊重身份制的既得权，vgl. Schwennicke, a. a. O.，S. 326-328；Hellmuth, a. a. O.，S. 78-95，S. 228-255. 对于ALR中的身份制要素、破除它的要素，分别参照、石部・前揭书126~139頁、147~184頁、村上淳一・前揭第三章二。

〔73〕　Conrad, Die geistigen Grundlagen des ALR, S. 35f.

〔74〕　Vgl. Klippel, a. a. O.，S. 169f.

〔75〕　克利佩尔（Klippel, Art. "Freiheit", in: GGB, Bd. 2, S. 469-471）显示，在17世纪中叶以前，法学文献中出现的具体的等级自由与神学、哲学文献出现的抽象的自由（与自然的自由相连）也是并存的。

属于地方权力的各种权利的全体复合体"]、[76]等级的各种自由以特权、既得权的方式存续,[77]也为自然法理论所接受。但是,其一部分为国家的高权所吸收,为所有权或国家目的所消解。[78]其他部分是对应于政治从宗教中解放出来(国家的世俗化)的良心和信教自由等,这些与自然法上的自由观念结合在一起。[79]此外,在各种人权(Menschenrechte)的目录和为了"市民"的"平等"的口号下,主张消除等级的各种自由,代之以标榜以农奴解放等为内容的人格自由、防护私人领域(家庭等)、确保"市民的公共性"(出版自由等)、[80]"市民社会"的经济自由[81]等。[82]简言之,它意味着社会关系的变革,特别是创设从国家(法)分化出来但国家作用(法)参与维持的各种社会系统。[83]

---

〔76〕 Brunner, Freiheitsrechte, in: ders., Verfassungs- und Sozialgeschichte, S. 193. Vgl. auch Dipper, Art. "Freiheit", in: GGB, Bd. 2, S. 446-456, S. 488-493.

〔77〕 对于既得权与自然自由的区别对待, vgl. Link, a. a. O., S. 164f.

〔78〕 Klippel, Politische Freiheit und Freiheitsrechte, S. 54-56, S. 96-102. 另参见第二款。

〔79〕 Klippel, a. a. O., S. 102-104; Link, Naturrechtliche Grundlagen des Grundrechtsdenkens, in: Birtsch (Hrsg.), Grund- und Freiheitsrechte, S. 217-221.

〔80〕 对于出版自由作为一种与启蒙政策相关的特权与作为一种人权之间的对照, vgl. F. Schneider, Pressfreiheit und politische Öffentlichkeit, S. 146-168.

〔81〕 对于营业自由从与重商主义政策相关的特权到作为"市民"人权的转变, vgl. Klippel, a. a. O., S. 165f.; dens. "Libertas commerciorum" und "Vermögens-Gesellschaft", in: Birtsch (Hrsg.), Grund- und Freiheitsrechte im Wandel von Gesellschaft und Geschichte, S. 313ff. 对于这时重农主义的影响, vgl. Preu, a. a. O., S. 203-208.

〔82〕 Klippel, Politische Freiheit und Freiheitsrechte, S. 119-124, S. 135-147, S. 159-167. 在不同于英国的德国, 观察到的不是等级自由与各种人权之间的基本"连续", 而是"对照"。对此, vgl. Klippel, a. a. O., S. 164f.; dens., Persönlichkeit und Freiheit, in: Birtsch (Hrsg.), Grund- und Freiheitsrechte, S. 172 Anm. 13

〔83〕 在日本, 颇堪玩味的是, 以作为"公序"的"营业自由"论争(参见樋口『比較憲法』164 頁所列的文献)为契机, 意识到了"依靠国家的自由"的意义, 它不同于自然自由的"远离国家的自由"(参照、同『憲法』238~240 頁、同「資本主義社会と個人」同『憲法と歴史』160 頁以下)。

作为混合了自然自由、所有权、既得权观念的例子，可以举出 18 世纪皮特的叙述来总结。[84] Ⅰ. A. "为了公益的需要"，可以限制自然的自由。限制"必须合乎比例地平等课予所有臣民，在有疑问时，限制必须总是较少，而不是较多"。B. 对于"合法取得的所有权（既得权）"［rechtmässig erworbenes Eigenthum（ius quaesitum）］，（1）"如果不向国家各成员征收税费（Beyträge），就不能实现公共利益的重要目的，每个人必须贡献自己的一份力量。但是，所有国民皆负负担，负担不得超出每个人相对于其他公民的比例关系（Verhältniß）。"（2）(a) 对于财物的所有，"维护共同体全体或者其相当部分，与各个成员的所有权相冲突，如果不牺牲部分拯救全体，共同体就陷于破灭的或破灭的极度危机，这时就必须让个别臣民的所有权为公益作出牺牲"。但这时必须"通过被救者合乎比例的补偿（Beyträge），使所有者不受损害"。这一原则也可以在"采取只是有益于共同体，为更多人接受的措施"时适用。(b) 既得的权限（Gerechtsamen）（特权等）也与 (a) 的情形一样。"但是，在个别情形中，一方或另一方越容易走得过头，在适用最高权力之际，选取宽松措施而非强硬措施，就越是衡平。而在可裁判审查的情形中，不拒绝为所有援用所有权或其他既得权限者提供法上的听证，至少是衡平的。"Ⅱ. "除了这些情形，以下是而且必须继续是所有统治者、官员的黄金法则：即使是最高权力也没有剥夺个人所有权或既得权的权限。正是其维持和保障，才是使人类从自然自由走入公民社会的第一原动力之一。""在这一意义上，英国人将自由和财产作为不可侵犯的圣域，其他任何国家也能同样这么说。"

30

---

[84]　Pütter, Beyträge zum Teutschen Staats- und Fürsten-Rechte, 1. Teil, S. 351–362.

33 ## 第二节　自由、权利和义务的重层构成与并列化

如前节所述，自然法理论推进了在分化之相中把握社会的志向。这一志向在康德、黑格尔的观念论中到达了一个顶点。但是，随着法学独立性和法学内部专门分化的提高，与从理性法论向历史主义或历史法学过渡同步，[85]这一志向退潮了。在本节中，将探讨分化志向的顶点（第一款）与退潮（第二款）是如何反映自由、权利、义务、法关系等基础范畴的构成的。

第一款　自由、权利和义务的重层构成

一、康德

康德将法的义务分为(1)"做正直的人"，(2)"对谁都不做不法之事"，(3)"和他人一起进入一个让每个人都能保持其自有之物的社会"，将权利分为①生来的权利和②取得的权利。以"自由"为内容(1)和①在序论中、(2)和②在私法部分、(3)在公法部分分析。[86]本部分将留意其相互关系，顺次加以概览。

34 　　(1)首先是探讨狭义的"自由"，然后是"权能""幸福"。这些是康德所列举的为设立国家提供基础的原理，大致对应于作为市民的自立（Selbständigkeit）、作为臣民的平等、作为人的自由，[87]显示个人（的行为）与法则之间关系的各种样态。也可以将"唯一"[88]生

---

〔85〕　对于理性法论与历史主义或历史法学的详细情况，参照、玉井「ドイツ法治国思想の歴史的構造」国家 103 巻 9・10 号 3 頁以下、11・12 号 2～23 頁。另参见第二章第一节第一款一（1）。

〔86〕　Kant, MdS, Einteilung der Rechtslehre.［加藤＝三島訳「人倫の形而上学（法論）」『世界の名著・カント』。］

〔87〕　Kant, Über den Gemeinspruch, Ⅱ.

〔88〕　Kant, MdS, Einteilung der Rechtslehre.

来的权利＝自由理解为包括这些样态者。康德对此三种样态分别作出了如下说明：

（a）"个别性意思自由（Freiheit der Willkür）的积极概念是纯粹理性的能力，其自身就是可以实践的。但是，如果不使各行为的准则（Maxime）服从于以普遍法则为资格的条件之下，这就是不可能的。"[89]

这里所观想的是个人的各个行为及在其中起作用的理性与实现普遍法则之间的关系。换言之，

"自由是道德法则的存在根据（ratio essendi），而道德法则是自由的认识根据（ratio cognoscendi）。""实践法则只有以自由为前提，才是必然的"，自由"通过各实践性原则证明实在性"。[90]

（b）"无条件的实践性法则是命令（命令或禁止），因为我们个别性意志受感性的刺激，并不自动符合纯粹意志，常常与之背道而驰。""不违反拘束性的行为是可以容许（erlaubt）的。这种不受相反命令限制的自由，被称作权能（Befugnis）。"得到容许的行为被称作"无涉伦理"（sittlich-gleichgültig）。[91]

在这里，与法则无关的个人的行为自由在被判定之后，显示了由法则课予义务、进行规范的片断性质。

（c）"不幸的是，幸福（Glückseligkeit）的概念是不特定的，因而，尽管无论是谁都希望得到它，但无法明确、不能根据自己的真意说出自己真正想要的是什么。其原因在于，属于幸福概念的所有要素通常必须是经验性的，亦即从经验而来，而且，幸福

35

---

〔89〕　Kant, MdS, Einleitung in die Metaphysik der Sitten Ⅰ.

〔90〕　Kant, KpV, Vorrede; 1. Teil, 1. Buch, 1. Hauptstück, §6 Anm. Ⅰ〔カント（波多野他訳）『実践理性批判』〕; Kant, MdS, Einleitung in die Metaphysik der Sitten Ⅳ.

〔91〕　Kant, MdS, Einleitung in die Metaphysik der Sitten Ⅳ.

的理念还需要绝对的整体，亦即我们今天和将来状态中最大限度的舒适。""幸福的认识仅涉及经验性事实，所有对于幸福的判断完全依存于每个人的意见——而且其自身还特别容易变化，因而，即使能有一般性规则，也绝没有普遍性规则。也就是说，即使能有平均最频繁适用的规则，也不可能有必须始终必然有效的规则。因此，实践性法则不能以此作为基础。""自爱（Selbstliebe）［贤明（Klugheit）］的准则只是劝告（anraten）。人伦的法则是命令。"〔92〕

如此，就区分出委诸个人经验的不特定的、个别的、可变的幸福与普遍的法则。当然，福祉（幸福）目的的国家作用也受到否定。〔93〕

（2）康德对法的普遍原理作出如下界定：

"如果行为，或者根据行为准则的各个人的个别性意思自由，根据普遍法则能与任何人的自由兼容，该行为合法。"〔94〕

这暗示了行为（自由）"调和"（Zusammenstimmung）〔95〕的法则功能。

此外，取得的权利是指"课予他人义务的（道德）能力"。〔96〕康德详细指出：

"如果行使某自由本身是对根据普遍法则的自由的妨害（即不法），就对其妨害实施强制，与根据普遍法则的自由相调和，

---

〔92〕　Kant, GMS, 2. Abs. ［カント（篠田訳）『道徳形而上学原論』、野田「人倫の形而上学の基礎づけ」『世界の名著・カント』］; Kant, KpV, 1. Teil, 1. Buch, 1. Hauptstück, §8 Anm. Ⅱ.

〔93〕　Kant, Über den Gemeinspruch, Ⅱ; ders., MdS, Rechtslehre, §49. 对于康德对幸福、国家的福祉目的的否定，vgl. Hinske, Staatszweck und Freiheitsrechte, in: Birtsch（Hrsg.）, Grund- und Freiheitsrechte, S. 380-391.

〔94〕　Kant, MdS, Einleitung in die Rechtslehre § C.

〔95〕　Kant, Über den Gemeinspruch, Ⅱ.

〔96〕　Kant, MdS, Einteilung der Rechtslehre.

阻止其妨害自由。也就是说，它是合法的。因此，法同时与对损毁法者实施强制的权能根据矛盾律相结合。""法不能被认为是法则的拘束性与强制他人的权能两个部分的合成，后者是以自己个别意志拘束他人者所拥有的。法的概念可在普遍的相互强制（wechselseitiger Zwang）与每个人的自由的结合可能性中直接得到界定。""法与强制权能具有同一意味。"相互强制的法则是"根据在作用反作用同一法则之下物体自由运动可能性的类比所作的法概念的构成，亦即在先验的纯粹直观中描述法的概念……让描述出法概念成为可能的不是法概念〔自身〕……而是相互的相同强制〔这一构成〕"。[97]

36

其中，康德排斥将依据法则的义务与实现它的权利分割开来理解，相反，被课予义务的行为与（在法上）受保护的行为之间被观想为一种直接的照应。如此，义务就是不妨害受保护行为的行为义务，权利就是受保护行为对违反义务行为的反作用〔"强制"不仅仅意味着"权利的外在现象形态"（耶林的批判）[98]〕，义务和权利直接照应。在显示法则内容的意义上，义务和权利的照应关系，也能说是主观法与客观法之间的照应。

具体而言，在分析外部的你我之物的私法部分，康德作出如下说明：

> 外部的我之物"我即使不占有它（并非对象的持有者），妨碍我使用它也构成侵害"。特别是物权，它不是我的个别意志与"有体物之间的直接关系"，而是"私自使用我和所有其他人一起（始源性的或者被设立的）完全占有（Gesamtbesitz）之物的权利。之所以这么说，是因为完全占有是使我有可能将所有其他占有者排除在该物私自使用之外的唯一条件"。[99]

---

[97] Kant, MdS, Einleitung in die Rechtslehre §D, §E.

[98] Jhering, Geist, 3. Teil, 1. Abt., S. 328.

[99] Kant, MdS, Rechtslehre §5, §11.

这里也是将重点置于具有行为自由的人格之间、使用这一行为之间的关系。[100]

（3）以上法和权利的概念界定设想的是私法。在公法领域，"服从对尔等具有权力的官府（对于所有不违反内在道德的事务）"的命题是有效的，"国家的支配者对臣民只享有权利，不负有（强制性）义务"。[101]

然而，公法的目的在于保全私法上的法则和权利，如果勉强比喻而言，公法＝形式，私法＝内容，两者既有区别也有联系。

> "公民体制（bürgerliche Verfassung）只是一种法的状态，它仅仅是保全每个人他自己的东西，本来就不是形成、决定它——所有保证都预先以他相对于（受保全）某人的东西为前提。因此，在公民体制以前（或者将其置之度外），外部的我之物、你之物必须是可能的东西……仅能以共通意思的法则为基础的占有，并因而期待并准备合乎该法则可能性的〔公民〕状态，占有是暂定性法的占有，而在现实的〔公民〕状态中所看到的占有可谓决定性占有。""政治状态并不包含超出或独立于自然状态中能想到的人类相互之间的义务。私法的素材在两种状态中是完全相同的。政治状态的法则仅涉及人们集合的法的形式（政治体制）。由此看来，该法则必然被认为是公法。"[102]

换言之，在国家中命令和服从的同时，分配也被观想为一种目的。也就是说，

> 所谓国家（政治状态），是"应当承认每个人作为他所有的

---

〔100〕 特别是参照、三島「カントの法哲学」廣松他編『講座ドイツ観念論第二卷』255~264頁。

〔101〕 Kant, MdS, Rechtslehre, Anhang zu den metaphysischen Anhangsgründen der Rechtslehre, Beschluß; Allgemeine Anmerkung, Von den rechtlichen Wirkungen aus der Natur des bürgerlichen Vereins, A.

〔102〕 Kant, MdS, Rechtslehre § 9, § 41.

东西由法律决定，由（非其自身之力，而是外在的）充分的力量来分配（zu Teil werden）”的状态。支配者是最高命令权者，同时是土地的上级所有权人（Obereigentümer）。上级所有权所设想的“不是（经验上从部分走向全体）集合的原则，而是根据法概念区分（Einteilung）（土地的分割）的必然性、形式性原理决定”私人所有权。之所以能成为上级所有权人，是因为它“对于所有外在之物（个别地）归属的国民具有命令权人的权利［给每个人分配他的东西（zu Teil kommen lassen）］”。具体而言，最高命令权人作为上级所有权人的权利包括税费和服务要求权、财政和警察（保全公共安全、舒适、良俗）的权利、监督（检查）权。此外，“最高命令权人间接地作为国民义务的承受者，享有对国民课予税费的权利，以便维持（国民）自身。为此可提及的有扶贫制度、孤儿院、教会制度以及其他慈善性或宗教性财团（Stiftungen）”。[103]

这些国家作用=分配的内容当然应在“私法”阶段作为法则或者权利来构成，而康德并没有进行这种构成，也没有去完善现实的法律。考察如何能构成该法则、权利，是本书的主题之一。

二、黑格尔

39

黑格尔法哲学的主旨是“意志自由”。

　“意志，（α）包含着纯粹的无规定性或自我对自己的纯粹反省的要素。其中，任何限制都被消解了。也就是说，任何直接因自然、欲求、欲望、冲动而存在的内容，或者因为什么而有的前提性特定内容也都被消解了。也就是绝对抽象或普遍性的、无限

---

[103]　Kant, MdS, Rechtslehre §44, §47; Allgemeine Anmerkung, Von den rechtlichen Wirkungen aus der Natur des bürgerlichen Vereins, B-E. 作为最高命令权者的权利，此外还有①职位的分配，②位阶的分配（不过，世袭贵族身份被认为是应予废弃的），③刑罚权。

制的无限性、自己自身的纯粹思维。"

"（β）自我从无区别的无规定性向区别、规定、以规定性为内容和对象的定立过渡——该内容既可以由自然赋予，也可以从精神概念中创造出来。作为如此的规定，通过定立自己自身，自我进入一般定在（Dasein）之中——自我的有限性或特殊性的绝对契机。"

"（γ）意志是这两个要素的统一体——特殊性走进自己之中反省，由此带回到普遍性——个别性——自我的自己规定，将自己作为自身的否定，即被规定、限制者而定立，而自己仍然是自己的样子，即仍然在自身与自己的同一性、普遍性之内，在规定中，自己仅与自身相联系——只要是在走向否定性的自己自身的关系中，自我就规定了自己。在走向自己的关系上，自我坦然接受这种规定性，知道这种规定性是以自身之物来理解的东西，是单纯的可能性。自我不受规定性的拘束，在规定性中定立自己，因而，自我只不过是置身于其中而已——这就是意志的自由。""凡定在，皆为自由意志的定在，这就是法或权利。""自由理念发展的各个阶段分别具有固有的法或权利。"[104]

如此，法、权利的各种样态与意志自由两个要素（普遍性和特殊性）的各种样态相对应而出现。以下对于抽象法、市民社会、国家各个阶段的这些样态予以概述。

（1）在"抽象的法和权利"（法哲学第一部分）的阶段，

意志的"普遍性是形式的、自己意识的、此外没有内容的、在自己的个别性中走向自己的单纯关系——主体在这一意义上是人格（Person）"。"意志的特殊性的确是意志的全体意识的因素，但尚未包含在抽象人格本身之中。"

---

〔104〕 Hegel, Philosophie des Rechts, §§5–7, §§29, 30.（藤野＝赤澤訳「法の哲学」『世界の名著・ヘーゲル』。）以下在本项中仅引用节的序号。另辅助性地参见了 Suhrkamp-Taschenbuch Wissenschaft 所载的黑格尔自己的笔记（Notiz）。

在这里，法的命令是，"是人格，就要作为人格尊敬他人"。[105]

（a）首先，"人格要作为理念而存在，就必须赋予自己一个外在自己的自由领域"。显示人格与物件（Sache）关系的"所有"（Eigentum）（第一部分第一章）被构想出来。在这里，物件是指"直接与自由精神不同、一般对于自由精神而言或即自而言的外在之物"，也广泛包含外化［表达（Äußerung）］的技能、知识、能力等。从这一面来看，抽象法阶段的权利始终归属于人格，以物件为对象［故而，否定物法、人法（Sachenrecht, Personenrecht）等的区分］。[106]

（b）在另一方面，权利也在与义务的关系上来观想。

> "义务首先对我而言是实体性的，是对于普遍之物即自的、对自的行动。与此相对，权利是该实体之物的一般定在，因而是实体之物的特殊性一面、我的特殊自由的一面，因而，义务与权利在形式阶段上［包含抽象法］从不同侧面或者按人格分开来呈现。""在私法或私权［抽象法］……中，并没有〔义务和权利的〕关系的现实必然性，因而，只存在内容的抽象同一性。在抽象领域内，对一方是权利者对另一方也是权利，对一方是义务者对另一方也是义务。义务和权利的绝对同一性只不过是作为内容的相同性而产生的。也就是说，该内容自身只不过是下述规定中的同一性，即完全普遍的内容，亦即一个义务和权利的原理、人的人格自由。"[107]

由此，与前述的法命令相照应，可以看到人格之间的关系、人格对人格的义务、人格对人格的权利，以及它们的互换性。实际上，他人的承认（Anerkennen）、对他人的考虑（Rücksicht）在"契约"（第一部分第二章）中成为前提，而在"不法"（第一部分第三章）中则

41

---

[105]　§§35-37.

[106]　§§40-44, Notiz zu §41.

[107]　§261.（§155.）

成为问题。[108]

（2）"市民社会"（第三部分第二章）是特殊性和普遍性的"分裂状态"。

> "具体人格作为特殊的人格，以自己为目的，作为欲求的总体，或者作为自然必然性与恣意的混合，它是市民社会一方的原理。但是，特殊的人格在本质上与其他人格的这种特殊性相关联（Beziehung），为此，每个人格只有以其他人格、同时完全以普遍性形式这另一个原理为媒介，才能主张自己、满足自己。"也就是说，"每个人的生计、福祉、法的定在被编入所有人的生计、福祉和权利之中，以它们为基础，并且只有在这种关联中，才是现实的，并得到保障"，一个"全面依存的系统"出现了。[109]

其中，通过维持显示抽象法的"普遍性"的"形式"，在其中填充具体内容，作为市民社会的法或权利的形态，可以看到特殊而具体的人格之间特殊而具体的关系，以及它们之间的权利义务。

支撑这一关系的复数系统被构想为既相互独立又相互补充地发挥功能。也就是说，

> 首先，"欲求的系统"（第三部分第二章A）"只不过抽象的、故而也作为所有的权利而包含"普遍性，其所有的权利"现实而有效，通过为法而活动（Rechtspflege）〔第三部分第二章B〕保护所有"而存在。"在欲求的系统中，每个人的生计和福祉作为一种可能性而存在"，"通过为法而活动，消除对所有和人格性的侵害"。通过"警察和合作"（第三部分第二章C），"消除在生计和福祉、所有和人格性目的上的偶然性，实现不妨碍人格和所有的安全，同时将保障每个人的生计和福祉——特殊的福祉当作权

---

[108]　§71，§84，Notiz zu §38.

[109]　§§182-184.

利来实现"。[110]

（3）最后，"国家"（第三部分第三章）是：   42

　　"具体自由的现实性。但是，具体的自由在于，人格的个别
性及其特殊利益得到完全发展，（在家庭及市民社会的系统中）
自身承认自己的权利，一方面通过自己自身向普遍利益过渡，另
一方面有意识地承认普遍性是自己自身的实体性精神，为作为自
己最终目的的普遍性而服务。因而，如果没有特殊利益、知识和
意志，普遍性既非有效，亦无法成就，而个人不仅是作为私人为特
殊的利益、知识和意志而生活，同时在普遍之中，为普遍而产生意
志，并意识到这一目的而活动。""与私法或私权〔抽象法〕和私
人福祉、家庭和市民社会的领域相对，国家一方面是外在的必然
性，是更高的力。这些领域的法则和利益均从属并依存于这种力的
本性。但在另一方面，国家是这些领域的内在目的。国家的强大在
于，自己的普遍最终目的与个人的特殊利益的统一体，亦即个人只
要享有权利就同时对国家负有义务。""国家是伦理性的，是实体与
特殊的浸透，我对实体的拘束同时也成为我的特殊自由的定在。也
就是说，在国家中，义务和权利是在同一关系中相结合。但同时在
国家中，相区别的因素会是各自固有的形态和实在，于是又产生了
权利和义务的区别，因而，这些因素是即自的，亦即在形式上同
一，而同时在内容上不同。"例如，"市民的权利与他们对君主、政
府所负义务的内容并不同一。""个人如果从义务而言就是臣民，但
作为市民，通过履行义务，使自己的人格和所有得到保护，使自
己的特殊福祉得到考虑，进而使自己的实体性本质得到满足，获
得属于这个整体的成员意识和自我情感。如此，义务作为献给国
家的给付和服务得到履行，国家就得以维持和存续。"[111]

---

[110]　§208，§230.

[111]　§§260，261.（§155，§258.）

如此，在市民社会阶段所理解的特殊性、与其相关的权利义务与在国家阶段显现的实体性和普遍性、与其相关的权利义务相区别。[112]前者通过后者来实现，后者在实现前者意义上而存在，两者在这一意义上相结合。在这一点上可以说赋予支配者和臣民双方权利和义务的两方，可以在双重契约构成[113]中看到黑格尔构成的原像。[114]

三、小结

康德和黑格尔关于权利、义务（以及自由）的理论在下述意义上可谓是重层的：①康德的行为自由构成法则或基于法则的权利义务的前提，黑格尔的所有构成其他权利和义务的前提；②康德是将私法关系与公法关系区分并结合起来，黑格尔是将抽象法具体化的市民社会特殊性与国家的普遍性区分并结合起来；③如果附带说一句，权利义务是在相互关系之内被规定的。[115]

---

〔112〕 另外，特殊者与普遍者并没有截然的区分。①构成欲求系统的"身份"（§§201-206）也是国家"议会"的构成要素（§§303-312）。②"在〔国家的〕统治权力之下，也含有〔为法而活动的〕裁判权力、警察权力。这些更为直接地与市民社会的特殊之处相关联，使普遍利益在这一目的中有效。"（§287）③合作体中的地位是由特殊利益承担者的选举与国家认证和决定的混合来配置的（§288）。④一般，市民社会中的"制度"（Institutionen）是"国家的以及个人对国家的信赖与情感的坚实基础，是公共自由的支柱"（§263-265）。

〔113〕 Vgl. Willoweit, Rechtsgrundlagen der Territorialgewalt, S. 151；Link, Herrschaftsordnung und bürgerliche Freiheit, S. 40. 对于双重契约构成，参见第一节第一款。

〔114〕 远藤博也（遠藤「キーウィタースとレース・プーブリカ」北法 41 卷 5・6号 302~308 頁）认为，黑格尔区分了市民社会和国家，"正是为了让两者错综复杂，相互密切关联"。两者的区别"对应于国家中的基础社会（共同体）与政治制度（政治体制）的区别，在这一点上也与古典时代以来的传统相联系"。此外，关于黑格尔的市民社会和国家论的庞大论述考察，这里无法逐一参照探讨。

〔115〕 这里舍去了康德与黑格尔的理论差异（"市民社会"等）、方法的异同（"理性"的含义等）等重要论点。

第二款 自由、权利和义务的并列化

一、施塔尔

施塔尔认为，法的第一目的是神的命令，法的第一绝对原理是生活关系的内在使命（Bestimmung＝τελοσ）。法的系统是"法关系群与法制度群（Rechtsinstitute）的关联"，法关系是"具有成为法秩序一部分的使命的生活关系（例如财产、婚姻、遗产）"，法制度是"已经具有法秩序的生活关系"。然而，"伦理性命令遵从人格性（Persönlichkeit）的本性，同时，成为人类对他人、作为他们之物的、他们自身的内在伦理之力（Macht）"。这就是作为法的另一个目的、法的第二次要原理的"权利"。但是，权利的内容被生活关系的使命或法制度所规定。[116] 反映上述见解，反复重申权利宣言的意义在于，"不仅保护臣民免遭官府的滥权，还在国家秩序中保有人类的完全人格独立"。[117] 这里与康德、黑格尔不同，他通过客观制度（生活关系）与主观人格的直接结合来规定权利，并不重视在法制度（生活关系）中人格或人类行为的相互关系、权利和义务的照应关系。也就是说，与康德相反，施塔尔认为，"全体人（国民）的生活实际上并不是单纯的共存、人的单纯并存，而是更高级的秩序、伦理性世界构想的协同统一的实现"。萨维尼的法关系论与康德的行为相互关系的法关系论相对应，但据施塔尔称，萨维尼所举的法关系的例子是法的事例（Rechtsfall），而非法的关系。此外，权利被片面地理解为构成法秩序的始源性直接内容，而不是他人义务的归结，但一部分义务是权利的归结。[118]

45

〔116〕 Stahl, Philosophie des Rechts, Bd. 2, 1. Abt., S. 200f., S. 203f., S. 279-281, S. 293f., S. 296.

〔117〕 Stahl, Philosophie des Rechts, Bd. 2, 2. Abt., S. 518-529. 另外，在权利宣言中，官府承认臣民不可侵犯的领域，这是"日耳曼精神的产物"。

〔118〕 Stahl, Philosophie des Rechts, Bd. 2, 1. Abt., S. 212-215, S. 294, S. 281f. 对于萨维尼的学说，参见二。

施塔尔将权利分为生来的权利与取得的权利，但两者只是与一般权利和特殊权利相并列，他并没有构想前者是后者前提的重层关系。自由也是一种生来的权利，与一般权利在同样的场合来讨论。[119] 此外，施塔尔对康德从"不得将你作为手段来使用"的义务演绎出人格性的权利（外在自由）提出批判。施塔尔认为，这一义务与"不得将我作为手段来使用"这种对他人的人格性权利完全不同。而黑格尔在"所有"的范畴中处理人格性的权利，施塔尔认为，这种做法是混乱的（Konfundierung）。[120] 这些批判显示，施塔尔并不认可与生来的权利、所有相当的观念，前者是取得的权利的前提（康德），后者在与他人的关系中是权利的前提（黑格尔）。

然而，施塔尔的外在法的自由是指"外在行为是由我们自己（Selbst）来决定的，而不是由他人特别是官府恣意决定的"，亦即"我们所服从的秩序对应于我们真实的内在自己，也就是现实的、伦理的理性生活秩序。我们能知道秩序的法则及其根据，故而，能有意识地遵守秩序。我们的个性得到了完全的空间"。伦理的生活秩序和个性的发展可能发生对立，但真正的自由在于调和两者。[121] 因而，"自由"蕴涵着两个问题：秩序的伦理正当性与秩序和个性的调和。[122]

施塔尔还认为，私法关系是"满足每一个人，并完成他的存在"，而公法关系是"共通地支配人类、让人类结合为一个整体，并完成该整体"。[123] 公法关系独立于私法关系而得到规定。也就是说，施塔尔仅仅指出了一面，"私法以共同体中的地位（成员性）为条件，通过

46

---

〔119〕 A. a. O. , S. 286f. 另外，施塔尔认为，由于神赐予肉体，自然自由本身并不是对他人的权利（a. a. O. , S. 279f. , S. 313f.)，他并没有意图将自然自由作为权利的前提。

〔120〕 A. a. O. , S. 281f. , S. 314.

〔121〕 A. a. O. , S. 315f. , S. 324-331. 作为发展个性的措施，具体可以举出减轻或者消除预防性处分、检阅、禁止结社，增进职业选择的自由。

〔122〕 详细参照、玉井「ドイツ法治国思想の歴史的構造」国家 104 巻 1・2 号 34~42 頁。

〔123〕 Stahl, Philosophie des Rechts, Bd. 2, 1. Abt. , S. 300-305.

公共机构（追求权利）而获得确实的执行"，而不像康德那样认为，公法是以私法为内容或目的。黑格尔将国家当作普遍性和特殊性的结合，施塔尔对此也说，"国民生存的完善，不是单纯逻辑性的完善、普遍性和特殊性这种抽象范畴的完全分置（黑格尔），而是创造性、伦理性的完善"。[124]不过，施塔尔也承认存在在公法关系中观想私权的余地。他说，"私权——公法关系中的私权也罢——是以权利人自己的满足和利益为内容和目的。公权是以权利人对整体的影响为内容，因而以对整体的结果为终极目的。据此，例如……公民权（Indigenat）、移居的权能、不受课税的自由等也是私权"。"这一分类与公法和私法的分类在范围上并不一致。"[125]

二、萨维尼

对于权利和法关系，萨维尼说道，

> 所谓权利，是指"属于各个人格的力"，是"人格的意思支配或者通过合意支配的领域"。但是，"所有各个权利只不过是法关系在抽象后分离出的一个特殊方面。只有从法关系的全貌出发，对于各个权利的判断自身才能真正具有说服力。法的关系具有有机的性质。在相互承受、互为条件的法关系构成要素之间的关联中，或者在该关联中得到认可，以法关系成立消灭的形式进行发展中，这种性质变得很明显"。[126]

---

〔124〕　Stahl, Philosophie des Rechts, Bd. 2, 2. Abt. , S. 145.

〔125〕　Stahl, Philosophie des Rechts, Bd. 2, 1. Abt. , S. 286, S. 305.

〔126〕　Savigny, System, Bd. 1, S. 6–8. ［サヴィニ（小橋訳）『現代ローマ法体系第一巻』。］另外，萨维尼认为（a. a. O. , S. 9–11），各个法的判断和法关系的关系对应于法规则和"法制度"的关系（"法规则在法制度的观念中具有更深厚的基础"），各个法的判断和法规则的关系对应于法关系和法制度的关系（"各法关系按照类型处于对应的法制度之下"）。法规则对法判断的涵摄从属于法制度对法关系的涵摄。"我们首先可以将法制度加以分离并予以构建，再按照意愿加以组合。另一方面，法的关系是由生活现象赋予的，亦即表现为直接具体的关联和错综复杂之相。"

于是，萨维尼重视的不是单独的权利，而是法关系，而且与施塔尔不同，是法关系要素之间的关联。在这一点上，他与康德一脉相承，康德通过重视行为间的关系，来规定取得的权利。[127] 萨维尼还澄清了法关系在时间上的连续性。

萨维尼并不认为，对自身人格的力是一种权利或法的关系。

① "这种力是所有真正权利的基础和前提。例如，所有权和债权，只有作为我们自身人格之力的人为扩张，以及作为在我们自然存在之上人为附加的新器官，才对我们具有意义和价值。不过，对我们自身的力并不需要通过实定法来承认或划定范围。〔构成对自身的权利〕其理解的不当之处在于，它以多余且混乱的方式将本性之力与本性之力的人为扩张摆在同一条线上，同样处理。"

② "各个现实的法制度的出发点多数在于，保护人对自身的本性之力，不受外来入侵。" "但是，〔根据这种法制度的权利〕不能被看作人格不可侵犯性的纯粹发展形态，反而是形成完全实定的法制度，其特殊内容与不可侵犯性自身完全相区分。"[128]

这里对自身的本性之力与人为的、实定的权利的区别，与康德的生来的权利和根据法则取得的权利的区别，具有相通之处。

但是，本性之力，在"力"这种单方性规定之外，并没有接受康德"自由"的积极规定。以自由为前提而成立取得的权利，这种重层的关系也没有被构想出来。萨维尼说：

"多数人从反面的角度，亦即不法的概念出发来把握权利（法）的概念。他们认为，不法是他人自由对自由的妨害……对

---

〔127〕 对于自然法理论或康德对萨维尼权利论产生的影响，vgl. Coing, Zur Geschichte des Begriffs "Subjektives Recht", in: ders., Gesammelte Aufsätze, S. 256f.; Kasper, Das subjektive Recht, S. 63f.; Wieacker, Privatrechtsgeschichte, S. 375f., S. 397f.

〔128〕 Savigny, System, Bd. 1, S. 335 – 337. 特别是萨维尼（a. a. O., S. 59）认为，"容许" "只有在以禁止为前提思考时才有意义"，将规范限于禁止、命令的口吻。

这种恶的防御就是权利……如此，他们将消极的东西置于顶点，从生病的状态出发去认识生的法则。"[129]

在某一节里，萨维尼也将法关系的意义还原到作为单方之"力"的权利。他说道：

"人在外界之中。人类环境中最重要的要素，对其而言就是与在本性和本分上与其相等者的接触。如果在这种接触中并存着自由的存在，在他们的发展中相互促进，而不应相互妨害，只有承认无形的边界，在内部为各个人的存在和活动赋予确实的自由空间，这才是可能的。决定这一边界、通过这一边界进而确定自由空间的规则就是法。""各个法的关系都能被理解为由法规则决定的人格和人格之间的关系。但是，根据法规则的决定是给个人意志分配不从属于其他意志而必须支配的领域。"[130]

三、普赫塔

49

对于自由、权利、法的关系，普赫塔有如下说法：

"法的根本概念是自由。"理性被限定在"认识必然的能力"（可谓实践理性的消失），无法从理性的概念达致法和自由。道德的自由是决定行善而不作恶的自由，而法的自由仅为自己决定的可能性，具有（选择）意志。于是，法"是对法的自由的承认，体现为人格与人格的意思，以及人格对对象的作用。法自身首先是神的意思，其次是由神结合在一起的人类全体的意思，是指向承认人格和人格意思的意思"。这种全体意志就是法规（Rechts-satz），其结合就是法制度，被承认的个人意志，亦即赋予人格对某对象的支配力（Herrschaft），或者力就是权利，其复合体就是

---

[129] A. a. O., S. 331–334.

[130] A. a. O., S. 331–334.（着重号系作者添加。）

法的关系。但是，权利，而非法的关系，是"完全特定化的概念"。对于法的关系，也能有特定的理解和体系，但"如果超越边界，法的关系就在〔人格之间〕活生生的交流、偶发性的无限形成之中迷失了自己。法律家在这里的工作是，区分解释各种权利，让关系的法的意义特定化"。

萨维尼的书"可以看作法关系优位的体系"，普赫塔"有意地"反用了萨维尼在法关系上举出的例子，用于显示"法关系的性质是流动的，不适合特定化的划定"。普赫塔说，（萨维尼）"实际上并没有实行让法关系作为法一贯理解的引导意图。他迅速又回归到各种权利，不过只是将这些权利称作法的关系"。[131]

50　　概括以上所说，第一，与康德、黑格尔不同，法的自由与理性无关；也与施塔尔不同，法的自由被置于通往道德自由的路上，是拔除伦理内容的抽象的"能力"。第二，康德认为，法规片段地限制个别性意思自由（课予义务构成取得的权利），而普赫塔则相反，法规片段地承认法的自由。第三，权利被认为是单方的"力"，而不是像施塔尔那样界定为客观的法关系、法制度，或者像萨维尼那样界定为关联、连续的法关系。对于第一、三点，施塔尔对普赫塔作出如下批判：

　　"神在法中的意思（或者全体的意思）〔参见普赫塔的前揭引用〕，仅仅承认人格及其意思，还不至于在超出人类的人类共同体中保持确实的纽带和规则——作为其自身神圣秩序，它是神的意思而非人类的人格意思？""不可能将此〔指普赫塔从人的资格类型导出法关系的类型的叙述〕理解为法关系是根据人作为家庭成员或国家成员的资格来确定方向的——尽管从文字上看是这样的。之所以如此，因为这是一个颠倒的说法……法关系是第一

─────────

〔131〕　Puchta, Institutionen, Bd. 1, S. 3–14, S. 50–53; ders., Pandekten, S. 42f. 萨维尼与普赫塔的观点差异也是普赫塔体系和概念指向很强的体现（vgl. Wieacker, Privatrechtsgeschichte, S. 400–402）。

次性决定项，人的权利是被决定项。然而，体系存在于决定项，
而非被决定项！"[132]

普赫塔直接以人民或其意思为国家提供基础。[133]对于涉及国家的
法关系，普赫塔说，

> "公共活动，在国家内部，终究是命令和服从的关系……命
> 令的机关是官府，服从的机关是公民。""君主有权享有官府的
> 权力（obrigkeitliche Gewalt）"，但"君主和臣民的关系是相互
> 的，如果不将臣民作为公共人格、公权的主体加以承认，就无
> 法理解。这一关系的内容可以表现为在国家应予解决的任务中
> 相互的恩宠和信义（Huld und Treue）。也就是统治中的恩宠和
> 信义、服从中的恩宠和信义。问题在于探究该内容的法的形
> 式""它是对于人格的支配的形式……但是，对于人格的支配并
> 非纯粹的支配（不同于对于物的支配）。在君主的权力中，臣民
> 也是人格，因而也是权利人；君主对臣民不仅具有权利，也负有
> 义务。"[134]

在这里，君主和臣民的权利义务的相互性得到承认，但与黑格尔
不同，权利义务的性质和关系并未得到明确。这里也启发了从命令服

---

[132] Stahl, Philosophie des Rechts, Bd. 2, 1. Abt., S. 298-301.

[133] Puchta, Institutionen, S. 25-29. 国家是作为法源之人民或其意志的体现，私
法关系距离法源是遥远的，即使说前者形成并实现后者，也不能说后者是前者的构成要
素。这一点在萨维尼的书中（Savigny, System, Bd. 1, S. 21-32）是清楚的。萨维尼说，
"各个人民只要作为人民出现，就同时作为国家出现……主张〔在人民的生活中，实际
上在国家设立以前，存在私法处于不完全状态（自然状态）的时期〕仅适用于有意将
人民的国家性质排除时在思考上仍存在的人民状态"。

[134] Puchta, Institutionen, S. 53f., S. 60-66. 普赫塔将权利的对象分为物、人格和
行为。对人格的权利并非对人格的全面支配，而是部分支配，成为对象的权利也有权利
（相互性）。这一见解让同时代的法律家感到违和，因为它将对人格的权利概念和单方
性的罗马父权等结合在一起。没有对人格的权利概念，就无法正确把握公权（a. a. O.,
S. 86f.）。

51

从和支配的角度把握公权的方向，但它并未得到纯粹的贯彻。为此，普赫塔将国家的法关系区别于"封建的关系"（公共和私法观念混在，包含所有概念）、私法关系，但并未明确说明其差异所在。

四、小结

以上学者的法关系论或权利论在下述方面将权利、义务和自由并列化：①明确没有采用行为自由和一般的权利义务的重层构造（参见前款三①）。②将权利理解为力或意志的支配，再将权利与客观的法关系和法制度相联结（施塔尔），或者并不充分地与关联和连续性法关系相联结（萨维尼）。到普赫塔这里，出现了单方性、非伦理性（抽象性）把握法的自由和权利的萌芽。③不采用公法关系和私法关系的重层构造（参见前款三②）。而且，甚至都没有有意识地设定视角构成公法关系（公权）。

第三节　民法学说中的权利

如前节第二款所示，在 19 世纪后半叶以降的民法学说中，权利带有单方性、非伦理性（抽象性）界定的倾向。最初有意思说和利益说的对峙，不久折衷说就成为实定法学的主流。本节将依此回顾这三种学说的谱系。

第一款　意思力、法规范和"公权"化

一、温德沙伊德

温德沙伊德认为，权利是"由法秩序赋予的意思力或意思的支配（Willensmacht oder Willensherrschaft）"，其中包含两种权利：

①"要求与权利人相对的人格或多个人格采取某种行为，亦即作为或不作为的权利。法秩序（客观意义的法、客观法）根据

具体的构成要件命令特定形态的行为，将该命令委诸法秩序所赋予的可便宜发出命令者自由处理……他的意思在贯彻法秩序发出的命令上具有重要意义。法秩序将自己发出的命令让于他，以他的命令作为自己的命令。权利＝法就变成他的权利＝法。"

②某人的意思在权利①的成立、变更、消灭上，亦即并非贯彻法秩序的命令而是该权利的存在，具有重要意义时，他也可以说享有权利。[135]

详细分析一下这一定式。第一，温德沙伊德将法的规范解作命令规范、禁止规范或者与此相关联的否定规范、宣言规范，容许规范实际上是命令、禁止、否定规范。[136]对于权利，重视的也是以他人的行为为对象。例如认为，"物权仅包含禁止"，物权的意义在于，"具有物权者的意思对于关于物的行为，亦即并非特定之人的行为，而是对任何人的行为具有重要意义"。"对于自身人格的权利"也同样是"根据对相对者的禁止"来理解。如此，就从正面出现了"对他人提出某种要求"的请求权概念。[137]如此，就表达了与康德、萨维尼同样的模式，行为自由、由规范片段性课予的义务及其相对应的权利。[138]不过，第二，"对于自身人格的权利"，包括"对自由的权利"，像前述

53

---

〔135〕 Windscheid＝Kipp, Pandektenrecht, Bd. 1, S. 155f. 关于温德沙伊德权利的记述在各版本的教科书中变得越发详细，这里依据的是最终版（基普添加的部分是可以区分的）。

〔136〕 A. a. O., S. 116-118.

〔137〕 A. a. O., S. 166-171, S. 173f., S. 182-189. 当然，温德沙伊德最初也是认为，物权是对物的支配。也包括修改学说的经过在内，参照、奥田昌道『請求権概念の生成と展開』28~31頁、47頁。

〔138〕 于尔根·施密特（J. Schmidt, Subjektive Rechte, Rechtstheorie 10, S. 79）敏锐地指出，不承认容许规范的"命令说"与承认容许规范的学说之间真正的争点在于"学者的法学世界观"。"'命令说'……大致反映的是国家和社会分离的古典自由主义的思考样式，而非前法的自由的自然法思考样式，在后一思考样式中，国家只有在根据禁止规范部分侵入时才设定法……据此……'容许的领域'就是没有国家，因而没有法的社会领域。反对说则将该领域理解为国家、社会通过法的手段对个人采取行动的结果。"当然，本书重视的是"命令说"和自然法思考之间的关联。

那样是在与他人的关系上来观想的，从一开始就将萨维尼所说的对自身人格的力置于考察之外。[139]第三，权利①不是来自法规范的内容，而是法规范的形式构造。也就是说，与萨维尼不同，这里的意思并不包含人格性等理念，而是一种形式性处分权限，可谓从外侧启动内容已确定的法规范。故而，义务同时意味着法规范的形式和内容，它与作为法规范动因的权利、意思之间是间接的关系，而法规范所针对的他人行为从表面出现，却并没有关注应该与其相对应的自己行为。其结果是，温德沙伊德并不看重法的关系。[140]温德沙伊德承认利益是权利的目的，却没有将其包含在权利的定义中。[141]这表明，并没有在形式的规范构造与现象、他人行为与自己行为之间架桥沟通。第四，尽管意思和形式规范之间的关系是不同的，但鉴于意思的重要性，也将①和②作为权利来概括。从温德沙伊德重视意思和形式规范之间关系的立场来看，这一点并不是不言自明的。基普补订了温德沙伊德的教科书，他毋宁是通过"从法关系考察权利"将部分②（权利让渡的权利等、权利人通过意思表示能实现权利变动的情形）还原为①。[142]

54

二、托恩和比尔林

如上文一第四点所述，温德沙伊德依然重视与规范相联系的意思，而彻底从形式的规范构造导出权利、将权利论的视角从法解释学移至一般法理论的正是托恩和比尔林。[143]两者都将法的规范解作命令

---

[139]　Vgl. Windscheid = Kipp, Pandektenrecht, Bd. 1, S. 175.

[140]　Vgl. a. a. O., S. 165f.

[141]　A. a. O., S. 157.

[142]　A. a. O., S. 162f. [Kipp]. 另一方面，在②中，解除权等虽然也能消灭解除者的权利，但因为目的在于消灭义务，并不与①发生关系。也就是说，基普设想的法关系并不重视相互性。

[143]　对于托恩和比尔林在学说上的关系，vgl. Kasper, Das subjektive Recht, S. 70-75.

或禁止，[144]重视请求权。[145]利益、收益与行为的容许（Dürfen＝Erlaubtsein）自身并不是权利。[146]对于权能（Befugnis＝Können rechtlicher Art），亦即自然能力（das natürliche Können）的行使和特定法效果的结合，也与温德沙伊德不同（参见一②），其自身并不是权利，[147]或者说重要的是包含在其中（附条件）的请求权或义务。[148]

托恩通过援用违反某规范之义务的其他规范为权利和请求权奠定基础。[149]也就是说，

> "权利是为了受规范保护者而产生于下述客观法的规定中。依据它，在有违反规范的情形时，他被赋予手段，亦即请求权，以便实现命令或撤销禁止。"如此，"请求权只有在生成新的规范〔①〕，或者废弃迄今的规范〔②〕的情形中才能存在"。②的典型是自力救济的容许；①的典型是"为了发生命令特定国家机关（大抵是法院）提供权利救济的法命令而设定前提条件，由法秩序所赋予的力"。[150]

托恩因为并不从规定义务的规范导出权利，义务和权利的关系就比温德沙伊德更疏远。而且，在①的请求权、权利中混合着针对国家机关的公权性质。之所以有"托恩所说的权利并非权利"这样的评

---

[144] Thon, Rechtsnorm und subjectives Recht, S. 1–3; Bierling, Juristische Prinzipienlehre, Bd. 1, S. 71–76, S. 87f., S. 93–97.（命令和禁止以外的法规范被视为非独立的法规范，所谓容许的法规范，其自身也是否定禁止的法规范。自由权规定意味着对国家或国家机关的禁止。）

[145] Thon, a. a. O., S. 223ff.; Bierling, a. a. O., S. 160–169. 另参见一第一点的评论。

[146] Thon, a. a. O., S. 218–222, S. 288–324; Bierling, a. a. O., S. 163–165. 托恩也承认受保护利益和收益是权利的目的（vgl. Thon, a. a. O., S. 3–5），比尔林也承认容许的行为与请求权之间存在联系。问题在于，这一点从权利的定义中分离出来。参见一第三点的评论。

[147] Thon, a. a. O., S. 335–350.

[148] Bierling, a. a. O., S. 165f.

[149] Vgl. Thon, a. a. O., S. 5–11.

[150] Thon, a. a. O., S. 216–218, S. 223–228.

论，其原因就在于此。[151]

与此相对，比尔林通过下述方式为请求权提供基础。

> 法规范存在于法共同体成员所意欲或承认的地方。意欲、承认有两种样态：要求、赋予规范（normgebend）的意思与服从、接受规范（normnehmend）的意思。前者意思的界定被称作请求权，后者被称作义务。请求权与义务完全相关，表示了复数主体之间的关系＝法的关系。作为客观法的法规范与上述法的存在形态相分离，表示法（关系）的内容。[152]

但是，如果根据比尔林的抽象概念，就会产生一个疑问：权利和义务不是从法的存在形态（关于法有效的承认说[153]），而是从法的内容中导出、辨别的吗？[154]

56

三、赫尔德

另一方面，赫尔德设想了不同于温德沙伊德的规范形式。

> 赫尔德区分了命令、容许、禁止等法的内容。对于容许和禁止，可谓在两个阶段上认识客观法，并不直接对应于权利和义务。"作为法内容的容许为权利人的积极权能提供基础，对应于法共同体其他成员的消极义务。作为法内容的命令，为特定人的积极义务提供基础，对应于权利人要求履行义务的权能。作为法内容的禁止，无论是法共同体其他成员还是特定人，都是为其消极义务提供基础，首先不与权利人的积极权能相对应。但是，首

---

[151] Vgl. Windscheid＝Kipp, Pandektenrecht, Bd. 1, S. 158.

[152] Bierling, a. a. O., S. 27–30, S. 40–45, S. 145–160.

[153] 对于承认说，详细参照、大桥智之辅「ドイツにおける法承認論」天野＝矢崎＝八木還暦『現代の法思想』2 頁以下。

[154] 作为更为根本的批判，vgl. Hölder, Buchbesprechung, Kritische Vierteljahresschrift für Gesetzgebung und Rechtswissenschaft, 3. F., Bd. 1, S. 29–37, S. 49–51; Windschid＝Kipp, a. a. O., S. 161 [Kipp].

先仅仅是容许或禁止的法在特定条件下也为特定人的积极义务，进而是特定的要求提供基础。容许的法在没有被禁止的自力行使就不可能实现内容时，为对于妨害实现者提出让实现成为可能的要求提供基础。禁止的法在有违反行为时，为消除结果的要求提供基础。"作为权利，在应然（Sollen）之外承认能为（Können，但没有独立的内容）、容许（Dürfen）。[155]

57

但是，赫尔德自身承认命令、容许、禁止的共通点和连续性，[156]将三者分开处理仍有疑问。[157]

四、布赫尔

近年，布赫尔通过"规范性考察"，将权利从"法内容概念"剥离开，作为"法形式概念"来论述。布赫尔并不是像凯尔森那样，将法规范视为规定国家机关强制的假言命题，而是规定法的服从者的行为的法命令。如此，凯尔森所说的权利因参与了作为国家意志之规范的制定，而始终带有公权性，而布赫尔意图"从私法的出发点来处理权利概念"，将凯尔森式制定法规范的授权等级向下延长一级导出权利。[158]布赫尔认为，

〔155〕　Hölder, Pandekten, S. 322f., S. 330–332. Vgl. auch dens., Ueber objectives und subjectives Recht, S. 41–45; ders., Buchbesprechung, Kritische Vierteljahresschrift für Gesetzgebung und Rechtswissenschaft, 3. F., Bd. 9, S. 227f.

〔156〕　Hölder, Pandekten, S. 62–65.

〔157〕　Vgl. Windscheid＝Kipp, Pandektenrecht, Bd. 1, S. 159f. [Kipp]. 对于客观法或主观法的两阶段区分的疑问将在第三章第二节第三款中处理。

〔158〕　Bucher, Das subjektive Recht, S. 1–18. Vgl. auch a. a. O., S. 36–40, S. 42–46, S. 50f. 布赫尔也从"自由的推定"出发，原则上不承认容许规范，不认为容许（Dürfen）是权利（a. a. O., S. 53f., S. 187f.）。对于凯尔森的学说，参见第二章第二节第二款一。

不过，艾歇尔（Aicher, Eigentum, S. 34）认为，凯尔森和布赫尔的权利论差异并不是因为他们在把握规范构造上的差异。艾歇尔认为，凯尔森通过一个法规范确定法的服从者的义务与国家机关的义务，观想两者所面向的权利。而根据托恩的观点，只有针对国家机关的法命令被主观法化，而凯尔森则避免了这一缺点（a. a. O., S. 17–19, S. 24–27）。但是，凯尔森将规定国家机关强制的法规范作为第一次性规范，以参与国家意志

权利是制定个别性、具体性规范的权能。行使权利表明的意思=法规范是请求权。权利与潜在的义务相对应，请求权与现实的义务相对应。让权利产生变动的形成权、行使形成权的法律行为（意思表示）或提起形成诉讼区别于权利、行使权利的意思表明（请求权的提出）。法律行为是一次性的，不能变更，而行使权利的意思表明不拘束权利人，可能变更。[159]

但是，将与公法（公权）具有亲和性的凯尔森理论延展来观想私权，这依然带有勉强性。[160]也就是说，布赫尔所说的作为行使权利的意思表明，是否具有发生现实义务的效果，这是可疑的。[161]首先，没有表明意思就不产生现实的义务，这是难以理解的。为了避免这种困难，布赫尔承认，有时即使没有表明意思，也可根据"一般生活经验"推定行使权利（物权、人格权等），[162]但这不免成为一种"虚构"。[163]其次，如果表明意思产生现实义务，表明意思对相对人而言就有重要意义。另一方面，如果意思表明可自由变更，表明意思对表明者而言就没有重要意义。这是不均衡的。[164]

艾歇尔考察了作为"法形式概念"的权利，在探讨了凯尔森和布赫尔的学说之后，最终还是大致支持了凯尔森。[165]

作为权利的重要因素，凯尔森的公法亲和性是不能否定的。在这一意义上，反而希望重视的是凯尔森和布赫尔的不同点、凯尔森和托恩的连续性。

[159] Bucher, a. a. O., S. 55-68, S. 70-80, S. 89-99. Vgl. auch a. a. O., S. 49.

[160] 因为布赫尔所说的个别性、具体性规范的范围与给付诉讼的范围重合，卡斯珀（Kasper, Das subjektive Recht, S. 151）认为，如果将所谓个别性、具体性规范置于前面，就贯穿着诉讼法思考。

[161] Aicher, a. a. O., S. 38-45. 使义务发生的毋宁是布赫尔区别于权利的法律行为（Kasper, a. a. O., S. 149-151）。

[162] Bucher, a. a. O., S. 68-70.

[163] 参见注(161)所列文献。

[164] 卡斯珀（Kasper, a. a. O., S. 151）认为，制定规范意思的变更一定带有限制。

[165] Aicher, a. a. O., S. 15f., S. 20-24. 原则上，不承认容许规范，将容许（Dürfen）解作法的保护客体而不纳入权利的范畴。形成权也以"构造"的差异为由，没有被纳入权利（a. a. O., S. 45-61）。

第二款　利益、现象和发散化 59

一、耶林

耶林的见解与前款的意思说形成对照。耶林将客观法或主观法中的"意思"与法的"实现"（Verwirklichung）相联系，而不是与形式性规范构造相联系。

> "如果客观意义的法是'普遍意思'，那么，法的本质就在形式的关系中以再简洁、再适当不过的样态得到重现。这是因为不论法的任务、目的、内容是什么，法的本质都在于实现，而实现的前提在于力，力的机关、承担者是意思。""〔但是〕在这种理解中，欠缺关于意思内容的原理。""如果个别性意思只有在为普遍意思所涵盖时才能意欲，主观意义的法与'普遍意思'以这种样态相结合，那就是完全正确的。只有为该照应关系所及，普遍意思所具备的力也体现于个别意思……这一意义上的权利可以说是'国家意思和各个意思的具体统一体'，是普遍意思在私人中具体化、活性化的一部分。"〔166〕

与黑格尔和萨维尼不同，耶林不以包含理念或伦理性的意思作为权利的实质，而是重视位于这种意思的前庭的现象、个人"欲求、目的、指向"的满足。

> "如果权利的核心（Sache）被理解为在意思实质（Willenssubstanz）上的满足，整个私法也不外乎是意思驰骋、尝试、活动、享受自己进化的舞台。""〔但是〕意思的真正领域、人格性的创造性形成力的范围是从法的领域的终点才开始的。法不是意思的素材，而是它的前提。如此，对法有效者，也同样适用于权 60

---

〔166〕　Jhering, Geist, 3. Teil, 1. Abt., S. 327–332, S. 339–350.

利。"因而，权利的实质因素是效用（Nutzen）、好处（Gut）、价值（Wert）、享受（Genuß）、利益（Interesse）。[167]

这里并没有考虑形式的规范构造，因而，行为自由与由规范片段课予的义务、对应的权利相区别。客观法与主观法在"内容""实质"上的关系也不明确。与自己利益相对应的他人行为、与权利相对应的义务还没有受到关注。托恩对耶林的批判表明了这种意思说和利益说的正相反关系。他说，

　　"权利是受法保护的利益，这一定式表达的观点是，享受受保护的财物是享受或行使权利，权利不仅使享受成为可能，还赋予了享受。"但享受只是受到法（权利）的保护，而不是被赋予的。[168]

结果，耶林并没有完全仅以利益来界定权利，而是作为权利的形式因素附加了"法的保护"（在私权时，就是"诉"）。[169]于是，私权和公权的要素接在一起。

当然，耶林在有关反射效果（Reflexwirkung）的论文中，并非孤立地，而是在各行为及其他现象的关联中，进而是在复数主体之间的关系中对利益作出本质性分析（当然，并不是在与"规范"的关联中来论述）。

　　论文首先从三个视角对所考察的关系（Verhältnis）进行决疑、分组：①反射效果的成立源是继续性关系（进而是事实状态还是法的状态）还是一时性现象（行为等）；②反射效果的形态是事实的还是法的，有利的还是不利的，是否为一时性的，能否撤销，是全体的还是部分的；③反射效果的根据（"作为效果从

[167] Jhering, Geist, 3. Teil, 1. Abt., S. 327–332, S. 339–350.
[168] Thon, Rechtsnorm und subjectives Recht, S. 218–220, S. 288–292.
[169] Jhering, a. a. O., S. 339, S. 351, S. 353f.

一方的人格向另一方偏离或者移动之根据的状态，或者第一次性关系者与第二次性关系者的关系"）是什么。

其次，根据决疑论，界定反射效果的描述性概念。"所谓反射效果，是指在一方的人格中产生的事实及于第三人的结果，它是以特别关系为条件，并完全由此引起的经济上的有利或不利。"

此外，对于反射效果的学理或法学概念［"他人因完全没有意志活动而产生的取得（Erwerb）"］，考察①法的性质，②反射效果原因者的权能与对于权利妨碍（Rechtsvereitlung，通过自身完全合法的行为使相对人的将来权利、现在权利的预期将来结果丧失）给相对人的例外保护，③反射效果原因者对相对人的例外请求权、共同体关系中的费用请求权。[170]

耶林公权论的特征在于，将"利益""保护"作为具有程度的概念，灵活地予以处理。也就是说，不同于私权通过私诉来保护，耶林认可公权受刑事法官或国家机关保护。不是承认远离个人的"保护"形式，而是将公权与反射效果的区分标准诉诸"个别性权利损毁的确证可能性"，具体而言就是"利益"的特定性。

　　"在没有正当地征收保护性关税时，受害者不是特定的制造业者或农户，而是所有人——法律的有瑕疵行使的效果消解于一般的、不特定的效果。与此完全不同，某人行使选举权受到妨害或者被剥夺自由时，受到权利损毁者是这个特定的人，即使必须委诸机关之手去追究其所遭受的不法，它也是其特别遭受的不法，其自身包含着人格上的权利。"[171]

既然一般利益也是利益，那就是属于个人而非法人或团体，其独

---

[170]　Jehring, Reflexwirkungen, Jherings Jahrbücher 10, S. 245–354.

[171]　Jhering, Geist, 3. Teil, 1. Abt., S. 352f. 该书第三版（1877, S. 339）认为，"警察法、刑法保护我们，但并不以归属于我们的权利形式进行保护"，第四版（1888, S. 352f.）则改成了正文所述的内容。

特之处只是不特定多数人的享受具有不可分性和共通性（并不被视为与私益有质的不同的公益）。这种"利益"需要在世代（过去、现在、未来）之间进行利益调整，因而，通常是由当下的行政来承担。但在规定了由实践性诉讼形态来"保护"时［罗马法的民众诉讼（actio popularis）］，那就承认它是共同的或总体的权利（Gemein- oder Gesamtrecht）［与其相对的是排他性个别权利（Individualrecht）］。当然，耶林的关注自然不同于之后公权学说的关注，他考虑到社团、财团、公物的一般使用（Gemeingebrauch），要放弃法人所有这样的"虚构"，像古罗马氏族集团（Gens）的共有（Gesamteigentum）那样"在法学上构成自然的关系"。

> "氏族集团的物属于全体氏族成员……根据原来的理念，民众诉讼是为了保护不可分的共通权利、固有关系的诉讼……诉的基础在于起诉者自己的权利，虽然他的活动也有助于他人，但这一状况并没有赋予该活动代理的性质。"[172]

另外，诺伊纳展开了类似于耶林的论述。

诺伊纳认为，"狭义的法关系"（主要的"单纯的法关系"）是指，"为法所承认、在法上保护不受第三人相反意思影响的、人格和生活利益之间的关系"。多数单纯的法关系是相互关联的，以"合成性法关系"的方式体现为人格之间的关系。这不是理论的对象，而是决疑论法适用的对象。从狭义法关系派生出来的是"权利或权能"。在法的关系中有事实的侧面（生活关系、生活利益、利益）与法的侧面（法的承认、课予第三人的义务——对第三人的意思支配）。"法的关系已经作为生活关系、已经遵从关系所依托的素材的生活使命（Lebensbestimmung），包含自由领域的需要。该自由领域之后就作为法的领域得到法的承认和保障。"

---

[172] Jhering, Geist, 3. Teil, 1. Abt., S. 340, S. 355-365; ders., Geist, 1. Teil, S. 201-203. 对于这一部分的论述有很多应予探讨之处，这里不拟涉足其中。

法的关系也是从事实的侧面来分类。[173]

在这里，诺伊纳看到，自己所重视的单纯法关系与萨维尼、施塔尔所重视的法关系相对应。但是，像诺伊纳自己部分承认的那样，萨维尼所说的法关系与诺伊纳的合成性法关系相对应；而施塔尔所说的法关系、生活关系并不是指人格和生活利益之间关系那样的狭窄领域。正如诺伊纳所承认的那样，他的单纯法关系毋宁是相当于普赫塔所说的权利，而从萨维尼、施塔尔来看也相当于权利。不过，萨维尼、施塔尔所说的权利以人格性、理念性意思力为内核，与此不同，诺伊纳的法关系明确分成了"事实的侧面"和"法的侧面"。这里反而刻画出了诺伊纳与萨维尼、施塔尔的差异。

63

二、布林茨和施洛斯曼

将权利作为现象来分析的学说容易带来各要素的分裂。布林茨将权利的要素作出如下区分（C 被认为是基本私权的"基础和本质"），[174]很难看到要素之间的相互关系。

A 使用权能	I 我们之外的物质界的对象		
	II 我们自身的力	1. 肉体的力	
		2. 精神的力	a. 命令·禁止·许可
			b. 教授·教化·会话
B 法的力（广义的法行为）	I 法的	1. 创造·废止（立法）	
		2. 适用（判决等）	
	II 权利的	1. 创造·终了（狭义的法律行为）	
		2. 主张（诉讼）	

64

---

[173] Neuner, Privatrechtsverhältnisse, S. 3–15.

[174] Brinz, Pandekten, Bd. 1, S. 209–219.

续表

C 不可视的法的结合	I 物与人格、目的的结合（所有权）	
	II 人格与人格、目的的结合	1. 所有权的结合
		2. 债权的结合

对此，施洛斯曼从四个方面对权利的语义加以整理：

①"一个判断是，不妨害权利人的行为，或者不强制某种行为，是合乎正义的，如此，防止他人妨害或强制权利人，就是正义的要求。"［另外，施洛斯曼并不认为，容许行为（Handeln-Dürfen）、事实上的力（Macht，Herrschaft）是权利。〕[175]

②"国家保障权利人行为不受妨害的保护"。①对应的是"正当秩序意义上的法秩序""自然意义的法"，②对应的是"作为有效秩序的法秩序""公民、国家意义的法"。

③"各权能之源"。"在人的精神中有一种难以抗拒的倾向，即在其中产生的感觉世界、观念世界的多数个别现象，如果因某种理由而被认为具有共同属性，就将其还原为共通而统一的原因，将其视为同一个中心的放射。""如果所有权实际上不仅仅是各个权能的推定原因，而是真正的原因，那么，即使在思考上除去所有权所创造的种种权能和诉权，来理解所有权自身，所有权也必须是某种东西。但是，这其实是不可能的……法在概念上均以多数人的相互关系为前提，因而，人和物的关系还不能仅此就具有法的意义。事实上，应当保护某人格在某物上免受第三人一切可能的妨害，所有权概念将应予保护的无数可能性归结为一点来把握。"

④经济意义的权利。"财物的享受、财产价值……在受法保障的享受安全性前提下来理解。因为法对这种财物的经济价值的

---

〔175〕 这是施洛斯曼对温德沙伊德的批判（Schlossmann，Vertrag，S. 244-246），但温德沙伊德最终也不认为容许行为（Handeln-Dürfen）等是权利（参见第一款一）。

影响……关于财物的权利，取代财物，而成为财产的构成部分。"
与③一样，"'财物'被认为是从特定根据产生的一个东西，它不
外乎是利用可能性的总和。"

　　法学是以①作为对象。在处理实定法时②会成为问题。③只
能作为用语上的辅助手段来使用。④因为有混同之虞，在学术上
应当避免使用。[176]

　　于是，权利的要素被集中了，权利被收缩为"请求权"（排斥像
"有机体"那样处理债权关系的法关系思考[177]）。相反，权利的内容
变得贫乏了，而作为法判断之"根据"的"法原理"受到了重视。[178]

三、德恩堡

　　在重视现象的学说中，德恩堡的学说是特别的。他说：

　　　"客观意义的法是受一般意志保障的生活关系的秩序。""在共
　　同体中作用的各种力必然创造共同体中生活关系的事实性秩序……
　　如此成立、存在者，作为正规而重要的应予保护者，因而作为
　　法，在共同体内有效。""一般意志承认生活利益归属于某人格，
　　为该人格提供保障。主观意义的法在于赋予其生活利益。主观意
　　义的法植根于个人的人格性。国家予以承认、保护、更为详细地
　　确定。国家并不创造权利。"温德沙伊德认为，权利是"法秩序
　　所赋予的力"。但这一见解无法对《普鲁士宪法》第9条[179]的

66

---

[176]　Schlossmann, a. a. O. , S. 248-257.

[177]　参见萨维尼的学说（第二节第二款二）。

[178]　Vgl. a. a. O. , S. 257-284. 对于施洛斯曼"契约"论的根基，参照、来栖『契
約法』6~10頁。

[179]　"所有权不可侵犯。只有根据公共福祉，事前给予补偿，紧急时至少暂定决
定补偿，根据法律，才能剥夺或者限制所有权。"［依据 E. R. Huber（Hrsg.），Dokumente,
Bd. 1, Nr. 168.］ 对于该条的所有权（Eigentum）概念，参照、石川健治「財産権（一）」
国家 105 巻 3・4 号 43~65 頁。

原则、新法不溯及既往的原则作出说明。[180]

如此，德恩堡以各个个别现象为客观法、主观法提供基础，将两者置于异质的状态。[181]这可以说是既得权式的思考。[182]

四、埃塞尔、于尔根·施密特和沙普

（1）二战后，埃塞尔从功能上分析权利说，

"客观法秩序——就分配而言——是以承认权利的方式来实现的。如此，财物的分配与所谓权利的承认是同义词。""所谓权利，是受社会拘束的决定权——关于被分配的价值自身的决定（享受和处分功能），关于他人创造分配之行为的决定（实现功能），关于他人妨害分配之行为的决定（保护功能）。"所谓意思说并没有抓住分配本身，利益说并不显示权利的功能特性。而权利还具有资本、支付手段的性质。[183]

（2）于尔根·施密特将重点置于考察权利的"具有社会意义的（sozialrelevant）内容"。

首先，权利的"形式构造"是关于权利人的容许规范与关于所有其他人的禁止规范的结合。但是，权利的"实质构造"有相互独立的两种，亦即以行为为对象的行为权（Aktionsberechtigung）

---

[180] Dernburg, Das bürgerliche Recht, Bd. 1, S. 45, S. 104f. 德恩堡（a. a. O., S. 106）将法关系看作"类似于"权利的概念，界定为"具有法的意义的权利主体与人格或物之间的关系"。

[181] 另外，Windscheid＝Kipp, Pandektenrecht, Bd. 1, S. 158f. [Kipp]. 对德恩堡再作反驳。

[182] 柳瀬良干 [柳瀬「既得権」同『行政法の基礎理論（二）』121～126 頁]认为，既得权不可侵犯论主要应用于法的时间效力、国权界限两个问题。参见本章第一节、第二章第一节第一款一（2）。

[183] Esser, Einführung, S. 150-164.

与以财产价值为对象的财产权（Vermögensberechtigung）。[184]

这一"财产权"可以说是在经济系统中把握权利。

（3）沙普首先假定了社会中的构造（Struktur），特别是经济系统[国家作用也作为国家和私人（全体）之间的给付，在"构造"中予以定位]。

> 其中，经济意义的所有（Eigentum）、为所有而提出的要求（Anspruch）具有重要意义。法规范在法的体系内部表示命令和服从，在体系外部作为关于"构造"中纷争的决定发挥功能。在特定要件下，将经济意义的要求作为请求权加以承认（对于公法规范、公权也同样如此）。价值，特别是自由，涉及政治的全体决定（politische Gesamtentscheidung）。全体决定处于以经济系统为手段的关系之中，但是从经济系统和法的功能分离来观想的。[185]

如此，沙普的考察不是偏重规范、形而上的价值，或者程序、自由，而是重视社会功能或者实体。这时，沙普在经济系统中表现法的功能和实体要素。为此，结果变得仅强调经济系统。但是，广泛灵活地理解法体系自身的功能，将法体系作为复杂化的系统来把握实体性要素，这种选择也是有可能的。

另外，沙普批判传统公权论没有明确区分程序和实体。

> "主权思想，将追求公益的功能性因素与法对于这一利益追求的决定因素，在国家方面，收束为根据法律进行强制这一原理。""公法学放弃了公共任务的系统，因为系统化看上去是不可能的。"

沙普自身是这样构想的：

68

---

[184] J. Schmidt, Aktionsberechtigung und Vermögensberechtigung, S. 11–71, S. 277f. Vgl. auch ders. , Ein soziologischer Begriff des "subjektiven Rechts", Jahrbuch für Rechtssoziologie und Rechtstheorie 1, S. 299ff.

[185] Schapp, Das subjektive Recht, S. 14–68, S. 118–143.

"赋予行政主动权，导致在诉讼中当事人角色的转换，〔但〕从实体上说，行政的权利的存在〔而非行政的'判决性行为'的合法性〕才是诉讼的对象……行政在双重功能中行动，既是追求自己的要求（请求权），又是被承认有权以可执行的方法首先自行确定要求（请求权）的范围。""公权概念的基础在于国家功能与决定国家功能范围的法在方法上的分离。"例如，在建筑许可的情形中，成立建筑申请的决定请求权、国家对建筑主的考虑公益请求权。[186]

这一学说也促使亨克修改了他的公权论。[187]

第三款　折衷说的图式和理念

一、舒佩

舒佩集合各要素构成了权利。

"法是从意识具象（Bewusstseinskonkretion）〔具体的我、人类个人（Menschenindividuum）〕的评价所产生的（在客观上有效）意思。"第一，权利"必须意欲到客观法的意思"。意思的对象是行为或不作为，因而，权利"只能存在于自己或他人的行为或不作为之中"。而客观法是命令，课予应当保障权利的行为或不作为义务（权利的第二规定）。此外，客观法意思的动因在于"最大限度地使道德和知识完整化、最大限度地增进主观的幸福感"等。因而，"为了谁的利益而课予谁义务"，这是权利的第三规定。在依存于个人嗜好、个别状况的幸福感成为动因时，客观法"以各个人的主观意思作为自己的意思，承认它，肯定它"（狭义权利的第四规定）。根据意思的对象是自己的行为还是他人

---

[186]　A. a. O. , S. 152-164, S. 177f.

[187]　参见第三章第三节第三款。

的行为、权利人是所有人还是满足特定要件的人、义务人是所有人还是满足特定要件的人，可以将权利分成八种。[188]

舒佩和耶林一样，从本质上理解行为，同时和温德沙伊德一样，遵循形式的规范构造（第一、第二规定）。不过，意思的对象是自己行为的情形与是他人行为的情形的关系并不明确，分类缺乏明了性。例如，所有权就是横跨两个范畴，既是以自己行为为对象的权利，也是以他人行为为对象的权利。第三、第四规定可以说是伦理性要素。但是，完整化（第三规定）这种概括性观念的意义已经是令人怀疑的。[189] 而从狭义权利仅限于财产权就能感受到，仅以个人要素（第四规定）是难以划分权利的。[190]

二、雷格尔斯贝格和基尔克

但是，意思和利益的折衷方法通常是以意思为形式和抽象的力，以利益填充其内容和目的的方法。早期的学者有罗辛、默克尔、贝尔纳齐克。[191] 此外，雷格尔斯贝格认为，

> "法秩序承认并保障每个人在一定要件之下有自由活动和力的特定范围去实现享受。""形成权利内容的意思力，不是抽象之物，而是适合特定利益，为保护利益而赋予的，并以利益为特征。""但是，权利的本质并不体现在目的上。权利的本质在于力或者具有力，所谓权利，就是指满足被承认之利益的力。"[192]

70

---

[188]　Schuppe, Der Begriff des subjektiven Rechts, S. 1-58.

[189]　参见第一节第一款。

[190]　Vgl. a. a. O. , S. 58-93, S. 122-175.

[191]　Rosin, Souveränetät, Staat, Gemeinde, Selbstverwaltung, Hirths Annalen 1883, S. 288f. ; Merkel, Juristische Encyclopädie, S. 88-92; Bernatzik, Begriff der juristischen Person, AöR 5, S. 263. 另外，贝克尔（Bekker, Pandektenrecht, Bd. 1, S. 49）也提出了权利定义，即"为受保护者的意思力提供基础的利益保护"，并说它并不完整。

[192]　Regelsberger, Pandekten, Bd. 1, S. 74-76.

基尔克说，

> "主观法是外在意思力或者意思受到拘束，是支配或者被支配。如果客观法是划定意思的边界（Willensabgrenzung），主观法的实体就只能是被决定的意思。不过，它并不是空虚无目的的意思，而是充满特定内容、指向特定目的的意思！在法关系上得到承认的各意思关系的内容是外在的生活利益、精神或者物质的财产、人类文化成果的份额。所有这些意思关系的目的都在于满足精神和肉体的欲求、确实享受生活利益、参与人类文化生活。如果将主观法的本质转移至赤裸裸的意思被决定性、以法概念外的事项作为其内容和目的，其本质就严重错位了。"但是，将主观法当作"受保护的利益"，也是不正当的。"因为在主观法中主要是意思力与意思的受拘束。"[193]

在这里，规范构造和现象的本质分析一起消失了，[194]权利被图式化了，成为由客观法"划定边界"[195]的个人"范围"的"力"。当然，基尔克所说的主观法（subjektives Recht）包含权能（Befugnis）和义务。两者的结合体就是法的关系。他说，

> "权能和义务具有内在关联，尽可能消除无义务的权利、无权利的义务，在各种法关系中相互性支配，都是正义的要求。"[196]

与此相对，雷格尔斯贝格所说的法关系也包含人和物的关系，也

---

〔193〕 Gierke, Deutsches Privatrecht, Bd. 1, S. 253f.

〔194〕 Regelsberger, a. a. O., S. 113f.；基尔克（Gierke, a. a. O., S. 124）承认"赋予法规"。明确将这一概念与权利概念相结合的是图尔等人（参见三）。

〔195〕 Vgl. auch Rosin, a. a. O., S. 268.

〔196〕 Gierke, a. a. O., S. 251, S. 254-256. 另外，基尔克（a. a. O., S. 257-262）在权利的构成要素上区分了作为"客体"的自由意思（义务主体）与作为"关系对象"的物，同时使用了两方的视角。默克尔（Merkel, a. a. O., S. 83f., S. 89f）也将法的关系视为权利和义务的对应，在与他人义务的关系中把握权利。

不强调权利和义务的对应。[197]进一步明确显示个人权利与客观法规范不以法关系或义务为媒介结合的，是图尔等人。

三、图尔、恩内瑟鲁斯－尼佩代 71

图尔认为，

> 权利是"个人意思有效的支配领域（Herrschaftsgebiet）"，"每个人的利益以依存于其意思的方法得到保护时，他的'权利'就存在"。"大部分、最重要的权利赋予对主体之外的一部分外界，亦即客体的支配。能成为客体的是物、人格、精神性创造物，主体对其排他性利用受到保障。这些权利被称作支配权（Herrschaftsrechte）。〔另一方面〕某人具有根据其意思引起支配权状态变化的权能时，就称作第二次性权利（sekundäre Rechte）。"[198]

图尔还观想了规定支配权、第二次性权利的赋予法规（gewährende Rechtssätze），它不同于规定义务的命令、禁止法规。

> "在逻辑上，赋予权利法规可被规范〔命令·禁止〕消解…… 71 但是，根据我的观点，这将丧失法概念的一目了然性（Anschaulichkeit）。"[199] 72

恩内瑟鲁斯－尼佩代将权利理解为"在概念上是由法秩序赋予个人的法的力（Rechtsmacht），从目的来看是满足人的利益的手段"，将

---

[197] Vgl. Regelsberger, a. a. O., S. 71f., S. 75, S. 80, S. 199.

[198] Tuhr, Allg. Teil des Bürgerlichen Rechts, Bd. 1, S. 54f., S. 62f., S. 133, S. 159-171.

[199] A. a. O., S. 21-23. 图尔（a. a. O., S. 93）始终不强调权利和义务的相关。图尔（a. a. O., S. 123-133）将法关系和权利相对比，在广义上把握法关系，"从人格和其他人格或物的关系产生的总体法效果，而不论法效果是权利、权利发生的可能性、还是其他的法效果"。

权利三分为支配权（Beherrschungsrechte）、请求权、形成权或法状态变更权（Rechte auf Rechtsänderung）。[200] 根据这一分类，源自温德沙伊德的请求权被混入了图尔的分类。恩内瑟鲁斯-尼佩代还观想了规定义务的命令法规、规定权利的赋予法规，并认为"赋予在概念上（而非时间上）先于与赋予相结合的命令"。[201]

另外，公权与反射效果根据有无（意思）力相区别，反射效果被认为是一个没有在法上给受保护的利益赋予（意思）力的例子。雷格尔斯贝格认为，因强制接种而防止痘疮感染，保护了"我"的利益，但这种利益保护并不与权利相对应，其理由在于，

> "这时的保护是完全没有加入（Zuthun）被保护者而实现的。只有在法秩序委诸相关者实现得到承认的目的，并为了这一目的而承认其在法上的力时，才存在权利。"[202]

图尔还将为权利提供基础的规定与下述规定相对比：

> "其他规定规定了一些义务，遵守它就成为一般利益，因而由国家机关予以监督、强制。这种规定常常在一般利益之外也有助于个人利益。但是，个人并没有强制被课予义务者，或者免除义务的力。从这种法规产生的不是个人的权利，而是国家要求服从的权利。"[203]

也就是说，（意思）力的有无，表明是由个人还是完全由国家机关实现法的。当然，恩内瑟鲁斯-尼佩代则更为形式性、图式性，着

---

〔200〕 Enneccerus/Nipperdey, Allg. Teil des Bürgerlichen Rechts, 1. Halbband, S. 428f., S. 439–443.

〔201〕 A. a. O., S. 199–201. A. a. O., S. 427f. 虽然言及"有机体"，但大致是在形式上把握法关系。"所谓法关系，是指因为在法上重要而由客观法规定的生活关系，存在于人格和其他人格或对象（物或权利）之间、在法上有效的关系"。

〔202〕 Regelsberger, Pandekten, Bd. 1, S. 76.

〔203〕 Tuhr, a. a. O., S. 55, S. 60.

眼于是"确乎属于人格的力（Machtverhältnis）"还只是"受规范保护"。[204]

四、赖泽尔和拉伦茨 73

（1）第三部分各种学说所给出的直观的权利"图式"，如实地显示了这一概念在日益实证主义化的法学中的样态。

> "在带有康德和黑格尔烙印的观念论中，〔权利论的〕哲学出发点在耶林那里被放弃了。但同时因为这一放弃，课予学问的任务也变得单纯化了。此后的问题仅仅是使或多或少完整的概念定义得到发展。概念的确仍然是实定法的学理基础，但完全是在法的技术上来理解的。于是，也有可能将温德沙伊德和耶林的相反见解总结为一个定式。"[205]

与此相对，也有一种动向是将权利概念在社会功能上且作为多样性的表现来重构。赖泽尔"考察了哪些现象能以权利概念来充分把握 74 描写"。也就是考察权利在"社会生活"上的"功能"。他不对权利作统一界定，而是作出如下分类：

> Ⅰ 第一次性权利
> ①独立的权利（"法的地位"，支配权）
> ②非独立的权利（从属于"法关系"的权利，对人权）
> Ⅱ 第二次性权利（保护和实现"法的地位"或者"法关系"的工具性权利，也有对第一次性权利以外的保护，请求权、形成权）[206]

而拉伦茨认为，权利"（法伦理性或目的性）意义""功能"不

---

[204] Enneccerus/Nipperdey, a. a. O., S. 201, S. 430f.

[205] Raiser, Lehre vom subjektiven Recht, JZ 1961, S. 465.

[206] A. a. O., S. 466-471.

是以统一的"定义",而是以多样种类和类型填充的"框架概念"（Rahmenbegriff）来回答的。

权利的框架概念是"何者合法地属于或归于某者",根据"何者"的内容,可以观想人格权、家庭的人的权利、物的支配权、无形财产权、债权、协作权、形成权、先占权、期待权、对于权利的权利、对抗权等权利的类型。由于这是基于"全体构造"的类型,有时某类型也含有其他类型的要素（过渡、中间形态）。而人格权、家庭的人的权利、物的支配权、契约的债权是后述"法的基本关系"的直接形态,无形财产权是这些基本类型的结合,期待权是其他权利的前阶段,依据形成权和绝对权的请求权和对抗权只满足辅助功能。[207]

（2）进而问题在于,从个人角度把握的权利仅显示了民事法的部分原理。例如,卡斯珀对权利概念作出如下总结：

Ⅰ评价基准＝基本权利规定（特别是个人的尊严）
Ⅱ评价结果＝
①独立的权利［持有（Habendürfen）、获得（Bekommensollen）、与其相关的课予义务或处分自由］
②非独立的权利（形成权、诉、自力救济）

75　　　　他接着说,

"我们的法秩序是规范极为多样的社会关系的构造,从个人这个唯一的秩序整理视角不能形成、也无法有意义地形成法秩序。""探讨'权利'过度扩张的概念构成,应始终从正在考虑的各个法问题出发,而不是给几乎所有个人的法问题领域附加上

---

[207] Larenz, Allg. Teil des Bürgerlichen Rechts, S. 209 – 228. Vgl. auch dens. , Zur Struktur "subjektiver Rechte", in: FG für Sontis, S. 129ff.

'权利'一词。"[208]

其中，科英认为，私法的任务在于，"划定自由范围，亦即权利"，同时"让自由的人类能够为共通目的而协作（Zusammenarbeit）"，"在自由中协作（Kooperation）"。[209]赖泽尔更详细地展开讨论，他认为，私法的构成原理是，"赋予主观法，扩张并保护个人的作用领域"，同时"以客观法之力，形成对应的法制度，展开并保障贯穿我们社会生活的制度"。

> "制度"在功能上被理解为相互行为中的"行为模式"（Handlungsschemata）和通例化、长期固定下来的关系形式（Beziehungformen）。法制度通过关系者的第二次性权利来保护免受第三人的侵害（例如，占有的保护和预防性不作为诉讼、竞业法、《德国民法典》第823条第2款规定的侵权行为）。行使权利或行为如果违反了法制度的目的（Zweck），就构成制度滥用（Institutsmißbrauch）而被否定保护或效力。另外，在制度中，有契约等委诸特定人自由使用的制度与经济秩序（Wirtschaftsverfassung）等为整个社会生活建立框架的制度。[210]

赖泽尔学说，包括(1)所列举的权利分类，面临的课题在于，进一步解明权利或者行为与制度之间的关系（赖泽尔所说的"补充"关系或者"紧张关系"）。为此，需要包括权利与制度、分析关系的媒介概念。

而拉伦茨作出如下说明：

---

〔208〕 Kasper, Das subjektive Recht, S. 157-164. Vgl. auch a. a. O. , S. 126-132, S. 176-179.

〔209〕 Coing, Zur Geschichte des Begriffs "Subjektives Recht", in: ders. , Gesammelte Aufsätze, S. 260；ders. , Bemerkungen zum überkommenen Zivilrechtssystem, in: FS für Dölle, Bd. 1, S. 39.

〔210〕 Raiser, Rechtsschutz und Institutionenschutz, in: summum ius summa iniuria, S. 146-167. Vgl. auch dens. , Lehre vom subjektiven Recht, S. 471-473. 对赖泽尔法制度论的介绍，山下末人「ライザーの『制度』理論について（二）」関学43巻1号69~81頁。

从承认人有"尊严"的"伦理性人格概念"中归结出一种"相互尊重关系"的"法的基本关系"。与此相对应,"如果私法的第一基本概念是'权利主体',即作为权利保持者、义务相对人的人,第二基本概念就是法的关系。""法的关系通常从一方来看是'权利',从另一方来看是义务或者法的拘束。在这一意义上,所有法的关系在构造上……都相当于'法的基本关系'。法的基本关系已经包含了法关系的本质要素——权利(要求尊重人格尊严)与相应的义务(尊重,亦即不侵害),因而,适合作为所有法关系的原型观念来使用。"此外,①法的关系分为特定人之间的关系与某人和所有其他人之间的关系。②"法的关系与相应的生活关系之间存在相互作用,但两者并不重合。"③"法的关系在空间中不存在,而在时间中存在。"法的关系有多种多样的"时间构造"。在买卖契约的法关系中,在时间中的存在不是自己的目的,而是手段,实现目的后就消灭。所有权在时间中的存在自身就有意义。持续性债权关系位于两者的中间。④法的关系至少含有一项权利与相应的义务,但通常是权利义务等各种关系的相互关联、复合体。⑤法关系的要素有权利和权能、权利取得的期待、义务和其他拘束、负担(Obliegenheiten)、权限(Zuständigkeiten)。[211]

如此,在一般论的阶段,拉伦茨并没有从功能上将法的关系视为"现实的剪裁(Ausschnitt)"(梅迪库斯),[212]或者行为间的相互关系,而是些许从超验论上来把握。故而,从一开始理解个人与法关系的关系就是调和,而非对照。[213]当然,也能将拉伦茨理解为,在法关

---

[211] Larenz, Allg. Teil des Bürgerlichen Rechts, S. 33-35, S. 194-206.

[212] Medicus, Allg. Teil des BGB, S. 25-27.

[213] 但是,沙普(Schapp, Das Zivilrecht als Anspruchssystem, JuS 1992, S. 543f.)暗示了两者的对照关系。"私人自治原理表达了相对于法的人格地位〔优先〕,但法关系的基本概念表达的是相对于人格的法的任务自身。两个概念是从道德的基础范畴来理解的,但将完全不同的观点定式化。法的任务通过法关系的概念在积极意义上、通过私人自治的概念在消极意义上被定式化。"

系或权利的类型论中分析法关系的功能，其中不仅有"时间"构造，还有"空间"构造。

五、小结

77

围绕意思说、利益说和折衷说反复有许多批判和回应，例如，意思说能否说明无意思能力者的权利，利益说能否说明为第三人而缔结的契约。[214] 极端而言，承认权利的状况是先定的，而仅为对结论的说明方法存在争论。当然，如果将利益的目的纳入权利的定义，"与目的无关、违反功能地行使权利就不再能为权利的内容所涵盖，故而就成为权利滥用"。[215] 但是，管窥第四部分的赖泽尔学说，这一论点毋宁是与最近的主观法和客观法（制度）关系的讨论更为相关。在公权论中，主观法和客观法的关系在私权之外更成为问题，对于某种状况下是否应当承认权利，存在很大分歧。如果公权论需要有比私权情形（第四部分）更多的状况分析，而且有问题的状况与私权的情形不同，"图式性"权利概念就一定比私权的情形更无助于公权论。但是，具有讽刺意味的是，因为是对私法上的权利和规范图式性地把握，才可能将私法上的讨论真正图式性地适用于公权论。其实不然，从第二部分的罗辛、贝尔纳齐克以及后述的格奥尔格·耶利内克等人开始倡导折衷说就可以知道，要真正有可能向公法领域适用，就要图式性地把握私法上的权利和规范。以下将不局限于表面的图式，留意并考察公权论所把握的状况与私法的问题状况之间的共通性和异质性。

78

---

[214]　Vgl. statt vieler Tuhr, Allg. Teil des Bürgerlichen Rechts, Bd. 1, S. 56–61.

[215]　Enneccerus/Nipperdey, Allg. Teil des Bürgerlichen Rechts, 1. Halbband, S. 438; Medicus, Allg. Teil des BGB, S. 31.

第二章
公权的构成

第一节　公权的端倪

19 世纪下半叶的公法学苦心于权利概念本身的"构成"[1]视角。第一款至第三款探讨传统的构成视角，第四款探讨其他的构成视角，第五款概述制定法实证主义的讨论。鉴于多数学者意识到了公权与裁判制度的关系，同时自主构成了公权（权利）的理论，这里就将公权与裁判制度的关系留给先行的研究作品，而将问题限定为公权论的内在探讨。

第一款　权力作用与权利

一、格贝尔[2]

（1）格贝尔仿照私法，志在实现国家法的法学构成。他认为，在

---

〔1〕　另外，耶施（Jesch, Gesetz und Verwaltung, S. 126）认为，当时的国家法学说承认基本权利在划定国家权力界限上的客观功能，同时否定其权利性，它"（与权利性肯定论的）不同不在于事项（Sache），而在于构成（Konstruktion）"。

对于本节所讨论的各学者的理论和方法的一般定位，vgl. Stolleis, Verwaltungslehre und Verwaltungswissenschaft 1803 – 1866, in: DVG, Bd. 2, S. 56ff.; dens., Verwaltungsrechtswissenschaft und Verwaltungslehre 1866–1914, in: DVG, Bd. 3, S. 85ff.

〔2〕　海老原明夫（海老原「ゲルバーの法理論」片岡他著『古代ローマ法研究と歴史諸科学』288~314頁、329~339頁）详细分析了格贝尔的公权论。下文的叙述，包括翻译，很大程度上得益于该书。

公法中，客观法是"从有机体国家的理念中产生的状态和制度的总 80
体"，客观法与个人是通过下述两种方式接触的。

　①"法作为国家有机体的要素而通用，一部分法必然需要恒常
地受到规制的行使，并为此目的而与特定人相联系。国家权力可以
指向极为多样的方向，与君主的人格、其派生的特定官职的代表结
合在一起。在这一观点中，客观的公法被主观化。国民的各个权
利，例如选举权、作为身份制议会议员行使某种公共权能的权利，也
完全同样如此……在这里有与私法上的权能在形式上最大的相似性。"

　②"其他公法法规只不过是一般规则，并不需要通过不断现
实表达的制度来实现，而是像有关出版自由、宗教自由的法律那
样，适用于个案的判断。它不能在全体中成为人格意思的对象，
而只是在个案中能成为产生个人权利的基础。"

于是，"个人"的私权与"全体"或"国民结合体"的"成员"
（Glied）的公权两极对峙。

　例如，补偿请求权和租税返还请求权表示私法关系。"在这
里，事实是在国家法领域产生的，而其效果则进入了私法。"与
此相对，"国家法上的处分，例如，兵役免除者的征用，出版物
违反出版法的扣押，要求撤销（Zurücknahme）该处分的权利"，
"不仅有国家法上的根据，还持续地具有国家法上的内容。权利
人的要求不是撤销对个人权利范围的侵入，而是撤销对政治全体
的成员地位的损毁"。

此外，格贝尔对于《公权论》的构成说道，

　"在叙述有机体组成（Gliederung）的第一部分之外〔也被认
为〕附加了叙述客观法的第二部分，亦即叙述国家权力的作用在
形式（Form）或对象（Gegenstände）所规定的种种方向上执行客
观法之际的界限（Schranken）。第二部分的体系性质如下：国家

有机体的成员具有权能、负有义务的活动，被源自国家团体性质自身的客观法规则（一般意志）所规定。该法规则不仅容许作为主观法和权能来构成，在法上需要公权的纯粹形式性构成时，这种构成就成为必须。但在叙述法规则时，可以将这种可能性或必须性置之度外，更自然的是，专心关注法规则与国家生活的事实关系的内在结合，而不是仅将从法规则中派生的形式性法的现象形态纳入视野。"

于是，《公权论》的对象被限定于第一部分。[3]

要言之，格贝尔仅将对权力作用（支配和服从）的恒常性参与、组织、"有机体的组成"主观法化，而没有将权力作用的内容、目的、"对象"主观法化。客观法（规则）也仅被考察了参与权力作用的方面，而将权力作用内容的方面排除在考察之外（对权力作用的参与动态、程序、"国家权力的作用"的"形式"可以与"组成"连续性地把握。在之后的《德国国家法纲要》中，"第二节 国家的机关"与"第三节 国家意思表示的形式"并列。[4]另一方面，对于权力作用的内容，也只不过是在"第一节 国家权力"部分涉及其界限问题[5]）。在权力作用中，公法特有的方面被凝结为公权，而与私法（私权）具

---

〔3〕 以上引用的是 Gerber, Ueber öffentliche Rechte, S. 25-29, S. 34-36, S. 40f. 公务员对工资、养老金等的请求权也"涉及部分国家法的根据，归入对国库的纯粹私权部类"（a. a. O., S. 59）。

〔4〕 Gerber, Grundzüge. "国家的意思力是支配的力。称其为国家权力"（a. a. O., S. 3, S. 21）。

〔5〕 格贝尔认为，在充满生命力的国家中，国民关于国家目的的观念在立法中得到实践的体现，因而，几乎没有必要一般性地、不特定地在理论上规定国家目的。此外，为国家权力设定界限并予以遵守，是特别重要的国民生活上的利益，因而，格贝尔叙述了各种自由和既得权（a. a. O., S. 31-42）。而行政法，包含各领域固有的理论和原理，具有实质的经济法或社会法性质，因而，应当从一般性、形式性的国家法体系中排除出去。另一方面，有批评认为，在格贝尔的这种国家法体系中没有各种自由的位置（莫尔），他驳斥认为有"十全之地"（a. a. O., S. 239-243）。但是，在方法论上，国家目的及其界限的区别不能说是构建体系的不言自明的前提。也有学者以同样的方式处理两者（参见第二款）。这一点毋宁是理论的内在问题，之后再作探讨。

有连续性的方面则被切除了。

这一态度体现于"君主的权利"的考察。

> "存在一种规准，规定王权的某行为（Akt）在法上是否有效（或者更正确地说，在这种情况下，这种形式的国王意思是否作为一般意志而有效）。在这一作用中……法并不与国王行为的实质内容同化，而是仅限于形式性的赏罚。""严格意义上的法学并不直接关注统治权力各种实质样态的区分。""但是……不仅是从赏罚的外在附加，而且从固有的内在性质来看，在国王的权利中也没有法的，也就是特殊法学的内容吗？……前述君主的一般权利，作出伴有法的赏罚的行为，不容许独立于王权概念进行法学的构成吗？对于这些问题，必须给予肯定的回答。"

于是，①"制定法律的权利"，②"要求服从命令和规定的权利"，③"支配国家领域"的权利，④"对外代表国家"的权利，就被构成了。[6]在前两者中可以看到支配服从方面的主观法化。

"臣民的权利"也得到了同样的考察。

> "臣民在国家法上的地位是受国家支配者的地位，并完全由这一概念来描述其特征……此外，为了使这一概念界定完整化，并不需要特别处理涉及臣民地位的所有个别的国家性义务（例如服兵役、纳税等）。因为这些只不过是被支配者这一一般性法概念的个别适用而已。"而人权（Volksrechte）、公民权（Staatsbürgerthum）"只不过是政治概念，绝不是法的概念"。"所谓公民权利（政治自由）的一般视角只能看得出消极的内容。也就是说，国家在个人的支配和服从中只是处于合乎自然的界限之内，根据日耳曼民族的生活理念，国家不能服从一般意志的强制作用，只有在解除国家的领域和影响时才能看得出个人的人格性部分。也就是，人权只是消极的权利，是要求承认自由的、非国家的人格性的权利……

82

---

〔6〕　Gerber, Ueber öffentliche Rechte, S. 44−50.

这一权利始终只是否定性的，只不过是使国家权力退至其权能的边界。也就是说，它只不过是从臣民视角观察君主的权利界限而已。故而，法的理解只能将否定转换为权利对国家权力的积极规定。它是国家权力行使的客观而抽象的法规。对于个人而言，法规只是具有在特定构成要件下创设权能（主观意义的法）的效果，诸如有权要求撤销处分……它只不过是包含修正（Modifikation），并不含有'臣民权利'这一一般概念的新的独立要素。"〔7〕

参与权力作用的要素大致能独立抽取出来。从这一观点来看，与支配对应的是服从或者支配的"修正"，而不是划定权力作用内容的人权、公民权。格贝尔摒弃高权的私法性理解，抽取出权力作用的特有要素并予以主观法化。〔8〕在这一意义上，与普赫塔不同，〔9〕他理应被称为公

---

〔7〕 A. a. O., S. 62-69. "权利保护请求权"也被提及，但其旨趣并不明确。请愿权的权利性被否定。如果在与"修正"的关系上说，议员就是具有"限制（Beschränkung）君主行使支配权的权利"（a. a. O., S. 69-71; ders., Grundzüge, S. 126）。

另外，有观点认为，只有君主具有国家权力，议会或议员只不过是加以限制；也有观点认为，注（9）的"政治权利"只不过是"对抗权"，这些观点都是莫尔等当时的"自由"派学者共有的（Pauly, Methodenwandel, S. 119, S. 136f., S. 152-157）。

〔8〕 Vgl. Gerber, Ueber öffentliche Rechte, S. 15, S. 53, S. 71f. 如此，格贝尔的国家图景就是"单一的（monolithisch）设施国家"，而不是贝尔或基尔克的社团法人（参见第四款）（Stolleis, Geschichte des öffentlichen Rechts, Bd. 2, S. 335. vgl. Gerber, Grundzüge, S. 2 Anm. 2, S. 4 Anm. 2, S. 46 Anm. 2, S. 226）。进一步参见第一章第一节第一款。

〔9〕 参见第一章第二节第二款。当然，《德国国家法纲要》叙述的中心是，市民首先是国家支配权的对象和客体，其次是作为反射效果（Reflexwirkungen）产生对国家的对抗权（Gegenrechte），普赫塔被引用（Gerber, Grundzüge, S. 44-51, S. 226-231）。但是，它区分了涉及国家作用内容的"一般公民权"与涉及参与国家作用的"对抗权"，只明确否定了前者的权利性（a. a. O., S. 17 Anm. 10, S. 34f., S. 50 Anm. 4）。两者作为"对抗权"并列时，重视的也是后者（a. a. O., S. 51: "staatsrechtlich bedeutender"; S. 229: "die staatsbürgerlichen, insbesondere die politischen Rechte"）。

另外，根据察哈里埃（Zachariä, Deutches Staats- und Bundesrecht, 1. Theil, S. 443），所谓"政治权利""公民权利"，"是个人从全体中获取的权能，或者是从国家的性质和使命、个人和全体之间的关系产生的关于某统治权力界限的法原则，亦即统治权力的行为规范（Normen）"。这与格贝尔的叙述大致一致。

权论的创始人。[10]但是，他没有更进一步，将国家作用的内容（黑格尔作为特殊利益与国家的实体性和普遍性相组合的部分，施塔尔在公法关系中作为私权的部分[11]）也主观法化，和参与国家作用的权利相组合。第一，这种"消极的"姿势源自排斥"政治性"内容的"法学方法"。[12]当时，规范国家作用内容的立法正在逐步制定，法学正要从其他学问中分化出来，将国家作用的内容作为从其他社会系统分化出来的法系统来处理，状况过于不安定。第二，这一姿势也暗含着法学的某种内在理论构造。也就是说，这一构造不是个别地将国家作用的内容正当化，而是个别地（片段地）加以限制。这一构造反映着19世纪上半叶国家目的论的变化。"超个人的"国家目的理解（国家的"自我目的"）开始抬头，取代了"个人主义的"国家目的理解（"福祉"目的、"安全"目的[13]），国家目的的意义稀薄化。[14]这一变化的背景还在于国家论的变化。[15]历史主义、发展、"有机体"隐喻[16][严

83

---

[10] 根据黑斯佩（Hespe, Staatszwecklehre, S. 33-37, S. 43-45），"国家权力的概念是国家法构成的中心概念，必须适应构成的需要"，"驱逐公共利益的思想"。格贝尔接受这一动向，以"支配的概念"作为"实际界定构成的公法基准"与"体系的中心"。

[11] 参见第一章第二节。

[12] 参照、海老原「『国家学的』方法」『国家学会百年記念 国家と市民』第一巻355頁以下。

[13] 参见第一章第一节第二款。

[14] Erichsen, Verfassungs- und verwaltungsrechtsgeschichtliche Grundlagen, S. 125-134. 在格贝尔那里，"国家目的论被缩减为国家全能的（无内容）命题"（Stolleis, a. a. O., S. 334f.）。进一步参照、栗城「国家目的論」法雑25卷3・4号222頁以下。

[15] Erichsen, a. a. O., S. 131-133; Scheuner, Staatszielbestimmungen, in: ders., Gesammelte Schriften, S. 241f.; ders., Staatszwecke, in: GS für Conrad, S. 486-489.

[16] 这里聚焦的不是有机体隐喻的一般含义，而是三月革命前期（Vormärz, 即三月革命的准备期——译者注）中的含义。另外，考夫曼（E. Kaufmann, Organismus, in: ders., Gesammelte Schriften, Bd. 3, S. 46ff.）看到了从康德开始的"近代有机体概念"的浸透在19世纪上半叶是如何受到阻碍的。伯肯弗尔德（Böckenförde, Art. "Organ, Organismus, Organisation, politischer Körper", in: GGB, Bd. 4, S. 587-606; ders., Der Staat als Organismus, in: ders., Recht, Staat, Freiheit, S. 263ff.）将19世纪上半叶的"精神性、人伦性（伦理性）有机体"观念与"浪漫主义、自然论的有机体"观念相对比。Vgl. auch Stollberg-Rilinger, Der Staat als Maschine, S. 202ff.（作为介绍，和仁・国家102卷3・4号112頁以下。）

格而言是"人伦性"国家观、浪漫主义、实用主义、生物学观念，进而是等级秩序、"日耳曼的自由"、天主教（教会）的对照*等矢量的交错］开始抬头，取代了自然法或者理性法论、启蒙或者构成、国家的"机械"隐喻或者原子论观念。[17]国家的"法的人格"可以说是这种"有机体"国家的"法学"构成。[18]

（2）另一方面，格贝尔说，

"君主权完全具有公权的性质。它不是归属于作为个人的人，而是归属于作为民族有机结合体之成员的人的权利。国家权力行使上的最高权利性质在共和国中表现得最为明显，在共和政体中，权利始终通过国家法上的行为临时性地赋予某人。但是，在君主制中，无论是选举君主制还是世袭君主制，这种性质也可以、而且必须极为严格地保有。这是因为君主权利的保持在法上与共和国中最高国家权力的保持完全相同。君主制的固有性在于，君主权是作为原初性权利，而非作为借来的权利才开始归属于权利人。在世袭君主制中——这里仅论述这一情形，权利归属

---

* 所谓对照，原文为"引照"，即引用参照之意，是指引用其他事物作为参照补充。即使都是天主教，也有不同的派别，对《圣经》的注释与理解也有差别。将原本的经文或平行的经文、文书等放在所读经文之下，以便加深理解。——译者注

〔17〕 Vgl. Stolleis, a. a. O., S. 121-186. 该书使用了理性法论-历史主义的"方法"坐标与自由-保守的"内容"坐标（涉及"市民的共同决定"和"君主制原理"的政治二元性，对此的详尽研究，Brandt, Landständische Repräsentation；Boldt, Deutsche Staatslehre im Vormärz），认可两个坐标的大致相关性。如果勉强简单来说，理性法论在多样性和复杂性面向上说明人的结合构造，在时间构造上寻求"统一"，而历史主义则相反，能适合于三月革命前期吗？ Vgl. auch Kuriki, Die Rolle des Allgemeinen Staatsrechts, AöR 99, S. 556ff.

〔18〕 格贝尔在《公权论》中排斥国家法人说而采用有机体说（Gerber, Ueber öffentliche Rechte, S. 15-18），在《德国国家法纲要》中，以国家的自然基础为有机体，同时认可国家具有法的人格、意思力（ders., Grundzüge, S. 1-3, S. 217-225）。这是视为可连续性的理解还是改变了学说，存在争议，这里不作探讨。参照、Pauly, a. a. O., S. 107-117, S. 149-151；海老原「ゲルバーの法理論」283~288 頁、315~328 頁。另外，黑斯佩（Hespe, a. a. O., S. 29-33）指出了阿赫特贝格的国家法人说与国家的自我目的论之间的关联性。

的根据在于，它被区分为固有的法素材、法的要件，服从于不同于国家法上的视角。具有君主权的权利是家族的固有权利，以私法上的继承法形式移转。所有公权被认为是个别家族的权能。""首先，这种为君主权提供根据的尝试，也能用于比君主权更小的政治权能的构成，它处于具有丰富历史基础的国家的下位领域，与特定的个别家族相联系。虽然法学必须采用技巧性的程序，为给这种法的现象准备适当的场所，但如果政治知道用明确以私权样态展开的个人权（Individualrechte），至少为公权提供部分支持，那政治还是合乎自然而健全的。公权由此获得私权的确定性和安定性。于是，公权摆脱了不明了和不安定的状态，它曾被视为委身于易变而恣意的日常意见的要素。"

　　臣民公权（被选举权）的"法学考察也不是没有固有的政治关注点"。"部分国家法素材的〔等级的〕形成形态与国家法的固有性质并不矛盾……以前〔等级的〕状态之所以是国家敌对的、私化的，是因为它将国家法事项作为从有机体分离出去的私财来保持，而不是与个人相结合。""如果关注全体有机体组成的调和，就不会忽视世袭君主制与〔近年〕只是定期适用选举法而产生的代表是极为异质的形态……君主权是完全形成的个人权利，而国民代表只是表现为一时性的政治形态，依据的是法规的效力，而非权利。公权只有像私权一样，全面特定、能让权利人具有持续性价值，才会被权利归属的个人视为受保障的财物……公权若在个人权利领域没有特定场所，而是作为抽象的原理浮于空中，只是有时赋予行为的权能，就会被权利人视为始终遥远、至少与自己人格并无直接关联的东西……人们只会看到自己的政治权利状态是由当时的法律解释所赋予的……虽说难以修改宪法，但随着时代氛围的变化，也可以完全很容易从'最高额纳税人'的选举权激变成'普通选举权'。当然，与私法上状态相结合的政治性个人权利对立法的力也是完全不受保障的。但是，这时更加难以攻击。要攻击，首先必须破坏私法上的基础，倾

力使之解体。"〔19〕

正如格贝尔部分承认的那样，从第（1）部分可以看到，彻底"法学化"、将国家的权力作用与社会相区别的态度，〔20〕与重视"个人权利"的态度有霄壤之别，后者可以在引用部分看到，根据"政治性"考虑，将公权和私权相"结合"。尽管如此，对于时代的动态化、社会的复杂化、"抽象的、不特定的"法规的盛行，格贝尔认为需要静态"既得权"＝私权（Rechte Privater）〔21〕的"支持"。〔22〕

85　　　格贝尔的态度可以作出如下时代的定位。过去，与既得权相对比的是生来的权利（自然的自由），〔23〕进入19世纪，对比项发生变化。〔24〕普法伊费尔对比的是基于特别权源的既得权与基于一般法律的权利。〔25〕与格贝尔同时代的克里斯蒂安森对比的是和法源无关、

――――――――

〔19〕　Gerber, Ueber öffentliche Rechte, S. 53-57, S. 73-79. Vgl. auch dens., Grundzüge, S. 87f., S. 126-130, S. 51-56, S. 201-207. 处分撤销之际的"公权，其自身首先不是裁判保护的对象，而只是表现为裁判时的客观法规"。"从适用抽象的法规范（选举法）所产生的权能，即使其自身的确可以在裁判上主张，该权能的根据也始终不在于个人的权利领域，而在于法律的抽象存在。"与此相对，在选举权是"个人权利"时，"公权自身在完整的有机体中可涉及裁判的保护"（ders., Ueber öffentliche Rechte, S. 81f.）。Vgl. auch dens., Grundzüge, S. 186f., S. 212. 然而，"始终可以强制实现权利主张，并不是权利概念的要件"（a. a. O., S. 40 Anm. 4）。

〔20〕　高权的观念因"一个国家权力"的观念而被拒绝（Gerber, Grundzüge, S. 70 Anm. 1）。另参见本项（1）。

〔21〕　格贝尔（Gerber, Grundzüge, S. 38-42）主张尊重既得权。另参见第一章第一节第二款。

〔22〕　Vgl. Gerber, Ueber öffentliche Rechte, S. 83-87.

〔23〕　参见第一章第一节第二款第三款，特别是皮特的叙述。

〔24〕　另外，关于19世纪既得权的学说，详细的是，Affolter, Das intertemporale Recht, Bd. 1, 1. Teil, S. 572-626，依据该书，柳瀬「既得権」同『行政法の基礎理論（二）』142～163頁。

〔25〕　普法伊费尔（Pfeiffer, Practische Ausführungen, Bd. 1, S. 246-248）说，"'自然的自由'也可以被理解为天然归属于人类的权利的无限享受。这时并不考虑与国家的关系、国家赋予有关权利的保障、国家赋予新权利的实定法律。这里仅以国家法上的原则为问题，在这一意义上不能使用自然的自由的表述。但是，人们通常是将自然的自由理解为，在国家中不受妨碍地享受根据国家通用的法律归属于作为国家公民之权利人的

客体和期限被具体特定化的权利与一般抽象的法。[26]在类似的对比中，格贝尔使既得权优位，而之后的格奥尔格·迈耶和安许茨等人则否定既得权的独特性。第一，没有理由以要件是特定还是一般来区别对待权利（"所有权利都有既得权的性质"）；[27]第二，"不能将既有权利不可侵犯作为无条件的原则"，[28]"法是国家的秩序，同样，权利是国家的制度"，"国家权力是真实的所有权利之主"。[29]如此，随着时代的动态化、社会的复杂化，依据抽象客观法的权利在实质上取代了既得权。但是，在这种认识下，并没有在实质上为新型权利提供基础的工作。发挥作用的是法实证主义的思考，它悉数从国家意志（特别是立法）来说明主观法和客观法。[30]

二、奥托·迈耶[31]

89

根据奥托·迈耶，

"权利概念只有包含着承认某种新的东西出现在世间，成为产生比现在更多一层效果的独立起点，才对我们有益。""在公法秩

所有权利……这种权利不是本来的既得权。之所以这么说，是因为这种权利的归属从取得之时就已经是以法律的持续为条件的，这些法律总是可能被改变的……因国家权力造成损毁，其补偿请求权归属于国家公民的既得权，只是因特别的权源（Rechtsgrund）而取得的东西。"自然的自由以法律为基础的问题，留待第三款、第五款等讨论。

〔26〕 Christiansen, Ueber erworbene Rechte, S. 23–52. 参考的是施塔尔的学说，他将生来的权利和取得的权利理解为一般的权利和特殊的权利（第一章第二节第二款一）。

〔27〕 G. Meyer, Der Staat und die erworbenen Rechte, S. 10–14; Anschütz, Ersatzanspruch, VerwArch 5, S. 10; Stödter, Öffentlich-rechtliche Entschädigung, S. 73f. 柳瀬·前揭163~167 页。

〔28〕 G. Meyer, a. a. O., S. 14f.

〔29〕 Anschütz, a. a. O., S. 12–17; Stödter, a. a. O., S. 62–65; 柳瀬·前揭 167~169 页。

〔30〕 另参见第五款。

〔31〕 对于奥托·迈耶的公权论，详细参照、塩野『オットー・マイヤー行政法学の構造』148~155 页。另外，布勒（Bühler, Buchbesprechung, VerwArch 27, S. 294f.）基本上赞成奥托·迈耶的公权论。

序中，成为问题的是公权力自身涉及的关系，为此，涉及以国家之名所表达的意思在法上具有优越地位的力。因此，在这里，权利自身只有包含优越于一切的意思力，才能被认为是权利。权利既不能对抗公权力，也不能先于公权力。"所谓公权，即"为了权利人的利益而由法秩序赋予权利人居于部分公权力之上（über）的力"。[32]

奥托·迈耶旨在实现行政法的法学构成，他与旨在实现国家法的法学构成的格贝尔一样，将具体参与权力作用主观法化，而没有将行政行为［="何为对臣民而言的法（Rechtens）"的宣告[33]］中的"法"主观化，颇堪玩味。[34]

（1）奥托·迈耶对于国家公权作出如下说明：

"国家的权利通常以某种序列来表达。""有时在最上层可以看到古老的高权。今天，它们在很大程度上得到要求支配和服从的概括性权利的支持，与其对应的是臣民的一般性服从义务。""法律保留划定了某种界限。如此，在法律规定可以征收时……性急的人就会说，国家取得了这样做的权利。实际上，它目前还只不过是为了行使要求服从的很大权利而赋予权限（Zuständigkeitserteilung），而要求服从自身并非权利。""公权力被凝缩成特定的个别利益，在它被赋予国家时，公权力的展开才带有国家的权利外观。租税债权〔等〕……有时，国家的这种'公权'可以与私权等置，或者能真正转化为私权，这就最明显

---

〔32〕 O. Mayer, Deutsches Verwaltungsrecht, Bd. 1, S. 103f.

〔33〕 A. a. O. , S. 93.

〔34〕 格奥尔格·耶利内克（G. Jellinek, Buchbesprechung, VerwArch 5, S. 307）批评奥托·迈耶，国家对个人具有力，赋予权利，个人又因其权利对国家具有力，这是矛盾的。但是，在以参与权力作用为中心构成公权这一点上（参见第二节第一款），两者的态度并非大相径庭。后来两者都承认了这一点（G. Jellinek, System, S. 52 Anm. 1; O. Mayer, a. a. O. , S. 107 Anm. 7）。当然，耶利内克将实体法要素与参与权力作用组合在一起，两者在这一点上是不同的（vgl. O. Mayer, a. a. O. , S. 108 Anm. 10）。

地表现出与私法形成的权利的类似性。这些情形的共通点在于，该关系以某种理由从原来与公权力的关联中解放出来。正因为如此，这也是真正的权利。在其他情形中……国家意思支配的最大凝缩形态最终也不外乎是要求服从的一个很大'原权利'的产物与行使。但是，权利是某种新的东西，亦即法秩序为人格而产生的力的部分范围，它超出了人格自身或其自身的可能性。因为没有这种东西，即使决心到处承认国家的公权，也并不由此产生任何更多一层的效果。"〔35〕

侵害保留原则是在立法机关和行政机关之间的关系上来把握的，它并不反映权利的构成。这就与格贝尔一样，权力作用的内容、私益、与私权的连续性被隐藏在权力作用中的支配和服从方面。

（2）奥托·迈耶对于臣民等的公权陈述如下：

> "被认为属于国家的意思，总是仅仅为了国家、仅仅由被委任的人才能表达。该人就获得了居于公权力之上的力……我们国家的法秩序让这种力产生出来，使其更为精巧地形成，不仅自己行使，也应委诸他人行使。只有在为了臣民自身的利益而赋予这种力时，才体现为公权，针对公权力所属的国家的权利。"〔36〕
>
> "各种自由权与宪法上的法律保留相结合……但是……无论如何，个人所具有的力、利益、权利，并没有因宪法的保护规定而改变。如果新权利是由宪法规定附加的，那它必须是一种居于部分公权力之上的意思力，亦即在部分公权力可以侵入受保护范围的方式出现时，公权力不得在这里出现。但是，公权力是独立的对象，具有十全的活动力。对于所有不得出现的公权力现象，意思力就没有对象。"〔37〕

91

---

〔35〕 O. Mayer, a. a. O., S. 104-106.

〔36〕 A. a. O., S. 106f.

〔37〕 A. a. O., S. 107f.

①所谓自由权，表明权力作用的内容界限，其旨趣并不含有权力作用的具体程序、具体参与权力作用的意味。真正的公权是②协作权（诉权、行政诉权、诉愿权、申请权、选举权、对于公务员等职务的权利）。③被分离出来的公权（独立于国家的利益，仅服务于权利人的利益，服从权利人的自由处分；补偿请求权、证人津贴、公务员的薪俸、租税返还请求权、自治行政权、公法人的权利、公企业的特许、公物的特别使用权）。[38]②表示对狭义公权力的参与。而③则并非参与狭义公权力，而是与其相关，是指根据福祉＝公权力观、企业性国家观[39]"居于公权力之上的力"所包含的权利。[40]格奥尔格·耶利内克批判认为，如果将公权理解为居于公权力之上的力，就不可能有涉及公所有权的公权。[41]这一批判依据的是假定了狭义公权力的传统公权力观。

92

第二款　国家作用的内容与权利

一、拉班德

拉班德也一度表示出不将国家作用内容主观法化的口吻。

> "各种自由权或基本权利是国家权力课予自己的规范（Normen），构成机关权能的界限。它们在一定范围内保障了个人自然的行为自由。但是，它们并不为国家公民的权利提供根据。它们

---

　　[38]　A. a. O., S.108-113. 格奥尔格·耶利内克（G. Jellinek, VerwArch 5, S.308）批判指出，如果协作权是居于公权力之上的力，国家就变得服从于赤裸裸的个人利益（恣意）（vgl. auch G. Jellinek, System, S.160 Anm.1）。但是，如果将奥托·迈耶的协作权与耶利内克所说的能动"地位"而非"请求权"相对应，两者之间就没有实质的差别（vgl. O. Mayer, a. a. O., S.110 Anm.12）。对此，参见第二节第一款(2)。

　　[39]　参照、塩野·前揭270~277页、88页。

　　[40]　奥托·迈耶（O. Mayer, a. a. O., S.107 Anm.8）将臣民权利的分类与团体成员和团体（权力）关系的分类相对应，引用了基尔克（参见第四款）。

　　[41]　G. Jellinek, VerwArch 5, S.308.

并非权利，因为它们没有客体。”

但是，拉班德将“各个国家公民要求国家履行其对国民所承担之任务的请求权”、各种保护请求权（Anspruch auf Schutz）与国民的服从和诚实义务相对应。

　　具体而言，①在外国要求本国保护的请求权；②“参与国家共同体善行（Wohltaten）的权利”，（A）在本国生活的权利（不被驱逐到国外、不受外国引渡）、（B）“为了维持法秩序和促进一般福祉，每个人都有受国家照顾（Fürsorge）的权利，亦即要求为每个人权利提供基础或者促进每个人利益的既有法律实际上为了每个人而适用的权利”。②（B）“与服从义务一样，不能个别化”。

另一方面，政治权利“不是对国家的权利”，而是“政治体制的构成要素”“公法客观秩序的反射”“国民委托某集团行使的职务”。[42]

在这里可以看到的倾向是，政治权利是参与权力作用的典型，却没有被主观法化，反而是国家作用的内容被主观法化。[43]为此，格奥尔格·耶利内克基本上是以参与权力作用为中心构成权利的，他说，

　　“一般的‘参与国家共同体善行的权利’无法构成。这里所说的权利完全是国家义务的反射。每个人只存在一种积极的请求权，为个人利益而要求国家给付，完全不显示善行的性质。‘居住权’也不是权利，而只不过是自由范围的构成要素。它只是要求不被驱逐、重新进入国家领域不受妨碍。如果拉班德仍然确立

93

────────────

〔42〕　以上引用的是 Laband, Staatsrecht, Bd. 1, S. 151, S. 140, S. 142 Anm. 2, S. 152-158. 另外，对于所谓自由权没有“客体”，参见第三款。

〔43〕　例如，一方面否定选举权的权利性（Laband, Staatsrecht, Bd. 1, S. 330-332. 不过，其理由未必有说服性，vgl. G. Jellinek, System, S. 136f., S. 160 Anm. 1），一方面又肯定权利保护“请求权”，举出其成立要件是存在私法关系（Laband, Staatsrecht, Bd. 2, S. 372f.）。

这种权利，将该权利与要求不受引渡的权利相并列，那么，他对自由权的驳论就必须作为自我批判而指向其自身。"[44]

另外，将国家作用内容主观法化的方法也未必是不言自明的。措恩说，

"为了叙述国民的权利内容，国家法的严格体系要么要求满足国民有义务服从国家、国家有义务保护国民的一般命题，要么在'国民的权利内容'标题之下叙述整个法秩序。但是，学说对两种道路均未采用，而是采用了一条中间道路，在国民的主题之下，提出了列举所谓基本权利，而不是关于国民的所有法命题的目录。这一概念完全没有在法上定式化，其结果是给现有权利与政治愿望——或多或少具有正当性——的可疑混合提供了轻易的口实。像拉班德那样十分敏锐的学者，遵循格贝尔的思考过程，在这种状况下轻易取消'基本权利'的整个范畴、加以嘲讽性注解予以抛弃，也不是不可思议的。他说，为什么不把开出票据的权利也标记为'基本权利'呢?"[45]尽管如此，描述居住权、刑法上的问题［参见②（A）］等个别权利，"只不过是让基本权利的学说指向其他方向而已"。[46]

94　　如果采用措恩所说的后一种道路，将作用内容个别性地主观法化，那就成为国家学的方法。沿着前一种道路进行，拉班德的"保护"请求权［特别是②（B）］也欠缺纤细性，它让参与权力作用的要素与国家作用内容的要素相混合，与"诚实义务"一起让人想起"保

---

〔44〕 G. Jellinek, System, S. 119 Anm. 1, S. 132 Anm. 2. Vgl. Laband, Staatsrecht, Bd. 1, S. 153 Anm. 1.

〔45〕 Laband, Staatsrecht, Bd. 1, S. 151 Anm. 2. 这是从商法学者起家的拉班德的讽刺。

〔46〕 Zorn, Staatsrecht, Bd. 1, S. 369-373. 当然，措恩也认为，尽管有体系上的疑义，记述成为国民生活界限的法秩序概要也是有意义的，以类似拉班德的样子叙述了权利义务。Vgl. auch Rönne/Zorn, Staatsrecht, Bd. 2, S. 150f.

护与庇护"等。[47]

另外，众所周知，拉班德认为，

> 法的意义在于"规定人类社会共同生活所要求的、每个人自然行为自由的界限或边界"，"法律可以在某种范围内承认这种行为自由，可能包括授权或容许，或者通过命令或禁止在某种范围内废弃行为自由。最后，可以将违反这些指示的行为与法上的不利相结合"。另一方面，"国家行政是国家的行为"，"决定在法上的自由是行政行为的本质"。"国家在行政活动中服从自己设定的法秩序。""从概念上来说，个别的（besonder）法规定对行政而言是不必要的。相反，国家的行政活动服从对所有法主体都有效的法秩序，仅此可能也就足够了。"当然，在法治国家，使用支配权作出行政活动［处分（Verfügung）］，需要有特别的法规"根据"。"但是，法的根据对于处分内容并不唯一完全是决定性的……处分对于国家目的的实现必须是必要的或有益的，换句话说就是合目的的……在审查和决定合目的性问题时，行政的自由是在法的界限内实现的。"国家以与其他法主体对等的立场作出行政活动时（契约、事实行为），特别的法规是对私法等一般法的"修正"。[48]

在这里，行政的"行为自由"与给它划定界限的法，这一定式所表达的法理论构造不是"个别地"将行政作用内容正当化，而是个别地限制行政作用内容。[49][50]而民事法理论既承认容许规范，也承认命令规范，[51]拉班德的客观法定式就由来于"图式"化的民事

---

〔47〕　对于国家学方法，参照、海老原「『国家学的』方法」『国家学会百年記念　国家と市民』第一卷。另外，赛德尔（Seydel, Staatsrecht, Bd. 1, S. 300 Anm. 43）质疑拉班德所说的①的权利性。

〔48〕　Laband, Staatsrecht, Bd. 2, S. 73, S. 176-S. 186, S. 188-191, S. 193-195.

〔49〕　参见第一款一（1）。

〔50〕　这一定式以行政"内部"的名目进一步创造了没有法的空间。对于上述内容，vgl. Böckenförde, Gesetz und gesetzgebende Gewalt, S. 233-240.

〔51〕　参见第一章第三节第三款。

法理论。[52]但是，拉班德的定式并没有明示被容许或命令的主体和事项，是一种更为素朴的"图式"，因而，并没有与主观法论建立起联络。

95   二、黑内尔

黑内尔显示了不同于拉班德、措恩的"道路"。他说，

> "特别的国家公民权、特别的臣民义务是从个别法律上的任务中获取具体的内容，它们结合起来形成实定法上的国家目的。这些权利义务因个别行政领域的区分和体系而获得了实践性法的形态和学术上的体系，它们结合起来构成立法和执行中的国家行
>
> 96   政。这也尤其适用于统一国家中的'国民的基本权利'。它们是从国家公民的权能视角单方面来看被宪法规定提升了的单一或多个特定行政领域的法原则，新指示或保障国家为了成员而履行某种任务，或者——作为所谓消极的自由权——在个人自由方面给国家权力划出确定的法的界限。"[53]

在考察"形成国家目的的个别法律上的任务""行政领域的区分和体系"时，如拉班德的"票据"比喻所示，与私法的关系可能成为问题。对此，黑内尔说，

> "国家不应该也不可能做得比以下更多。也就是说，国家在市民社会（bürgerliche Gesellschaft）之上、在其之中建立和平秩序，同时，阻止并在必要时抑制蔓延的优势力量，促进和支持那些需要援助和持续勃兴的力量，由此通过正当衡量来调整利益关系。但是，正是国家的力量和任务并没有延伸到将社会组成消解为集权的

---

[52]　Vgl. Böckenförde, a. a. O.；Jesch, Gesetz und Verwaltung, S. 14.

[53]　Haenel, Staatsrecht, Bd. 1, S. 355-357. 一般的国家公民权在积极方面是特别的公权要件，在消极方面是不被国家恣意驱逐或引渡的权利；一般的义务在积极方面是特别的公义务要件，在消极方面是不恣意脱离国家的义务。而正文以外举出的特别国家公民权是"政治性"权利，特别的臣民义务是诚实义务。

平准性组织，而只不过是为了将相互牵扯、排斥的各种力量有计划地嵌入更高的秩序中。正因为如此，更高的概括性组织与市民社会的关系、该组织与它所区别和包含的社会组织形态之间的法关系，决定性地、富有特征地显示了各国的历史发展阶段和个性。"[54]

也就是说，国家组织与"社会"是有区别的，国家的任务在于参与"社会"的形成。这一学说让人想起理性法论，[55]"社会"或"生活关系"成为公法和私法共同作用的场所。

"作为学术上的考察对象，私法和公法是抽象的。私法和公法从参与其中的法主体的视角形成法关系的体系学。其他的学术立场放弃这种抽象性，转而以生活关系自身的体系学作为出发点，不能说这种立场并不正当。""私法并没有尽数规范服从私法的生活关系，故而，并不排除公法的规范。""对于同一生活关系，公法和私法都要施以法的加工。"

如此，黑内尔进一步探讨了公法和私法规范的"相互关系"，亦即互换性、交叉、冲突等问题。顺便提及的是，

"私法是以私人自由的社会主张或活动为素材的。但是，这种私人自由并不等同于个人的自由……通过设定目的、自我运转、完全在他们自身之下产生私人的结合和责任关系，来完成国民的文化发展，这样的社会生活的选段才是私人自由。"[56]

但是，由于拉班德的方法席卷了国家法学，黑内尔的"实质性国

97

<hr />

[54]　A. a O. , S. 131-134.

[55]　参见第一章第一节第二节。

[56]　A. a O. , S. 153-169. 另外参见并比较二战之后日本的公法私法一元论（塩野「公法と私法——その学説史的考察」同『公法と私法』116～145 页以及其所列文献）、"特殊法"论（参照、兼子仁「特殊法の概念と行政法」同『行政法と特殊法の理論』266 页以下。另参照、塩野「行政作用法論」同『公法と私法』197 页以下、同「行政法の対象と範囲」同『公法と私法』237 页以下）。

家法学"（materiale Staatsrechtslehre）〔57〕后来没有得到充分挖掘。

三、弗里德里希·弗朗茨·迈耶

弗里德里希·弗朗茨·迈耶将主观法与"行政领域的区分和体系"（黑内尔）关联起来，以法关系、主观法的形式表达行政作用，实现行政法的体系化。〔58〕

弗里德里希·弗朗茨·迈耶将行政的"任务"，除一般准备性调查（收集信息）外，作出如下分类：

① "作为独立于每个人权利的权利（Rechtskreis）的持有者，为了国家〔国库〕而做的业务处理"。这时的行政属于下述法的领域：（A）私法；（B）国家法（与国家权力所有者的关系、议会的控制）；（C）行政法，（a）会计职员的义务，（b）公益的优先（自己执行力），（c）个人或团体利益的优先。

② "对国家中个人和合作团体的自由作用。也就是教示、奖励、警告。监视、防护、中介（尤其是对于来自外国统治权和机关的作用）。提供紧急援助、种种援助和促进，特别是预防和消除自然障碍和危害、通过公共设施提供便利"。该任务通常涉及公益，在下列情形中产生与个人的关系：（A）"维持既有权利是这种规定措施的必然效果，为此，措施的不作为就成为私权客体的丧失和损害的原因"。（B）"一般使用的既有公共设施在直接的首次效果中，是以个人的生活领域作为公益的起点和源泉，被规定为应当积极地助成"。

③ "从全体的利益和权利角度出发，对个人和联合体的权利

----

〔57〕 Vgl. Stolleis, Geschichte des öffentlichen Rechts, Bd. 2, S. 355 – 358. 对于其详情，vgl. Friedrich, Zwischen Positivismus und materialem Verfassungsdenken; Vitzthum, Linksliberale Politik und materiale Staatsrechtslehre.

〔58〕 对此参照、石川敏行「『法学的方法』について」雄川献呈上 107 頁、116~117 頁、ders. , Friedrich Franz von Mayer, S. 92 – 103, S. 121 – 127, S. 133 – 136, S. 185 – 187, S. 192 – 195.

范围实施法的强制作用……没有这种作用，即使根据②的作用，也无法实现该利益和权利。因而，如果不以自由合意的方法追求和促进全体的目标目的，强制的范围就会扩大。"[59]

"个人的公权"在与这些任务的关联中得到论述。

"根据③，国家……通过将国家所包含的个人从权利范围中分离出来获得执行任务的最重要手段〔租税等〕，个人在不同于私人法律生活的公共生活的相同领域中，作为限制或牺牲的补偿而产生固有的权利。该权利与国家任务自身直接、极为密切地相关联。因此，权利的防护和确定是国家任务的重要部分，一般通过行政的宪法性构成而获得保护。"权利可作如下分类：（A）作为国民的资格。（B）"作为对个别权利领域的保护，个人首先从司法设施〔在③的情形下，是不服申诉权等〕、对内对外保障公共安全的设施〔②（A）〕中获益"。"除了既有个人权的这种保障外，作为国家成员、同伴的个人关系，成为从全体财富中丰富个人权利领域的权源，成为为个人的个别性个人精神和物质效用而授予并使用公共财富的手段"〔②（B）〕。（C）"参与国家固有的生活活动"（选举权等）。[60]

如此，《行政法原理》采取了如下构成：　　　　　　　99

　　　第一章　个人与国家的公法关系，第一节　个人与国家有机体的直接关系，Ⅰ.国家所属性，Ⅱ.处理公共业务的权利义务（选举权和职务执行权），Ⅲ.一般性纳税、提供服务义务，第二节　根据国家目的对个人活动的限制和指导（固有的警察法，特别是营业法），第三节　个人对国家共有财产的利用、国家共有财产的设

[59]　F. F. Mayer, Grundsätze, S. 9-14. 作为该书的要点，ders., Grundzüge. 另外，与"行政手法""行政作用的法的结构"的清单〔序章注（16）〕进行比较参照。

[60]　F. F. Mayer, Grundsätze, S. 23f. 另外，对于宪法上的自由权，vgl. a. a. O., S. 7, S. 33, S. 107.

立和维持（特别是道路法、水法等）；第二章 公共团体（共同体）的法，第一节 作为特殊全体的团体、团体与国家的关系，第二节 团体相互的公法关系，第三节 个人与团体的公法关系；第三章 行政对私法关系的规范和变动。

但是，行政任务、法关系、主观法的联动体系还停留于"法学的"行政法学的前奏。《行政法原理》第四章"一般性结论"形式性地总结了公权和公义务的种类、成立、性质和消灭，[61]这一手法为后来的行政法学所继承。

第三款　自由、各种自由与权利 [62]

一、赛德尔

赛德尔对公权作出如下分类：

①对物权（公法上的所有权、用益权、担保权）；②对人权，（A）由义务产生的权利［依据法律者——财物给付（课税权、征收权等）、服务给付（兵役义务、入学义务等），依据契约者——公务员关系］，（B）因违反而产生的权利（刑罚权）；③参与国家、国家各部的权利（公务员的职务执行权、选举权、议员的权利、自治权）。[63]

①与②大致等同于国家作用内容的列举，因为并未注意到主体的位置，能否说是权利论是值得怀疑的。关于②，赛德尔还作出如下注解：

100

---

〔61〕　A. a O. , S. 438–452.

〔62〕　对于整个讨论，vgl. Giese, Grundrechte, S. 27ff. 海老原「自由権は権利か（その一）（その二）」ジュリ945号12～13頁、947号12～13頁。

〔63〕　Seydel, Staatslehre, S. 38–69. 另外，赛德尔（ders. , Staatsrecht, S. 300）在相当于③的公民权利之外也承认市民的权利。

国籍（Indigenat）是"服从支配"的"事实，而非权利，是人的权利义务的前提"。同样，国家公民权（Staatsbürgerrecht）也"不是权利，而是〔'国家的共同支配'这种〕权利的前提事实"。各种基本权利或自由权通常与国籍、国家公民权相关联，它们也不是权利。"所有这些'权利''自由'，只不过是表达了法不禁止皆容许的周知命题。任何人都不会想到将从未被禁止的东西称作权利。否则，连人吃饭、睡觉的基本权利都可能谈论了。基本权利、自由权概念，不是在逻辑上，而必须是在历史上作出说明。换言之，它们只是表示过去一度被禁止、现在又容许了的事实，表示将来不再作出同样禁止的统治者意图。""基本权利、自由权的宪法规定并不为国民的公权提供基础。它们意味着，以立法限制某领域的个人自由，必须以宪法修改的方法采取程序。也就是说，这些法规，不属于（狭义的）公法，而属于（立法之际的）程序法。"〔64〕〔65〕

例如，根据康德的观点，以行为自由为"前提"，个别地成立命令和禁止规范，进而是义务、权利。在这一意义上，自由与通常的主观法相区别。〔66〕侵害保留原理也可以被理解为表示一种关系，即以自

---

〔64〕　Seydel, Staatslehre, S. 46-50. 另外，赛德尔（ders., Staatsrecht, S. 293-295, S. 299-303）认为，相当于原居民（Indigenat）的国籍（Staatsangehörigkeit）是对国家权力的服从，其直接的结果是服从义务，其间接的结果是各种权利。

〔65〕　对于引用的末尾部分，作出与第一款一（1）、二同样的评论是妥当的。

〔66〕　参见第一章第二节第一款。萨维尼继承了康德的观念（同第二款）。温德沙伊德、托恩、比尔林等仅继承了规范构造的形式（第一章第三节第一款）。进一步参见奥地利翁格尔的论述（Unger, System, Bd. 1, S. 496-498; vgl. auch a. a. O., S. 504-511）。"在私法领域，权利概念也常常在广泛的、非法学的意义上使用，表示所有容许（Dürfen）、被容许（Erlaubtsein）、作出行为的能力。〔但是〕这种行为只是人格性的自由表达、任意的流出而已。〔将容许的所有行为都作为具体权利那样〕私权的概念滥用是古老自然法理解的残余，它在权利概念和个人自由原理上构筑整个体系，将具体状态解构为无数抽象的权能，并探究各种权能是否有自然法上的根据，以及在多大程度上有自然法上的根据。"

由为前提，个别地成立法规，进而是权利义务。[67]但是，正如赛德尔也部分承认的那样，这一"逻辑"并不适合于无法以自由为"前提"的"历史"阶段——制定规范是为了个别性地消解对自由的过度限制（命令和禁止）。[68]赛德尔原本就是以支配和服从这样的反自由现象作为客观法和主观法的"前提"，[69]很难认为他是在深深致力于前述的"逻辑"。而三月革命前期的基本权利规定，[70]不仅在自然自由的防御上，而且还在社会关系的变革和形成[71]上发挥功能。[72]赛德尔

---

〔67〕 参见第二节第二款三。不过，有力的见解是，侵害保留首先是表示国民代表的议会与君主之间的权限分配（奥托·迈耶，参见第一款）。

〔68〕 拉班德（Laband, Staatsrecht, Bd. 1, S. 151 Anm. 2）也和赛德尔同样说，将"某种自然行为的自由行动"作为"自由权或基本权利"来强调，实际上只不过是让人从历史上回想起（historische Reminiszenz）国家权力曾经的侵入，那种历史已经与今天法的状况、文化状况不可两立，至少可以说已经不能在以前那种程度上并存。翁格尔（Unger, a. a. O., S. 497 Anm. 30）明确地说，"在那个时代，人格性的所有自发表达首先都必须从警察的许可证中解放出来……将自然的行为自由拆解为自然归属于人类的无数个生来的权利，并以这一方法徐徐以自由活动的原理、各种力量无障碍发展的原理取代狭隘的限制，这具有很大意义"。

〔69〕 对于赛德尔的国家事实说，vgl. Stolleis, Geschichte des öffentlichen Rechts, Bd. 2, S. 435f.

〔70〕 对于基本权利规定的成立过程，vgl. Eckhardt, Grundrechte; Kleinheyer, Art. "Grundrechte, Menschen‐ und Bürgerrechte, Volksrechte", in: GGB, Bd. 2, S. 1070ff.; Brandt, Urrechte und Bürgerrechte, in: Birtsch（Hrsg.）, Grund‐ und Freiheitsrechte im Wandel von Gesellschaft und Geschichte, S. 460ff.; Dann, Die Proklamation von Grundrechten, in: Grund‐ und Freiheitsrechte im Wandel von Gesellschaft und Geschichte, S. 515ff.; 奥平「ドイツの『基本権』観念」東大社研編『基本的人権3』143頁以下。

〔71〕 参见第一章第一节第三款。

〔72〕 朔伊纳强调了这一点 [Scheuner, Die rechtliche Tragweite der Grundrechte, in: ders., Gesammelte Schriften, S. 634f., S. 640f., S. 646f., S. 651; ders., Begriff und rechtliche Tragweite der Grundrechte, Der Staat, Beiheft 4, S. 105ff.; ders., Die Verwirklichung der Bürgerlichen Gleichheit, in: Birtsch（Hrsg.）, Grund‐ und Freiheitsrechte im Wandel von Gesellschaft und Geschichte, S. 377f.]。对于自然自由的防御与社会关系的形成之间的关系、在后者中立法的重要性，vgl. Wahl, Rechtliche Wirkungen und Funktionen der Grundrechte, in: Böckenförde（Hrsg.）, Moderne deutsche Verfassungsgeschichte, S. 353.（"在限制解体之前，要实现法的平等和取得的自由，就需要成立更进步的法律……在将过去既有侵害的解体作为问题上，基本权利无法在实践中提供免遭侵害的保护。仅此就可以在这里进一

的论述反映了一种事态：基本权利在形成社会关系（当时的社会政策和经济政策）上不再发挥促进或妨碍的功能。[73]

二、勒宁

作为公权，勒宁举出的是：①国家要求服从国家权力的权利，②国家机关行使国家权力的权利，③作为国民的资格，④个人要求国家给付的权利，⑤自由。对于自由，他说，

> "法治国家承认所有人的人格性。根据这一资格，人在法的领域作为自由的存在而得到承认和保护。于是，得到承认的人的自由就是在法上独立于他人意志而作出自己意思的权利……在法治国家中，只有依据法规，才能限制人的自由。法规赋予国家机关在特定要件下以特定形式要求臣民作为或不作为的权能。这些法规为国家介入违反法规的所有意思活动的权利、为仅根据这些法规就作出自己意思的全体臣民义务提供基础。没有法的认可就不得限制臣民的自由，这样的法规并没有因此而被放弃，而是得到了确证。没有法规认可的对自由的损毁，包含着对个人权利的损毁。由此决定了臣民与国家及国家机关之间的法关系。其基础在于，个人对国家及国家机关具有公权。其公权的内容是自由的承认和保护。法规包括国家行政的规范，同时含有国家机关限制

步明显看到基本权利……的纲领性性质。只有在充分自由化的法和社会的基础上，防御性方向、大体经常划出的界限观念才变得重要。在这种状况下，法律越多，就越倾向于限制〔自由〕。"）Grimm, Die Entwicklung der Grundrechtstheorie, in: Birtsch（Hrsg.），Grund- und Freiheitsrechte, S. 241f.（"让基本权利具有实效化，一方面需要消除与其相矛盾的旧法律，另一方面也需要适合基本权利的新规定。因为仅以基本权利为基础，还不能规范社会的共同生活。""在从等级社会向市民社会的过渡期，基本权利启发了应从中创造出法的状态。与其相对应的国家法学将基本权利理解为宪法上的立法纲领，而不是以实现自由为前提的防御权。"）另外，相对于法律的宪法优位观念在当时一般是不存在的，但也有异议（a. a. O., S. 241）。

〔73〕 Wahl, a. a. O., S. 358f.

臣民自由时的要件和形式……个人并没有营业、旅行、通过出版复制传播意见、结社等个别性权利。但是，所有这些行动只是自由的表达……人格性权利、自由的行使。"拉班德认为，自由权没有客体。但是，"人格性自由不是客体吗？人格性自由的权利不是与对物的所有权同样具有丰富内容的权利吗?"[74]

单数的行为自由（人格性）、依据法规进行个别限制这样的逻辑（参见一）鲜明地得到展示，也含有理念意义。勒宁在这里将单数的自由当作权利。这对于应当近乎绝对保障的自由（例如身体自由）是没有障碍的，但如果考虑到保障内容因法规内容（例如是警察法还是涉及经济秩序的法）而不同的自由（例如营业自由），将法规内容个别而特定地主观化、构成权利，可能更为有用。

104

第四款　利益、团体和权利

一、贝尔

贝尔发展出一种独特的理论，将国家理解为一种合作社。[75]对于合作社的法关系，他陈述如下：

> 合作社的成员对于下列事项具有权利：①没有合作社法的规定就不被课予牺牲，②从合作社获得利益的满足，③创出全体意志（Gesammtwille）、保有保护前两者利益的秩序。在成员权利划出的界限（Schranken）内部，指导机关可以采取自由行动（行政），以便通过裁量实现合作社的目的。对于②与③，有两种情形，（a）指导机关侵害特定成员的权利，（b）侵害全体成员。因而，指导机关的权利侵害可分为三种：（A）对个别成员私益的侵

---

[74] Loening, Lehrbuch des Deutschen Verwaltungsrechts, S. 8~14.

[75] 对于以下的详细探讨，参照、藤田『公権力の行使と私的権利主張』14~18頁、49~51頁。

害［①、②(a)］，(B) 对个别成员公共利益的侵害［③(a)］，(C) 对合作社全体的侵害［②(b)、③(b)］。对于(A)，通常赋予裁判上的保护请求权。对于(B)，通常在合作社内部处理，有时是否排除裁判是可疑的。对于(C)，有国家的监督，以及在合作社内部创设二次性机关，承认民众诉讼类。

上述说法也适用于以统治权力作为指导机关的国家。作为(A)，有要求臣民积极给付的违法请求、对臣民自然自由的违法限制、国家对臣民所负债务的不履行；作为(B)，有政治权利的侵害；作为(C)，有国家对人或物的手段的违法处分、起诉权限的违法行使或不行使、国家对（政治）秩序的不遵守等。[76]

但是，贝尔单纯地将特定成员的权利利益和成员全体的权利利益、成员的权利利益与国家的公共利益并列，而没有阐明其重复部分及相互关系。

那么，法、法律与权利、行政之间是怎样的关系呢？贝尔说，

"对于法院而言，法和法律构成了行动的积极的、内在的、排他的原理。对于统治权力而言，法和法律只是自由行动或多或少的外在界限。行动的积极原理在于……统治权力受委托需要照顾的利益，即公共利益。""统治权力对法和法律的立场实际上与单个国家公民的立场并无不同。我们都是在相对自由的领域活动。在该领域内部，不是法，而是我们的利益、人格的福祉提供行为的积极决定根据。我们采购食物、建造房屋、获得精神享受、组建家庭等。谁也不会主张，做这些都只是因为法的缘故。但另一方面，当我们从法上思考时，我们努力只是在法的内部进行所有这些活动……我们从自身利益的角度审查［行为的合法性］，将我们认为合法的东西作为自身的主观法。而法官对此只是将起诉事项作为客观法秩序的代表加以审查。因此，他的判决

105

---

[76]　Bähr, Der Rechtsstaat, S. 34–41, S. 161–185.

构成客观法。""一言以蔽之，我们所说的自身权利完全只不过是披上法概念外衣的我们的利益而已，以便让人看到它们在人类社会中是可能实现的。"

另外，法律使用只有根据行政原理才能作出判断的概念时（例如，"公益上必要""人伦上危险"），法院只是在"概念的最外侧的边界线"上活动。也就是说，只有在"绝对"否定概念的要件时，才能作出违法判断。统治权力在没有法律的领域活动时，要看出法的边界，就需要"将事实上在使用的〔不成文〕法还原为某种规范"。不制定成文法律，就无法克服这种困难。[77]

于是，法、法律无法将权利利益、行政正当化，而只是加以限制。[78]但是，在引用部分的后段，贝尔自身对于法与行政的关系叙述暧昧，由此也可窥见两者难以切割。贝尔将主观法和客观法看作异质的东西。在耶林那里，主观法和客观法的关系是不清楚的，这一点是通过权利的"形式性因素"来修补的。[79]在耶林之外，过去主张利益说却未受到关注的著作，雷格尔斯贝格举出的就是贝尔的《法治国家》（即使贝尔所说的利益看上去更接近于耶林所说的理念性意思），这是因为两者的论述都包含着同样的问题。[80]

二、萨尔维

萨尔维明确地依据耶林。

萨尔维将行政法分为：①关于公益的指令（Anweisung）、职务指令（Amtsinstruktion）；②"个人权利范围的规定，即使是相对立的公益要求，也必须予以尊重而不可侵犯，在一定限度内也决定并限制公权力的意思与个人的意思"（狭义的行政法）。行政

---

〔77〕 A. a. O., S. 52–65.

〔78〕 这样就与拉班德承认"行政的自由"（第二款一）具有同样的结果。

〔79〕 参见第一章第三节第二款一。

〔80〕 Regelsberger, Pandekten, Bd. 1, S. 75 Anm. 5.

的目的是实现公益，而裁判的目的是"为援用对抗性权利的个人，确定行政的行为是否符合公法秩序"。"裁判的可能性和必要性是由狭义行政法概念自身赋予的。换言之，没有裁判作为前提，就不能实现狭义行政法，因而，没有裁判就无法理解狭义行政法。相反，如果不将法秩序适用中个别利益的保护作为问题，就无法谈论裁判。"另外，"根据耶林的正当定义，权利不外乎是个人的利益，具有受法保护的特别固有性……公法中的裁判任务就在于保护个人权利、权利"。[81]

要言之，在萨尔维这里，"行政法规范内在的主观因素照样是作为'权利'得到承认，而裁判则是本来的、不言自明的与权利秩序相伴随的概念"。[82]因而，根据"实体法"、具体根据①与②的区别来划定裁判和权利的范围。[83]但是，①与②、公益与个人权利、实现公益与维持法秩序被分割开，而没有关联。[84]①与②的区别只能说是不明确的。勒宁举例说，萨尔维将选举法看作②，承认选举权，却将警察机关解散集会所能根据（要件）的法律看作①，不承认集会的权利，[85]这也可能作出完全相反的解释。[86]

进而，萨尔维区分了财产性利益与非财产性利益（die idealen Interessen）。

107

---

[81] Sarwey, Verwaltungsrechtspflege, S. 65-67, S. 73-76. 对于耶林，参见第一章第三节第二款一。萨尔维（a. a. O., S. 56-58）说及法的"实现"、"目的"、利益的重要性。另外，仅表示"原则"的基本权利并不构成权利的基础，但施行法律（Ausführungsgesetz）能构成权利的基础（a. a. O., S. 110-112）。

[82] 安念「取消訴訟における原告適格の構造（一）」国家97巻11・12号15頁。

[83] Vgl. Sarwey, a. a. O., S. 110, S. 112.

[84] 萨尔维（Sarwey, Allgemeines Verwaltungsrecht, S. 12, S. 37）说，"国家和个人一样，完全独立于法秩序的维持，在维持法秩序的活动范围之外具有利益"。"行政法律作为规范、限制行政机关自我决定权的规范，从外部与行政活动对峙。个人的自我决定权同样受法规范的规范和限制。"这让人想起前述的贝尔、拉班德［参见注(78)，不过，vgl. a. a. O., S. 42 Anm. 1］。

[85] Sarwey, Verwaltungsrechtspflege, S. 483ff., S. 442ff.

[86] Löning, Verwaltungsrechtspflege, Schmollers Jahrbuch N. F. 5, S. 366f.

根据萨尔维，关于后者的法律，首先纳入视野的是全体福祉，而不是个别利益。随着国家认识到有必要承认非财产性个别利益是全体利益的基础，该利益被提升为权利的情形在增加。但是，有疑义时，应当否定非财产性利益的权利性。[87]

诚然，对于财产性利益，容易从私权的类推或者与私权的关系中导出公权。顺便提及的是，萨尔维认为，在财产性权利上很难区分私权和公权，而在非财产性权利上，只有家庭的权利是私权，其余多种权利则是公权。[88]但是，否定非财产性利益的权利性，其推定的根基依然是脆弱的。萨尔维将"人格的自由"列为一种非财产性利益，[89]但因为没有赋予其基础意义，反过来受到了重视它的勒宁的批判。[90]

萨尔维自身在划定公权范围之际，允许使用"涉及行政诉讼容许性的权限规定"，以"补充"不发达的"实体行政法"，[91]结果可以看到，萨尔维主要是在使用实定法上所列举的诉愿、诉讼事项。[92]如此，"有权利就有行政裁判"与"有行政诉权就有权利"就变成了"循环"的命题。[93]

108　## 三、基尔克

基尔克批判拉班德不仅将国家的本质看作"支配"，还将其看作

---

〔87〕 Sarwey, a. a. O., S. 419f., S. 423.

〔88〕 A. a. O., S. 102–110.

〔89〕 A. a. O., S. 425–427.

〔90〕 Löning, a. a. O., S. 373f. 另参见第三款二。

〔91〕 Sarwey, a. a. O., S. 405–407, S. 415.

〔92〕 当然，萨尔维（Sarwey, Allgemeines Verwaltungsrecht, S. 119–149）在狭义行政法的意义上，包罗性地叙述了作为国家权力限制的个人权利范围（对应于自由权或基本权利）、因合作社关系而得到扩张的个人权利范围（对应于给付请求权、政治性权利、提供服务义务等），而没有向财产性权利倾斜。这是因为叙述"一般行政法"而非"行政裁判"的缘故吗？

〔93〕 Vgl. Rosin, Buchbesprechung, Deutsche Litteraturzeitung 1881, S. 530.

"合作社",[94]他还反对拉班德关于国家与国民之间法关系的观点。拉班德认为,该关系是相互的,[95]他将臣民的服从、忠诚义务与保护请求权、要求从法制度和福利制度中受益的请求权、在立宪国家对国家意志活动的参与权[96]关联起来。基尔克首先对此予以好评。但是,拉班德没有将国民的本质表述为全体人格(Gesammtpersönlichkeit)中的部分人格(Gliedpersönlichkeit),没有考虑区别于上述种种国家公民权(staatsbürgerliche Rechte)的个人权利(Individualrechte),基尔克对此予以批判。他说,

> "每一个国家公民在基本权利中获取了宪法上的请求权,在特定的关系中,可以要求国家不是作为成员,而是作为自由的个人来对待自己。基本权利包含了下述重要思想,它采取了具体实定法上的形态:人不只是公民。国家团体仅吸收了部分的人格性。人拥有即使最高的普遍性也不可侵犯的个人自由领域。"于是观想了"要求尊重个别人格之生活领域的单一的基本权利"。[97]

贝尔以利益为中心构成了权利,而基尔克则将国家的合作社性质直接反映在权利的构成中。这里探讨一下他所构成的各种权利。首先,"国家公民权"通过将参与权也包含进来,混合了比拉班德保护请求权更繁多的要素。[98]其次,"个人权利"被理解为独立于国家的自由个人范围。这一观念也适用于近乎应当绝对保障的自由,但对于

---

[94]　对于贝尔与基尔克的关系,参照、藤田『公権力の行使と私的権利主張』115 頁註(12)。

[95]　基尔克解读认为,拉班德在援用家族法的权力关系类推时,所念想的并非罗马的"potestas"(支配权力),而是日耳曼的"mundium"(保护能力)。普赫塔(第一章第二节第二款三)、格贝尔(第一款一)也提及日耳曼法观念。对此,参照、村上淳一『ゲルマン法史における自由と誠実』146 頁以下。

[96]　不过,拉班德不承认选举权的权利性(参见第二款一)。

[97]　Gierke, Labands Staatsrecht, Schmollers Jahrbuch 7, S. 34–39.

[98]　参见第二款一。

其他的自由来说，在划定自由范围之际只能考虑国家作用的内容，将国家范围与个人范围截然二分的观念就很难是妥当的。[99]

四、丹切尔

110

奥地利的丹切尔对合作社中的权利作出了更为详细的论述。[100]

丹切尔认为，关于国家以及其他共同体（Gemeinschaft）、合作社的法是公法。公权分为(a)全体人格（Gesamtpersönlichkeit）的机关（Organ）相互之间的权利、机关对成员的权利，（b）成员（Glied）对全体或机关的权利。也就是说，成员，（a）不仅作为实现全体目的的手段，服从全体的意思和行为，（b）还作为以全体为手段的自我目的、独立人格、个人，对全体具有权利。

丹切尔将其中的国家成员对国家权力的权利称作"臣民的政治权利"，根据其对象行为对该权利进行分类。也就是，①对国家作出积极行为的权利，②对国家不行为的权利，③要求国家积极行为的权利，④要求国家不作为的权利。[101]

①不是"与国家无关的中立行为，亦即个别人格在个人领域内部发生并结束的行为"，而是以"含有在法上侵入国家领域"的行为为对象。包括导致国民减少的移民权利、形成国家组织的选举权等、公物的一般使用权、国家表彰的使用权等。[102]

②是免于向国家提供人或物的给付的特权（singuläre Rechte，Privilegien）。不作为与国家有关，在这一点上与①具有共性。[103]

---

[99] 勒宁是在与法规的关系上思考单数的自由，而基尔克是根据团体法的观念来思考"单一的基本权利"。两者出发点不同，但在结果上却能给出同样的评价（参见第三款二）。

[100] Dantscher von Kollesberg, Die politischen Rechte der Unterthanen, 1.-3. Lieferung. 以下在本项中引用时仅写分册序号及页码。另外，I, S. 41f. ; II, S. 106 Anm. 79 等引用了基尔克。

[101] I, S. 36-53, S. 76-79.

[102] I, S. 80-82, S. 87-127.

[103] I, S. 80-82; II, S. 3-42.

③与④的对象是"与个人有关、以个人为客体的国家的积极或消极行为",其多数是"从人格性概念导出的本质性一般权利"。[104] 在③中,"法秩序赋予个人为其利益而要求国家采取特定行为的请求权。所辖的国家机关必须应其要求而行为,不得拒绝"。包括要求公证或行政处分的权利、要求变更或撤销损毁政治权利的行政处分的权利、要求国际法上保护的权利、要求财政给付的权利、要求缔结以利用通信或交通设施为内容的法律行为的权利、裁判保护请求权等。[105]

④是要求国家权力"承认"(Anerkennung)"独立于国家的自由人格性领域"的权利。"所有对国家权力中立的人格性行为……构成权利的积极内容。如果国家违法妨碍个人实施这种中立行为,损毁的就是政治人格性的单一而统一的权利,而不是独立的个别性政治权利。"个人(a)的行为(a~i)构成④的积极面向,行为(α)是①的对象,两种行为的区别在于有无侵入国家(A)的领域(如图所示[106])。之所以构想出各种个别权利,源于历史过程,法治国家克服了绝对主义国家对权利的限制。"从法学来看……承认各种基本权利中个人的积极行为,禁止国家权力——在法律规定的情形之外——逮捕拘留、搜查住宅、开封信件等,只不过是承认人格性的单一政治权利与财产的不可侵犯权利的结果。也就是说,前者的——积极的——行为源自人格性的权利积极方面,后者的禁止则源自这两大非常重要的一般政治权利的消极方面。在以法律规范两个权利的消极方面之际,国家机关的政治权利进入国家公民的基本权利之中,就能从这一观点予以理解。"[107]

111

---

[104] Ⅱ, S. 43.

[105] Ⅰ, S. 81f.;Ⅱ, S. 43-53. 末尾提及"劳动权"与"要求保障必要生存手段的权利"。

[106] 在转载Ⅱ, S. 56 的图时,修正了有误部分。

[107] Ⅰ, S. 82;Ⅱ, S. 54-108. 对于"历史过程",参见第三款注(68)。对于臣民的单一权利与国家机关的各种权利,参见第三款及注(99)。

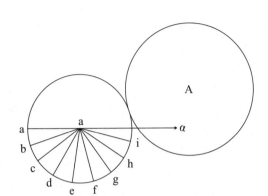

在这里，预先划定国家领域和个人领域，再来观想侵入对方领域的行为。因为观想的是静态、独立的领域，所以就看到片段地或片面地把握连续或关联的行为和现象。第一，关于①，选举权是成员的权利、议员的权利是机关的权利，两者相区别，[108]两者没有共通性吗？第二，移民自由与一般自由、公物的一般使用与设施的利用，[109]被分类到①和④、①和③的不同范畴里。这种按照国家领域和个人领域二分进行权利分类的做法有效吗？第三，诉权、诉愿权等不是以个人的申请行为、法院和行政机关的判断过程的行为等为基准，而是以实现利益为基准，被归入③，而不是①。[110]这不能说是必然的。格奥尔格·耶利内克就是以前者为基准，构成积极地位。[111]

112

第五款　实证主义的思考与权利

一、格奥尔格·迈耶

格奥尔格·迈耶将与个人服从国家的义务相对应的权利分为：I. 国

---

[108]　I, S. 93–95.

[109]　I, S. 118f.

[110]　I, S. 120f.

[111]　参见第二节第一款。

家公民权或政治权利；Ⅱ.市民的权利——①居住权，②要求国家保护和照顾的请求权［针对他国的保护请求权、权利保护请求权、要求内行政的活动请求权（设施利用权等）］，③个人的自由权或基本权利，④请愿权和诉愿权。[112]Ⅱ①②采取了拉班德的同样构成，但在承认③的权利性上有所不同。他说，

> "多数从自然行为自由中产生的行为从未受到过限制。因此，对此也没有必要明确保障个人在这些问题上有独立于国家机关作用的自由。而其他行为曾经受到过限制，确定基本权利就具有消除限制的任务。消除限制的宪法和法律无疑包含着客观法。但是，它们同时也包含着承认个人享有请求权，要求独立于某国家作用的自由。这一请求权要求不作出或者撤销与法律上确定的自由相矛盾的官方命令。"[113]

113

于是，法制定的历史过程就成为权利的根据。[114]这与赛德尔等人切除历史过程[115]的做法形成对照。根据历史的说明，"对于不受妨害实施行为者，亦即对冲突的官方命令要求不作为的请求权者，即使说他具有作出行为的权利，也只不过是同样思考的不同表达"，[116]"行为的自由""不作为请求权""权利"等含义没有在理论上得到更多的诠释探索。

二、施滕格尔

施滕格尔沿袭格奥尔格·耶利内克的所谓折衷说，对权利作出如

〔112〕 G. Meyer/Anschütz, Staatsrechts, S. 946-953.

〔113〕 G. Meyer/Anschütz, a. a. O. , S. 954f. 另外，舒尔策（Schulze, Staatsrecht, Bd. 1, S. 365-370）从基本权利的意义——限制国家权力侵犯个人自由——导出其权利性。

〔114〕 施托莱斯（Stolleis, Geschichte des öffentlichen Rechts, Bd. 2, S. 351-355）认为，格奥尔格·迈耶、安许茨、舒尔茨的特征既不是非历史的，也不是非政治的，而是"以历史为基础的实证主义"。

〔115〕 参见第三款一。

〔116〕 G. Meyer/Anschütz, a. a. O. , S. 955 Anm. 4.

下定义："法秩序所承认的意思力，目的是使具有权利的法主体可以追求法秩序所保护的利益。"他将公权分为①自由权或基本权利、②市民的权利、③参政权，[117]并对①的权利性否定说作出如下批判。

（a）施滕格尔针对否定说指出，基本权利的宪法规定是行政法规范或立法的指针。[118]但是，否定说也承认这一点。

（b）有主张认为，基本权利规定只是保障自然的行为自由。施滕格尔批判指出，

> "这一主张的根底是完全错误的，让人想起古老的自然法。自然法设想前国家的状态，国家和法通过孤立而完全独立的个人缔结契约而成立，并产生下述理解：个人为了国家仅放弃部分'自然的'自由，其余部分保持不变……但是，这完全是错误的……大体与人格性（作为权利主体的地位）一样，个人也完全是从法秩序中得到权利……独立于法秩序、在法秩序之外的自然行为自由是不存在的。但是，国家的实定法涉及一个原则，即各个权利主体可以做所有不被禁止的事情……即使在这种情形下，广泛承认行为自由也是涉及法秩序，而非自然。故而，基本权利或者自由权可以说是由法秩序所赋予的权利。"
> "基本权利的确立必须从历史上加以说明，这的确是正确的。基本权利是对国家权力，特别是执行权力过去的过度侵入的反作用。基本权利是法秩序、国家秩序长远发展的终点。其起点并非人的'自然自由'，而是服从出身、身份等严格的规范……但是，这种状况不能当然地影响将基本权利理解为公共的个人权利。"[119]

---

〔117〕 Stengel, Verwaltungsgerichtsbarkeit, VerwArch 3, S. 189-191, S. 193f. 另参见第一章第三节第三款、本章第二节。

〔118〕 Stengel, Verwaltungsgerichtsbarkeit, VerwArch 3, S. 194f. ; Stengel, Verwaltungsrecht, S. 36.

〔119〕 Stengel, Verwaltungsgerichtsbarkeit, VerwArch 3, S. 196f.

从所谓"自然法"的见解，亦即区分行为自由与根据法规范的义务和相应权利的见解来看，施滕格尔回归到被称作"历史性"的见解。[120]这是因为他悉数依据实定法秩序来说明现象，亦即依据制定法实证主义，而非法学的实证主义或法学的方法。[121]

当然，施滕格尔也引用勒宁，将各种自由权还原为单一的权利。[122]他将为权利提供基础的法秩序理解为面向主体意思的规则（命令和禁止），[123]重视请求权和义务的对应。[124]他还有意识地将权利和法秩序的关系分成以下两种：（a）"权利人可以直接根据法律，或者间接根据契约等，援用依法成立的明确指令来支持权利的存在"，（b）"法秩序在特定方向上允许人格的自由活动和自我决定，因而，权利从特定法秩序的一般关联或原则中当然产生"。"这时，法秩序虽然无疑可以消除权利，却没有明确消除或排除权利，权利至少在客观法上消极地具有根据。"[125]

115

---

[120]　参见第三款，特别是注（66）、注（68）。

[121]　维亚克尔（Wieacker, Privatrechtsgeschichte, S. 430-468）指出，在私法史的分析中，伴随着法典化的进行，从法学的实证主义（rechtswissenschaftlicher Positivismus）向制定法实证主义（Gesetzespositivismus）过渡。弗里德里希（Friedrich, Paul Laband, AöR 111, S. 205f.）对比了处理一般德国国家法的格贝尔的法学实证主义与处理实定帝国国家法的拉班德的制定法实证主义。不过，保利（Pauly, Methodenwandel, S. 146-149, S. 186-188）对于拉班德的定位要求严密性。他说，拉班德也是认为，立法者不得改变法学的符码或基本观念，因而，拉班德的制定法实证主义应该说是将格贝尔的法学实证主义贯彻于实定法的解释。

根据迈耶-黑泽曼研究（Meyer-Hesemann, Methodenwandel, S. 54-62. 作为介绍，山下淳·国家95卷3·4号129页以下、村上博·鹿法18卷1·2号97页以下），奥托·迈耶采用了法学的方法（juristische Methode）或制定法非从属性构成（gesetzesunabhängige Konstruktion），但伴随着实定行政法的增加，弗莱纳、瓦尔特·耶利内克继承了这一方法，也带有制定法实证主义的倾向，它让人想起国家学的方法（staatswissenschaftliche Methode）。

[122]　Stengel, Verwaltungsgerichtsbarkeit, VerwArch 3, S. 197f.

[123]　A. a. O., S. 189-191.

[124]　Stengel, Verwaltungsrecht, S. 31-33.

[125]　A. a. O., S. 33.

另外，施滕格尔举出被视为基本权利的所有权的实定性，补强自己的学说。[126] 但是，根据所谓"自然法"的见解，行为自由位于涉及所有权和对应义务的法规范前提之下，所有权和行为自由在此限度上得到区分。

（c）对于自由权没有客体的主张，施滕格尔认为，自由权的内容是，国家（机关、官厅）不得妨碍权利人对物或人格的自由使用、自由活动。[127] 但是，这一说法与主张自由的客体是自己人格或其表现行为的说法（勒宁）之间是什么关系呢？而从施滕格尔自身的下述复眼性见解来看，仅仅以国家（机关、官厅）的义务与自由权相对应是不充分的。

> "要求人格及所有的自由和不可侵犯的请求权首先具有私法的性质。这是因为即使不考虑属于国家，所有其他人也都要求权利主体不得侵害人格的自由、完整性和所有。当公共行政机关能否、在何种程度特别是在何种要件下，可以加以侵入、限制这种不可侵犯性和自由成为一个问题时，人格及所有的不可侵犯性和自由的权利就获得了公权的性质。"[128]

结果，施滕格尔简单观想了相对于国家的自由权，而没有明确区分自由、自由的限制内容，以及限制自由的权力作用。

三、博恩哈克

116

博恩哈克说，

> "如果权利对权利人而言是拘束并课予他人义务，那么，国民在与国家的关系中就不可能有那种权利。即使国家服从于法秩序，即使是在这一限度内，也只是根据国家自身的意思而已……

---

[126]　Stengel, Verwaltungsgerichtsbarkeit, VerwArch 3, S. 197 Anm. 7.

[127]　Vgl. a. a. O. , S. 197f.

[128]　Stengel, Verwaltungsrecht, S. 36.

国家在任何时候都可以通过立法来否认能被认作权利的东西。""并不存在对国家进行立法的权利，却存在对国家进行行政的权利，这种观点不能支持，因为这与国家人格的统一性是矛盾的。"[129]

博恩哈克不区分行政作用和立法作用来观想国家和国民的关系，最终采取了权利否定论。这可以作如下解释：施滕格尔以立法为可解作权利的现象提供基础，而博恩哈克则以立法予以消解——于是，仅剩下服从立法的义务。根据博恩哈克的这一逻辑，"更进一步，就必须这样来说：个人之间也不能存在真正的权利关系，因为其所处的状态是，国家随时可以通过法律消除这一权利关系。"[130]

第二节 程序性权利与实体性权利

从前一节看到的公权的端倪出发，本节继续解读古典公权论的内在构造。这时，程序性权利和实体性权利的交错成为关键所在。首先，解读格奥尔格·耶利内克的经典（第一款），分析其《公权的体系》在后世是如何得到继承的（第二款）。其次，解读布勒的经典（第三款），并与公权概念的其他学说进行对比（第四款）。最后，与其相关联，探讨租税法关系是权力关系还是债务关系的论争（第五款）。

第一款 地位、意思力和利益——格奥尔格·耶利内克[131]

（1）格奥尔格·耶利内克通过满足"利益"来界定权利，而"利益"并不意味着对现象展开本质分析，"意思力"也脱离了理念基础

〔129〕 Bornhak, Staatsrecht, Bd. 1, S. 285-290; ders., Grundriß, S. 51-56.

〔130〕 Stengel, Verwaltungsgerichtsbarkeit, VerwArch 3, S. 192.

〔131〕 对于耶利内克的公权论，除宪法、行政法的概述著作外，最近的作品有，奥平「人権体系および内容の変容」ジュリ638号243页以下、種谷「status libertatis 概念」杉村還暦47页以下、青柳「基本権の多次元的機能（一）」慶大法研55巻4号23页以下、芦部・法教98号21页以下等。

和规范构造。[132]也就是说，意思是意欲某个东西（Etwas）（手段、权利的形式要素）。这个东西是一种财物、利益（法的目的、权利的实质要素），其利益是为个人目的服务的。[133]

118　　首先，对于私权的意思力与公权的意思力的差异，耶利内克陈述如下：

> 法秩序容许（Erlaubnis, rechtliches Dürfen）个人意思在某个方向上使用自然的自由［natürliche Freiheit，独立于国家，精神性、身体性的行为可能性（Handlungsmöglichkeit）］。在行为涉及他人时（rechtlich-relevante Handlungen），容许才成为问题；与他人无关时（rechtlich-indifferente od. gleichgültige Handlungen），就不能说容许。容许自身的效果只是禁止的废弃。另一方面，法秩序赋予个人要求国家承认和保护的能力（Gewährung, rechtliches Können）、为个人利益而启动法规范的能力。容许涉及并立者之间的关系，而赋予涉及创造法的全体（国家）与其成员（个人）之间的关系。另外，命令和禁止（Gebieten und Verbieten, Nichtdürfen）直接针对国家。国家可以将某人的禁止和他人的能为（Können）接续起来，这时禁止就间接地成为针对他人的东西。而容许（Dürfen）必定以能为为前提。私权是个人之间的关系，因为含有容许，就必然与能为、公权相结合。另一方面，公权只是能为。能为的总体是人格性，公权涉及人格性的各种资格问题。
>
> 可将上述内容作如下详述。抽象而潜在的私权体现为具体而现实地提起请求权的可能性、请求权和权利的处分权能。潜在的公法状态（Zustand）或人格性（严格而言不同于"所持有"的对象权利）也在具体的请求权中发挥功能，由于个人和国家的持续而坚固的人的关系，在特别承认的情形之外不能处分，即使具

---

〔132〕　参见第一章第三节第三款。不过，耶利内克的讨论比民法理论上的折衷说实际上更为复杂［参见(3)］。

〔133〕　G. Jellinek, System, S. 41-45.

体的法状况发生变化，也保持不变。"国家原则上保护个人的权利。私法法规对国家而言只是一个诱因、条件而已，使国家感到有动机去行使其保护义务。"结果，人格性是公共的权能、国家的创造物，"私法完全立于公法的基础之上"。[134]

上述内容可以总结如图所示。耶利内克所说的能为与民事法理论中所说的能为不同。民事法理论上的能为是相对于容许和支配权、请求权而言的，毋宁是"二次权"，并不包括所有"为自己利益而启动法秩序的能力"。[135]但是，耶利内克是将启动法秩序的力，亦即对于国家的力（参与权力作用），当作能为。特茨纳批判认为，在并立的私人之间也能成立能为。[136]于是，耶利内克将国家和个人的坚固关系（"状态"）与具体法状况（私法等）的可变性进行对比，让公权、能为优越于私权、容许。另一方面，实体私权也没有在完全形态上加以把握。换言之，容许是针对他人的，容许必然与能为相联结，而他人的禁止则是针对国家的。容许与禁止是分断的，必须以针对国家的能为为媒介。

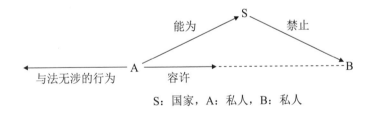

S：国家，A：私人，B：私人

（2）从耶利内克所说的"状态"或"地位"所产生的请求权象征

---

〔134〕 A. a. O., S. 45–52, S. 54–58, S. 81–84.

〔135〕 参见第一章第三节第一款、第三款。另外，关于能为，经常引用的民事法学文献是 Zitelmann, Internationales Privatrecht, Bd. 2, S. 32ff.

〔136〕 Tezner, Buchbesprechung, Grünhuts Zeitschrift 21, S. 112f. Vgl. auch Friedrichs, Art. "Subjektives Recht", in: Stier-Somlo/Elster (Hrsg.), Handwörterbuch der Rechtswissenschaft, Bd. 5, S. 824.

着（参与权力作用）具体行为、行为与行为之间的关系，特别是得到承认（Anerkennung）〔137〕的关系。这可被评为分析的微观理论、现象的本质把握、可与社会学相联结的构造。耶利内克区分了"国家的社会学"（Soziallehre des Staates）与"国家法学"，谈及两者的"内在关联"，将两者作为"国家学"的部门。〔138〕公权论进入"国家法学"，其中也有可能从倡导理解社会学、行为理论的马克斯·韦伯与耶利内克的交流中得到感悟。〔139〕以上各点将按照各种地位（状态）来进行检证。

（a）被动地位

"服从国家构成所有国家活动的基础，因为服从，个人在个人的义务领域内部变得处于被动地位、服从状态、自我决定和人格性被排除的状态。""国家的服从请求权的一个独特特殊化是国家官方行为的承认请求权……即使不是国家直接命令个人的情形，个人也负有承认国家作用的义务。这尤其是在国家组织的事项上有所体现〔王位继承、选出总统等〕。此外，国家的各个意思行为，即法律、命令（Verordnung）、判决、处分，都必须作为其本身予以承认。以承认为基础，才产生在得到承认的国家机关权限内服从、尊重国家机关，履行得到承认的国家意思行为的义务。故而，有时可以拒绝服从无权限的机关所发布的命令。为此，可以作出国家行为者没有权限或者不遵守宪法和法律规定的形式为理由，要求撤销国家行为。"〔140〕

这里可以看到国家的意思行为—承认—个人的服从行为之间的关系。

---

〔137〕 "承认说"通常是在元理论的层面上来一般、抽象地观想承认，而耶利内克是在国家法理论中，根据各个具体场景来观想承认。另外，参照、第一章第三节第一款二、大橋智之輔「ドイツにおける法承認論」天野＝矢崎＝八木還暦『現代の法思想』，特别是第 22 页。

〔138〕 G. Jellinek, Allgemeine Staatslehre, S. 10-12.

〔139〕 Vgl. Stolleis, Geschichte des öffentlichen Rechts, Bd. 2, S. 450-455.

〔140〕 G. Jellinek, System, S. 84-86, S. 197-200.

（b）消极地位

"国家的支配是对全面无服从的存在、自由存在的支配。故而，国家成员归属于自己支配的地位，亦即独立于国家、否定国家支配权（Imperium）的领域。那就是个人的自由领域、消极地位、自由状态……""国家承认个人独立于国家的自由领域，原则上不受国家支配。""自由完全只是不受违反法律之强制的自由……说各种自由权，在法学上并不正确。只存在单数的自由，与特定过去的各种限制的对比，它只是从政治而非法学的观点来看，带有种种个别色彩的细微差异……相反，对国家的所有义务，毫无例外地都能还原为服从义务这一共通分母……该自由对于国家来说是一种与法无涉的服从者的行为……个人的自由并不是……在应然（Sollen）的限制中或者在与容许的关系中考察。它毋宁是一种从事某一范畴行为的抽象可能性，该行为因消极地位而对国家没有任何法的重要性。""个人具有要求承认消极地位的请求权，通过完全禁止国家机关妨碍地位，即课予无法律根据的命令或强制，消极地位获得保护。与物权相对应的是消极义务，即与权利人接触者不得妨害权利人，同样，所有与个人交流的机关也有类似的义务，对应于消极地位……物权通过权利人要求他人不得妨害而成为法的地位，同样，消极地位通过要求承认消极地位和妨害不作为、消除妨害的请求权而上升为法的地位。这一请求权与所有要求国家特定行为的请求权一样，属于个人的积极地位。"另外，"大部分行政法的判决都归结为一个问题的决定，即原告是处于被动地位还是消极地位"。刑事判决和民事判决是以涉及被告人或被告的服从及自由问题为前提。[141]

总之，消极地位表示一种与法无涉的行为。该行为与他人或国家的特定具体行为在法上没有关系。这种分析观念与下述实证主义思考 121

---

[141] A. a. O., S. 85, S. 87, S. 103-107.

形成对照。

　　特茨纳说，"自由概念是……法的概念，以规定自由内容和边界的法秩序的存在、国家的存在为前提"。容许（Dürfen）对国家机关也成立。其来源在于，第一，"国家明确的确保、承认、保障"；第二，"个人自由只要没有被法律限制，就是可及的，这不是法律上明示的命题，至少是习惯法上的命题"。"国家有义务尊重并保护容许，个人认可的针对官方机关的容许，对国家而言就不是完全中立的。"[142]

　　里希特说，"（自由的）行为为法秩序明确容许。它若受到妨害，就产生法的效果，因而与法秩序是相关的"。"将从消极地位产生的承认请求权、预防或排除妨害请求权从消极地位中分离出去、纳入积极地位是不合目的的。"[143]

　这里探讨一下物权的类比。首先，耶利内克将物权（Dürfen）及不得侵害物权的多数不特定人的义务（Nichtdürfen）与消极地位及不得侵害消极地位的国家机关抽象不特定的义务相对应。耶利内克没有以完全形态构成实体私权，相应地也没有完全构成消极地位。第一，与法无涉的行为、容许以及禁止之间的相互关系、原则和例外的序列等并不清楚。如果"划定法的限制后，作为个人活动可能性留给个人的部分，形成他的自由领域"，[144]那只是在算术上把握而已。第二，耶利内克认为，行政诉讼、民事诉讼的争点是私人有无消极地位，换言之，私人行为有无法的关联。但是，这种诉讼的多数争点难道不是先前与法相关的内容吗？

　其次，耶利内克通过容许与能为相结合，让私人能要求特定的禁止，与此相对应，通过消极地位和基于积极地位的请求权相结合，让国家（机关）能要求特定行为。也就是说，这里的物权类推并没有含

122

---

〔142〕　Tezner, a. a. O., S. 109-112, S. 132-140. 另参见第一节第五款二。

〔143〕　Richter, söR, AöR, N. F. 8, S. 58 Anm. 146.

〔144〕　G. Jellinek, Allgemeine Staatslehre, S. 419.

有从支配权中产生请求权的意思，而是指实体权和程序性权利相结合。如前所述，里希特批判地位的分离，这可能是因为他设想的是前者的意味。[145]

顺便提及，特茨纳还在其他的含义上使用了物权的类比。他说，

> "对于私法性质的违法要求，个人只是处于被动就可以了。对于缺乏法的根据的官方命令，被动的结果通常是，它就确定（Rechtsbeständigkeit）下来。因而，与个人的积极行为自由一样，国家为了保护消极的自由，使个人不受国家机关缺乏法的根据所课予的负担，设定归属于个人的保护请求权……个人自由具有积极方面和消极方面，与私所有权的类比是完全清楚的。私所有权的内容即使列举其中包含的积极和消极内容的各种权能，也不能穷尽，其内容始终随着警察立法的变化而变化。尽管如此，私所有权仍表现为权利。这一类比阐明了勒宁将自由作为单一权利的理解。"[146]

在前一段部分，因为确定力的存在，同一自由不仅以"积极的自由"，还以种种"消极的自由"的方式出现，这表现了与私法不同（使用私法的类比时应当考虑）的构造。

（c）积极地位

> "从积极地位产生的、形式上得到承认、个别化的法的请求权可以用一种共通的形式总结如下：对个人而言是一种要求国家积极给付、在法上受保护的能力，对国家而言是一种为个别利益而采取行动的法的义务。"这里的给付是裁判行为、行政行为（Verwaltungsakte）。与此相对，根据国家处分的内容对请求权进行分类，"在法学上是无益的"。另外，国家意思表达的特有形式

---

[145]　奥托·迈耶（O. Mayer, Buchbesprechung, AöR 9, S. 284）赞成地位的分离。

[146]　Tezner, a. a. O., S. 141f. Vgl. auch Gluth, Genehmigung und subjektives Recht, AöR 3, S. 591-594. 对于勒宁，参见第一节第三款。

是承认。通过承认，"对争议具有权能的人表明，有争议或可争议的关系或事实是正当的存在"。所承认的内容是公法上的状态（例如消极地位），或者要求国家给予、作为、保证（dare facere praestare）〔147〕的请求权。〔148〕

123 耶利内克常常使用"承认"的概念，区分承认请求权与所承认的状态或请求权，分析国家和个人的关系。在这里，他将裁判行为或行政行为的程序法要素和私人相对应的承认请求权区别于裁判行为或行政行为所判断的实体法，即承认的内容。

从积极地位产生的请求权如下：

①权利保护请求权。"人格性的本质指标"。它是要求"国家结合个人的申请完成裁判行为"的请求权。"裁判行为完成请求权与各个诉讼阶段相对应，成为更细的、特殊化的请求权，确定构成要件——法或与法相关的状况、决定裁判、要求国家作出履行命令或承认命令。"②通过行政活动满足利益请求权。"它特别——并非完全——是被界定为，行政行为的实施依存于请求权的提起。"例如各种申请权、诉愿权。另外，"给个人要求行政活动的请求权赋予完全的权利保护的是行政诉讼。"③请愿权和事实上的利益照顾请求权。对此，"在事物的性质上只产生要求处理和回答的形式请求权"。

以上分类着眼于"积极地位的形式上绝对等质的要素"，但存在其他"可变的要素"。换言之，"地位的内容随着立法变迁而变化，同时，个人之间基于现有的法秩序也可能存在根本的差异"。〔149〕

---

〔147〕 罗马法中表示债务内容的观念，"给予、作为、保证"。Vgl. Kaser, Römisches Privatrecht, S. 139.

〔148〕 G. Jellinek, System, S. 121-124.

〔149〕 A. a. O., S. 124-133.

于是，积极地位是形式的不变要素（申请行为和国家的意思行为的对应）与内容的可变要素（申请的内容、国家的意思行为的内容）的结合，而重视的是前者。与此相对，特茨纳将公请求权分割为要求官方决定的请求权和类似于私法上债权的物的给付请求权。特茨纳的学说更为流行。[150]

　　另外，根据最近关于权利保护请求权的出色研究，[151]民事诉讼法学上，公法诉权说克服了私法诉权说，特别是抽象诉权说让作为公权的诉权从实体公权中分化出来。耶利内克等公法学者关注的也是公权的分化。在民事诉讼法学上，之后发生了瓦赫（Wach）（具体诉权说、权利保护请求权说）与比洛（Bülow）之间的论争。瓦赫建构了强调实体私权的理论，而比洛则否定实体私权的自足性。但是，在公法上，实体权的观念原本就没有形成，因而，公法学者对这一论争并未表示出关心。当然，这一论争具有连接之后公法学的主要问题的契机，即是否采纳拘束裁判机关这一"自由主义法治国家观"[152]或形式性法治国家观念。[153]

124

　　由此也能理解耶利内克的下述论述。"瓦赫与比洛之间的论争对国家法而言没有意义。因为国家有义务应原告要求为保护权利而开展活动，这并无疑问……权利保护请求权与实体权之间的关系问题，不属于这里的研究范围。""提起没有根据（grundlos）的诉讼的可能性表明，司法活动请求权独立于权利（〔私权等〕）的存在。像拉班德那样，[154]将这一可能性与权利保护请求权对立

〔150〕　Tezner, a. a. O. , S. 140-147. 托马也持同一意旨（第二款四）。

〔151〕　山本弘「権利保護の利益（一~三・完）」法協106巻2号1頁以下、3号68頁以下、9号1頁以下、海老原「紛争解決と訴権論（その一）~（その三）」ジュリ958号10~11頁、960号12~13頁、961号14~15頁、同「公権としての権利保護請求権」法協108巻1号1頁以下等。

〔152〕　根据山本弘・前揭・法協106巻3号68~74頁，参见对R. 施密特的权利保护请求权论的分析。

〔153〕　参见第三章第二节。

〔154〕　参见第一节第二款注(43)。

起来是不正确的。相反，这一可能性产生于权利保护请求权，这
表明个人不仅能使用请求权，也能滥用请求权。"〔155〕

当然，也可以看到，拉班德也使诉权充分"独立"于实体私
权。〔156〕

(d) 能动地位

个人因能动地位而"成为国家组织的一员，〔进而〕为国家
采取行动"。由此产生要求"作为国家机关的承担者承认该人格"
的请求权。但是，"请求权绝不是针对特定作用的行使。作用仅始
终为了国家利益而行使，故而，作用的主体完全只是国家"。〔157〕

耶利内克明确区分了个人被编入国家组织的状态与如此组织起来
的国家对个人采取行动的状态。能动地位被限定为前一种状态中的个
人地位。在后一种状态中，采取行动的主体不是处于能动地位的个

---

〔155〕 G. Jellinek, System, S. 124 Anm. 2, S. 126 Anm. 1.

〔156〕 对此参照，海老原·前揭·法协 108 卷 1 号 28~31 頁、40~47 頁。

〔157〕 G. Jellinek, System, S. 136 - 147. 选举权 "不是选举的权利，虽然听起来
（klingen）自相矛盾"。请求权针对的是 "承认个人具有选举权人的资格、能动地位承担
者的资格"（要求列入选举人名单、容许选举行为的请求权等，a. a. O., S. 159-166）。

与此相对，拉班德作出了辛辣的批判："要求承认某种'地位'的抽象权利，这样
的陈词滥调在耶利内克的体系中扮演着特别的作用，被用于构成诸多权利。但是，我认
为，这一权利的价值似乎很有问题。如果某权利具有基础，要求承认的权利就是多余
的。这是因为一般的权利保护请求权包括了所有的权利，在各个权利之上再附加要求承
认的特殊权利，就好像是将物的影子称作物一样。但是，如果并非权利，而是与某法效
果相关的构成要件或状态（客观法规的反射），那么，构成要件或状态的承认只能是有权
的确认，这一确认请求只能是可以产生构成要件或状态的诉讼上权能。如果选举权利——
像耶利内克所认为的那样——不是权利，其承认请求权也就不是权利的要求，而是对不
是权利的承认请求……选举权不是选举的权利，这不仅是听起来自相矛盾——像耶利内克
自己所写的那样，而就是（ist）自相矛盾。"（Laband, Staatsrecht, Bd. 1, S. 331f. Anm. 1.）

但是，如正文所示，"承认"概念发挥着区分和分析现象的功能。"反证不是针对
〔承认请求权这一〕结论，而必须是通过特别提示自身的学说，针对结论所根据的理
论。"（G. Jellinek, System, S. 161 Anm. 1. Vgl. G. Jellinek, Allgemeine Staatslehre, S. 421 -
424.）另外，关于选举权的拉班德自身的见解，参见第一节第二款注(43)。

人，归根到底是国家。的确，个人作为个人基于能动地位不能一跃就对处于被动地位的个人作出国家作用，在这一意义上来说，两种状态是分节的。不过，两种状态是连续的。在法上考察组织的组成时，通过坚持个人法地位的构成或者国家法人格来切断两种状态，并不适当。特茨纳批判认为，

> "〔耶利内克式的〕权限（Competenz）是一个空壳。要求参与国家支配的个人权利的唯一可能内容是通过个人行为使规范得以运作，在权限的界限内、在作为机关的义务界限内，通过个人意思创造出支配意思。"〔158〕

125

（3）对于"利益"，耶利内克说，

> "所有公法都是为了共通利益（Gemeininteresse）。共通利益相当于国家利益。但是，共通利益常常最终成为个人利益，但并不等于个人利益的总和。共通利益特别超越在某一时点形成国家之人的利益，也包含尚未出生的世代利益……法秩序具有为个人利益的部分，而促进个人利益就成为共通利益。"

从国家角度而言，"国家为自己的行为设定了合乎法和伦理命令的如下最高规则：让你的每一个行为最好都符合共通利益"。"即使一般认为为了达成这一目的而设定规范，也必须而且确实可以主张：对国家而言，整个法秩序的内容不过是可以省略合目的性的考虑，而决定合目的性行为。这时，因为目标时常转变，行为条件也不断变化，只有在不可能设定规则的情况下，才出现寻找各个个别事例的内在规范的自由裁量。"

另外，私权和公权的"实质边界"无法划清。私权是主要为

---

〔158〕 Tezner, a. a. O., S. 150-155. 特茨纳认为，只有所谓承认请求权，无法把握选举权的内容。"选举的权利是全体选举权人的现实权利……该全体欠缺组织，因而，实定法通过异议申诉权、选举异议权赋予该全体的各个成员在行政程序、行政诉讼程序上的当事人资格、动议权（Antragsrechte）。该权利已经不仅仅有助于个人利益的保护，而是针对调查全体选举权人的多数现实意思。"（A. a. O., S. 155-157.）

个人目的而获得承认的个人利益，公权是主要为共通目的而获得承认的个人利益。个人不是作为孤立的人格，而是作为共同体的成员（Glieder），具有公权。[159]

于是，共通利益和个人利益被认为有重叠，就出现了探讨两者关系的契机。而合目的性与合法性也被等质视之，也出现了观想使国家作用个别正当化的客观法和主观法的契机。[160]

另外，对于权利中的意思和利益的关系，耶利内克陈述如下：

126

> 权利与客观法的反射效果（Reflexwirkung, Reflexrecht）的区分基准有形式基准［存在权利保护请求权（为自己利益而启动公法法规的能力）］和实质基准（存在需要保护的利益）。形式基准在实定法上（de lege lata）是清楚的，根据这一基准承认权利时，立法者具有裁量余地。实质基准在实定法不明了之际或处于立法论（de lege ferenda）之际发挥作用，但根据这一基准划定权利存在困难。根据前一种基准所承认的权利称作形式性权利，根据后一种基准所承认的权利称作实质性权利。[161]

在这里，像民事法理论的折衷说那样，并不是仅在实质要素上满足形式要素，就成为权利。毋宁是独立考察两个要素，两者的乖离可能性具有重要意义。也就是说，耶利内克主要是在不具备形式性权利

〔159〕 G. Jellinek, System, S. 68f. , S. 200 - 202, S. 52f. Vgl. auch a. a. O. , S. 44, S. 58f. , S. 114f. , S. 57f.

〔160〕 如此，有无权利，就不是根据有无裁量，而是根据共通利益和个人利益的关系等来判断的。"'自由裁量'……完全是由共通利益的规范所支配的义务性行为……强调共通利益，并不排除通过国家实现个人的请求权，只是在与共通利益冲突时，降低请求权实现可能性的法的要求。因此可以说，与所有规范一样，赋予个人请求权的规范是带有例外的规则。不过，如果个人请求权自身并不缺乏保证，就必须尽可能严格划定例外的边界，必须通过非当事人决定边界本身。"（A. a. O. , S. 202. Vgl. auch a. a. O. , S. 130, S. 357.）

〔161〕 A. a. O. , S. 69 - 71, S. 79f. Vgl. auch a. a. O. , S. 63, S. 119, S. 130, S. 203, S. 351, S. 358f.

时唤起对实质性权利的注意。这就成为"为了使实务、特别是行政裁判进一步发展的推进力"。[162]相反，耶利内克也承认在实定法上存在无实质性权利的形式性权利。[163]于是，就在实定法解释论上赋予形式要素优先权。这一点可作如下说明。形式要素是从积极地位中产生的请求权本身（特别是作为"人格性的本质指标"的权利保护请求权），是公权的同义表达，而实质要素是在其他层面上为公权提供基础。换言之，耶利内克大致对权力作用的参与、程序性权利与权力作用的内容、实体性权利作出区分并予以关联。[164]后者有时在实定法上为前者提供基础，应当在立法论上提供基础。不过，后者仅为表明前述考察的"契机"。这种情况与下面这种情况是平行的：在积极地位中区分不变要素和可变要素，重视前者［(2)(c)］，进而是区分公权和私权，前者优位，后者仅为不完全状态［(1)］。下述评价大体上是正当的：

> "如果十分简单地来表达，容许（Dürfen）的要素表示追求利益的层面。耶利内克通过否定公权的这一容许，并正是在这一否定之上，为两种权利〔公权和私权〕的差异提供基础，他实际上放弃了在公权一方与权利实质的关系。从表面来看，的确也保持了公权与利益的关系……不过，对于该利益的所在，并没有更多的讨论……耶利内克并没有逐一记述市民相对于国家的利益的实体性实质。〔于是〕视角转移至国家一侧……个人作为国家成员的地位，而不是自然的容许，为意思能为（Wollenkönnen）的可能性提供基础。"[165]

127

［162］　O. Mayer, a. a. O. , S. 288.

［163］　G. Jellinek, System, S. 71.

［164］　与此相对，奥托·迈耶几乎完全聚焦于权力作用的参与（参见第一节第一款二），他认为，"真正的公权是在积极地位、能动地位上成为问题"。"在形式性个人权利方面，诉权自身的确是最突出的公权之一。"但是，"不仅是没有行政诉讼的形式性权利保护的公权，也存在背后没有应受保护的公权的行政诉讼。这两个事项〔形式性权利保护、公权〕并不互为'基准'。"（O. Mayer, a. a. O. , S. 286-288.）

［165］　Schapp, Das subjektive Recht, S. 145-147.

第二款 《公权的体系》的"纯粹"化与形式化

凯尔森标榜"纯粹"法学，其主观法论潜伏着格奥尔格·耶利内克《公权的体系》的国家和社会图景（一、二）。另外，标榜继承《公权的体系》的学者不仅没有解决耶利内克的遗留问题（实体权的构成等），还没有继承行为分析的手法、实体权和程序权的区分等透彻的理论构成，而是改造了《公权的体系》，使其容易用作整理实定法的框架（外在体系）（三、四）。

一、凯尔森

凯尔森的主观法论存在变迁。下面仅看其三本著作的精要。在对其进行批判性探讨时，虽然需要将凯尔森整个理论纳入视野，但这里只能作出简单的评论。

在《国家法学的主要问题》中，凯尔森认为，广义的法规是关于"国家对自身行为的意思"的假言判断。

> "国家的意思是国家的当为、国家的义务是国家的意思"，因而，法规可谓国家义务的规定。"如果要认识在法秩序中表示意欲、在行政中作出行为的国家，广义的法规就是应当通过行政活动实现的国家意思的表达，如果考虑到这一点，也可将其称作行政命题（Verwaltungssätze）。"法秩序的"创作者""不是国家，而是社会、是以立法为任务的人"。"国家和法秩序只不过是同一事物的两个不同侧面而已"，"在国家、法秩序作为某一侧面出现时，其观测点在两者中完全不同。特别是国家是法的人格……法秩序是非人格的……尤其是国家作为义务主体，它和法秩序的关系，与所有其他主体都是同样的"。广义法规中的狭义法规是"关于与某要件结合、作出处罚或强制执行的国家意思的存在的假言判断"，与国家义务并列，也第二次性地规定他人义务。
>
> 另外，"国家的消极行为或不作为义务是无目的的、没有意

义的。这是因为，如果没有被课予特定行为的义务，亦即没有相关法规，国家的行为就几乎是不可能的"。"在法治国家，国家权力不得超出国家意思，亦即法规的规定"，反过来说，"法律的沉默就是市民的自由"。另一方面，"臣民的权利是国家对法规所宣告的某种行为的意思从属于某人请求时，与该人有关的法规。国家的权利是被法规课予义务的所有其他人与国家的关系中的法规"。[166]

这里，通过"将主观权利还原为客观法"超越二元论、强调义务，成为凯尔森后来一直贯彻的态度。[167]但是，像凯尔森自身所承认的那样，这里的讨论尚未彻底。第一，国家与法秩序的同一性观念不彻底。狭义的法规在强制规范上将强制作用归属于国家，而广义的法规意味着国家是一个实质性法的内容概念。第二，动态考察也不彻底。执行作用并不被理解为设定个别性法规范，而立法作用带有非国家的、超法的性质。[168]

在《一般国家学》中，凯尔森纠正了上述观点，他指出，

　　如果人的行为用 M 表示（作为是 Mh、不作为是 Mu），事件用 E 表示，效果要件（Folgetatbestand）的强制行为（刑罚、强制执行）用 Z 表示，法规就可以图示化为"如果 Mh＋E（或者 Mu＋E），那么，Z→M"。使用辅助假设"应当避免为强制行为提供基础的行为"，可以从第一次性规范中分离出表示义务的第二次性规范。如果"我的意思表达——作为诉或诉愿——是为了他人的履行义务，或者针对违反义务者应确立的强制行为，是国家机关强制执行的实现条件或者导出强制行为的程序条件"，该客观法

132

---

〔166〕　Kelsen, Hauptprobleme, 1. Aufl., S. 249－255, S. 433－440, S. 625f., S. 648f., S. 656－663.

〔167〕　Kelsen, Hauptprobleme, 2. Aufl., S. Ⅶf.（日文翻译有，黒田『ウイン学派』第二篇。）

〔168〕　Kelsen, a. a. O., S. Ⅹ—ⅩⅩⅡ. 对于作为法内容概念的国家，vgl. Kelsen, Allgemeine Staatslehre, S. 53f., S. 238－240, S. 275f.［ケルゼン（清宮訳）『一般国家学』。］

规范就可以说是我的权利。结果，"人要么服从规范〔被动式、义务〕，要么创设规范，即以某种方式介入规范的设定〔能动式、权利〕，要么有独立于规范的自由，即不与规范有某种关系〔消极式、没有义务的拘束〕"。设定一般规范，可举出所谓参政权；设定个别规范，可举出裁判判决和行政下令、诉和诉愿、契约。对于自由，"任何人在法上都不存在具有某种资格的请求权，要求独立于国家的自由或国家不作为……人可以做国家即法秩序并不禁止的一切事情。国家即作为国家机关的人只能做法秩序明确容许的事情。"〔169〕

《纯粹法学第二版》维持了《一般国家学》的主旋律，同时加入了其他旋律。该书明确表明，法是"强制秩序"，同时是对"人的相互行为"的规范；明确区分了规定（vorschreiben）法的权威的法规范（Rechtsnorm）与法学记述（beschreiben）的法规（Rechtssatz）；法规和义务的界定方式与过去一样，但明示了"非独立的法规范"（授权规范、容许规范等）。对于权利，他作出如下考察：

　　　　"与课予某个人义务的行为相对应，他人的行为……可以说是'权利'的内容、与义务相对应的'请求权'的对象"（例如，物权时，是物的使用）。但是，该"权利"只是"法义务的反射"、"反射权"（Reflexrecht）。

　　　　"对不履行〔义务〕指示施以制裁、参与个别规范设定的法之力"，是技术意义上的权利（私权）。含有基本权利的"政治权利"也是参与规范设定的法之力，但并不像私权那样指向义务的履行。

　　　　另外，也提及义务和违反义务所归属的、作为财产主体的国家，反射权所归属的国家（这些情形的国家与所有国家成员等同）。进而对于自由说，"法秩序……完全只能命令作为或不作为，

〔169〕　Kelsen, Allgemeine Staatslehre, S. 47 - 60, S. 150 - 158. Vgl. Kelsen, Reine Rechtslehre, 1. Aufl., S. 30f., S. 47 - 52.〔ケルゼン（横田訳）『純粋法学』。〕

因而，人绝不是在整个存在中……因法秩序而被限制自由……最低限度的自由……始终得到维持……实定地规范人的行为的可能性就被归结为存在技术性界限。"〔170〕

如此，凯尔森①在《一般国家学》中，以参与国家意思和规范设定（法之力）为内核构成权利，②在《纯粹法学第二版》中，将义务对应的行为（反射权）与法之力相区分并予以关联（技术意义上的权利），③让反射权并不独立于法之力来构成私权，在"政治权利"中并没有观想反射权。〔171〕前述的耶利内克①重视对国家权力作用的参与（形式性权利、意思力），②将其与实质性权利和利益相区分并予以关联，③让私权并不独立于公权，并没有充分考察公权中的利益。如此，凯尔森继承了耶利内克理论的基础。耶利内克的理论可谓经典，与格贝尔、奥托·迈耶一样，仅将参与权力作用主观法化。它含有等级性〔172〕国家和社会图景，通过具体参与国家的权力作用从这一视角来构成秩序。虽然凯尔森采用论述抽象法秩序、法命题与人的行为之间关系的方法，〔173〕但上述对耶利内克公权论基础的评价，对于凯尔森的主观法论也是适用的。此外，凯尔森区分了成为法规前提的自由与基于法规的义务和权利，这是对民事法学上意思说的忠实继承，如果要追溯，也是对理性法论的社会观的忠实继承。〔174〕

133

---

〔170〕　Kelsen，Reine Rechtslehre，2. Aufl.，S. 31-86，S. 120-122，S. 130-149，S. 304-314.

〔171〕　凯尔森所说的第一次性规范和第二次性规范，与默克尔等其他学者相反［参照、加藤新平『法哲学概論』381 頁註（7）］，也并非偶然。另外，Kelsen，Reine Rechtslehre，2. Aufl.，S. 137-142 暗示了反射权与利益说、法之力与意思说的对应关系。

〔172〕　参见序章注（12）。

〔173〕　参见法关系的叙述（Kelsen，Reine Rechtslehre，2. Aufl.，S. 167-172）。

〔174〕　参见第一章第二节、同第三节第一款、本章第一节第三款。另外，凯尔森可以被看作是通过在规范上叠加国家意思，将重视规范构造的民事法学上的意思说"公权化"了。

134 **二、维也纳学派**

在公权（一般权利也是一样）的要件上，里希特列举了下面两个：

①内在侧面（"在公权中重要权利人的意思与根源性法源的意思的关联。根源性法源的意思有时从一个或多个派生性法源的意思中导出。它以法的关系作为媒介，权利人被授权在内容上作出法的决定，义务人受法的拘束去采取与权利人意思相对应的行为"）。②外在侧面（"某人的意思对他人的行为能起到重要作用的、现象的要件"）。〔175〕

里希特自认在很大程度上归功于凯尔森《国家法学的主要问题》，但他将重点置于"法关系"，而不像凯尔森那样将重点置于法规上。〔176〕但是，这里的法关系仅暗示抽象的法秩序和人的行为之间的关系，因而，没有在与法规概念以及一般性和个别性法规的位阶构造的关联上规定权利，里希特的讨论比后期的凯尔森的讨论更为虚空。

默克尔〔177〕的主观法论与凯尔森的《一般国家学》几乎如出一辙。

"如果有主观公法的观念，主观公法就必须体现为客观公法的内容。""客观法要求特定人行为或不作为，如若不从，就施以不法效果（Unrechtsfolge），为此，义务就成为客观法的内容。"权能的特征在于，"机关的行动无论是以利害关系人的动议为条件，还是利害关系人……受任与管辖机关协作，客观法都使机关的适用客观法依赖于利害关系人的行为""义务是法规不可或缺的内容，而权能只是能成为法规的内容而已。"〔178〕

---

〔175〕　Richter, söR, AöR N. F. 8, S. 31f., S. 41f.

〔176〕　A. a. O., S. 69.

〔177〕　凯尔森因默克尔的影响，而让动态考察及法位阶说彻底化（Kelsen, Hauptprobleme, 2. Aufl., S. XV）。

〔178〕　Merkl, Allgemeines Verwaltungsrecht, S. 129-140.

纳维亚斯基通俗地表达了与凯尔森《纯粹法学第二版》相近的见　135
解。他说，

> 法的规范由行为规范（第一次性规范）与制裁规范（第二次
> 性规范）构成，与此相应，权利也由因行为义务而享受利益与实
> 现法的制裁依赖于权利人的意思两部分构成。在国家方面，①国
> 家作为"法秩序的主体"，被课予服从法的义务时，"国家的权
> 能"就被理解为"是从一般权力关系中流出的"。②与其他"权
> 利主体"一样，国家有时具有具体而内容特定的实体性"权利"
> （纳税请求权等）。③执行机关因某人的动议而实行强制性制裁
> 时，该人具有具体的"权能"，国家作为"权利主体"负有具体
> 的"义务"。[179]

三、安许茨

安许茨参照格奥尔格·迈耶、格奥尔格·耶利内克，将国民的公
权分为：①国家公民的或政治性权利；②市民的权利，（A）要求国家
积极给付的权利，（B）要求公权力不侵入法律保障的人格自由的请求
权，[180]但实质上并未摄取耶利内克的理论，而变成与迈耶同样的理
论。例如，在(A)上，安许茨列举了针对他国的保护请求权、权利保
护请求权、促进个人利益的行政活动请求权。他并未像耶利内克的积
极地位那样，区分形式和内容的要素。

然而，与(B)相关联，安许茨对于宪法上的基本权利或自由权论
述如下：

> "应成为'各权利'客体的行为实际上不外乎是个人行使与法、　136

---

〔179〕　Nawiasky, Allgemeine Rechtslehre, S. 8–16, S. 154–172; ders., Allgemeine Sta-
atslehre, 3. Teil, S. 37–41.

〔180〕　Anschütz, Deutsches Staatsrecht, in: Holtzendorff/Kohler (Hrsg.), Enzyklopädie
der Rechtswissenschaft, Bd. 4, S. 87–90.

国家完全无关的一般行为自由（allgemeine Handlungsfreiheit）——可以做一切法律不禁止的、容许的事情的自由。但是，这一自由并非公权。在该自由与违法侵害它的国家权力行为发生冲突时，才产生公权……'基本权利'并不是国民对积极行为（例如可以书写印刷）的权利、大体上个别化的各个权利，而是一般公权的适用事例或者从一般公权流出的，它是因历史原因而得到格外的强调。该一般公权指向国家的裁判权力，特别是国家行政权力的消极行为，以法律上不容许的侵害人格自由的不作为为内容……它不是各种基本权利，而只存在一个基本权利，即要求违反法律进行强制的不作为权利。"[181]

该不作为请求权并没有指向"一个"特定具体的行为。可以说它是将"与法、国家完全无关的一般行为自由"照样追溯到国家权力的行为。故而在实质上，这与将行为自由作为公权并无不同。[182]这就与耶利内克不同，他是将指向国家机关特定具体行为的积极地位叠加在消极地位上，再导出权利。

实际上，安许茨再现了以行为自由为前提的法规这种理性法的观念。安许茨在《普鲁士一般邦法》（ALR）中找到了实质法律概念，"一般性地对人格自由，特别是私的所有权设定程度和界限"。[183]在安许茨所依据的条文中，序章第 87 条、[184]第一部分第八章第 32 条

---

[181]　A. a. O. , S. 90.

[182]　参见第一节第三款二的勒宁。

[183]　Anschütz, Theorieen, S. 169. 另外，"程度和界限"是一个暧昧的表达，从安许茨所依据的条文（后述）以及其他记述［"课予臣民新的、迄今并不合法的强制性义务、负担、给付的规定"（a. a. O. , S. 73），"对臣民自由和财产的强制，只能依据法律，或者在法律的根据下才能行使"（a. a. O. , S. 135），"自由的限制"，"社会性强制的秩序"，"能强制个人及其所有权行为或不作为的所有情形和形式的总和"（a. a. O. , S. 163）］来看，他是将法规理解为限制自由、课予强制和义务（vgl. Böckenförde, Gesetz und gesetzgebende Gewalt, S. 272f. ）。而对所有权的强制和义务则是限制自由的一个特殊事例［参见第一节第五款二(b)］。

[184]　参见第一章第一节第三款注(67)。

（所有情形的所有权限制，如果不是从他人特别的既得权中产生，就只能以法律作为根据），[185]均涉及理性法意义的法律（法则）。[186]如此，安许茨就把握了公私法共通的、以自由为前提的法规构造。

> "法规范、法规定确定臣民之间（私法）或者臣民和国家之间（公法）容许和义务（Dürfen und Müssen）的边界，因而，是国家对臣民进行命令或禁止的规定。"[187]

进而，安许茨从上述条文中看出了依法律行政原理、法治国家观念，[188]但只要对上述条文是否涉及国家法上的法律（形式法律概念）存在疑义，那就难以导出依法律行政原理。

137

> 详细而言，第一，安许茨强调了序章第87条的"法律（法则）"一词，而奥托·迈耶并不赞同，他强调的是"自然的"一词。[189]这种解释的差异与《普鲁士一般邦法》编纂者之间的见解差异是平行的。斯瓦雷茨并不认可法官援用没有实定化的自然法及自然法优位于制定法或补充制定法的观念。"自然的"一词似由克莱因所添加。[190]

〔185〕 Anschütz, Theorieen, S. 128f. , S. 164.

〔186〕 Vgl. Böckenförde, a. a. O. , S. 79-82.

〔187〕 Anschütz, Art. "Gesetz", in：Stengel/Fleischmann（Hrsg.），Wörterbuch des Deutschen Staats- und Verwaltungsrechts, Bd. 2, S. 214. Vgl. auch a. a. O. , S. 212. 与安许茨的法规概念相对应的是民事法学上的意思说（第一章第三节第一款）。而拉班德、耶利内克、民事法学上的折衷说（第一章第三节第三款、本章第一节第二款一）将法规作为意思领域的划定来图式化。当然，安许茨当初也采用了近似于拉班德等人法规概念的观点，之后才将其等置于"自由和财产"的法规概念（vgl. Böckenförde, a. a. O. , S. 253-259, S. 275f. ; Jesch, Gesetz und Verwaltung, S. 12 Anm. 22）。无论如何，将安许茨的法规概念说成"公法的"，未必适当（vgl. Jesch, a. a. O. , S. 14）。

〔188〕 Anschütz, Theorieen, S. 128.

〔189〕 O. Mayer, Buchbesprechung, AöR 17, S. 467.

〔190〕 Schwennicke, Die Entstehung der Einl. prALR, IUS COMMUNE, Sonderhefte 61, S. 129-136.

第二，除上述条文外，安许茨同样重视的序章第 7 条 ［ "所有决定公民的特别权利义务或者变更、补充、说明共通法或共通权利（die gemeinen Rechte）的新命令（Verordnung）草案必须在施行前提交法律委员会（Gesetzeskommission）[191] 审查" ］以及其草案的解释成为问题。[192] 编纂者之间在这一点上也意见相左。斯瓦雷茨将委员会看作咨询机关。他认为，委员会主要审查既有法令和新法令之间的整合性，法令未经委员会审查而公布时，委员会只是向君主报告这一情况。而克莱因认为，委员会对立法具有协作权或同意权，委员会也审查法令的合目的性、适当性，未经委员会审查，法令无效（法院可判定无效）。[193]

总之，伯肯弗尔德评价道，"晚期立宪期的国家法学者非历史性地前进，将他们自己关于形式和实质的法律概念的论争带入《普鲁士一般邦法》，并且每次都从《普鲁士一般邦法》的兵器库里获取对自身立场的支持"，区分《普鲁士一般邦法》中国家法上的法律概念与理性法的法律概念并进行考察。[194]

四、托马

139　　应予关注的是，托马根据国家权限的多元分化、法人格的相对性，将国家相关的法关系作出如下分类：（1）公共团体之间的分化；（2）团体内部的分化，A. 外部关系 ［公共团体与其他完整人格（Vollpersonen）之间的关系］，B. 机关人格（Organpersönlichkeiten）之间的关系 ［（a）机关人格之间的关系，（b）机关组织法（Organverfassungsrecht）］。对于(2)A，正是通过国家的权限和机关分化（特别是裁判的独立、行政对法律的服从），市民对国家的权利才接近 "法治

---

［191］　对于法律委员会，参照、宫崎『法治国理念と官僚制』168～170 頁。

［192］　Vgl. Anschütz, Theorieen, S. 122–132.

［193］　Schwennicke, a. a. O., S. 177–189.

［194］　Böckenförde, a. a. O.

国家思想所标榜的坚固性和可贯彻性"。[195]

托马还认为，"一切权利的基本要素是容许要求（Verlangendürfen）。也就是说……必须存在一种法规范，如果权利主体愿意，就可以在他认为有助于自己利益时加以援用"，他进而区分了广义的权利（纯粹实体法上的权利）、狭义的权利（具有强制义务主体的权限、可以援用公权力机关时，受保护的权利）、最狭义的权利（可以援用独立法院时，在法治国家受保护的权利）。[196]这是将耶利内克所说的形式性权利和实质性权利组合起来的分类，但实体法上的权利内容依然并不明确。另外，托马将国民对国家的公权［上述（2）A］分为：①能动地位［（a）选举权、（b）职务执行权］，②消极地位，③积极地位［（a）实体法上的请求权、（b）程序法上的请求权］。[197]但与耶利内克不同，他将重点置于一览性，而非理论构成。例如，如果积极地位中含有实体权，属于积极地位的实体权与消极地位的关系、同属于积极地位的实体权与程序性权利的关系等就会在理论构成上产生问题。托马可以说是并没有对实体权作出综合考察，而是在容易看到的部分局部观想了实体权。

另外，托马对消极地位作了如下说明：

　　"无论何种机关都不得逾越法的权限，因而，从依法有序化的国家概念就已经得出以下法的命题：根据法律自由使用力与根据法律自由管理权利（特别是——但不限于——私权），任何人都有不受违法限制的自由……在法的逻辑性上，消极地位的基础必然是要求合乎法律之自由的完全一般性的请求权。法不禁止者即为法容许，这样的命题不是自由主义格言一样的东西，而是从国家作为法秩序的存在而得出的必然性思考结论。但是，一般自由请求权只有在权力分立的立宪国家中才获得力量和生命，它将'自由和财产'置于法律保留之下，由此，将不受违反法律之限

140

[195]　Thoma, Das System der subjektiven öffentlichen Rechte und Pflichten, in: HDStR, Bd. 2, S. 607-616.

[196]　A. a. O. , S. 616-618.

[197]　A. a. O. , S. 618-623.

制的市民自由作为最重要的'基本权利'。"[198]

引用的前半部分对应于托马所说的依广义法律（法规范）行政原理（所有国家作用必须符合法规），后半部分对应于依狭义法律行政原理（所有行政对"自由和财产"的侵入都要有法律的授权）。[199] 托马还说，

> "一般自由权的确没有在宪法文件中得到明确宣告，但可以说是宪法默示设定的，因而是'基本权利'。但是，众所周知，如果可能，一般自由权在个别的放射（Ausstrahlungen）中再得到'基本权利的'强化。与此有关系的是，（最广义）机关的官方权力不仅涉及个别授权，在重要范围内还涉及一般的概括授权。与独立的市民一般自由权相对，这里特别是警察的概括授权会成为问题。警察的概括授权在其所至之处都有确切的范围。但是，在警察权力的内在界限之外，还可以再附加特定的外在边界。它有四个层次。州法律或州法上的命令，在根据它们的警察命令、授权之外，已经不允许依据概括授权，在这一意义上，可以完结性地规范特定的生活领域。州的宪法条款可以承担这一作用。国家的法律也可以这么做，不仅可以排除依据概括授权，也可以排除根据州的权力制定符合法律的警察命令、授权……在第四个最高层次，国家宪法文件的条款为了保护特定的自由活动，可以给警察机关、州的立法者、国家的立法*构筑起本来就存在的这些权力不可逾越的边界。"[200]

---

〔198〕　A. a. O. , S. 619. Vgl. auch Thoma, Die juristische Bedeutung der grundrechtlichen Sätze, in：Nipperdey（Hrsg. ）, Grundrechte und Grundpflichten, Bd. 1, S. 15f.

〔199〕　对于依法律行政原理, vgl. Thoma, Der Vorbehalt der Legislative und das Prinzip der Gesetzmäßigkeit von Verwaltung und Rechtsprechung, in：HDStR 2, S. 227-233.

＊　这里的"立法"原文是"单纯立法"，意在强调不包括制定宪法。不过，在中文中，立法与制宪常并列使用，故而没有必要再加上"单纯"二字修饰。——译者注

〔200〕　Thoma, Die juristische Bedeutung der grundrechtlichen Sätze, in：Nipperdey（Hrsg. ）, Grundrechte und Grundpflichten, Bd. 1, S. 16-20. Vgl. auch Thoma, Grundrechte und Polizeigewalt, in：Festgabe zur Feier des fünfzigjährigen Bestehens des PrOVG, S. 184-191. ［トーマ（菟原訳）「基本権と警察権」山梨学院大学法学論集 5 号 74 頁以下。］

托马从广义和狭义的依法律行政原理，以及国家和州的行政、立法、宪法的相互关系导出了一般自由权及其强化形态。但是，这种"国家权限的多元分化"虽然赋予市民的自由和权利"坚固性和可贯彻性"，但并没有为权利的具体内容提供基础。在二战之后，学说才真正从依法律行政原理为权利提供基础，这一问题将在第三章中探讨。　141

第三款　请求权、私益保护性和援用可能性——布勒

（1）过去的公权学说没有摄取实务成果，也没有对实务上的课题产生帮助，因而，布勒通过探讨各州立法和行政法院的判断，试图在学说和实务之间进行沟通。其考究的对象不是公权的体系，而是作为其前提的公权概念自身。

> "所谓公权，是臣民相对于国家的法的地位，臣民以法律行为为根据，或者权利人可以对行政加以援用、为保护权利人个人利益而制定的强行法规为根据，可以对国家提出某种要求，或者对国家作出某种行为。"[201]

这一公权的基本形态是民事法上请求权的模仿，即法规对国家行为片段地课予义务，臣民援用该法规。布勒对照《德国民法典》（BGB）第194条的请求权概念（"向他人要求某物的权利"），他认为，"所有对国家或其他官方权力主体的公权也能说是请求权"。[202]这一构成暗藏着以下问题：　142

第一，权力作用（侵害性行政处分）的内容不是以国家的行为（义务），而是以所谓相对人的行为（义务）作为首要问题。如布勒所言，也可能让作用的内容投射于作用过程的活动，作出国家的行为[（不）具备处分要件时，国家就考虑（不）作出处分的行为（不作为）]，但行为的意味是抽象化、形而上化的。在不具备处分要件时，

---

[201]　Bühler, söR, S. 1–8, S. 519–522, S. 224.
[202]　A. a. O., S. 226f. 当然，公权中也有像水利权那样的绝对权。

也能存在国家机关的判断，进而作出活动，因而，不作为只不过是一个比喻。[203]

第二，在将基本权利或自由权构成为对国家的不作为请求权时，[204]类推民事法上的请求权就发生反转。在民事法上，行使自然的行为自由的一方没有必要援用规范，而布勒的构成则要求行使行为自由的一方援用规范。布勒认为，侵害保留（在布勒的用语中，狭义的依法律行政原理）在实定法上并没有全面有效，在其并未有效的领域，个别的基本权利规定就成为不作为请求权的法规基础。[205]这种分析和构成是自然的。但是，布勒进一步认为，在依法律行政原理的有效领域中，这一原理代替个别的基本权利规定，成为不作为请求权的法规基础。[206]也就是说，根据这一原理，行使行为自由的一方不需要法规，在限制自由时要有法规，即使是在这种构成成为可能的情况下，也维持民事法的反转。布勒自身意识到了问题所在。布勒自问道，在这一原理有效时，将行为自由个别地称作权利是不当的，不是应该观想为国家的个别请求权吗？如此，他认为，国家的地位在执行力等方面强于民事法上的请求权，而且与民事法上义务的情形相反，臣民需要成为原告，因而，虽然并不否定国家请求权的构成，但需要注意，臣民权利（请求权）的构成才具有充分意义。[207]如此，也可以将布勒理解为，只不过是将自然自由或者实体法上义务的不存在表达为通过程序法上考虑的不作为请求权。但是，布勒已经表示了构成实体法上不作为请求权的指向。布勒效仿民事法，认为在需要防御时（发生侵害或有侵害之虞时），一般成立对国家的不作为请求权。[208]如果不作为请求权只是自由或义务不存在的程序法上的表现，成立时就一定不是

---

[203]　参见第一节第一款二(2)①中奥托·迈耶的指摘。

[204]　A. a. O. , S. 63f.

[205]　A. a. O. , S. 126−129.

[206]　A. a. O. , S. 128−130.

[207]　A. a. O. , S. 131−157.

[208]　A. a. O. , S. 64f. , S. 147f. 不作为请求权的成立时的民事法学说，将在第三章第二节涉及。

这种样子。布勒认为，这种认为不作为请求权只是自然行为自由的见解"略微欠缺考虑，给自然行为添加法的意义并不是所有客观法的本质"。[209]布勒的这一评价显示了一种与实证主义思考同样的态度，与法规范个别解除自由的限制相适合。[210]

（2）在法规使公权成立的要件上，布勒举出了强行性、个人利益保护性、援用可能性。[211]

首先，追溯布勒关于利益保护性的论述。

> 如果考察法规是保护个人利益（Individualinteressen）还是完全保护一般利益（Allgemeininteressen），就会发现在明确不保护个人利益（州的不可分割、国有财产、议会的组织、乡镇的领域等相关规定）与明确的个人利益保护法规（国籍、赋予营业特许、基本权利等的规定）之间存在很多有疑义的事例。例如，①"所有服务于个人利益保护的规范同时也间接地服务于一般利益"，因而，"在探究某法律的实际性质时，就必须看它在现实中直接为谁服务"。如此，营业规则上的劳动者保护规定就可以说是保护劳动者的利益。②"要决定问题，当然首先必须回归法律的素材（Gesetzesmaterialien）。但是，频繁出现的情形是，我们无法从中看出某种清晰的东西。因此，在有疑问时，如果事实上有利于个人利益的法规至少容易被预见到这一点，就必须认为……它也具有服务于个人利益的目的。"将建筑法规看作也保护相邻人的利益，是正当的。③保护关税"直接有利于该商品的国内生产者"。"并不

〔209〕　A. a. O., S. 145-147. 布勒（Bühler, Zur Theorie des söR, in: FG für Fleiner, S. 56）依然认为，对于魏玛宪法上的基本权利，"'自由'因法规的明确保证而成为权利"。

〔210〕　参见第一节第五款、第二节第一款（特茨纳）。小早川光郎（小早川「取消訴訟と実体法の観念」同『行政訴訟の構造分析』88 頁）评价道，"布勒极为法实证主义地认为，私人的自然自由在法上没有意义"。安念润司［安念「取消訴訟における原告適格の構造（三）」国家98卷11·12号90頁註(6)］准确地指出布勒自由权论的难点，并认为，"不是自由权否定论被克服了，而只是随着其主张者减少或消失，论争作为一种事实现象也已经休止了"。

〔211〕　Bühler, söR, S. 21.

因为被保护者的范围大⋯⋯而改变事物的本质。""在判断措施的法的性质之际，损害的程度不成为问题。"保护关税就可以说是保护国内生产者的利益（没有法规的援用可能性）。[212]

144　　　此外还可以举出下列事例。④"关于有问题的规范服务的是个人利益还是一般利益的判决"（竞业者诉讼）。⑤表明下列情况的判决，即"一个当事人的权利或权利状态以及由此产生的诉权影响第三人"时，"在某条件，但条件尚未完全明了一贯确定的情况下，实际上发生着从权利的反射（Rechtsreflex）到反射权（Reflexrecht）的发展"（因与义务相对人在法上或事实上有接触关系，因课予义务而遭受不利者的例子）。⑥关于下列情况的判决，即"在仅针对建筑警察机关的职务命令中显示了不许可某建筑材料的使用（因为有发生火灾的危险性），能否认为该材料的生产者已经——即其效果在直接表现为拒绝许可之前已经——因此而受到权利损毁"。[213]

　　其次，关于援用可能性，布勒作出如下阐述：

————————————

[212]　A. a. O., S. 42-47. 在③中，意识到了耶林的见解（参见第一章第三节第二款一）。另外，在公权的成立要件上，奥地利的赫恩利特似乎重视人的范围的限定性。人的范围不是规范目的的决疑式的判断，而是根据所规范事项的内容来判断。"国家⋯⋯在对特定人的法义务之外，对一般人（Allgemeinheit），亦即完全不特定的、始终转变的一系列主体也负有法的给付义务。它并不对应于特定人的请求权，或者至少并不直接对应。国家必须也预防性地保护市民的自由和财产，并通过种种物的给付，亦即通过各种营造物和设施的设置、运作来照顾市民的福祉。其中，每个人的确一般都对给付具有利益，但也并不一定具有要求给付的权利。""只有法规所承认的权能通过法规的形式和内容在其承担者和对象上都充分具体化，权能可在超越单纯一般秩序保护的样态上得到主张时，才应当承认⋯⋯法规创造出了公权。"在公权上重要的是，"〔为了创造出适合法律、命令的状态〕机关介入具有为满足个别化（individualisiert）的请求权而介入的特性"。"如果基本权利个别规定的目的在于，扩大仅为个别权利主体或人的范畴的过去的法地位，亦即为了他们特权性的法地位提供基础⋯⋯该规定就是为该范围内的人创造出权利⋯⋯"（Herrnritt, Verwaltungsrecht, S. 73-76.）在最后一点上，布勒认为，权利人优越于其他人的地位，常常在私权上说起，但它并不是公权的本质要素，亦即，即使归属于所有人，也不妨碍构成公权（基本权利和可诉性等）（Bühler, söR, S. 152）。

[213]　Bühler, Altes und Neues über söR, in: GS für W. Jellinek, S. 278-281.

（a）程序规定的援用可能性。"在决定这一问题时，立法者通常并不给出线索。故而，就变得主要是从实践视角作出决定。如果按照一般的程序规定，让对于遵守该规定具有某种利益的所有人都成立要求遵守的权利，就会产生无限的权利损毁可能性，几乎无法预测人的范围……他们屡屡发端于其他动机而提起诉讼，应对他们的诉讼可能不是行政法院的任务。为此，有如下假定：从程序规定并不产生任何人的权利，而仅对与机关的关系受该规定规范的人产生，如此展开推定。"（b）"根据公权，受保护的私人自身要求国家的行为"时（国籍、营业特许、生活扶助等）。"利害关系人自然会与国家接触。他也就是受强行法规规范的程序当事人……这时，没有必要探寻〔表明援用可能性的〕明确规定……而必须探寻排除援用可能性的规定。"（c）"权利人要求行政对第三人作出特定行为"时（营业规则、建筑法、保护关税法等）。"利害关系人但凡有机会参加国家与第三人之间的程序、主张他的利益，就要有特别的法律规定。"具体而言是听证、诉愿等规定。（d）在（b）和（c）之间，存在有疑问的事例（营业规则、儿童保护法、职业介绍所法的劳动者保护规定等）。"如果法律是强行性的，而且是为保护个人利益而制定时，在整体上必须推定公权成立。这是因为受保护利益的守护者就是利害关系人自身，法律所提供的措施就是为他而确定的，这是极为合理的。但无论何种场合，立法者也都可能作出例外规定。在前引劳动者保护法的例子中，为了实现受保护的利益，设置特别的国家机关〔营业检查官〕，就能被看作是一个例外的根据。但是，一旦营业检查官拒绝保护，劳动者自己能否对行政使用这一规定，则是可疑的。"

145

在援用可能性的定位上，法规的强行性、个人利益保护性是公权成立的积极要件，缺乏援用可能性则是构成例外的消极要件。[214]

---

[214] Bühler, söR, S. 47-55, S. 509; ders., Altes und Neues über söR, in: GS für W. Jellinek, S. 281.

　　这里的个人利益保护性表示实体法要素，而未必针对国家。在判断有无利益之际，虽然也考虑法律的规定，[215]但毋宁是作为现象去本质性地考察被课予义务者（或被规范的行为）与利害关系人在法上、事实上的关系和距离。布勒的确没有明确表明这一点，也没有加以理论整序，而仅为罗列例示。但是，可以将①~⑥的例子理解为，并不是因关注法律规定样态而举出的，而是为区分前述关系和距离而举出各种事例。如此，利益就是一个有幅度或程度的概念。这一点符合耶林对权利中利益深思熟虑的讨论。[216]而后，援用可能性可被看作表示针对国家，表达对程序的参与、程序性要素。[217]像（a）~（d）的例子那样，这是通过与个人利害关系的相关程度来判断的。如果利害关系强，就允许参与程序；如果利害关系弱，就参酌程序法的固有规定来决定可否参与。当然，援用可能性是以一般、抽象的方式来观想的，并不像诉权那样将国家的个别具体行为予以特定化表示。但是，例如，如果参酌听证权、诉愿权规定，为援用可能性提供根据，由此进一步为诉权提供根据，[218]那就过于粗放了。这些权利需要大致区分来思考。

　　布勒在结果上与民事法学的折衷说一样，宽松地判断利益要件，严格地判断援用可能性或意思力要件。[219]布勒的个人利益保护性和援用可能性对应于格奥尔格·耶利内克的实质基准和形式基准。但是，

---

[215]　布勒说道，难以判定个人利益保护性、援用可能性的事例，不是由来于自己公权定义不正确或关于公权的意见不一致，而是由来于实定法律的未成熟或不完备（Bühler, söR, S. 225f., S. 509）。

[216]　参见第一章第三节第二款一。

[217]　当然，沃尔岑多夫（Wolzendorff, Buchbesprechung, VerwArch 23, S. 126）更为形式地理解援用可能性要件。他说，这一要件"除了确认公权的根据法规必须为公权提供根据来规定之外，几乎就不含有更多内容"。而里希特（Richter, söR, AöR N. F. 8, S. 68）将这一要件引入自身的公权形式性概念规定（参见第二款二）中加以解释。

[218]　布勒设想，不以诉讼可能性为权利要件，相反，权利损毁能成为诉讼要件（Bühler, söR, S. 11f.）。程序参与的极限形态是诉讼［参见格奥尔格·耶利内克对权利保护请求权的定位（第一款）］。因而，容易作出正文那样推论的假定。

[219]　参见第一章第三节第三款三关于反射效果的叙述。进一步参照、安念·前揭94~95頁。

耶利内克的形式基准是以国家具体行为（尤其是裁判）为对象的公权的同义表达，实质基准并没有像在布勒那里一样得到充分考察。[220]布勒对耶利内克的批判体现了两者的异同之处。他说：

> "〔援用可能性要件〕特别是已经由格奥尔格·耶利内克予以明确认识……只是他在援用可能性要件〔相对于个人利益保护要件〕的独立性上并不清晰。""他未必将援用可能性要素很好地作出如下表达——为了个人利益而启动法规范的能力。如果已经有这种印象，下面的说法大致就是正当的——根据某规范，启动国家机关的能力……格奥尔格·耶利内克形成的见解是，是否存在诉讼可能性对于权利性具有决定性，另一方面认为，权利'只是'为个人利益而启动法规范的能力。这些叙述相互不可调和。"[221]

另外，布勒区分了实质公权和形式公权（诉愿权，根据听证、告知和阅览文书等程序规定的权利，行政诉权等），形式公权也和实质公权一样，通过行政诉讼来保护——"仅主张形式权利的损毁，同时又不主张实质权利的损毁，这样的诉讼当然是稀少的"。[222]总的来说，这可以说是极为彻底地区分了实体性公权和程序性公权。[223]

（3）对于法规的强行性，布勒认为，以法律的文字〔是可以（Können）还是必须（Müssen）〕为基准来判断，不确定法律概念并不意味着自由裁量。如此，他严格区分法关于强行法规的控制与裁量的控制，进而在以制定法上权利损毁为起诉要件时，反对裁量的控

---

〔220〕　参见第一款。

〔221〕　Bühler, söR, a. a. O., S. 48. 另外，布勒（a. a. O., S. 227 Anm. 332, S. 250 Anm. 366）依据拉班德对耶利内克作出批判。对于布勒的耶利内克批判，瓦尔特·耶利内克（W. Jellinek, Buchbesprechung, AöR 32, S. 583-585）作出反驳。

〔222〕　Bühler, söR, S. 158-162.

〔223〕　前文已述及格奥尔格·耶利内克的形式权利和实质权利。托马将实体权和程序性权利相并列，但停留于积极地位中的局部（参见第二款四）。而现在撤销诉讼中实体性瑕疵和程序性瑕疵的区分是否彻底，达到可谓区分了权利的程度，存在探讨余地。

制。他说：

> "裁量控制的内容……更多地在于决定的形式方面，而非实
> 质方面。故而，主张的'要求正当行使自由裁量的请求权'（Ans-
> pruch auf richtige Ausübung des freien Ermessens）也算得上形式的
> 请求权。为了让自由裁量至少留有内容的外观，行政法院的控制并
> 不审查考虑的结果，而只审查考虑的成立（Zustandekommen）……
> 这种控制要么导致决定的自由本身事实上逐渐减少——而这是违
> 反法律的，要么带有孕育某种形式主义的危险……期待遵守这种
> 形式来保护个人利益时——这在某种程度上的确是正当的——其
> 实现的办法就是制定正规的程序规定。这是大部分立法仍然严重
> 忽视的办法。更有效的当然是进一步发展实质立法，对于内容决
> 定自身设定进一步的法律拘束，而不是裁量，保护市民不受行政
> 的恣意威胁。这时，要努力充分使用弹性的概念来应对法僵硬适
> 用的危险。"[224]

布勒通过制定法的文字来区分强行法规和裁量，严格区分两者的
处理（裁量控制的可能性仅限于形式的请求权）。对于行政的控制手
段，他最终求诸法律的制定。如此，依存于法规对行政形式拘束的制
定法实证主义态度[225]难以与裁判实务实现沟通。为了说明控制裁量
的现实裁判例，布勒作出如下分类：外观上是裁量控制但实际上是法
的控制（不真正裁量控制）、法的控制被不当拒绝而替代进行的裁量控
制（主观的真正裁量控制）、客观的真正裁量控制。[226]但是，布勒之后

---

[224] Bühler, söR, S. 21–42, S. 162–222, S. 510–519. 布勒特别批判了瓦尔特·耶
利内克，瓦尔特·耶利内克也作出应战（W. Jellinek, a. a. O., S. 585–610），但这里不
作深入探讨。

[225] 当然，布勒也考虑了下述情况：如果将有不确定法律概念的规定当作自由裁
量，那么，行政最需要裁判控制的行动就沦为不受控制（Bühler, söR, S. 34f.）。而如果
狭义的依法律行政原理是妥当的，法规就从"限制"行政的行为变成给行政的行为
"授权"（a. a. O., S. 177–180）。

[226] A. a. O., S. 162–164, S. 205f.

认为，由于与实务发生乖离，否认裁量控制的态度已经无法维持。[227]

第四款　公权的概念与"诉讼法思考"　　150

布勒试图在公权理论与实务之间架桥沟通。但多数学说只是显示了实务的整理框架，而没有提出包含国家和社会观的理论。

一、吉泽

吉泽认为，权利在下述情形下成立。

> "客观法秩序设定特定的规范，亦即赋予命令（Imperativ）、命令特定行为。客观法秩序为了一人或数人的利益（并非自身的利益！）而设定该规范，保护其某种财产，由此保障'生活利益的分配'。该规范设定的目的与结果在于，关系人可以因此而享受'法保护的利益'的根基好处。为了充分享受，法秩序又将该规范拱手相让了：法秩序将该规范委诸受保护者完全自由处分。如此，赋予完全任意对待该规范的权能，亦即根据消除违反规范状态的目的，可以请求国家实施法的援助（Rechtshilfe），由此在出现违反规范的情形时实现保护的权能（'意思力、意思支配'）……权利的两个本质要素是'规范的保护'（Normenschutz）与'权能'，权利的目的是'享受'。"[228]

吉泽评论认为，"温德沙伊德将权利与'权能'混同，耶林将权利与'规范的保护'……混同"，因而，权能、规范的保护变成与意思力、利益相对应。但是，吉泽所说的权能、规范保护的焦点却是暧昧的。吉泽在探讨基本权利中"规范的保护"之际，在"有关规范最　　151

---

〔227〕　Bühler, Zur Theorie des söR, in：FG für Fleiner, S. 27. Vgl. Bühler, Der Einfluss des Steuerrechts, VVDStRL 3, S. 112f., S. 117.

〔228〕　Giese, Grundrechte, S. 68-70; Stengel/Giese, Art. "Oeffentliche Rechte und Pflichten", in：WBStVwR, Bd. 3, S. 5.

直接保护谁的利益"之外，将"满足谁的利益是设定规范的本来原因"这种"历史的展开"作为问题。[229]但是，耶林和布勒的"利益"仅显示了现象的本质分析。另一方面，吉泽所说的"权能"意味着，第一，国家不得依职权进行保护，而是依存于权利人的动议；第二，规范只不过是一般性的，权利人可以请求国家保护权利。他特别是以第一点为根据，否定了基本权利的权利性。[230]但是，某种意思说和格奥尔格·耶利内克仅以参与国家作用（第二点）作为"意思力"。[231]

二、弗莱纳

弗莱纳从单一的权力关系、国家权限（Kompetenz）这种传统观念出发，接着尝试构建市民的公权。

"立法者让国家的给付归属于市民，有两条不同的道路可以选择：立法者可以将规范的实现完全委诸机关之手，将赋予每一个市民的给付限定为对机关的下述一般请求权，亦即要求机关执行为市民利益而制定的法律的请求权（法律执行请求权、利益满足请求权）；或者，特定的法律可以承认个别市民对要求法律上赋予他的个别给付、具体而正确地确定边界的请求权。被赋予这种权利者在主张个别请求权之际，就像债权人对债务人那样，与有义务执行法律的机关相对。在第一种情形下，法律的规定包含着单纯的客观法规范。其相对人是机关，各个法规定的实质效果作为法律执行的反射效果归属于市民。这被不正确地称作'反射权'。而在第二种情形下，市民有要求特定国家给付的公权。"两者无法根据有无权利保护、机关是依职权实现请求权还是等待申

152

---

[229]　Giese, Grundrechte, S. 71f.

[230]　Giese, Grundrechte, S. 72–75；Stengel/Giese, Art. "Oeffentliche Rechte und Pflichten", in：WBStVwR, Bd. 3, S. 6.

[231]　另外，阿福尔特（Affolter, Staat und Recht, Hirths Annalen 1903, S. 177, S. 181f.）在权利义务规定中排除了意思和利益的要素之后，对公权作出考察。

请作出区分。"法律从一开始就直接将要求国家给付的请求权赋予各市民之手",权利就成立了。"通过权利,才以个人主义的方式产生法律所意图的效果……为此,立法者无法在下述所有情况下为权利提供基础:必须让执行法律的机关有权裁量,使市民的请求权与变化的交易需要、行政设施的财政给付能力等相适应。之所以这么说,是因为这时的机关不与既得权相冲突,必须保持一种可能性,减少、剥夺确保给个人的利益,或者使其仅归属于限定范围的人。""结论是,权利与客观法的反射无法通过外在的表征得到区分。"[232]

总之,弗莱纳找出了一般法律执行请求权与权利之间的差别:第一,法律的执行是"完全委诸机关之手",还是也让市民之"手"参与。这让人想起布勒抽象的"援用可能性"。第二,能否改变利益的分配,将分配限定于特定范围的人。也就是说,请求权在时间上、人的主体上是相对的,还是绝对的。这表明,对权利的理解过于"个人主义"、绝对化,不承认权利的相对性。[233]总之,弗莱纳最终放弃了两者的区别,他说:

> "在德国,多数立法者自身并不以全面区分权利和利益来划定行政法院的权限〔列举主义〕,遮蔽了前述区别的形式弱点。但是,由此——相信是为了市民的幸福——行政裁判成为'依法律'行政的守护人。"[234]

这一态度与布勒形成对照,布勒着眼于概括条款,[235]主张权利和

〔232〕 Fleiner, Institutionen, S. 164, S. 172-176.

〔233〕 弗莱纳（Fleiner, Einzelrecht und öffentliches Interesse, S. 38）说:"由于不承认权利,行政机关就可以通过努力始终对每个人一视同仁,不忽视一般公共和将来,也不失去自由裁量,不断自由地给每个人提供国家给付。"

〔234〕 A. a. O., S. 39.

〔235〕 Vgl. Bühler, Altes und Neues über söR, in: GS für W. Jellinek, S. 269f.

利益的区别。[236]

153

三、瓦尔特·耶利内克

瓦尔特·耶利内克*模仿民事法学，对一般的法关系作出论述。①首先，他对"法关系"作出如下定义：

> "至少是两个权利主体之间的关系，根据该关系，一方权利主体应当（sollen），或者可以（不得）（dürfen），或者能（不能）（können）对另一方权利主体做某事。"各自一般与义务、自由、权利相对应。[237]

但是，瓦尔特·耶利内克将国家、私人的义务、自由和权利并列，而没有建立起"关系"。[238]瓦尔特·耶利内克的法关系、义务、权利等概念可谓"外在体系"，[239]具有强烈的各种现象的整理框架性质。这种对民事法理论的"外在"模仿发端于科曼。

> 科曼将公法关系（die publizistischen Rechtsbeziehungen）的要素分为权利［具有特定客体的能为（Können）］、能力［并不对

---

〔236〕 Bühler, söR, S. 19–21. 另外，布勒（a. a. O., S. 227f.）认为，法律执行请求权的用词招致混乱。

* 瓦尔特·耶利内克（Walter Jellinek, 1885—1955），系格奥尔格·耶利内克之子，1908 年在拉班德的指导下完成博士学位论文《有瑕疵的国家行为及其效果》，1912 年在奥托·迈耶的指导下完成教授资格论文《法律、法律适用与合目的性考虑》。先后任教于基尔大学、海德堡大学。行政法学家。——译者注

〔237〕 瓦尔特·耶利内克（W. Jellinek, Verwaltungsrecht, S. 191, S. 193, S. 200）关于容许（Dürfen）、能为（Können）的用法，与民事法学说、格奥尔格·耶利内克的学说也并不一致（参见第一章第三节第一款、本节第一款）。

〔238〕 瓦尔特·耶利内克（A. a. O., S. 194, S. 203f., S. 206–209）单纯地将国家的义务和权利与私人的义务和权利相并列。私人的公权被分为协作权、积极请求权、自由权（要求不作为的权利）。协作权表示个人在国家法上的位置，而积极请求权、自由权则不同于格奥尔格·耶利内克，表示行为请求抑或不作为请求这样的形式类型［参见正文③、注(248)］。另外，积极请求权"不需要指向官方行为的实施"。

〔239〕 参见序章注(5)。

应于他人应然（Sollen）的抽象能为（Können）〕、权能〔没有新的法之力，而是既有法之力的行使。容许（Dürfen）〕以及义务、负担（并非义务，但不履行就有法的不利。证明责任等）。[240]权利、能力、权能对应于赋予权利（Rechtsverleihung）、赋予能力（Fähigkeitsverleihung）、许可（Erlaubnis）等处分。[241]权利像民事法那样根据内容（绝对权、请求权、形成权）、主体（国家和公共团体、臣民）等作出分类。

另外，科曼还谈到法关系（Rechtsverhältnisse，相互内在关联的权利义务的总体，国籍等）、法状况（Rechtslage）。他效仿科勒（Kohler），认为法状况是一种程序法上的概念，是指"在法形成上重要的法现象的状况"。[242]作为创造法状况的处分，科曼除了科勒所举的证明决定之外（Beweisbeschluß, § 358 ZPO），还举出建筑线的确定、征收法上的紧要性宣告等。[243]但是，后两者不如实体性权利义务那么具体，如果设想的是确定实体法上资格（权利义务的要件）的程序，那就不是程序过程中的行为，而是最终行为，与证明决定性质不同。

②"法状态"（Rechtszustand），作为"某权利主体将来法关系的可能性""权利主体的资格""权利主体的地位（Status）"，区别于法关系。瓦尔特·耶利内克举出例子。

"国家有义务根据申请赋予我私立医院开业许可，但只要我不申请，或者一概不考虑设立医院，国家和我之间就还不存在这种内容的法关系。我为确认将来的权利而提起诉讼，即使是确认诉讼，因为不仅缺乏利益，而且不存在法关系，也要被驳回。但

154

[240] Kormann, Grundzüge, Hirths Annalen 1911, S. 912-919.

[241] Vgl. Kormann, System, S. 82-104.

[242] Kormann, Grundzüge, Hirths Annalen 1911, S. 919. 对于其详细介绍，参照、兼子一『実体法と訴訟法』123~124頁。

[243] Kormann, System, S. 108f.

是，在这一拒绝中也有更深的意味。首先，国家不应受到不必要的过早的诉讼判决烦扰。其次，尽可能限定不当判决的既判力，对双方都是有利的。如果原告要求确认他在将来的申请中必须获得营业警察上的许可，但在本案中被驳回，产生既判力，他就永久输掉，对于所有将来的申请，本案判决的既判力抗辩都成立。但是，如果他申请后才受到驳回判决，行政法院判决的既判力就仅及于因申请而成立的具体的法关系，在申请被驳回时，并不妨碍通过新的申请创造新的法关系。"[244]

要言之，既判力的旨趣在于，行政机关和法院负有对申请时机、可否作出新许可的判断义务，在这一意义上，承认因新申请而引起的程序法关系变动（只是这里不论其妥当与否）。此外，瓦尔特·耶利内克还让许可申请前的状态与私法上契约缔结前的状态相对应。[245]后者的情形是因缔结契约而发生实体法关系变动，前者的情形是因申请而发生程序法关系（行政机关是否有许可要件判断义务）的变动，而非实体法关系（私人的行为是否满足许可要件）的变动。在警察处分的容许性上，对于驳回预防性确认诉讼的判决，瓦尔特·耶利内克认为，

"对于可禁止的行为，警察不禁止尚未实现，或者至少没有实现可能的行动，法院敏锐地予以尊重。警察认为，A 不得自称'退职的警察'，其本身是正当的。但是，A 尚未准备行动时，国家与他之间就没有法的关系。尽管如此，警察仍制定了禁令，但该禁令是不被允许的，应予以撤销。"[246]

其旨趣在于，没有私人的行为（之虞），就禁止行政机关、法院作出最终判断。此外，瓦尔特·耶利内克"将具体义务关系的前阶段

---

[244] W. Jellinek, Verwaltungsrecht, S. 191–193.

[245] W. Jellinek, Verwaltungsrecht, S. 191–193.

[246] W. Jellinek, Verwaltungsrecht, S. 191–193.

称作'义务状态'（Pflichtigkeit）"。例如，关于证言义务，义务状态因传唤而变成义务。也可以设想"具体自由、具体权利的前阶段"。[247]

如此，法状态和法关系的区别一般表示涉及国家机关判断权和判断义务、私人申请权和服从义务等的程序法关系变动。[248]这与格奥尔格·耶利内克的地位和请求权的含义不同。

③ 对于"自由"，

　　"行政机关绝没有真正意义上的自由，而总是被命令合乎义务地作出行为，因而，只有个人才有真正的自由。""法和权利始终是以复数的人为前提的。法和权利在孤立的人中是无效的。但是，他正是最自由的。它与法秩序不能课予任何义务的动物是同样的……像赋予营业许可那样，即使特别承认特定人的自由，自由也不是权利。其原因在于，自由的特别赋予自身只是意味着废除某种国家的禁止和命令，接近孤立之人的完全自由。即使与承认一般或个别的自由相结合，禁止他人妨害或侵害自由，自由也没有被提升为权利。否则，如果法律或命令以保护动物为由，禁止在牛头上套上轭，牛也有'权利'要求免于负轭的自由。"[249]

这里在概念上区分了自由和客观法、主观法，但没有考虑自由、义务、权利的相互关系。瓦尔特·耶利内克继续说，　　156

　　"目前无法向行政法院提起对国家的不作为诉讼，要求不妨害自由。消极的确认诉讼，确认个人不需要容忍对自由的特定侵害，也是最新的行政诉讼法才明确的。最后，也只有在有限的范围内才允许处分自由权……尽管如此，我们仍有一种明显的感

---

[247]　W. Jellinek, Verwaltungsrecht, S. 191-193.

[248]　不过，在瓦尔特·耶利内克的下述发言中，法状态指请求权和义务的成立要件、资格。他说，协作权仅在法状态的阶段能区别于积极请求权、自由权，在具体发现之际则为积极请求权、各种自由权所消解（a. a. O., S. 206f.）。

[249]　A. a. O., S. 200.

情，认为自由权也是真正的权利，是对违反法律的侵害要求不作为的权利。根据下述假想问题，可以最佳实现目的。如果承认眼下没有对国家的不作为诉讼，而只是撤销违反法律之侵害的诉讼，就会有这样的问题：如果在行政争讼程序中允许与民事诉讼同样的诉讼，那么，可以根据一般自由，或者广为人知的法律上意欲的自由，而不仅仅是被容忍的自由，诉求迫切侵害的不作为吗？如果想起帝国法院毫不踌躇地允许对违反法律的射击训练提起不作为诉讼，此外，如果认为从诸如要求营业封锁不作为的诉讼走向要求撤销封锁处分的诉讼并没有迈出一大步，就必须在不作为诉讼容许性的假想问题上作出肯定的回答。一般自由和个别自由并没有通过目前行政裁判上的不作为诉讼得到保护，这与其说是必然的，不如说是偶然的。个人可以对违反法律的侵害'要求'不作为，这也符合一般理解。否则，就无法理解对已经发生的侵害承认诉权。这种适度非武装的要求可能性已经是将自由提升至权利的意思力。此外，在很多场合，个人被赋予容许本身不被容许的侵害的力，即使是在没有这种力的情形下，立法也明确以有意强化法地位的不可侵犯性作为根据……""自由权在被侵害的瞬间才完全有效，并体现为要求消除（Beseitigung）违法处分的积极请求权。"[250]

这里与布勒一样，[251] 作为自由权的对象，是形而上地、比喻地作出"不处分的国家不作为"。此外，与其不同，瓦尔特·耶利内克还观想了以国家的"积极"行为为对象的消除请求权。但是，从不作为诉讼到撤销诉讼"并没有迈出一大步"，由此可以看到，两种请求权的本来对象是同样的，均为私人的行为自由或义务不存在。而瓦尔特·耶利内克的推论可谓是"诉讼法的思考"[252]的亚种。也就是说，假

157

---

[250] A. a. O. , S. 207-209.

[251] 参见第三款(1)。

[252] 参照、小早川「取消訴訟と実体法の観念」同『行政訴訟の構造分析』51~53頁。

定从撤销诉讼到不作为诉讼，两个诉讼类型规定着消除请求权、不作为请求权这样的请求权类型。[253]

④　"权利"是以意思力和利益来定义的。瓦尔特·耶利内克不是以类推请求权，而是类推支配权物权来规定意思力，意思力包含着解除或撤回对他人的禁止、提起不作为请求诉讼、提起排除妨害诉讼、处分权能等广泛内容。在是否为权利的判定上，瓦尔特·耶利内克只是列举判例和法的规定，[254]意思力和利益最终都没有明确成为焦点。例如，瓦尔特·耶利内克在承认自由权有意思力之际，展开了一些技巧性、恣意性推论，如设定"假想问题"，采取将自由的处分权能作为或不作为意思力根据的口吻等（③）。

第五款　权力关系与债务关系

158

在第三届德国国家法学者大会（主题是"租税法对公法概念形成的影响"）的报告（亨泽尔、布勒）和讨论中，研讨了租税法关系是权力关系（Gewaltverhältnis）还是债务关系（Schuldverhältnis）的问题。该研讨在租税法学上的意义已有先行的研究成果，[255]下面是要获取行政法相关的一般考察素材并展开探讨。

一、权力关系

奥托·迈耶区分了课税（纳税义务）和财政命令（信息提供义务　159

---

　　〔253〕　探究法关系的端倪求诸容许公法关系确认诉讼这一诉讼类型（W. Jellinek, a. a. O., S. 191）。此外，他认为，"新行政诉讼法也容许国家的确认诉讼，因而，认识国家公权可能性的意义提高了"（a. a. O., S. 204）。

　　〔254〕　A. a. O., S. 201-203. 另外，亦参照、人见剛『近代法治国家の行政法学』164～173 頁。

　　〔255〕　参照、金子宏「租税法学の体系」公法 34 号 253 頁以下、同『租税法』23～27 頁、須貝『租税債務関係』、同「租税債務関係理論のその後の発展」柳瀬退職 45 頁以下、村井「租税法律関係」金子他編『租税法講座第一卷』170 頁以下。另参照、碇井「課税要件法と租税手続法との交錯」租税 11 号 14 頁以下。

等），前者以法律、行政行为（核定处分）为中心，后者则是以与其并列的特别权力关系为中心而构成。前者的核定处分以"国家在个别事例中适用、贯彻法律之际仅追求自身的事项"为理由，而与刑事（而非民事）判决相类比，租税法规、核定可能性（Veranlagbarkeit）、核定处分、纳税义务的阶梯与刑法法规、处罚可能性、刑事判决、处罚容忍义务的阶梯相类比。[256] 如此，与刑事程序相类比，就没有民事实体法上债务观念进入的余地，重视的完全是核定处分的介入。

布勒也区分了实质的租税债务和形式的义务，并认为用"权力关系"来表达比"租税债权人"更适当，因为在两种情况下，国家均为优位（Überlegenheit）。在实质的租税债务中，国家优位的根据在于，第一，执行特权（不起诉，即可执行）；第二，债权人的地位与自己执行力合一（Vereinigung）于租税机关之手（尤其强调后者）。在形式的义务中，强调调查权能与决定权力合一于租税机关之手。[257]

如此，与奥托·迈耶不同，布勒将租税法关系与民事法而不是与刑事法相类比，并与私人债权严格区分。布勒也将租税债权、调查权能与执行力、决定权力姑且区分开来认识。但是，他显示了国家具有执行力、决定权力的"优位"性，却没有显示债权或权能的性质。如此，他将两者"合一"，仅强调国家的"优位"。他说，

"在权力关系中，债务关系得到强化。"[258]

同样，瓦尔特·耶利内克也"想特别强调财政机关的决定权力"，他说，

"纳维亚斯基将等同于私人的国库与在财政机关上有特殊性

---

[256] O. Mayer, Deutsches Verwaltungsrecht, Bd. 1, S. 315ff., insbesondere S. 320f. 详细参照、塩野『オットー・マイヤー行政法学の構造』184~195 頁。

[257] Bühler, Der Einfluss des Steuerrechts, VVDStRL 3, S. 105-109, S. 116f.; ders., Steuerrecht, S. 7f., S. 85-88. 不过，布勒对单纯采用"权力关系"这一表达，以区别于所谓特别权力关系，表示保留。

[258] Bühler, VVDStRL 3, S. 132.

的国家并列构成。这是人为性的。财政机关的行动必须统一看待。"[259]

另一方面，施奈德过去考察了债务关系和权力关系。他说，　　　160

所谓对人的权力，是"权力主体的能力，遮断权力服从者的意思，课予权力服从者对权力主体自身及第三人的义务"。税费关系是权力关系，因为"国家作为权力主体的意思基本上支配税费权力关系。如果没有特别法律的根据，权力服从者对该意思的意思就没有意义"。

另一方面，"负有债务意义上的债务，表现为对他人或某人的给付义务，既不是与权力平行，也不是与权力对立。权力主体命令以及权力主体课予权力服从者对第三人的义务，为给付义务、债务提供基础，据此，权力与债务就处于类似于原因与效果的关系。对人的权力关系表现为权力主体的抽象之力，课予权力服从者对权力主体及第三人的义务，而债务关系表现为某人对他人具体的'拘束'"。"〔认为税费关系是债务关系的学说〕仅关注税费债务关系的狭义概念，即在各种权力关系中，因人对人命令或课予义务而产生的债务关系。""税费权力关系与私法上的债务关系一样，是一种'活的力量'，其'现实的表达'是特别的权力服从关系、收费义务、收费债务、收费责任。"[260]

也就是说，施奈德与布勒、瓦尔特·耶利内克不同，虽然不充分，但也暗示了债务关系和权力关系可以并立。

另外，赫恩利特也大致将"公法上的债务关系"理解为权力关系：

---

〔259〕　W. Jellinek, VVDStRL 3, S. 129f.（Aussprache）. 布勒（Bühler, Steuerrecht, S. 87）认为，这是"正当的"。

〔260〕　F. Schneider, Abgabengewaltverhältnis, S. 5–10.

"具备官方权力的主体服从法律，但可以单方地以行政行为这一特别形式确定并征收有法律根据的公法上给付。"

不过，赫恩利特作出标记：

"但是，这绝不是据此确认公法上债权与私法上债权在对象上的不同……其不同仅在于债权的成立和主张的样态。"[261]

二、债务关系

纳维亚斯基探讨了私法（家庭法）、公法中的权力关系概念，[262]得出下述结论：

"权力关系的本质在于，仅由优越者的意思单方确定义务……在债权关系中也有这种框架的确定。两种权利的渐次性（graduell）差异只是可划定的框架大小而已。"[263]

在租税法关系中，法秩序直接精确地划定权利，不承认权利人的意思有决定权利的余地（"机关严格受法律拘束"），因而，租税法关系应当说是债务关系，而非权力关系。作为法秩序（立法）主体的国家即使与法的服从者（Rechtsuntertanen）之间存在一般权力关系，也区别于作为债权人的国家。即使可以在国家行政机关确定并强制执行权利的意义上说权力关系，作为程序法上决定者的国家也区别于作为债权人的国家。[264]

在有关租税法关系的讨论中，通常被称作权力关系的不是纳维

---

[261] Herrnritt, Verwaltungsrecht, S. 429.

[262] Nawiasky, Forderungs- und Gewaltverhältnis, in: FS für Zitelmann, S. 3ff. 对于纳维亚斯基关于公法中权力关系的见解有所介绍，藤田『公権力の行使と私的権利主張』198 頁註(29)。

[263] Nawiasky, a. a. O., S. 34.

[264] Nawiasky, Die steuerrechtlichen Grundverhältnisse, in: ders., Steuerrechtliche Grundfragen, S. 34-36, S. 44-46; ders., VVDStRL 3, S. 124f. (Aussprache).

亚斯基所说的权力关系，而是纳维亚斯基所说的作为程序法上决定者的国家。这里，纳维亚斯基不同于瓦尔特·耶利内克等人，他分解了国家的立场。但是，它是一种对承担"法秩序"的国家与受"法秩序"拘束的国家的抽象分解，不带有具体生活关系和法秩序内容的分析，因而，作为一种实定法理论，它缺乏说服力。"问题不在于是否受规范，而在于如何规范！"[265]实际上，在重视与国家权力作用关系的纯粹法学讨论中，[266]很难独立于权力作用，对债务关系作出积极规定。纳维亚斯基并没有像凯尔森那般彻底采用国家和法秩序同一性观念，[267]因而，未必明了地规定了作为程序法上决定者的国家性质。[268]

米尔布特更单纯地肯定了设定法规范、服从法规范的一般权力关系，同时认为在各个权利义务中，国家和私人同样服从法律，因而是一种债务关系。[269]

亨泽尔和纳维亚斯基一样，强调了权力关系和债务关系的渐次性差异，之后对权力关系的本质作出如下陈述：

> "在法关系的内容上，重要的是一方遵守规则、由命令所表达的意思。是命令可能性（Befehlen-können）和服从义务（Gehorchen-müssen），而非容许要求（Fordern-dürfen）和给付义务（Leisten-sollen），最明了地表达了本质差异……也许作为服从的本质因素，对于命令的相对人能排除命令者的责任。命令的内容是产生于法律规范，还是源自命令者的自由裁量，对相对人而言通常都是一样的。命令者目前没有义务表示命令内容与规范（如

---

[265]　Bühler, Der Einfluss des Steuerrechts, VVDStRL 3, S. 107.

[266]　参见第二款一。

[267]　参见第二款二的纳维亚斯基学说。

[268]　另外，纳维亚斯基（Nawiasky, Die steuerrechtlichen Grundverhältnisse, in: ders., Steuerrechtliche Grundfragen, S. 39-41）对于核定作为行政行为的意义，作出与奥托·迈耶同样的理解。

[269]　Mirbt, Steuerrecht, S. 85; ders., VVDStRL 3, S. 120（Aussprache）.

果存在）一致。换言之，服从义务者在遵守命令之前没有权利审查命令与规范是否一致。"[270]

也就是说，所谓权力关系，是一种命令（意思表示）行为自身对应着相对人服从义务的关系，而与其内容妥当与否大致无关。

亨泽尔从下述根据认为，租税法的基本关系（纳税义务）不是权力关系。

"'构成要件的实现'（Tatbestandsverwirklichung），也就是具体满足立法者在规范上所设定的对成立租税关系重要的抽象指标，代替要求服从的行政行为……行政——在纳税义务上——一概不能意欲法律规定以外的事项。所有租税程序受下述原则支配：行政在纳税要求中所表达的意思与法律是否一致，通过租税义务人提起的争讼手段（Rechtsmittel）加以审查。这……意味着行政与臣民对等。唯有对等……才能从法治国家的角度实现租税法。唯有如此，才能将国家依据并实行请求权的明显双重作用分解为实现的二元性……正是在租税法中，才有实现权力分立基础理论的契机。"

租税法的基本关系通过程序法上的处理，并没有成为权力关系。根据纳维亚斯基（或者奥托·迈耶），实现构成要件只是让核定可能性成立，通过核定处分，纳税义务成立。据此，"法律上的债务关系转换为准裁判的法状况（Rechtslage）"，"服从法律的租税债务人完全退出，被替换为曝于行政侵害之下的臣民"，"行政的宣告……可谓代理了法律"。但是，"这里的问题不是租税法关系的概念必然构成，而是立法者应予决定的实定法问题。《帝国租税通则法》（第81条）现在将租税债务的成立直接与构成要件的实现相结合，明确规定税额确定的必要性并不推迟租税债务的成立。"

---

[270] Hensel, Der Einfluss des Steuerrechts, VVDStRL 3, S. 78f.

此外，下述租税程序的形态自身也不是权力关系。"租税程序……不是当事人的程序，而是机关的程序……主张机关在租税程序中代理并实现租税债务人的权利，可能也未必正确。所谓租税债权人的权利完全是客观法的实现……租税机关的任务只是实现客观法。"强制征收、执行的可能性也不是权力关系的指标。[271]

应当注意的是，亨泽尔将"构成要件的实现"这种实体法关系固有的现象独立于行政行为（程序）来构想。进而，亨泽尔认为，对于纳税义务，构成要件的实现或者立法行为（法律）的法关联（在某种意义上让法关系发生变动的效力）排除行政行为的法的关联。但是，在行政强制征收或执行之际，只能承认行政行为的关联。因而，有必要有一种理论，让构成要件的实现或立法行为的关联与行政行为的关联能够并存。也就是说，有必要将"法治国家"和"权力分立"看作比亨泽尔的思考更复杂性的观念。

反过来说，"构成要件法"（Tatbestandsrecht）的构想在租税法领域得到普及，在这里可以观想私人和国家之间在财产上的实体法关系，容易类推私法关系。亨泽尔暗示可将这一构想扩张至警察法。

> "在警察的诸多领域中，国家不是被视为攻击者、入侵者，而是既有之物的防卫者、自己自身的保护者。'违反警察'这一一般性概念替代构成要件规范。具体满足了这一概念……才将所谓侵害——实际上只是防止相对人的侵害——正当化。"[272]

在警察法中，亨泽尔也许是类推权利人和权利侵害的私法上关系，思考国家和警察作用相对人的实体法关系。但是，将警察法的保

---

[271] A. a. O., S. 79–87, S. 64. Vgl. auch Hensel, Steuerrecht, S. 42f. 对于法状况（Rechtslage），参见第四款注（242）。

[272] Hensel, Der Einfluss des Steuerrechts, VVDStRL 3, S. 81.

护法益 [273] 说成被拟制为私人权利的国家权利，只是一种比喻。最近，毋宁说是所谓第三人权利问题逐渐浮现。最终在警察法领域，未必解明了构成要件法或实体法关系。相比警察法，社会形成性或政策性法的领域更是如此，它更难类推私法，更不容易作出权利的假设。

---

[273]　Vgl. Drews/Wacke/Vogel/Martens, Gefahrenabwehr, 3. und 4. Teil.

第三章

公权与法治国家

第一节　公权论的再出发

第一款　公权论与国家图景

一、纳粹时期

在纳粹时期，过去的公权论被批判为"自由主义的""个人主义的"理论。[1]但是，根据之前的考察，从学说内在角度来看，这种批判可以说是在靶心之外。第一，公权概念主要显示个人参与国家权力作用和程序的样态，并在这一意义上表达了国家的构成。特别是在理论上考察了公权学说的学者，从格贝尔到格奥尔格·耶利内克、凯尔

---

〔1〕　近年对纳粹时期行政法学和公权论方面的考察，参照、塩野『オットー・マイヤー行政法学の構造』314 頁以下、宮崎「ナチズムと行政法学」東大社研編『ファシズム期の国家と社会5』65 頁以下、宮崎「ドイツ連邦共和国の行政裁判制度改革」東大社研編『戦後改革4』359 頁以下、中川『ドイツ公権理論の展開と課題』199 頁以下；Stolleis, Verwaltungsrechtswissenschaft im Nationalsozialismus, in：ders. , Recht im Unrecht, S. 147ff. ; ders. , Die "Wiederbelebung der Verwaltungslehre" im Nationalsozialismus, in：ders. , Recht im Unrecht, S. 171ff. ; Meyer-Hesemann, Modernisierungstendenzen, ARSP Beiheft 18, S. 140ff. ; Anderbrügge, Verwaltungsrechtliche Aspekte der volksgenössischen Rechtsstellung, ARSP Beiheft 18, S. 128ff. ; ders. , Völkisches Rechtsdenken, S. 146－157; Schäfer, Die Rechtsstellung des Einzelnen, in：Böckenförde (Hrsg.), Staatsrecht und Staatsrechtslehre im Dritten Reich, S. 106-121; Bauer, Geschichtliche Grundlagen der Lehre vom söR, S. 102-116（其介绍和批评，海老原·国家103 卷5·6 号80 頁以下）。

森以及布勒部分都继承了这一特征。〔2〕纳粹时期的部分学者仅对格贝尔予以肯定评价，因为他重视国家共同体，〔3〕但这种评价过于片面。第二，公权论也采用了民事法折衷说的图式，亦即以"划定的意思范围"为权利。尤其是随着学说越来越从实证主义出发，依据制定法和实务，这一图式得到普及。〔4〕但是，这一图式仅为整理框架的外在体系，很难说从自由主义、个人主义角度规定了公权概念的内容。格奥尔格·耶利内克等人可以说是在这一图式中加入了显示国家构成的公权概念。

纳粹时期以前的公权论问题毋宁在于，仅仅部分把握了国家、个人以及两者的关系。就上述第一点而言，权力作用的内容或实体权，被作为非"法学的"而舍弃，或者只作了不完整的考察。〔5〕在第二点的图式中，只有容易看到的国家和个人的部分关系被目录式地罗列出来。而魏玛时期的反实证主义国家法学并不直接论述公权，但在志向于国家、个人以及两者关系的全体图景中，隐藏着再探讨公权的契机。纳粹时期的公权讨论受制于民族共同体和领袖优越这一前提，并以扭曲的方式表达着这一契机。一般而言，受反实证主义影响的学者标榜否定公权概念〔(1)与(2)〕，而属于实证主义的学者则既批判过去公权的"自由主义"色彩，又保存了公权概念自身〔(3)〕。〔6〕

（1）受到卡尔·施密特的影响，胡贝尔克服了自由主义和绝对主义、权威主义、官僚主义，它们将个人和国家看作各个自我完结的单一体并相互对立，他扩张了完结体的规模。也就是说，"在特定形式

〔2〕 参见第二章第一节第一款；第二节第一款，第二款一、二，第三款。

〔3〕 Maunz, Das Ende des söR, ZgestStW 96, S. 76-80; Höhn, söR und der neue Staat, DRW 1, S. 50-55. 另一方面，朔伊纳〔Scheuner, Die Rechtsstellung der Persönlichkeit, in: Frank (Hrsg.), Deutsches Verwaltungsrecht, S. 86〕认为，格贝尔已经显示出"自由主义的""个人主义的"倾向。

〔4〕 参见第二章第一节第五款；第二节第二款三、四，第四款。

〔5〕 另参见第二章第一节第二款、第三款。

〔6〕 在将魏玛时期国家法学和纳粹时期的讨论关联起来之际，参考了 Meinck, Weimarer Staatslehre und Nationalsozialismus, insbesondere S. 16–117. Vgl. auch Stolleis, Im Bauch des Leviathan, in: ders., Recht im Unrecht, S. 126ff.

（Formen）和制度（Einrichtungen）中现实生活的民族共同体秩序"不仅包括"（狭义的）'政治性'生活"，还有"经济生活和文化生活"。自由主义的公权概念与无权利的臣民观念也被"民族同胞的法地位"概念所驱逐。换言之，

> "民族同胞受义务拘束，亦即在所有行为中受共同体拘束。另一方面，同胞是共同体的能动的成员，即应当自发地以自己的责任，与被赋予的资质和能力相适应，为了全体福祉而献身。"[7]

更为一般地说，拉伦茨以"具体的概念"代替过去法学的抽象一般概念，认为法是民族共同体的"生活形式"（Lebensform），观想"民族同胞"具体而特定的"法的地位"。他说，

> "在法这种形式中，并通过法，民族共同体统一确定共同体生活的方向，并形成共同体生活。而且，共同体在自身之内具有正义的目标图景，并面向正确秩序和真正共同体的表象。法作为'生活和自我发展'的形式，与共同体生活无法分离。的确，法是形式和秩序中的共同体生活自身，是这种生活的'要素'。共同体生活脱离法，就无法想象，因为生活没有形式、方向、形成，就是不可能的。"[8]

（2）下面来看看受到斯门德影响的学者学说。毛恩茨排斥单一体和完结体的观念本身，认为共同体和人格是同时实现的。

> "今天，国家机构的重要任务在于，保护民族秩序，从而在　169

---

〔7〕 E. R. Huber, Die Rechtsstellung des Volksgenossen, ZgestStW 96, S. 438－452; ders. , Verfassungsrecht, S. 359－368; ders. , Die volksgenössische Rechtsstellung, ZAkDR 4, S. 323－327; ders. , Die Verwirkung der volksgenössischen Rechtsstellung, ZAkDR 4, S. 366f.

〔8〕 Larenz, Rechtsperson und subjektives Recht, in: Dahm usw. , Grundfragen der neuen Rechtswissenschaft, S. 226f. , S. 238－245; Larenz, Gemeinschaft und Rechtsstellung, DRW 1, S. 34－37. 托斯（Thoss, Das subjektive Recht in der gliedschaftlichen Bindung, S. 40－59）述及这种"具体的概念"与卡尔·施密特所说的"具体的秩序"的关联。

民族共同体的范围内守护民族同胞的法地位……保护各种下位共同体的秩序也包含着保护同胞的法地位。""从〔现实的〕具体共同体来思考，有助于强化人格。因为在这种思考中，成为问题的不是抽象化或被捏造的意思，而是人格的现实而具体的意思。"〔9〕

朔伊纳也说，

"共同体秩序的法的形成和保障包含着民族同胞法地位的保护。""个别人格在民族内部所占据的地位中，个别人格作为共同体成员，受法保护和尊重。各个民族同胞的名誉、劳动、所有、生命、健康不是为了其自身，而是作为民族全体秩序的一部分，立于法秩序的保护之下。""取代孤立的抽象个人，被纳入共同体中的人格出现了。我们用'法的地位'这一表达来把握该人格在共同体内部的具体地位。"〔10〕

根据赫恩的观点，国家从属于共同体（成员），在共同体中实现成员的人格。

"新法已经不是从作为固有的存在、作为法人的国家出发的……国家只是实现民族共同体目的的手段。""在今天，已经不是将人作为被管理（verwaltet）者、将人的行为——即使受法的规范——作为臣民的行为来把握。相反，国家机构是为了作为具体的共同体成员、在共同体中生活的人而开展活动。今天，人被指导，机构被管理。""每个人的人格性处于共同体之中，故而受共同体拘束。"最终，"共同体秩序只能存在于共同体的人格之间。只有在人格之间，权利（法的）纷争、诉讼、裁判权才成为可能。因此，否定了作为固有存在、作为法人的国家，同时也就

---

〔9〕 Maunz, Das Ende des söR, ZgestStW 96, S. 92-111; ders., Verwaltung, S. 47-54. 另外，法的地位总是通过"劳动和业绩（Leistungen）"而获得，并发生差异化。

〔10〕 Scheuner, a. a. O., S. 83, S. 89-93.

否定了国家和各个民族同胞之间纷争的裁判权。"[11]

（3）克尔罗伊特与(1)、(2)的学者及托恩不同。他说，

> "公权总是表达着不受权力影响的自由个人的人格范围。国家社会主义的国家完全有意将个别人格作为其自身加以强调，并试图为了共同体而利用人格的作用，因而，已如克瑙特正当启发的那样，只要不损害而促进共同体的规范行为，权威领袖的国家也可以在特定的个别行政领域承认公权。"[12]

克特根也说，

170

> "这并不是说不承认个人对行政的防御权……个人对于行政的自立性并不完全必然地需要仅仅为了个人主义的利益而受到保护。各个个别的民族同胞有责任的行为，都是以个人可以自由决定的某种余地为前提的。"[13]

塔塔廷-塔恩海登说，

> "所有社会性（sozial）人格行为都必须从统一的整体世界观中导出，以便达成全体，亦即共同体（并非单纯的团体、原子论）。""全体国家确实可以容许每个人自由的非政治性创造。但是，艺术家、学者、有信仰者在开始要求他人承认的瞬间……他们就完全陷入共同体形成和政治的魔圈。在这里，全体国家已经不能采取无动于衷的态度。"

---

〔11〕　Höhn, a. a. O. , S. 57–63.

〔12〕　Koellreutter, Verwaltungsrecht, DJZ 1934, S. 629. Vgl. Knauth, Verwaltungsgerichtsbarkeit, RVwBl. 1933, S. 886f. 说及人格自由或人格权利的保障, Koellreutter, Deutsches Verfassungsrecht, S. 83f. （矢部・田川訳『ナチス・ドイツ憲法論』）；亦参照、ders. , Deutsches Verwaltungsrecht, S. 19; ders. , Grundsätzliches zur Frage der Verwaltungsgerichtsbarkeit, RVwBl 1936, S. 886.

〔13〕　Köttgen, Deutsche Verwaltung, S. 200f.

"'公权'自身与新的国家本质并非异质……如果公权为宪法所接受……公权由此就获得公法性'国民的人格法益'性质。"支持这种"法益"的论据有三个：第一，"可以在植根于民族的人格地位的保障中看到最古老的德意志的法益"。具体而言就是名誉、自由、所有权，还有居所的神圣、通信秘密。第二，在"法治国家"，只有立法者的一般（而非个别）法规范才能侵入宪法上的法益。而"'国民的人格法益'也给机关的自由裁量设定了一般界限。在行政援用一般裁量条款（例如警察授权）时，通常建立在法律基础上的'权利'就交给行政的合义务性侵入之手。但是，如果权利为宪法所接纳，并不例外地受〔特别的〕法律限制，权利对于行政裁量而言就意味着不可侵犯的保障。"而带有通向普通法院的诉权的狭义真正公权、带有通向行政法院的诉权或形式性诉愿权的广义真正公权、只能提起非正式诉愿的不真正公权（不过，值得考虑导入"民众诉讼"），这样的分类是有益的。第三，以一般法规范为每个个别法确定原则上独立于国家的领域，也是有益的，有助于全体国家明确其全体性。民族同胞从内心深处参与作为宪法基体的民族全体文化，因而，划定纯粹的个人领域在宪法上也很重要。〔14〕

171　　在这里，区分社会性或政治性领域与非社会性或非政治性领域、重视规范的一般性，让人想起卡尔·施密特所描绘的市民法治国图景；〔15〕在行政、立法和宪法的相互关系中测定权利的强度，根据实现手段作出权利分类，让人想起托马。〔16〕

此外，拉福雷特引用基尔克，肯定了"团体法意义上的请求权"；〔17〕霍法克引用符腾堡的裁判实务，肯定了基于个别法律的"固有权"

---

〔14〕　Tatarin＝Tarnheyden, Werdendes Staatsrecht, S. 143-167.

〔15〕　Vgl. C. Schmitt, Verfassungslehre, S. 138-157.〔C・シュミット（尾吹訳）『憲法理論』、カール・シュミット（阿部照哉他訳）『憲法論』。〕

〔16〕　参见第二章第二节第二款四。

〔17〕　Laforet, Deutsches Verwaltungsrecht, S. 42-64.

（Eigenrechte）。[18]

二、基本法制定时期

173

1949 年制定的《德意志联邦共和国基本法》（以下简称《基本法》）第 19 条第 4 款规定，"任何人因公权力而受到权利损毁，均可提起诉讼"。该款作为概括条款，假定了先行于诉讼的某种"权利"。但是，过去的公权论是从国家法学理论构成上的观念对国家和私人关系作出体系性分类和叙述，因而，指导行政诉讼的实践意图稀薄，以包含诉权在内的程序性权利为中心，没有充分考察在诉讼中可能成为系争对象的实体权。[19]因此，虽然过去州的宪法和法律将"权利损毁"和行政裁判制度结合起来，[20]但裁判实务解释"权利"几乎不使用公权学说（甚至有判决认为，既得权、私权是"权利"）。[21]布勒的学说虽然标榜与实务架桥沟通，但与当时的实务也相当悬隔。[22]二战后的学者常常消极地评价二战前的公权论。巴霍夫认为，"如果根据历史的观念，只有特定种类的在公法上有根据的权利，才被'承认'为公权"，权利的"历史性观念"，准确地说是"一连串的种种历史性观念"在今天是无益的。[23]亨克指出，过去的公权论具有"国家法的、国家理论的起源"，无助于行政裁判实务。他进一步说，

> "以起诉权能（Klagebefugnis）为基础的公权只是裁判上的'诉权'，全部消除诉权仍包含的……实体法要素后，就与古老的诉权相区别。因此，即使在耶林之后的时代，也不能说公权的形式学说本来就是诉讼法思考，但是，程序法和诉讼法学说找到了

---

[18]　Hofacker, söR, DJZ 1935, S. 726.

[19]　参见第二章第二节、第一节。

[20]　Vgl. F. Klein, Tragweite der Generalklausel, VVDStRL 8, S. 113.

[21]　Vgl. Henke, söR, S. 64~71.

[22]　安念「取消訴訟における原告適格の構造（三）」国家 98 卷 11・12 号 97~108 頁；另参见第二章第二节第三款。

[23]　Bachof, Reflexwirkungen und subjektive Rechte, in: GS für W. Jellinek, S. 292.

与诉讼法思考的连续性……"〔24〕

如此，对公权概念实践性的疑问与狭义把握公权的倾向相叠加，当初存在一种有力说，将《基本法》第19条的"权利"与权利或公权概念切断。在"权利"的解释上，弗里德里希·克莱因举出了四种可能性：①只是主观的、不受法保护的利益，②受法保护的利益，③个别的公权或私权（物权、其他绝对权、债权），④真正的公权，特别是既得权。他支持②（妨害"反射权"的行使，也是权利损毁）。〔25〕但是，重铸并扩张公权概念，将《基本法》第19条的"权利"当作公权的学说不久就成为主流。例如，福斯特霍夫当初狭义地理解公权，他认为，"只有在赋予了救济手段时，才能承认公权。但是……所赋予的救济手段并不是公权成为问题的表征"，"公权是以对权利人负有法义务的特定机关行为为对象。因而，公权脱逸了机关与个人的通常关系……公权成为例外"，侵害"反射权"就能满足"权利损毁"（另外，在规范为国家利益或超个人利益而制定时，事实上法律意图之外的附随效果利益与反射权相区别）。〔26〕但是，胡贝尔在广义上理解公权，他认为，"由客观法所赋予的个人利益在有疑问时具有公权性"（这时也考虑个人利益与一般利益的区别），"公权成为原则"，"起诉途径开放，已经不是公权的基准。公权的存在是容许行政诉讼的前提"，他反对福斯特霍夫的观点。〔27〕福斯特霍夫基本遵从胡贝尔，改变了学说。〔28〕

这种公权概念的回归，可能是因为在解决行政诉讼实践问题之际，也希望参照国家法学理论上的观念。尤其是像第一部分所启发的

---

〔24〕 Henke, a. a. O., S. 68, S. 70f., S. 36.

〔25〕 F. Klein, a. a. O., S. 114f.

〔26〕 Forsthoff, Lehrbuch des Verwaltungsrechts, Bd. 1, 3. Aufl., S. 159–162.

〔27〕 E. R. Huber, Wirtschaftsverwaltungsrecht, Bd. 1, S. 683–687. 过去，弗里森哈恩（Friesenhahn, Rechtsschutz, DV 1949, S. 482）尽管叙述简单，在解释《基本法》第19条之际，广义理解权利概念加以援用。

〔28〕 Forsthoff, Lehrbuch des Verwaltungsrechts, Bd. 1, 6. Aufl., S. 168–172.

那样，人们意识到了需要通过描绘国家和个人关系的全体图景，克服仅在局部把握其关系的实证主义公权论。因此，本章将二战后实践性、技术性公权论与可作为其前提的法治国家观念关联起来展开分析。下一款将进行概述考察，在下一节之后详细分析。

第二款　主观法和客观法、行政行为 175

沃尔夫和巴霍夫撰写了二战后最高水准的行政法教科书，也发表过公权的论文，他们提出了二战后公权论的基本论点。第一，主观法和客观法、私益和公益的关系 ［一（1）、二（1）（b）、（2）（b）］；第二，自由、实体法和程序法的关系，其中行政行为的意义 ［一（2）、二（1）（a）、（2）（a）］。

一、沃尔夫

（1）沃尔夫以"实质法治国"观念 ［"实质的基本权利使人的自我决定成为可能"，"在类型上，追求客观价值较低的价值，在现实中发生冲突时，就退居客观价值更高的利益之后，这时，所有国家机关就必须考虑守护人的和物的平等、生活和法的安定性（目的、理想!）"］为背景，作出如下定式：

> 所谓客观法，"是一种规范，表明在追求利益发生相互冲突时，以客观价值更低为由决定谁应当退后"；所谓权利，"是由客观法产生的权能，在发生冲突时追求客观价值更高的利益"。利益的价值是通过与其他利益的衡量而相对确定的，因而，"权能不可能在所有情形下都是一样的，在各种类型的冲突事例中因客观法而被差异化"。如此，就存在各种强度的利益：绝对的人类尊严，在特别事例中受到限制的基本权利的自由、所有权，在多数或少数类型的冲突事例中低于对抗利益的弱权能、并非实体权

但具备程序性权能的利益等。[29]

176　　　沃尔夫于是将客观法理解为主观法或利益的评价尺度，通过在相互关系中的相互衡量来评价利益。但是，该理论至今未受到重视。

此外，沃尔夫还意识到了公益和私益，或者客观秩序和主观法之间的重叠关系。

> "私益和一般利益并不总是相互竞合和对立的。它们也不相互排斥。尤其是也可以为了公益而赋予公权。最后，在公法中，正是在赋予权利的课予义务一般规范中，成为问题的不是能容易特定化的个人，而是抽象具有权利的不特定多数的私人（例如建筑主、相邻人、饮食店主）。他们一致的利益并不容易从一般利益中切割分离。"

沃尔夫还对一般公益（作为作用统一体或秩序统一体的共同体利益）和特别公益作出如下区分。对于前者，他说，"真正的〔＝客观的〕公共共通利益的实现，通常最终也变成国家所有成员的真正利益"。"相反……多数同等的真正私益，结合了多数或少数不特定的一般人，对共同体具有意义。如此，这就形成了质的要素，考虑它也成为共通利益自身。"对于后者，他说，"特别公益是国内特定地域性或功能性全体的共通利益（多元利益），或者各个成员的共通利益，它对国家或更窄的一般性而言是重要的，或者说公共组织就为保护它而存在的。原本是私益，因为内容的重要性、广泛性以及其他理由，也能同时具有公共性质。通常成为问题的是'不特定的一般人'利益。它在具体事例中能由某人代表，或者只对某人才是现实的"。真正的特别公益是真正一般公益的质的要素。

---

〔29〕　H. J. Wolff/Bachof, VerwR Ⅰ, §11 Ⅱ.b.3〔Wolff〕；H. J. Wolff, VerwR Ⅰ, §43 Ⅰ.c. "各个价值的等级常为其他价值的满足状态所左右，亦即根据状况而发生变化，因而，不存在价值的固定等级秩序（价值的金字塔）", Wolff/Bachof, a.a.O., §29 Ⅰ.b.2〔Wolff〕.

但是，这种重叠关系并没有得到仔细的分析。沃尔夫最终说，

> "在行政法上，不仅是各种一般利益与相冲突的私益的均衡问题，客观秩序的维持和改善也常常成为问题，其中，私人——有时在明显的程度上（例如保护关税）——仅间接地具有利益，因而，该利益在法上并不被直接承认是自己的利益。"

他通过简单区分"直接的"私益与"间接的"私益或客观秩序来区分权利和反射效果。[30] 不过，他未必明示了区分的基准。

（2）沃尔夫根据样态的不同，将权利分为：①接受权能［Einräumungsberechtigungen，旨在实现构成要件（积极），面向特定主体（及物动词式）］；②行使权能［Ausübungsberechtigungen，旨在不实现构成要件（消极），面向不特定多数人（不及物动词式）］，并根据特定程度（Bestimmtheitsgrad，一般表示有无裁量或行政判断的自由度）对其作出进一步区分。[31]

这一分类的意义在于，它与二战后初期狭隘把握公权的倾向相对抗，在逻辑上显示了权利的相对性和多样性。[32] 但是，首先，在样态的分类中，私人的利益状况、行政机关的判断内容，同样的情形也被分断为①与②（例如，对违反建设法状态的介入请求权是①，建设法上限制解除之际无瑕疵裁量请求权是②，许可、特许赋予请求权是①，基于许可、特许的地位以及基本法上的自由权是②）。的确，对

---

〔30〕 以上引自 Wolff, a. a. O., § 43 I. b; Wolff/Bachof, a. a. O., § 29 III〔Wolff〕.

〔31〕 Wolff, a. a. O., § 43 I. a, II, III, § 40 III. a, b; Wolff/Bachof, a. a. O., § 32 IV. c. 1〔Wolff〕.

〔32〕 参照、Wolff, Abwendungsanspruch, in: FS zur Feier des 25 jährigen Bestehens der Westfälischen Verwaltungsakademie, S. 119–136. 该论文将广义的权利分为狭义的权利（特定人可以及物动词的方式要求特定人特定行为）、受益（Destination，特定人为他人的利益而负有义务，但他人不能要求对应的行为。义务是不及物动词式的）、容许（Gestattung，特定人有权能，但并不课予他人作出对应行为的义务。权能是不及物动词的），受益和容许并不是作为根据和结果，但有时也有关联。如果与教科书的分类相对应，一般可以说，"受益"是"特定程度"低的权能，"容许"是"消极的、不及物动词样态的"权能。

于行政机关对社会所采取的措施或规范，①是促进，②是抑制，因而，一看是②的情形，滥用私人权能可能性、滥用的危险性低，控制行政的必要性高。但是，不论行政机关是否采取措施或作出规范，它都同样具有社会意义，行政机关都同样需要将自己的判断正当化。[33]其次，根据特定程度的分类是否依据权利的性质，并不清楚［参见二(3)］。产生以上问题的原因在于，沃尔夫没有将行政机关、相对人等各种行为的关系与规范相关联起来整理。

违法侵害接受权能或行使权能，会产生撤销申请拒绝行为或排除妨害的防御请求权（Abwehransptuch）或回避请求权（Abwendungsanspruch）。对此，霍夫曼评价指出，沃尔夫"没有特别根据就认可防御请求权'自动'成立"。后来沃尔夫也只是同意霍夫曼提出的"根据"。[34]沃尔夫没有积极提出"根据"的原因，可以这样来推测：防御请求权的成立意味着，纷争现实化，权利主张的内容可能变得"特定"，或者意味着，因已经显示了行政判断而有可能验证判断（而非代为判断），但还不至于意味着实体法关系的变动。

178 　　　从沃尔夫的下述叙述中可以读出其中的微妙差别。"从法的地位、消极地位、占有权、所有权……对因侵害才被特定的侵害者产生权利。""能存在某种法规，可以要求受益者（Destinatär）至少采取其他行为。""除了追求〔狭义的〕形式公权〔等〕，私人只能主张（消极地）避免违法导致自己在法上遭受不利。"[35]

　　但是，另一方面，沃尔夫赋予了防御请求权其他的意义。

---

〔33〕 进一步参见第二节第二款二(1)。

〔34〕 Wolff, VerwR Ⅰ, § 43 Ⅲ. d; M. Hoffmann, Abwehransptuch, S. 65 以及参见下一个注的引用。另参见第二节第二款二(1)。

〔35〕 Wolff, Abwendungsanspruch, S. 122, S. 127.

另外，"法的关系"被认为是"法的地位"的现实化、特定化。"法的地位并不只是特定的、可预先衡量的现实权利义务。它是潜在的权利义务概念……以根据种种社会状况而转变的形态现实化。如此，法的地位是所有现实权利义务（法关系）产生的基础。"（Wolff/Bachof, a. a. O., § 32 Ⅳ. a. Vgl. auch Wolff, Abwendungsanspruch, S. 124f.）

"上级机关要在多大程度上改变内容，必须区分在整个异议程序（Anfechtungsverfahren）中不变的、意味着规范公法关系、形成实体法状态的行政行为，与机关参与行政程序（原处分、异议决定、裁决）决定该内容的各种形式性行政行为。回避诉讼（Abwendungsklage）仅针对后者的违法成立。"[36]

　　由此也可以看到在行政行为上作如下区分的旨趣：内容＝实质性行政行为与程序＝形式性行政行为（门格），[37]内容＝规范（Regelung）与现象＝措施（Maßnahme）（巴霍夫），[38]也就是大致区分实体法关系和程序法关系。[39]实际上，门格将沃尔夫的回避请求权解作针对行政行为程序的请求权。[40]但是，沃尔夫毋宁是将行政行为成立之前作为一个整体，混合判断内容和程序来观想（可谓"限时性行政行为观念"），将其作为回避请求权的对象。不过，特别是在争讼等场合下，行政行为在内容上的论点和程序在行政行为的成立之后亦均能连续，限时性行政行为观念仍有疑问。

二、巴霍夫

179

　　（1）巴霍夫认为，

　　　　在私法上，课予义务（命令）规范同时也是赋予权利（授权）规范，亦即权利与义务相对应。原因在于，"私法有助于个人利益的均衡（Ausgleich）"，课予某人义务，其理由在于"由此满足特定他人的利益"。"公法与此不同。相当部分的公法规范

180

---

〔36〕　Wolff, Abwendungsanspruch, S. 131.

〔37〕　Menger, System, S. 103-107, S. 179.

〔38〕　Wolff/Bachof, a. a. O., §46 Ⅰ. a. 2, Ⅴ. a〔Bachof〕. Vgl. VwVfG §35.

〔39〕　严格而言就是实体法关系＋私人受行政判断"拘束"的关系与其他程序法关系的分类（vgl. Menger, a. a. O., S. 108-113; Wolff/Bachof, a. a. O., §46 Ⅴ）。

〔40〕　Menger, a. a. O., S. 107, S. 118-120; Menger, Der Schutz der Grundrechte in der Verwaltungsgerichtsbarkeit, in: Bettermann usw. (Hrsg.), Die Grundrechte, Ⅲ/2, S. 742f.; vgl. auch a. a. O., S. 748-750.

不是在满足个人利益，而只是或者主要是促进共同利益。当然，个人利益与共同利益并不相互排斥。个人利益只有不与共同利益相矛盾，才会获得法的承认，相反，如果共同利益的满足并不间接地使构成共同体的个人获得利益，就不配使用共同利益这一名称。尽管如此，往往有一方从正面强有力出现的情况〔国家组织规范和自由权的基本权利〕。但是，在公法规范中，有不少情形，人们会怀疑是一般利益的视角还是个人利益保护的视角更强〔例如建设法〕。在公法中，由于一般利益和个人利益存在这种混合状态，就不能像私法那样出发……所有的命令规范都对应着不成文的授权规范，它承认要求某人实现规范命令的权利。"〔41〕

(a) 在这里，巴霍夫在公法规范中假定了国家机关的义务。但是，在权力作用的内容上，所谓相对人的义务是首要问题，国家机关的"义务"不同于私法上私人的义务，它是抽象的、形而上的义务。而在侵害保留下，之所以课予相对人义务，可以说是因为与私法一样，藉此来满足"特定"种类的利益。巴霍夫在一般层面上重视这种自由-通过规范片段地课予义务的构造，〔42〕同时也没有将其反映到公权的构成中（自由权只是不作为请求权〔43〕），没有作为私法和公法的共通磁场。〔44〕上述问题与布勒是同样的。〔45〕

---

〔41〕 Bachof, Reflexwirkungen und subjektive Rechte, in: GS für W. Jellinek, S. 290f.

〔42〕 "需要特别正当化（Legitimation）的不是免于国家强制的自由，而是国家对自由的限制"（Bachof, Reflexwirkungen und subjektive Rechte, in: GS für W. Jellinek, S. 301）。"人不受义务拘束的自由行动可能性是自由。关于国家之力和个人自由分配的观念是法治国家的基础"（"法治国家的分配原理"〔Vgl. C. Schmitt, Verfassungslehre, S. 126f.〕），据此，自由是始源性的。它不是由国家首次赋予的，而只是受国家保障（可参见《基本法》第 1 条、第 2 条第 1 款）（Wolff/Bachof, VerwR Ⅰ, § 43 Ⅰ. a. 1〔Bachof〕，着重号系巴霍夫所加）。"各种自由权基本上全部还原为单一的权利，即可以不受国家违法的负担"（Bachof, Vornahmeklage, S. 67）。

〔43〕 Vgl. Bachof, Vornahmeklage, S. 67, S. 80f.

〔44〕 参见第二章第二节第二款三。

〔45〕 参见同第三款(1)。

（b）巴霍夫抽象地假设了共同利益，而没有在和个人利益同一水准上将内容具体化。故而，两者被个别地判断，并置于"混合状态"之中，而两者的关系、经由规范的"均衡"没有得到考察。巴霍夫认为，赋予权利规范和课予义务规范重合，他让受保护利益或请求权直接与义务相对应（以下称作"义务-请求权思考"）。[46]实际上，布勒的公权定义符合这一思考方法，[47]巴霍夫大致同意其定义。[48]但是，在私法中，如巴霍夫所示，课予义务的正当化根据在于受保护利益，而在公法中，巴霍夫认为，受保护利益是由课予义务结果所得的利益来决定的。换言之，义务和权利的结合不是内在的，而是外在的。在巴霍夫看来，公法的客观法规范是国家机关的形式性拘束，由此来保护单独把握的个人利益和主观法（以下称作"形式法治国观念"[49]）。巴霍夫对沃尔夫教科书内容的修正和补充颇堪玩味，它显示出巴霍夫的形式法治国观念（经由法规的利益保护）和沃尔夫的实质法治国观念（经由法规的利益均衡评价）。在旧版中，沃尔夫说，

181

---

〔46〕　当然，巴霍夫将权利区分为支配权、请求权和形成权，然后认为，请求权产生于支配权和形成权。特别是自由权，被认为是公法上最重要的支配权。Bachof, Reflexwirkungen und subjektive Rechte, in：GS für W. Jellinek, S. 293f.；Wolff/Bachof, a. a. O., § 43 Ⅰ. a. 3〔Bachof〕. 但在另一方面，在说从沃尔夫所说的行使权能=巴霍夫所说的支配权和形成权产生防御请求权时，"不需要更多的推论，因为行使权能的意思正是可以不受妨害地行使"，各种请求权"可以从基本法的各种自由权中得到支持。但是，并不能由此回答能防御怎样的'不利'问题"。Wolff/Bachof, a. a. O., § 43 Ⅰ. c, Ⅲ. b. 1, d〔Bachof〕. 要言之，巴霍夫所说的支配权和形成权仅为权利的分类整理概念，实质上规定权利的是义务-请求权的对应关系。进一步参见下一节第一款。

〔47〕　参见第二章第二节第三款(1)。

〔48〕　Wolff/Bachof, a. a. O., § 43 Ⅰ. c〔Bachof〕；Bachof, Reflexwirkungen und subjektive Rechte, in：GS für W. Jellinek, S. 294. 克雷布斯（Krebs, Subjektiver Rechtsschutz und objektive Rechtskontrolle, in：FS für Menger, S. 201）也指出，布勒、巴霍夫的公权定义与《德国民法典》第194条的请求权定义是平行的。

〔49〕　Vgl. Wolff/Bachof, a. a. O., § 11 Ⅱ. b. 1〔Wolff〕. 进一步参见下一节。

"在将权能区别于反射时，法规是否因为认为值得优先考虑私益（vorzugswürdig）而规定高权主体的义务，亦即是否承认获益的私人直接的自己利益……是重要的。"〔50〕

在新版中，巴霍夫说，

"在将权能区别于反射时，相关法规的保护目的（Schutzzweck）是重要的。决定性因素在于，是否优越地承认获益的私人直接的自己利益，故而，法规以应予保护为由，课予高权主体以义务。"〔51〕

（2）在公权的要件上，巴霍夫和布勒是共通的，都举出了法规的强行性、个人利益保护性、援用可能性（法之力）。但是，两者的讨论有以下不同。

（a）格奥尔格·耶利内克的"意思力"表示程序性权利，"利益"（实体性权利）为意思力提供实定法上基础，也应在立法论上奠定基础。布勒的"援用可能性"（表示针对国家的程序性要素）因"个人利益保护性"（未必表示针对国家的实体法要素）与程序法固有规定的相关性而具备了基础。〔52〕巴霍夫将法之力改称贯彻可能性，并认为最强的法之力是通过诉讼的贯彻可能性，〔53〕因而，巴霍夫所说的法之力也和布勒一样，表示程序性要素。但是，在权利论领域，"法之力"完全是建立在"受保护利益"基础上，并不考虑程序法固有规定所提供的基础。也就是说，巴霍夫一方面认为，因满足自己利益之外的原

---

〔50〕 Wolff, VerwR Ⅰ, §43 Ⅰ. b.

〔51〕 Wolff/Bachof, a. a. O., §43 Ⅰ. b〔Bachof〕.

〔52〕 参见第二章第二节第一款（3）、第三款（2）。

〔53〕 Bachof, Reflexwirkungen und subjektive Rechte, in: GS für W. Jellinek S. 300. "但重要的不是贯彻可能性是否可能实现，而只是是否意图让实现可能性归属于法的地位"，之所以如此注释，巴霍夫是要为当初否定权利和贯彻可能性的等置（Bachof, Vornahmeklage, S. 65）进行辩护吧。

因而赋予法之力，将其作为权利是"不合目的的"；[54]另一方面认
为，受保护利益根据《基本法》第 19 条第 4 款和基本法的整个宗旨
而被赋予法之力。《基本法》第 19 条第 4 款具有接续实体权和程序性
权利的意义。

　　　"第 19 条第 4 款并不是赋予新的实体权，而是以既有权利为
　　前提的。但在应当将怎样的客观法地位〔受保护利益〕承认为
　　'权利'的问题上，必须援用该规定的法治国家意义关联，特别
　　是该规定的概括性无漏洞权利保护的目的。"[55]

　　如此，大致完成了从参与权力作用意义上程序法优位的格贝尔公
权论向实体法优位的公权论的过渡。巴霍夫的讨论与格奥尔格·耶利
内克、布勒的讨论相比，可以说是程序法和实体法的混淆状态的纯
化、程序法和实体法组合可能性的丧失。后来霍夫曼、鲁普批判指
出，巴霍夫援用第 19 条第 4 款作为法之力的根据，属于"循环论
证"。[56]但这表明，霍夫曼等人连实体法要素和程序要素的接续问题
都从权利论领域放逐出去了。

<hr />

　　〔54〕 Bachof, Reflexwirkungen und subjektive Rechte, in: GS für W. Jellinek, S. 292f.
巴霍夫当初认为，意思力所追求的利益是否自己的利益，在所不问（Bachof, Vornah-
meklage, S. 63f.），但明确改变说法了。另外，巴霍夫（Wolff/Bachof, a. a. O., § 43 Ⅲ.
c. 3. β〔Bachof〕）认为，行政程序参与权的存在并不导出实体权，但它能成为实体权
存在的表征（Indiz）。

　　〔55〕 Bachof, Reflexwirkungen und subjektive Rechte, in: GS für W. Jellinek, S. 300-
307; Bachof, Der soziale Rechtsstaat, VVDStRL 12, S. 72-76. 巴霍夫当初仅援用第 19 条第
4 款说道：该第 4 款"不是诉讼法规……而是'形式性主要基本权利'（formelles Haupt-
grundrecht）"。"与否定诉讼法规存在的、创造新实体权的推定相对，第 19 条第 4 款是
肯定创造的推定"（Bachof, Vornahmeklage, S. 84f.）。正文的引用表述更为严密。而瓦尔
特·耶利内克（W. Jellinek, Das Reflexrecht, Saarländische Rechts - und Steuerzeitschrift
1952, S. 82）等承认，将私人的受益是作为反射权还是权利，属于立法者的自由选择；
而巴霍夫认为，只有在例外的情况下，才允许立法者不赋予受保护利益以法之力。

　　〔56〕 Hoffmann, Abwehranspruch, S. 67-72; Rupp, Grundfragen, S. 170f. 另参见第二
节第二款二（1）、第三款。Vgl. auch Henke, söR, S. 1-4.

(b) ①对于受保护利益，巴霍夫有如下说明：

"判断利益是否值得保护（Schutzwürdigkeit），首先是立法者义务性的评价活动。立法者的任务在于，相互衡量矛盾的利益，决定哪个值得保护、哪个不值得保护。立法者通过法规事实上保护它认为值得保护的利益，导出该衡量的结论。换言之，'值得保护'的利益根据该法规就成为'受法保护'的利益。"不过，在法律解释之际，"有一个推定是，值得保护的利益也是受法保护的利益，亦即只要认为值得法保护某利益，事实上有利于该利益的法规……就是保护该利益的法规。"[57]

该但书在直接适用基本权利规定时是有效的。基本权利通常是从利益保护角度规定的，适用于整个行政领域，从外侧拘束行政或行政相关的法律。故而，基本权利规定可以直接援用利益的应予保护性来解释。但是，行政的相关法律通常是从制度或秩序形成的角度规定的，为每个行政领域的行政活动提供根据，由此从内侧拘束行政。故而，法律通过制度的形成间接地保护利益，在解释法律保护的利益时，需要从制度中抽出受保护利益的解释准则。[58]结果，巴霍夫将沃尔夫的下列说法：

"私人因客观法而事实上获得利益时，在基本法的社会法治国中，权能是被推定的（巴霍夫、胡贝尔）。"

改作：

"私人因客观法而获得利益时，在基本法的社会法治国中，权能是被推定的。但是，其前提在于，利益不只是偶然的，而是赋予利益的法规范的目的所在（巴霍夫、胡贝尔）。"

巴霍夫事实上撤回了自己关于"推定"的说法。[59]但是，这里

183

---

〔57〕 Bachof, Reflexwirkungen und subjektive Rechte, in: GS für W. Jellinek, S. 296.

〔58〕 将在第四节具体说明。

〔59〕 参见注(51)所列文献。

也没有表明法律和权利利益相结合的解释准则。

②关于法规的个人利益保护性，巴霍夫说，

> "必须看法规和整个法秩序的意义关联，调查法规基础的利益评价。这时，重要的不是规范制定时，而是现在的利益评价……当然，当时的宪法秩序对于利益评价具有特别意义。"[60]

但是，这是一般性法解释方法论，而不能说是识别受保护利益的特别基准。他说，

> "在个人利益和共同利益的区分上，利害关系人的数量没有意义……但也许利害关系人的范围必须充分特定。"[61]

但是，问题在于，以怎样的基准来"特定"，"特定性"自身并不作为基准发挥作用。

要言之，巴霍夫强调义务或客观法和请求权或主观法的对应，反复述说"规范是否保护利益（当作保护目的，意图保护）"的命题。但是，两者的对应仅为外在的，难以提出更为具体的命题。也就是说，受保护利益的判断是决疑论的。[62]有很多人指出，"保护规范说"在"解释方法、规准"上、在"适用"上具有"不确定性"。[63]

---

〔60〕 A. a. O. , S. 297.

〔61〕 A. a. O. 另参见第二章第二节第三款注(212)。

〔62〕 参见(1)(b)以及安念润司［安念「取消訴訟における原告適格の構造（四）」国家99卷7・8号21－31頁］的明快说明。"目前还不清楚如何判断有无要件规定的私益保护性。虽然保护规范说为原告资格提供了一义性表达公式，但打比喻来说，该公式的性质是，虽然常量不明确，但必须带入变量。这可以说保护规范说本来就是有界限的，因为它提出了法律的'目的'是什么这样一个高度拟人化的问题，而法律原本是一种客观制度"（第27页）。

〔63〕 参照、Bauer, Altes und Neues zur Schutznormtheorie, AöR 1988, S. 596－607, 以及 S. 604f. Anm. 108－118 标记的文献［作为摘译，白籐・札院6号1号147頁以下。Bauer, Die Schutznormtheorie im Wandel, in: Heckmann usw. (Hrsg.), Gegenwartsfragen, S. 113ff. 是内容基本相同的论文］。

而布勒没有通过援用可能性要件来限缩权利的范围，而是在利益要件中，从本质上将利害关系人之间的法的、事实的关系和距离作为一种现象来把握，将利益当作一个有程度的概念。民事法上的权利学说也不是课予其他要件，而是灵活地判断利益要件。[64]

另外，抽象而言，义务−请求权思考具有与形式法治国观念相龃龉的倾向。霍夫曼和鲁普同样以形式法治国观念为前提，他们批判巴霍夫请求权的根据不充分，在受保护利益之外还要求实体法上的法之力。换言之，巴霍夫采取义务−请求权思考，在第一阶段为实体法上的请求权提供根据，而霍夫曼和鲁普采取其他思考方法，要求两个阶段。[65]该批判表明，只要是以形式法治国观念为前提，就难以采取义务−请求权思考。

（3）另外，"承认裁量的问题，关乎客观法的形态，而非主观法"。[66]当然，将裁量看作是排除司法控制的逻辑，就难以承认私人对裁量行为的法之力或公权。也就是说，裁量论与公权论消极关联。举一个极端的例子，布勒否定对于裁量行为的"实质性权利"＝实体性权利，对"形式性权利"＝程序性权利也持怀疑态度。[67]但是，如果将裁量论看作裁判控制方法的理论，将裁量解作规定公权的形态，亦即使裁量论与公权论积极关联，讨论就有混乱之虞。参照沃尔夫的"回避请求权"、门格的误解（善解?）［一(2)］。巴霍夫当初采用的"形式性权利""实质性权利"的区分也并不明快，混和了程序性和实体性权利的区分以及裁判控制方法的类型。[68]

---

〔64〕 参见第二章第二节第三款(2)，第一章第三节第二款一、第三款三。

〔65〕 参见注(56)所列文献。

〔66〕 Bachof, Der soziale Rechtsstaat, VVDStRL 12, S. 75f.

〔67〕 参见第二章第二节第三款(3)。

〔68〕 Vgl. Bachof, Vornahmeklage, S. 67–76, S. 87–97; Rupp, a. a. O., S. 177f. Anm. 226.

第二节 形式法治国观念与权利的推论方法 187

二战后，随着行政裁判制度的完备，与种种行政作用相对应，在撤销诉讼之外开发了多样的权利保护手段。巴霍夫在教授资格论文中分析了课予义务诉讼和行政行为撤销后的消除结果请求权。[69]此外，在学说和判例上，事实行为也成为消除结果请求权的对象。[70]如此，学界意识到比过去更为多样的权利保护手段，在权利根据的推论方法上产生了新的探讨。

过去的公权论将参与国家作用当作权利，与此不同，在新的探讨中，前提在于形式法治国观念，[71]即通过拘束国家机关来保护私人权利。也就是说，（1）有学者认为，不能从《基本法》第 20 条第 3 款中导出一般性的法律执行请求权（Gesetzesvollziehungsanspruch），因为依法律行政原理并没有对连违反的效果和制裁都提供根据。[72]自相矛盾的是，在该推论中，权利具有担保依法律行政原理并受其担保的性 188质。[73]为此，在学者那里，权利仅为法律执行请求权的性质。（2）有学者还概括性地通过行政机关的拘束现象为权利提供根据，不问其对象是行政行为还是事实行为等。[74]

本节将权利根据的推论方法分为义务-请求权思考（已在前节第二款二中介绍）、支配权→请求权思考、地位+请求权思考三类，并依

---

[69] Bachof, Vornahmeklage.

[70] 参见第五章第二节。

[71] 参见第一节第二款二（1）（b）、（2）（b）。

[72] Bachof, Rechtsprechung des BVerwG, Bd. 1, S. 261f.；ders., Vornahmeklage, S. XIV；Weyreuther, Folgenbeseitigung, 47. DJT, B. 28f.；Bettermann, Folgenbeseitigungsanspruch, DÖV 1955, S. 531；Hoffmann, Abwehranspruch, S. 45f.；Rupp, Grundfragen, S. 172f., S. 254.《基本法》第 20 条第 3 款规定，"……执行权力和裁判受法律和法拘束"。

[73] 与此相对，奥地利的雷斯［Ress, söR, in：Ermacora usw.（Hrsg.），Allgemeines Verwaltungsrecht, S. 109］认为，之所以从合法性原理无法导出法律执行请求权，是因为该原理是规范立法权和执行权之间决定权限关系的组织规范。

[74] 参见第一款（2）、第二款一（2）。

次进行描述。论者的相互批判涉及这些推论方法是否与前提性的形式法治国观念相整合。其中，将探讨这种整合性，并指出原本以形式法治国观念为权利提供基础的问题。

第一款　义务-请求权思考——魏罗伊特尔

189　　（1）魏罗伊特尔像布勒一样，大致将权利和请求权等同视之（义务-请求权思考），将私人对国家的请求权分为拒绝给付的作为请求权和狭义侵害的不作为请求权。[75]魏罗伊特尔认为因侵害（的危险）而产生请求权，否定支配权→请求权思考，认为自由权的基本权利就是复数的不作为请求权本身。[76]

　　公权论屡屡参照民事法上的物权的不作为请求权，对此作一点说明。古老的民事法学说认为，物权的不作为请求权是各个瞬间成立的，物权是其不作为请求权的总和［温德沙伊德、黑尔维希（Hellwig）等］。此后，通说认为，不作为请求权因物权侵害（的危险）而成立。通说以不符合请求权要求特定人特定行为的性质为理由，否定旧说。[77]但是，旧说设想的不是不可能特定化的请求权，而是如果没有侵害（的危险），特定化就是不必要、无益的请求权。如果以侵害（的危险）作为诉的利益的要件，不能说旧说就露出破绽了。最终，民事法学的通说就从忠实于义务-请求权的对应、命令和禁止规范-自由的对比的意思说，向支配权和赋予规范无媒介结合的"图式"性折衷说过渡，进而得以形成。[78]

　　魏罗伊特尔从重视义务和请求权对应的立场采取旧说，他

―――――――

〔75〕　Weyreuther, Folgenbeseitigung, 47. DJT, B. 78f., 93~97. 另参见第二章第二节第三款（1）、本章第一节第二款二（1）（a）所示的问题点。

〔76〕　A. a. O., B. 83f.

〔77〕　参照、奥田『請求権概念の生成と展開』92頁、山本弘「権利保護の利益」法協 106 巻 3 号 103 頁註(21)、9 号 51 頁註(47)。

〔78〕　参见第一章第三节第一款、第三款。

说，"'各人对各人的'请求权……只有不自觉地将'要求'（《德国民法典》第 194 条第 1 款）的词语与主张（Geltendmachen）相结合的情形，才会让人产生恐惧。对此，完全正确的是，只要没有急迫的侵害行为之兆，就不能要求不作为——可谓明了，认真地说，谁也不能要求不作为。但是，能够要求（Verlangen-Können），完全不同于主张，它也意味着归属（zustehen）。如果以这一含义为基础，为何一般的不作为请求权观念让人恼火，就变得不清楚了。在一般请求权的范围内有义务，这是在哪一个阵营也没有异议的（注：〔通说〕为何担心请求权一方的'混沌'，而完全不考虑在相反一方义务中的'混沌'，这是难以理解的）……但是，该义务是为了保护受益者的，这是完全清楚的。绝对权和受保护的法益原本只有通过这种保障才获得价值，因而，让请求权与义务相对应，是'自然的观念'"。[79] 在公法中，问题就归结为是否采纳义务-请求权思考、支配权→请求权思考（当然，布勒可被视为义务-请求权思考，但在不作为请求权的成立时间上则遵循民事法学的通说）。[80]

另外，魏罗伊特尔也否定了分隔开不作为义务和消除侵害义务的地位+请求权思考，[81] 将消除请求权理解为应权利损毁而变形（umgewandelt）的不作为请求权。这种变形有两点根据。

①不作为请求权不同于作为请求权，只能瞬时履行〔不安定性（Labilität）〕，但通常比作为请求权价值更高，因而，有必要承认对于侵害的消除请求权。②为了将来使不作为请求权能以本来的形态成立，有必要消除继续中的侵害状态。[82] 换言之，"在撤销诉讼中〔不同于课予义务诉讼〕，在'侵害前'（Vorgeschichte）与

〔79〕　Weyreuther, a. a. O., B. 81f.

〔80〕　参见第二章第二节第二款注（208）。

〔81〕　Weyreuther, a. a. O., B. 80f. 详见第三款。

〔82〕　A. a. O., B. 85–90.

诉讼对象的关系中没有'请求权的同一性'",[83]消除请求权可谓与过去和将来的不作为请求权保持连续性。

另外，巴霍夫也连续性地看待自由权、不作为请求权和消除请求权。他说，"消极权利或自由权在该自由遭到损毁时，可转换为（umschlagen）要求消除侵害的积极请求权"。"撤销负担性行政行为，实质上是主张要求负担不作为的请求权。"[84]

霍夫曼、鲁普采用支配权→请求权思考、地位+请求权思考，他们批判了请求权"变形"的逻辑。他们留意到在第二阶段给实体法上的请求权提供基础。[85]而义务-请求权思考不是在第一阶段为实体法上的请求权提供基础，而是适合于明确区分实体法关系和程序法关系，分别提供基础。瑙曼与魏罗伊特尔一样设想了不作为请求权，他根据亨泽尔"构成要件法"[86]相近的理论明确区分了实体法关系和诉的利益问题。他说，

> "当法规范在法效果上与国家市民或国家的一连串权利义务相结合、实现特定构成要件的时候，在行政裁判中能得到确认的法关系——除行政行为创造法关系的情形外——就成立了。""国家市民享有要求不受违法强制的请求权。故而，从法治国家的国家市民和国家的基本法律关系中，首先产生不作为请求权。撤销诉讼的基础终究是不作为请求权。但是，在侵害发生后，国家就已经不能履行违法侵害的不作为义务。因此，国家市民仍可主张的只是要求从已发生侵害中解放出来的请求权、恢复原状请求权、要求撤销违法措施的请求权。在提起撤销诉讼后——措施已经有现实执行之后——该请求权继续体现为消除结果请求权。"

191

---

〔83〕 Weyreuther, Rechtswidrigkeit, in: FS für Menger, S. 685-687.

〔84〕 Bachof, Vornahmeklage, S. 86f. 进一步参见本章第一节第二款二注(46)。

〔85〕 Hoffmann, Abwehranspruch, S. 65 Anm. 4; Rupp, Buchbesprechung zu: Henke, söR, DVBl. 1969, S. 221f. 进一步参见注(65)。

〔86〕 参见第二章第二节第五款二。

如此，"机关明确推迟措施，将相关者置于不安定状态时，或者机关在某种程度上迫使相关者提起确认诉讼时，存在确认利益"。"不作为诉讼的前提在于，原告具有或者（为了可以诉讼）至少主张要求行政措施不作为的实体法上请求权。根据《基本法》第19条第4款，请求权从要求不受违法行政措施的权利中产生。该权利在公权力一方显示（Inaussichtstellung）可能作出不利行政措施而受到威胁时，就有保护的必要，就可能提出诉求……通常，只有在请求权现实而具体、持续性地受到威胁时，才能肯定权利保护的必要。"[87]

不过，在这里，不作为请求权可以说是根据保护私人不受国家侵害的形式法治国观念而设想的，并没有回答亨泽尔提起的问题，即如何构成实体法关系，表示行政作用的内容。

另外，公法中的义务–请求权思考强调客观法和主观法的相对性、相关性。魏罗伊特尔说，

"问题不仅仅是完全一般性地违反客观法，或同样完全一般性地违反主观法根据规定，而是〔在客观法上〕违反主观法所接续的〔特定〕构成要件（Tatbestandsmerkmal）或构成要件之一。"

但是，如前一节第二款二所述，如果以形式法治国观念为前提，主观法和客观法的对应关系就仅是外在的，判断有无主观法就是决疑论的。这一消息可从魏罗伊特尔的叙述中窥见。

---

〔87〕 Naumann, Vom vorbeugenden Rechtsschutz, in: GS für W. Jellinek, S. 391–406. 当然，瑙曼认为，"允许确认诉讼——包括预防性诉讼，不需要实体法上的请求权。这是因为它是一个纯粹的诉讼法上制度（注：不过，预防性确认诉讼的基础往往是要求特定行政措施不作为的实体法上请求权）。"他还引用了西贝尔（Siber）的学说，即私法上的不作为诉讼完全是从诉讼上的权利保护必要性而非实体权导出的，它是"要求法官禁止措施的阻止诉讼"〔参见第三款（c）〕。但是，这种适合地位+请求权思考的逻辑与瑙曼的基本态度并不一致，后者以实体法上不作为请求权提供基础，从概括条款将不作为诉讼正当化。

"谁能向法院提起违法行政行为的撤销之诉，可以有无数个回答——可以说是分层次的。例如，以（真的）民众诉讼为特征的实体法上无关系性与前述狭义的损毁概念中的权利损毁，在某种意义上只不过是天平的两端。尤其是要认可撤销诉讼，的确要求与（自己的）权利有关联（Betroffensein），但关联要件在没有达到存在权利损毁所不可或缺的水准时，也仍然可以说主观法概念是有问题的。"〔88〕

（2）魏罗伊特尔并不认可涉及行政行为的请求权，尤其是消除"执行"结果请求权所固有的成立根据，他采用包括行政行为和事实行为在内的消除请求权概念。〔89〕但是，这一态度能否与个别考察请求权的义务-请求权思考整合，仍有疑问。

第二款 支配权→请求权思考

一、贝特尔曼

（1）贝特尔曼根据下述"不成文的根本规范"，推导出了概括性消除请求权（Beseitigungsanspruch）。

"国家或者其他公权力主体在行使公权力之际，如果违法侵害了某人的法地位（Rechtsstellung），就必须消除侵害（Beeinträchtigung），并停止以后的侵害。所谓消除，是指尽可能恢复到（Wiederherstellung）侵害前存在的状态。"〔90〕

---

〔88〕 Weyreuther, Rechtswidrigkeit, in: FS für Menger, S. 687-692.

〔89〕 Weyreuther, Folgenbeseitigung, 47. DJT, B. 36-41, 46-52, 65-74, 102f.

〔90〕 Bettermann, Folgenbeseitigungsanspruch, DÖV 1955, S. 536; ders., Kein Folgenbeseitigungsanspruch bei Wiedereinweisung des Räumungsschuldners?, MDR 1957, S. 131. 对于贝特尔曼的论述作出过倾力分析，小早川「取消訴訟と実体法の観念」同『行政訴訟の構造分析』137~140頁、高木『事実行為と行政訴訟』40~41頁、169~172頁。

在这里，贝特尔曼曾经将权利或法地位的侵害与行政的行为违法性分别观想。为此，在下一个阶段就需要"根本规范"，将两者结合起来导出请求权。例如，行政行为的违法性是撤销诉讼的先决问题（Vorfrage），而不管行政行为合法违法，都会产生权利"侵害"，违法行政行为导致权利侵害就被理解为权利"损毁"（Verletzung）。[91]这种构成符合民事法学说上典型的折衷说，它假定权利以支配权为中心，分别给权利和义务提供根据，或者符合因侵害支配权（的危险）而产生请求权的支配权→请求权思考。[92]它还适合形式法治国观念，即通过消除国家违法行为来保护私人的地位。

另外，贝特尔曼在 1959 年的论文中说道，"每个人都有要求公权力在行使时合法地对待自己"的请求权，这一请求权是法治国家原理的归结，作为损毁该请求权时的效果（制裁），成立消除请求权等，这是从法治国家原理、依法律行政原理产生的，因而，"不成文的根本规范"是有效的。[93]巴霍夫、鲁普将 1959 年论文与 1955 年论文[94]相对照后认为，贝特尔曼接近于自己的学说。[95]但是，与其说贝特尔曼脱离支配权→请求权思考、接近于义务-请求权思考或者地位+请求权思考，不如说应当将贝特尔曼的 1959 年论文看作表达了与巴霍夫、鲁普原来共通的形式法治国观念。另外，魏罗伊特尔认为，1955 年论文认为从依法律行政

194

---

[91] Bettermann, Wesen und Streitgegenstand, DVBl. 1953, S. 165f.; ders., Klagebefugnis und Aktivlegitimation, in: Külz usw. (Hrsg.), Staatsbürger und Staatsgewalt, Bd. 2, S. 451–455, S. 461.

[92] 参见第一章第三节第三款三及本节第一款。另外，过去格鲁斯（Gluth, Genehmigung und subjektives Recht, AöR 3, S. 584–587）将承认权利的规范与授权给行政的规范分离，故而，权利侵害要件和处分违法性要件也分离了（当然，在制定法实证主义中，自由权也需要实定法的承认）。

[93] Bettermann, Der Schutz der Grundrechte in der ordentlichen Gerichtsbarkeit, in: Bettermann usw. (Hrsg.), Die Grundrechte, III/2, S. 803f.

[94] Bettermann, Folgenbeseitigungsanspruch, DÖV 1955.

[95] Bachof, Vornahmeklage, S. XIV; Rupp, Grundfragen, S. 173 Anm. 216.

原理中导不出作为制裁的请求权，而 1959 年论文却从该原理中导出了请求权，两者态度不同。[96]但是，应当看到，将请求权当作依法律行政原理的制裁的构想，已经具有由该原理给请求权定性的含义。[97]

贝特尔曼采取与形式法治国观念相结合的支配权→请求权思考，其第一个特征是，将权利和违法性分开，两者分别涉及个人利益和行政的行动。但是，主观法和客观法的相互关系、个人之间或个人和行政之间的相互作用没有从正面得到把握。第二个特征是，权利和违法性均暂时与法所规范的利益状况、法的规范目的等切割开，两者在这一意义上是被一般性、绝对性来把握的。但是，主观法和客观法都是根据利益状况、法的规范目的等而具有相对性和个性，反过来说，主观法和客观法是相关关系，鲁普也指出了上述问题。

> "所有'法益'，或者对物的'绝对'权，只有作为法所规范的生活关系复合体，才能观想。故而，合法违法问题只有在考察相关的各种主观关系之后才能得到解明。它无法从各种关系周边漂浮、物和能力'被物化'的权利石碑（Rechtsmonolith）中得到解明。所有法的财或物，在法的社会秩序中才成为权利义务的对象，在社会环境中获得法的意义。'法益'必然地由此失去其被赋予的自我法则性，被消解于一束规范性法义务。""在扇形扩展、复杂化的现代社会秩序中，一般来说明显的是，仅仅所有权和其他绝对权是受保护的防护堡垒，同样不是作为绝对的自制义务据点而存在，第三人的自制义务在无法固定的法律适合性中完全别样分极化，它也成为侵权行为的中心。"所谓"开放的构成要件"在侵权行为法等领域也有体现。而私法上的"法益"只有作为"私法上各种动态的法关系'凝固的权利块'才能得到把握。如果进入公法这种完全不同维度的动态中，权利块……就会

---

[96]　Weyreuther, Folgenbeseitigung, 47. DJT, B. 28 Anm. 68, 69.

[97]　参见本节序(1)。

195

崩溃。在公法的动态中……必然是由不同于私法的其他利益配置、利益冲突主导，存在其他规范及义务的内容，故而，某种个人的保护权利也必须满足完全不同的功能和目的……不是说私权和私法秩序……先行于公法，而是必须将义务纳入视野，必须追问何为由公法提供根据的法义务。违反义务，在国家-市民的关系中——但仅在这一关系中——就意味着'违法'"。[98]

如果将目光转向民事法，例如，鲁普也引用的克默雷尔在侵权行为法理论上，试图摆脱支配权→请求权思考。克默雷尔认为，"'目的性地'（final）使用通过支配权分配（zugewiesen）给他人的财物或者行使权能的行为"，只要没有违法性阻却事由，即违法。在其他情形下，行为违反"注意义务"（Sorgfaltpflicht），亦即"不损害他人，或者不以不允许的样态使人面临危险"，即违法。这种违法性通过利益衡量（Interessenabwägung）来判断。如果行为和损害有因果关系，只要没有违法性阻却事由就违法，或者如果原因行为和结果之间有"相当因果关系"就违法，都是不适当的［此外，赔偿范围不应根据"相当因果关系"，而应当根据"赔偿责任根据规范的保护目的和保护范围"或"违法性关联"（Rechtswidrigkeitszusammenhang）来划定。"责任的界限问题应当通过这种具体规范的含义和射程的展开来解答，而不应当根据一般性因果公式来解答"］。《德国民法典》第823条第2款所说的保护性法律是规定注意义务的行为规范，在判例上更为概括性地承认"社会生活上的义务"（Verkehrspflichten）。那时，《德国民

---

〔98〕 Rupp, a. a. O. , S. 165-169, S. 221-243. 引用的结尾是表示权利和法的根据相对性的旨趣。如果要贯彻该旨趣，就不是归结为私权和公权（私法和公法）的区分"绝对"性，而是区分的相对化。但是，鲁普主张区分的绝对性。他说，"《基本法》第14条并不是在私法的法关系方面返还请求权和排除请求权的基础，同样，反过来，《德国民法典》第903条以下的规定对于国家-市民的法关系无论直接还是间接都不能有效。没有公权的第三人效力，同样也没有私权的第三人效力！"从贯彻权利和法的相对性立场，不应仅拘泥于公法和私法的区分，毋宁应当考察基本法和法律的功能分担（各自立法者的权限分担）。

法典》第 823 条第 1 款就作为"开放的构成要件"发挥功能。[99]

如此，克默雷尔区分了两种情形，一种是权利或请求权归属于谁的狭义分配问题，另一种是请求权或义务的存在与否问题（不过，克默雷尔在"请求权"概念的使用上是消极的[100]）。在后一种情形下，没有使用聚焦于一方当事人"绝对的"支配权观念、单方性"一般"因果关系的观念，而代之以表明相关者相互关系、相对"具体的""注意义务"或"社会生活上的义务"观念。

不过，在将以上批判指向贝特尔曼时要有所保留。贝特尔曼认为，

"负担性行政行为"增加义务或减少权利，可以说在本来的意义上损毁"权利"或"法的地位"。另一方面，"授益性行政行为"减少义务或增加权利，遭受不利的第三人可以基于违反保护法规提起"利害者诉讼"（Interessentenklage）。这种诉讼是"判例法扩张撤销权能（Anfechtungsbefugnis）"的结果。原告能主张、法院能审查的是，前者是所有违法事由，后者限于违反保护

---

〔99〕 Caemmerer, Wandlungen des Deliktsrechts, in: ders., Gesammelte Schriften, Bd. 1, S. 478-489, S. 542-553; ders., Die absoluten Rechte, in: ders., Gesammelte Schriften, Bd. 1, S. 554-572; ders., Das Problem des Kausalzusammenhangs, in: ders., Gesammelte Schriften, Bd. 1, S. 402f. 对于克默雷尔的详细学说，参照、柳沢「ケメラーの民事不法理論（一）~（三・完）」日法 31 巻 1 号 89 頁以下、2 号 111 頁以下、4 号 101 頁以下、前田達明『不法行為帰責論』117~133 頁、同「紹介・『不法行為法における因果関係と規範目的』（一）」法叢 86 巻 4 号 70~79 頁、德本伸一「紹介・ケメラー『不法行爲法の変遷』」法学 31 巻 4 号 107 頁以下、平井「不法行為責任の範囲に関する法的構成（二）」法協 85 巻 7 号 46~50 頁、同『損害賠償法の理論』62~65 頁、錦織「民事不法の二元性（三）」法叢 98 巻 4 号 69~73 頁等。另外，《德国民法典》第 823 条第 1 款规定，"故意或过失地违法侵害他人生命、身体、健康、自由或所有权以及其他权利的人，有义务赔偿他人因此所受的损害"；第 2 款规定，"违反旨在保护他人的法规的人，也负有同一义务。根据法规的内容，即使没有故意过失，也可能违反法规时，仅在有故意过失的情形下才产生赔偿义务"（引用的是平井『債権各論Ⅱ不法行為』10 頁）。

〔100〕 参见第三款注（142）。

法规。两者的关系可比作《德国民法典》第 823 条第 1 款和第 2
款的关系。

这一讨论的前提是负担性行政行为和授益性行政行为的二分，换
言之，严格区分"法的地位"受到损毁者与受到不利的第三人。贝特
尔曼通过着眼于行政行为的"内容"而非"效果"，来实现这一区分。
贝特尔曼认为，交付补助金、营业许可和建筑许可［也包括这些许可
排除相邻人私法上消除请求权的情形（所谓私法关系形成性行政行
为）］、解除契约的许可、涨价许可是授益性行政行为，这些情形中
的竞业者、相邻人、契约的相对人属于第三人。如此，贝特尔曼所说
的因行政行为而增减的"权利"就仅限于私权的处分和私法上意思表
示的自由（第二次性权利）等。行政行为的"内容"最终就被限定为
课予义务或恢复自由来把握。贝特尔曼所说的"法的地位"就归结为
下述一般"自由"。

　　"市民根据基本权利之力，具有要求不受违法强制，亦即要
求违法'侵害自由和财产'不作为的请求权。"[101]

---

　　[101]　以上引自 Bettermann, Die Legitimation zur verwaltungsgerichtlichen Anfechtung,
in: FS für Schima, S. 86-94; ders., Über die Legitimation zur Anfechtung von Verwaltungsak-
ten, in: Gedankschrift für Imboden, Bd. 1, S. 48-57. Vgl. auch Bettermann, Der Schutz der
Grundrechte in der ordentlichen Gerichtsbarkeit, in: Bettermann usw. (Hrsg.), Die Grundre-
chte, Ⅲ/2, S. 785, S. 806f.; dens., Klagebefugnis und Aktivlegitimation, in: Külz usw.
(Hrsg.), Staatsbürger und Staatsgewalt, Bd. 2, S. 456-458. 另外，拒绝申请处分意味着拒
绝"授益"，而非"负担"，申请人与授益性行政行为的第三人一样，只能援用旨在保
护申请人课予行政机关义务的规范。斯库里斯（Skouris, Verletztenklagen und Interessen-
tenklagen, S. 48-57）也区分了对"相对人"的"权利侵害或课予义务"与"非相对人"
的"得到保护法律承认的利益的侵害"。
　　对于用语作一个注释。所谓"容忍义务"，如果仅意味着不存在请求权，就从本书
所说的"义务"中排除。对"容忍义务"的构成进行同样保留者，Tuhr, Allg. Teil des
Bürgerlichen Rechts, Bd. 1, S. 105-108; W. Jellinek, Verwaltungsrecht, S. 193. 另外，引用
的"不作为请求权"，与安许茨一样（第二章第二节第二款三），是一种将单一自由追
溯到国家权力行为一侧的观念，实质上与自由本身同义。

197　　反过来，前述见解批判支配权→请求权思考、重视义务、为请求权提供基础，这可以看作以各个确定义务为前提，将一般自由假定为"块"。故而，从这种见解来看，贝特尔曼将一般自由设定为"法的地位"，其本身也能得到认可。[102]

但是，贝特尔曼并没有在一般自由的前提下，进一步观想相互的、相对的义务和权利，在这一点上，前述的批判对贝特尔曼是妥当的。[103] 贝特尔曼认为，

> 行政行为第二次关系者（所谓第三人）的利益是直接的，亦即第一次关系者（所谓相对人）所受法效果的反射效果、后续效果（Folgewirkung），第二次关系者的地位从属于第一次关系者的地位。也就是说，"只不过是第二次产生关系者必须委诸第一次关系者决定是否就行政行为提起异议"。不过，"这种视角有时是失效的〔'机关命令第三人（这时是第一次关系者）作出对于我（第二次关系者）的财产、属于我的物，或者归属于我的权利构成不利的作用'，这种视角是失效的〕，何况，第一次关系者，通常是相对人，尤其是因为不是承受负担，而是获得利益，因而对行政行为没有（自身的）不服，无法提起异议"。[104]

贝特尔曼在个别地把握行政行为效果和关系者的基础上，将其并置于因果关系的单线上。也就是说，严格区分受到行政行为直接效果的相对人与受到后续效果的第三人，再使前者优位来排序。但是，从在关系者之间、关系者和行政机关之间复杂的相互关系里看待行政行

---

〔102〕 当然，实际上鲁普并没有在私人一方假定一般自由和义务的基础上构成权利论（参见第三款）。

〔103〕 克雷布斯（Krebs, Subjektiver Rechtsschutz und objektive Rechtskontrolle, in：FS für Menger, S. 202-204）反对贝特尔曼和斯库里斯的二分法，他们在"负担性行政行为"的情况下广泛认可法院的审查对象。

〔104〕 Bettermann, Die Legitimation zur verwaltungsgerichtlichen Anfechtung, in：FS für Schima, S. 84-86.

为效果的立场来看，贝特尔曼的观点可以说是过于天真了。[105]

当然，行政行为有助于"行政的实效性"，亦即适时执行或实现，另一方面使私人地位"安定化"。[106]在执行或实现行政行为之际负有义务的，或者信赖行政行为进行投资的就是相对人。在这种程序法上的情况成为问题时，相对人特别受到保护。例如，在依职权撤销或撤回授益性行政行为之际，承认相对人的信赖利益补偿。[107]

（2）贝特尔曼将行政行为和事实行为，如果是行政行为再加上撤销行政行为和消除执行结果，都作为消除请求权的对象，都同样以"法的地位"为请求权提供基础。[108]曾任联邦行政法院法官的贝特尔曼（1954—1956年在职）、魏罗伊特尔（1966—1993年在职）倡导这种概括性消除请求权观念，与概括性无漏洞权利保护的健全实务感觉是相对应的。[109]

概括性请求权观念也体现在劳宾格和奥森比尔的学说中。劳宾格批判了将自由权基本权利当作不作为请求权的魏罗伊特尔和瑙曼，他说，

> 公法上的请求权"在特定高权主体侵害基本权利时才"产生。在公法上不作为请求权的根据上，除了"基本权利"（对于所有权，《德国民法典》第903条对应的《基本法》第14条第1

198

---

〔105〕　对于相当因果关系概念，参见前述克默雷尔的批判。"双重效果的行政行为"概念（参照、石崎「『二重効果的行政行為』論」兼子仁編著『西ドイツの行政行為論』221頁以下、兼子仁「行政行為の三区分」同『行政法と特殊法の理論』31頁以下）也让相对人和第三人的区别相对化。当然，还需要在公权论领域分析关系者之间、行政机关和关系者之间的关系。"双重效果的行政行为"就是以这种分析为前提，解决程序法和诉讼法上技术问题的概念。另参见第四节。

〔106〕　Wolff/Bachof, VerwR Ⅰ, §46 Ⅰ. a. 1〔Bachof〕; Rüfner, Rechtsformen, VVDStRL 28, S. 205f. ; Maurer, Allg. VerwR, §9 Rn. 40.

〔107〕　在德国，《联邦行政程序法》第48~50条有规定。对于日本的讨论，参照、塩野宏『行政法Ⅰ』138~146頁。

〔108〕　Bettermann, Folgenbeseitigungsanspruch, DÖV 1955, S. 535.

〔109〕　不过，魏罗伊特尔在观想包括行政行为和事实行为在内的请求权时，并没有援用"法的地位"。参见前款（2）。

款第 1 句）或者"其他公法规范所保护的地位"，还需要下述"转换规范"（Umschaltnorm）。也就是说，"在绝对权或受保护的法益所受侵害迫切时，该权利（法益）的拥有者只要没有容忍侵害义务，就可以请求侵害不作为"。这是《德国民法典》第 1004 条等背后的"一般法原则"，接近于贝特尔曼的"根本规范"。[110]

如此，劳宾格忠实于支配权→请求权思考，以"绝对权或受保护的法益"和"转换规范"的两个阶段为请求权提供基础，将各种请求权概括如图 1 所示。[111]

199　　　而奥森比尔则如图 2 所示观想了"基本权利的保护请求权"，将执行结果、事实行为（尤其是排污、损毁名誉的表达、警告、推荐和评价）包括在内。

> "这种请求权的保护领域由基本权利的保护领域决定。"如此，"违法性的构成要件当然指示了各个系争领域都有不同的法领域、不同正当化的可能性……但是，这种差异尽管是上述请求权的责任根据、构成要件的核心，但却与法的效果无关。法的效果在所有情形下均指向防御侵权。"[112]

奥森比尔学说的特征在于，它如此将"基本权利"和"违法性"作一般性或"绝对性"［参见(1)］来把握。

---

〔110〕　Laubinger, Unterlassungsanspruch, VerwArch 80, S. 289－293.《德国民法典》第 1004 条第 1 款"所有权受到剥夺或保留占有以外样态的侵害时，所有权人可以请求妨害者消除侵害。有继续侵害之虞时，所有权人可诉求不作为"。第 2 款"所有权人负有容忍义务的，请求权消灭"。

〔111〕　A. a. O., S. 298－301.

〔112〕　Ossenbühl, Staatshaftungsrecht, S. 286－300. 另外，奥森比尔在消除请求权是不作为请求权的"变形"这一点上，接近于魏罗伊特尔的学说；但在将侵害迫切时当作不作为请求权的成立时这一点上，却接近于布勒的学说。

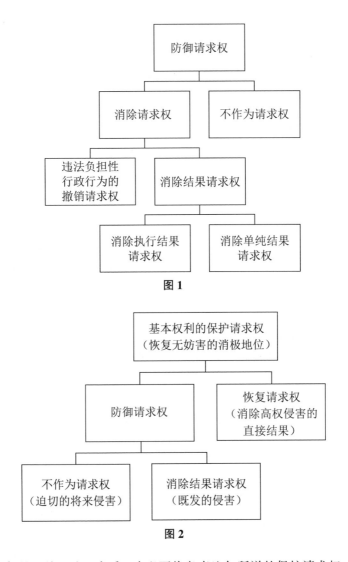

图1

图2

但是，从理论上来看，有必要将奥森比尔所说的保护请求权（一般所说的消除结果请求权）分为关于行政行为的保护请求权和关于事实行为的保护请求权，再进一步各自细分，个别性地探讨其根据。从请求权的概括性根据几乎导不出解释论上的具体结论，[113]请求权的类型化有助于解决解释论上的问题。详细参见第五章第二节。

202

二、霍夫曼、伯恩哈特、楚勒格

（1）霍夫曼也对权利或法地位的侵害与行政的行为违法性分别观想。他首先为权利提供根据，在下一个阶段再为不受违法权利侵害的防御请求权提供根据。[114]到此为止，采取的是与贝特尔曼同样的理论构成。

首先，霍夫曼说，

> "根据《基本法》第2条第1款的人格自由发展的基本权利，《基本法》第20条第3款的依法律行政原理在消极地位领域概括性地被主观化。市民有权要求不受高权主体所有违法的负担。"
> 这里，"权利侵害的实体法上指标，并不依存于负担者是否为行政行为的形式相对人。此外，负担的相对人和负担的第三人在诉讼上区别对待，正是为排除民众诉讼的实际合适的措施，这一点必须说是可疑的……在高权性事实行为之际，本来就是不可能有这种区别的……通过原告事实上的（tatsächlich）负担要件与权利保护必要性的特别诉讼要件，就足以防止真正的民众诉讼了。""决定相关规范的保护目的，对于确定违反客观法是有意义的，但在主观法侵害的指标上却并不重要。"[115]

对于事实行为的消除请求权，贝特尔曼与行政行为的撤销请求权同样提供根据，但前者并不是建立在与义务相对比的狭义自由基础上。如此，贝特尔曼就没有多大的必然性将作为行政行为撤销请求权

---

〔113〕 Vgl. a. a. O.，S. 298.

〔114〕 Hoffmann, Abwehranspruch, S. 37f.，S. 46f.，S. 54, S. 57, S. 62f. 在霍夫曼这里，权利和请求权的阶段性根据，对应于作为权利要素的利益和法之力的阶段性根据（a. a. O.，S. 65-72）。

〔115〕 A. a. O.，S. 47-64.

基础的"法的地位"限定于狭义的自由。霍夫曼毋宁是将被概括性提供根据的权利限定于"消极地位",即沃尔夫所说的行使权能。[116]对于改变社会现状的行政实体判断和行政机关所进行的程序,根据消极地位提起不服,对于不改变社会现状的行政实体判断和行政机关不进行程序,根据"积极地位"提起诉讼,这是容易获得承认的构成。诚然,根据消极地位提起的不服比起根据积极地位提起的不服,被滥用的危险在量和质上都可以说是很小的。但是,在具有社会意义上、在行政机关需要将自己的判断正当化上,变更现状的判断和程序实施、维持现状的判断和程序不实施都是相同的。[117]结果,也没有多大的必然性将概括性权利限定于消极地位。

其次,根据霍夫曼的观点,

> "特殊法原则"是妥当的:"如果个人利益受到客观法并非只是偶然,而是有意识的保护,在其遭受违法侵害时,就会产生受到损毁者对妨害者的防御请求权"。如前所述,基本法有意识地保护免于负担的自由,因而,"任何违法的高权性负担,都会产生相关市民的防御请求权"。上述法的原则源自"正义的原理(法原理)",即"利益冲突时,客观上排斥价值更低的利益"。这是因为,法秩序所保护的利益受到违法侵害时,被侵害利益比维持侵害的利益具有更高的价值。[118]

霍夫曼将特殊法原则、法原理的概念归功于沃尔夫。[119]的确,沃尔夫也将"禁止没有法的根据而侵害人的法地位"列为特殊法原则,[120]并指出,

204

---

〔116〕 参见第一节第二款一(2)。

〔117〕 参见第一节第二款一(2)。

〔118〕 A. a. O. , S. 72–79.

〔119〕 Vgl. Wolff, Gerechtigkeit, in: FS für Sauer, S. 103ff. ; Wolff, Rechtsgrundsätze, in: GS für W. Jellinek, S. 33ff. ; Wolff/Bachof, VerwR Ⅰ, § 24 Ⅱ. a, § 25 Ⅰ〔Wolff〕.

〔120〕 Wolff, Rechtsgrundsätze, in: GS für W. Jellinek, S. 41. 对于该原则的分析,参照、小早川「取消訴訟と実体法の観念」同『行政訴訟の構造分析』94~99頁、135~137頁。

"在任何情况下，对于追求（因为违法而）价值更低的利益，也能主张最弱的权能。"[121]"实体法上的消除〔结果〕请求权是法原理和《基本法》第 20 条第 3 款的直接归结。这是因为，比起相关者对于消除违法作出或者生成的事实状态所具有利益的客观价值，相关高权主体对于不采取行动所具有利益的客观价值，毫无疑问更小。"[122]

沃尔夫在这种消除结果请求权的论证中，与一般论述权能和客观法时一样，援用了"正义的原理"。[123]但是，一般受保护的利益一般优先于违法的行为，这一逻辑与沃尔夫的实质法治国观念存在龃龉，他以客观法作为利益相互衡量的评价尺度，主观法在每一个利益冲突的事例中都有差异。根据实质法治国观念，即使违法行为产生不利，如果该利益不是违法性判断中的衡量对象，也就不能比较利益和违法行为的价值。上述逻辑毋宁是明确显示了形式法治国观念。[124]

（2）过去，伯恩哈特对判例和学说的二分法提出批判：总是承认负担性行政行为的相对人具有撤销权（Anfechtungsrecht），而只有在有关规范旨在保护个人利益时，才承认第三人的撤销权。《基本法》第 2 条第 1 款概括性地保障不受违反法或法律的负担的权利，不仅是对行动的直接侵害，也包括对人格状况的侵害。不过，如此确立起来的撤销权有三个限定。

①存在"比他人更强的关于原告个人""个别具体的侵害"。"原告在和所有或者多数国家市民共同受到利益侵害时，不存在原告固有地位的侵害。"②关乎"值得保护"但"并非微不足

---

〔121〕 Wolff, VerwR Ⅰ, §43 Ⅰ. c.

〔122〕 Wolff, VerwR Ⅰ, 4. Aufl., §54 Ⅱ. b. 2. 该书第七版（§54 Ⅱ. c）援用了"特殊法原则"，替代了"法原理"。但在第八版（§54）中，删除了这一部分的记述。

〔123〕 他与霍夫曼不同，在"权能"和"请求权"上，并没有特别区分论据。另参见第一节第二款一（2）。

〔124〕 参见第一节第二款一（1），进一步参见本节第一款（1）、本款一（1）。

道"（nicht unerheblich）的利益。"仅仅在这里，才再度考虑先前被否定作为基准的法规范的保护目的……立法者认为值得保护者，行政法院也必须认为同样值得保护。另一方面，即使立法者没有明确表示保护，根据这里的见解，也存在受保护的个人地位。"③"所说的侵害与所主张的权利损毁（违法）之间存在关联。"[125]　205

但是，这一限定是否与《基本法》第 2 条第 1 款的权利根据相整合，并不清楚。赖纳·施密特将伯恩哈特对第三人撤销权的限定评价为"矛盾"。[126]首先，①要求权利者人数的限定性，也就是特权性，而布勒、巴霍夫都没有这种要求。[127]在②方面，《基本法》第 2 条第 1 款保障的权利不是全部"值得保护"吗？如果以该条之外的基准判断应予保护性，就会产生下述问题。在不是以狭义自由（贝特尔曼）或行使权能（霍夫曼）等形式基准，而是以"值得保护"利益这种的实质基准来划定权利范围时，不能无视利益状况、法制度的复杂性和多样性，以及利益的价值相对性、权利和客观法的相关性。如此，与形式法治国观念，亦即以《基本法》第 2 条第 1 款为针对一般违法行为的一般权利提供根据，不是矛盾的吗？实际上，霍夫曼认为，"在决定应予保护性时，重要的是对原告所指控违反的法律进行解释"，他将伯恩哈特的态度评价为"不一贯"。[128]鲁普还说，

"〔值得保护的利益〕范畴……必须从法、尤其是包含宪法在内的各个别规范的目的加以证明。伯恩哈特正是就这一方法提出争议，但尽管如此，如果聚焦于'值得保护的利益'，就必须追问谁来决定利益的应予保护性。如果将决定问题委诸法适用者的法感情，我们就可以说还没有尝试解决就早早降服了。"[129]

---

[125]　Bernhardt, Zur Anfechtung von Verwaltungsakten durch Dritte, JZ 1963, S. 302–308.

[126]　R. Schmidt, Der Rechtsschutz des Konkurrenten, NJW 1967, S. 1640f. Anm. 63.

[127]　参见第二章第二节第三款注（212）、本章第一节第二款二（2）（b）②。

[128]　Hoffmann, a. a. O., S. 59 Anm. 60.

[129]　Rupp, Grundfragen, S. 250 Anm. 453.

另外，③是使利益和客观法相关联的保护规范说的表现。保护规范说通常划定受特定客观法保护的利益，而③应是划定与特定不利相关联的违法事由，从反向适用了保护规范说。如此，③也孕育着与②相同的"矛盾"。

（3）楚勒格也和霍夫曼一样，根据《基本法》第2条第1款，将依法律行政原理在消极地位的所有领域主观法化。

> "公权作为行政法的构成部分，已经是不必要的，基本权利可取而代之"，"保护规范已经不是问题"。另一方面，在撤销诉讼的本案中，"法院进行纯粹的合法律性控制……个人在追求自身的权利时，即使不是单纯的公益代言人，他也可以同时使一般利益取得胜利。"不过，起诉权能仅限于"具体的关联"或"自己的事务"（eigene Angelegenheiten）者。伯恩哈特要求的③的"关联"，"已经内在于具体的关联"。伯恩哈特的要件②也得到维持。也就是说，"法院的费用和利益障碍之间明显不均衡"时，就欠缺诉讼要件。[130]

这里，出现了形式法治国观念的相反归结，主观法的保障越强，客观诉讼的色彩就越浓厚。[131] 楚勒格说，"根据基本法的基本权利体系，本来应有的诉讼法状况明显对应于法国的行政诉讼法"。但法国法未必以形式性权利、客观法观念为前提。另外，对于"具体的关联"，不得和保护规范说作同样判断，楚勒格保持警戒。例如，对于营业许可和交付补助金，"现实的竞争关系"者具有起诉权能，"在破坏景观方面，距离不服的相邻人土地的视野是设定适当界限的基准"。

---

〔130〕 Zuleeg, Hat das subjektive öffentliche Recht noch eine Daseinsberechtigung?, DVBl. 1976, S. 514–521. 另外，"《基本法》第2条第1款在起诉权能的范围内，并不驱逐基本法所有其他的自由权……在特别自由权的情形中，一般给公权力的侵害权能划上更严的界限。"在消极地位上，立法者不涉及基本权利保障而为公权提供基础的领域已经所剩无几了。当然，给付请求权（不过，许可请求权依据的是消极地位）、参政权很多是依据法律的公权。

〔131〕 参见本节序(1)。

但是，如何在法上理解并制御"竞争关系"，应当与经济秩序的法制关联起来判断。如果考虑到建设计划法制上的景观保护未必是以距离各块土地的视野为问题，"视野"的基准就没有说服力。如果致力于作出法的判断，就只能考虑各个客观法规范，结果就不免受到与伯恩哈特要件②和③同样的批判。

第三款　地位＋请求权思考——鲁普　　　　207

对于"市民-国家的外部法关系"，鲁普作出如下分析：

（a）法律保留

奥托·迈耶从立法机关限制行政机关行为的古典权力分立的观点倡导侵害保留。[132]而耶施从立法机关为行政机关行为提供根据的民主主义观点倡导全部保留。[133]另外，安许茨从片段地限制自由的法规构　208造，倡导侵害保留，[134]例如，在社会中，片段地考虑相互调整利益、设定法关系的法规构造，也能扩大法律保留领域。[135]但是，鲁普将传统的侵害保留重新解释为以形式的"法"来拘束国家、保护个人自由，以"法"拘束国家，创造个人的非从属性，故将法律保留的领域扩展至给付行政。这可以说是形式法治国观念的直接表达。他说，

　　"一般的法律保留并不是要求所有能想到的行政作用都要有民主主义议会的授权，而仅要求行政在国家和市民的关系紧张领

[132]　Vgl. O. Mayer, Deutsches Verwaltungsrecht, Bd. 1, S. 64f., S. 69-73；塩野『オットー・マイヤー行政法学の構造』110~122 頁。另参见第二章第一节第一款二（2）①。

[133]　Vgl. Jesch, Gesetz und Verwaltung. 对于耶施、鲁普的学说，参照、大橋洋一「法律の留保学説の現代的課題」同『現代行政の行為形式論』3~5 頁。

[134]　参见第二章第二节第二款三。奥托·迈耶以"一般性"为基准界定法规（vgl. O. Mayer, a. a. O., S. 66；Jesch, a. a. O., S. 13 Anm. 24；Böckenförde, Gesetz und gesetzgebende Gewalt, S. 322f.；玉井「法律の『一般性』」芦部古稀下 397 頁），认为安许茨混同了法律保留和法律的法规创造力（O. Mayer, a. a. O., S. 70 Anm. 11. 参照、塩野·前揭 119 頁）。

[135]　在第四章第二节第一款二（2）中详述。

域依据法治国家的根据而要有法的行为规范。根据宪法〔《基本法》第 80 条'联邦政府、联邦部长、州政府可以根据法律的授权制定法规命令'〕，没有法律或法律的授权，就不能制定行为规范……法律保留在出发点上并不由来于民主主义的理念，为此，几乎不以这种理念为根据，而毋宁说是关乎法治国家的自由主义思想。""在本来侵害保留意义上的自由意味着仅通过法律能限制的自律性固有领域。而自由思想在今天取代了丢失的自律……其目标在于只有以法和法律提供根据，才能创造出每个人相对于行政理念性的，亦即法的非从属性。"〔136〕

(b) 裁量与不确定法律概念

鲁普将法律保留作为法积极而非消极地拘束行政机关的思想，从形式法治国观念来加以把握。这一思想认为，法个别正当化，而非个别限制行政作用对社会的内容，它并不从法的内容来把握。〔137〕他说，

"行政法……——与从个人自由出发的私法完全相反——并不是法不禁止者均为法所允许的、可以做的'禁止法'——这是以宪法上并不存在的预先的行政自由为前提的——相反，它是行政没有得到命令即为禁止的'命令法'。"

但是，鲁普没有根据形式法治国观念将法适用作为"形式逻辑的涵摄机构"，对于法的适用，他显示了重视"包含目的论（Teleologik）和论题学（Topik，论点摘示）的解释学（Hermeneutik）手法"的口吻。他说，

"根据法学的形式主义、实证主义方法，所有裁量的或'不确定的'法概念，以及所有的法适用，不论是法官还是行政在进行，都必须承认在个案中法制定的'授权'（Ermächtigung）。如

---

〔136〕 Rupp, Grundfragen, S. 113-146（引用的是 S. 135, S. 142）.

〔137〕 参见第二章第一节第一款一（1）、第二款一。

209

果论题学法律解释真的是正确的，那么所有裁量论将自体瓦解。维也纳学派步入了前者的道路"，但应当支持后者的道路。

但是，如果"解释学"不将法解释看作主体对作为客体的法的认识，在解释的同时重视作为被解释场域的共同体，鲁普就停留在维也纳学派同样古典的观念，并未开展真正意义上的"解释学"。也就是说，在鲁普这里，认识对象的客观性只是被置换为认识方法的客观性，也维持了主观性决定和客观性认识的严格区分。他说，

> "法学的目的和任务……在于参照易于了解性（Einsichtigkeit）和一贯性（Schlüssigkeit）来检验合理的推论过程（Schlußketten），在于持续自我批判地洗练认识方法，从法的认识中导出最终不再受到理性质疑的'明证'（Evidenz）。""人在面对一个事例时，是在意识上完全受拘束于异质的法的尺度，被迫使自己的决定合理地归于这一尺度，还是认为可以从自己的情感和观念深处创造并自行形成法……这两者基本上是不同的。正是这不同的态度具有本来的决定性，支撑着规范制定和规范适用的区别。"

此外，鲁普批判指出："判断余地说等基本上仅以可行性理由（Praktikabilitätsgründe），就认为从不确定法概念最终认定的权限分配能够导出对行政有利，而不问法自身如何。"但是，鲁普自身未必具体比较考察了法院和行政机关的程序、法的权限，而使裁量归结为"并非法教义学的方法和规范性命令……而是教育方法"问题、法官的"节度问题"（Taktfrage）。[138]

（c）防御或消除请求权　　　　　　　　　　　　　210
鲁普认为，

---

〔138〕　以上引自 Rupp, Grundfragen, S. 177 - 221（S. 209, S. 194, S. 206, S. 197, S. 186, S. 193, S. 213, S. 212, S. 220）. Vgl. auch Rupp, Ermessensspielraum, NJW 1969, S. 1273ff.

"各个'侵害性'法律暗含着一项对行政的命令，即不逾越法律上的侵害可能性给市民施加负担"＝行政的自制义务（Enthaltungspflichten），它对应于"该义务所围绕的、不受没有法律依据之强制的自由领域"＝私人的地位（Status），但并不是连"要求违反法律强制不作为"请求权或权利都相对应。地位和因地位损毁而产生的对抗性请求权（Reaktionsanspruch）是被严格区分的。换言之，对行政的当为规范并不连违反义务之际的效果或制裁都包含其中。如此，"实定法上存在撤销诉讼的可能性"就是实体法上存在对抗性请求权的唯一凭证。"如果认为在仅能从个人地位的损毁产生的个人行政诉讼中，才能看出在鲁道夫·冯·格奈斯特（Rudolf von Gneist）概念意义上的异议诉讼（Beanstandungsklage），那就并不一以贯之"，因而，从诉权导出实体权的注释学派（Glossatoren）的方法得到肯定。对抗请求权的内容是消除侵害，这也是撤销诉讼这一诉讼类型的归结。而如果坚持《行政法院法》第113条第1款的文字，在对象是行政行为之际才承认对抗性请求权，毋宁应当承认的是一般化思想，即"各人在个人地位有任何损毁之际，都具有相关的请求权"。"在对抗性权利的体系中，行政行为无论如何都只不过是诸多考虑对象之一，为此的确也失去了过去的诸多支配性意义。但是，这不涉及诉讼法，而是涉及实体法的变迁。由此才看到，使撤销诉讼和其他消除诉讼之间不同的诉讼法上要件〔起诉期限、前置程序〕相接近，这是无论如何都值得考虑的。"[139]

　　另外，转过来看看民事法学。西贝尔和尼基施在课予所有人同样禁止义务的绝对权上，并不承认实体法上的不作为请求权，

---

〔139〕　Rupp, Grundfragen, S. 153–176, S. 249–261. 另外，过去曼斯费尔德（Mansfeld, Der publicistische Reaktionsanspruch, S. 9–18）认为，从个人"服从"国家的法关系产生国家的"消极义务"，即无法律根据就不得向个人提出要求。违反时，产生个人的"公法上的对抗性请求权"，这一请求权严格区别于私权。Vgl. Rupp, a. a. O., S. 172 Anm. 208.《行政法院法》第113条第1款，"行政行为违法，原告因此而遭受权利损毁时，法院撤销行政行为及可能的异议决定……"

在这一意义上将不作为诉讼当作纯粹的诉讼法上的制度。[140] 通说认为，因权利侵害（的危险）而成立不作为请求权，[141] 与此相对，权利侵害（的危险）并不变更实体法关系，只是附加诉讼法上权利保护必要性。而埃塞尔认为，在课予所有人同样的禁止义务时，在谁能行为，亦即归属或狭义分配争议的"权利"上，承认不作为请求权，而在能否行为，亦即是否存在争议"法益"上[准防御性不作为诉讼（quasinegatorische Unterlassungsklage）的时候]，并不承认不作为请求权。[142]

211

　　鲁普善意地引用以上民事法学说。[143] 但是，是否采用请求权观念，可以与绝对权和相对权、"权利"和"法益"的区别分开思考。

如此，鲁普只使义务对应于地位，而并不直接与权利相对应，在违反义务时才与请求权相对应（地位+请求权思考）。也就是说，他以违反义务的前后而严格区分地位权利的配置。另一方面，行政的违法行为自制义务、私人不受违法行为侵害的自由（地位）构成，正如鲁普所说的"'侵害领域'中合法律性原理的主观要素"，[144] 显示了形式法治国观念。但是，在行政行为上，依法行政的拘束、私人的受保护利益，或者私人间的利益状况、私人对行政机关的要求内容，在违反自制义务前后基本不变，而且都是连续的。故而，地位+请求权思

---

〔140〕　Siber, Rechtszwang, S. 99-114；ders.，Schuldrecht, S. 3, S. 470-473；Nikisch, Zivilprozeßrecht, S. 149；Zeuner, Gedanken zur Unterlassungs – und negativen Feststellung-sklage, in：FS für Dölle, Bd. 1, S. 301-309. 西贝尔所举论据有诸多分歧，措伊纳对其归纳后作出批判性探讨。

〔141〕　参见第一款（1）。

〔142〕　Esser/Weyers, Schuldrecht. BT, S. 537. 此外，克默雷尔（Caemmerer, Wand-lungen des Deliktsrechts, in：ders.，Gesammelte Schriften, Bd. 1, S. 458-460）提到"权利"/"法益"的严格区别。"权利的核心在于财产的分配（Zuweisung），归属个人的利益领域的分配。"克默雷尔关于不作为请求权的态度未必明确，但在请求权的承认上是慎重的。另外，对于各种学说，参照、大塚直「生活妨害の差止（六）」法协104卷9号1345頁以下。

〔143〕　Rupp, Grundfragen, S. 164 Anm. 172.

〔144〕　Rupp, Grundfragen, S. 163 S. 172, usw.

考与形式法治国观念，或者实体权观念之间存在龃龉。此外，鲁普忠实于地位+请求权思考，根据各种违反义务来区分纷争，并认为撤销诉讼的既判力及于职务责任诉讼，而不及于针对反复行政行为再度提起的撤销诉讼。[145]但是，如果根据形式法治国观念和实体法观念，这里也连续性地把握纷争，并不如此限定既判力的范围。[146]鲁普最终没有发现支持地位+请求权思考的观念，因而陷入狭路。例如，鲁普为了给违反义务后才成立的实体权提供基础，援用诉权，又从诉讼类型中导出了实体权内容，但正如鲁普所自认的那样，这是温德沙伊德区分实体权和诉权之前的"注释学派"的方法，[147]是诉讼法思考的变种，[148]当然受到批判。[149]另一方面，鲁普将实体权的对象扩大到行政行为以外时，从实体法上的考虑导出诉讼法上的归结，其态度并不一贯。

另外，鲁普还显示了行政法规范是否为地位提供根据的判断基准。

> "第一个线索在于，只有在关于自己事务（Angelegenheiten）的利益，亦即结晶点直接在人格固有展开领域的利益出现问题时，才能推论认为，涉及这种利益的行政法律同时保护利益，使其作为在法上受保护的利益来构成。第二个前提在于，所有如此理解的固有利益（Eigeninteresse）并不是根据基本法的基础构造才得到承认。这是因为，任何固有利益都与他人或共同体的利益

212

---

〔145〕 Rupp, Zur neuen Verwaltungsgerichtsordnung, AöR 85, S. 313-317.

〔146〕 德国的通说认为，撤销诉讼判决的既判力基本上及于职务责任诉讼和再度的同一内容处分的撤销诉讼（Ule, Verwaltungsprozeßrecht, §35 Ⅱ, §59 Ⅱ.2; Eyermann/Fröhler, VwGO. Komm., §121 Nr. 10ff., Nr. 19ff.）。众所周知，日本在讨论撤销诉讼判决与国家赔偿诉讼的关系时，其前提，亦即两个诉讼中所判断的违法性是否同一，成为争点。而日本的通说是，撤销判决的既判力不及于再度的处分撤销诉讼。对此，参见第六章第二节。

〔147〕 Vgl. Rupp, Grundfragen, S. 155.

〔148〕 参见第二章第二节第四款三③。

〔149〕 Hoffmann, Abwehranspruch, S. 37-39; Henke, söR, S. 37-39; 小早川「取消訴訟と実体法の観念」同『行政訴訟の構造分析』109~111頁。

处于永续的紧张关系之中……法律涉及各种各样的人的固有利益，但——同样从宪法观点出发——仅将一个个别利益的保护纳入视野，即使有时需要将其纳入视野，也只能说是相似的情形。与此相对，有下述反论存在。即使如此聚焦于法律的目的决定，也回答不了这里应当解答的地位所依据的法律功能问题。这是因为在特定利益面前，所有法律的规范行为均以法律规定的方法解决问题，但这可能是纯粹的客观法方法，也可能是地位所依据的方法。这本身的确是正确的。但尽管如此，这正是从法律如何、以怎样的目标和强度处理利益状况来推论是否赋予这些利益主观地位。无论是承认、限制还是其他处理方法，在法律的规范行为形成（ausformen）特定利益时，有关利益正是根据这种形成而被'推定'享受法的地位。尤其是在异议申诉、听证或者参与权归属于特定利益主体时，这一点十分明显。"[150]

重视"自己的事务"、"人格固有的展开领域"，让人想起之后的亨克、洛伦茨，[151]谈及利益相互紧张关系，让人想起沃尔夫。[152]但在整体上，在追问单独把握的利益是否为法律所保护的问题上，鲁普与其自身频繁引用的巴霍夫观点相近。[153]

(d) 法律履行请求权

鲁普认为，

> 防御请求权与法律上义务履行请求权具有完全不同的"构造"。与课予行政义务、创造地位不同的规范，在地位损毁之际

---

〔150〕 Rupp, Grundfragen, S. 243 – 249. 此外，鲁普（ders., Klagebefugnis, DVBl. 1982, S. 148 Anm. 27）批判楚勒格说，"这里的问题不在于是否因一方违反法律而同时损毁另一方的基本权利层面的权利，而在于应当将法律的规范本身只是在纯粹法的反射意义上解释，还是在保护规范意义上来解释，这时，基本权利所表达的个人保护原理是否发挥作用"。

〔151〕 参见第三节。

〔152〕 参见第一节第二款一。

〔153〕 也包括问题点在内，参见第一节第二款二。

为防御请求权提供根据；而在履行请求权的情形下，课予义务的规范创造请求权，亦即请求权与义务直接对应。[154]

213　　但是，考虑到鲁普自身例示的情形，即相邻人就建筑许可进行争议的情形与要求对建筑主作出处分的情形，如果将防御请求权和履行请求权相比，受保护的私人利益、私人间的利益状况也都是同样的，是否在形式差异之外还有构造差异，尚有疑问。[155]

　　总的来说，鲁普的理论以形式法治国观念为基础，[156]并与脱逸这一观念的要素相混淆。地位＋请求权思考也是从形式法治国观念脱逸的要素，能支持该思考的毋宁是下一节第一款所分析的"共同体的恢复"观念。

215　　　　　　第三节　共同体的观念与权利

　　如上一节，特别是第二款分析所示，如果贯彻形式法治国观念，主观法和客观法就被视为与所规范的社会现象和利益状况相封闭了。主观法和客观法、私益和公益，被各自孤立、自我完结地来把握，主观法和客观法、私益和公益即使并不对立，也被看作是异质性的。结果就难以划定主观法的外延。与此相对，本节要分析的学说倾向于使主观法和客观法向所规范的社会现象和利益状况开放，将主观法和客

---

　　〔154〕　Rupp, Grundfragen, S. 262–272. 鲁普认为，撤销诉讼以消除请求权为诉讼标的，而课予义务诉讼和拒绝处分撤销诉讼是以给付请求权为诉讼标的，其既判力及于再度拒绝处分的诉讼［参见注（146）所列文献］。

　　〔155〕　参见对沃尔夫接受权能和行使权能的分类［第一节第二款一（1）〕、霍夫曼消极地位和积极地位区别［第二款二（1）〕的批判。鲁普也认为，有无履行请求权的判断基准，准用有无前述地位的判断基准。

　　〔156〕　鲁普（Rupp, Die Unterscheidung von Staat und Gesellschaft, in: HdbStR, Bd. 1, S. 1187ff.）说及个人作用的二重性（公民与市民）、国家和社会在功能上的分离，认为国家的构成原理是"需要授权证明、根据授权而有权限的原理"，社会的构成原理则是"自由和自律"。这种二元论的强调正是以形式法治国观念为基础的。

观法、私益和公益看作在共同体领域内相互融合的同质物。[157]这种观 216
念在宪法领域是有力的，但在行政法的公权论中还只是初现端倪。这
已经暗示了本节的结论——这种观念因为不明了主观法的内涵，所
以，几乎得不出解释论上的明确归结。

第一款　共同体的恢复——门格

门格设想了一个不成文的"公法上复善请求权（Wiedergutma-
chungsanspruch）*的实体性根本规范"，即"国家或其他高权主体在机
关担当者实行公共职务活动时违法侵害某人法的地位时，必须创造出
没有侵害就一定存在的状态"。这一根本规范为以下三种请求权统一
提供根据：第一，行政行为的制定或不作为侵害法的地位时，行政行为
撤销或实施请求权〔这对应于撤销诉讼或课予义务诉讼，两者放在一起
都是抗告争讼事项（Anfechtungssachen i. w. S.）或复审性行政争讼事项
（nachträgliche Verwaltungsstreitsachen）〕。第二，实施行政行为以外行政
的行为或不作为侵害法的地位时，要求行政的行为消除或实施的请求
权〔初审性行政争讼事项（ursprüngliche Verwaltungsstreitsachen）〕。第
三，国家赔偿或准牺牲补偿请求权。上述根本规范有如下根据：

---

〔157〕　另外，科尔曼（Kohlmann, Das subjektiv - öffentliche Recht auf fehlerfreien
Ermessensgebrauch, S. 21-29, S. 59f. 作为书评，奥平·名法33号126页以下）认为，将
"从托马斯·阿奎那看到的包罗万象的奥尔多思想（Ordo-Gedanke）""秩序状态"
（Ordnungs-Zustand）接入"社会国家思想"，"个人必须比以前更强地承担对全体的责
任"，"国家和个人负同等义务"，"个人的法地位由共同体中的地位决定"，"脱离单纯
的主观请求权，再次实现更客观的保护体系"，"重点在于客观的法秩序，而非个人的
主观权利"，"个人的范围在客观法上已经得到《基本法》第20条第3款固定的'依法
律行政'原理的充分保护，没有必要再从《基本法》第2条第1款中导出某种'〔不作
为〕请求权'"。该"片面性"（Lorenz, Rechtsschutz, S. 74）见解，让人想起第一节第
一款一（1）的内容，属于例外。

＊　这里的"复善请求权"通常是被译作"恢复原状请求权"。但其日语原文是"復
善请求権"，其用意在于强调不仅仅恢复原状，还要积极创造出没有侵害就一定存在的
状态。——译者注

217   "在我们的法秩序体系中，一个人的法地位受到侵害时，他对妨害者或加害者具有复善请求权，法秩序的出发点是人的权利领域（Rechtssphären）相互区分（geschieden）的思想。如果一个人的权利领域受到损毁，就要填补（Ausgleich）该权利领域所产生的全部损害。某种必要的给付就成为义务人权利领域的负担——法秩序通常不仅要求'恢复'（Wiederherstellung）原状，还要求'创造出'（Herstellung）没有加害行为就一定存在的状态。也必须在这种广泛意义上理解我们所使用的'复善'概念……妨害者或加害者与被侵害者的权利领域分离的思想实际上也能适用于高权主体与市民的关系。诚然，我们今天远离了纯粹实证主义国家法学，已经并不将市民'排除在外'来把握国家的本质，国家的法的存在也能在'共同体'统合（Integration）中找到根据。只要一个人的权利领域在合法实现国家目的的执行之际受到损毁，权利领域二分思想就并不合适，复善思考并非无限制地占有一席之地。牺牲补偿就是这样的事例……在这里，市民和国家的权利领域共通性（Gemeinsamkeit）是支配性的，根据国家共同体（Gemeinschaft）的意思……来执行调整。在权利被违法侵害时，就与此完全不同。这时，对被侵害者作出统合解体的高权行为，市民和国家的共同体在具体的事例中被破弃，分离为不同的权利领域，如此，根据这一基础构造就有可能适用复善思想。"[158]

门格在给公法上的"根本规范"提供根据之际，通过"恢复原状

---

[158] Menger, Identität, in: GS für W. Jellinek, S. 350-359；Menger, Der Schutz der Grundrechte in der Verwaltungsgerichtsbarkeit, in: Bettermann usw. (Hrsg.), Die Grundrechte, III/2, S. 733. 另外，a. a. O., S. 748-750, S. 761f.；Menger, System, S. 117-120, S. 193f. 根据沃尔夫［参见第一节第二款一（2）］，形式性分为法的地位、（狭义）权利和请求权三种。对于复审性争讼和初审性争讼，vgl. Menger, System, S. 137-139；Menger, Der Schutz der Grundrechte in der Verwaltungsgerichtsbarkeit, in: Bettermann usw. (Hrsg.), Die Grundrechte, III/2, S. 766-768. 对于门格根本规范的分析，参照、小早川「取消訴訟と実体法の観念」同『行政訴訟の構造分析』99～103頁、宇賀克也『国家責任法の分析』183～186頁。

的一般法体系的联合思考（Kongruenzdenken）"，参照了私法上的制度，但是，要理解"根本规范"，毋宁应当参照门格的法治国家观念。门格认为，

> 基本法下的法治国家是社会法治国。这里的"社会"不是存在论的共生（Zusammenleben）或政治性的生存照顾（Daseinsvorsorge），而是指伦理性考虑（Rücksichtnahme）。《基本法》第2条第1款规定了相互考虑的宪法原则，也就是沃尔夫所说的正义原理。[159] 它包含着人们的相互考虑、[160] 市民和国家共同体的相互考虑。后者并不是依据自由主义法治国观念，即让社会和国家相"对立"，对于国家"从外部"对社会的侵害"设定界限"，而是依据"国家只不过是市民'共同体'的组织形态"的观念。这里既要求市民对国家的考虑，也要求国家对市民的下述考虑。"国家不得不法侵害任何人的法的地位。在受托进行某种财产的分配（Austeilung）时，必须赋予'每个人他本来的东西'。"在社会法治国中，后者的"公共生存照顾义务……只是实现正义这一国家目的的一种手段……正义的原理也给这一手段划定界限。这是因为，宪法所固定的、考虑个别人格自由发展的义务禁止对经济弱者的生存照顾成为国家的监护——麻痹各自私人积极性"。[161]

218

以上门格的根本规范及其根据可以详述如下：如果国家遵守"考虑"市民的客观法义务，市民享受客观法上的法的地位，[162] 共同体就被"统合"起来。但是，如果国家违反考虑义务成为"妨害者或加害者"，国家和市民的"权利领域"就出现"分离"。市民具有法地位的"复善请求权"，目的是通过权利领域之间的"调整"来恢复共同体。

有批判认为，门格以"根本规范"为国家赔偿或准牺牲补偿请求

---

〔159〕　参见第一节第二款一(1)的"实质法治国"观念。亦参见第二节第二款二(1)。

〔160〕　对于"相互尊重关系"的私法学说，参见第一章第三节第三款四(2)。

〔161〕　Menger, Der Begriff des sozialen Rechtsstaates, S. 23–31.

〔162〕　参见鲁普的"地位"概念［第二节第三款(c)］。

权提供根据，而国家赔偿不是国家的直接责任或无过失责任，而是具有代位责任、过失责任的性质，准牺牲补偿不是基于违法性，而是基于特别牺牲。[163]但是，这一批判是以稍微特殊的德国国家责任法历史和现行实定法[164]为前提的，这里不再赘述。

无论如何，国家赔偿或准牺牲补偿请求权的目的在于"复善"，即对过去违法行为的清算。但是，第一种和第二种请求权（也包括消除结果请求权）的目的在于形成现在和将来的法关系（过去的违法行为在与形成有关时，也会被考虑），不能为"复善"概念所涵摄。贝特尔曼的批判就是针对这一点。

> "'复善'等于完全损害赔偿，并不限于仅仅通过消除违法的侵害还原过去的状态。与此相对应，门格'根本规范'的法效果正与《德国民法典》第 249 条第 1 句相一致……门格没有充分区分对违法行为的不同制裁——损害赔偿请求权，亦即要求消除或填补权利损毁的全部结果的请求权，要求恢复以前状态尽可能消除既发妨害的请求权，要求进一步（将来）妨害不作为的请求权。后两种请求权不以过失为前提，不需要根据法律进行规范（实定化）。这些制裁从被违反的命令或禁止规范中直接产生。而损害赔偿义务……却是以根据法律进行规范为前提的。"[165]

219

此外，门格可以说是将统合、客观的法地位作为静态、状态来把握并以此为基点，将妨害、加害引起的权利领域分离，通过复善请求权恢复作为动态来把握。如此，统合状态和二分的权利领域、客观的法地位和主观的请求权得到区分。但是，要使讨论保持一贯性，将统合、客观法自身也作为动态、实现过程来把握，[166]统合与分离及恢

---

[163] Rupp, Grundfragen, S. 174, S. 260f.；Bettermann, Folgenbeseitigungsanspruch, DÖV 1955, S. 531, S. 536；Hoffmann, Abwehranspruch, S. 41.

[164] 参照、宇賀・前揭書。

[165] Bettermann, a. a. O., S. 535f.

[166] 参见凯尔森贯彻动态考察的经过［第二章第二节第二款注(168)］。

复、客观法与主观法，就成为具有共通性的概念，就有必要精查这些概念的相互关系。例如，行政程序就不能在门格的区分论中得到清楚的把握。从门格的立论来看，也能很容易构成要求"考虑""法的地位"的"请求权"。如此，门格自身强调，行政诉讼以保障主观权利为目的，但维持客观法秩序的功能也具有重要意义。

> "行政法院不仅像其他裁判机关那样在'病理学的'事例中作出决定，也要在'平常的事例'中作出决定。"[167]

最后，门格的"根本规范"自身并不是导出法的地位或请求权归属于谁的概念。门格没有真正地讨论这一问题，但他在撤销诉讼原告资格的判例批判中说，

> "必须先调查法律是否要求行政在决定之际考虑（Berücksichtigung）他人，亦即第三人的权利或义务，或者应当远离这种第三人利益作出决定。在这两个选项之外，还有第三种可能性。在建设法、营业法中可以看到，行政确实必须听取第三人的异议，只要不考虑该异议，决定就不能含有拘束的意思。问题在于，要确定法秩序是否将第三人的法地位或利益视为对于行政决定而言的重要（relevant）事项。比起受法保护的利益这种在我看来是完全暧昧的表达，这一定式更具实践性……对行政决定而言他人权利的'重要性'并不总是能直接从规范案件的特别法律中解读出来，而是可通过其他法律规定，尤其是宪法得到提示。"
> "不能委诸法律、条例制定者根据保护目的最终、拘束性地决定起诉权能……规范的保护目的在某种意义上对起诉权能只不过能'宣告性地'发挥功能，而不能'创设性地'发挥功能。"[168]

220

---

[167]　Menger, Der Schutz der Grundrechte in der Verwaltungsgerichtsbarkeit, in: Bettermann usw. (Hrsg.), Die Grundrechte, Ⅲ/2, S. 730-732.

[168]　Menger, Höchstrichterliche Rechtsprechung zum Verwaltungsrecht, VerwArch 1959, S. 200; VerwArch 1964, S. 84 Anm. 55.

"重要性"概念表明了客观法和主观权利的共通性——不流于表面。这一点与巴霍夫重视"保护目的"形成对照，[169]而与门格自身批判的亨克的事务（Angelegenheit）学说接近。[170]

221

第二款　共同体的代表

肖尔茨批判认为，过去的保护目的理论只重视规范性、法律意思（Gesetzeswille），而巴特尔施佩格和亨克只重视事实性、法律作用（Gesetzeswirkung），"应以功能性的，亦即结合法律目的和法律作用的法律解释方法探究公权"。他还批判说，"根据保护规范理论，权利完全听命于宪法下位的立法之意"。他说，

"规范有意且事实上授益给个人，以及规范仅事实上授益给个人，根据第三种上位的法决定的指示实施或必须实施授益时，承认公权。""在第一类型中，权利问题已经不仅仅是面向立法者的意思，而是面向作为其功能客观化的客观法律内容。在第二类型中，权利问题面向基本权利，它（尤其是）优位于立法者的决定，在个案中都要求权利。"这种"基本权利的价值决定"并不是"看似统一、内容齐整、赋予自由特权的体系"，而是"相互限制、重叠的极为差异化的自由保障和限制体系"。"在从凭证的反向推论和单纯的证明规则中，客观法和主观法的规范性对照无法克服……只有在内容上接受各种基本权利保障与基本权利限制的具体特殊性，将法律*的规范关联起来，采取差异化的解释程

---

〔169〕　参见第一节第二款二(1)(b)、(2)(b)。

〔170〕　Vgl. Menger, Zum baurechtlichen Nachbarschutz, VerwArch 1978, S. 315f.；本节第三款、第二节第三款(c)。

*　这里的"法律"，原文是"单纯法律"（单纯法律）。在德语中，广义的法律（Gesetz）也包含成文宪法。故而，为了明确表达非宪法的法律，会使用"单纯法律"（einfaches Gesetz）的术语。不过，在中文中，宪法和法律常列使用，通常的法律并不包括宪法。所以，在翻译时仅使用"法律"来表达。——译者注

序，才能成功地将公权向基本权利秩序有效开放。"

如此，肖尔茨将法律的规范行为分为侵害基本权利（grundrechtseingreifend）的规范行为（使防御权成立）和保全（sichern）基本权利的规范行为，又将后者细分为形成基本权利的（grundrechtsprägend）、防止滥用的（mißbrauchswehrend）、消解竞合或冲突的（konkurrenz-oder kollisionslösend）规范行为。他又将基本权利的领域分为"以宪法上基本权利保障自身为对象"的"内核"（Kern）（涉及侵害基本权利的规范和部分形成基本权利的规范）与"并不强制课予立法者义务"的"外庭"（Vorhof）（涉及其他基本权利保全性规范）。[171]

过去的保护目的理论在为主观法提供基础之际，确实主张主观法和客观法的结合，同时因没有展示结合的内在根据，结果过高评价了立法者形成客观法规范命题、客观法的权能。[172]而肖尔茨标榜以基本权利体系作为结合的内在根据（基本权利体系并不是根据形式法治国观念切断主观法和客观法的东西[173]），"功能性地"解释法，在宪法的层面上解决结合的问题。[174]肖尔茨对规范行为和基本权利领域的分类使主观法和客观法，进而是私益和公益、个人和国家得以"差异化"，显示了在"差异化"的相互关系中加以把握的方向。但是，这一分类最终没有被赋予基础的意义，肖尔茨的逻辑毋宁是流入了下述的方向。

肖尔茨主张，"从基本权利的防御权向基本权利的分配参与权（Teilhaberecht）转换"。

---

〔171〕　Scholz, Konkurrentenschutz, S. 122-151, S. 90-92. 以基本权利为基准对法律的规范行为进行分类，依据的是 Lerche, Übermaß. 不过，莱尔歇（Lerche, Wirtschaftliche Agenda der Gemeinden und Klagerecht Privater, JurA 1970, S. 821ff.）不同于肖尔茨，大致立于传统的保护规范说。

〔172〕　参见第一节第二款二（1）（b）、（2）（b）。

〔173〕　参见第二节，尤其是以《基本法》第 2 条第 1 款为主观法概括性地提供基础的学说（第二款二）。

〔174〕　如前所述，肖尔茨批判了亨克，但主观法和客观法的结合、法解释中规范性和事实性的结合的问题意识，两者是共通的（参见第三款）。

　　"这一转换是国家越来越多地整理社会秩序，以及相对应的个人越来越多地被纳入集团和秩序的客观关系的逻辑结果。社会国家的'受共同体拘束的个人'已经不是在国家权力和市民自由之间孤立地以侵害为方向的关系中活动，而是成为国家所组织的社会组成的'成员'和参与者……这种社会组成不再是'从外部'切除个人自由，而是'向内'进入自己的组织管理……所以，宪法上的自由已经不只是对'外部'自由限制的单纯防御，还必须被课予组织化的'向内'自由的义务。"

　　这种"转换"得到"相互补偿（wechselseitige Kompensation）原理"的支持，它是"社会法治国的一般功能准则"，"使自由主义的自由保障和社会的自由保障实现价值统一（Werteinheit）"。"个人的社会从属度会提高侵害感染度。为此，自由主义的自由保障与防御权或消极地位原则上需要社会的自由保障和分配参与权或积极地位来补充。原因在于，只有基本权利的分配参与权，才能调整（ausgleichen）对自由的威胁的增加度与基本权利防御请求权的实效性减少度。反之亦然。侵害强度（从属度）与国家的社会考虑一起增加，需要以自由主义防御权来补偿。"

　　进一步详述这一原理。"国家在组成社会上的重要秩序任务在于，将共同体或集团的相关社会关系嵌入适合自由的秩序和组织形式，赋予个人'受共同体的拘束'以内容上的形态。对组成社会的自由的规范常常是客观法规定的。一般自由秩序必然的客观化或类型化、规范自由的超个人秩序暗含了这一要求。立法者只有以更为一般的形式，亦即脱离纯粹的个人利益，才能组成（形成）基本权利的自由领域……不过，具体的客观法秩序促进（类型化的）个人自由、追求自由的社会前提的保全，这种情况并不由此而有所改变。由此就可以导出，各个客观法秩序也必须向主观的（分配参与）请求权开放。这是因为，只有这种请求权，才能补偿常常与客观法秩序相结合的对自由的限制。"[175]

---

〔175〕　Scholz, Konkurrentenschutz, S. 152-161.

为了"补偿"个人对"组成社会的国家""共同体"的从属化、个人地位的相对化，肖尔茨在防御权之外，要求强化个人在国家和共同体"之内的"地位（分配参与权）。这刚好与给付行政和计划行政受关注的时代背景相对应。但是，在现在来看，需要考虑国家或共同体对个人的功能不全、国家或共同体的地位相对化，承认国家、共同体与个人之间更为复杂化、差异化的相互关系。

这种问题在主观法和客观法的关系，进而是私益和公益的关系中变得更为鲜明。肖尔茨说，

> "如果个人在事实上的利益在宪法上正当地代表（Repräsentation）客观法上的秩序决定，权利就得到承认……代表在这一意义上是指一种特别的关系，即法律上的秩序决定与事实上的利益内容一致（Kongruenz）。""在这里，有关个人并不是仅为个人私益而行动。他毋宁是作为类型化（typisch）自由保全的代表者（Repräsentant），同时为获得客观法上利益的一般人而行动……个人的法的地位可以说移至客观法的秩序决定和主观私益的交叉点（Schnittpunkt）。宪法上所意图的代表这一媒介要素将两者相互结合在一起，在具体的事例中给客观法和主观法的距离架起桥梁。"这时，"私益和公益的一致不只是纯粹偶然的内容同一……客观法上的公益由主观的私益以特别适合基本权利的形态来代表。私的利益主体授益给他，追求与其私益在基本权利类型上一致的公益时，在私人的'自己利益'中，与其一起同时实现公共的'他人利益'。"

> 结论——"不仅是法律规定有意且事实上保护私益的情形，而且，客观法的法律规定事实上授予私益，可以援用基本权利的价值决定，根据其价值决定，在内容类型上代表法律规定本来或首要追求的公益，公权都得到承认。"[176]

224

---

[176]　A. a. O., S. 161-171, S. 87-90. 以上所述在 Scholz, Die öffentlich-rechtliche Konkurrentenklage, Wirtschaftsrecht 1972, S. 49-66; ders., Verwaltungsverantwortung und Verwaltungsgerichtsbarkeit, VVDStRL 34, S. 198-207 中反复提及。

如此，肖尔茨仅尝试在客观法和公益之内包括、综合主观法和私益，而没有尝试将客观法和公益进一步分解、分析为主观法和私益。因此，有观点认为，主观法和私益被缩小为客观法和公益的量的部分。不仅是亨克的批判——"不是由各个市民自己的权利，而是由'代表的'个人保护公共秩序"，[177]而且洛伦茨对黑贝勒（Häberle）的下述批判，对肖尔茨也是妥当的：

> "尽管强调基本权利规定的制度和权利两'面'等位，制度的内容仍必然处于优位。这是因为，如果决定制度内容的现象领域是给定的，只是能被单纯接纳，并以高高的宪法来塑造，正是这种现象领域，优位于同样先于法秩序的各个人的人格构造，决定各个基本权利的内容。"[178]

第三款　从共同体到法关系

一、亨克

（1）亨克在《公权》的著作中希望，①独立于起诉权能给实体公权提供基础，②独立于立法者保护利益的意思给权利提供基础。①意味着参照民事法学的做法，[179]使实体的请求权独立于诉权；②意味着探究将客观法秩序"再主观化"的理论，客观法秩序替代了各种高权和既得权这种主观法的对置[180]而出现，扬弃了公共利益和自然自由。[181]

亨克提出了下述法治国家观念：

---

[177] Henke, Zur Lehre vom söR, in: ders., Ausgewählte Aufsätze, S. 39 Anm. 42.
[178] Lorenz, Rechtsschutz, S. 76.
[179] 参见第一章第三节第一款、第二章第二节第一款（2）（c）。
[180] 参见第一章第一节第二款。
[181] Henke, söR, S. 1-39.

225

"如果法治国家概念从与全体国家这种理想类型观念的结合中解放出来，在法律或行政未能实现更高的统一体时，市民再次作为个人出现，其人格与作为人格的国家相对立。同时，从法治国家的外在（extern）观点，亦即在与更高统一体抛掷出来的个人的关系中，出现了恢复更高的统一体要求。""从外在观点来看，法治国家在法上要求并在法上保障在法律和所有国家措施中实现公共利益和个人自由的更高的统一体。这意味着，如果在个人自由被剥夺时，没有在法律更高的统一体中个人自由与公共利益相协调这一前提，个人自由就不受限制。如果法律更高的统一体被损毁，个人自由同时就被损毁。前述限制自由的前提是合法的，因而，相对于国家的个人权利是从其损毁中产生的。法治国家的外在观点也进一步意味着，市民通过参与分配国家的给付和保障，被法律统合进公共利益和个人利益的更高的统一体，法律的损毁同样导致个人相对于国家的权利。也就是说，行政未能实现法律拘束性地所赋予的公共利益和个人利益的更高的统一体，市民由此从国家的成员变成单个的私人时，公权就是补充市民的地位。在外在观点中，法治国家是这样一种国家……市民被拒绝作为成员归属于全体，可以通过权利和法院强制实现归属。""国家与涉及违反法律的个人之间的关系不是仅为法律的反射，其自身本来也总是法的关系。个人不仅作为全体的成员参与全体的内在秩序，还作为个人处于与全体的法关系之中。在法治国家中，无论何时何地，只要行政与市民相互对抗，市民相对于行政的地位，都因为宪法之故而是法的地位，而不以特别的法律赋予为根据。"[182]

最终，公权的要件如下：

"在将法律上的法个人化、主观化之际，没有原则性问题。

自己的事务（Angelegenheiten）通过法律与公共事务相协调，并被纳入更高的统一体。因而，法律与自己相关（betreffen），自己事务因行政违反该法律的行为而受到损害（betroffen）者……在法治国家之下就具有公权。""决定客观法的个人化、主观化者，并非立法者……个人自由和公共利益一起被法律调整并扬弃，进入一个更高的秩序中，但是，并没有实现法律为自己事务而指示的更高的秩序，因此，他作为个人，再次与行政、国家相对，其自然的、事实上的个人性为对应的公权提供了人格基础。"[183]

在这里，亨克反复明确的逻辑是，如果行政遵守法律，实现更高的秩序和统一体，市民相对于国家就处于成员对全体的关系，不能拥有权利；如果行政违反法律，未能实现更高的秩序和统一体，市民相对于国家就作为同等的私人、个人、人格而能拥有权利。另一方面，亨克还默示潜伏着其他逻辑。市民具有个人性、个人自由、自己的事务，法律将其与公共利益相协调并予以扬弃，这时，法律"关涉"市民的"事务"(市民的"事务"成为法律所规范的"对象"与"内容"[184])，法律的损毁同时也是个人性、个人自由的损毁。但是，前者的逻辑和门格的复善请求权一样，[185] 在将秩序和统一体把握为静态和状态上存在问题，并没有导出主观法归属于谁。也就是说，并没有作为主观法的根据发挥功能。实际上，亨克在分析"行政裁判中的公权"一章中，只使用了后一种逻辑。[186]祖尔认为，"即使不对国家念着'越权即为私人'的咒语，市民也能拥有公权"，他指出，需要阐明"个人自由"的性质。[187]而洛伦茨认为，权利因违反法律而"产生"（前者的逻辑），同时又"被损毁"（后者的逻辑），亨克存在

〔183〕 A. a. O. , S. 60f.

〔184〕 A. a. O. , S. 75f.

〔185〕 参见第一款。

〔186〕 A. a. O. , S. 62–93.

〔187〕 Suhr, Buchbesprechung, Der Staat 1970, S. 551.

"内在的矛盾"。[188]

概言之，亨克有意将客观法的主观化，在这一意义上将客观法和主观法在实质上建立起内容上的关系。他并没有将这一关系化委诸客观法律的立法者作出决定，而是将其作为法治国家的要求。这与过去的保护规范说形成对照，后者将客观法和主观法建立外在的关系，因而过于重视客观法律的立法者权能。[189]亨克说，

> "耶林完成了将法的世界分为规范性（Normativität）和事实性（Faktizität）的工作，将权利完全推到规范性一侧。个人只剩下'利益'，立法者可以通过赋予意思力将其提升为权利。为了避免这一图式，这里使用自己事务的概念。自己的事务并没有像利益那样脱离权利。这是因为，自己的事务并不是立法者可以裁量塑造为权利的单纯原料。在自己的事务中，已经潜藏着权利。"[190]

但是，亨克前述的前一种逻辑是作为从客观法角度的关系化逻辑而准备的，实际上并不发挥功能，"具有精确内容的实体权如何能从无视客观法律或者违反行政的法律上给付义务产生，这一本来的问题仍不明确"。[191]最终只出现了亨克前述的后一种逻辑，它是作为从主观法角度的关系化逻辑而潜藏的，客观法和主观法的关系并没有得到明确。亨克只能甘受违反其意图的批判，批判意见认为，他仅以事实

228

---

[188] Lorenz, Rechtsschutz, S. 53f. Anm. 14. 亨克（Henke, Zur Lehre vom söR, in: ders., Ausgewählte Aufsätze, S. 35 Anm. 28）技术性地回答，"不作为请求权及消除请求权并不是由法律抽象地提供根据，而是在违反法律上的禁止时才具体地提供根据"。

[189] 参见前款注（172）。亨克批判肖尔茨和洛伦茨广泛援用基本权利（Henke, Zur Lehre vom söR, in: ders., Ausgewählte Aufsätze, S. 29 Anm. 11），但为了将客观法和主观法实质关联起来的同样目标，亨克援用法治国家，而肖尔茨和洛伦茨援用基本权利[参见第二款、本款二（1）（b）]。

[190] Henke, söR, S. 61. 当然，耶林的"利益"概念具有实质性分析现象关联性的功能（第一章第三节第二款一）。

[191] Rupp, Buchbesprechung, DVBl. 1969, S. 221.

上的关联为权利提供根据，[192] 否则，他在批判过去保护规范说的同时
最终又回到那里。[193] 瓦尔冷静地分析了上述情况。

> "总之，在权利的法律从属性-法律非从属性的标题之下所作
> 的、正在进行有关〔通说和亨克等人之间的〕原则的讨论，并不
> 能正确地看出是否实际上从不同观念出发得出不同结果……很明
> 显，亨克并没有仅从法律非从属性的、事实上的侵害出发作出判
> 断。除了〔通说和亨克等人的学说〕可能趋同之外，无论如何，
> 亨克、巴特尔施佩格、肖尔茨和洛伦茨等的论述[194] 敏锐地意识
> 到，在人的自己事务实际上受法律规范时，立法者无法自由决定
> 是否承认权利。"[195]

亨克在之后的《公权论》中提及，"对事情（Sachverhalt）与第
三人的关联程度进行评价，并与该评价相关联来解释法律"，还提及
"法律所规范的现象关联性（Sachzusammenhang）"。但是，未作具体
展开。[196] 如后所述，亨克在《公法体系中的权利》中放弃了前述的
前一种逻辑。但是，并没有取而代之，提出某种逻辑补充前述的后一
种逻辑。于是，亨克逐渐放弃了以上"法实践的"问题，而向以下
"原则性、体系性"问题倾斜。[197]

（2）（a）亨克在《公权》的"公权的体系"一章，以及《公权

---

[192] Wolff/Bachof, VerwR Ⅰ, § 43 Ⅰ. b. 2 [Bachof]; Lorenz, a. a. O., S. 61f.; Fri-
auf, Der Rechtsschutz des sog. Dritten, JurA 1969, S. 11f. 以及门格、肖尔茨 [第一款注
（170）、前款注（171）] 的批判。另参见第二节第二款二。亨克（Henke, Zur Lehre zum
söR, in: ders., Ausgewählte Aufsätze, S. 35-40）反驳说，这种批判是"误解"。

[193] Hoffmann, Abwehranspruch, S. 59 Anm. 60; Zuleeg, Hat das subjektive öffentliche
Recht noch eine Daseinsberechtigung?, DVBl. 1976, S. 516.

[194] 本款的所有分析对象。亨克（Henke, a. a. O.）肯定性地引用了巴特尔施佩
格、肖尔茨和洛伦茨等的观点。

[195] Wahl, Teilentscheidungen, DÖV 1975, S. 376f.

[196] Henke, a. a. O.

[197] Henke, Das subjektive Recht, in: ders., Ausgewählte Aufsätze, S. 41-43.

论》中说，

　　"通说认为，行政行为客观上违法，同时损毁了市民详细而不特定的主观性'法的地位'时，对于行政行为的防御权就成立了。但是，在这一方法中，'法的地位'并未具体化为特定的请求权。这是因为，客观法（授权规范）的损毁与主观性'法的地位'的损毁这两个要件仍未结合起来……在《行政法院法》第113条第1款第1句和第42条第2款中，行政行为违反法律与市民'权利'损毁的重复要件是所有困难的出发点。""将针对行政的公权构想为排除请求权、绝对权的流出，将被解作基本权利、一般自由权、地位的'法的地位'作为要求行政侵害的防御或不作为的公权'根源权'来构成，这是不合时宜的……与涉及市民的违反法律的行政行为相对抗，市民一方的权利必须是法律上的请求权。该请求权必须以判断行政行为是否合法的相同法律为根据。这种法律的全体在某种意义上必须被理解为公债权法，而不是对自由的准物权法的限制，它与《德国民法典》第1004条第2款课予所有权人的义务一样，课予市民容忍义务。"

　　在这一背景中有下述历史图式。"尤其是最近两百年，可以看到从绝对权的优位向法律所确定的个别请求权的优位发展。古老静态的法秩序以所有权及相应的绝对权为基础。""所有权与自由作为自立的实体性侧面与理念性侧面具有诸多共通性。这些是个人的自律领域。〔但是〕如果人格之间的关系变得越强，其边界就越是流动化，最终不是维持边界，而是移动或逾越边界……不是权利防护（Rechtswahrung），而是权利交流（Rechtsverkehr），成为法所规范、判断的本来对象。法秩序从利益归属和划定界限变成利益移动和协作的秩序……行政法含有自由侵害、限制、形成的授权，数量不可预见，因而……自由和拘束的简单二分已然并不充分。""近年动态的法秩序……以从权利交流中产生的请求权、债权作为基础……问题在于，通过市民特定的消极权利和积极权利，为其与行政的关系作为可信赖的法关系提供基础，这些

权利产生于每一次行政法律与法律上的相互负担、授益和保障。"〔198〕

于是，亨克不是以静态的自立或自律领域的防护和限制，而是在动态的人格之间的交流和关系中把握主观法。如此，他就使主观法与客观法相结合，客观法与社会现象相应而变动，个别地规范社会现象。〔199〕适合这种主观法观的概念不是自足的绝对权，而是直接与义务相对应的请求权。〔200〕另一方面，亨克因为如(1)所示将客观的秩序和统一体看作静态和状态，并没有将客观法自身理解为动态、交流和关系。也就是说，他没有将主观法观念与客观法在内容上结合起来，主观法是将社会现象作为过程加以分析的。因而，如下所示，亨克的请求权概念归为布勒、巴霍夫请求权概念的同样构成，他们依据的是将客观法和主观法相分离的形式法治国观念。

①对应于撤销诉讼的请求权。"在不存在法律的要件时，行政不得进行规范（anordnen），亦即被课予规范不作为的义务……尽管如此，市民与制定的规范相关，也有要求不作为的请求权。"②对应于课予义务诉讼的请求权。"规范行政的行为的法律，赋予市民实体的请求权，要求积极给付、制定行政行为。"〔201〕

这种请求权构成与布勒、巴霍夫的情形一样，具有以下问题：〔202〕第一，如果其构成是以自由为前提，用规范片段地为义务和请求权提

〔198〕 Henke，söR，S. 97 - 101；ders. Zur Lehre vom söR，in：ders.，Ausgewählte Aufsätze，S. 26-28. 不过，亨克认为，在法律没有规范行政与市民的关系时，直接适用基本权利，从基本权利这种绝对权中产生请求权（修改了 ders.，söR，S. 110f. 的学说，ders.，Zur Lehre vom söR，in：ders.，Ausgewählte Aufsätze，S. 28-31）。对于基本权利的详述，参见 ders.，Grundrechte，in：ders.，Ausgewählte Aufsätze，S. 67ff.

〔199〕 对于主观法的动态化、主观法和客观法相符合，参见第一章第一节第二款。

〔200〕 对于绝对权（支配权）和请求权的对比，参见第一章第三节第一款、第三款、本章第二节第二款。

〔201〕 Henke，söR，S. 102f.，S. 112.

〔202〕 参见第二章第二节第三款(1)、本章第一节第二款二(1)。

供根据，负担性行政行为的相对人就可以不援用请求权或规范主张自由或义务不存在。但是，如果根据亨克的构成，相反，负担性行政行为的相对人必须援用请求权或规范。第二，亨克的请求权以行政机关（不或者消除）作出执行或规范行为为对象。[203]但是，该行为并不直接表达实体法的内容，而是使用程序法概念（执行、规范）——在这一意义上是抽象的、形而上的——来表达。

第二个问题有下述背景，亨克在另一方面说道，

> "行政行为只有在符合法律时，才是最终的'个案的法的规范（Regelung）'，最终为市民确定何为对市民而言的法，排除所有对抗权。而行政行为在违反法律作出时，就没有这一性质。在这里，'超越权限即成为私人'，在转用的意义上是有效的……在满足法律时，在个案中将命令或禁止提升为关于市民权利义务的最终决定，但对于违反法律的行政命令或禁止，就成为市民不作为请求权的基础。"

也就是说，亨克认为，市民和行政机关之间的实体法关系与行政行为的程序法限制是不相容的。但另一方面，亨克认为，"在'公法上的请求权'概念中，人格法（Personenrecht）与职务法（Amtsrecht）之间存在内在的紧张。公权自身具有雅努斯（Janus）的两面性"，对于行政诉讼中市民和行政机关之间的关系，他还说道，231

> "行政裁判程序确实真正是'真的'裁判程序，同时因有机关参加，它含有上位审级的控制要素。正如公权的确是人格自己的权利，但作为公权，它不能完全脱离国家职务、机关制度的秩序，行政诉讼是真的诉讼，但其中仍有行政内部程序的痕迹。"
> 例如，不服申诉前置、起诉期限限制、停止执行、撤销诉讼的形

---

〔203〕　亨克（Henke，söR，S. 105-107）将行政机关的执行作为请求权的对象，但是，ders., Zur Lehre vom söR, in: ders., Ausgewählte Aufsätze, S. 33f. 改作行政机关的规范以及执行。

成诉讼性、撤销诉讼的诉讼标的含有行政行为的违法性等。

在这里，亨克使市民和行政机关之间的实体法关系与作为行政行为的"高权性法决定"的程序法性质相协调。亨克最终未能明确两者的关系，只是暧昧地认为，行政行为的程序法性质是作为市民和行政机关之间实体法关系的"例外"而出现的。[204]

（b）亨克在《公法体系中的权利》中受沙普学说启发，[205]明确改变了自己的学说。也就是说，不再将客观性秩序和统一体假定为静态和状态，念着"越权即为私人"的咒语，而将"法的关系"置于讨论的中心。

> "要打破个人主义和社会主义择一的魔咒，唯一之道在于……关注法所作用的日常生活现实，它是由具体生活关系而非抽象原理而构成的。法秩序要把握、反映、整序这一现实，法秩序的基础就必须是法的关系，而不是全方位具有潜在请求权的孤立个人，不是客观秩序或者作为仅仅从属于它的部分或其成员的个人。这是因为，法的关系是人与人现实关系的法的衣装，通过权利义务使两个关系人相互结合……以法的关系作为全部权利的基础，这在公法中意味着：既不是具有以基本权利为边界的自律领域的独立个人，也不是作为'支配秩序'的主权国家或作为'功能体系'（Funktionssystem）的社会，而是国家——官署、官厅、在其中活动的人——与市民的关系是行政法所有法体系的基础……公法关系之所以不同于私法关系，并不是因为个别市民作为超人格组织的部分出现，该组织是一种封闭的包含着市民及其冲动的控制论系统，产生客观法，在作为高级秩序的客观法中扬弃了市民的'意思'和'利益'或者事务。公法关系的特殊性毋宁是在于，作为另一方关系人的'行政'……并不是像私人那样原则上

232

---

[204]　以上引自 Henke, söR, S. 103-105, S. 110, S. 124f., S. 127-132, S. 140f.

[205]　参见第一章第三节第二款四（3）。

自由行为，而是始终在职务的严格拘束和责任中行为。"[206]

在这里，"法的关系"是作为法学上媒介概念、"关系"概念来认识的，法"把握、反映、整序""现实"，亦即法的系统从生活世界获得刺激，并给它刺激，也就是说法的系统向生活世界开放自己。亨克将"关系化技术"（Relationstechnik）当作"法学特有的方法"，关系化技术是"从获得承认的法学一般概念或命题角度收集、整序生活现实的直接素材，面向该素材解释概念或命题……是预先设计的概念与日常生活现实的媒介（Vermittlung）术"。他进一步说，

> "法的概念并不是脱离存在的'当为概念'，而是存在与当为的媒介……法的概念是关系概念（Verhältnisbegriffe）。在其中来把握、解决现实中种种相互独立的个体之间，特别是人格之间的紧张关系。把握和解决并不是将一方还原为另一方，不是确定一方对另一方因果关系上、功能上或者其他的从属性，而是根据两者之间正确的决定进行的。"

于是，亨克通过"行为"概念将法的系统和生活世界联系起来。

> "客观性并不补偿主观性的缺点，而高度的一般性并不补偿个别性的缺点。如果停留于现实，替代个别化的是自由个人的人际关系……某人对他人的自由意思行为是所有法的出发点。但是，它并不是脱离行为的纯粹意思，行为不是生活世界的独立现象。它是在作出行为的关系中，或者在行为的基础上终了的关系中整体上的行为。法只有在完全直接或间接与这种行为的关系（Handlungsbeziehung）发生联系时，才能维持自由，为人的正义而留有余地……为了法的目的，被理解为法关系的生活关系必须

233

---

[206]　Henke, Das subjektive Recht, in: ders., Ausgewählte Aufsätze, S. 44-47. 另外，亨克区分了"一般法关系"与"特别法关系"，前者如绝对权等，权利义务并未特定，后者则是权利义务已经特定。

是整个法秩序的起点和终点。"[207]

然而，亨克在注(206)的叙述之后接着说，

"'行政'、官署、官厅也立于法的关系，在法的关系中具有权利。或者说'高权性权能'至少也有这一侧面。""如果不脱离权利的个人性、人格性，以及在这一限度上'私的'性质，使权利——'在法的技术性上'——也为国家所承认，就不能在法学特有的——'法技术性'——体系学中表达一贯自由的法秩序。如果承认国家是法人——无论如何都是'在法的技术性上'……仅此才有可能使权利得到国家的承认。""公法仍为'一般权力关系'论所束缚……在法治国家中没有'权力关系'，国家与市民的所有关系都是法的关系。"[208]

在这里，亨克可以说假定了个人仅为自由或主观权利的空间、国家权力仅为客观秩序的空间，在与它们的对比中构成法的关系。问题仅为是否（ob）为市民和行政建立关系。这是在与"越权即为私人"论调的对比中构成法的关系，仍为"咒语"所束缚，使问题矮小化。相反，根据本章的探讨，需要在与主观法和客观法的孤立化、主观法和客观法的同质化的对比中，构成主观法和客观法的"关系"。于是，在此背景下，需要在与形式法治国观念和共同体观念的对比中，安置"实质性"法治国观念（下一节探讨）。真正的问题在于如何（wie）建立市民和行政之间的关系。借用亨克的话来说，没有"世界观或政治的背景"，"'法技术性'亦即法学的"权利构成只能是"形式性"的。[209]

根据第二章的探讨，构成"（一般）权力关系"概念，是为了表

---

[207] Henke, Die Lehre vom Staat, Der Staat 1973, S. 225, S. 235f. ; Henke, Recht und Staat, S. 608.

[208] 注(206)所列文献。

[209] Vgl. Henke, Das subjektive Recht, in: ders. , Ausgewählte Aufsätze, S. 51.

示亨克也认可的"公法关系的特殊性"，比如"作为另一方关系人的'行政'……并不是像私人那样原则上自由行为，而是始终在职务的严格拘束和责任中作出行为"。于是，该"权力关系"在公法关系中才被主观化为"公权"。问题在于，"权力关系"概念只是表示参与、程序这种公法关系的一个观点（Teilaspekt），切除了公法关系与私法关系相互作用、竞合的空间，因而，仅以"权力关系"概念，就只能表达整体性的（monolithisch）等级法体系和国家图景。要解决问题，就需要将"权力关系"与公法关系的目的和内容，或者说与公法关系和私法关系的共通磁场组合起来，来表达复合的功能性（funktional）法体系和国家图景。亨克自身也给出了这样的解答。他说，

> "实质法"和"形式法"（formelles Recht）是有区分的，前者"涉及某人对他人可以提出某种要求以及要求的内容"，后者"涉及决定某人可以要求他人的样态和方法"。后者由设定、确定、执行三个阶段构成。"纯粹形式的法秩序意味着法的完全国家化……反之，纯粹的实质法则是完全去国家化。〔但是〕我们的法秩序是实质法和形式法的结合。"于是，一方面，"在私人生活领域，有诸多空间……留给纯粹的实体性请求权"，另一方面，在公法领域也存在实质法关系，行政还具有通过行政行为确定、执行法的权能。"公法以实质法和形式法更为紧密的结合为特征……公的请求权与私的请求权一样，首先具有实质的性质，但与私的请求权不同，它原则上与相应的形式性权利相结合而出现，促进请求权的确定和执行。"[210]

此外，亨克之后还有所辨明。"我所说的是，优位关系——以前被称作权力关系——在法治国家也是法的关系。优位仅存在于，在职务中作出行为的人可以对市民单方决定何为对其而言的法……于是，'法的关系'意味着作出职务行为者必须有权

234

---

[210]　A. a. O., S. 49–57.

利这么做。"[211]

将如此区分的实质法和形式法构成为主观法或法关系，亨克成功了吗？亨克在《公权论》[前述（a）]中的立论是，"人为地物质化，而没有正确地区分法的实质性要素和形式性要素"，但他明确修改了自己的学说：

> ①在行政行为（给付决定）确定私人要求行政提供金钱、物以及其他给付的实质请求权时，（要求给付决定）课予义务诉讼就是要使实质请求权得到履行、使行政行为确定请求权。②对于行政要求私人作为或不作为的实质请求权，行政行为（许可）确定其不存在时，（要求赋予许可）课予义务诉讼是"程序法上的给付诉讼"，要通过行政行为确定请求权不存在。③对于行政要求私人行为的实质请求权，行政行为（下令、禁止）确定其存在时，（下令、禁止的）撤销诉讼是"程序法上的形成诉讼"（也附随着确定实质法的效果），撤销行政行为对请求权存在的确定（间接主张实质请求权的不存在）。[212]

在这里，第一，亨克明确区分了两种情形：一是私人不援用请求权或规范就可以主张自由或义务不存在（②与③），二是必须援用请求权或规范（①）。亨克又补充了如下说明：

> "附许可保留的禁止是一种根据法律进行规范的特别形态，为了更简便、更确实地进行控制，它实际上使自由和侵害的通常关系发生逆转。实质请求权和形式性确定的关系逆转（〔确定请求权不存在〕）只是其归结而已。从中就必须进一步归结为，在要求赋予许可的课予义务诉讼中，主张确定行政的请求权不存

---

[211] Henke, Wandel der Dogmatik, in: ders., Ausgewählte Aufsätze, S. 182; ders., Recht und Staat, S. 613 Anm. 6. 另外，对于私法和公法的交错，vgl. a. a. O., S. 631ff.

[212] Henke, Das subjektive Recht, in: ders., Ausgewählte Aufsätze, S. 60—66.

在，而非实质性给付请求权。这也只是归结为行政具有确定自己请求权的权能。"[213]

但是，第二，亨克的上述学说是"在法技术上"构成行政的实质请求权，因而，并未给第三人的实质权利作出定位，或并没有给出适当的定位。

第三，亨克的"形式法"并不是指调查、听证等程序的过程，而完全是指法的"设定、确定、执行"这种程序的结果。亨克区分了行政行为的实质方面和形式方面，后者是"行政程序的终结部分"。他还指出，"在行政行为仅有形式的瑕疵时，首先只有确定本身的形式有效性，成为裁判中审查、决定的对象。但是，法院必须全面审查法的视点，而不限定为审查所主张的瑕疵，因而，也总是审理行政行为的实质正当性，将其结果亦即机关的请求权存在与否纳入判断"，并没有给程序的过程瑕疵独立的位置。[214]

此外，亨克认为，"针对行政行为或者要求行政行为之诉，与上诉不同，并不是仅仅要上级审级再审查已经一度作出的决定"，将课予义务诉讼、撤销诉讼分别作为"程序法上的给付诉讼""程序法上的形成诉讼"来构成，这与上诉是同样的构成。亨克说，

"〔②的〕课予义务诉讼……只具有形式的性质，这是因为行政具有自行确定请求权的权能。""〔在③的情形中〕消极的确认诉讼并不充分。这是因为，确认行政主张的请求权不存在与确定行政的请求权存在是对立的。"[215]

---

[213] A. a. O., S. 61.

[214] Henke, Die Rechtsformen der sozialen Sicherung, VVDStRL 28, S. 160; ders., Das subjektive Recht, in: ders., Ausgewählte Aufsätze, S. 64.

[215] Henke, Das subjektive Recht, in: ders., Ausgewählte Aufsätze, S. 59-64. 当然，亨克在理论上或立法论上认可下述可能性：①与②的情形，"从提起诉讼之时完全撤销（aufheben）行政的确定权能，以有确定力的判决替代（ersetzen）所要求的行政行为"；③的情形，"纯粹消极的实体性确认判决只是默示或附随地撤销行政的确定"。但这时也一定需要通过提起诉讼、判决来"撤销"或"替代"行政的确定权能或确定。

236

这种与上诉相同的构成，是依据将市民和行政机关或者法院看作一体的"形式法关系"来说的。但是，根据权力分立原理，行政行为程序中市民和行政机关之间的法关系与行政裁判程序中市民和法院之间的法关系，首先应当区分来观想。最终，亨克着眼于结果，而非程序的过程，又将行政程序和裁判程序一体化，他并没有摆脱更高秩序和统一体理念的"魔咒"。

239

二、巴特尔施佩格、洛伦茨、舒尔

（1）在公权的"法实践的"问题上〔一（1）〕，巴特尔施佩格、洛伦茨与亨克立场相近。[216]

（a）巴特尔施佩格认为，将公权的承认与否委诸立法者决定，违反宪法（《基本法》第19条第4款等），"在客观评价事实上的规范作用时，如果可以确认与个人直接关联，〔亦即它〕具体而直接地涉及（betreffen）权力服从者〔的事务（Angelegenheit）〕"，就承认公权。例如，在建设许可上，有观点认为，如果权利人的范围不能从规范上得到充分明确的特定、划定，就会损害建筑主地位的法安定性。他反驳指出，权利人的范围依存于在具体事例中事实上的状况，建设许可在法上既规范建筑主，也规范相邻人，亦即"建筑主和相邻人原则上与建设许可同样相关，因而处于可能互换的法的地位"。[217]

于是，巴特尔施佩格在规范性与事实性之间架起桥梁，要求"被违反的法规范与个人利益状况之间真正的主观违法关联性"。但是，除了暗示相对人与第三人的"互换"关系之外，其并未明确"主观违

---

〔216〕 Ress, söR, in: Ermacora usw. (Hrsg.), Allgemeines Verwaltungsrecht, S. 124f. 其口吻也与亨克相近。

〔217〕 Bartlsperger, Das Dilemma des baulichen Nachbarrechts, VerwArch 1969, S. 35f., S. 47-55, S. 63; ders., Der Rechtsanspruch auf Beachtung von Vorschriften des Verwaltungs-verfahrensrechts, DVBl. 1970, S. 31-33; ders., Baunachbarklage, DVBl. 1971, S. 728-732; ders., Organisierte Einwirkungen auf die Verwaltung, VVDStRL 33, S. 252f. 对于"特定性"，参见第一节第二款二（2）（b）②。

法关联性"的含义，与亨克一样，受到违反其意的批判。[218]

（b）洛伦茨承认公权作为"根据自己责任形成生活的基础地位"具有"实质性""积极的"意义，作为"防御请求权"保护不受国家违法侵害的私人地位具有"消极的"意义。形式法治国观念[219]重视后者，而洛伦茨重视前者。根据形式法治国观念，公权的"法之力"需要特别的根据，[220]但洛伦茨认为，那是公权的"内容"，而非其"要件"，因此，不需要特别的根据。对于保护规范说，他说，

> "公法法律首先促进公益事项的规范，大抵只是在与公益事项相协调时使私益有效。故而，即使从客观上来理解，这种法律的'意图'也不是保护私益，而是自然地考虑个人利益，加以'扬弃'，创造客观秩序……这对于所谓保护目的也同样适用。法律的任务首先在于以宪法为基础，构成客观法秩序。因而，通常不能从法律中解读出特定的目的方向，使客观的法适用具有必要最小限度的确定性……立法者没有作出（消极）决定的余地。"[221]

公权的根据在于宪法，尤其是基本权利。"不过，基本权利不能被理解为固定的绝对地位，而必须被看作在个案中由法律来展开。故而，要肯定权利，问题就不在于违反法律的行为是否同时损毁基本权利。但是，仅仅是有关法律的基本权利相当性（Grundrechtserheblichkeit），并不充分。重要的是有关法律与其中基本权利的关系（Relation）。根据该关系，规范行为与是否有助于防止滥用、消解冲突、形成基本权利[222]相应，获得（empfan-

240

---

〔218〕　参见注（192）、注（193）。Ders., Der Rechtsanspruch auf Beachtung von Vorschriften des Verwaltungsverfahrensrechts, DVBl. 1970, S. 32 Anm. 25a.; ders., Baunachbarklage, DVBl. 1971, S. 731 Anm. 60 与亨克一样，反驳了批判。

〔219〕　参见第二节序。

〔220〕　参见第一节第二款二（2）。

〔221〕　参见第一节第二款二（2）（b）①。

〔222〕　参见第二款。

gen）多样的阶段性主观关系性（Bezüge），由此，损毁以法律为根据的权利就成为可能。这时，并不需要存在基本权利的侵害。"[223]

因此，虽然洛伦茨标榜在主观法和客观法之间建立了"多样的阶段性"关系，但仅仅谈及基本权利为主观法提供根据，而没有考察客观法，所以，未能明确两者的关系。有批判认为，洛伦茨只考虑了直接适用基本权利规定的情形，[224]而这与洛伦茨的论旨并不对应，但可以说攻击了这种论旨的不明确性。[225]

（2）在权利的"原则性、体系性"问题上［一（2）］，舒尔承接亨克的讨论作出如下论述。

①请求权是根据法对生活世界（Lebenswelt）纷争的决定。请求权或纷争决定的根据是绝对权和人的法关系等法的思想和原理。原理是法选取的生活世界的各种价值和利益。另一方面，法的关系是从法的观点所见的生活世界的纷争关系。法的关系是"根据的框架"，为纷争决定做准备，赋予价值原理以轮廓。最终，"法也被理解为请求权体系、价值体系，而法的关系〔因为是决定和根据的混合形态〕确实是其中心，但只是该体系内部的学理形态"。

②在私法中，与债权、应得（Bekommensollen）相比，绝对权、物权、所有（Haben）具有基础性意义［舒尔认为的私法的具体法关系（例如所有权人与抵押权人之间的关系）毋宁是法关系间的关系］。

241　　　③在公法中，基本权利作为市民的绝对权，表示国家目的的公法法律作为国家的绝对权，为请求权提供根据。不过，基本权利也是划定"权能"（根据与请求权的中间阶段）的原则性纷争

[223]　Lorenz, Rechtsschutz, S. 50-70.

[224]　Wolff/Bachof, VerwR Ⅰ, §43 Ⅰ. b. 2［Bachof］.

[225]　洛伦茨批判了亨克［注（192）］，但因论旨不明确之故，而不得不甘受违反其意图的批判，两者在这一点上是共通的。

决定，公法法律也是原则性纷争决定，进而是关于请求权的具体纷争决定。公法的一般法关系表明，基本权利和立法等绝对权具有契约性或债权性基础。具体的法关系是利益衡量之所，是决定的"根据的框架"（与法关系不同，行政行为并不是实体法上的观念）。[226]

简要评论。①一般而言，舒尔自身也承认，绝对权和请求权只不过是法的推论或者纷争的"纯粹的"起点和终点。若是如此，绝对权和请求权的体系就还只是外在体系，反而是法的关系在支持法的内在体系。舒尔强调法和生活世界的交流，但两者主要的媒介也是"法的关系"。②在私法方面，如果从亨克"从绝对权走向请求权"的历史图式来看，舒尔重视绝对权的逻辑，让人有违和感。公法上也重视契约和债权的观念，私法上赋予绝对权基础性意义，两者是怎样的关系呢？③在公法方面，舒尔阐明了基本权利与公法法律作为原则性和具体性纷争决定、法关系作为决定框架的意义。但是，如此，还有必要将基本权利和公法法律称作绝对权吗？

第四节　实质法治国观念与权利
——施密特－阿斯曼

242

到上一节为止，将二战后的公权论和作为其基础的国家观总结为两个，并指出了各自的问题点（参见第三节序）。在本节中，作为处方笺，尝试将主观法和客观法（或者私益和公益——下同）一起相对化、将两者实质地关联起来，亦即在和其他主观法的关系中规定主观法、将客观法分解为主观法之间的关系，由此在多样性、复合性中把握主观法、客观法以及两者的关系（第二款）。而作为其前提，在第一款中将描述能支持这种主观法、客观法概念的实质性法治

---

[226] Schur, Anspruch, absolutes Recht und Rechtsverhältnis, S. 19-48, S. 77-102, S. 115-218.

国观念。[227]具体分析主观法和客观法的多样性、复合性，则是下一章以下的课题。

第一款　距离与差异

（1）法的体系

施密特-阿斯曼将"行政法总论"理解为"体系"。

> "面对常常令人压抑、概括而复杂的国家行政现实，在行政法总论的秩序任务中起作用的力量，使距离（Distanz）成为可能。""当然，距离并不意味着孤立。在长期的波动中完成国家和社会的生活，波动影响体系。"作为体系的行政法总论，一方面具有"法实践的功能"，亦即"作为记忆蓄积装置（Speicher），减轻各个决定过程的负担"，可以说是缩减复杂性的静态一面；另一方面具有"学理功能"或"法政策的功能"，判断"法固有的规范机制与法外的规范机制的互换性"与"个别的〔法〕领域、〔法的〕手法之间的关系，相互补充、相互支持"，"利用"并同时"形成"体系，可以说具有自我反省、更新的动态一面。[228]

如果将所论一般化，法或法学可以被想象为既不是封闭的体系，也不是生活世界"全体性"的再现［参见下述（2）的引用］，而是与生活世界保持"距离"，同时是"开放的"体系。

---

〔227〕　沃尔夫认为，"实质法治国"是使利益相互衡量并差异化的国家［第一节第二款一（1）］。在本节中，将维持相互衡量、差异化的看法，同时从多样视角复合性的（！），而不是仅从利益视角来把握法治国家。若此，本节所描述的法治国观念并不对应于"实质性"的严格语义。第二节和本节的形式性和实质性标题，只是标语而已。重要的是第二节序和本节第一款的说明。Vgl. Schmidt-Aßmann, Rechtsstaat, in: HdbStR, Bd. 1, Rn. 17ff.

〔228〕　Schmidt-Aßmann, Ordnungsidee und System, S. 10–14；ders., Zur Funktion des Allgemeinen Verwaltungsrechts, Die Verwaltung 1994, S. 139–141.

行政法总论的宪法前提（Vorgaben）是法治国家原理和民主主义原理。[229]本节只是考察法治国家原理，第五章第一节将综合考察两个原理。

（2）法治国家

施密特-阿斯曼对法治国家作出如下描述：

"宪法采用法治国家原理，首先意味着，国家生活、社会生活都采取特别的构造，亦即以法为基准来形成。""但是，法并不是要再现生活的全体性——法一般对于任何全体性的把握都是反对的，正如它使这种努力与分节（Gliederung）、节度（Maß）相对置。法作为秩序和地位，贯通生活的多样性，使人有可能了解它。法的制御的特质在于可以用距离和差异（Differenz）的概念来解说。""法治国家的距离赋予每个人在与其他个人、团体的关系中，在与国家的关系中都有归诸'自己'的空间。基本权利作为相对于国家的'距离保护'[洛舍尔德（Loschelder）]，私权作为划定领域的权利——在物权（《德国民法典》第903条、第1004条）中特别清楚！但是，国家组织也需要与社会力量保持距离……在保全基本距离的任务中，古典的国家权力分立的保障与社会的权力分立的形态可以看到共通的关联。其中，其前提在于功能分化意义上的国家和社会的分离，就如同保护个人不受社会力量的影响。""法治国家的差异与前述距离密切相关。法治国家在个性中——正如其所面对的样子——把握个人。个性构成人的尊严的核心……在法治国家差异性的基本要求中，国家的所有教育和再分配方案都可以看到界限。法的形成的这一要素对国家组织的领域〔例如联邦制〕也有影响。""最后，差异性是所有法的保护机制的条件。宪法自身就涉及差异化保障的思想。基本权利、权限、制御在各个特殊保障任务中被差异化地对待。因而，既不要给法治国家冠以一般性法化要求，也不要冠以一般性法律执行请求权。没有什么

244

---

[229] Schmidt - Aßmann, Reform, in: Hoffmann - Riem/Schmidt - Aßmann/Schuppert（Hrsg.）, Reform, S. 16-26.

比今天在扩张性双重或多重保障的努力中的'去差异化'更让人误解法治国家的程序样态了。法治国家的运动规律比概念法学（Konstruktionsjurisprudenz）的单纯成长观念更为敏感。"[230]

于是，法体系的各个要素既不是相互分离独立、对立的，也不是相互统合、协调的，而是以距离和差异的概念来理解的，距离和差异着眼于相互关系自身。这一点对个人、社会和国家的关系，对个人与其他个人、团体的关系都是有效的。

法治国家原理一方面是作为行政受"客观功能秩序"、权力分立原理和法律指挥（dirigiert）、受裁判制御（kontrolliert）的观念（《基本法》第20条第3款、第19条第4款）发挥作用，另一方面是作为"主观地位秩序"、基本权利（《基本法》第1条第3款）、公权发挥作用。[231]对于前者，这里仅指出基本思想，将在下一款探讨后者。

(3) 作为客观功能秩序的法治国家

施密特-阿斯曼并不是仅从"分离的观点""抽象的分立思想""将权限的组合看作例外"，亦即从"抑制权力的目的""将协作视作国家权力的'压制'"等观点来把握权力分立。他也抵制"政党国家的民主主义等质化倾向"。

"权力分立作为主要的组织原理，要求对国家决定发现的规范性、现实性构造和程序样态进行比较分析。这时，必须将构成要素和运动规律……作为功能等价物（funktionale Äquivalente）相互评价"。首先，不仅是立法权、裁判权，行政权也具有"自立性"（Eigenständigkeit）。其次，通过"功能的组合（Verschränkungen）、

---

〔230〕 Schmidt-Aßmann, Rechtsstaat, in: HdbStR, Bd. 1, Rn. 21 – 27. Vgl. auch a. a. O., Rn. 1, 4f., 31f., 46 Anm. 126. 另外，施密特-阿斯曼（ders., Der Beitrag der Gerichte zur verwaltungsrechtlichen Systembildung, VBlBW 1988, S. 382）指出，在"秩序与形成、法的安定性与可以一般化的首尾一贯性的基本思想"上，前述体系思考与法治国家观念具有深奥的共通性。

〔231〕 Schmidt-Aßmann, Rechtsstaat, in: HdbStR, Bd. 1, Rn. 4f., 46, 58-61.

分配、均衡化""决定过程的分节化"同时实现"决定的适当"
与"权力的抑制"。最后,"功能的组合"不得侵害各功能(特别
是行政功能)的核心领域(Kernbereiche)——"如果权力的组合
侵害信息获得过程和基本决定流程,就会使有关功能主体麻痹,引
起对分配给它的责任的违和感,核心领域思想就会发挥作用。"〔232〕

于是,施密特-阿斯曼并不是将权力分立仅理解为制约(各种)
国家作用的原理,亦即使各种权力和功能分离、独立,实现相互抑
制,也没有采取使权力分立原理含义不明确的看法,亦即使各种权力
和功能等质化、统合并实现协作。权力分立可以说是构成(各种)国
家作用并予以正当化的原理,为了使国家的决定合理化,它使各种权
力和功能实现多样的差异化组合。

第二款 分配行政与新保护规范说

246

(1) 分配行政

对于权利,施密特-阿斯曼将现实概括为"个人对行政的双重定
式,即'从属性的增大与敏感性的增加'"。

---

〔232〕 A. a. O., Rn. 49-57, 67f.、シュミット—アスマン(海老原訳)「ドイツ行
政法の最近の発展(下)」自研 72 巻 10 号 34~36 頁。另外,施密特-阿斯曼(Schmidt-
Aßmann, Funktionen der Verwaltungsgerichtsbarkeit, in: FS für Menger, S. 107f.)说到权力
分立原理等的功能性考察。

根据卢曼(Luhmann, Soziale Systeme, S. 83~85),"功能分析使用关系化(Relation-
ierungen)的方法,目的是将存在看作偶然,将多样事物作为可比较的事物来把握。功
能分析将给定事项……与问题的视点相关联,以便能理解和检验问题能否以其他方式解
决。问题与解决问题之间的关系……有助于探究功能等价物的指引线索。""问题只有
在不能被零碎地单个处理和解决时,才是问题。这正是问题的问题性本质。换言之,问
题仅作为问题系统(或系统的问题)而存在。因此,通过功能确定方向,完全是针对不
能分解(只能破坏)的关联性。""功能的方法最终是比较的方法,在现实中引入该方法
有助于开放现有的东西,从侧面看其他的可能性。功能的方法最终是探究关系间的关系。
也就是说,功能的方法将存在与问题的视点相关联,这样就能将它与其他的解决问题相关
联。因此,'功能性解明'只不过是(一般性)探究、(具体地)遮断功能等价物而已。"

在这里，"权利网的构筑……也被认为是自发性的束缚和丧失。通过单纯最大化思想来扩充权利……并不是对敏感性症候的充分回答。也许在国家尝试着以数据保护的方法消除不快感、不愉快时，也能确认相同的情况……卡尔·米夏埃利斯（Karl Michaelis）最近说道，'就像构筑数据网一样完美和无限，也采取法治国家的对策，将该对策……法律化，结果可能就如同将除雪车在自己堆积起来的雪堆里隐藏到最后'。""在社会国家保障了每个人的基础给付之后，就有症候是，在广泛的范围内，不满足于给付装置，而重新寄以极为个人主义理解的自由主义要求……将来，'缩小要求——但增加国家决定的可理解性'倾向，可能变得更加明显，使行政法想起自由主义的任务，促进行政的程序、组织、尺度具有可理解性"。

因为这种不安定的现实，行政任务的构造变成了"分配行政"（verteilende Verwaltung）。"所谓分配行政，并不是与秩序行政、给付行政并列的第三部门，而是包括秩序和给付现象、嵌入联络管系统的思考……它是私人之间分配斗争的表达，这种斗争由行政的决定而非私法秩序的手段来解决。窘迫的给付国家参与有限资源的分配，并不能随心所欲地给付。"其结果是，第一，"如果增加对分配行政的公权，将导致分散更大决定的关联性，丧失概观性。"第二，"过去的两极行政关系扩张为三极乃至多极性法关系（mehrpoliges Rechtsverhältnis）。由此，方向的一义性、'有疑义时有利于市民利益'的宽仁性，就必须被抹去……必要性、比例性的尺度欠缺敏锐度。因为一旦使用它，就会出现相反的极点。"[233]

因此，他所描绘的构图，并不是非从属而敏感的个人与在"可理

---

[233] Schmidt-Aßmann, Ordnungsidee und System, S. 18-23. 另外，施密特-阿斯曼（ders., Der Beitrag der Gerichte zur verwaltungsrechtlichen Systembildung, VBlBW 1988, S. 383f.）认为，"行政法今天必须被理解为在公共中介之下私人间的'分配法'，而不是公益和私益的'抵触法'。与作出决定的行政一起，出现了进行中介的行政"。对于"中介（媒介）行政"，参见第六章第一节第二款三(4)(b)。

解的"范围内的秩序行政相对立，也不是从属而非敏感的个人参与"完美、无限"提供给付的行政，而是从属而敏感的个人与在"窘迫"利益间进行调整、分配的行政相关联。在"分配行政"中，并非要求"一义性的"思考，使权利"最大化"，抑制或促进行政作用到界限之内，而是要求复眼的思考，分解、分析行政作用，明确识别并区分其中个人的位置。这时，行政作用并不是被理解为行政机关专门赋予私人利益或不利的关系（的因果链条或量的总和），而需要被理解为包含私人（私益）间多样关系（的复合）的关系复合，亦即"多极性法关系"。

如施托贝尔的引用 [234] 所示，公法的分配正义（iustitia distributiva）保全私法的交换正义（iustitia commutativa），自康德如此构成 [235] 以来，分配行政的观念尽管需要在公法学上解明，却未能充分解明。最近，施密特·格莱泽在与施密特-阿斯曼的合著中指出，

> "传统的国家-市民的关系通过涉及行政、在行政'之下'的、市民之间的各种关系（Bürgerbeziehungen mit und'unter'der Verwaltung）而得到补充并重新结构化。市民之间的各种关系……通常是以利益（利害）的不一致为特征，并不只是简单的利害相反，而是利害的多样组合……在这里，分配行政是'利益调整之所'。" [236]

另外，施密特-普罗伊斯在施密特·格莱泽的指导下撰写了教授资格论文，他认为，过去的行政法学完全是以"国家和市民之间的两

248

---

〔234〕　Wolff/Bachof/Stober, VerwR Ⅰ, §3 Rn. 11（施托贝尔全面修改的版本）. 另外，施托贝尔批判施密特-阿斯曼认为，所有行政活动都可以说是分配性的，因而，分配行政的概念轮廓不清。但鉴于"分配行政"并不是对行政活动进行分类的范畴，而是分析行政活动的观点，这一批判并未击中靶心。

〔235〕　Kant, MdS, Rechtslehre §41, §44. 另参见第一章第二节第一款一（3）。

〔236〕　Schmitt Glaeser, Die Position der Bürger, in: Lerche/Schmitt Glaeser/Schmidt-Aßmann, Verfahren, S. 77. Vgl. auch Brohm, Verwaltungsgerichtsbarkeit, DÖV 1982, S. 4.（"实际的问题是种种关系人、各个私人、社会团体之间的争议，在时常矛盾的利益上，行政、最终是法院作为'调整的审级'作出决定。"）Erichsen, in: ders.（Hrsg.）, Allg. VerwR, §11 Rn. 39.（不过，埃里克森在公权上引用肖尔茨，显示接近于第三节学者的口吻。）

极关系"作为问题，应将行政法上的客观法规范观想为"对相互冲突的各种私益进行由主观法组成的调整"、"市民之间的水平关系"、私人之间的"纷争调停方案"（Konfliktschlichtungsprogramm）。[237]

此外，瓦尔使用私人之间的水平关系、私人和行政之间的垂直关系的概念，使个人主义的国家理解—分配行政—公权明快地关联起来。

"在对国家的个人主义理解框架中，公法并不服务于任何超越的国家利益。公法是关于个人权能与国家权能射程纷争的决定，这样的解说也不充分。公法的核心是关于各种私益的调整和纷争的决定——不过，采取了不同于私法的样式。通过将原本是种种个人之间的水平纷争公共化（Publifizierung），公法将多数人或所有人的利益'提升'为所谓公益，将多数私人间不可预计的多样的相互利益纷争单纯化……所谓公益……原本就是集合化的个人利益。即使将原本被定义为个人性、私人性的利益移入其他集合状态，将其定义和构成为集团的利益……公益的出发点也是个人的利益。即使有质的转换，也没有失去向个人利益的再回归性，它是国家的存在意义。于是，公法从维度上，不仅是从纷争关系的数量，还从主体的数量上，将原本的纷争构造单纯化。具有法意义的纷争关系取代了万人对万人的敌对利益追求，它被缩减

---

[237] Schmidt-Preuß, Kollidierende Privatinteressen, S. 1-11, S. 17-20, S. 24-26; vgl. auch Preu, Drittschutz, S. 34-36. （"权利救济程序是针对行政机关的，但实质的纷争是在B〔第三人〕和A〔相对人〕之间发生的。""A和B之间的'实体性'敌对关系较B与行政机关之间的'法技术性'对立更为重要，前者影响后者。""并不是分别考虑行政机关和A的法关系、B和行政机关的法关系，单独在此基础上决定行政机关的介入义务和成为A之负担的B的介入请求权，毋宁是必须考虑到A和B之间的利益关系。"另外，作为其介绍，桑原·国家109卷9·10号946页以下。）

但是，在日本的学说中，以按照每一个个人来把握的宪法地位为中心的思考是根深蒂固的。中川义朗（中川「多極の行政法関係論」熊法92号33~36頁）以"轻视……第三人以宪法为根据的基本权利地位"等理由批判施密特-普罗伊斯的学说。盐入（塩入「基本権の放射の効力」慶大院法学研究科論文集39号113頁）将施密特-普罗伊斯的学说、后述的胡贝尔的学说、第四章第二节第一款二所述的瓦尔学说放在一起，将其定性为"依据基本权利放射效力论的公权解释"，认为"至少在基本姿势上应当承认理论的正统性"。

为行政–个人（受到不利者、负担者）的对立。这是因为公益是集
合化的万人利益，追求公益作为拘束性职务任务被委诸公行政。" 249

公权产生于下面两个根据。①"通过公法的单纯化、缩短化
功能，原本多样的水平纷争朝着垂直方向，亦即⋯⋯个人对国家
的纷争转移。国家–个人的原垂直关系是公法上的第一次性关系，
这种关系的主观化功能在于，将个人在此范围内认作主体〔而非
客体〕⋯⋯正是作为基本权利理念的归结，个人不仅作为共同体
的一部分而将自己的利益为一般公益所扬弃，而且作为权利主
体，自己具有公权，可以处分自己的领域，可以自行防御。这种
自己领域使个人与公共领域、国家、共同体保持距离成为可能。"

②"除了这种第一次性垂直纷争关系之外，公法还形成了私
人–私人之间纷争的第二次性水平关系，这种关系仍然存在⋯⋯
第一次性垂直关系并不能将原本水平纷争的可能性完全转换为垂
直方向，还留有私人–私人之间特别接近关系中的纷争⋯⋯即使来
自成为根据的各种私益，并超越各种私益，集合化为集团利益——
如果根据作为抽象化、一般化的集合化逻辑——也不能完全吸收
个人利益纷争的特性。一般性不能完全吸收或'扬弃'个别性。尤
其是公益的集团利益，不能完全包括'第三人'的利益⋯⋯于是，
完整的规范方案也包含私人利益相互之间的调整。公法必须在规范
方案中克服强度接近的利害者之间存在纷争和调整要求的可能性。"

另外，"在构成这种公权的基础上，原则上没有相对人（'第
一人'）与所谓'第三人'的区别⋯⋯在水平调整关系的构想
中⋯⋯尤其没有第一人优越于第三人的问题⋯⋯（在出发点上的
对称地位）。〔但在现实中〕以1850年以来的工业化为象征，行
为人同时是投资者，并促进某种进步，明显得到优越性评价⋯⋯
相邻人回避、维持现状的利益倾向于后退。"[238]

---

[238] Wahl, in: Schoch/Schmidt-Aßmann/Pietzner (Hrsg.), VwGO Komm., Vorb § 42
Abs. 2 Rn. 56-58, 61f., 66, 68. 对于水平关系和垂直关系，将在第六章第一节第一款进
行更为严密的整理。

另外，在以"多极性法关系"概念分析行政作用之后，"双重效果的行政行为"概念被用来解决程序法和诉讼法上的技术问题。如果用双重效果的行政行为概念自身来分析行政作用，行政作用表现为各个行政和私人之间关系的总和，而无法看到包含私人之间多样关系（复合）的整个关系复合体。[239] 肖尔茨说，

> "在涉及具有多面效果的行政措施的市民之间……发展出种种以行政法为媒介的法关系，这些法关系使行政法权利保护中明显的个别性国家-市民关系相对化。创造诸如双重效果的行政行为的概念是一个概念理论上的拐杖，如果不付出艰苦努力，就不能为理解这种关系提供支持。"[240]

另外，施密特-普罗伊斯提倡以"调停纷争的行政行为"（streitschlichtender Verwaltungsakt）概念，替代双重效果的行政行为。[241]

（2）新保护规范说

根据分配行政的观念，施密特-阿斯曼对《基本法》第 19 条第 4 款作出如下注释：[242]

①概要

> "权利是整个公法体系的隔柱。这是因为它将人格性（das Personale）、个人性（das Individuelle）以及与两者一起的自己责

---

[239] 参见第二节第二款注（105）。

[240] Scholz, Verwaltungsverantwortung und Verwaltungsgerichtsbarkeit, VVDStRL 34, S. 157.

[241] Schmidt-Preuß, a. a. O., S. 11–17, S. 155–161. 芝池义一（芝池「行政决定と第三者利益の考虑」論叢 132 卷 1・2・3 号 87 頁以下）也敏锐地指出"双重效果的行政行为概念的问题"。当然，如果"将双重效果的行政行为作为与授益性行为、侵害性行为并列的第三种行政行为类型来定位的问题是无可非议的……"（同 99 頁），就可以说这种批评是与肖尔茨、施密特-普罗伊斯背道而驰的。另参见注（234）。

[242] Schmidt-Aßmann, in: Maunz/Dürig（Hrsg.）, GG Komm., Art. 19 Abs. Ⅳ Rn. 3, 8, 22, 117, 121, 123–130, 137–139, 141–142, 146. 对于该文的引用部分，下划线的原文是加粗体，着重号的原文是斜体。

任带入行政法……社会和国家分担的'浸透模式'确实可能在特定的功能中将个人引入制度化的国家领域，从而使私的和公的作用、利益多重交错。但是……尽管多重交错——或者更适当地说，正是鉴于交错——为了保障自由的距离，必须维持国家和社会的分离，这是对抗集团性或团体性生活形态中种种强制的基础范畴和平衡力量（Gegengewicht）。这同样也适用于公权……人格性抵制个人为了国家目的而在国家组织或公共义务性职务中任职。个人性防止将公益和私益捆绑成为一体。人格性、个人性反对均一化、无限扩张。法治国家的距离性与差异性携手相连……法秩序的主观法内容不仅会因为过于限制性的制度处理，有时也会因为无差异的扩张性制度处理，而受到损害。"

②基本权利

"分配行政具有错综复杂的利益构造，作为制御和控制的尺度，不能放弃法律。因而，在这里，法律预先使利益网结构化、固定关系者的位置，权利首先产生于法律……基本权利的命题需要通过法律的塑形进行'基本权利的调整'。正是在第三人保护的事例中，必须在预先结构化的法律的规范素材与成为中心的基本权利命题之间目光往复流转，才能获得权利。""在规范的内部（normintern），基本权利在法律的法规解释时发挥作用。这里的问题在于，在实定法上已经预先形塑、预期的作用领域，明确或'蓄积'既有的保障内容……在多极性法关系中，因为涉及可以归为基本权利、相互冲突的各种利益，不能抽象地推定一方的主观法化。毋宁是必须极为具体地追问各个利益的分量与可以把握的法的保障。受基本权利保障的利益因为更弱的对抗性利益的主观法化及其归结，亦即面临诉讼，而无法在之后实现时，考虑基本权利，禁止将客观法规升格为主观权利。"另一方面，"在规范的外部（normextern），基本权利在不以法律为媒介而构成权利的场合下发挥作用……基本权利的规范外适用引入了更强的以法益保护为方向的思考，其他情形则是引入保护法律所

251

规定的公权论。"[243]

③保护规范说

"法律含有多重符码化的权利，因此，必须使用保护规范说才能解明它。根据今天的理解，保护规范说是解明法规主观法内容的方法和规则模型的总称。所有这些视点的共通之处在于，以规范为线索，并确信解明权利是法学的解释学说的任务……其中所总括的规则和方法模型并不是封闭的，而是开放发展的。各个基准的权重在过去也发生过摇摆，将来也会如此。""在将利益的地位塑造为权利之际，立法者的形成自由在宪法上是必须的。保护规范说通过规范的线索，保全这种形成自由和法律优越，使其不受司法侵害……与利益交错的多样性相对应，法律必须使利益有序化并加以调整，法律的规范之网是多彩的。将其规范对象差异化的必要性不应被图式性的解决而隐藏……正如保护规范说批判者所建议的那样，如果依赖于不从属于规范的'关联'，〔与根

---

[243] 对于核心领域中基本权利的直接"规范外效果"与周边领域中以法律形塑、调整基本权利的必要性，vgl. Krebs, Kontrolle, S. 81-92；dens. , Subjektiver Rechtsschutz und objektive Rechtskontrolle, in: FS für Menger, S. 205-207；Schmidt-Preuß, a. a. O. , S. 37-46, S. 49-51, S. 169, S. 214（此外也说及"合宪性解释"的必要）；Preu, a. a. O. , S. 29-31；Gassner, Anfechtungsrechte Dritter, DÖV 1981, S. 615ff.

作为不对各种利益相互衡量就单方性"推定"权利的质疑，vgl. Bettermann, Rechtsweggarantie, AöR 1971, S. 543；Schmidt-Preuß, a. a. O. , S. 192-212〔此外还认为，规范是否保护个人相对于国家的利益（个别并单独地予以把握），这一基准适合两极性关系，而不适合多极性关系〕；Preu, a. a. O. , S. 35, S. 41-44, S. 47f.〔此外还认为，在第三人诉讼的情形中，基本上将受保护利益（绝对权）和侵害作为原则和需要正当化的例外来把握，不是作为公权的构成要件，而是将作为违法性判断基准的法律同时作为保护法律来把握，应当个别地将公权正当化〕。

另外，瓦尔（Wahl, a. a. O. , Rn. 75-79；ders. , Die doppelte Abhängigkeit, DVBl. 1996, S. 641-647）也认为，鉴于"不同基本权利地位之间无数的冲突，或者……在基本权利保障领域内部同样极多的冲突"，基本权利需要通过法"形塑、赋予轮廓"；另一方面，立法者必须根据"基本权利主观化的要求"，"正当地调整关系人值得保护的利益，将其置于均衡的关系中"，承认公权（"公权的基本权利从属性和法规从属性的双重从属性"）。另外，瓦尔将法律和判例法并列列举为"法"，对此参见第四章第二节第一款。

据保护规范说的情形相比〕法的安定性有减无增。由于从一开始就大致放弃了一般化的可能尺度，将所有均委诸'自己事务'的个案，〔事例之间的〕不整合只是不显眼而已。更为优越的是，应当根据与保护规范说相结合的个别规范来司法，而不是根据个案来司法。"〔244〕

④规范目的与规范构造

"新型的保护规范说特别关注客观化的规范目的、规范构造以及周围的规范构成（umgebendes Normengefüge）。各个基准的权重因所规范的领域而不同。""在建设和环境法中重要的相邻人概念，同样不是抽象划定的，而是由源自规范的法领域的典型规范任务，以及相关规定所防止的侵害'作用领域'确定方向。相比建设计划法，在建设秩序法中受保护者的范围在本质上被更狭窄地划定。在建设计划法中，特别是根据近邻的计划结合（Planungsverbund）观念与土地所有者的状况关系性（Situationsbezogenheit），可以个别化并决定受保护者的范围。与结合思考相对应，相邻人保护未必来自于各个规范，在这里恰恰常常是规范构成的归结。与此相对，污染防止法的相邻人概念就必须更广泛地来把握。不过，在个人被认为是大众的一部分，最终不过是一般成员的时候，特别的利益保护就终结了。仅仅在点的关系上，通常不足以将个人从单纯事实上的受益者抽离出来，这些受益者数量太多，无法划出界限。""就行政活动的情形而言，在个人利益以前一般（尚）未发挥作用的程序中，规范变换时，通常欠缺个别化的保护目的。例如……高阶的计划处理的是集合化的利益（aggregierte Interessen），而非个人利益。就像在交通运费、能源

〔244〕对于从客观法律中解读主观权利的"法学的解释学说的任务"，vgl. Preu, a. a. O., S. 120—129, S. 148f.——主观法是通过法解释者"创造法的"活动而从客观法规范中"发现""导出"的（"法解释者的主观化任务和权限"）。重要的是，"参照多数的法原理和价值，对冲突的利益作出评价、测算和衡量"，"潜在的保护法律与其他共同塑造关系人法地位的所有法规范和法原理"。发现法的各种尺度必须超越个案的特殊性，而具有"一般化的可能"。

费用中所看到的那样，经济行政法上的许可要件也可以作同样整理。"[245]

253　　　⑤ 法律的文字与立法者意思

"如果法律的文字包含着赋予个别权利的明显表达，就存在权利。反之，如果立法者明确否认法规的任何主观法内容，原则上必须尊重这一决定……在边界领域，澄清（Klarstellung）只是客观法的规范任务，也许是值得推荐的……当然，这种排除规定完全不豁免于合宪性解释和宪法对主观法的直接形成。""积极而言，从历史上规范制定者被证明的意思，承认对应的授益意图时，通常不需要进一步将解释规则作为问题。但反过来，如果不能证明历史上立法者对应的授益意图，就不能同样一义性地说没有主观法的内容。""如果权利的构成要件完全存在，《基本法》第19条第4款一般保障其起诉可能性。立法者不能排除起诉可能性……法律划定抗告权人的范围，比权利存在所要求的范围更窄，但其适用必须符合宪法。这种法律只能澄清实质关系人的形式化了的抗告权能，而不能否认实体权可能受到损毁的其他人的起诉权能。"[246]

与⑤相关，看一下实定法的具体例子。可看作限定抗告权人

---

[245]　这里，施密特-阿斯曼要求权利人范围的划定可能性（Abgrenzbarkeit）。但是，问题在于以何种基准"划定"，"划定可能性"自身并不作为基准发挥作用［参见第一节第二款二(2)(b)②]。施密特-普罗伊斯（Schmidt-Preuß, a. a. O., S. 86-101, S. 197f., S. 251）认为，独立于"纷争调停方案"的内容，不应将划定可能性自身作为公权的要件。此外，独立于"对各种冲突性私益的、依主观法而组成的调整"内容，也应当追问向市民是作为个人得到保护，还是只不过作为部分的一般人而得到保护。布兰克纳格尔（Blankenagel, Klagefähige Rechtspositionen im Umweltrecht, Die Verwaltung 1993, S. 16-20, S. 25）"强烈要求"划定可能性，其学说中存在疑问。对于这里施密特-阿斯曼给出的具体例子，将在下一章探讨。

[246]　对于形成客观法律之际立法者的自由，以及由此导出主观权利之际立法者地位的相对性，vgl. Preu, a. a. O., S. 129-136——"对于是否命令特定的行为，是命令保护特定利益还是放任不管，立法者在原理上具有自由。但是，在特定内容的行为命令的目的方向成为问题时，立法者的自由是有界限的……立法者决定是否制定特定的命令。但是，立法者不能在同等程度上使已制定的命令在主观法上的重要规范意义服从自己的意志。"进一步参见第一节第二款二(2)，特别是注(55)。

的范围的例子是，《限制竞争防止法》第62条第2款（"抗告权人是卡特尔厅的程序参加人"）。但是，对于程序参加人以外、实体权可能受到损毁的人，通说也承认其有抗告权。[247]另外，该规定具有在实体权可能受到损毁者以外扩张抗告权人范围的意味。[248]

　　作为可看作排除实体权的例子有，①联邦法院判例认为，在国家责任法上，信用业监督业务属于对于存款债权人的职务义务，[249]与此相对抗而规定的是《信用业法》第6条第3款、《保险业监督法》第81条第1款["监督厅应完全为了公益（nur im öffentlichen Interesse）完成本法律及其他法律所分配的任务"]。②联邦行政法院的判例承认对编入医院需求计划的确认请求权，[250]与此相对抗而规定的是《医院资金筹措法》（Krankenhausfinanzierungsgesetz）第8条第2款（"不存在对编入医院计划和投资方案的确认请求权"）。但是，①的信用业法、保险业监督法规定意图限制国家责任，是否符合《基本法》第34条，仍有疑问。[251]

　　在州法上，作为详细规定权利范围的稀少例子，法院完全承认相邻人保护规范性，与此相对抗而立法的是《巴登-符腾堡州建设规制法》第5条第7款["间隔面（Abstandsflächen，从外墙到建筑物之间应予确保的空地）的进深如下：（一）一般，墙高的0.6；（二）在中心地域、村域、特别居住地域，墙高的0.4；（三）在事业地域、工业地域、疗养目的以外的特别地域，墙高的0.25。但是，在任何情况下都不得低于2.5米，不超过5米宽的墙不得低于2米。在间隔面的进深中，保护相邻人的部分如下：第一项的情形，墙高的0.4；第二项的情形，墙高的0.2；第三项的情形，墙高的0.125。但是，至少是第二句的进深。"]。但

---

[247]　K. Schmidt, in: Immenga/Mestmäcker（Hrsg.），GWB Komm.，§62 Rn. 22, 23.

[248]　参见第五章第一节第三款二(1)(c)。

[249]　BGHZ 74, 144; 75, 120; 90, 310.

[250]　BVerwGE 62, 86; BVerwG NJW 1987, 2318.

[251]　Papier, in: Maunz/Dürig（Hrsg.），GG Komm.，Art. 34 Rn. 175; Ossenbühl, Staatshaftungsrecht, S. 63f. m. w. N.

是，学说评论认为，根据该规定不能使相邻人的保护"减半"，[252]
或者至少"很难被认为是将来立法的模范"。[253]另一方面，《汉
堡州建设规制法》第 68 条第 1 款规定，"如果建筑物的设置和变
更在本质上侵害相邻既有建筑物的效用，可以拒绝。相邻人不存
在拒绝请求权……"但是，该规定能否一概排除相邻人的无瑕疵
裁量行使请求权（裁量收缩至零时，拒绝请求权），仍有疑
问。[254]

254 　　如此，实际规定权利范围的立法为了对抗广泛承认权利的先
行判例，多数是基于非自发的动机，而没有充分考虑与整个法体
系的关联，因而，总是有（有时来自支配性学说）提出宪法上的
疑义或合宪性解释的必要性。

　　施密特-阿斯曼的注释可概括如下：由于存在"制度""作用和
利益的多重交错""集团性和团体性生活形态"，伴有"自己责任"
的"权利""人格性""个人性"必须作为其"对重"予以保障。保
护人格性和个人性的核心是基本权利的任务。基本权利因为按照各个
利益来保护，可以将评价利益的应予保护性作为起点进行解释（"基
本权利的规范外效果"）。另一方面，对社会生活中汇聚的各种冲突
性利益相互进行调整和"形塑"，首先是立法者的任务。通常通过形
成客观制度和秩序，在各行政领域逐个进行利益调整。但是，由此使
用"方法和规则的模型"、解读"多重符码化的权利"，这种与立法者
逆向回转的作业，则是"法学的解释学说的任务"（"保护规范说"）。
解读的关键在于，通过利益衡量，将"客观化的规范目的、规范构
造以及周围的规范构成"作为各种利益的相互关系（的复合）来表
达（"基本权利的规范内效果"），识别并区分个人（的利益）的

　　[252]　Wilke, Vom Abbau des Verwaltungsrechtsschutzes, in: GS für Grabitz, S. 922-4.

　　[253]　Wahl/Schütz, in: Schoch/Schmidt-Aßmann/Pietzner (Hrsg.), VerwGO Komm.,
§ 42 Abs. 2., Rn. 121 Anm. 410.

　　[254]　Preu, a. a. O., S. 134f.

位置。[255]与通常的法律解释一样，从客观秩序导出主观权利进行"解释"之际，法律的文字、立法者的意思成为考虑因素之一。立法者扩大权利范围的权能得到一义性的承认。但是，立法者限缩权利范围的权能则受"合宪性解释"制约。

　　从表面上看，1950 年代巴霍夫等人奠定了保护规范说的基础，1960—1970 年代亨克、巴特尔施佩格等人倡导与保护规范说"诀别"，1980 年代中期施密特-阿斯曼等人使保护规范说得以"复兴"，不过，保护规范说和批判说——特别是在具体的解释论上——"接近"了。[256]从学说内在角度而言，保护规范说和批判说均旨在实现客观法和主观法的结合。但是，旧保护规范说并没有提出结合的实质根据，结果是只在形式上强调客观法的规范命题或立法者的权能。批判说因并没有提出从客观法走向主观法的关系化逻辑，结果是片面地强调客观秩序或主观地位。[257]新保护规范说将分配行政和多极性法关系的观念作为客观法和主观法的媒介，通过法学解释——特别是通过利益衡量，将规范目的、规范构造和宏观的规范构成作为各种利益的相互关系来表达（基本权利的规范内效果）——从客观法导出了主观法。也就是说，它实质性地、双向地将客观法和主观法结合起来，试图解决"结合"的课题。如果进一步谈其背景，旧保护规范说可能对应于以恢复个人尊严和法治国家为急务的时代，批判说可能对应于给付行政和计划行政显露头角的时代，而新保护规范说可能对应于市场失灵和国家失灵暴露的时代。

　　　另外，再触及一点最近其他的教授资格论文。胡贝尔说道，在分配行政等领域需要以法律对基本权利进行形塑和调整。[258]他认为，基本权利自足地预先确定了主观法的根据（subjektiv-

255

---

　〔255〕　进一步参见第一节第二款二（2）（b）①。

　〔256〕　Vgl. Bauer, Altes und Neues zur Schutznormtheorie, AöR 1988, S. 583 – 587, S. 607-610 m. w. N.

　〔257〕　参见第三节第二款、第三款一（1）。

　〔258〕　P. -M. Huber, Konkurrenzschutz, S. 189-200.

rechtliche Vorgaben），[259]法律的客观规范内容将基本权利具体化
（konkretisieren）、与基本权利相关联（Grundrechtsrelevanz）、事实
上相关（tatsächlich betroffen）、接触（Grundrechtsberührung），法律
收到从基本权利走向主观法化的指令（subjektiv-rechtliche Direktiven）
［基本权利的规范内效果（normimmanente Wirkung）］。[260]保护
规范性事前只能从抽象的一般规范作出概括的判断（potentieller
Schutznormcharakter），事后从具体的个案作出具体的判断（konkreter
Schutznormcharakter）。[261]要将基本权利保护领域的私人不利作为
国家的"侵害"，"归责"于国家的"责任"领域，必须考虑国
家作用的直接性、目的性和不利的重大性。法律在基本权利之间
进行调整、消解冲突的规范时，国家的侵害＝违反"保证义务"，
也要考虑行政机关协作实现不利的样态和方法（是附免除保留的
阻止性禁止，还是附许可保留的预防性禁止，是羁束性行为义
务，还是裁量性权能）来判断。以上的考虑因素也是在判断基本
权利"规范外效果"之际的考虑因素。[262]

  因而，胡贝尔在部分批判肖尔茨和洛伦茨时，[263]反复引用肖
尔茨，基本上按照洛伦茨[264]来立论。[265]

---

[259]　A. a. O.，S. 174-189.

[260]　A. a. O.，S. 200-210.

[261]　A. a. O.，S. 210-226.

[262]　A. a. O.，S. 226-267，S. 552.

[263]　A. a. O.，S. 161-166.

[264]　参见第三节第三款二（1）（b）。

[265]　Krit. Schmidt-Preuß, Buchbesprechung, Die Verwaltung 1994, S. 416. 此外，也
触及一点最近的学位论文。柯尼希（König, Drittschutz）重视基本权利（国家保护义务、
个人的保护请求权、基本权利之间的衡量），但没有充分说明基本权利与法律（行政的
行为违法性、对应的个人权利、依法律调整和衡量利益）之间的关系。格斯特纳（Ger-
stner, Drittschutzdogmatik）仅为图式性地使主观争讼（contentieux subjectif, 德国）与客
观争讼（contentieux objectif, 法国的越权诉讼）相对置。

第四章

实体法关系的基本类型

继前一章第四节之后，本章第一节将实体法上的行政作用、客观法和公益分析并分解为私人之间、主观法的要素之间和私益之间的关系。这时，从不同的观点来分析分解同样的行政作用、客观法和公益，以显示关系的复合性。该关系中主观法的要素和私益，从因容易个别化而易于被承认为"权利"者，到强烈集合化而很难被承认为"权利"者，形成了渐次性光谱。故而，无法在个别利益＝权利、集合化的利益＝非权利之间在逻辑上一义性地划出边界。而分析分解为主观法的要素之间、私益之间的关系，其"观点"也不能在逻辑上全然显示。以下仅列举迄今所"发现"的观点。在这种意义上，析出权利的"规则和方法模型不是封闭的，而是开放发展的。各个基准的权重在过去也发生过摇摆，将来也会如此"。[1]另外，附带考察了行政法所作规范和民事法所作规范的组合（不是区别）（第五款）。

可以说与这种从客观法向主观法的分析分解相反，基本权利的规范外效果[2]以主观法要素对客观法的综合和构成为根据。本章第二节将私益之间的关系与国家和社会之间的关系复合起来，导出基本权利的规范外效果。附带考察了无瑕疵裁量行使请求权与裁量收缩论，特别是职务责任法上对第三人的职务义务问题（第二款）。

另外，下面几点将予以保留：第一，作为有无权利的判断基准，

261

---

[1] 参见第三章第四节第二款(2)③。

[2] 参见第三章第四节第二款(2)③。

往往只能提出高度抽象的命题，但这是法教义学的共通界限。[3]当然，与个案保持"距离"，也是法教义学的意义所在。[4]第二，本书仅限于概括性地显示整个权利论问题领域的关联，不能充分考虑基本法和法律的各个规定的解释论。对于判例的分析，也不得不大幅度依据最近的教授资格论文和评注，[5]而且，将对象几乎限定为联邦行政法院的判决。

第一节　客观法和公益的分析分解

行政作用中实体法关系的最小单位可以表述为一种关系，即为了保护特定或不特定多数主体的行为可能性而课予某主体（私人或国库）某行为（作为或不作为）义务。特定或不特定多数的受保护主体与被课义务的主体在义务的存在与否上处于"对立性利害关系"（Kehrseitigkeit）。[6]问题在于，在不特定多数主体的利益（的集合体）受到保护时，是否有人具有与义务相对应的"权利"，谁具有"权利"（第一款）。

---

〔3〕　参见第三章第四节第二款(2)③。

〔4〕　参见序章注(19)。

〔5〕　Schmidt-Preuß, Kollidierende Privatinteressen；P. -M. Huber, Konkurrenzschutz；Wahl/Schütz, in：Schoch/Schmidt-Aßmann/Pietzner（Hrsg.），VwGO Komm.，§42 Abs. 2.

〔6〕　以下所示对立性和互换性利害关系的区别基本对应于施密特-普罗伊斯（Schmidt-Preuß, Kollidierende Privatinteressen, S. 30~36）的区别。当然，并不完全一致。例如，施密特-普罗伊斯（a. a. O.，S. 32f.）很多作为"非典型的对立性利害关系"的例子，以下是作为互换性利害关系。另外，过去，布罗姆（Brohm, Zum Funktionswandel der Verwaltungsgerichtsbarkeit, NJW 1984, S. 13f.）区分了可以从个人性权利保护转向集合性权利保护、多数关系人的"利益是同质的"纷争类型与涉及具有分配和再分配性质的社会形成性行政、多数关系人的"利益是异质的"纷争类型。在日本，高木光区分了"严格意义上第三人原告资格问题的类型"与"涉及行政法上法地位分配的私人之间的争议"（『事实行为と行政诉讼』357~359页）。而中山信弘将专利无效审判类型化为"公共利益相关者"与"权利归属相关者"，谈及区别的意义（中山「特许无効审判における请求人适格」丰崎追悼195页以下、同「无効审判のあり方」日本工业所有权法学会年报五·208页以下）。

不同于在是否存在这种义务或权利（以下称作"地位"）上方向"相反"的利害对立，在其他方向上，也就是在某地位归属于谁或者各人的地位如何组合上，存在复数主体（的利益）的对立。这可以表述为处于复数主体的"互换性利害关系"（Wechselbezüglichkeit）。问题在于，在怎样的场合，或者在多大的人的范围内，成立具有法的意义的互换性利害关系，承认主体相互之间的"权利"主张（第二款）。

换一个角度来说，在对立性利害关系中，受保护的不特定多数的　263
各个主体的各种利益与要求课予某主体义务方向一致，是"同质的"
（Homogenität），而处于互换性利害关系的复数主体的各种利益方向各异、可能相反，也就是"异质的"（Heterogenität）。另外，通常对相邻人诉讼（Nachbarklage）和竞争者诉讼（Konkurrentenklage）的区别未必与这里的对立性利害关系和互换性利害关系的区别相对应。

第一款　对立性利害关系

一、可分的利益保护与不可分的利益保护

(1) 区别

在对立性利害关系中，可以将不特定多数主体的行为可能性（利益）所受的保护分为两种样态。首先，为了使某人不超出法定限度侵害利益，或者将侵害的危险性抑制在法定限度之内，课予某主体义务。可以说，这是不特定多数个人的种种利益可分地受到保护的情形。其次，为了在法定限度以上打开共通的空间，使任何人都可以实　264
现利益，课予某主体义务。可以说，这是不特定多数主体全员利益在总体上不可分地受到保护的情形。如此，其倾向是，在前一种样态中，保护不特定多数主体利益的法规范是"保护规范"，它能为"权利"提供根据；而在后一种样态中，保护不特定多数主体利益的法规范并不是"保护规范"，它不能为"权利"提供根据。具体举例如下。

①在警察法领域，联邦行政法院承认相邻人有要求从事煤炭和运

输业者对粉尘、噪音采取措施的权利,〔7〕承认对妨碍使用车库的路上停车采取措施的权利,〔8〕各州警察法也采用了承认私人权利的表达。(例如,《巴登-符腾堡州警察法》第 1 条第 1 款规定:"警察的任务在于,为了个人和共同体,防御威胁公共安全和秩序的危险,为了公共利益的需要,消除对公共安全和秩序的妨害。警察必须特别保障符合宪法的秩序,保障国民权利无障碍地行使。"第 3 条规定:"警察必须在法定界限内,为实现任务,根据合义务性裁量,采取其认为必要的措施。") 如此,警察法规如果将生命、健康、名誉、自由、财产等个别利益或个人利益作为保护法益,就可以作为保护规范为个人权利提供根据;如果将法秩序、国家机构等共通利益或共同体利益作为保护法益,就并不能作为保护规范为权利提供根据。〔9〕

　　②对于从警察法派生出来的建设规制法,各州法、各州高等行政法院之间存在判断差异,可概括如下(以下附以《巴登-符腾堡州建设规制法》的条文作为例子):〔10〕建筑物的安定性(第 13 条),防止振动、发热、噪音(第 14 条),防火(第 15 条)等防止危险和防止污染的规定是为相邻人权利提供根据的保护规范(也参见第 38 条,规制采取特殊形态、利用形态的设施和空间)。间隔面〔第 5 条——过去的边界间隔距离(Bauwich)〕也被认为是相邻人保护规范〔11〕(不过,只有巴登-符腾堡州有相邻人保护的减半规定〔12〕)。另一方面,空地利用规制(第 9 条)、建筑物消极的形态规制(Verunstaltungsverbot)(第 11 条)和积极的形态规制(根据第 74 条的条例)一

---

〔7〕 BVerwGE 11, 95(带锯判决),该判决阐明了无瑕疵裁量行使请求权和裁量收缩论的构造(参见第二节第二款),但没有详述将原告利益承认为权利的法的根据。

〔8〕 BVerwGE 37, 112.

〔9〕 Vgl. Gusy, Polizeirecht, Rn. 311. 对于保护法益的分类,vgl. Drews/Wacke/Vogel/Martens, Gefahrenabwehr, S. 232f.

〔10〕 Ortloff, in: Finkelnburg/Ortloff, Öffentliches Baurecht, Bd. 2, S. 195 – 201; Schenke, Bauordnungsrecht, in: Achterberg/Püttner(Hrsg.), Besonderes VerwR, Bd. 1, Rn. 570.

〔11〕 参见 BVerwGE 88, 191(196)的旁论。

〔12〕 也包括提出疑问的见解,参见第三章第四节第二款(2)⑤。

般不被认为是相邻人保护规范。车库和停车场设置规制（第 37 条）等确保一般交通安全性和顺畅性的规定（一般规定，参见第 16 条）不是相邻人保护规范［不过，车库和停车场规制中防止危险、防止污染的部分（第 7 款）是前述的保护规范］。

　　③联邦行政法院认为，在《联邦污染防止法》上设施设置运转许可的要件中，关于危险防御（Gefahrenwehr）的第 5 条第 1 款第 1 项（"不引发对环境的有害作用以及其他危险，给公众和相邻人造成显著不利和障碍"）是第三人的保护规范，关于事前考虑（Vorsorge）的第 2 项（"特别通过与现在技术水准相对应的削减排放措施，事前考虑对环境的有害作用"）不是保护规范。[13]根据该法第 5 条、第 7 条制定的该法第 12 号施行令，即关于事故的施行令第 3 条第 1 款、第 3 款（"设施企业必须根据可能发生的危险样态和程度采取必要预防措施，防止事故。""在第 1 款之外，必须事前考虑，尽可能减小事故影响。"）——这里的"事前考虑"并不是法第 5 条第 1 款第 2 项的意思，而只是指"预防措施"，施行令第 3 条第 1 款、第 3 款都与法第 5 条第 1 款第 1 项相关联——被认为是第三人的保护规范。[14]该法第 22 条第 1 款第 1 项、第 2 项规定了无需许可设施项目人的防止污染义务（"防止对环境造成现有技术水准可以避免的有害作用"，"最大限度地抑制对环境造成现有技术水准无法避免的有害作用"）它并不含有事前考虑的旨趣，而只是涉及防御危险。[15]除改善命令（第 24 条）外，有时，它成为免除闭店规制（Sperrzeit）（《饮食店法》第 18 条第 1 款）、[16]交

---

　　〔13〕 BVerwGE 65, 313.

　　〔14〕 Schmidt‐Preuß, Kollidierende Privatinteressen, S. 290 - 2; Jarass, BImSchG Komm. , §7 Rn. 31.

　　〔15〕 Schmidt‐Preuß, a. a. O. , S. 295‐7; Jarass, a. a. O. , §22 Rn. 19, 46.

　　〔16〕 BVerwGE 11, 331; 101, 157（在免除闭店规制时也必须考虑通往迪斯科舞厅道路的噪音，而不是迪斯科舞厅本身）；此外，相邻人可以污染（《饮食店法》第 4 条第 1 款第 3 项规定的拒绝许可事由）为由要求撤销饮食店业许可，Steinberg, Nachbarschutz im Gaststättenrecht, DÖV 1991, S. 354ff. ; Frers, Die Klagebefugnis des Dritten im Gewerberecht, S. 148‐163.

易会等举行确认（参见《营业规则》第 69a 条第 1 款第 3 项）、[17] 项目许可和建设许可、[18] 计划确定决定、[19] 消除结果请求权 [20] 等的要件，为第三人的权利提供根据。[21]

（2）可分性利益保护中的权利构成

在抽象分析规范构造之后，诸如某规范对不特定多数主体的利益是可分地保护还是不可分地保护，需要具体划定权利人范围，即谁是权利人。[22]

如果可分的利益保护是这样的规范行为，即让"某人"利益不受超出法定限度侵害，或者将侵害的危险性抑制在法定限度以内，那么，在特定者超出该法定限度侵害利益时，或者侵害利益的危险性超出该法定限度时，该人正是"某人"，具有请求行政机关保护的权利。

266 诚然，这种权利的个别性质强，"代表"他人利益的性质弱。但是，不能说该权利完全是个别性的，全然没有代表的性质。例如，在某一时点上，有的人利益受到侵害的可能性超出法定限度，有的就没有超出法定限度，前者的权利主张具有代表后者利益的功能。而在第

---

〔17〕 BVerwGE 77, 70.（节日开店时间与州的闭店规制、污染防止法相抵触时，必须拒绝举行确认申请。）

〔18〕 BVerwGE 74, 315.

〔19〕 BVerwG DVBl. 1996, 682.（铁道用电流长距离电缆产生的电磁波。）

〔20〕 参见第五章第二节第三款。

〔21〕 此外，BVerwGE 68, 58 对建设法与污染法的关系作出如下说明：①在建设法上，联邦污染防止法划定了相邻人对环境的有害作用的容忍限度、所要求"考虑"的程度。②在联邦污染防止法之外，建设法在对环境的有害作用方面不包含保护规范。③如果满足联邦污染防止法的要求，"重大且难以容忍的"所有权侵害、违反建设法上的考虑要求，就没有根据。

〔22〕 瓦尔（Wahl, Der Nachbarschutz im Baurecht, JuS 1984, S. 585f.）指出："联邦行政法院过去'绝对地'理解相邻人保护，即保护规范以防御权为媒介，而没有任何事实上不利的问题。判决没有承认附加的基准在个案中划定相邻人保护，因而，不得不事前对规范的抽象相邻人关联性，采取在学理上不能维持的严格态度。因此，判决错误地在过早的位置上试图将相邻人保护所需的权利人个别化……与此相对，为了获得学理的明晰性，必须区分规范的相邻人保护效果问题与具体受到不利者的范围问题，前者可以抽象地探查，后者必须结合个案来回答。"

三人要求撤销许可处分时，在许可处分的时点上属于"某人"者，毫无疑问可以提起撤销诉讼主张权利，但在处分确定力产生后，成为"某人"者具有要求防止被害措施命令、要求撤回许可等的可能性，但无论如何，仅在限定的范围内具有权利和诉权。有观点也说，在许可处分的时点上，属于"某人"者，在时间上"代表"将来潜在的被害者。

划定权利人范围的具体基准（所谓"相邻人"概念），与各保护规范的内容相对应，因而，因法的领域而不同。

①在建设法领域，以相对人的建筑物或土地与第三人的建筑物或土地的空间位置关系为基准，可以固定地、因而比较容易地划定权利人。这将在第三款一（1）（e）详述。

②在污染法领域，有关项目以某种样态和规模排放时，第三人是否由此受到超出法定限度的污染，或者受到超出法定限度的危险性，是划定权利人的基准。也就是说，重要的是在该事案中排放的"作用领域"（Einwirkungsbereich）。与建设法不同，不能仅从项目设施与第三人的建筑物或土地的位置关系划定权利人。例如，《大气污染防止技术指针》（TA Luft）是将《联邦污染防止法》具体化的行政规则，其2.6.2规定的观测地域并不是划定权利人的基准；[23]在核能法上，问题也不是与设施之间的距离自身，而是关系人曝于风险的程度。[24][25]

---

〔23〕 Kunig, "Dritte" und Nachbarn im Immissionsschutzrecht, in：GS für W. Martens, S. 613f.；Jarass, a. a. O.，§3 Rn. 20. 当然，Marburger, Ausbau des Individualschutzes, 56. DJT, C. 87；Wahl/Schütz, in：Schoch/Schmidt-Aßmann/Pietzner（Hrsg.），VwGO Komm.，§42 Abs. 2 Rn. 163 作出区分：在观测地域之内，推定有权利侵害的可能性，而在地域之外，必须具体实质性地主张权利侵害的可能性。

〔24〕 Marburger, a. a. O.，C 87f.；Rehbinder, Prinzipien des Umweltrechts, in：FS für Sendler, S. 283；Ruffert, Subjektive Rechte im Umweltrecht der EG, S. 99. 核能法的规范构造在（3）②中分析。

〔25〕 另外，与程序法的关系也很重要。BVerwG DVBl. 1983, 183 认为，公开的许可相关文件违反《联邦污染防止法》第10条第1~3款，不含设施产生的危险及应对措施的信息，因而，原告无法充分判断是否因设施的作用而受到不利，这时，就降低显示原告资格所必要的主张证明程度。不过，在异议申诉期间内不主张违反程序法，就不能在之后的不服申诉和诉讼程序中援用（同第10条第3款，参见关于《核能法程序令》第

"作用领域"内土地、物件的所有者和租借人，作用领域内的居住者、劳动者、疗养者被认为是权利人，而偶尔进入作用领域的旅行者、顾客等则不是权利人。[26]有学说认为，有关项目设施的劳动者只能援用保护劳动者的法，而不能援用污染法。[27]但劳动者保护法与污染法的规范保护目的不同，因而，两者重叠适用，该项目设施的劳动者曝于"污染"时，也受污染法的保护。[28]

③在污染法上，存在一种粗略的关系，排放的影响随着与项目设施距离的增加而变小，在这一限度上，项目设施与第三人生活领域的位置关系，在划定权利人上具有意义。但是，在基因技术法领域，有机体因基因技术而变质，具有自我增殖的可能性，有机体经过很长的潜伏期间具有出现有害效果的可能性，就必须假定"无法预见的细小扩散径路"。因而，划定的权利人就不像污染法那样采用"固定的放射状的""作用领域"作为基准，而是必须将自我增殖能力以及其他有机体的特性、环境条件、相互作用的可能性、对人类健康的影响等"已知的各种情况和要素"作为基准。[29]然而，有机体的作用强烈依存于其时其地的条件，这种状况依存的不确定性，以及存在未知情况和因素的风险不确定性，仍然存在。因而，如果与各种已知的情况和要素有关联，即使不能说受到不利的危险性和风险不是十分高，也有必要弹性地承认权利人。[30]

---

7 条第 1 款的 BVerwGE 96, 258〔Hanau〕）。未经公众参与而制定的许可，如果没有提示核能设施作用领域的相关信息，就不需要为显示原告资格而详细地主张证明。

〔26〕 Kunig, a. a. O., S. 615f. ; Jarass, a. a. O., § 3 Rn. 21－25；Wahl/Schütz, a. a. O., Rn. 162. Vgl. auch BVerwG DVBl. 1983, 183.

〔27〕 Kunig, a. a. O., S. 617.

〔28〕 Jarass, a. a. O., § 3 Rn. 24；Wahl/Schütz, a. a. O.

〔29〕 Wahl, in：Landmann/Rohmer, Umweltrecht. Komm., Bd. 2, § 6 GenTG, Rn. 94f. 基因技术法的规范构造在（3）②分析。

〔30〕 拉德尔（Ladeur, Drittschutz bei der Genehmigung gentechnischer Anlagen, NVwZ 1992, S. 949）谈及法院的"学习"过程："在关于新技术风险评估的早期裁判中，法院必须利用程序自身，来发展关于因果经过的知识，在审查原告资格之际，首先应当假定'不能从一开始就排除'因果经过的可能性。如果通过程序的蓄积，更多有关事实的知识成为法院的公知和前提，法院也可以更严格地判定自己权利损毁的'可能性'"。

④在警察法领域，通常的情形毋宁是，即使有人受到利益侵害的危险性超出法定限度，因为无法预测谁的利益会受到侵害，所以谁都没有因利益侵害的危险性超出法定限度而主张权利。但是，这时也应当认为，规范在抽象上具有私人保护性，但具体的权利人集合通常是空集。故而，第一，即使没有人可以事前援用利益侵害的危险性，但实际上"某人"利益一旦受到侵害，也有空间承认其在事后基于职务责任的赔偿请求权（第二节第二款）。第二，如果能提取出"各种情况和要素"，在某种程度上将利益受到侵害者特定化，在理论上就有可能将与该情况和要素具有关联者——即使不能说利益受到侵害的危险性不是十分高，也弹性地——承认为权利人（参见③）。

（3）不可分性利益保护中权利构成的可能性 268

在对立性利害关系中，如果规范不可分地保护不特定多数主体的利益，第三人就不被承认有权利。这一论点即使在狭义警察法领域能得到首肯，在其他领域也会孕育问题。

①首先，建设规制法不应和警察法一样仅分析对立性利害关系。部分建设规制法兼有建设计划法的性质，可以相邻人之间"地位组合的互换性利害关系"（参见第三款）为权利提供根据，尽管其范围较建设计划法更窄。实际上，在防火、采光、通风等之外，间隔面规制的目的可以概括为"近邻的和平"[31]"各个建筑物的网络化"[32]以及"在相互（wechselseitig）利益的调整意义上，考虑同向的（gleich-gerichtet）相邻人利益"。[33]因而，相邻人相互之间的权利可以从这种互换性利害关系中找到根据。同样如此，在建筑物形态规制中，涉及的不是建筑物构成部分之间的调和（例如，《巴登-符腾堡州建设规制法》第11条第2款），而是建筑物与周边环境之间的调和（同一款），也有可能被认为是为相邻人之间的权利提供根据。[34]

---

〔31〕 Krebs, Baurecht, in: Schmidt-Aßmann (Hrsg.), Besonderes VerwR, Rn. 200.

〔32〕 Ortloff, a. a. O., S. 23.

〔33〕 BVerwGE 88, 191.

〔34〕 Ortloff, a. a. O., S. 199.（不过，似以"考虑要求"作为承认权利的根据。）

对于污染法上空间的事前考虑（raumbezogene Vorsorge）也可以同样理解。空间的事前考虑是指，为应对将来设施周围状况的变化而事前考虑，亦即按照设施周围的事实状态及调整空间利用的各种法的计划的设想，为产生排放的空间利用以及对污染敏感的空间利用的可能性留下一定空间。它不是空间利用计划自身，而是一种实现空间利用计划的保全手法，较空间利用计划浓度更低，其目的是"适合设施的周围环境""调整不同的利用主张"。设施项目人和周围的空间利用者之间的地位组合的互换性利害关系，有可能导出周围的空间利用者对设施项目人的权利。[35]

②污染法上风险的事前考虑（risikobezogene Vorsorge），亦即考虑到目前知识的不完整性、预测（Prognose）的不确定性，事前考虑防备将来可能发生无法恢复的污染损害，[36]因知识的不完整性、预测的不确定性显著等理由，而不（能）充分进行危险防御的规范，在替代危险防御的最小限度范围内，承认第三人的权利。[37]举两个例子。

——联邦行政法院将《核能法》第7条第2款第3项、第5项的设施设置和运转许可要件（"根据现在的学术、技术水准采取必要的预防，以防止因设施设置和运转而发生损害"，"对于事故措施以及对第三人的作用，保障必要的保护"）解释为超出危险防御范围的事前考虑规定，但最终没有承认第三人保护规范[38][另外，该第1项、第2项的人的要件（项目人、操作者的信赖性、知识和技能）作出判示，而显示了承认保护规范性的口吻。[39]不

---

〔35〕 Trute, Vorsorgestrukturen, S. 112–132, S. 350. 通说是相反的。Vgl. Jarass, Der Rechtsschutz Dritter bei der Genehmigung von Anlagen, NJW 1983, S. 2848f.；Kutscheidt, Immissionsschutzrechtliche Vorsorge und Drittschutz, in：FS für Redeker, S. 453f.

〔36〕 Trute, a. a. O. , S. 54–86.

〔37〕 Jarass, BImSchG Komm. , § 5 Rn. 109；Kutscheidt, a. a. O.

〔38〕 BVerwGE 61, 256〔Stade〕；BVerwG NVwZ 1982, 624〔Krümmel〕；BVerwGE 72, 300〔Wyhl〕.

〔39〕 BVerwG DVBl. 1990, 1167〔Kernforschungszentrum Karlsruhe〕.

过，第9a条（核废弃物处理）不是保护规范〔40〕]。具体而言，也有区别：《放射线防止令》第45条第1款（平常时的被曝界限值，"30毫雷姆·概念"）和第28条第3款（故障时的计划被曝界限值）是涉及个别性个人风险（Individualrisiko）的保护规范，而第28条第1款第2项和第64条第1款第2项［放射线最小化要求（Strahlenminimierungsgebot）］涉及一般性全体国民的风险（Bevölkerungsrisiko），并非保护规范。〔41〕另外，《基因技术法》上的设施设置和运营许可、排放许可、流通许可的要件（第13条第1款第1~4项、第16条第1款及第2款，包括人的要件）也是含有危险防御及事前考虑目的的规定，一般被认为是第三人的保护规范。〔42〕

　　——《大气污染防止技术指针》2.3的第3款规定了致癌性物质的排放界限值，通说承认它是将保护规范具体化的行政规则（另一方面，第1款的排放最小化要求则不是将保护规范具体化的行政规则）。〔43〕也有学说认为，上述规定的目的是危险防御。〔44〕如果目前难以规定污染界限值，亦即致癌性危险的阈值，而只能规

---

〔40〕　BVerwG NVwZ 1993, 175［Krümmel］。

〔41〕　除前注(38)所列判决外，还参见 BVerwG NVwZ 1991, 1185（《放射线防止令》第45条的界限值计算也包含其他设施平常运转排放的放射性物质，但计算中不包含切尔诺贝利那样的事故或故障污染）；BVerwGE 101, 347［从新的知识见解来看，第45条的界限值不再满足法律上事前考虑的要求，原告超出容忍限度而曝于风险，承认其原告资格。"保护义务包括事后修正义务（Nachbesserungspflicht）"。核电站周边小儿性白血病病例增多的事例］；BVerwG NVwZ 1998, 634［Gorleben］。

〔42〕　Wahl, a. a. O., Rn. 90f.; Wahl/Schütz, a. a. O., Rn. 190f. 当然，对于流通许可，因为难以将利益受到侵害者特定化，在承认第三人权利上存在异议（Ruffert, a. a. O., S. 99f.）。但是，对于设施设置、运营和排放，原因和程度有差别，同样难以将利益受到侵害者特定化［(2)③］。对于流通，需要努力提取"各种情况和因素"，在某种程度上将利益受到侵害者特定化，弹性地承认权利［(2)④］。

〔43〕　Schmidt-Preuß, a. a. O., S. 287-290; Jarass, a. a. O., §5 Rn. 25. 将排放界限值理解为危险防御的目的、扩张保护规范范围的可能性，vgl. Marburger, a. a. O., C 62f., 95f., 98f.

〔44〕　同上注。

定排放界限值，那上述规定反而是一个例外的例子，事前考虑法理被承认为保护规范。[45]

无论如何，在危险防御的情形下，排放→污染→个人的不利，这样的因果链条被纳入规范，而在事前考虑的情形下，至少在因果链条的一个地方，因为知识不完整，预测只能是不确定的，因而，对个人不利的链条直到最后才被纳入规范。[46]换言之，危险防御的规范行为通过将危险归责于有关项目人［个别性归责（Individualzurechnung）］而与具体的状况相对应；而事前考虑的规范行为是基于抽象的构想而作出的［构想从属性（Konzeptabhängigkeit）］，只能说从该项目人与目前无法预测的某种因素（包括其他项目人的排放），经过目前无法预测的某种因果链条，具有产生危险的可能性［集团性归责（Kollektivzurechnung）］。[47]故而，不同于危险防御的情形，其中不特定多数主体利益可分地予以保护，在事前考虑中，利益不可分地予以保护，不能将个人具体现实的不利与规范相结合以导出权利，而必须将个人可谓抽象的观念性不利与规范相结合才能导出权利。例如，如果仅将排放值纳入规范（致癌性物质），就承认必然日常接触排放者具有权利。如果连污染界限值都纳入（核能法），结果就与危险防御的情形一样，可以承认有日常受到界限值以上污染之虞者具有权利。[48]

与基于危险防御时现实性利益的权利相比，基于事前考虑时观念性利益的权利，个别性程度低，"代表"（Repräsentation）的性质强。[49]特别是像上述那样在排放上承认权利，一般来说，在项目设施附近生活、强烈受到排放影响的权利人，多数利益会得到保护。但这样，权

---

〔45〕 Kutscheidt, a. a. O., S. 446, S. 452-454; Wahl/Schütz, a. a. O., Rn. 168.

〔46〕 Vgl. Schmidt-Preuß, a. a. O., S. 278-283 ［"排放与污染、污染与损害之间的〔因果〕归责（Zuordnung）"］; Breuer, Ausbau des Individualschutzes, DVBl. 1986, S. 851f. （"因可能个别化而可能证明的原因-结果关系"）.

〔47〕 Trute, a. a. O., S. 64-67.

〔48〕 BVerwG NVwZ 1998, 634.

〔49〕 Vgl. Trute, a. a. O., S. 350f. 另也参见(2)。

利保护的程度因权利人而异（"相对化"），这一推论本来并不合乎权利的个别性质。[50]故而，如前所述，通说认为，相对于基于危险防御之规范行为的权利，基于事前考虑之规范行为的权利具有"补充性"，抑制后者的权利。但是，在风险应对中，有必要将污染法的重点由基于个别性归责和具体状况的危险防御转为基于集团性归责和抽象构想的事前考虑，进而也使主观法的构成与这种客观法的展开相对应，涉及污染法的权利重点也由个别性、现实性构成转为代表性、观念性构成。也就是说，从正面承认基于事前考虑之规范行为的权利，而不使其从属于基于危险防御之规范行为的权利。[51]实际上，人们意识到，特别是在大气污染防止领域，如果抑制涉及事前考虑的权利，就会产生令人不满的结果。为了防止"新种森林破坏"，[52]关于大规模燃烧设施的《联邦污染防止法》第 13 号施行令和《大气污染防止技术指针》规定了排放界限值，有的解释论广泛承认其为保护规范。[53]《环境法典教授草案》第 320 条第 3 款特别规定，如果法规命令以事前考虑为目的规定了防止大气污染的界限值，它就具有相邻人保

271

〔50〕 关于放射线最小化的要求，BVerwGE 61, 256; Schmidt - Preuß, a. a. O., S. 306f.

〔51〕 通说原则上不承认事前考虑的规范行为有第三人保护性，对通说的质疑，Rehbinder, a. a. O., S. 281-284.

〔52〕 Vgl. Bender/Sparwasser/Engel, Umweltrecht, Rn. 6/12.

〔53〕 Breuer, a. a. O., S. 855f.; ders., Umweltrecht, in: Schmidt-Aßmann (Hrsg.), Besonderes VerwR, Rn. 177, 188; Jarass, a. a. O., § 5 Rn. 25a, § 7 Rn. 31. 该学说认为，根据"补充性"的逻辑，因森林破坏上不（能）充分进行危险防御的规范，应将事前考虑的规范行为主观化。但是，森林破坏是因多种原因（物质）复合、经过复杂而漫长的因果过程而发生的，事前考虑的规范行为在广泛范围内被主观化，很难说实际上是"在最小限度内"被主观法化。故而，Schmidt-Preuß, a. a. O., S. 286f.; Trute, a. a. O. 反对该说。Kutscheidt, a. a. O., S. 453f. 认为，只有在危险可以归责于特定的排放项目人时〔所谓小空间的（kleinräumig）事前考虑〕，事前考虑的规范才能主观法化。但是，在前述的规范构造上，"小空间的"是危险防御的规范行为，事前考虑的规范行为并不以危险可以归责于特定的排放项目人为根据〔所谓大空间的（großräumig）〕。库特沙伊特最终可以说，只有不（能）充分进行危险防御的规范，而且事实上可以类推危险防御，才将事前考虑的规范主观法化。

护性。〔54〕当然，可以认为，事前考虑领域中"执行的欠缺"（Voll-zugsdefizite），〔55〕应通过团体参加而非个人权利来填充。〔56〕但是，不同于自然保护法和环境适合性审查法＊，〔57〕像污染法那样，事前考虑领域可以被定位于危险防御的发展形态，其中（也）应该提供个人实体权利的发展形态。

276

二、私人间关系的个别性规范与类型性规范

（1）个别性规范

在行政机关个别地规范特定私人间关系时，私人当事人在该规范上处于"对立性利害关系"，可以反方向主张"权利"。联邦行政法院在劳动法和社会法领域给出了例子。重度身体障碍者可以就雇佣者解雇所需要的行政机关同意（《重度身体障碍者法》第15条）进行争议，〔58〕雇佣者可以就行政机关将身体障碍者视作重度身体障碍者的决定（第2条）进行争议。〔59〕产前产后的女性可以就雇佣者

〔54〕 Jarass/Kloepfer/Kunig/Papier/Peine/Rehbinder/Salzwedel/Schmidt-Aßmann, UGB BT, S. 667f. 该条文为《环境法典专家委员会草案》第44条所继承。Bundesministerium für Umwelt, Naturschutz und Reaktorsicherheit（Hrsg.），UGB-KomE.，S. 535f. 明确指出，"事前考虑的界限值不仅有助于公众免受风险，也有助于个人的保护。危险防御与事前考虑之间的过渡是流动的"。

另外，对于整个教授草案，参照、藤田「ドイツ環境法典草案」自研68卷10号3页以下、藤田＝レンツ訳「ドイツ環境法典——総論編（案）（一）（二）」自研68卷10号116页以下、11号105页以下。

〔55〕 Jarass, Der Rechtsschutz Dritter bei der Genehmigung von Anlagen, NJW 1983, S. 2845f.；ders.，Drittschutz im Umweltrecht, in：FS für Lukes, S. 63；Wahl/Schütz, a. a. O.，Rn. 158.

〔56〕 Vgl. Trute, a. a. O.

＊ 环境适合性审查法（Umweltverträglichkeitsprüfungsgesetz），亦即环境影响评价法。环境适合性审查，也就是环境影响审查或环境影响评价，审查项目对于环境和人类的影响，评估环境的可承载性。——译者注

〔57〕 对于两部法领域中团体参加、利害关系人参加以及其他利益的表达，参见第五章第一节第三款。

〔58〕 BVerwGE 29, 140.

〔59〕 BVerwGE 42, 189.

解雇时所需的行政许可（《母性保护法》第9条第3款）进行争议。[60]

当然，联邦行政法院认为，对于《住宅拘束法》上针对住宅处分权人的行政行为，例如，附属设施设备的租借许可（第9条第6款），[61] 提前上调平均租金的许可（第8a条第4款），[62] 免除一种住宅拘束，即将可转嫁为租金的调整金支付负担作为附款（第7条），[63] 租借人不得争议。法院给出了如下理由：①行政行为完全是在规范行政机关-住宅处分权人的关系，只有民事法上的法律行为（住宅处分权人行使形成权、契约等），才使住宅处分权人-租借人的法关系发生变动。亦即行政行为对租借人并无直接效果。②行政行为并不具有排除租借人民事法上权利的效果。③租借人在民事法上受到权利保护，不需要通过行政诉讼来保护权利。如果双重承认权利保护，恐招致两者的龃龉和混乱。

其中，②与③将在第五款中探讨，但从结论来说，它们并不是否定行政法上权利保护的论据。①与保护规范说并不一致。也就是说，从保护规范说来看，重要的是住宅拘束法的宗旨目的，即对租借人的利益与住宅处分权人的利益相衡量并予以保护。[64] 如果住宅拘束法的目的在于，不将民事法上的法律行为委诸住宅处分权人的自由意思，而是弥补租借人在谈判力和影响力上的劣势，纠正社会力量关系的失衡，那么，以住宅处分权人法律行为的自由为理由否定租借人的保护，就只能说是与住宅拘束法目的刚好相反的解释。[65]

---

〔60〕 BVerwGE 10, 148.

〔61〕 BVerwG NJW 1985, 1913.

〔62〕 BVerwGE 72, 226.

〔63〕 BVerwG NJW 1987, 2829.

〔64〕 住宅拘束法的实体法目的在于保护租借人，这一点或多或少也为各判决所认可。

〔65〕 Groß, Drittschutz bei Tarifgenehmigungen, DÖV 1996, S. 54f., S. 59. 此外，施密特-普罗伊斯（Schmidt-Preuß, Kollidierende Privatinteressen, S. 374-381）也反对联邦行政法院的解释。

(2) 类型性规范

联邦行政法院进一步认为，利用者不可以对企业收费的认可进行
争议。例如，飞机业者不可以对机场业者的飞机降落、存储费用上调
的许可（《航空许可规则》第43条）进行争议。[66]利用者不可以就
行政机关对路面电车运费、运送条件变更的同意（《旅客运送业法》
第39条）进行争议。[67]被保险者不可以就私人伤病保险业者的保险
费上调许可（《保险业监督法》第13条第1款、第8条第1款第3
项）进行争议。[68]顾客不可以就电费上调许可（《能源经济法》第7
条第1款、《联邦电费规则》第12条）进行争议。[69]

在以上事例中，法院首先给出了与《住宅拘束法》情形相同的理
由：①行政行为并不直接使事业者-利用者的法关系发生变动。②行
政行为并不排除利用者民事法上的权利。③利用者在民事法上受到权
利保护。但是，②与③并不是否定行政法上权利保护的论据（第五
款）。关于①，对于机场利用费、路面电车运费，因在认可的同时予
以公告，产生拘束力（《航空许可规则》第43条第2款，《旅客运送
业法》第39条第1款、第3款），判决只能采取这样的论证："收费
表自身是抽象的，通过各个利用行为才具体产生费用支付义务。"但
是，说收费表是"抽象的"，过于形式逻辑。[70]而对于电费，即使
认可了涨价，企业也可以部分或全部控制上调，在各个契约中，得

---

[66] BVerwG DÖV 1978, 619.

[67] BVerwG DÖV 1980, 416.

[68] BVerwGE 30, 135. 在旧法之下，BVerwGE 75, 147认为，被保险者不能就汽
车责任保险的保险费变更许可进行争议。不过，对于保险业者之间转移保险契约地位的
契约的许可，被保险者可以争议（BVerwGE 84, 306; 95, 25; 100, 115. 过去的BVerwG
VersR 1963, 177是相反的）。

[69] BVerwGE 95, 133.

[70] 因而，中込秀树等（中込＝市村＝绵引＝深山『实务的研究』105~106页）
认为，对于（日本）电费、燃气费认可，消费者"具有要求撤销的法律上利益"。"在
得到认可的供给程序中，应当承认一种直接……规范供给契约内容的规范性效力"。不
过，如下所述，对于没有采取这种法的结构的（日本）铁路票价认可，也不能否定消
费者法律上的利益。

到认可的费用也只是意味着最高价格（《联邦电费规则》第 12 条第
1 款、第 5 款）。但是，这一逻辑和《住宅拘束法》的情形一样，与
保护规范说并不一致，并不是否定行政法上权利保护的论据。也就
是说，如果有关规定的目的在于不将民事法上的法律行为委诸企业
的自由意思，而是纠正消费者在垄断市场或者因信息、知识和谈判能
力失衡[71]而形成的劣势，以弥补市场失灵，那么，以企业的法律行
为自由为理由否定对消费者的保护，就只能说是与有关规定的目的刚
好相反的解释。[72]

　　通说赞成判决的论据是判决所举出的另一个理由，即在项目
（收费）规制中，利用者或消费者的利益不是个别地得到考虑和保
护，而是利用者或消费者"全体"的"类型化"（typisiert）利益得
到考虑和保护。[73]当然，在个性的抽象化之后，对消费者的利益予
以一体保护，这对于相邻人保护性得到认可的环境法规范也是有效
的。重要的毋宁是下述情况：项目（收费）规制的规准是消费者从项
目中所得到效用的总体和企业在项目上所需的费用。也就是说，消
费者利益的整体不可分地得到考虑和保护［参见一(1)］。在不特定
多数主体的利益不可分地予以保护时，基本上就否定了个别性权利的
存在。

　　但是，即使上述逻辑自身是正当的，也有进一步接续下述逻辑的
余地。项目（收费）规制目的是不可分地考虑消费者整体利益，弥补
市场功能，在实现这一目的的过程中，当然要个别地规范各个契约。
如后所述［三(1)］，法的体系必须始终将个人（在这种情形下是指
各个契约当事人）看作目的，而不是作为手段。因而，在法上，规范

278

---

　　[71] 大村敦志（大村『消费者法』19~21 页）在"消费者"的特性上，举出其
在信息和谈判力上相对于企业处于劣势地位。

　　[72] 施密特-普罗伊斯（Schmidt-Preuß, a. a. O., S. 101-9）强烈批判了①的"间
接性理论"。

　　[73] A. a. O., S. 361-374. 因而，正如对土耳其、原南斯拉夫、希腊国籍的被保险
者设定 1% 汽车责任保险的保险费增额那样（BVerwGE 79, 326），违法个别地考虑了消
费者利益，通说也承认受到歧视对待者可以主张"权利"损毁。

和保护各个契约（各个契约当事人）必须被看作实现弥补市场功能的最终目的的中间目的，而不是其单纯的手段。要言之，项目（收费）规制的最终目的是弥补市场功能，中间目的是规范各个契约的内容，消费者的整体利益在最终目的层面上得到不可分的保护，但在中间目的层面上得到可分的保护。如果消费者的整体利益也得到可分的保护，就能承认消费者个人的个别性权利。[74]

一般而言，为了"类型化地"保护"全体"消费者而进行规范，例如公共收费规制、格式条款规制、品质标识规制等，其最终目的是弥补并纠正因垄断市场或信息、知识、谈判能力失衡而产生的市场失灵，但也有规范各个契约或缔约过程的中间目的。消费者利益整体不仅得到不可分的保护，也得到可分的保护。根据保护规范说，重要的是这种规范的保护目的，而不是脱离保护规范的一般应予保护性的评价，即一般而言消费者利益只是"轻微的""经济性"利益（姑且不论是否应当说消费者利益不是"轻微的"，而是"纤细的"）。[75]

如此，即使抽象地说，"类型化的"消费者保护规范也个别地保护消费者，有时也难以具体地将成为权利人的消费者范围特定化或划定其范围。这时，一(2)④所述的内容是妥当的。[76]

---

〔74〕 Groß, a. a. O. , S. 59f. 结论相同, Kopp, Mittelbare Betroffenheit, DÖV 1980, S. 510f. ; ders. , VwGO Komm. , §42 Rn. 85f. 古城「消費者訴訟の原告適格」北法 40 卷 5・6 号上 1413 頁以下（该文认为，国家必须大力保护消费者的利益，以此来补偿在法上保障企业的垄断地位）。

〔75〕 消极意义的品质标识规制在日本的果汁案（最判 1978 年 3 月 14 日民集 32 卷 2 号 211 頁）中成为问题，规制的目的在于避免消费者误认。对此，事前提起不服者自己能很容易避免误认，因而，缺乏争讼的利益。真正的不服完全是由实际上已经误认者事后以损害赔偿的方式提起（参照、古城・前揭 1416 頁）。但是，这种特殊情况对很多事例并不合适。例如，假设积极意义的品质标识规制，其目的是要求（详细）标识，也能事前设想到提起争讼的利益。

〔76〕 另外，对于民事法关于承认消费者团体表达利益的规定，参见第五章第三款二(1)(b)。

三、对立性利害关系的垂直复合与水平复合

280

（1）垂直复合

在观念上，可将被行政机关直接课予义务者、由该义务而能直接扩张行为可能性者作为第一次性关系者，将因课予第一次性关系者义务（限制行为）而使行为间接地受到限制者、因第一次性关系者扩张行为可能性而能间接地扩张行为可能性者作为第二次性关系者。这里的第一次性、第二次性，只是表示事实上的因果链条顺序，当下并不含有规范的意味。

根据保护规范说，如果行政作用（的根据规范）以限制第二次性关系者的行为为目的，就必须承认第二次性关系者"权利"损毁。例如，普鲁士高等行政法院过去认为，警察厅命令有关地区的所有酒馆（第一次性关系者）不得向被称为"酒鬼"（Trunkenbold）的人提供酒水，该人（第二次性关系者）可以权利损毁为根据起诉。[77] 如果行政作用（的根据规范）以保护第二次性关系者的行为可能性为目的，可以有承认第二次性关系者"权利"的空间。例如，日本最高法院认为，公众浴场距离限制的宗旨在于防止下述因果链条：无益的竞争将导致竞业者经营不合理化，降低浴场卫生设施的水准，使国民遭受保健卫生上的不利。[78] 假设根据该判决要旨，可以将"竞业者"解作第一次性关系者，将"国民"解作第二次性关系者。[79]

281

如上所述，如果存在承认第二次性关系者"权利"的余地，行政作用（的根据规范）即使不是明确以第一次性关系者的制御或保护为目的，也必须承认存在第一次性关系者"权利"的余地。因为人不是

---

[77] PrOVGE 1, 327. Vgl. Preu, Drittschutz, S. 63.

[78] 最判 1955 年 1 月 26 日刑集 9 卷 1 号 89 页、最判 1962 年 1 月 19 日民集 16 卷 1 号 57 页。

[79] 当然，要承认"国民"权利，还必须进一步探讨"国民"在保健卫生上的利益是受到可分的保护还是不可分的保护，具体是多大范围内的国民能援用权利［参见二（1）（2）］。

作为服务于某种目的的单纯手段或者客体，而始终必须作为其自身的目的和主体来对待［这一定式以康德哲学为基础，[80] 迪里希提倡将其作为实定法上《基本法》第 1 条第 1 款（人的尊严）的解释论，[81] 联邦宪法法院反复提及[82]］。故而，不能将第一次性关系者仅仅看作实现第二次性关系者的制御或保护的"手段"、不具有自身权利的"客体"，而必须是法的"目的"、能具有自身权利的"主体"。例如，日本最高法院在前述案件中就承认"竞业者"具有法律上的利益。即使给付行政的目的在于实现某种公共秩序，也必须承认作为第一次性关系者的受给付者具有给付请求权。[83]

于是，在法的观念上可以认为，第一次性关系者之间的对立性利害关系、第二次性关系者之间或第二次性关系者和第一次性关系者之间的对立性利害关系，可谓"垂直性"复合。

（2）水平复合

如果行政作用以综合衡量各种利益和各种不利为目的，就可以说是使各种对立性利害关系"水平地"复合。计划确定决定是其典型。联邦行政法院认为，计划确定决定必须在"广泛的"意义上对计划"关联"（berührt）的"所有"利益加以衡量。[84] 也就是说，所有"值得保护的"利益，只要不能说是"微不足道的"（geringfügig），都

---

〔80〕 Kant, MdS, Tugendlehre, §§11, 38. 不过，krit. Dreier, in: ders. (Hrsg.), GG Komm., Bd. 1, Art. 1 Abs. 1 Rn. 11-13.

〔81〕 Dürig, in: ders./Maunz (Hrsg.), GG Komm., Art. 1 Abs. 1 Rn. 28. 不过，krit. Dreier, a. a. O., Rn. 39.

〔82〕 Vgl. Häberle, Menschenwürde, in: HdbStR, Bd. 1, Rn. 5-12.

〔83〕 过去，BVerwGE 1, 159; Bachof, Reflexwirkungen und subjektive Rechte, GS für W. Jellinek, S. 301-303. 另外，参见明确承认给付请求权的《联邦社会扶助法》第 4 条、关于公共设施利用的《巴登-符腾堡州乡镇法》第 10 条第 2 款等，相反明确排除给付请求权的《医院资金筹措法》第 8 条第 2 款［第三章第四节第二款(2)⑤］。对于一般的给付请求权，vgl. Bauer, Altes und Neues zur Schutznormtheorie, AöR 1988, S. 621f. 不过，行政裁量问题必须另行探讨。

〔84〕 BVerwGE 48, 56［B42］; 52, 237; 56, 110［Flughafen Frankfurt a. M.］.

要加以衡量。[85]关系人具有"要求适当衡量自己受法保护之利益的权利"。[86]例如，对于征收以及其他"重大且难以容忍的"所有权侵害、[87]威胁营业活动生存的侵害等，[88]宪法直接保护相关利益。因道路位置变更而受到经济不利等，[89]并不直接受到宪法的保护，而是受到有关计划确定决定的法律保护。因噪音造成的不利，即使没有达到《基本法》第 2 条第 2 款的保护领域，即使没有重大到需要采取法律上预防措施或补偿的程度（《联邦行政程序法》第 74 条第 2 款等），只要不是"微不足道的"，也必须加以衡量。[90]

联邦行政法院认为，受到征收的土地所有者不仅可以主张自己的利益，也可以主张其他"公益"（例如，自然保护）没有得到适当的衡量。[91]有观点认为，该判决的射程及于宪法基本权利规定直接保护的一般利益。[92]另一方面，联邦行政法院认为，援用法律所保护的利益者只能主张自己的利益没有得到适当的衡量，而不能将自己的利益

282

---

［85］ BVerwG DÖV 1984, 426; BVerwG NVwZ 1988, 363; BVerwG NVwZ 1989, 151; BVerwG NVwZ 1990, 1165.

［86］ BVerwGE 48, 56 ［B42］; 52, 237; 56, 110. 同一旨趣，Schmidt‐Preuß, a. a. O. , S. 322-325. 与此相对，Wahl/Schütz, a. a. O. , Rn. 257-259 m. w. N. 比判例更限定了权利的范围。

［87］ BVerwGE 61, 295. （部分征收的剩余土地利用价值下降的事例。）

［88］ BVerwGE 82, 246 ［Flughafen München‐Riem］. ［在机场内经营的航空学校、飞机租赁业者因（未经计划确定程序）机场许可变更而在营业上受到经济不利的事例。不过，被衡量的私益是"在计划决定时点可以具体而个别地把握"的利益，诸如一般的机场利用者、航空业者的利益不属于此。］

［89］ BVerwG DÖV 1984, 426 （两个仓库之间的道路联络被阻断的事例）; BVerwG NVwZ 1990, 1165 （农场之间的交通，必须利用短的交叉路段，而不是像过去那样简单地穿越道路的事例）; 不过，它们都不是在衡量中被评价重要的利益。

［90］ BVerwG NVwZ 1988, 363; BVerwG NVwZ 1989, 151; BVerwG NVwZ‐RR 1989, 619; BVerwGE 87, 332 ［Flughafen München Ⅱ］.

［91］ BVerwGE 67, 74; 69, 256; 72, 15 ［Main‐Donau‐Kanal］ （环境保护团体是土地所有者的事例）; BVerwG NVwZ 1991, 781 ［利益团体的妨害地（Sperrgrundstück）的事例］.

［92］ Wahl/Schütz, a. a. O. , Rn. 254.

在其他关系人"同类或可类比的利益""之上予以强化"。[93]对此判决，有观点强烈地批判指出，衡量过程是将所有相关利益网状组合起来加以综合，无法将特定利益部分从衡量过程中加以限定并分离出来。故而，关系人可以和自己的利益一起，援用所有对自己有利的其他利益，这才是合乎衡量规范构造的解释。[94]

即使一般承认衡量过程的分割可能性，但分割可能性也有如下界限，也不可避免地会认为，关系人可以和自己的利益一起援用其他利益。第一，复数人的"同类或可类比的利益"在衡量过程中通常被加算，作为一个整体得到测量。[95]这种利益不应分割。例如，主张因噪音而遭受不利者可以主张和因他人噪音而遭受的不利加算。第二，随着环境适合性审查法、关于避免和削减环境污染的欧共体指针[96]的统合性（integriert）环境保护法理的发展，衡量过程中环境利益的分割可能性变得值得怀疑。例如，因大气污染遭受不利的主张者也可以主张自然保护这种"公益"。

当然，原告的利益与原告主张的违法事由之间需要有关联〔实体

---

〔93〕　BVerwGE 48, 56.

〔94〕　Wahl/Schütz, a. a. O., Rn. 256, 259. 与此相对，施密特-普罗伊斯（Schmidt-Preuß, a. a. O., S. 325f.）赞成判决。对于学说对判决的反应，大西有二有绵密的分析（大西「取消違法事由の制限」北法 40 卷 4・5 号上 1763 頁以下）。拉德尔（Ladeur, Schutznormtheorie, UPR 1984, S. 4–6）生动地描写了计划中"衡量过程"的意义。当然，拉德尔从衡量过程的意义中导出保护规范说的放弃，对此可参照下述批判："司法权不能自己就开始和结束'讨论'，其他权力没有将讨论带入决定的能力或意思。"〔有提案〕将行政法院作为可能交换的部分平台，以实现'讨论性'对话可能性，宪法秩序的生命不在于各种制度和程序均一化和混合，而是在于让各个组织在其典型而固有的任务和功能上相互配合（Zusammenspiel）"（Schmidt-Aßmann, Funktionen der Verwaltungsgerichtsbarkeit, FS für Menger, S. 120–123）。当然，有人认为，可以使司法程序进一步差异化，使"讨论"与正式的司法程序"相互配合"〔vgl. Schmidt-Aßmann, in: ders. /Schoch/Pietzner（Hrsg.）, VwGO Komm., Einleitung Rn. 176, 191〕。

〔95〕　Vgl. BVerwGE 56, 110. 当然，在衡量的结果中，利益必须得到个别而适当的测量。

〔96〕　ABl. Nr. L 257/26 v. 10. 10. 1996; vgl. Kracht/Wasielewski, Integrierte Vermeidung und Verminderung der Umweltverschmutzung, in: EUDUR, Bd. 1, §35.

法上的"违法性关联"（Rechtswidrigkeitszusammenhang）]。[97]①如果
计划是可能分割的，而带有违法性的部分并不涉及原告的利益，原告　283
就不能主张该违法性（分割可能性）。[98]相反，即使现在的计划自身
与原告利益无关，如果预计将要制定的计划与现在的计划具有连续
性、将来必然涉及原告利益[特别是道路建设中"强制点"（Zwang-
spunkt）的形成]，原告也可以将来预计的利益侵害为理由而主张现在
计划的违法性（分割不能性）。[99]②即使修改计划，消解违法性，也
无法消解原告的利益侵害，原告不能主张该违法性（合法替代的计
划）。[100]

第二款　互换性利害关系　285

一、行政机关地位分配的互换性利害关系

在行政机关给私人分配数量有限的地位时，[101]获得分配者与未获
得分配者之间就地位的归属产生互换性利害关系。以下将举出例子并
指出这一关系类型的法的问题。

（1）互换性利害关系与对立性利害关系的复合——职业许可

对于配额数量（Kontingent）限定的职业许可，限额本身妥当与
否以及配额的数量之争，涉及因限额而受到不利的申请者与获益者之
间的对立性利害关系[参见二（2）]，而以一定配额为前提，因分配而

[97]　Schmidt-Aßmann, in：Maunz/Dürig（Hrsg.），GG Komm.，Art. 19 Abs. 4 Rn.
162f.

[98]　BVerwGE 67, 74；BVerwG DVBl. 1989, 510.

[99]　BVerwGE 62, 342；BVerwG NVwZ 1989, 151. 不过，BVerwG NVwZ 1993, 887
认为，在后续的计划上，仅仅实施了听证程序或者正在审查草案，是不够的（反对，
Wahl/Schütz, a. a. O.，Rn. 260）。而 BVerwG NVwZ 1997, 491 认为，在后续的计划中，
如果形成的路线不涉及原告权利，仅仅说"并不贤明"（unvernünftig），是不够的。

[100]　BVerwGE 67, 74.

[101]　对于这里"地位"的含义，参见第一款序。

产生的争议涉及申请者相互之间的互换性利害关系。〔102〕联邦行政法院过去认为，对于出租车业许可（《旅客运送业法》第13条第4款、第5款）的撤销诉讼，既有企业没有原告资格，因而，"法的地位更弱"的竞争性申请者就更没有原告资格。〔103〕但是，申请者-既有企业之间的对立性利害关系［参见二（2）］与竞争者之间的互换性利害关系具有本质的差异，因而，不能说竞争性申请者法的地位比既有企业的法地位在量上"更弱"。〔104〕

286

那么，应当以何种诉讼类型来解决竞争性申请者之间互换性利害关系的纷争呢？联邦行政法院认为，对于远距离运输业许可（《货车运输业法》第9条、第10条第3款），如果提起课予义务诉讼，要求对自己的许可申请重新作出决定，就没有必要合并提起对其他业者许可的撤销诉讼。〔105〕对此，通说认为，对其他业者许可的撤销诉讼与关于自己许可申请的课予义务诉讼必须合并提起；〔106〕相反，少数说认为，仅允许课予义务诉讼。〔107〕

（2）互换性利害关系与继续性法关系的相克——关于人事的行政作用

（a）在公务员任用和大学入学等方面，本来劣势的申请人获得了

---

〔102〕 参见 BVerwGE 79, 130；该判决认为，《烟囱清扫业法》第6条第1款（"地区烟囱清扫师傅的任用顺序遵循申请者名单的登记顺位"）不仅是保护公益，也是保护得到登记的申请者个别利益的规定。

〔103〕 BVerwGE 16, 187. 既有企业竞争的事例。

〔104〕 反对该判决要旨，Brohm, Konkurrentenklage, in: FS für Menger, S. 249（佐藤英世「競爭者訴訟の構造」阪本＝村上编『人権の司法的救济』163 页以下，依据该论文整理了德国的判例学说）；P. -M. Huber, Konkurrenzschutz, S. 437；Frers, Die Klagebefugnis des Dritten im Gewerberecht, S. 201f.

〔105〕 BVerwGE 80, 270.

〔106〕 Huber, a. a. O. , S. 472f. , S. 476f. ；Schmidt-Preuß, Kollidierende Privatinteressen, S. 580-587. 作为合并提起撤销诉讼和课予义务诉讼的事例，BVerwG NVwZ 1984, 507.

〔107〕 Schenke, Rechtsprobleme des Konkurrentenrechtsschutzes, NVwZ 1993, S. 720-726.

地位，要恢复互换性利害关系的竞争者之间的平衡，就必须使劣势的申请人退出该地位，使本来优势的申请人就任该地位。但是，在作出下述考虑之后是否还贯彻这一方法，存在讨论余地。①公务员组织或大学组织与成员的关系，是继续性关系，在制度上预定按照时间序列发展，因而，如果事后解除一个人的地位，排除出该关系，那么，组织就被遮断了继续性活动，人就失去了在组织中经历的时间意义（A la recherche du temps perdu）。[108]②事后在申请人之间替换地位时，其影响波及组织的广泛范围，涉及多数人。申请人的铨衡是多个基准复杂组合进行的（对于公务员任用基准，《基本法》第33条第2款，《联邦公务员法》第8条第1款第2句、第23条，《公务员法大纲法》第7条，以及对应的《巴登-符腾堡州公务员法》第11条第1款等各州法；对于大学入学的选拔基准，《大学大纲法》第32条、第33条，《学籍授予州际协议》第11~15条，《学籍授予令》），如果在申请人之间替换地位，就必须全部重新铨衡，所有申请人都被置于不安定的立场。特别是在晋升的情况下，替换一个地位，就需要连锁替换其他诸多地位。[109]另外，以上的"时间的视角""大量性"两个因子，[110]在其他场合中，就意味着将纯粹的消除结果请求权缩减为消除结果负担。[111]

——诸多学说认为，①与②不是阻止优先申请人实现"权利"的理由，允许优先申请人事后排除被任命或许可入学的劣势申请人，贯彻互换性利害关系的竞争者之间的衡平。[112]

287

---

〔108〕 一般，为了保护对行政行为的信赖，限制行政行为的职权撤销和撤回，但并不限制争讼撤销。正文所述的不是在程序法关系中行政行为的信赖保护，而是在继续性实体法关系中的信赖保护。Vgl. Schmidt- Preuß, a. a. O. , S. 475, S. 487 Anm. 220.

〔109〕 Brohm, a. a. O. , S. 250-252.

〔110〕 Wahl/Schütz, in: Schoch/Schmidt-Aßmann/Pietzner (Hrsg.), VwGO Komm. , § 42 Abs. 2 Rn. 329.

〔111〕 参见第五章第二节第二款。

〔112〕 Huber, a. a. O. , S. 441, S. 456-8；Wahl/Schütz, a. a. O. , Rn. 325-7, Rn. 329. 过去对于公务员的任命，Mutius, Konkurrentenklage im Beamtenrecht?, VerwArch 1978, S. 103ff. ；Schenke, Die Konkurrentenklage im Beamtenrecht, in：FS für O. Mühl, S. 571ff.

——但是，联邦行政法院在公务员任用上判示如下：申请人在争议拒绝申请处分的同时——有时甚至在拒绝处分之前——可以要求法院发布临时的不作为命令，以免造成任命了竞争者的既成事实（《行政法院法》第123条）。相反，一旦任命了竞争者，就"已经无法回应"其他申请。有了任命，公募的任用程序就"结束"了。[113]如此，满足了①与②的要求，这时是公务员"职位安定"（Ämterstabilität）要求，[114]反过来，申请人在任命竞争者之前不能申请或无法得到临时命令，就被切断了权利保护之路，因临时命令而在争讼期间导致该职位不可避免地出现空缺的事态（尤其是申请人没有临时命令就不能实现权利，竞争者因发出临时命令就推迟了权利实现，衡量两者的风险，倾向于应当避免前者的风险，而允许使职位空缺的临时命令[115]）。另外，对于欧共体组织的公务员，欧洲法院不以"职位安定"为问题，而允许对任命的竞争者诉讼。[116]

——根据《学籍授予令》第13条第4款，已完成了学籍授予程序。根据其相关判决，应当许可入学者基本上是在下一次程序中获得最优先考虑。根据该规定，已经被许可入学者原则上应被保全地位，满足①与②的要求，但反过来，在下一次程序的最终顺位中一定获得许可者则被牺牲了。[117]

---

[113] BVerwGE 80, 127；BVerwG DVBl. 1989, 1150. 不过，BVerwG NVwZ 1998, 1082 认为，行政机关承诺在原告胜诉时空出其他空缺职位（B），这时即使争夺对象的职位（A）任命给其他申请人，仍有诉的利益。如果 A 的选考违法，行政机关对于 B，必须以 A 本来应当使用的方法进行选考。

[114] 施密特–普罗伊斯（Schmidt–Preuß, a. a. O., S. 111–4, S. 473–482）批判判例的形式性说明理由，而支持判例以"职位安定"的实质理由所得出的结论。

[115] Vgl. a. a. O., S. 604.

[116] Classen, Die Europäisierung der Verwaltungsgerichtsbarkeit, S. 72.

[117] Schmidt – Aßmann, Verwaltungsverantwortung und Verwaltungsgerichtsbarkeit, VVDStRL 34, S. 262. 但过去支持这种调整方法。对其详情, vgl. Schmidt–Preuß, a. a. O., S. 486–492.

(b) 还有一种情形是，毫无疑问无法实现互换性利害关系的竞争者之间的衡平。根据《大学大纲法》第 29 条、第 30 条，《学籍授予州际协议》第 7 条，以及《入学定员令》，计算和确定入学名额，完成了学籍授予程序。没有获得学籍的申请人主张入学名额的计算和确定率过低，大学仍有学生接收能力。在其主张得到肯定后，问题就是将这种确定入学名额之外的"剩余接收能力"分配给怎样的申请人。

　　过去，联邦行政法院认为，剩余学籍必须根据所定的铨衡基准和顺位分配，将剩余学籍优先分配给起诉者违反"从《基本法》第 3 条第 1 款导出的机会平等原则"。[118]根据这一判示，无论行政是否违法过少确定了入学名额，始终都要根据同样的实体法基准，分配学籍，实现互换性利害关系者之间的衡平。

　　但是，联邦宪法法院认为，在行政违法过少确定了入学名额时，应当将剩余学籍优先分配给起诉者。它说：

　　　　"任何铨衡程序都是依存于状况的非常措施，它使用了有问题的基准，不平等地对待了在原理上具有平等权利的人，是一种'不足的管理'。故而，使用这种非常措施，不得使现有的学生接收能力得不到利用，而扩大不足……有的申请人使拒绝入学决定产生了确定力，有的申请人对拒绝决定提起诉讼，证明了没有利用的接收能力，两者在法上存在明显不同。因为这一不同，给作为原告的下位顺位申请人许可，并不侵害并非原告的上位顺位申请人要求平等对待的权利。""这一结论与行政诉讼的权利保护样态也是一致的，在针对许可的具体诉讼中，附随地事后审查接收能力的程序，个别地保护权利。在这种诉讼中，如果证明了接收能力没有得到利用，就只有原告申请人与教育主体之间在接收能力上存在对峙，并非原告的上位顺位的申请人完全没有参加诉讼。尤其是不能根据要求行政再作决定的判决，委诸许可机关将空余的接收能力分配给没有参加诉讼的上位顺位者。"在这种事

---

〔118〕　BVerwGE 42, 296.

例中，"《基本法》第 12 条第 1 款的分配请求权优位于分配基准，后者在因不足而造成非常事态时成立。"[119]

如此，优先考虑个别地通过诉讼程序最大限度地实现权利（从实用角度而言，不剩学生接收能力而尽数利用），而互换性利害关系者之间在实体法上的衡平被相对化。

但是，如果遵从联邦宪法法院的判示，在个别地通过诉讼程序实现权利的情形中，就新产生了互换性利害关系的问题，互换性利害关系的问题变得复杂起来。也就是说，如果起诉的申请人多于剩余学籍，就需要在原告申请人之间分配剩余学籍的基准。

289

——首先，根据法院的临时命令而被许可临时入学者，之后并不被其他原告申请人夺走学籍。法院错发临时命令，临时入学许可多于剩余学籍，先获得临时命令者优先。[120]这与前述公务员任命的联邦行政法院判决是同样的逻辑，即在继续性关系中要求保全地位，并在一定程度上根据这种要求在临时救济的阶段就使地位确定。

——那么，无论是临时命令的阶段，还是本案判决后的阶段，在起诉的申请人之间分配剩余学籍，其实体基准是什么呢？联邦宪法法院并没有指示或禁止特定的基准，[121]而是认为，基准应由立法者决定，[122]但目前并没有这种立法。汉堡高等行政法院将立法确定入学名额的铨衡基准转用于剩余学籍，确定起诉的申请人顺位（第一说）。当然，它在介入了是否起诉的基准之后，表明使用了立法上的铨衡基准，但立法上并没有规定，因而，不能说这

[119] BVerfGE 39, 258. 联邦行政法院也遵从了这一决定（BVerwGE 60, 25; BVerwG DVBl. 1990, 526）。

[120] BVerwGE 57, 148; BVerwG NVwZ 1983, 97; BVerwG NVwZ-RR 1989, 186; BVerwG NVwZ-RR 1991, 362.

[121] BVerwGE 65, 25; BVerwG DVBl. 1990, 531.

[122] BVerfGE 39, 276.

一学说接近于立法者的意思。多数高等行政法院使用抽签方式（第二说）。在这一学说中，既有肯定性评价，认为它"可以保障尽可能快速作出'合理'的决定"，[123]也有否定性评价，认为它是"法的破产宣告"。[124]第三说认为，联邦宪法法院决定使起诉的申请人优先，据此，自然按照起诉顺序分配剩余学籍。[125]但是，不能从联邦宪法法院的决定直接得出一种解释，在制度上限制行政诉讼的起诉期限之内，进一步促进尽早起诉。

(3) 调整互换性利害关系的规范方案——采购契约

像(1)中的职业许可那样，在侵害"自由和财产"的行政作用形成互换性利害关系时，根据侵害保留原理，必须以法律规定调整互换性利害关系的方案。而像《营业规则》第70条第3款（因场所制约等而限制交易会等的参加权）那样，即使是不涉及侵害保留原理的领域，有时也以法律调整互换性利害关系。[126]在其他情形下，互换性利害关系直接适用《基本法》第3条平等原则的调整，与其相对应，互换性利害关系者可以对行政主体主张要求平等对待彼此的请求权。一般认为，行政主体使用私法上的行为方式开展活动，也受包括平等原则在内的基本权利拘束（《基本法》第1条第3款）。[127]联邦行政法院过去曾表示，没有其他保护规范，就不能单独以平等原则为权利提供根据。[128]但这一逻辑即使适用于主张法律平等适用的情形，也不适用于直接适用平等原则的情形。

290

基本法上的平等原则由单纯的"禁止恣意"到"实体领域对应的

---

[123] Schmidt-Preuß, a. a. O. , S. 116-119, S. 393 Anm. 788, S. 419-421.

[124] Dürig, in: ders./Maunz (Hrsg.), GG Komm. , Art. 3 Abs. 1 Rn. 231.

[125] Schoch, Vorläufiger Rechtsschutz, S. 797-804. 以上三种学说的整理，也参照该书。

[126] Vgl. BVerwG DVBl. 1984, 1071; 1072.

[127] Ehlers, Privatrechtsform, S. 212-222; ders. , in: Erichsen (Hrsg.), Allg. VerwR, § 2 Rn. 78f. , 82.

[128] BVerwGE 39, 235. （要求承认在水闸用地开展营业活动的事例。）

正当化要求"，逐渐发展为有力控制国家作用的规范方案。[129] 但是，调整并"形塑"互换性利害关系，细致控制涉及互换性利害关系的行政作用，依然需要法律。[130] 根据本质性理论，如果形成互换性利害关系的行政作用是"本质性的"、重要的，就必须以法律规定来调整互换性利害关系的方案。例如，（2）中大学入学名额和铨衡就被认为是应以法律规定的"本质性"事项。[131] 最近因"行政法的欧洲化"而成为问题的是，公共团体对采购契约相对方的选择。[132]

过去，选择采购契约相对方只是公共团体内部的财务会计事项，故而，主要以行政规则规定其选择基准 [《业务承包规则》A 部（VOL／A）、《建筑业务承包规则》A 部（VOB／A）]，其目的在于防止预算浪费、有效利用预算，而非保护竞争申请的企业。在并非欧共体指令的对象、一定规模以下的契约中，维持着这种法的制度和法的解释。当然，联邦法院和通说都认为，在违反行政规则缔结契约时，根据"缔约过失"法理，竞争申请的企业可以向公共团体请求消极损害，有时是积极损害的赔偿，事后救济得到认可。[133]

但是，欧共体发布了一系列关于委托的指令、事后审查的指令，要求国内法作出如下整顿：①使竞争申请的企业可以援用要求遵守相关规定的权利，②使这一权利在国内法院得到贯彻。[134]

在①方面，德国采取的方法是，在《预算原则法》中插入第 57a 条，根据该规定制定委托令，再由该内阁命令再授权给 VOL／A、VOB／A。[135]

---

[129]　P. Kirchhof, Der allgemeine Gleichheitssatz, in: HdbStR, Bd. 5, Rn. 193, 243f.

[130]　参见本章第二节第一款、第三章第四节第二款（2）。

[131]　对于本质性理论，参见第二节第一款的概述。

[132]　对其详情，参照、米丸「政府契約締結の争訟の統制」鹿法 31 卷 1 号 1 頁以下、同「EU 公共調達法の展開とドイツ法の『欠陥』」行財政研究 28 号 29 頁以下。

[133]　Vgl. Faber, Drittschutz bei der Vergabe öffentlicher Aufträge, DÖV 1995, S. 404-406, S. 408-411.

[134]　EuGH Slg. 1995 Ⅰ, 2303.（这是关于《预算原则法》修改之前法状态的判决，判示德国未将指令充分国内法化，违反《欧共体条约》。）

[135]　Vgl. Rittner, Das deutsche Öffentliche Auftragswesen im europäischen Kontext, NVwZ 1995, S. 313-317; Faber, a. a. O., S. 406f.

上述规定超出了预算保护的目的，是调整竞争申请企业之间互换性利害关系的规范方案，虽然也许与立法者意思不同，但可以理解是为竞争申请者的权利提供基础的保护规范。[136]在②方面，德国在《预算原则法》第57b条、第57c条以及事后审查令中设立了委托审查厅和委托监视委员会，承认竞争申请企业的审查请求权（第57b条第3款、第57c条第6款，不是从请求权的角度，而是从委托审查厅的审查义务角度写的）。但是，即使委托监视委员会属于《欧共体条约》第234条的"法院"，[137]它也不是《基本法》第19条第4款或第92条的"法院"，后者是作为实现"权利"的机关来保障的。[138]故而，有必要重新思考如何在"法院"之前构筑程序，从而事前实现"权利"。

　　一个选项是，将涉及重要的互换性利害关系、选择采购契约相对方的决定作为行政行为，与契约当事人之间对立性利害关系成为问题的履行契约分开（"两阶段说"！），由行政法院通过委托审查等方式和行政行为同样审查。[139]但是，在1998年法律修改中采取了下述解决办法：[140]①在《限制竞争防止法》第97条第7款中明确规定，"企业具有要求委托者遵守委托程序规定的请求权"。②设立采购委员会（Vergabekammern）（在联邦，设在卡特尔厅）（同第102~106条），取代过去的采购审查委员会。在收到企业主张前述权利损毁的申请后，

---

〔136〕　Pietzcker, Die deutsche Umsetzung der Vergabe- und Nachprüfungsrichtlinien, NVwZ 1996, S. 314f. ; ders., Änderungen des Rechtsschutzes bei der Auftragsvergabe, in: FS für Redeker, S. 503f. 过去，大致与欧洲化无关，Pietzcker, Staatsauftrag, S. 386f. 将 VOL 和 VOB 的委托程序规定解作企业保护规范。

〔137〕　EuGH Slg. 1997 Ⅰ, 4961.

〔138〕　Pietzcker, Die deutsche Umsetzung der Vergabe- und Nachprüfungsrichtlinien, NVwZ 1996, S. 315-317.

〔139〕　Kopp, VwVfG Komm., §35 Rn. 22 显示了这一方向。当然，欧共体指令也以委托者是私企业的情形为对象，这时才因审查机关的决定而出现行政行为。在日本，碓井光明（碓井「公共契約締結手続の司法審査」ジュリ1156号126~127頁）也建议采取行政处分的构成。

〔140〕　详细参照、米丸「ドイツ公共調達法と司法審査の保障」立命261号734頁以下、同訳「公共委託発注のための法根拠改正法」立命262号1283頁以下。

采购委员会原则上经一次口头审理，以行政行为的形式决定有无权利损毁（第107~114条）。另外，不得撤销已经确定的中标（第114条第2款）。委托者收到审查申请的送达，只要没有得到采购委员会的中标许可，在超过对采购委员会决定即时抗告期间之前，不得决定中标者（第115条）。③采购委员会程序的参加者对委员会的决定可以向高等法院即时抗告（与卡特尔规制机制相同）。即时抗告具有短期的停止执行效力。对于驳回审查申请的采购委员会决定，法院可以根据抗告人的申请，延长其停止执行的效力，直至作出抗告决定。在委托者提出申请时，可以许可决定中标者（第116~124条）。

294

二、竞争行为的对立性利害关系（补充）

接下来考察有关竞争行为的对立性利害关系（本项）和互换性利害关系（下一项三）。

（1）竞争行为和交易行为可能性的保护

《限制竞争防止法》（卡特尔法）为了保护特定或不特定多数经济主体的自由竞争行为和交易行为可能性，对某经济主体妨碍竞争和交易的行为进行规制。受到保护的特定或不特定多数的经济主体与被课予义务的经济主体之间就是否存在义务形成"对立性利害关系"。[141]《限制竞争防止法》通过卡特尔厅的介入程序或争讼程序（第51条以下）与民事法上不作为请求权等（第35条第1款、第87条以下）[142]来实现。在法条上，对于卡特尔厅的决定，抗告权人的范围相较于实体权可能被损毁者的范围，有窄的一面，[143]也有广的一面。[144]但为了符合《基本法》第19条第4款，至少必须承认实体权可能被损毁者具有抗告权。[145]民事法上的不作为请求权等也可以授

295

[141] Vgl. Schmidt-Preuß, Kollidierende Privatinteressen, S. 355ff.

[142] Vgl. Emmerich, in: Immenga/Mestmäcker (Hrsg.), GWB Komm., §35 Rn. 103.

[143] 参见第三章第四节第二款(2)⑤。

[144] 参见第五章第一节第三款二(1)(c)。

[145] 参见第三章第四节第二款(2)⑤。

予团体，[146]但基本上归属于"法律规定或基于法律的处分以保护为目的"的团体。要为卡特尔厅介入（争讼）程序的实体权与民事法上的不作为请求权等提供基础，首先需要共通的作业，从卡特尔法所包含的实体法规范的"保护目的"解析出实体权（下一段以下），其次需要差异化的作业，将该实体权分成通过卡特尔厅介入（争讼）程序来实现的情形与通过民事法来实现的情形，考察其相互关系（第五款）。

①禁止直接阻碍其他经济主体特定竞争行为和交易行为的规定，例如，《限制竞争防止法》第 25 条第 2 款和第 3 款（禁止限制竞争行为的强制等）、第 26 条第 1 款（抵制）、第 26 条第 2 款和第 27 条（禁止差别对待）、第 26 条第 3 款（禁止歧视要求）、第 26 条第 4 款（禁止水平性妨害竞争行为），通说将其看作保护其他经济主体的规范。[147]当然，第 22 条第 4 款（滥用市场支配地位）不是保护规范。实际上，第 22 条的适用领域与具有保护规范性的第 26 条适用领域颇有重复，因而，没有多大必要承认第 22 条的保护规范性。但在理论上，通说在保护规范性上肯定第 26 条而否定第 22 条，为何如此区分就是问题。[148]另外，有学说认为，第 22 条第 4 款第 2 句第 1 项（滥用市场支配地位而妨害竞争）是保护规范，第 2 项和第 3 项（滥用市场支配地位而决定价格、分割价格）不是保护规范。[149]其区分的理由被认为是，第 1 项规定是"个别地"考虑并保护企业的利益，而第 2 项和第 3 项规定是"类型化地"考虑并保护供给者或购买者的利益。

〔146〕　参见第五章第一节第三款二（1）（b）。

〔147〕　关于民事法上的请求权，Emmerich，a. a. O.，Rn. 56 - 61；Markert，in：Immenga/Mestmäcker（Hrsg.），GWB Komm.，§26 Rn. 342，386. 关于卡特尔厅介入的争讼程序，Schmidt-Preuß，a. a. O.，S. 357f.

〔148〕　与通说相对，埃梅里希（Emmerich，a. a. O.，Rn. 48-54）承认根据《限制竞争防止法》第 22 条第 4 款、第 35 条提出民事法上的权利保护。而默舍尔［Möschel，in：Immenga/Mestmäcker（Hrsg.），GWB Komm.，§22 Rn. 189f.，Rn. 201］认为，在根据第 22 条第 4 款、第 35 条提出民事法上权利保护之外的情形，相关者根据第 22 条第 4 款、第 5 款具有要求卡特尔厅采取措施的权利。

〔149〕　Schmidt-Preuß，a. a. O.，S. 356f.

如第一款二(2)所述，利益在"类型化地"受到保护时，同时也"个别地"受到保护，这种区别——从第1项到第3项的列举不是区分滥用事例，而是例示，这一点姑且不论——并不妥当。

②与此相对，禁止制约市场中一般竞争可能性和交易可能性的行为、可谓保护市场构造的规定，例如，第24条（合并规制）[150]和第18条（禁止广义排他性契约），[151]不是保护竞业者、供给者、购买者等的规范，[152]相反，第1条（卡特尔规制）是保护竞业者、供给者、购买者等的规范，第15条（禁止转售价格维持契约等）和第20条（许可契约规制）也没有被否定保护规范性。[153]

如果用第一款一(1)的范畴来说，①的行为保护规范是可分地保护竞业者、供给者或购买者的利益，因而，基本上被肯定私益保护性，而②的市场构造保护规范是不可分地保护这些人的利益，因而，可能被否定私益保护性。不过，②的市场构造保护规范部分包含着①的行为保护规范，即制约市场上一般竞争可能性和交易可能性，禁止因此而阻碍特定竞争行为和交易行为。因而，某学说原则上否定第24条的私益保护性，而在"毁灭性合并这种极端例外的事例"中肯定私益保护性，第18条第1款c（"契约相对方受到拘束的程度很大，明显损害有关商品或服务市场或者其他商品或服务市场的竞争"）并不保护私益，而a和b（因契约相对方受到拘束，"市场上竞争的相当数量的企业同样受到拘束，不当制约竞争自由"，"不当限制其他企业进入市场"）则保护私益。[154]

---

〔150〕　Körber, Die Konkurrentenklage im Fusionskontrollrecht, S. 223-247.

〔151〕　埃梅里希〔Emmerich, a. a. O., Rn. 44-46; ders., in: Immenga/Mestmäcker（Hrsg.）, GWB Komm., §18 Rn. 245-8〕介绍了通说之后，倡导反对说，即承认民事法上的请求权、要求卡特尔厅采取措施的权利。

〔152〕　关于民事法上的请求权，Emmerich, in: Immenga/Mestmäcker（Hrsg.）, GWB Komm., §35 Rn. 26-32. 关于卡特尔厅介入的争讼程序，Schmidt-Preuß, a. a. O., S. 359f.

〔153〕　关于民事法上的请求权，Emmerich, a. a. O., Rn. 39-41, 47.

〔154〕　Schmidt-Preuß, a. a. O., S. 355f., S. 358f.

进一步按照第一款一（3）进行推论，②中可谓纯粹的市场构造保护规范也应被肯定私益保护性。诚然，竞业者等从市场上一般竞争可能性、交易可能性获得的利益，多数是不特定的、抽象的、观念性的，如果承认竞业者等具有权利，该权利就带有代表市场的性质。这与通常实体权的现实的、个别的性质并不一致。但是，具体行为–具体（不）利益之间的因果关系复杂，既难以预测也难以证明，为了应对市场机制，法未必个别地将具体（不）利益归责于具体行为，而必须根据抽象的构想规整市场构造，也必须承认具有观念性、代表性的主观法，进一步与这种客观法的形态相对应。通说和判例承认《卡特尔法》第 1 条（！）保护规范性，也意识到了有必要应对市场机制，构成主观法。

（2）免于竞争行为的保护？

"主观性职业许可限制"，仅许可满足一定资格的企业从事职业活动，保护利用者和一般人，[155]并不具有保护既有企业不受竞争的目的（《手工业法》第 8 条[156]等）。[157]根据保护既有企业不受竞争的目的，对新企业课予"客观性职业许可限制"（职业选择限制不是以该企业的资格，而是以社会和国家的状况为许可要件），属于对职业自由（《基本法》第 12 条）的不当侵害，是不能容许的。另一方面，为了维持社会生活中重要商品和服务的质量并安定地供给、保护利用者，而课予新企业客观性职业许可限制，则是容许的。[158]不过，这时，职业活动的规制→过度竞争的防止和供给秩序的安定→利用者的保护，在这一因果关系的中间径路上，至少事实上保护既有供给业者免受竞争。

297

---

〔155〕Breuer, Berufsregelung und Wirtschaftslenkung, in: HdbStR, Bd. 6, Rn. 7, 38.

〔156〕BVerwG NVwZ 1982, 680；BVerwG NVwZ 1984, 306. 此外，对于过去的保险业，BVerwGE 10, 122.

〔157〕同一旨趣的日本判例和学说，最判 1959 年 8 月 18 日民集 13 卷 10 号 1286 页（当铺营业许可）、古城诚「競業者訴訟の原告適格」雄川献呈下 217～218 頁、224 頁。

〔158〕Breuer, a. a. O., Rn. 7, 47, 50f.

联邦行政法院认为，出租车业的客观性职业许可限制（《旅客运送业法》第 13 条第 4 款）并不是保护既有企业的规范，[159] 而路线交通业的客观性职业许可限制（同条第 2 款）则是保护既有企业的规范。[160] 下面来探讨这些判决。①课予既有企业运送义务和收费规制等"职业活动样态的限制"，[161] 如果对新企业也课予同样的"职业活动样态的限制"，就不是既有企业争议新企业加入许可的理由。[162] ②但是，客观性职业许可限制因具有保护既有企业免受竞争的中间目的，也能为既有企业的权利提供基础。[163] 如第一款三(1)所述，即使保护利用者是最终目的，也不否定在中间保护既有企业的权利。在出租车业和路线交通业领域，之所以结论分裂，是因为前者考虑地域的需求和供给、销售额和费用的整体情况，不可分地保护"地域的出租车业的功能"；而后者是个别而可分地考虑新企业与"既有交通手段""既有企业"的关系。[164] ③如果以客观性职业许可限制的妥当性为前提，就能像②中那样。但是，如果看客观性职业许可限制的实态，很多时候保护利用者只不过是附随性目的或者一种说辞，保护既有企业

---

〔159〕 BVerwGE 16, 187; 79, 208; 82, 295; BVerwG NJW 1990, 1378. 此外，对于过去的药店，BVerwG NJW 1958, 643 以及现在客观性许可限制得到放宽，对于《法律咨询法》第一章第 1 条第 2 款，BVerwG NJW 1989, 1175.

〔160〕 BVerwGE 30, 347; 31, 133. 过去，BVerwGE 2, 141; 9, 340 从既有企业的许可程序参与权为实体权提供根据，之后的判决并不援用程序参与权为实体权提供根据。参见第五章第二节第三款三(2)。

〔161〕 Breuer, a. a. O., Rn. 7, 47, 50f.

〔162〕 Vgl. BVerwGE 79, 208; 10, 122; P. -M. Huber, Konkurrenzshutz, S. 303. 反对，Frers, Die Klagebefugnis des Dritten im Gewerberecht, S. 185-199（在出租车业和路线交通业的情形中，以既有企业被课予义务为理由，承认有权利就加入许可进行争议）。

〔163〕 Vgl. Brohm, Konkurrentenklage, in: FS für Menger, S. 240-242.

〔164〕 胡贝尔（Huber, a. a. O., S. 298-309）认为，原则上不保护既有企业不受竞争，但那些被法律和行政行为（"特许"）承认"特权"性垄断或寡头地位的企业则受到保护，区分了出租车业和路线交通业。类似的见解，Wahl/Schütz, in: Schoch/Schmidt-Aßmann/Pietzner（Hrsg.），VwGO Komm.，§42 Abs. 2 Rn. 313-319; Preu, Drittschutz, S. 188-196. 反对，Frers, a. a. O., S. 198（认为出租车业者的利益也个别地受到保护）。

反而是其主要的功能。多数规制即使还不能说违反《基本法》第12条，在立法政策上也有合理性的疑义。为此，最近的学说不像②那样分析，而是些许超实定法，确立起法不保护既有企业不受竞争的一般原则。[165] 在将路线交通业看作例外时，在极为超实定法上，将路线交通业规制解释为类似于"职业活动的样态限制"，其目的是使交通网扩散到整个地域，而不是地域不均。此外，将路线交通业的事例解释为，在路线配置上受到很强的规制，既有企业在竞争上处于不利立场，新企业仅受到较弱的规制，在竞争上处于有利地位，前者对后者进行争议（对于这种利害关系，在第三部分论述）。

298

三、竞争行为的互换性利害关系

300

（1）意义

在市场这一经济系统中，竞争行为自然不是单独作为"竞争"行为发挥功能，而是在有关经济主体与竞争性经济主体的竞争行为的对抗关系中具有意义。在法的系统规范竞争行为时，必须将这种经济系统的符码翻译成法系统的符码再加以摄取。也就是说，法对于某竞争行为的规范，不能孤立地理解，而是在法对与其有竞争关系的其他竞争行为进行规范的关系中，亦即在规范的组合中予以把握。从主观法而非客观法的角度来说，竞争行为受到法规范的主体，在法对其他具有竞争关系的主体的竞争行为进行规范的关系中，具有要求不受违法不利的权利。在这一意义上，具有竞争关系的主体之间处于"有关

---

[165]　施密特–普罗伊斯（Schmidt‑Preuß, a. a. O., S. 77–80, S. 405–407）强调"作为经济机制法指导理念的竞争"，并认为，路线交通业的既有企业原则上不能主张不受竞争的保护，但为了"最小限度地保障所作投资的偿还"，"新企业加入市场，既有企业处于存亡危机的盖然性高"这种个案中例外地予以承认。古城诚（古城·前揭222~226页）认为，供需调整规制"以保护国民利益作为名目，但其缺乏合理性和必要性"，即使"是否违反宪法另当别论"，它也不能为既有企业的原告资格提供根据。而对于公众浴场等行业，"由于难以转卖大量投资的设备，加入和退出都不顺利"，"供需调整规制成为消费者的利益，其可能性在很大程度上得到承认"，"保护既有企业具有合理性"。

竞争行为的互换性利害关系"。以上是"竞争自由""竞争中的机会平等"[166]概念所描述内容的明确表达。

联邦行政法院认为，《医院资金筹措法》不具有保护处于竞争关系的医院的目的，医院不能就其他医院确定高额医疗费用进行争议。[167]而《闭店法》以保护劳动者为目的，为了保持与雇佣劳动者的商店平等竞争，只要对没有雇佣劳动者的商店也实行闭店规制，《闭店法》就有助于竞争上的中立性。但在此之外，《闭店法》并不具有保护竞业者的目的，因而，商店不能针对其他商店的开店例外许可进行争议。[168]该规范对企业进行规范，其目的的确不是保护竞业者的利益，而是保护其他（例如劳动者）利益。亦即，调整的不是竞业者之间的对立性利害关系，而是其他（例如企业与劳动者之间）对立性利害关系。[169]但是，该规范是对竞争行为的规范，因而，不仅调整"对立性利害关系"，也调整"有关竞争行为的互换性利害关系"。受到规范的企业应当受法保护，避免竞业者因违法的规范而处于竞争上有利的立

---

[166] Scholz, Konkurrentenschutz, S. 128f.；Brohm, Konkurrentenklage, in：FS für Menger, S. 245f.；Bauer, in：R. Schmidt, Öffentliches Wirtschaftsrecht. Allg. Teil, S. 457 - 462；P. -M. Huber, Konkurrenzschutz, a. a. O., S. 512-5；Schmidt-Preuß, Kollidierende Privatinteressen, S. 77f.；Wahl/Schütz, in：Schoch/Schmidt-Aßmann/Pietzner（Hrsg.），VwGO Komm., §42 Abs. 2 Rn. 287, 295f.

[167] BVerwGE 60, 154.

[168] BVerwGE 65, 167.

[169] BVerwG DÖV 1999, 513. （劳动者对放宽开店规制的法规命令所申请的规范控制诉讼。）另外，施密特-普罗伊斯（Schmidt-Preuß, a. a. O., S. 351-354）对于开店规制、医疗费用规制完全都是以"对立性利害关系"作为问题。但与联邦行政法院不同，他说道，开店规制并不保护竞业者，而医疗费用规制则予以保护。这其实是一种推论，一般承认"有关竞争行为的互换性利害关系"，排除因开店规制在立法政策上的合理性有疑义而要求实行开店规制的权利（提及"作为经济机制法上指导理念的竞争"）。但是，在二(2)③的"对立性利害关系"情形中，大致能采取尽可能排除规制的解释论，而在"互换性利害关系"情形中，在解释论上不能否定的是，只要在立法上没有一概废除规制，有的企业受到政策上可能不合理但合法的规制，有的企业也许合理但被违法免除规制，前者有权利要求纠正这种竞争条件的不均衡、不平等。

场。[170]在述及与联邦法院先例之间关系的旁论中，联邦行政法院也认为，有的人未经许可或者超出许可范围，不受收费等规制，就进行法律咨询，《法律咨询法》保护律师不受这种竞争。[171]

301

应予注意的是，《环境法典专家委员会草案》第 46 条明确规定，"因其他设施运营者、产品的制造者或销售者违反了根据环境法完整规定的法义务，行政机关的措施或行政机关的不作为侵害竞争条件，对原告构成不利"，则承认竞业者诉讼。

（2）规范方案

在行政作用根据法律对竞争行为进行规范的情形下，包括根据侵害保留原理需要法律根据的情形，与判例的立场不同，根据前述(1)的论据，该法律是调整"有关竞争行为的互换性利害关系"的方案。在其他情形下，直接适用《基本法》第 3 条的平等原则，或者基本法上的"竞争自由"（判例是以《基本法》第 2 条第 1 款、多数说是以第 12 条为根据），[172]对有关竞争行为的互换性利害关系加以调整。与此相呼应，处于互换性利害关系者可以因恣意歧视，或者竞争条件显著不利，事业濒于存亡危机，对行政主体主张基本权利受到侵害。[173]但是，因为仅在极端重大利益侵害的情形下才承认基本权利的侵害，因而要细致地控制涉及"有关竞争行为的互换性利害关系"的行政作用，这依然需要法律。根据本质性理论，如果涉及"有关竞争行为的互换性利害关系"的行政作用是"本质性的"、重要的，就必须以法

---

〔170〕 胡贝尔（Huber, a. a. O., S. 390；Wahl/Schütz, a. a. O., Rn. 320）反对联邦行政法院的判决。普罗伊（Preu, Drittschutz, S. 182-188）也认为，在行政机关违法赋予企业有利的竞争条件时，无论该行政法规范的保护目的如何，都应当承认竞业者具有防御权。

〔171〕 BVerwG NJW 1989, 1175.

〔172〕 Huber, a. a. O., S. 319f.；Schmidt-Preuß, a. a. O., S. 59；Wahl/Schütz, a. a. O., Rn. 291.

〔173〕 根据判例的立场，行政作用根据法律对竞争行为进行规范，也完全直接适用基本权利，对有关竞争行为的互换性利害关系加以调整。参见 BVerwGE 60, 154.；BVerwGE 65, 167.

律来规定互换性利害关系的调整方案。[174] 举两个例子：

①补助金

申请人不是竞争性申请人，而是要求给自己提供补助金时，就形成"有关地位分配的互换性利害关系"，而即便并非如此，在竞争行为得到补助金助成时，也形成"有关竞争行为的互换性利害关系"。[175]与涉及采购契约的互换性利害关系［一（3）］相比，它是经法律调整而成的，这种涉及补助金的互换性利害关系不能说是非"本质性的"。与欧共体共同市场不相容的国家补助（金）受到欧共体委员会的有力控制（《欧共体条约》第87条以下）。[176] 如此，鉴于"行政法的欧洲化"要求德国的法体系对涉及补助金的互换性利害关系保持敏感性，只要互换性利害关系不是微不足道的（Bagatellfall），自然也就以法律来调整。[177]

当然，通说和判例认为，原则上，议会的预算就足以作为交付补助金的根据。[178] 但是，预算并不具有规范互换性利害关系中私人的外部效果（《预算原则法》第3条第2款、《联邦预算规则》第3条第2款），也不包含能调整互换性利害关系的具体方案。结果，涉及补助金的互换性利害关系原则上就只能通过直接适用基本法上的平等原则和竞争自由来加以调整。[179] 另外，在承认行政规则的弱外部效果时，涉及补助金的行政规则就成为弱意义上的调整互换性利害关系的规范方案。[180]

302

---

〔174〕 参见一（3），以及本章第二节第一款、第三章第四节第二款（2）。

〔175〕 施密特-普罗伊斯（Schmidt-Preuß, a. a. O., S. 32f., S. 411f.）在补助金上设想了有关地位分配的互换性利害关系与"非典型对立性利害关系"（并非有关竞争行为的互换性利害关系）。也参照注（169）。

〔176〕 参见第五章第三节第二款（1）。

〔177〕 布罗伊尔（Breuer, Berufsregelung und Wirtschaftslenkung, in: HdbStR, Bd. 6, Rn. 76）认为，"规定市场构造的补助金"以及"制度性企业助成"需要法律的根据。胡贝尔（Huber, a. a. O., S. 500-502 m. w. N.）一般经济诱导的补助金需要法律的根据。

〔178〕 对于补助金的法律保留问题，进一步参见第二节第一款二（2）。

〔179〕 BVerwGE 30, 191；BVerwG DÖV 1979, 912；BVerwG NJW 1988, 1277.

〔180〕 Brohm, a. a. O., S. 242-4.

②公共团体的事业活动

公共团体的"事业"活动也适用限制竞争防止法和不正当竞争防止法（《限制竞争防止法》第 98 条第 1 款）——除非特别法明确或通过解释排除其适用。[181]也就是说，两部法律调整作为事业者的公共团体与竞争者的"有关竞争行为的对立性利害关系"[参见二(1)]。

此外，也可以像下面这样来理解作为事业者的公共团体与竞争者的"有关竞争行为的对立性利害关系"。公共团体在从事事业活动之际，可以各种方式利用资源（财源、信息、机会等），开展一般行政活动，因而比私人企业处于更为有利的竞争条件。[182]如果在观念上（有技巧地）区分表达作为"分配行政"主体的公共团体 V 与作为事业者的公共团体 A，V 提供资源给 A，私人企业 B 没有得到资源，就在竞争条件上变得不利。这里 A 和 B 的关系对应着获得补助金的事业者 A 与未获得补助金（或仅得小额）的事业者 B 之间"有关竞争行为的互换性利害关系"。[183]实际上，《欧共体条约》第 86 条不仅是卡特尔等规制，国家补助（金）规制也适用于公企业。因而，涉及公共团体事业活动的"互换性利害关系"也是本质性的、重要的，应当由法律调整。也就是说，应当以法律规定公共团体事业活动的样态和内容，承认竞业者有权利阻止公共团体违反法律的事业活动。[184]另外，在抽象上，有可能将各州限制乡镇事业活动的乡镇法（例如，《巴登-符腾堡州乡镇法》第 102 条）等视为不仅保护公共团体的财产，也调整涉及竞争行为的互换性利害关系的规范。[185]但有关规范不是个别而

---

[181] Vgl. Emmerich, in: Immenga/Mestmäcker (Hrsg.), GWB Komm., § 98 Rn. 35-38.

[182] Breuer, a. a. O., Rn. 57.

[183] Vgl. BVerwG NJW 1978, 1539.

[184] 过去，Gallwas, Faktische Beeinträchtigungen, S. 104 - 109. 此外，Huber, a. a. O., S. 494-6.

[185] Huber, a. a. O., S. 324f. 不过，对于巴登-符腾堡州旧乡镇法，BVerwGE 39, 329 反对。

303 积极地规定公共团体的事业活动，而只是概括而消极地限制事业活动，因而，不能说已充分具体，可以去调整互换性利害关系。[186]

在没有法律时，或者法律自身被提起疑义时，直接将基本法上的平等原则和竞争自由适用于涉及公共团体事业活动的互换性利害关系加以调整。在公共团体事业活动并无公益目的，或者私人企业处于存亡危机之时，竞业者受到保护。[187]

305 ## 第三款　有关地位组合的互换性利害关系

一、建设计划法上的"互换性交换关系"与"考虑要求"

在建设法上相邻人保护方面，积累了大量的学说和判例。[188]以下仅对判例进行极为简要的概述和分析。

(1) 判例

（a）地区详细计划（Bebauungsplan,《建设法典》第 8 条以下）的内容可以通过规范控制诉讼进行争议（《行政法院法》第 47 条第 1 款

---

〔186〕　Vgl. Schmidt－Aßmann, Kommunalrecht, in：ders. (Hrsg.), Besonderes VerwR, Rn. 120f.

〔187〕　BVerwGE 17, 306（认为强制加入的公法上建筑物火灾保险业主体，也从事家产火灾保险业务，符合宪法。不过，仍有不正当竞争防止法上的问题）；BverwGE 39, 329（认为乡镇的殡葬服务机构销售殡葬用品，承揽其他服务，符合宪法。不过，仍有不正当竞争防止法上的问题）；BVerwG NJW 1978, 1539（认为乡镇的住宅斡旋合宪）。另外，在要求撤销对州的赌博业许可、许可给私人企业的案件中［参见一（1）］，BVerwGE 96, 302 认为，完全吸收赌博收益，还原为公众或公共目的，这一理由不能成为将赌博业公营化、排除私人企业的正当化事由。

〔188〕　大西「建築隣人訴訟（一）～（四・未完）」北法41卷1号1页以下、2号581页以下、3号1113页以下、4号1521页以下，精心分析了庞大的学说和判例，是必读的文献。此外，三吉「隣人訴訟」和歌山大学经济学部经济理论181号46页以下、高橋信隆「隣人保護」熊本大学教育学部紀要人文科学36号1页以下。在判例和学说的介绍中，强调所谓"基本权利的辐射效力"［第三章第四节第二款注（237）］并予以评论，塩入「ドイツ建設法における隣人の公権（上）（下）」自研75卷4号89页以下、7号92页以下。

第 1 项）。规范控制的申请权人以前是"因法的规定或适用而受到不利者或者预测将来产生不利的人"，1996 年末法律修改后是"主张……权利受到损毁或者可以预测将来损毁"者（第 2 款，着重号系作者所加）。但是，学说在申请权人的范围上基本没有变化。[189] 理由在于，①以前的"不利"也是值得保护的利益，在制定计划之际得到衡量，不能说是微不足道的利益（参见《建设法典》第 1 条第 6 款），[190] 为此，它与客观违法事由发生关联。②该"不利"可以换称作"要求适当衡量自己受法保护之利益的权利"。③现在，在对于计划确定决定的通常行政诉讼中，"权利损毁"与"不利"作同样解释。[191] 实际上，联邦行政法院①参照以前"不利"要件的判例来判断制定计划之际被衡量的利益；②将《建设法典》第 1 条第 6 款的衡量规定解作第三人保护规范，为要求"无瑕疵衡量自己相当利益"的权利提供基础；③这时，参照将计划确定决定中的衡量规定作为第三人保护规范的判例。所以，明确地作出如下总结：

> "立法者的出发点明显在于……与过去的法相比，通过申请权能的新规定，缩小地区详细计划的规范控制容许性。立法者意识到，在《建设法典》第 1 条第 6 款中承认了'要求适当衡量的权利'，故其目的没有实现。但是，诉讼法规定的修改不能影响实体法上请求权的存在，因而，立法者也无法用这种方法实现目的。"[192]

306

此外，与针对计划确定决定的通常行政诉讼不同，规范控制诉讼中的"权利损毁"只不过是申请要件，而非本案胜诉要件，因而，在

---

〔189〕 Brohm, Öffentliches Baurecht, § 16 Rn. 2〔该书的重要部分正在被译为日文，ブローム＝大橋『都市計画法の比較研究』（该书于 1995 年由日本评论社出版——译者注）〕；Dürr, Antragsbefugnis bei der Normenkontrolle, NVwZ 1996, S. 109.

〔190〕 参照、藤原静雄「規範審査制度」雄川献呈中 458~463 頁。

〔191〕 参见第一款三(2)。

〔192〕 BVerwG DVBl. 1999, 100. 另外，"主张"权利损毁的申请要件并不比撤销诉讼的起诉权能要件更严，而是与其作同样的判断（vgl. auch BVerwG NVwZ 1998, 732）。

自己利益之外也援用公益私益，主张计划的违法性，并无问题。[193]

（b）在地区详细计划中指定建筑物的利用样态（Art）（地域指定，《建设法典》第9条第1款第1项），原则上必须使用联邦法（《建设法典》第2条第5款，《建筑物利用令》第1条第2款、第3款以及第2~14条）所示的地域类型（"类型强制"）。[194]联邦法如此强有力地规定地域指定，因而，联邦行政法院认为，地区详细计划的地域指定，原则上通过联邦法的解释，具有相邻人保护性。[195]具体而言，在指定地域利用建筑物的人即使没有受到事实上可以感知和证明的侵害，也有权利要求遵守指定的利用样态，亦即违反指定的利用样态作出建筑许可，即可要求撤销。例如，根据《建筑物利用令》第12条第2款（停车场、车库）[196]和第13条（自由业的土地和建筑物的利用）[197]指定利用样态，在这一意义上具有相邻人保护性。在连接建设

---

[193] Schenke, "Reform" ohne Ende, NJW 1997, S. 82；Redeker, Neue Experimente mit der VwGO?, NVwZ 1996, S. 526. 不过，与计划确定决定一样［第一款三(2)①、②］，根据"计划的分割可能性""合法的替代性计划"法理，原告的利益与原告主张的违法事由之间要有一定的"违法性关联"［Schmidt-Aßmann, in：Maunz/Dürig（Hrsg.），GG Komm., Art. 19 Abs. 4 Rn. 161］。

[194] Brohm, a. a. O., § 12 Rn. 37.

[195] BVerwGE 94, 151（以下称作"1993年判决"）；联邦行政法院过去认为，地区详细计划是否具有相邻人保护性，是条例的解释问题，上告审受原审判决的拘束而不能再审查［z. B. BVerwG DVBl. 1974, 358（以下称作"1973年判决"）。参见《行政法院法》第137条第1款、第173条，《民事诉讼规则》第562条］。对于建设计划法的相邻人保护性在联邦层面未作统一判断的唯一领域，1993年判决可以说是显示了联邦行政法院的判断，使适度的相邻人保护扩及建设计划法的所有领域（参见BVerwGE 101, 364对汉堡州的批判性说明）。当然，1993年判决认为，联邦行政法院在1970年代之前承认地域指定有可能通过联邦法的解释成为相邻人保护规范，引用了BVerwGE 27, 29（以下称作"1967年判决"）和1973年判决。但是，1967年判决只是在旁论中承认地域指定具有成为相邻人保护规范的可能性；1973年判决否定了《建筑物利用令》第12条第2款的相邻人保护性，最终将地域指定的相邻人保护性委诸各个条例的解释。重要的是，从注(200)~注(202)的文献可以看出，1993年判决所依据的正是"互换性利害关系"法理，它是在1970年代之前——亦即在通过"考虑要求"保护权利的法理确立之前——确立的。

[196] 1993年判决明确变更了1973年判决（参见前注）。

[197] BVerwG NVwZ 1996, 787.

地区，周围的特性与事实上《建筑物利用令》的地域类型相对应，建筑物利用样态的容许性完全根据《建筑物利用令》的基准来判断（《建设法典》第 34 条第 2 款）。[198] 这时与地区详细计划的地域指定一样，相邻人受到保护。[199]

地域指定具有相邻人保护性的根据在于，指定地域的利用者相互之间形成"利用共同体"（Nutzungsgemeinschaft）、[200] "交换关系"（Austauschverhältnis）、[201] "计划结合体"（Planverbund）、[202] "互换性（wechselseitig）交换关系"、"命运共同体"（Schicksalsgemeinschaft），[203] 地域指定"调整各种互换性（wechselbezüglich）利益"。[204] 也就是说，通过地域指定对建筑物利用样态进行规制，不是作为各个规制，而是作为对整个地域的规制，才具有意义，才被正当化。换言之，个人因地域指定而负有的义务，因地域的其他人也负有同样义务，这样才具有意义，才被正当化。反过来说，因地域指定而负有义务的人，可以将因地域的其他人负有同样义务而获得的利益作为法的利益来主张。如此，因地域指定而负有义务的人有权防止破坏地域特性、违反指定的建筑，恢复地域的特性。

（c）联邦行政法院认为，根据地区详细计划，指定建筑物利用容量（Maß）、可建设用地，原则上不能通过解释联邦法（《建设法典》第 2 条第 5 款、第 9 条第 1 款第 1 项和第 2 项，《建筑物利用令》第 16 条以下、第 23 条）而具有相邻人保护性，相邻人保护性取决于条例的解释。通过指定容量和可建设用地，相邻人的确形成"互换性利害

〔198〕　Brohm, a. a. O., § 20 Rn. 12.

〔199〕　1993 年判决明确变更了旧法之下的 BVerwG DVBl. 1986, 187.

〔200〕　Brohm, Rechtsschutz im Bauplanungsrecht, S. 96-102. 学位论文。

〔201〕　Sendler, Der Nachbarschutz im Städtebaurecht Teil 1, BauR 1970, S. 4-15. 作者是联邦行政法院原院长。

〔202〕　Schmidt-Aßmann, Grundfragen des Städtebaurechts, S. 96-98, S. 102-4. 教授资格论文。

〔203〕　1993 年判决。

〔204〕　BVerwGE 101, 364.

307

关系",但并没有结合成像样态指定情形下那么强的"命运共同体"。根据后述《建设法典》第 31 条第 2 款的"考虑要求"法理保护相邻人,就是充分的。[205]

在详细计划地区之外,建设抑制地区也是优待特定样态建筑物利用的"一般计划"(《建设法典》第 35 条第 1 款)。[206]联邦行政法院认可建设抑制地区受到优待的利用者应当比照详细计划地区内的利用者来保护。不过,与地区详细计划那样的"具体计划"不同,在建设抑制地区,地区的利用样态并不统一(第 35 条第 1 款所列举的优待性利用样态极为多样,未必相互协调),也没有划定地域的边界。故而,与地区详细计划的地域指定类型化地保护相邻人不同,建设抑制地区的优待性利用者只有在自己的优待性利用不符合新的建设方案(不论是否为优待性利用),尔后自己的建筑物利用成为问题,或受到侵害时,在这一意义上依存于状况,才可以对新的建设许可主张"权利损毁"。[207]

(d)联邦行政法院过去认为,在不"能根据有关规范将权利人的范围特定化予以划定"时,例如,连接建设地区的利用者就建设抑制地区的非优待性利用进行争议(《建设法典》第 35 条第 2 款)、[208]就连接建设地区的建设方案进行争议(同第 34 条)、[209]相邻人根据地域指定要求对建设方案例外作出不许可(《建筑物利用令》第 15 条第 1 款),[210]不认可"权利损毁"。但是,该判例之后被明确变更。也就是说,"因为规范制定者仅明确规定了例外情形下的防御权,规范的含义和目的的解释要得到考虑……规范是否确定地明确指出'可划定的关系者范围',并不是问题。"[211]

308

---

[205] BVerwG NVwZ 1996, 170;BVerwG NVwZ 1996, 888.

[206] Brohm, Öffentliches Baurecht, § 21 Rn. 3.

[207] BVerwG DVBl. 1969, 263;BVerwG DVBl. 1971, 746.

[208] BVerwGE 28, 268.

[209] BVerwGE 32, 173.

[210] 1973 年判决。

[211] BVerwG NVwZ 1987, 409.

为了从"规范的解释"导出权利，[212]联邦行政法院援用了"考虑要求"（Rücksichtnahmegebot）[213]的法理。[214]考虑要求在下述双重意义上具有"例外"的性质。[215]

①客观法上的考虑要求，要求建筑主考虑周围的空间利用状况利用空间。在建设抑制地区，原则上容许优待性利用，但如果违反考虑要求，"与公益对立（entgegenstehen）"（《建设法典》第35条第1款），例外地不容许；[216]原则上不容许非优待性利用，但如果满足考虑要求，"没有侵害（beeinträchtigt）公益"（第35条第2款），例外容许。[217]连接建设地区的建设方案，原则上，进入周围的"范围"（Rahmen）是容许的，否则就不容许。但作为例外，即使进入"范围"，[218]如果违反考虑要求，不"符合（einfügt）周围的特性"（第34条第1款），也不容许；即使没有进入"范围"，如果满足考虑要求，"符合周围的特性"，也是容许的。[219]此外，原则上，建设方案遵守地区详细计划就容许，否则就不容许（第30条第1款）。但作为

<hr />

〔212〕　Schlichter, Baurechtlicher Nachbarschutz, NVwZ 1983, S. 644.［"金属挂钩"（Aufhänger）与"金属铰链"（Gelenk），这是对考虑要求在规范与第三人受保护地位之间的作用所作的比喻。——译者注］作者是联邦行政法院原副院长。

〔213〕　Weyreuther, Das bebauungsrechtliche Gebot der Rücksichtnahme, BauR 1975, S. 1ff. 作者是联邦行政法院原首席法官。

〔214〕　对于考虑要求的详情，参照、石崎「隣人利益の配慮原則（一）（二・未完）」新潟19卷1号54頁以下、20卷2号122頁以下、同「隣人保護の配慮原則」同22卷4号59頁以下。

〔215〕　Schlichter, Das baurechtliche Gebot der Rücksichtnahme, DVBl. 1984, S. 875ff.

〔216〕　BVerwGE 52, 122.

〔217〕　BVerwG NVwZ 1983, 609；BVerwG NVwZ 1986, 469（应当考虑连接建设地区的空间利用的情形）.

〔218〕　Brohm, a. a. O., §20 Rn. 15.

〔219〕　BVerwG DVBl. 1981, 928；BVerwG NVwZ 1987, 128；BVerwG NVwZ 1989, 666；BVerwG NVwZ 1993, 1184. 过去，BVerwG NJW 1983, 2460；BVerwG UPR 1985, 340 不是在"符合"要件而是在"公益"要件之下包含连接建设地区外空间利用的考虑。之后，"公益"要件被删除，目前学说将这种考虑包含于其他要件（Schmidt-Preuß, Kollidierende Privatinteressen, S. 262f. 包含于"符合"要件。对于其他学说，也参见该书）。

例外，建设方案即使遵守地区详细计划，如果违反考虑要求，亦即"与建设地域的特性相矛盾"，或者"从建设地域的特性来看，该建筑物可能在建设地域自身或其周围产生不能容忍的负荷和障害，或者该建筑物将暴露于其中"，建设方案不被容许（《建筑物利用令》第15条第1款）。[220] 反过来，建设方案即使不遵守地区详细计划，但如果符合考虑要求，亦即"尊重近邻的利益，符合公益"，建设方案也能容许（《建设法典》第31条第2款）。[221] [222] 要言之，《建设法典》第35条第3款的"公益"要件与第34条第1款的"符合"要件，包含考虑要求，《建筑物利用令》第15条第1款与《建设法典》第31条第2款是考虑要求本身的表现。

② "对于边界可识别（erkennbar abgrenzt）的第三人的值得保护的利益，应当特别（qualifiziert）同时个别地（individualisiert）予以考虑时"，客观法上的考虑要求作为例外为相邻人的主观法提供根据。它有两种情形：第一，"关系人具有特别的（besonder）法的应予保护性"的情形（受到"重大且难以容忍的"所有权侵害的人、建设抑制地区的优待性利用者）；第二，"从事实状况清楚地（handgreiflich）看出应当考虑谁的情形"。[223]

（e）通说和判例将受建设计划法保护的相邻人限定为基于物权而利用空间的人，将基于债权而利用空间的人排除在外。其原因在于，后者的财产性利益由前者财产性利益的表达来"代表"（repräsentieren）。但是，最近的有力说从下述理由质疑通说和判例。① 存在基于债权的利用权，它保障类比基于物权之利用权的保护（如不动产租赁权）。

---

[220] BVerwGE 67, 334.

[221] BVerwG NVwZ 1987, 409; BVerwG NVwZ 1990, 857.

[222] 另外，不遵守地区详细计划的建设方案，未受免除（《建设法典》第31条第2款）而得到许可时，不能直接适用该条款及《建筑物利用令》第15条第1款，但"考虑《建设法典》第31条第2款的利益评价，同时类推适用《建筑物利用令》第15条第1款，保护相邻人"（BVerwGE 82, 343; BVerwG NVwZ 1984, 38; BVerwG NVwZ 1985, 37; BVerwG BauR 1986, 414）。

[223] 参见注（216）~注（222）所列判例，尤其是注（216）与注（220）所列判例。

②建设计划法的体系倾向于赋予人格性利益（如受到污染者的健康利益）的保护越来越大的比重，人格性利益不能由他人"代表"，[224]并且很难再像通说和判例那样，由财产性利益的表达来"代表"人格性利益的表达，完全以财产性利益的表达为前提，使物权的利用者"代表"债权的利用者。[225]

（2）考察

像地区详细计划的地域指定那样［(1)(b)］，空间利用者之间的关系由规范命题类型化地决定的程度很高，自动地"根据有关规范将权利人的范围特定化予以划定"。但是，如果新保护规范说是通过"解释"规范读出权利的学说，[226]而法的解释是以各种主题为媒介，同时使视线在规范和现象之间循环往复地作业，那么，就像连接建设地区那样［(1)(d)］，不是"替代性计划"，而是"计划的替代"，[227]即使空间利用者之间的关系在很大程度上是由状况决定的，以主题作为规范与现象之间的媒介，通过"法解释"读出权利，也是不可或缺的作业［参见(1)(d)第一段落的判例变更]。[228]问题在于，"考虑要求"是否适合作为"解释的主题"。[229]

"考虑要求"是新的空间利用者的利益与周围既有空间利用者的利益的"衡量"定式。[230]与此相对应的是调整对立性利害关系的规

---

〔224〕　《联邦污染防止法》以保护人格性利益为目的，因而，并不将受保护的相邻人限定于基于物权的空间利用者［第一款一(2)②］。

〔225〕　对于通说和判例以及其疑问，vgl. Wahl/Schütz, in: Schoch/Schmidt-Aßmann/Pietzner (Hrsg.), VwGO Komm.，§ 42 Abs. 2, Rn. 143-148; Brohm, a. a. O.，§ 30 Rn. 9; differenzierend Preu, Drittschutz, S. 174-179. 但是，判例并没有改变在 BVerwG NVwZ 1998, 956 中的态度。

〔226〕　参见第三章第四节第二款(2)。

〔227〕　Brohm, a. a. O.，§ 20 Rn. 2.

〔228〕　Vgl. Wahl, in: Schoch/Schmidt-Aßmann/Pietzner (Hrsg.), VwGO Komm.，Vorb § 42 Abs. 2 Rn. 103-114; Wahl/Schütz, a. a. O.，Rn. 131-142.

〔229〕　Brohm, a. a. O.，§ 18 Rn. 29.

〔230〕　Alexy, Das Gebot der Rücksichtnahme, DÖV 1984, S. 956; Ramsauer, Die Rolle der Grundrechte, AöR 1986, S. 532f.

范，例如《联邦污染防止法》第 22 条。[231] 但是，建设计划法的空间
利用调整机制更为复杂。新的空间利用者不是考虑周围既有的空间利
310　用，而是被将来要出现的空间利用者考虑。如果错开时间来说，过去
有义务考虑周围空间利用的人，反而应当说有权利要求周围新的空间
利用者予以考虑。因而，在建设计划法上，必须观想的不是有关某人
义务（与其相适应的其他人权利）的对立性利害关系，而是某人的义
务与其他人的义务，或者说某人的义务和权利不可分的"有关地位组
合的互换性利害关系"。实际上，建设计划法规范采取的样式不是摘
出特定空间利用形态和特定对立性利用形态并加以衡量，而是表示种
种利用形态的组合可能性及其界限。

　　"互换性交换关系"的观念过去在学说中有所提及、近年在联邦
行政法院中也得到采用 [（1）（b）]，它正对应着"有关地位组合的互
换性利害关系"观念。"互换性交换关系"观念的适用领域主要限定
于地域指定情形，其中的空间利用者义务是从规范命题中类型化地确
定、是整齐划一的。但是，这一观念可以扩张到建设计划法的其他领
域，其中的空间利用者义务根据状况而确定，是多种多样的。[232] 首
先，空间利用者的义务是类型化的整齐划一 [（1）（b）] 还是依存于
状况的多样性 [（1）（d）]，是相对程度的差别问题，可以举出的中间
形态有《建设法典》第 34 条第 2 款的规范行为 [（1）（b）]、根据地
区详细计划的建筑物利用容量和可建设用地的指定、[233] 建设抑制地区
的优待性建设方案的规范行为 [（1）（c）] 等。在空间利用者的义务

────────

　　[231]　将该条看作"考虑要求"的表达，参见第一款注（21）所引判决以及本款注
（215）所引文献。

　　[232]　迪尔（Dürr, Das Gebot der Rücksichtnahme, NVwZ 1985, S. 721）认为，《建设
法典》第 34 条也和地区详细计划一样为"命运共同体"提供根据，连接建设地区和计
划地区的相邻人都是基于共通的原则受到保护。瓦尔（Wahl, Der Nachbarschutz im Bau-
recht, JuS 1984, S. 583f.）对于空间利用者的义务依存于具体状况的情形，也承认"命
运共同体"。不过，他认为，"所有关于计划结合体和互换性状况拘束性的考虑，最终
也可以用考虑要求的思想来说明"。

　　[233]　森德勒（Sendler, a. a. O.）认为，对于违反建筑物利用容量和可建设用地的
指定的建设方案，只要它侵害"地域的特性"，就基于"交换关系"承认相邻人保护。

具有状况依存性的多样性时，适用"有关地位组合的互换性利害关系"观念也没有障碍。相反，如果空间利用者的义务是类型化整齐划一的情形，强调空间利用的一体性、空间利用者的"共同体"化则是不可取的。[234]这种情形归根到底应当作为空间利用（者的地位）"组合"的一种变体来把握。

另一方面，联邦行政法院所用的"考虑要求"观念尽管也在形式上纳入了建设计划法的各个构成要件，但还是被批判为"法官法的迷宫"。[235]这是因为前述表达"对立性利害关系"的考虑要求观念在实质上不符合调整"有关地位组合的互换性利害关系"的建设计划法体系的各个构成要件，故而，作为"例外"的考虑要求与作为"原则"的各构成要件相乖离，呈现出"例外"集合构成独立构成要件的样态〔对于原则和例外，参见(1)(d)〕。

311

主观法上的考虑要求问题对应于这种客观法上的考虑要求问题。也就是说，根据新保护规范说，权利首先是从相互调整多极性法关系各种私益的法律中第一次性地读取的。其次，从个人利益的应予保护性、侵害程度出发，最低限度的权利由基本权利直接提供根据。但是，首先，使权利对应于客观法上考虑要求的基准〔"划定可能性""特别性""个别性""特别的法保护需要""明显性"等，参见(1)(d)〕，并不是从调整各种利益的客观法上考虑要求构造读出来的，而是独立于该构造提出的。[236]其次，虽然这些基准表明了个别利益的应予保护性和侵害程度，但即使侵害程度比对基本权利直接适用的"重大且难以容忍的侵害"程度更低，也要保障其考虑要求的权利。如

---

〔234〕 参见第三章第三节。

〔235〕 Breuer, Das baurechtliche Gebot der Rücksichtnahme, DVBl. 1982, S. 1065ff. 作为同一旨趣的批判，Redeker, Das baurechtliche Gebot der Rücksichtnahme, DVBl. 1984, S. 870ff.; Peine, Das Gebot der Rücksichtnahme, DÖV 1984, S. 963ff.

〔236〕 当然，使权利对应于客观法上考虑要求之际，"必须相互衡量受到不利者的应予保护性、侵害强度、建筑主的利益、在衡平上能使两者容忍或者不能容忍的东西等"〔注(220)所列判例〕。但是，在"特别性""个别性"等得到肯定之后，才开始衡量，衡量并不是替代"特别性"等基准（vgl. Schmidt-Preuß, a. a. O., S. 90）。

此，考虑要求的权利与客观法上考虑要求的构造并没有内在关联，也与基本权利的规范外效果不同，最终成为理论上不明确的"第三平面"。[237]

在结论上，对于建设计划法上的相邻人保护，可能有统一的解决：首先抽象地从建设计划法中提取出调整"有关地位组合的互换性利害关系"的规范，再具体地以该规范为基准，如果判断得到许可的空间利用与相邻人的空间利用"不适合""不协调"，就承认相邻人有"权利损毁"。有的规范"根据近邻利用的分配（Zuordnung）、适合性（Verträglichkeit）、协调（Abstimmung）基准规范并调整近邻的利益纷争"，布罗伊尔过去就承认，因该规范的违法适用而受到"具体侵害"的相邻人具有权利损毁（作为保护规范，对于根据地区详细计划指定建筑物利用样态和容量，举出了《建设法典》第 34 条第 1 款和第 3 款，对于保护优待性建设方案，举出了第 35 条第 1 款，对于保护非优待性建设方案，举出了第 35 条第 2 款等）。[238]藉由这一定式就充分必要了。

316

二、水法上的"考虑要求"

联邦行政法院过去判断认为，由于《水经济法》将因承认（Bewilligung）水域利用而受到"权利上不利影响"者（第 8 条第 3 款）、受到其他各州法规定的"不利影响"者（第 8 条第 4 款）表述为"利害关系人"（Betroffene）（第 8 ~ 10 条），这些人受法的保护，不受违

---

〔237〕 Schmidt-Preuß, a. a. O., S. 46 – 49, S. 87 – 94（vgl. aber S. 142f.）；Schmidt-Aßmann, in：Maunz/Durig（Hrsg.），GG Komm.，Art. 19 Abs. 4 Rn. 126（"'考虑要求'介于个别规定与基本权利的水准之间，〔因而〕再次出现了过去评价中的不安定性"）。

〔238〕 Breuer, Baurechtlicher Nachbarschutz, DVBl. 1983, S. 437. 赞成者，Wahl, a. a. O., S. 585f.；Steinberg, Grundfragen des öffentlichen Nachbarrechts, NJW 1984, S. 460. 也参见 Brohm, a. a. O., § 18 Rn. 35, § 19 Rn. 23, 他评价认为，有关考虑要求的判例"是无法预见的复杂的概念法学构成，在欧洲或者全世界的框架中获得接受或者仅是承认，也是不可能的"。

法承认行为的影响。[239]第 8 条第 3 款的"权利"不同于此前考察的权利，独立于承认之际所适用的规范内容，可谓在适用该规范之前就获得根据。[240]此后，联邦行政法院未就涉及水域利用许可（Erlaubnis）的水经济法规定的相邻人保护性作出明确判断，[241]而是援用《基本法》第 14 条的规范外效果，判断相邻人是否受到"重大且难以容忍的"所有权侵害。[242]要言之，对于水法上的许可和承认，过去的判例和学说一般①以法律的文字为基准，②一度独立于处分的根据规范内容，为相邻人的权利提供根据。反过来说②，水法一度是在两极性法关系的框架中来把握的。

但是，联邦行政法院此后将《水经济法》第 4 条第 1 款（"许可和承认可以指定、赋予利用条件和负担。为预防或调整对他人造成不利影响，也可以课予负担"）与第 1a 条第 1 款（"……水域必须受到统御……以促进公共福祉，在与公共福祉相协调时促进个人的利用"）、第 18 条（"水在分量和性质上不足以满足所有利用，或者利用受到侵害时，以及为了公共福祉，特别是公共供水的需要，可以在调整程序中根据关系人的申请或依职权对许可、承认、旧有权利以及旧有权能的行使样态、程度、时间进行规范或限制"）相结合，导出"考虑要求"的"实体性决定方案"，即行政机关必须考虑第三人利益，对许可和承认附以负担，有时还要拒绝许可和承认。首先要在客观法上考虑的是"具有公共福祉和水经济利益的主体，特别是公共饮用水供给主体"，"所有合法用水的人"，"从事情状况看，私益因水的利用而被侵害、法律上应当尽可能避免该侵害的人"。其中，"特别且

317

---

[239]　BVerwGE 27, 176.

[240]　Vgl. Schmidt-Preuß, Kollidierende Privatinteressen, S. 336 Anm. 487.

[241]　另外，诸多州法正在将"特别许可"（gehobene Erlaubnis）制度化，它保障水域利用者比通常的许可更强、接近于承认的法的地位 [Breuer, Umweltrecht, in: Schmidt-Aßmann（Hrsg.），Besonderes VerwR, Rn. 135]。对于特别许可的相邻人保护，大致与承认的情形作同样理解（Schmidt-Preuß, a. a. O., S. 338f.）。对于德国水法的特征，参照、大桥洋一「公物法の日独比较研究」同『行政法学の構造の变革』240 頁以下。

[242]　BVerwGE 36, 248；41, 58.

个别地"得到考虑、被承认主观法的是"因许可或承认侵害现在水的分配而受到不利、合法用水的其他人",参照"现在或预计的用水的水经济意义"而受到保护者,尤其是"公共供水主体"。[243]

这一判决可作如下分析:

①判决将许可和承认的附款要件、许可和承认后利用调整的要件,进而是法律的目的规定组合起来,创造性地解释了许可和承认要件。

②通过法的创造性解释,《水经济法》的规范内容被作为多极性法关系来把握。颇堪玩味的是,通过援用规定一般用水者服从的抽象义务的第1a条第1款、规定用水者之间调整的第18条,设想出用水者之间"有关地位组合的互换性利害关系"。也就是说,判决认为,"水经济法创造了与土地所有权相分离的用水秩序,原则上所有用水均服从于构成性发挥作用的行政决定"。其实,以前的判决已经认为,"根据共通适合性原则(Grundsatz der Gemeinverträglichkeit),所有用水者与其他所有和水相关者通过水的关联形成自然的共同体(natürliche Gemeinschaft),其中,必须考虑水要尽可能多面地、尽可能为一般利益而使用"。[244]有的学说赞成新判决,认为水法和建设计划法一样可以适用"互换性交换关系"观念,[245]或者说,在水法中,个别的行政行为主要是"对各个用水相互调整(Koordinierung)","有计划地统御水域"。[246]

③以上①与②的思考是从"考虑要求"这种将法关系类型化的主题产生的。当然,严密而言,已如一(2)所述,考虑要求的观念并不是"有关地位组合的互换性利害关系"的适当表达。

---

〔243〕 BVerwGE 78, 40. Salzwedel, Anmerkung, ZfW 1988, S. 341ff.;Kunig, Anmerkung, DVBl. 1988, S. 237ff. 批判了这种相邻人保护的扩张, Bauer, Zum öffentlichrechtlichen Nachbarschutz im Wasserrecht, JuS 1990, S. 24ff.;Ladeur, Rechtsdogmatische Grundlagen des Nachbarschutzes im Wasserrecht, UPR 1992, S. 81ff. 则予以支持。

〔244〕 BVerwGE 36, 248.

〔245〕 Bauer, a. a. O., S. 28f.

〔246〕 Ladeur, a. a. O., S. 85f.

第四款　关联的阶段性体系

在第一款至第三款中，以单一的行政作用为前提，不使客观法和主观法对立或统一起来，而是试图将客观法分析为主观法或利益之间关系（的复合），使两者相对应。本款将表明，当具有相同目的的行政作用在时间上连续时，应当使实现行政目的的客观制度与保护主观法或利益的体系相对应来构想。早在二十多年前，奥森比尔就认为，"要在程序法领域恢复武器对等，就必须将市民适当的防御战略与国家新的侵害战略相对置"，他主张 "必须发展出关联的阶段性体系（Stufensystem der Betroffenheit），根据计划的各个阶段加以区分"。[247]在实现行政目的的客观制度与保护主观法或利益的体系不相对应时，如果使客观制度实效性地发挥功能，就会阻碍利益保护系统，反过
来，如果使后者实效性地发挥功能，就会阻碍前者的功能。以下就计划、部分许可和预备决定、行政立法作简要的阐述。

(1) 计划——以地区详细计划为例

虽然地区详细计划是条例（《建设法典》第 10 条），被归类为行政立法，但它区别于通常的抽象规范，被认为是 "执行规范"（Vollzugsnorm）、[248]"具有逐步变换技术的规范"（Normen gleitender Umsetzungstechnik）。[249]也就是说，地区详细计划的内容已经是具体的了，只是因为无法使执行的时间特定化（原则上，是否建设、何时建设的自由，仍在土地所有权人的手上[250]），在这一限度上仍然只能是抽象的。

尽管如此，在与后续行政行为的关系上，也许能说地区详细计划是抽象的。但是，与通过行政行为将通常的规范具体化的情形不同，地区详细计划与后续行政行为的关系不能简单地被理解为抽象–具体。

---

[247]　Ossenbühl, Welche normativen Anforderungen stellt der Verfassungsgrundsatz des demokratischen Rechtsstaates an die planende staatliche Tätigkeit?, 50. DJT, B 176f.

[248]　Brohm, Rechtsschutz im Bauplanungsrecht, S. 58–62.

[249]　Schmidt–Aßmann, in: Maunz/Dürig (Hrsg.), GG Komm., Art. 19 Abs. 4 Rn. 70.

[250]　Brohm, Öffentliches Baurecht, § 1 Rn. 17.

通过行政行为将通常的规范具体化时，各个行政行为或措施是相互分离地来把握，而通过行政行为来执行地区详细计划时，则不能如此。[251] 将各个行政行为或措施组合并关联起来，正是"计划"的意义和目的。"制定计划的目的在于，在相互协调、组合成一个构想（Konzept）的诸多措施的构造中，调整各种利益，整合各种活动。制定计划、计划的特征在于复合性（Komplexität）、关联性（Konnexität）、形成的创造性（gestalterische Kreativität）。"[252] 地区详细计划是"过程规范"（Prozeßnorm）。[253] 因而，如果要精确地表达地区详细计划与后续行政行为的关系，地区详细计划可谓折扇的扇钉，使地域的空间利用相互互联，形成统一的全体；后续的行政行为可谓一种手段，不是要一下子，而是徐徐实现计划，根据各个状况修正计划或者使计划变得灵活。

在这里，地区详细计划是一种客观制度，如果构想与其性质相对应的权利保护体系，可以指出以下几点：第一，在行政决定的过程中，考虑到地区详细计划和后续行政行为的功能分担，可以说计划完成了行政机关有关私人财产权的行政决定的基本骨架，不服决定的私人与行政机关之间的纷争就成熟了。第二，由于财产权人 A 提起争讼的结果，行政机关即使部分调整计划，通常也对 A 以外的财产权人产生影响。但是，已经确定的、符合计划的建设许可等基本上不能被撤销，反而是需要考虑已经得到许可等的建设，调整计划。如此，计划之后，随着时间的经过，以计划为前提的行政行为和建设在增加，行政机关变得难以调整计划，私人恢复权利的空间减少。

最终，为了使地区详细计划的制度宗旨和目的与利益保护体系相对应，构成"关联的阶段性体系"，德国在整个联邦承认了对地区详细计划的规范控制诉讼（《行政法院法》第 47 条第 1 款第 1 项）。另外，《建设法典》第 215 条规定，在计划实施时作出了教示时，必须自计划公告之日起一年以内主张一定的程序性瑕疵，在七年以内主张

---

[251] Ossenbühl, a. a. O.

[252] Schmidt-Aßmann, Planung, in: FS für Schlichter, S. 4.

[253] Brohm, a. a. O., § 8 Rn. 7.

一定的实体性瑕疵。[254]

(2) 部分许可和预备决定

计划的目的在于将通常个别把握的社会现象组合并关联起来，而部分许可（Teilgenehmigung）和预备决定（Vorbescheid）的宗旨和目的在于将通常作为整体把握的社会现象明确地分节化，使其可以概览和制御。"也许只有这种阶段性决定的领域，将来也保障行政行为的现实意义，对抗屡屡预言的行政行为制度让位于其他行为形式的事态。"[255]相反，部分许可和预备决定并不表示部分与全体的关系、全体"框架"，反过来剥夺了全体的概览和制御可能性（divide et impera），不被承认具有法的效力。[256]

在企业获得部分许可、预备决定时，相邻人何时能就项目的容许性进行争议，而且必须进行争议（亦即之后变得不可争议吗），就成为问题。使权利保护"集中化"的体系，只能在最后行政行为之际就项目的容许性进行争议，这就稀释了部分许可、预备决定的宗旨目的，其宗旨目的在于使项目全体分节化，可以概览和制御。反过来，仅仅说项目的容许性可以在部分许可、预备决定之际争议，可能导致同一事项被反复争议，或者相反，导致失去或错过提起争讼的适当时机。也就是说，部分许可、预备决定就剥夺了全体的概览和制御可能性。因而，在立法上或理论上，就必须使"关联的阶段性体系"结构化，明确使部分许可、预备决定之际可以争议事项和必须争议事项分节化。[257]

现在，分节化最明确的立法是污染法和核能法。《联邦污染防止法》第8条将"从临时判断得出结论认为，从许可要件来看，设施整体的设置运转从一开始就不存在不能克服的障碍"，列为部分许可的

321

---

[254]　以上依据的是，ブローム＝大橋『都市計画法の比較研究』335～338頁。大桥洋一教授评论，"日本的法院缺乏法的想象"，不容易承认计划的处分性。

[255]　Schmidt-Aßmann, Institute gestufter Verwaltungsverfahren, in: FG BVerwG, S. 571.

[256]　A. a. O., S. 572, S. 578; Schmidt-Aßmann, in: Maunz/Dürig（Hrsg.）, GG Komm., Art. 19 Abs. 4 Rn. 167.

[257]　A. a. O., Rn. 170; Schmidt-Aßmann, Konzentrierter oder phasenspezifischer Rechtsschutz?, DVBl. 1981, S. 337-339.

要件，并规定"根据事实状态或法状态的变化，或者根据之后部分许可框架内的个别审查，如果所得判断脱逸临时的整体判断，临时的整体判断就失去拘束力"。第9条将"可以充分判断计划设施的作用"列为预备决定的要件，并规定"在产生不可争力后二年以内，如果申请人不申请许可，预备决定失去效力……"。第11条还规定，"在作出部分许可或者预备决定时，在产生不可争力之后的设施设置运转许可程序中，不得根据在先行程序中期限内被援用，或者可以从纵览文件中判断和援用的事实，提出异议"。《核能法》第7a条、第7b条以及《核能法程序令》第18条第1款与这些规定相对应。

（3）行政立法

对于行政立法的不当性和违法性，德国基本上采用了完全由个别利益主体在个别的行政决定程序、诉讼程序中进行争议的体系。但是，这一体系给个别利益主体和法院都带来过重的负担，而且，从行政的角度来看，行政立法的正当性在个别行政决定中发生动摇，也有问题。德国最近也有学说认为，有必要将行政立法程序参与权赋予使不特定多数者的利益集合化并加以表达的主体，表达与行政立法的抽象性相对应的、集合化的利益（关联的阶段性体系）。由此，个别利益主体可以在个别行政决定程序和诉讼程序中，更容易、更顺畅地表达利益，行政立法的正当性也会增强。这将在第五章第一节第三款详述。

第五款　行政法所作的规范与民事法所作的规范

（1）"作为相互补充秩序的公法与私法"

在过去的观念中，行政法所作的规范在实体法上是以实现"公益"为目的的，有时也个别地保护被孤立把握的私益。但是，根据本节的上述考察，行政法所要实现的"公益"基本上应当在私益之间的关系（复合）中加以分析，而受到保护的私益则应当在与其他私益的关系中来把握。也就是说，行政法所作规范的内容基本上被设想成在各种私益之间实施调整、使其关系化。另一方面，民事法以"私人自治"和市场体系为前提进行规范。从法体系角度来看，接着以法体系的符码来说，民事法所作规范的内容是对个人行为、市场功能进行保障和限制，同时对诸多行为、诸多私益实施调整、建立关系。

> "将私法称作自由任意的领域，将限制它的要素看作事后附加的例外，这是对私法形象的歪曲。私法的立法始终是自由可动性的承认，同时是法固定点的规范。"

如此，行政法和民事法所作的规范具有共通的内容，都是在诸多行为、利益之间实施调整，使其关系化。

> "鉴于公法与私法的共通任务，两部分法秩序之间在意识形态上被夸大的二律背反——'自由'对'强制'、'利己利益'对'公共利益'——等级划分、关联科目的过度敏感，全部是错误的。""传统行政法所考虑的、先验存在的对行政的服从，是部分民事法学说所设想的自行运作的市场。双方的观点都忽视了法和法学的形成任务。"[258]

---

〔258〕 Schmidt-Aßmann, Öffentliches Recht und Privatrecht, in: ders./Hoffmann-Riem (Hrsg.), Öffentliches Recht und Privatrecht, S. 12-17. 另外，该书认为，诸多利益之间的调整和关系化首先是法律（解释）的任务，但通过基本权利保障最低限度的权利，这些也是行政法所作规范和民事法所作规范的共通事项。重要的不是公法与私法的区别，而是宪法与法律的关系［对于行政法所作规范的详情，参见第三章第四节第二款(2)、本章第二节第一款二，另参见第三章第二节第二款注(98)]。

历史背景是这样的（Preu, Die historische Genese 的摘要）：从 18 世纪末到 19 世纪，相当部分的既得权在官署和市民之间的"垂直"关系中被"公共化"（第一章第一节第一、二款）。在这一关系中，并未设想相邻人的实体权，设想的完全是项目人的"行为自由"和官署对自由的制约。此外，人们常常认为，官署对项目的许可在市民相互间的"水平"关系中"排除"相邻人对项目人的请求权。在"垂直"关系中并不构成实体权（第二章第二节第二款），而且，重视的只是项目的自由和产业振兴政策［第一章第一节第三款，另参见第三章第四节第二款(1)]。但是，伴随着建设计划制度等的发达，建设行政、营业行政发挥着项目人和相邻人之间纷争解决、利益调整，进而是社会关系形成的功能，土地利用者之间的相互拘束和考量关系受到重视。如此，在"垂直"关系中也构成了相邻人的实体权（"行政法的再主观化"），需要重新整理该实体权与"水平"关系中相邻人对项目人的请求权之间的关系。

重要的是，为了应对"一体性的公共任务"、不可分割的"社会问题状况"，将具有"不同制御功能"的行政法规范行为和民事法规范行为有效组合起来［"作为相互补充秩序（Auffangordnungen）的公法与私法"］。[259]制御功能的"差异"源自主体的不同，有时他在形成法的内容，有时在主导法的实现。民事法规范行为的承担者是私人，有基本权利的自由，不需要将自己的行为"正当化"，而行政法规范行为的承担者是行政机关，有民主主义的正当性——故而有实现公共利益的权能和责任——需要将自己的行为"正当化"。[260]私人可以纤细地表达对自己而言的利益和效用，根据状况灵活地应对，因而，私人所承担的民事法规范行为适合于纤细地根据状况作出反应的制御。行政机关难以收集处理关于私人效用的信息，而且，行政机关必须始终将自己的行为正当化，因而在灵活行动上也存在局限性。另一方面，行政机关具有实现公共利益的权能和责任，因而，行政法规范行为适用于概括性和持续性的制御。交易费用高、诸多行为的概括性和持续性调整，难以委诸行为自由的私人实施。如此，概括性和持续性的制御需要以纤细状况反应性的制御来补充，也有必要以前者补充后者。原因在于，状况复杂，私人在知识和信息上存在不足时，私人（从一开始）就难以明确地表达自己的利益，需要行政机关（首先）去收集整理必要的知识和信息，解明状况，使概览成为可能。[261]

如此所得到的图式是纤细的、状况反应性的民事法制御与概括

324

---

[259] Schmidt-Aßmann, a. a. O., S. 8; Hoffmann-Riem, Öffentliches Recht und Privatrecht, in: ders./Schmidt-Aßmann (Hrsg.), Öffentliches Recht und Privatrecht, S. 271 m. w. N.

[260] 对此差异，vgl. Ehlers, Privatrechtsform, S. 87f.; Schmidt-Aßmann, a. a. O., S. 16-22. 对于"民主主义的正当性"，参见第五章第一节第一款。

[261] 对于以上内容，vgl. Schmidt-Aßmann, a. a. O., S. 17-22, S. 26f. ［私法的"纤细性事后制御功能""灵活性功能"，公法的"编排（program）功能""预防性制御""事前解明功能""表达功能"］; Trute, Verzahnungen, in: Hoffmann-Riem/Schmidt-Aßmann (Hrsg.), Öffentliches Recht und Privatrecht, S. 173f. （个人偏好与交易费用）; Rehbinder, Anpassung, in: Hoffmann-Riem/Schmidt-Aßmann (Hrsg.), Innovation und Flexibilität, S. 370 （民事法的"情境性纤细制御"）。

性、持续性的行政法制御的相互辅助关系。虽然这一图式极为粗暴，但藉由这一图式，我们可以排除将民事法规范行为和行政法规范行为视作相互排斥关系的更为粗暴的图式。

（a）民事法排除行政法的观念，亦即规范私人之间关系的基本上是民事法而非行政法，进而由此导出联邦行政法院的命题［第一款二(1)②、③］，亦即行政行为并不排除第三人在民事法上的权利，而且（或者），第三人在民事法上受到权利保护时，则第三人不能提起行政诉讼，这一命题不能得到支持。[262]过去有学说认为，将私人之间的纷争纳入行政（诉讼）程序，将导致行政机关、法院、相对人负担过重。但是，负担过重的原因，不应求诸将调整私人之间私益理解为行政权限的思考，而应求诸行政机关正式权限过多、非正式权限被过多认可的现状。相反，以民事法规范行为与行政法规范行为的"互补"关系为前提，应当个别地、功能性地作出诊断，既有的行政法规范行为是否与民事法规范行为徒然重复，是否妨碍民事法的规范行为。

> "立法者与行政虽然悲叹今天第三人诉讼的负担，但保留了过多的监督和许可权限，自己也强烈推动了深层次责任的转移……如果说要对上述洪流设定界限、加以限制，就必须从实体性规范行为领域加以思考。国家分配决定的制御要求，往往走得太远，成为可以损毁权利的原因要素，我们必须使其后退。"[263]

（b）行政法排除民事法的观念也不能支持。[264]例如，空间利用符合地区详细计划，即属于《德国民法典》第906条第2款的"地域内的通常利用"，联邦法院并不采用这一构成［(2)(a)］。行政行为的确定力或"公定力"，产生第三人的"容忍义务"，排除民事法所作的规范，联邦行政法院也不采用这种看似"合乎逻辑"的构成［(3)(a)］。行政行为产生的"公定力"或"容忍义务"应当被理解为只是对行政

325

---

[262]　Schmidt-Preuß, Kollidierende Privatinteressen, S. 120-125.

[263]　Schmidt-Aßmann, in: Maunz/Dürig (Hrsg.), GG Komm., Art. 19 Abs. 4 Rn. 172.

[264]　Schmidt-Preuß, a. a. O., S. 125-129.

法的规范行为自身产生，行政法所作规范与民事法所作规范的关系必须另行细致区分来思考。[265]

对于行政法所作规范与民事法所作规范的保护法益是同种的，在两种规范行为发生竞合的情形下，下面将考察两种规范行为的关系。对于两者的保护法益是异类的，两者可能发生抵触的情形（如违反行政法规范的行为与契约效力的关系问题），不作为考察的对象。

（2）行政法所作规范与民事法所作规范在实体法上的竞合

（a）在行政实体法与民事实体法相区别时，对于两者的关系，如（1）所述，概括性、持续性制御与纤细、状况反应性制御的相互辅助关系模式，就这样成为法解释上的指针。例如——

①《德国民法典》第 906 条第 1 款规定了根据所有权的排除妨害请求权，1994 年这一条款被修改，插入了如下内容："根据有关规定所作调查和评价的结果，某作用没有超出法律或法规命令所确定的界限值或标准值，通常（in der Regel）就是非本质性侵害。根据《联邦污染防止法》第 48 条所制定的、反映技术水准的一般行政规则中的数值，也同样如此。"（着重号系作者所加）这一规定表明，在不需要许可的项目设施方面，《联邦污染防止法》第 3 条、第 22 条或有关行政规则所规定的要件、与《德国民法典》第 906 条的要件，处于前述的相互辅助关系。[266]

②对于符合地区详细计划的空间利用，联邦法院也进一步看其事实状况，审查其是否属于《德国民法典》第 906 条第 2 款的"地域内的通常利用"。许多行政法学说批判判例，认为如果符合计划，就属于"地域内的通常利用"。[267]但是，最近出现了支持判例的学说，它指出，有必要"对粗暴的公法规范行为进行细微修正（Feinkorrek-

---

[265] Vgl. Ossenbühl, Verwaltungsrecht als Vorgabe, DVBl. 1990, S. 968f. 对于"容忍义务"概念缺乏理论明确性，参见第三章第二节第二款注（101）、本章第二节第一款一（3）①。

[266] Trute, a. a. O., S. 183-186.

[267] Brohm, Öffentliches Baurecht, §31 Rn. 7; Papier, Der Bebauungsplan und die Baugenehmigung, in: FS für Weyreuther, S. 291ff.

tur）"，或者"计划确定法配备具体请求权，要求物理性现实防止措施和财政性补偿给付，而在建筑计划法中没有仿照它的一般性灵活保护相邻人的工具"；[268]它认为，地区详细计划的要件与《德国民法典》第906条的要件处于前述的相互辅助关系。[269]

③此外，规制民事法上契约内容的行政法规范（参见第一款二）与规定暴利性法律行为无效的《德国民法典》第138条、确保契约上给付衡平的《德国民法典》第315条第3款等，也被认为基本上处于相互辅助关系。[270]

（b）不过，有时法规定，为防止污染的事前行政处分（许可等）可以排除相邻人对企业的防御请求权（主要是民事法上的[271]）。[272]例如，①水域利用承认、计划确定决定全面排除相邻人对企业的防御请求权。对于处分时不能预见的项目影响，相邻人可以请求行政机关作出负担命令、防止措施决定，或者请求补偿（《水经济法》第10条第2款、第11条，《联邦行政程序法》第75条第2款、第3款）。②《联邦污染防止法》第14条、《核能法》第7条第6款、《航空法》第11条、《基因技术法》第23条排除相邻人对获得许可的企业的禁止请求权，但并不排除相邻人要求企业采取防止措施或赔偿的请求权。

如此，排除相邻人对企业的防御请求权，应当具备下列要件：第一，法律明确规定排除何种程度的请求权（参见①与②的不同）。[273]第二，作为被排除的防御请求权的替代，行政法的规范行为具备细致

326

---

[268] Rehbinder, a. a. O., S. 366f.

[269] 包括判例的分析，vgl. Trute, a. a. O；Ossenbühl, a. a. O.

[270] Groß, Drittschutz bei Tarifgenehmigungen, DÖV 1996, S. 56f. 与此相对，普罗伊（Preu, Drittschutz, S. 233-237）认为，消费者受民事法、卡特尔法保护，因而，不可就费用上调的认可等进行争议。

[271] 在项目人是行政主体时，它被称作"公法上的"请求权，但这不应当特别与民事法上的请求权相区分。这一点将在第五章第二节第三款述及。

[272] Vgl. Breuer, Umweltrecht, in: Schmidt-Aßmann (Hrsg.), Besonderes VerwR, Rn. 102-109.

[273] Ossenbühl, a. a. O.

而灵活的利益调整机制（如①的防止措施命令）。[274] 而且，相邻人可以利用它［例如，在①的场合下，课予义务诉讼，要求行政机关命令企业采取（有时是事后的）防止措施（的履行）］。

（3）行政法所作规范与民事法所作规范在程序法上的竞合

《德国民法典》第 823 条第 2 款的"旨在保护他人的法律"包括行政法规范，同条款的保护法益不仅为损害赔偿请求权也为防御请求权提供根据，因而，即使没有卡特尔法那样明确的规定，[275] 也有可能由私人以民事诉讼的方式来保障或实现行政实体法。[276]

（a）采取事前处分制（许可等）的情形

联邦行政法院判决认为，《住宅拘束法》第 8a 条第 4 款的提前上调平均租金许可不具有"确认效力"，普通法院可以不受许可决定的拘束，审查和决定是否存在涨价的要件。[277] 而殆无异议的是，行政机关决定免除地区详细计划的拘束（《建设法典》第 31 条第 2 款），该决定拘束民事法院。但对于在此之外的建设许可是否拘束民事法院，亦即相邻人以建设主违反建设法规为理由，援用《德国民法典》第 823 条第 2 款提起民事诉讼，建设许可是否一般排除了这一可能性，则议论纷纷。[278]

即使相对人履行了申请程序，对许可等的起诉期限已经超过，第三人也可以根据行政法规范的相同要件提起民事诉讼，而相对人而非行政机关必须应诉，这对相对人构成了双重负担，原则上应当否定这一可能性。不过，最近的学说承认有例外情况，即"许可要件动态化，故而，

327

---

〔274〕 Vgl. Schmidt-Aßmann, Öffentliches Recht und Privatrecht, in: ders./Hoffmann-Riem（Hrsg.）, Öffentliches Recht und Privatrecht, S. 27（"有时公共计划主体被分配了概括性的纷争解决义务，但它可能对私法纤细的事后制御能力产生功能上的干扰"）；另参见（a）②。

〔275〕 参见第二款二（1）。

〔276〕 Jarass, Verwaltungsrecht als Vorgabe, VVDStRL 50, S. 246f.; Preu, a. a. O., S. 74.

〔277〕 BVerwGE 72, 226. 赞成者, Schmidt-Preuß, a. a. O.

〔278〕 参见承认许可的拘束性和排除性效果, Brohm, a. a. O., § 31 Rn. 9, 不承认者, Schmidt-Preuß, a. a. O.

许可并没有完结地形成法的状态"，[279] 或者许可要件"只能作出暂定的或'粗略的'审查"。[280] 这时将成立相互辅助关系，行政机关仅审查基本事项，仅形成框架，而民事的程序再细致地根据情况进行制御。

（b）采取事后处分制（命令禁止等）的情形 [281]

从形式上看，这时，私人根据《德国民法典》第 823 条第 2 款等通过民事程序实现或保障行政实体法，没有障碍。与此相对，通过行政程序实现行政实体法，行政机关在决定调查以及程序的开始和继续上基本可以裁量。故而，从第三人来看，实施民事程序比提起对行政机关的课予义务诉讼障碍更少。但从实质上来看，状况复杂，私人在知识和信息不足的案件或法领域中，第三人难以通过民事程序实现或保障行政实体法。在这种案件或法领域中，应当认为，关于调查以及程序的开始和继续的行政裁量被严格限定，行政机关对实现或保障法所负的责任变得更重。也就是说，应当更广泛地认可课予义务诉讼。由此，可以避免第三人的利益无论是通过民事性规范行为还是通过行政性规范行为都得不到保护的双重萎缩，形成两种规范行为有效的相互辅助关系。

在德国，近年来为了"程序迅速化"而修改法律，缩小了需要事前许可的建设范围，并将重点移至事后监督（例如《巴登－符腾堡州建设规制法》第 51 条），如果没有将上述"迅速化讨论中常常被忽视的一般补充网"纳入视野，就无法判断修法能否真的节省建设主或行政机关的费用。而对于卡特尔法，有见解认为，第三人只有在通过民事程序无法实现权利时，才能要求行政机关采取措施。[282] 如果不是将其解释为行政程序相对于民事程序的补充性的严格规则，而是解释为在行政程序开始的裁量决定之际逐案灵活考虑的要素，那么，这是一个可以接受的见解，因为一般而言，市场关系者自身在感受市场的状

[279]　Trute, a. a. O. , S. 187f.

[280]　Preu, a. a. O. , S. 86f.

[281]　以下依据 Trute, a. a. O. , S. 190, S. 193-197.

[282]　Z. B. Möschel, in: Immenga/Mestmäcker（Hrsg.）, GWB Komm. , §22 Rn. 189f. , Rn. 201.

328

况，持有市场的信息。

330

第二节 客观法的构筑

第一款 基本权利的规范外效果

联邦行政法院认为，在诸如下列场合下，行政作用的非相对人可以根据基本权利的规范外效果获得保护：①因建设许可、[283]水域利用承认和许可、[284]矿山法上的项目计划许可、[285]海洋污染防止法上的废弃物许可等，[286]相邻人的土地所有权受到"重大且难以容忍的"（schwer und unerträglich）的侵害，或者邻接企业的营业"处于存亡危机或者毁灭"（《基本法》第 14 条第 1 款）。②因建设许可等，相邻人的生命健康受到侵害（第 2 条第 2 款）。[287]③道路邻地的居民、企业被拒绝

---

[283] BVerwGE 32, 173 是代表性判例。将这里所采用的"重大且难以容忍的侵害"定式具体化，BVerwG DVBl. 1974, 358；BVerwG DVBl. 1974, 777. 不过，参见后注（359）。另外，BVerwGE 50, 282 认为，如果存在对 A 的建设许可，是 A 根据《德国民法典》第 917 条第 1 款获得邻地通行权（相邻人 B 的容忍义务）的要件，许可就属于对 B 的所有权的直接侵害，不适用间接侵害的"重大且难以容忍"的定式。

[284] BVerwGE 36, 248；BVerwGE 41, 58.

[285] BVerwGE 81, 329；BVerwG DVBl. 1989, 672. 参见后注（362）。

[286] BVerwGE 66, 307（渔民就向北海倾倒废硫酸的许可提出争议的事例）；在这一案件中，一审认为，该法律是保护渔民的规范 [Wahl/Schütz, in: Schoch/Schmidt-Aßmann/Pietzner（Hrsg.）, VwGO Komm., §42 Abs. 2 Rn. 217 也认为，"海水性状无恶化之虞，不妨碍海洋的合法利用"，这一许可要件是保护渔民的规范]；控诉审认为，从该法导出的"考虑要求"，保护渔民；上告审均予以否定，但认可基本权利的规范外效果。鲍尔（Bauer, Geschichtliche Grundlagen der Lehre vom söR, S. 148-154）分析了三则判决说，"渔民如果读了各个判决的理由，会怎么想呢？如果时常读歌德，可能会是这样的：'不用在意这样或那样的解释！如果你读不懂它，那就自行解读吧。'"另外，对于"北海倾倒废硫酸"，vgl. Bender/Sparwasser/Engel, Umweltrecht, Rn. 10/63.

[287] BVerwGE 54, 211；BVerwG DVBl. 1983, 898；BVerwGE 82, 61. 关于《基本法》第 2 条第 2 款的规范外效果，vgl. Schmidt-Aßmann, Anwendungsprobleme des Art. 2 Abs. 2 GG, AöR 106, S. 205ff.

一般使用既有道路，[288]或者因道路被废止而不能一般使用[289]（第 2 条、第 3 条、第 14 条）。④因交付补助金、[290]确定医疗费率、[291]项目许 331 可、[292]公共团体的项目等，[293]竞业者的竞争自由受到侵害（第 2 条 第 1 款、第 12 条）。[294]

一、要件 332

基本权利侵害过去是通过"形式性"要件来划定的（典型的是古典的征收概念），如果侵害没有达到高权性、法行为性、目的性、直接性等程度，就不能相互组合起来作出相关性判断。[295]现在，在某种程度上使诸多因素相关，作"实质性"判断。[296]应当考虑的因子，可作如下整理。

(1) 有关利益(侵害)的重大性和该利益受侵害的可能性(危险性)

在构成基本权利的规范外效果之际，其出发点是个人的利益，而

---

[288] BVerwGE 30, 235.

[289] BVerwGE 32, 222.

[290] BVerwGE 30, 191；BVerwG DÖV 1979, 912；BVerwG NJW 1988, 1277.

[291] BVerwGE 60, 154.

[292] BVerwGE 65, 167.

[293] BVerwGE 17, 306；BVerwGE 39, 329；BVerwG NJW 1978, 1539.

[294] 不过，学说认为，竞争自由的主要根据在于《基本法》第 12 条第 1 款，而非第 2 条第 1 款［第一节第二款注(172)］。关于第 2 条第 1 款的规范外效果，vgl. Pietzcker, "Grundrechtsbetroffenheit", in：FS für Bachof, S. 145 - 149；Erichsen, Allgemeine Handlungsfreiheit, in：HdbStR, Bd. 6, Rn. 75ff.

[295] Vgl. Isensee, Abwehrrecht und staatliche Schutzpflicht, in：ders. / Kirchhof（Hrsg.）, HdbStR, Bd. 5, Rn. 61.

[296] 从形式性要件向实质性要件转换的奠基性研究是，Gallwas, Faktische Beeinträchtigungen；Ramsauer, Die faktischen Beeinträchtigungen（详细的介绍，高木『事実行為と行政訴訟』299 頁以下）；ders., Die Bestimmung des Schutzbereichs von Grundrechten nach dem Normzweck, VerwArch 1981, S. 89ff. 最近的学位论文，A. Roth, Verwaltungshandeln mit Drittbetroffenheit und Gesetzesvorbehalt；W. Roth, Faktische Eingriffe.

非客观的制度。[297]利益（侵害）的重大性很高，即使利益侵害的可能性低，也承认利益的应予保护性。这是适用警察法概括条款时使用的相关定式，[298]这在为基本权利的规范外效果提供基础时也是有效的。[299]

另外，无论是第一次性关系者还是第二次性关系者，[300]如果他们具有需要保护的利益，就能援用基本权利的规范外效果。基本权利必须由个人个别地分别主张，因而，"第二次性关系者依存于第一次性关系者的权利主张，第二次性关系者不能主张权利"，[301]这一原则不能承认。例如，对于命令外国人出境或者拒绝延长滞留许可，作为本国人的妻子可以援用《基本法》第6条第1款（婚姻家庭保护）加以争议。[302]当然，第一次性关系者通常具有不能无视需要保护的利益，而第二次性关系者有时只具有无保护需要或者可予以无视的利益。例如，如果租赁人申请饮食店许可被拒绝，理由是他在契约中约定租金，不足以在其按照规则营业时产生充分的收益，故而缺乏作为企业的信赖性，但不能说租赁人的财产权（《基本法》第14条）、职业自由（第12条）、契约自由（第2条第1款）也受到侵害。[303]

（2）有关利益与对立性利益的应予保护性

在分配行政和多极性法关系中，需要利益之间的衡量，尤其是基

---

[297] 参见第三章第四节第二款(2)、本章序。

[298] Wolff/Bachof, VerwR Ⅲ, § 125 Rn. 25.

[299] Vgl. Schmidt-Aßmann, Anwendungsprobleme des Art. 2 Abs. 2 GG, AöR 106, a. a. O., S. 211f.

[300] 参见第一节第一款三(1)。

[301] 虽然承认很多"例外"，W. Roth, a. a. O., S. 363-381.

[302] BVerwGE 42, 141; 102, 12. 反对者，W. Roth, a. a. O.

[303] BVerwG NVwZ 1984, 514. 反对者，W. Roth, a. a. O. 作为更为微妙的事例，BVerwG NJW 1993, 3002［立法不是在每个个案中，而是一般性地规制药品，不违反基本法；有关药品制造许可的撤回处分不侵害患者的基本权利（《基本法》第2条第2款）］。

本权利之间冲突的调整。[304]瓦尔特·耶利内克过去曾认为，警察权力被课予两方面的界限，即"过剩性（Übermaß）界限"与"有害性（Schädlichkeit）界限"。[305]如果将该理论应用于基本权利的规范外效果，那么，狭义比例原则[306]不仅适用于基本权利的防御权，也适用于基本权利的保护义务，在国家作用中不仅要求禁止过剩（莱尔歇），也要求"禁止不足"（Untermaßverbot）（伊森泽、联邦宪法法院）。[307]

（3）是防御国家的侵害还是请求国家的保护[308]

（a）康德使国家法体系和个人行为自由发生双重关联，表达国家法体系中个人的分化（而非分离）。首先，法体系假定，"自由是道德法则的存在根据，而道德法则是自由的认识根据"，亦即自由是法体系形成的源泉（积极的关联）。同时，单一的行为自由受到国家法体系零散的限制，反过来说，国家限制一般行为自由，需要个别地正当化（消极的关联）。[309]在个人可以援用这种行为自由的情形下，如果国家作用没有被正当化，就成立"基本权利的防御权"；而在个人不

---

[304] Schmidt‐Preuß, Kollidierende Privatinteressen, S. 51‐54. 另外，阿列克西（Alexy, Grundrechte, Kap. 3, Kap. 6）将基本权利在"原则"（Prinzipien）和"规则"（Regeln）两个阶段上来把握，前者一般性提示保护法益，后者在具体事例中决定这一原则与其他（诸）原则的先后优劣，将基本权利中的狭义比例原则衡量精致地模式化。

[305] 瓦尔特·耶利内克（W. Jellinek, Verwaltungsrecht, S. 432f.）采取比喻的方式，以温度计的负刻度来表示有关状况下警察权介入的正当化根据大小，零下2度是过剩性界限，零下10度是有害性界限。正当化根据小于零下2度时，不得介入；大于零下10度时，必须介入。处于零下2度与零下10度之间的状况，警察权可以根据裁量采取行动。

[306] Wolff/Bachof/Stober, VerwR Ⅰ, § 30 Rn. 8.

[307] Isensee, a. a. O., Rn. 165, 167；BVerfGE 88, 203（254）（堕胎）. 作为批判禁止不足概念的学者，Starck, Verfassungsauslegung, S. 88f.；Unruh, Zur Dogmatik der grundrechtlichen Schutzpflichten, S. 79-88. 在日本，以水俣病国家赔偿诉讼为例倡导禁止不足的考察性论文是，阿部泰隆「裁量収縮論の擁護と水俣病国家賠償責任再論」淡路＝寺西編『公害環境法』140頁以下。

[308] 对于详细的德国学说和联邦宪法法院判决，参照、小山剛『基本権保護の法理』。

[309] 第一章第二节第一款一（1）（a）（b）。另参见第一章第二节第二款二、第三节第一款，第二章第一节第三款。

能援用行为自由的情形下，如果国家作用被正当化，就成立"基本权利的保护义务（保护请求权）"。这两者之间的区别到现在仍然是重要的。[310] 而少数说认为，第一，他人有义务容忍某人 A 不被禁止的行为；第二，国家的立法、行政和司法作用要求他人容忍 A 的行为，或者国家禁止他人对 A 的行为实施自力救济。他人以这两者为根据，要求国家限制 A 的行为，这一关系也包含于基本权利的防御权之中。[311] 但是，第一，A 不被禁止的行为在法上只是"不问"（gleichgültig）及"不相关"，他人没有予以容忍的义务；第二，立法、行政和司法作用的样态以及自力救济的禁止，是涉及程序法关系或法的实现问题，不同于涉及自由与法的关系或者法的内容问题，在逻辑上后者的问题先

---

〔310〕 Schmidt-Aßmann, a. a. O., S. 214-217; ders., Grundrechtswirkungen, S. 232f.

〔311〕 Schwabe, Grundrechtsdogmatik, S. 211-7; Murswiek, Die staatliche Verantwortung für die Risiken der Technik, S. 88-122. 另外，施林克（Schlink, Freiheit durch Eingriffs-abwehr, EuGRZ 1984, S. 457ff.）在比例原则中仅保留了适合性和必要性原则，它们"在方法论上正确、在样态上可合理控制、在学理上可一般化、能够检验"，将"决定论地"作出判断的狭义比例原则委诸"政治"的领域。"侵害、防御、限制"的基本权利范畴与比例原则相结合，被缩减为"法技术性、构成性思考""正当化负担的分配原理"，这样就不会为了维持社会现状的目的而"在政治上被工具化"、被"意识形态地"使用（"变更现状需要正当化。现状在广泛范围内需要变更。由此，该变更可以正当化"）。它还排除了实施"主观性逐个事例评价"的"价值思考""宏观的观点"，通过给付、组织和程序的基本权利保障，也被认为是具有民主正当性的立法机关的政治判断问题，而不是作为产生新的法范畴的契机来把握。但是，"在方法论上正确、在样态上可合理控制、在学理上可一般化、能够检验"的法则能否与生活世界分离，即使能分离，能否以这种瘦小的法教义制御肥大的"政治"世界，仍有疑问。而吕贝-沃尔夫（Lübbe-Wolff, Die Grundrechte als Eingriffsabwehrrechte, S. 13-24, S. 313）一度从基本权利理论（这里是"将基本权利作为侵害防御权的传统理解"）分离出基本权利学理或"技术性事例处理规则"（这里是侵害学理或"侵害模式"），试图扩张侵害学理的适用领域。但是，在基本权利上，如下所示，在"是否为侵害"的主题之外，还需要将多样化的主题组合起来加以讨论，它们涉及"分配"行政的"对立性利害关系/互换性利害关系"、涉及法律保留的"本质性"等，它们与基本权利理论相结合，或者在理论上表达国家和个人之间关系。脱离"理论"、单方面扩张侵害"学理"的适用领域，有可能使讨论流于表面。

行于前者的问题。因而，不能支持少数说。[312] [313]

（b）另一方面，康德将法看作对（有可能）相互冲突的行为（可 334
能性）所作的调整和衡量。对应的国家目的从个人主义角度看就是
"安全""分配"。[314]在具体判断这种国家法体系的实体内容、国家作
用的正当性阶段，防御权与保护义务具有共通性。[315]在哪一种情况
下都是主张某行为（可能性）应当优先于与其对立的行为（可能
性）得到贯彻。"安全"的国家目的被提及（再发现），成为将保护
义务、保护请求权作为与防御权并列的基本权利的根据，[316]也并非
偶然。

曾任联邦宪法法院法官的汉斯·克莱因认为，"基本权利不
能同时成为要求国家行动的请求权与要求否定行动的请求权"的
命题[317]——实用主义的？——"已经不能维持"，"法治国家……
具有一种特技，在保护自由的同时尊重自由"。[318]而同一时期担
任法官的伯肯弗尔德则认为，基本权利的客观法内容不同于主
观法内容，①在法的学理上意味着，根据"原则规范"加以"衡

---

[312] 作为少数说的介绍，松本和彦「防禦権としての基本権」阪法 41 卷 1 号 254
页以下。此外，桑原勇进［桑原「国家の環境保全義務序説（二）」自研 71 卷 6 号 81
页以下］认为，所谓容忍义务，是指"国家容许私人调整所产生的任何结果，在法上不
能回避该结果，就必须容忍"（着重号系作者所加），禁止自力救济"对哪一种〔说法〕
都不能发挥有利的作用"，同时认为，"穆尔斯韦克（Murswiek）的归责理论基本上是正
确的"。

[313] 作为少数说的批判，vgl. Sachs, in：Stern, Staatsrecht, Bd. Ⅲ/1, § 67 Ⅴ. 2. a.
α. ββ；Alexy, a. a. O., S. 416-420（"容忍义务概念属于一般法理论中臭名远扬的不明
确概念"）。

[314] 参见第一章第一节第二款、第二节第一款一，第三章第四节第二款(1)。

[315] Vgl. Schmidt-Preuß, a. a. O., S. 69-71.

[316] Isensee, Das Grundrecht auf Sicherheit, S. 3ff.；Hermes, Das Grundrecht auf
Schutz von Leben und Gesundheit, S. 145ff.

[317] H. H. Klein, Die Grundrechte im demokratischen Staat.

[318] Ders., Die grundrechtliche Schutzpflicht, DVBl. 1994, S. 489ff.

量"，[319]是法的"具体化""创造"，而非法的解释。②在国家理论上，将"国家目的""国家任务""行为委任"的决定从"政治"领域带入宪法领域。③在宪法理论上，将议会从法制定机关降格为法具体化机关，将宪法法院由法解释和适用的机关升格为法创造和具体化的机关，由此抹去立法作用与裁判作用的区别，使权力分立原理发生倒退——原理论的？——应予警戒。[320]但是，基本权利的主观法内容和客观法内容的区别混合了防御权和保护义务的区别与基本权利的规范外效果和规范内效果，伯肯弗尔德指出的现象不是起因于将防御权和保护义务并列处理，而是将基本权利的规范外效果和规范内效果混同，仅为基本权利提供根据，并无法律的"形塑"，而是超出最低限度的利益保护，细微调整各种利益，形塑制度（也就是说，不论是防御权还是保护义务，如果将基本权利的规范外效果和规范内效果混为一谈，伯肯弗尔德的危惧就是有道理的）（参见二）。

另外，关于"要求国家实现安全的权利"，德国的学说和立法史可作如下说明。[321]18世纪自然法论（沃尔夫等）以契约为国家提供基础，同时也为市民要求国家实现安全的权利提供基础。[322]《普鲁士一般邦法》序章第76条的"要求保护的权利"——虽然实际上发挥的作用很小——也成为诉权的根据。但是，三月革命前期，宪法、尤其是巴伐利亚宪法的释义书依然重视"要求保护的权利"，在整体上，以超个人的、客观的方式理解国家目的，[323]个人的权利不是缩减为来自国家的安全，而是远离国家的安全。的确，保罗教堂的1848年宪法也并不是完全仅规定了自由权，也含有要求保护的权利，其后诸如拉班德也构成

335

---

〔319〕 Böckenförde, Grundrechte als Grundsatznormen, in: ders., Staat, Verfassung, Demokratie, S. 183-199.

〔320〕 阿列克西，参见注（304）。

〔321〕 Robbers, Sicherheit als Menschenrecht, S. 81-120.

〔322〕 另参见第一章第一节第一款第二款。

〔323〕 参见第一章第一节第三款。

了保护请求权。[324] 但是，保护请求权在整体上可以说是（一度）退出了。

（c）最终，基本权利的规范外效果，应当使（a）所述的防御权和保护义务的区别，与（b）以及（1）、（2）所述防御权和保护义务的共通因子，亦即在衡量对立利益时该利益的应予保护性相关起来判断。即使在衡量对立利益时，该利益的应予保护性不是十分高，如果委诸个人或者社会（国家法系统以外的社会系统）调整利害是适当的，就承认基本权利的防御权。在衡量对立利益时，该利益的应予保护性很高，不堪委诸个人或者社会（国家法系统以外的社会系统）调整利害时，才承认基本权利的保护义务。

（d）另外，防御权和保护请求权有时是不可分的，私人同时援用两者，两者的存在与否同时被判断。一是保护请求权补偿防御权的情形，也就是说，"国家通过合法的行为削弱市民的基本权利地位，引起国家以外的第三人违法侵害的危险"，"原来排除性的基本权利防御请求权转化为要求国家赋予保护这种补偿性积极请求权"（例如，市民被课予参加公共事务或访问公共设施的义务，在那里受到吸烟的影响）。[325] 二是防御权与保护请求权互换的情形。其典型是互换性利害关系[326] 成为问题的情形（例如，企业因竞业者得到补助金且自己没有得到交付，主张竞争自由受到侵害，要求撤销给竞业者交付的补助金，或者给自己交付补助金）。

（4）保护义务的实现方法

防御权因抑止国家作用、保护义务因发动国家作用而实现，在实现方法的幅度上，防御权窄，而保护义务广。故而，对于保护义务，问题就在于以何种方法实现。①实效性实现——立法部门、行政部门在选择保护义务的实现方法上具有裁量，但这种裁量存在"禁止不足"

336

---

[324] 参见第二章第一节第一款一（1）。

[325] Dietlein, Die Lehre von den grundrechtlichen Schutzpflichten, S. 163-5.

[326] 参见第一节第二款第三款。

的界限，即必须实效性地实现保护义务。[327]例如，即使存在通过民事法、民事诉讼实现保护义务的可能性，但如果没有实效性，国家也必须以更具实效性的方法实行保护，如整顿行政的规范体系，基本权利主体可以要求更具实效性方法的保护。②容易实现——如果国家作用已经发动，维持该国家作用就可以实现保护义务，那么，国家就不得无视这种容易实现的手段而采取行动。[328]其典型是，像本款开头所列诸例那样，不解除一般禁止的许可，就可以实现保护义务。

二、基本权利的规范外效果与法律的关系[329]

339

（1）司法权与立法权的关系

瓦尔不是从区分基本权利的规范外效果与规范内效果，而是从区分作为"原理"或"原则"的基本权利与作为"规则"或"法规"的法出发的。他说，

> 基本权利课予立法者"主观化的要求"，同时，基本权利需要通过法"形塑、形成轮廓"（"公权的基本权利从属性、法规从属性的双重从属性"）。基本权利的规范（法规）外效果并不存在。

接着，瓦尔提出下述问题：

> 作为这里所说的法（立法者），法律（立法权）与法官法

---

〔327〕 Isensee, Abwehrrecht und staatliche Schutzpflicht, in: ders./Kirchhof（Hrsg.），HdbStR, Bd. 5, Rn. 164-7.

〔328〕 如果承认以这种情况为根据成立防御权（vgl. z. B. Lübbe-Wolff, a. a. O., S. 37-42），会招致理论的混乱。

〔329〕 "将宪法上的基本权利利益……纳入'法律上的利益'，可以充分应对新的现代型诉讼和'扩大原告资格的必要性'〔对此参见（1）〕，还可以在原则上与作为现代行政法基本原理的行政法治主义原理保持整合性〔对此参见（2）〕"（中川義朗「『第三者』の原告適格の基準としての基本権適用論序説」手島還暦 268 頁），是否如此，需要下述慎重的探讨。

（司法权）[330] 同样发挥功能。诚然，法官首先解释法律（有时是
合乎宪法地解释），只有在法律有漏洞时，才以法官法填补漏洞。
而法律也可以违反法官法作出规定（只要是为最低限度地保障基
本权利）。但是，是否有必要像通说和判例那样，将法官法的功
能限定于最低限度的基本权利保障（"重大且难以容忍"的定式）
呢？特别是在多极性法关系中，立法权没有实现主观化的要求
时，如果法官仅保障第三人必须拥有的最低限度的基本权利，这
岂不是保障了相对人可以拥有最大限度的基本权利，总是对第三
人不利而对相对人有利？[331]

340

但是，即使原则和规则 [332] 这种法解释方法论上的区别自身是正
当的，也不应当根据该区别，排除基本权利的规范外效果和规范内效
果这种实定法解释论上的区别。也就是说，法院可以而且必须仅援用
基本权利规定，无缝隙地一般性保护各个利益（规范外效果）。但是，
为了相互细致地衡量各种利益、形成协调，需要差异化的实体法方
案、程序和组织，而规定这些首先是立法部门的任务。[333] 法院由定型
的程序和组织处理个案，如果仅援用基本权利规定，细致衡量各种利
益、形成协调，那是不可能的，在法上也没有如此预定。的确，立法
部门现在并没有完全最佳协调社会的所有利益，也没有完全最佳协调各
个国家作用所涉及的所有利益。为此，正如瓦尔所指出的那样，仅在最
低限度内保障非相对人对相对人的利益保护。但是，既不可能有完整的
计划，无缝隙地最佳协调所有利益，也不可能无缝隙地最佳协调各个国

---

[330]　法官法的这一功能，瓦尔（Wahl, Abschied von den "Ansprüchen aus Art. 14
GG", in: FS für Redeker, S. 261-9）并未明确。参见毛雷尔（Maurer, Allg. VerwR, § 8
Rn. 12）的批判。

[331]　参见第三章第四节第二款注（243）以及 Wahl, in: Schoch/Schmidt-Aßmann/Pi-
etzner（Hrsg.）, VwGO Komm., Vorb § 42 Abs. 2 Rn. 49-54, 80-93; Wahl, Die doppelte
Abhängigkeit, DVBl. 1996, S. 647-651.

[332]　阿列克西，参见注（304）。

[333]　参见第三章第四节第二款（2）。标语式地来说，仅通过基本权利规定和法院
来保护利益，是"宽而浅"的，而通过法律的指挥来保护利益是"窄而深"的。

家作用的所有相关利益，在这一意义上，使所有国家作用成为有计划的
作用。各种利益衡量和协调的形成，只能通过种种制度的逐步发展和马
赛克状的组合来完成，在这一意义上，它将始终是暂定的、永远的"课
题"。而国家法体系应当尊重社会其他功能系统，或者与其协作，各种
利益衡量和协调的形成也不能说总是仅应由国家法体系达成的课题。

（2）行政权与立法权的关系（法律保留）

（a）根据古典的侵害概念（参见一），基本权利侵害的范围（违
反法律对"自由和财产"的限制）与法律保留的范围（侵害保留）
是一致的。但在这之后，法律保留范围的扩张（本质性保留）与基本
权利侵害范围的扩张（基本权利的规范外效果）方向稍有不同，目前
两者的范围发生偏差。这种偏差源自两者目的不同，基本权利范围
扩张的目的在于，从受到国家作用的一方来看，统统个别地保护应予
保护性高的利益，而法律保留范围扩张的目的在于，从作出国家作用
一方来看，将本质性的重要事项统统交由议会决定。

对于本质性理论，这里仅粗略地着眼于法律所规范的事项性质，
简要追溯法律保留范围的扩张方向。[334] 首先，关于基本权利的法律保
留以及关于制度和组织的法律保留意识大致得到了提升。[335] 关于基本
权利的法律保留从微观视角和宏观视角得到扩张。从微观视角看，不
是从受到国家作用的一方，而是从实施国家作用的一方重新解释"自
由和财产的侵害"，扩张其古典定式本身的适用范围。也就是说，将
重点置于国家作出决定的内容和目的，而不是私人个别意思受拘束的
程度，如果行政作用的目的在于朝着特定行为的方向制御私人，就需

341

---

〔334〕 当然，根据 Ossenbühl, Vorrang und Vorbehalt des Gesetzes, in：HdbStR, Bd. 3,
Rn. 33 m. w. N.，过去三月革命前期的诸多宪法凸显出法律保留的民主主义要素，当时
"重要性"（Bedeutsamkeit）基准已经在发挥着划定法律概念的重要作用。

〔335〕 根据大橋洋一「法律の留保学説の現代的課題」同「現代行政の行為形式論」
44 頁、同「行政学と行政法学の融合試論」同「行政法学の構造の変革」287~288 頁、シュ
ミット―アスマン(海老原訳)「ドイツ行政法の最近の発展(上)」自研 72 巻 9 号 10~12
頁，关于制度和组织的法律保留是从过去 19 世纪议会与执行部门的"组织权力"斗争
中产生的。

要法律的根据（如警告等信息作用）。[336] 如此，不是注重行政作用的局部效果，而是重视行政作用整体的意义和功能，就可能以与行政手法多样化相对应的方式，实效性地控制行政。对于"敏感"的基本权利，如果行政作用有可能制御私人的行为，也需要法律的根据（个人信息的处理）。[337] 另一方面，单个国家作用并不是要朝着特定行为的方向制御私人，但如果关联性国家作用的复合（Komplex）是为社会系统（政治、经济等）形态确定方向，[338] 从宏观视角看就需要法律的指挥。例如，学校教育[339]、广播电视[340]、技术开发和利用（核能[341]、基因技术[342]）、重要的互换性利害关系的调整（入学者的选择[343]）以及其他分配（社会保障给付[344]）。

这种法律保留范围的扩张与法律保留构造分化相伴。也就是说，侵害保留原理与行政权的行为规范相结合，如果行政权没有法律就不得行为。微观视角的法律保留具有这种构造。与此相对，本质性理论与立法权的行为规范相结合，立法权必须就有关事项制定法律。但它没有与行政权的行为规范相结合，并没有回答在没有法律时行政权应当如何行为的问题。宏观视角的法律保留、关于制度和组织的法律保留具有这种构造。[345]

---

[336] 参见第五章第二节第四款二。

[337] 参见第五章第二节第四款一。

[338] 也就是"着眼于社会意思形成过程和社会制度具有的重要性"，国家作用可以说是"本质的"情形（大桥洋一「法律の留保学説の現代的な課題」同「現代行政の行為形式論」28 頁）。

[339] 参照、大桥·同书 9～22 頁、Ossenbühl, in: Erichsen（Hrsg.）, Allg. VerwR, § 9 Rn. 18.

[340] 参照、大桥·同书 26～28 頁。

[341] 参照、大桥·同书 23～26 頁、Ossenbühl, a. a. O., § 9 Rn. 19.

[342] Vgl. Ossenbühl, a. a. O., § 9 Rn. 20. 另参见后述（c）。

[343] 参照、大桥·同书 13～14 頁、Maurer, Allg. VerwR, § 6 Rn. 16. 另参见第一节第二款一（3）、三（2）。

[344] Vgl. Maurer, a. a. O., § 6 Rn. 13.

[345] 明确说到这一点，参照、大桥·同书 44～46 頁、Ossenbühl, Vorrang und Vorbehalt des Gesetzes, in: HdbStR, Bd. 3, Rn. 37-38。

342

到现在也只有部分法律根据的"重要"行政作用是补助金交付，在 1960 年代就已经被称为"唯一的残余"。[346]联邦行政法院在 1950 年代就已认为，议会预算足以作为交付补助金的根据。[347]例外需要法律的是，新闻补助等涉及"敏感"基本权利的情形与有目的地侵害第三人基本权利的情形。[348]但是，从其他行政领域法律保留范围正在扩张的现状来看，补助金交付领域被抛在后面，无论在理论上还是实务上都好像处于胶着状态。这里仅从补助金交付的实体法关系分析角度指出几点：[349]

首先，从宏观视角来看，如前所述，[350]关于补助金的"有关地位分配的互换性利害关系"，以及交付补助金具有助成竞争行为的功能，由其形成的"有关竞争行为的互换性利害关系"，只要不是微不足道的，都应当基于法律进行规范。

其次，从微观视角来看，交付补助金，目的不是助成企业活动自身，而是朝着特定行为的方向制御企业，保护其他公益（例如环境保护），从结论来说，需要法律的根据。

这种交付补助金的特征之一在于，行政机关提出组合措施的选项（例如，用不严密的表达来说，企业不负有行为义务、不接受资金交付的选项，私人负有多个行为义务、接受许多资金交付的选项，以及两者中间的几个或无数个选项），私人有选择的自由。这虽然意味着尊重私人的行为自由，但反过来也意味着扩张行政机关为保护公益所能采取措施的范围（举一个简单的例子来说，行政机关单方面给各企业分配环境污染物质排出削减量的制度，强烈限制

[346] 塩野「資金交付行政の法律問題」同『行政過程とその統制』83 頁。

[347] Ossenbühl, a. a. O., Rn. 20.

[348] 参见第五章第二节第四款二（1）。

[349] 另外，樱井敬子重视受给付者个人"自由意识的丧失"，区别于自由的侵害，重视通过"目的–手段准则"对国家作用的控制，区别于比例原则和利益衡量。樱井「資金交付活動の統制に関する考察（一～三・完）」自研68 巻 11 号 78 頁以下、12 号 112 頁以下、69 巻 1 号 106 頁以下。

[350] 参见第一节第二款三（2）①。

企业活动的自由，容易产生法的疑义，而行政机关使用补助金使企业自身决定排出削减量的制度，对企业活动的自由更为亲和，更不容易产生法的疑义）。以上是先行于或替代行政行为的行政契约的一般特征。与一般的这种行政契约一样，对于制御行为的补助金交付，也必须以法律来规定其实体法关系框架的基准，即在何种程度上制御何种行为，在何种程度上保护何种公益（用前面的例子来说，将补助金的给付水准确定在何种程度，能在何种程度上制御企业的行为，提高环境保全效果）（详细探讨，期待日后完成）。

343

　　另外，作为制御行为的补助金交付的固有特征，它提供了维持现状的选项，但先行于或替代行政行为的行政契约并非一般如此。由于这一特征，这种补助金交付侵害企业活动自由的程度低，很难发生基本权利的规范外效果。但如前所述，在考察法律保留的范围时，应当重视的也是行政作用整体的意义和功能，而非行政作用制约个别私人自由的程度。

　　要言之，在微观视角的法律保留方面，通过行政行为进行规制、通过信息进行警告、通过金钱进行所谓诱导，目的都是为实现公益而朝着一定行为的方向制御私人，在这一点上可以作出"功能上等价"的评价。

　　(b) 从上述微观视角来看，行政机关朝着特定行为的方向制御私人的作用（对相对人的目的性侵害），需要法律的根据。而减少私人行为可能性的作用（对第三人的非目的性侵害），除了从宏观视角需要根据法律进行规整的情形外，基本上不需要法律的根据。[351] 如(1)所述，

----

[351]　Isensee, Abwehrrecht und staatliche Schutzpflicht, in：ders./Kirchhof（Hrsg.），HdbStR, Bd. 5, Rn. 68；vgl. auch Krebs, Subjektiver Rechtsschutz und objektive Rechtskontrolle, in：FS für Menger, S. 205 ［"基本权利完全禁止没有法律根据就缩小法的自由机会。但是，这一命题并不意味着，连没有法律根据就缩小事实上的行为可能性，基本权利也完全禁止。基本权利在前者的情形下是指'法的容许'（Rechtliches-Dürfen）的权利，在后者的情形下是指事实上的'行为可能性'（Handeln-Können）的权利。即使从今天基本权利的学理立场出发，不得全面拒绝以基本权利保护这种事实上的关联，仅此也无法回答何种现实利益在何种要件下作为基本权利加以保护的问题"］；有的学者将

预先由法律完全规定受到行政作用影响的私人利益（行为可能性），无缝隙地加以衡量、协调，这在事实上是不可能的，也不是规范性要求。即使认为不需要法律的根据，在实体法上和诉讼上（有时也在行政程序上），利益有时通过法律（规定）的解释（与基本权利规范内效果相结合的保护规范说）得到保护，而且如果有重大侵害（之虞），不论法律（规定）是否存在，都能通过基本权利的规范外效果得到保护。

参照以下的说明："行政法对基本权利敏感，这并不意味着，无论是何种新的基本权利感受，法必须同时提供所有法的保护手段……行政法在有关侵害的法之外也准备了极为多样的保障和保护手段，它们与可以归责于行政的所有种类的事实性不利，必须体系性地关联起来，在功能上结合起来。""因私人第三人的行为产生不利时，首先必须追问在不利领域是否一度存在行政的责任。无论如何，都不存在一般性的行政保证义务。但是，即使法律为行政的监督责任提供了根据，也不能在性质上就决定，未作出应有介入的行政不作为属于行政机关对因私人行为而受到不利者的权利侵害。即使行政机关事前对私人的侵入行为有所协作，也不能自动地认为，全部都属于行政机关的侵害。但在结果上，对于这种协作，即使不能使法上的典型防御侵害手法结合起来操作，也不意味着行政法上的保护不及于以第三人为媒介的不利……在诉讼法上，第三人诉讼

基本权利规范外效果不仅是目的性侵害，还扩张到非目的性侵害，他们也认为，在法律保留上需要区分目的性侵害和非目的性侵害来思考［Gallwas, Faktische Beeinträchtigungen, S. 94-97；A. Roth, Verwaltungshandeln mit Drittbetroffenheit und Gesetzesvorbehalt, S. 169-185. 反对者，W. Roth, Faktische Eingriffe, S. 596-616. 另参照、松本和彦「基本権の保障と制約（一）（二）」民商111卷1号57~58頁、2号230頁］。加尔瓦斯正确地认为，法律具有"手段-目的制御"的构造，因而，不能包括作为"结果"、有时是"偶然"的基本权利侵害。当然，加尔瓦斯认为，如果行政作用侵害基本权利，即使是非目的性的，原则上也必须以法律规定行政作用的目的（Gallwas, a. a. O., S. 97-109）。这并不是正当的联结（Koppelung）。如果以侵害基本权利为理由而要求法律根据，就必须由法律对该基本权利、而不是（仅仅）对行政作用的目的加以规整。另一方面，是否必须以法律规定行政作用的目的，应当根据该目的的"本质性"而非根据如何侵害基本权利来判断。

的学理长期在整理着这一领域的秩序。但在行为规范上，至少在可以预见国家的协作行为会课予第三人负担的情形下，要考虑禁止过剩，有时还要考虑程序法上的预防措施。在这里，基本权利保护义务在侵害领域之外承担了重要的媒介功能。基本权利保护义务首先由法律形塑，并根据保护规范说来解读。但如果不利的程度很高，它就根据情况直接强化关系人相对于行政的法的地位。"[352]

（c）不过，通过基本权利的规范外效果保护行政作用的第三人免受非目的性侵害，需要消极的调整，避免与侵害保留原理和法律优位原理相抵触。例如，不能说因为宪法优位于法律，如果法律成为侵害相对人的根据，宪法（第三人基本权利的保护义务）自然也成为根据。[353]因为法律保留不是规范效力的等级问题，而是立法权和行政权之间的权限分配问题［"基本权利的正当性（Legitimität）并不代替合法律性（Legalität）"］。[354]

例如，在相邻人就污染防止法上的设施设置和运营许可进行争议的事例中，卡塞尔行政法院判断认为，如果法律没有就基因技术的利用作出明文规定，就不得设置和运营基因技术相关设施，也不得许可。[355]这一判决承认国家有义务保护相对于基因技

---

〔352〕　Schmidt-Aßmann, Grundrechtswirkungen, S. 236-9.

〔353〕　Sachs, in: Stern, Staatsrecht, Bd. Ⅲ/1, §67 Ⅳ. 1. a. β. 当然，他接着认为，"国家权力〔立法权与行政权〕相互关系的原则性构造应当在与市民的关系上被打破的情形"，仅限于例外的事例，如长期拒绝立法。

〔354〕　Isensee, Das Grundrecht auf Sicherheit, S. 42-44. 伊森泽进一步认为，民法和刑法的紧急避险，承认私人在例外时打破国家对强制力的垄断，不适用于原则上垄断强制力的国家。结论相同，Maurer, a. a. O. , §6 Rn. 12.

〔355〕　VGH Kassel NVwZ 1990, 276. 另外，提出了"理论出发点"——"只要没有根据规定明确规定行政机关也可以侵害第三人（乙）的'自由和财产'，对乙的侵害本来就是不被允许的，对相对人（甲）允许行使公权力的根据规定并不当然为对乙的利益侵害提供根据"，并在日本提出问题的考察性论文者，参照、藤田「行政活動の公権力性と第三者の立場」雄川献呈上 171 頁以下，尤其是 180 頁、187～188 頁、195～200 頁；此外，藤田『行政法Ⅰ』89～94 頁、396～397 頁。

术的基本权利（生命健康等），进而从宏观视角认为，必须以法律对这一保护义务进行规整，这些并没有受到特别批判（在判决后制定了《基因技术法》）。但是，判决进一步将保护义务、宏观视角的法律保留与防御权、侵害保留（行政机关没有法律的根据就不得侵害）等量齐观，说"行政机关没有法律的根据就不得许可（即必须侵害）"，这一点受到了猛烈的批判。批判认为，保护义务、宏观视角的法律保留与防御权、侵害保留发生冲突，行政机关陷入"僵局"（Patt），[356] 或者，自由和自由限制的原则和例外关系被"颠倒"了。[357] 保护义务、宏观视角的法律保留与防御权、微观视角的侵害保留必须在构造上加以区分，绵密地加以调整。学说认为，在上述事例中应当作出下述④的调整。[358]

其中，对于根据基本权利规范外效果的第三人保护与侵害保留原理、法律优位原理之间的消极调整，应当区分场合来思考。①如果行政作用的法律根据承认以基本权利规范外效果以上的水准，保护第三人的有关利益，该法律就是第三人权利的基础（保护规范说）。援用基本权利的规范外效果就没有实益。[359] ②如果法律根据明确否定应对第三人承认的基本权利规范外效果，该法律规定违宪。[360] ③如果法律没有就第三人的有关利益作出规定，而且，行政机关适用法律时，不能

---

[356] Wahl/Masing, Schutz durch Eingriff, JZ 1990, S. 557.

[357] Preu, Freiheitsgefährdung durch die Lehre von den grundrechtlichen Schutzpflichten, JZ 1991, S. 269.

[358] Wahl/Masing, a. a. O., S. 562f.; Preu, a. a. O., S. 270f.

[359] BVerwGE 82, 343; 89, 69; BVerwG NVwZ 1996, 170; BVerwGE 101, 364 认为，如果建设法规是相邻人公权的基础，就没有直接适用《基本法》第 14 条、承认相邻人权利的余地。

[360] 诉讼法上，行政法院要求联邦宪法法院作出判断（《基本法》第 100 条第 1 款），联邦宪法法院确认法律规定违宪，要么命令在立法之前暂时适用该规定，要么明确宣告该规定无效（Schmidt-Preuß, Kollidierende Privatinteressen, S. 50. 后者的判决形式规定在《联邦宪法法院法》第 78 条、第 82 条第 1 款等，而前者是联邦宪法法院创造的判决形式）。

说会典型地（typisch）引起基本权利规范外效果的重大利益侵害，[361]行政机关具有权能和责任，在每个个案中判断有无重大利益侵害，并防止侵害，可以而且应当合宪地解释法律。[362]没有必要课予立法者一定责任，预先调整所有具有受到重大侵害可能性的利益，将依据法律的行政作用始终作为"有计划的"作用。④但是，如果法律没有就第三人的有关利益作出规定，而且，重大利益侵害是行政机关适用法律时典型发生的情形，像③那样进行合宪性法律解释，在没有明文根据时扩张行政机关的权限和责任，就已经超出了法解释的范围。立法者有责任事先考虑并调整有关利益。故而，在这时，法律规定的不完备，在这一意义上是立法的不作为，就是违宪的。在行政机关为实现基本权利保护义务而必须侵害其他私人时（微观视角的法律保留），

---

〔361〕 罗特（A. Roth, a. a. O., S. 349-358）提出典型的和非典型的非目的性侵害的区别。例如，在建筑法上的相邻人诉讼、有关补助金的竞业者诉讼的通常事例中，不能说典型地产生重大侵害。施密特-阿斯曼（Schmidt-Aßmann, a. a. O.）也采用了这一区别。

〔362〕 Ramsauer, Die faktischen Beeinträchtigungen, S. 104. 另外，BVerwGE 81, 329；BVerwG DVBl. 1989, 672 认为，《联邦矿山法》关于项目计划许可的第 55 条第 1 款不保护地表所有者，但如果地表所有者受到违反比例原则的不利，行政机关就必须限制或禁止地下资源的勘探和开采，对该法第 48 条第 2 款（关于禁止和限制项目的一般条款）作出"合宪性解释"（亦参见 BVerwG NVwZ 1991, 992，其中认为，土地出让手续在项目计划许可之后进行时，可以在土地出让程序中无限制地就项目的合法性进行争议，但不得就项目计划许可进行争议）。但是，难道不能说地表所有者因矿业项目会典型地受到违反比例原则的不利吗？换言之，法院的解释不会超出合宪性法律解释的范围吗（参见④）？为了使该法不违宪，就应当直接认可第 55 条第 1 款的保护规范性。施密特-普罗伊斯（Schmidt-Preuß, a. a. O., S. 45, S. 342-346）认为，法院所作的合宪性解释并没有充分保护地表所有者，并详细地为第 55 条第 1 款的保护规范性提供根据。此后，BVerwGE 89, 246 认为，"国家在给可能危及市民生命健康的大规模技术项目颁发许可时……如果不存在其他行政许可程序可以保障这种法益的保护……就必须通过矿山法的许可程序保障法益保护"，虽然也可以将第 55 条第 1 款解作仅保护项目从事者，但在文字上将其解释为也保护相邻人生命健康的规范。矿山项目不仅对相邻人的生命健康，也对地表所有权构成重大侵害，如果典型地存在这种可能性，那么，对于地表所有权也可能作出同样的解释〔Wahl/Schütz, in: Schoch/Schmidt-Aßmann/Pietzner（Hrsg.），VwGO Komm., § 42 Abs. 2, Rn. 208〕。

或者防止非目的性侵害是"本质性"事项时（宏观视角的法律保留），如果一概没有可以适用的法律规定，法律规定的不存在、在这一意义上是立法的不作为，就是违宪的。[363]

350　　　　第二款　无瑕疵裁量行使请求权与裁量收缩论、
职务责任法上对第三人的职务义务

一、无瑕疵裁量行使请求权与裁量收缩论

（1）无瑕疵裁量行使请求权与裁量收缩论

法规范授权行政机关进行裁量，同时也为裁量设定界限（参见德国《联邦行政程序法》第40条："行政机关被授权以自己的裁量作出行为时，必须根据授权的目的行使裁量，并遵守法律上的裁量界限"）。法院根据这一规范，可以审查行政机关所作判断的违法性，但不能脱离行政机关所作判断，自行就行政机关必须采取的特定措施作出判断。换言之，私人要求控制裁量，就是消极地主张行政机关所作判断的违法性（无瑕疵裁量行使请求权[364]）。

另一方面，根据最近的论文，[365]"裁量收缩"的主要根据在于，授权裁量同时设定界限的法规范之外的法规范或法原则——基本权利，

---

[363]　在诉讼法上，法律规定不完备时，行政法院可以根据《基本法》第100条第1款请求联邦宪法法院作出判断；法律规定不存在时，通说认为，不能适用该条，当事人必须提起宪法异议（《基本法》第93条第1款第4a项）[Schmidt-Preuß, a. a. O., S. 50f. 不过，普罗伊（Preu, a. a. O., S. 271）对这一通说提出不同意见]。

[364]　Wolff/Bachof/Stober, VerwR Ⅰ, §31 Rn. 54f. "无瑕疵裁量行使请求权"的概念不应用作积极规定权利的形态，而应用作表示裁量控制的基准和方法[参见第三章第一节第二款一（2）、二（3）]。

[365]　Di Fabio, Die Ermessensreduzierung, VerwArch 1995, S. 214ff. 而 Hain/Schlette/Schmitz, Ermessen und Ermessensreduktion, AöR 1997, S. 32ff. 在裁量收缩的根据上，重视基本权利规范，并认为，行政机关不采取措施（作为或不作为）就不能最低限度地保障法益时，裁量收缩。

尤其是基本权利保护义务，[366]欧共体法，消除结果负担，[367]基于平等原则和信赖保护原则的行政机关的自我拘束等（裁量以授权规范为根据而收缩的情形是稀少的。故而，"裁量收缩"这一表达在很多场合都具有误导性[368]）。如果裁量收缩，法院就可以脱离行政机关所作判断，自行就行政机关必须采取的特定措施作出积极判断［当然，裁量收缩的主要效果在于消灭是否采取措施（ob）的决定裁量（Entschließungsermessen），关于采取何种措施（welch）的选择裁量（Auswahlermessen）在多数情况下并没有完全消灭。像字面上那样，裁量收缩"至零"的情形是稀少的[369]］。

在课予义务诉讼中，对于"裁量收缩"，作出的是课予行政机关"实施所请求的职务行为"义务的判决［课予义务判决（Verpflichtungsurteil）］，对于"无瑕疵裁量行使请求权"，作出的是课予"考虑法院对法的理解作出决定"义务的判决［指令判决（Bescheidungsurteil）］（《行政法院法》第113条第5款第1句与第2句的区别）。[370]

（2）职务责任诉讼中无瑕疵裁量行使请求权与裁量收缩论

351

有一种说法认为，在职务责任诉讼中，与行政诉讼不同，"无瑕疵裁量行使请求权"有特殊的"因果关系"问题。也就是说，如果不能证明行政机关合法地行使了裁量，就会在结果上（防止损害的意义上）采取其他措施，那就不能肯定有瑕疵的裁量行使与损害之间的因果关系。[371]或者说——转换证明责任——如果证明了即使行政机关合法地行使了裁量，也会在结果上（在没有防止损害的意义上）采取相

---

〔366〕　参见第一款一。

〔367〕　参见第五章第二节。

〔368〕　参照、塩野『行政法Ⅱ』249頁。

〔369〕　参见注（365）所列论文。

〔370〕　作为裁量收缩论之嚆矢，BVerwGE 11, 95清楚地描述了两者的区别。Vgl. auch Gerhardt, in：Schoch/Schmidt－Aßmann/Pietzner, VwGO Komm. , §113 Rn. 63, 71, 73.

〔371〕　Papier, in：Maunz/Dürig（Hrsg.）, GG Komm. , Art. 34 Rn. 192f.

同的措施，那也否定该因果关系。[372]但是，所谓"行政机关如果合法地行使了裁量"，并不是事实性因果关系的假定。职务责任诉讼不同于行政诉讼之处在于违法性要件，而非事实性因果关系要件。[373]也就是说，在无瑕疵裁量行使请求权上，在行政诉讼中的论点是行政机关所作具体判断的违法性，而在职务责任诉讼中的论点则是行政机关仅采取了不能防止损害的措施，它对此所作判断的违法性，亦即行政机关的判断是事后所作的抽象概括总结，这一判断成为论点，行政机关要论证仅采取了不能防止损害之措施的正当性，法院要审查该论点的违法性。

这样，在职务责任诉讼中，对于无瑕疵裁量行使请求权，行政机关所作具体判断照样没有成为论点；对于裁量收缩，法院实际上不需要特定化地指出行政机关必须采取的措施，只要表示行政机关在损害发生前的某一时点必须采取某种措施防止损害就足够了。而在职务责任诉讼中，不同于课予义务诉讼，无瑕疵裁量行使请求权与裁量收缩具有相同的效果，都会使损害赔偿请求权发生。此外，无瑕疵裁量行使请求权成立的要件事实与裁量收缩的要件事实原本是相当重合的（例如，不行使基于警察权概括条款的处分权限是否属于违法行使裁量的判断，生命、身体、财产等基本权利的保护义务是否导致裁量收缩的判断，在法益重大性程度、法益侵害可能性程度等考虑因素上都是重合的。在构成后者的判断框架时，有可能而且有必要参照前者的判断框架）。[374]要言之，在职务责任诉讼中，无瑕疵裁量行使请求权的判断与裁量收缩的判断，区分的实益很小，识别的难度很大。

352

但在理论上，无论是职务责任诉讼还是行政诉讼，依然同样以无瑕疵裁量行使请求权和裁量收缩两个法理为根据判断违法性。一般也包含行政处分权限不行使的事例，在裁量收缩的情形中，显然承认职务责任；而在裁量行使有瑕疵的其他情形中，也有承认职务责任的可

---

[372] Bender, Staatshaftungsrecht, Rn. 311-3.

[373] Vgl. Ossenbühl, Staatshaftungsrecht, S. 72.

[374] 参见第一款一（2）。

能性。[375]因果关系有前述不可思议的讨论，其原因也在于此。

关于涉及裁量行为的职务责任法上违反职务义务（违法性），重要的是下述联邦法院1979年2月的判示。[376]

"过去在行政介入便宜主义（Opportunitätsprinzip）的适用领域，基本上只要公务员完全不作考虑，或者作出与案件无关的（sachfremd）考虑，任何客观的观察者都容易看得出这种考虑的瑕疵，在这一意义上，公务员的行为完全不满足行政所应符合的规范行为要求，本法庭就认可违反职务义务。〔但是〕判例上这一定式的展开可以追溯到尚未承认要求警察（秩序）机关介入的公权的时代。当时的定式过于狭窄，因而，有必要使其适应法状况的变化。在法治国家，即使行政机关根据法律规定有权'以裁量方式'作出行为，行政机关的活动也并不完全自由。这时，行政机关依然受拘束于法治国家的一般要求，尤其是任何授权都只能按照法律的目的使用的原则。在这一意义上，有瑕疵的裁量行使要服从行政法院与民事法院——在存在违反职务义务的情况下——的裁判控制。如果职务活动也保护特定的'第三人'，即使尚未达到滥用职务的水准，且即使职务活动没有明显（evident）瑕疵，也会考虑因裁量行使有瑕疵而违反职务义务。"

判决总结如下："行政机关的活动只要处于无瑕疵行使裁量的界限内，就不存在违反职务义务。作出特定行为的职务义务实体要件，充分对应于'裁量收缩至零'时所认可的要求行政介入的公权要件。"

最后的部分也能被理解为，其目的是将违反职务义务限定于裁量收缩的情形。但是，同年7月，联邦法院判决[377]在引用2月的判决

---

[375]　Rüfner, in: Erichsen（Hrsg.）, Allg. VerwR, §47 Rn. 19, 24; Maurer, Allg. VerwR, §25 Rn. 18, 22, 26.

[376]　BGHZ 74, 144. 另参见第三章第四节第二款注(249)。

[377]　BGHZ 75, 120.

353

时，特意以斜体字标出"特定行为……"部分，其目的可能是，即使不能或没有将合法的行政决定特定化，也认可违反职务义务。实际上，无论是2月判决还是7月判决，并不是像判断基本权利保护义务是否使裁量收缩那样"综合考虑诸多因素"，[378] 而主要是从裁量行使是否"按照法律的目的"角度对行政机关的判断进行详细验证。2月判决特别强调，在审查裁量之际，对于多极性法关系中的双方，即银行监督中存款债权人和信用机构双方的利益，应当作出绵密的调整。它说，

> 行政机关"在任何事例中都必须审慎地审查，根据信用机构的营业状态，能否以更谨慎的措施避免存款债权人存在的危险。对信用机构过早或者过严介入，可能导致信用机构受到损害或不能营业，进而构成对应予保护的存款债权人的不利"。

原判决适用联邦法院"过去的定式"，否定了银行监督厅对存款债权人的职务责任，但这两则判决最终撤销了原判决，并发回重审。

（3）日本国家赔偿法上权限不行使的违法性论

在职务责任法或国家赔偿法上，关于裁量行为的违反职务义务或违法性，德日的裁判实务在判断方法上是否有所不同，必须绵密地探讨诸多判决才能断定。至少在学说上，原田尚彦教授在1979年撰写的《行政责任与国民权利》一书中，领先于德国联邦法院，将裁量收缩论从狭义的课予义务诉讼（《行政法院法》第113条第5款第1句）领域扩张到国家赔偿法领域，[379] 之后人们了解到，在日本，与德国不同，也许也与原田教授的意图相反，只有裁量收缩的情形，才承认国家赔偿法上不行使权限的违法性。诚然，裁量收缩论受到批判，有学说倡导以授权裁量同时设定其界限的法规范为根据，直接导出行政厅的作为义务。但是，这种学说与其说与裁量收缩论并存，扩张国家赔偿法上违法性的范围，不如说是在国家赔偿法上违法性的抽象说明方

---

[378] 参见第一款一。

[379] 参照、原田『行政責任と国民の権利』60~66頁。

法上，完全取代了裁量收缩论，但在具体的判断方法上，则基本维持了裁量收缩论的手法。[380]例如，宇贺克也教授认为，

> 第一，"裁量权消极滥用论"与裁量收缩论的不同"只是说 354
> 明方法的不同"，"两者的不同并不总是被明确地意识到"。第二，
> "即使写着'A行政厅可以作出B行政处分'，很多场合下也应当
> 将立法者的意思视作'A行政厅可以作出B行政处分。但是，如
> 果在C的状况下，必须作出B行政处分'"。为行政厅的作为义
> 务提供根据的学说"也只不过是〔带来〕说明方法的不同而已，
> 裁量权收缩的理论与裁量权消极滥用论并不能在结论上带来差
> 异"。[381]

如此，国家赔偿法上不行使权限的违法性，形成了不同于行使权限违法性的另一个范畴，因为它与行政诉讼法上的违法性有质的区别，或者（而且），与过失要件不作区分，一元地作出判断。[382]

日本最高法院1989年的判决[383]是关于国家赔偿法上不行使权限违法性的重要判决，它没有说明裁量收缩，也没有个别地探讨裁量收缩论所举出的违法性判断诸多因素。但是，"在具体情况下，参照赋予知事等监督处分权限的宗旨目的来看，只要不行使权限并非明显不合理，就在与有关交易关系者的关系中不受《国家赔偿法》第1条第1款适用上的违法评价"。这一判示的宗旨也不在于，参照授权裁量同时设定其界限的法律的"宗旨目的"，详细验证行政厅的判断，在裁

〔380〕　作为批判性分析，参照、斎藤「薬事法制・薬務行政における国家責任の考察」ジュリ1093号63~65頁。

〔381〕　宇賀「規制権限の不行使に関する国家賠償」判夕833号40~42頁、同『国家補償法』159~162頁。这里所说的作为义务说，接近于合宪性法律解释［参见第一款二(2)(c)③］，它将基本权利（宪法）规范作为但书嵌入法律规范，以实现基本权利的规范外效果（尤其是基本权利保护义务）。如此，作为义务说与裁量收缩论就具有相同的根据（基本权利的规范外效果）。

〔382〕　作为批判性分析，参照、藤田『行政法Ⅰ』481~482頁。

〔383〕　最判1989年11月24日民集43巻10号1169頁。

量收缩的情形之外扩大违法性的范围。与 1979 年德国联邦法院判决相比，给人的印象是，援用多极性法关系的一方，亦即住宅建筑业监督中住宅建筑者（或既有的交易关系）的利益，简单地将行政厅的措施正当化。[384]1989 年日本最高法院的定式是否接近于 1979 年德国联邦法院判决变更判例前的"过于狭窄"的违法性判断基准（"职务滥用""明显瑕疵"），或者，虽然定式自身和 1979 年德国判决是同一旨趣，但德国的法院积极地控制行政裁量，而日本的法院则较为节制，导致适用定式的差异，这些都还需要探讨。

355　　　但无论如何，国家赔偿法上不行使权限的违法性，没有必要被理解为与行使权限违法性相对的特殊范畴，可以用行政法总论的通常概念来把握。[385]由此也可以有下述"预见"。

　　（a）日本的裁量收缩论，以及和裁量收缩论一样综合考虑各种因素判断违法性的学说，大致对应于德国基于基本权利规范外效果（特别是基本权利保护义务）的裁量收缩论。基本权利的规范外效果通过有关法益的重大性、法益侵害的危险性、与有关法益对立的法益应予保护性、是防御国家的侵害还是请求国家保护的尺度等诸多因素的综合和关联来判断。如此，必须意识到与法律的关系（参见第一款）。第一，在德国，有时会说，一般而言，利益主体主张裁量收缩时，授权裁量同时设定其界限的法律必须（也）以保护有关利益为目的。[386]但是，基本权利的规范外效果为裁量收缩提供基础时，基本权利规范同时直接为利益主体的公权提供基础，因而，裁量授权法律的保护目

---

〔384〕　参见宇贺克也的批评，宇贺·前揭判夕 833 号 45~46 页。最高法院（最判 1995 年 6 月 23 日判时 1539 号 32 页）驳回了药品副作用受害者以不行使药事法上权限为理由提出的国家赔偿请求，而宇贺克也则批判最高法院违法性审查强度低，行政厅采取的措施"从国际水准来看，即使说'欠缺明显的合理性'，也不为过"（宇贺·判批·判评 446 号 52~54 页）。此外，有的事例，国家赔偿诉讼的被告国家批判裁量收缩论，援用"裁量权消极滥用论"。参照、西埜『国家赔偿法』101~102 页。

〔385〕　桑原勇进明确指出，"是否将不行使规制权限评价为违法，这将取决于与通常裁量控制同样的手法"（桑原「行政の危険防止責任」東海法学 18 号 21~23 页）。

〔386〕　Maurer, a. a. O., §8 Rn. 15.

的不是决定性要素。[387]第二，基本权利规范外效果的法益保护水准可以说是保障最低限度的保护，也未必达到法律的法益保护水准。[388]第三，基本权利的规范外效果需要消极的调整，以免与依法律行政原理相抵触。[389]

（b）与裁量收缩论一起，无瑕疵裁量行使请求权也可以为国家赔偿法上的违法性提供根据。法院必须参照授权同时限制裁量的法律宗旨目的，审查与有关损害关联的行政厅判断和决定。不过，利益主体要主张无瑕疵裁量行使请求权，裁量授权法律就必须（也）以保护有关利益为目的。这一点在下文详述。[390]

二、对第三人的职务义务

358

根据《德国基本法》第34条、《德国民法典》第839条，如果公务员违反了不仅对国家也对第三人（私人）所负有的职务义务，有关第三人（私人）可以请求国家赔偿。职务义务或违法性，进而是作为其判断基准的规范，与有关私人、严格地说是有关利益之间需要有某种关系。如果职务义务或作为其判断基准的规范（也）具有保护有关利益的目的，通说和判例就承认"关系"。这种特殊的理论构成源自

---

　　[387]　参照、稲葉「反射の利益論」小嶋退職 632~634 頁。

　　[388]　阿部泰隆指出，"裁量收缩论中的收缩要件严格"，因而，"应当根据案件情况缓和该要件"（阿部泰隆『国家補償法』188~190 頁）。

　　[389]　参见塩野・前揭 249 頁注（2）最后一段的指摘。

　　[390]　另外，水俣病认定迟延诉讼最高法院判决（最判 1991 年 4 月 26 日民集 45 卷 4 号 653 頁）的逻辑也可以根据保护法律（虽然与无瑕疵裁量行使请求权、裁量收缩论无关）和基本权利规范外效果这两种规范作如下分析：公害健康被害补偿法等（基于此的行政厅"行政程序上的作为义务"）并没有保护"内心平静的情感"利益不受行政决定迟延损害的目的。但是，基本权利的规范外效果（基于此的行政厅"条理上的作为义务"），保护"内心平静的情感"利益不受重大侵害。故而，即使根据这一判旨，也有可能认为，公害健康被害补偿法等具有保护申请者其他利益不受行政决定迟延损害的目的（例如，申请者因保存申请相关证据而产生费用的情形）。另外，如果不遵从判旨，公害健康被害补偿法等具有保护"内心平静的情感"的目的，但损害可以计算的情形是稀少的，那就也有可能将案件作为"损害"问题来处理［参照、大塚「水俣病判决の総合的検討（五）」ジュリ1097 号 82~83 頁］。

德国职务责任法的历史沿革，如果抽象地来说，行政诉讼法上的公权论、与其中通说性的保护规范说相同的思考框架，在职务责任法中也是有效的。不过，在适用公权论或保护规范说的思考框架上，行政诉讼法与职务责任法需要有略微不同的考虑。下面将焦点限缩到行政诉讼法所说的第三人，探讨行政诉讼法和职务责任法的不同。

（1）事前控制行政的行政诉讼与事后救济私人的职务责任法存在以下差别。如前所述，[391] 在行政诉讼法中发生的情况是，如果与行政行为相对人处于对立性利害关系的不特定多数主体可分地受到利益保护，即使"谁"受到利益侵害的可能性很高，但对于某特定人，只要受到利益侵害的可能性不是足够高，就不能援用自己受到利益侵害的可能性而主张行政行为的违法性。但是，在职务责任法上，实际受到利益侵害者自己正是因为变成了"谁"，"谁"就可以援用受到利益侵害很高的可能性，主张过去行政行为的违法性。[392]

二战前的德国国家法院过去承认因不行使警察权限而受到损害者具有职务责任法上的请求权。[393] 联邦法院也一开始就在下述事例中承认，与行政行为相对人处于对立性利害关系且可分地受到利益保护的第三人，也可以主张违反职务责任法上的职务义务：①建设许可机关对建筑物安定性的检查具有保护一般人不受建筑物倒塌影响的目的的（但不具有保护建筑主不受财产性风险的目的）。[394] ②国家对缆车业的技术监督具有保护一般人不受危险的目的（但不具有保护企业不受项目的财产性风险的目的）。[395] ③国家将没有保险的车辆排除在交通之外，这一监督具有保护交通参与者（事后来说是交通事故牺牲者）

359

---

[391]　参见第一节第一款一（2）④。

[392]　参见阿部泰隆『国家補償法』186 页的例示——"即使患者没有原告资格提起承认药品的撤销诉讼，在发生药害之后，也不应该在国家赔偿上作为反射性利益而予以驳回"。

[393]　Friauf, Polizei- und Ordnungsrecht, in: Schmidt-Aßmann（Hrsg.）, Besonderes VerwR, Rn. 66.

[394]　BGHZ 39, 358.

[395]　BGH NJW 1966, 200.

的目的。[396]④阻止没有保险的外国车辆入境，海关的监督具有保护国内交通参与者的目的。[397]

当然，职业监督原则上不具有利益保护的目的。[398]例如，有的判决认为，保险业的监督不具有保护被保险者及交通事故牺牲者的目的，这就与事例③划清了界限。[399]但是，这一判决作为职业监督没有利益保护目的的例示举出了银行监督，之后的联邦法院承认其具有保护银行债权人的目的。[400]

（2）第三人提起行政诉讼，因为判决的效果在法上或事实上不仅及于该第三人，还及于其他第三人，因而，即使在某种程度上难以将有关第三人的利益个别化（反过来说，有关第三人在某种程度上承担了代表其他第三人的功能），也可以认可这种诉讼。但是，职务责任诉讼的效果（金钱债权）完全归属于有关第三人，因而，如果不能充分将有关第三人的利益个别化，就不能认可这种诉讼。例如，第三人与行政行为相对人处于对立性利害关系，且不可分地受到利益保护，[401]如果承认其在行政诉讼法上权利损毁，是否也应当（在何种范围内）承认职务责任法上的保护，这需要另行探讨。

---

[396]　BGH NJW 1961, 1572（交通事故牺牲者的雇主不受保护）；BGH NJW 1982, 988（同乘者也受保护）. 对于保险业者受保护的情形，vgl. BGHZ 20, 53.

[397]　BGH NJW 1971, 2222.

[398]　BGHZ 35, 44.［尽管监督机关知道充分的事实，足以怀疑公证人的经济状态有损害委托人利益的危险，但也没有采取措施，这时才保护所有的委托人。在第三人有不服申诉权等程序参与权时，判决一般性地承认保护第三人目的，但这一般性说法是有疑问的。参见第五章第一节第三款三(2)。］

[399]　BGHZ 58, 96.

[400]　注(376)、注(377)所列判决。

[401]　参见第一节第一款一(3)。

实体法关系的应用

　　上一章以法治国家观念为基础，以德国的学说和判例为素材，将行政上的实体法关系类型化。本章将从更广的视野重新把握这一实体法关系，俯瞰这一实体法关系周围的制度。首先在第一节，将法治国家原理和民主主义原理组合起来，因而使实体法关系和程序法、组织法组合起来进行考察。第二节将补充基本的实体法关系，触及消除结果请求权，填补私人权利保护的空隙。最后在第三节将在欧洲化的脉络中反思德国的公权论。

第一节　正当性的嬗变

第一款　作为正当性根据的民主主义原理和法治国家原理

　　近年来，施密特-阿斯曼探究了如何使"以公共行政的行为形式和组织形态行使的支配权""意思决定""正当化"（Legitimation）。所用的理论框架是"多种正当化秩序"，即"从个人（个性）自由向民主主义协作的自由嬗变""过渡"。[1]也就是说，将民主主义原理、作为主观性地位秩序的法治国家原理作为正当化的根据，分别理解为具有阶段的展开过程，进而分析了在各阶段呈现的诸多要素的关系或组合。

（1）民主主义原理

（a）国民

民主主义是一种"政治过程的组织化"原理，将个别依存于特殊

---

〔1〕　Schmidt-Aßmann, Verwaltungslegitimation, AöR 1991, S. 330-333, S. 336f.

状况、关系和利益的个人和集团的多样意思"形塑"为"应当将一般利益定式化的共通意思"。民主主义原理要求赋予"平等主义的"（egalitär）、"一般同等的"协作机会。公共行政由国民选举产生的国民议会（Parlament）加以民主正当化是不可或缺的［《基本法》第20条第2款"一切国家权力源自国民（Volk）。一切国家权力由国民在选举和国民投票中，并通过立法、执行权和裁判的特别机关来行使"］。[2]

(b) 部分国民

民主正当性不仅在国民议会中传递，也在地方自治行政主体中传递［《基本法》第28条第1款第2句："国民必须在州、县市（Kreis）、乡镇（Gemeinde）具有经普通、直接、自由、平等、秘密选举选出的代表"］。地方自治行政主体以"部分国民"作为正当性的来源，它是"全体国民"作为"不特定的一般"在"空间上的辐射（radiziert）"。从空间上来看，部分国民位于从个别利益向共通意思"嬗变"的过程，是"中间形态"。在这种通过部分国民的正当化中，显露出"相关者以民主主义理念为根据对支配权的参与和保障决定超越特殊利益的品质之间的紧张关系"。[3]故而，一方面，为确保与特殊利益的距离，由"全体国民"正当化的国家机关需要适度指挥由"部分国民"正当化的机关和作用。但另一方面，为了使"全体国民"能成功地形成国家意思，不可缺少对"部分国民"形成意思的"学习"。而在"全体国民"层面上，很难探知和调整各种利益、收集和处理信息，并汇聚成共通意思，通过"部分国民"形成意思的必要性就随之上升。

(c) 公众

行政机关通过"国民"得到正当化，并没有使其决定完结，有时将决定过程部分向"公众"（Öffentlichkeit）"开放"（例如，环境标

---

〔2〕　Vgl. a. a. O. , S. 335-337.

〔3〕　Vgl. a. a. O. , S. 349f. , S. 353, S. 356f. , S. 359f. ; Schmidt-Aßmann, Reform, in: Hoffmann-Riem/Schmidt-Aßmann（Hrsg. ）, Reform, S. 22f.

识)。[4]"制御概念不是在决定中才开始的,而是在信息中已经开始。"[5]再进一步,"公众"对通过"国民"正当化的行政机关具有信息公开请求权,有时信息处理过程也部分向公众开放(例如,德国的环境信息法、日本的信息公开法)。公众成为"固有的制御机关""行政的对抗势力","从国家排他性地负有公共利益的责任,向公众履行守夜人的职务发展"。[6]在各种场合,"公众"都在补充通过"国民"的正当化。如果将从个别利益嬗变为共通意思理解为组织化和制度化的过程,那么,通过选举或国民投票组织化的"国民"就作为完成时态位于最终阶段,而作为可谓"非制度性的制度化"的"公众"[7]就作为端倪位于初期阶段。故而,对于国民与公众的关系,也能类推全体国民和部分国民的关系。也就是说,一方面,国民的正当化权限和责任不得被放弃;另一方面,为了使通过国民成功地形成意思,不可缺少通过公众学习的过程,而通过国民正当化的行政机关在探知和调整利益、收集、处理和汇聚信息的局限,必须通过动员公众来弥补。

(2) 法治国家原理

作为"主观性地位秩序"的法治国家原理,[8]对从主观地位嬗变为客观秩序的过程,如果将本章之前的考察换句话来说,即衡量和调整各种利益、形成复合法关系的过程进行规范。一方面,赋予合法个别利益(实体权)主体贯彻有关利益的法之力(行政程序参与权、诉权),是法治国家原理的要求。[9]另一方面,直接赋予利益主体衡量和调整其他利益、形成客观秩序的(共同)决定权,不仅不是法治

〔4〕 参见本章第二节第四款二。

〔5〕 Schmidt-Aßmann, Reform, in: Hoffmann-Riem/Schmidt-Aßmann (Hrsg.), Reform, S. 28.

〔6〕 A. a. O., S. 25f.

〔7〕 A. a. O., S. 55f.

〔8〕 参见第三章第四节第一款(2)。

〔9〕 Schmidt-Aßmann, Verwaltungslegitimation, AöR 1991, S. 373; ders., Verwaltungsverfahren, in: HdbStR, Bd. 3, Rn. 18f.

国家原理的要求，而且违反通过"国民"正当化的要求，因而为民主主义原理所禁止（例如，公务员职员代表联合决定权的扩张）。[10]如此，在可以一义性回答的问题两极中间，在嬗变的过程之中，无法一义性回答的问题领域在扩大。第二款和第三款将处理两个问题。

第二款　自律与自治

364

一、意义和各种形态

有时在增加低于通常水准的民主正当性之上，将与其他利益衡量和调整、形成客观秩序的权能，赋予利益主体构成的组织。"自律的（autonom）正当性"有时与民主正当性相结合，形成"双层性正当化秩序"，被认可"组成国家的社会支配权"。这时的"利益构造"规定了这种自律组织的形态以及加入其中的民主正当性水准（"能把握复杂利益状况与其相适应的组织的'中间平面'"）。[11]

自律的正当性在公法上社团的自治行政中可以看到，它具有"成员参与"（mitgliedschaftlich-partizipatorisch）的要素。①地方自治行政由"部分国民"在民主主义上正当化（前款），市民参与制度包含着"成员"参与的要素。②相反，在基本权利性-功能性自治行政中，必须以尊重基本权利个性和多样创造性要素的样态形成组织，必须使民主主义的平等主义协作要素退后。例如，"大学自治行政是对高度敏感性基本权利（《基本法》第5条第3款〔艺术、学术、研究、讲学

365

〔10〕Schmidt-Aßmann, Verwaltungslegitimation, AöR 1991, S. 350f., S. 368f., S. 374-376. 在最近的判例上，参见 BVerfGE 93, 37，它认为，石勒苏益格-荷尔斯泰因州公务员职员代表联合决定法是违宪的。

〔11〕Vgl. Schmidt-Aßmann, Verwaltungslegitimation, AöR 1991, S. 376-384; ders., Reform, in: Hoffmann-Riem/Schmidt-Aßmann（Hrsg.）, Reform, S. 23f.; ders., Selbstverwaltung, in: GS für W. Martens, S. 249ff. 作为"Autonomie""自治"概念史的厚重研究——同时将系统的自我制御论纳入射程，参照、斎藤誠「条例制定権の歴史的構造（一）（二）」自研66巻4号103頁以下、5号97頁以下、同「自治法理の史的展開（一）」国家106巻11・12号903頁以下。

的自由〕）自由保障的表达，这种权利只能在国家于本质领域中可以使用的制度内部行使。与其相对应，在大学自治行政中突出的不是制度性、协作性质，而是守护《基本法》第 5 条第 3 款个人性质的必要的第二次性保障……与自治行政委员会多数决的决定相对，个人的基本权利需要保护在大学内的距离。"③制度性-功能性自治行政是以制度性组成和聚集的利益［例如，根据工会与使用者对等原理的社会保险、各种职能团体（Kammerwesen）］，而非个别利益为根据，其民主正当化的必要性与保护有关功能领域不受国家控制的必要性，或者与国家控制有关功能领域的难度成反比例增加。[12]

另外，国家只负有组织和制御社会的部分责任，认可社会自律的例子，在具有成员参与要素的自治行政以外的组织形态中也能看到［例如，德国科学基金会（DFG）、科学委员会（Wissenschaftsrat）］。[13]

不过，反过来，公企业并不能被承认具有与民主正当性要素平行的自律正当性要素。[14]之所以组织公企业，是因为有时需要一定的组织安定地给社会供给特定的商品和服务，它具有民主正当性，反过来就不具有企业活动的基本权利自由，因而，可以有力地限制其企业活动的利益。针对公企业，一方面，需要从公共利益的视角，去判断应当在何种程度上安定地给社会供给特定商品和服务，应当如何构成安定供给的企业秩序，在承认垄断性企业秩序且又要保护消费者、提供普遍服务时，应当如何规范企业活动；另一方面，需要有作为企业的合理性基准和行动原理，以准确感知并应对社会存在的需求。重要的是，使两方面的视角和行动原理都发挥功能，而不应混淆两者，造成某一方面或者两方面都不能发挥功能的状态。为此，需要建立起立法论和解释论，从公共利益角度决策的组织需要贯彻民主正当性，而作为企业进行判断的组织需要采取适合在市场上开展企业活动的法形式。

---

〔12〕 同上注。

〔13〕 Vgl. Schmidt-Aßmann, Verwaltungslegitimation, AöR 1991, S. 387-389; ders., Wissenschaftsfreiheit, in: FS für Thieme, S. 697ff.; Trute, Forschung, S. 661ff., S. 702ff.; Groß, Die Autonomie der Wissenschaft; Röhl, Der Wissenschaftsrat.

〔14〕 Schmidt-Aßmann, Verwaltungslegitimation, AöR 1991, S. 385-387.

二、与权利论的关联

如果将第一部分所述的一般论与权利论相关联，可以作如下说明。

（1）在自治行政中，与通过"全体国民"的正当化要素相对，自律正当化要素强烈发挥作用，这时国家与自治行政主体的关系不是以统一性为基础的组织内部关系，而是以明确的距离为基础的外部法关系，自治行政主体对国家具有"权利"（自治行政主体相互关系也同样如此）。如此，自治行政不仅作为客观制度受到保障，还通过自治行政主体的主观权利加以保障，通过自治行政主体主张主观权利来实现。[15]

（a）首先，联邦宪法法院将一②的大学和院系认作基本权利的主体，而不论其有无法的人格（《基本法》第19条第3款）。[16]

（b）另一方面，联邦宪法法院认为，不论是否高权性实施公共任务，一①的地方自治行政主体都不是基本权利主体。[17]施密特-阿斯曼认为，它也不受《基本法》第19条第4款的保护。[18]但是，施密特-阿斯曼说，《基本法》第28条第2款（"乡镇在法律范围内以自己责任规范地域共同体的一切事项的权利必须予以保障。乡镇团体在法律上事务领域的范围内根据法律具有自治行政权……"）保障自治行政权——也包括要求裁判保护的权利。[19]而《基本法》第93条第1款第4b项保障"乡镇和乡镇团体因第28条的自治行政权受到损毁而

---

〔15〕　以下聚焦于行政诉讼，对于承认国家对自治行政主体的职务责任，vgl. Ossenbühl, Staatshaftungsrecht, S. 69f.

〔16〕　BVerfGE 15, 256；BVerwGE 45, 39. 原则上不是基本权利主体，但作为例外，大学、广播电视机构（BVerfGE 31, 314；59, 231）、教会（BVerfGE 18, 385）可以成为基本权利主体。对其详情，vgl. Trute, Forschung, S. 357-367, S. 690-692.

〔17〕　BVerfGE 45, 63；61, 82. 对其详情，vgl. Schmidt-Aßmann, Kommunalrecht, in：ders. (Hrsg.), Besonderes VerwR, Rn. 28-30.

〔18〕　Schmidt-Aßmann, in：Maunz/Dürig (Hrsg.), GG Komm., Art. 19 Abs. 4, Rn. 42f. 他认为，与联邦宪法法院关于基本权利主体的判决相平行，公法人原则上不受《基本法》第19条第4款的保护，大学等是例外。

〔19〕　Schmidt-Aßmann, Kommunalrecht, in：ders. (Hrsg.), Besonderes VerwR, Rn. 24.

提出的宪法诉愿"。判例毫无异议地承认，《基本法》第 28 条第 2 款的"自治行政权"属于《行政法院法》第 42 条第 2 款的"权利"（所承认的自治行政权主张，大致有三种：第一，国家决定地方自治体的权限、组织和财政等关系，[20] 第二，国家与地方自治体之间、地方自治体相互之间的计划调整，[21] 第三，国家对地方自治体的自治事务、任意性事务和义务性事务实施法监督的关系[22]）。此外，限制《基本法》第 28 条第 2 款自治行政权的情形，虽然是不同于基本权利情形的样态，但涉及法律保留，[23] 程序参与权受到保障（联邦宪法法院判决，[24] 尽管法律没有明确规定，联邦行政法院承认在飞行场设置许可之际[25] 地方自治体具有获取信息、表达意见的权利——另外，在接续计划确定程序时，仅可以在裁判上主张许可程序参与权，与实体性计划高权的主张相分离[26]）。

当然，判例认为，国家在委任事务、指定事务上对地方自治体的部门监督关系原则上是内部关系，其中并没有"权利"的观念。[27]

---

〔20〕 Redeker/Oertzen, VwGO Komm., §42 Rn. 103.

〔21〕 Redeker/Oertzen, a. a. O., §42 Rn. 104; Kopp, VwGO Komm., §42 Rn. 64a; Eyermann/Fröhler, VwGO Komm., Anh. §42 Rn. 43ff.; Wahl/Schütz, in: Schoch/Schmidt-Aßmann/Pietzner (Hrsg.), VwGO Komm., Rn. 105, 269ff.（包含地方自治体的公共设施功能受到阻碍的情形。）对其详情，参照、大橋洋一「計画間調整の法理」同『現代行政の行為形式論』251 頁以下。

〔22〕 Redeker/Oertzen, a. a. O., §42 Rn. 105; Kopp, a. a. O., §42 Rn. 95f. 对于地方自治体事务、国家监督的分类，vgl. Schmidt-Aßmann, a. a. O., Rn. 32ff.; 大橋·前揭264~268 頁。"监督"还包含国家对于针对地方自治体处分的不服申诉所作的裁决。参照、人見「裁定の関与」都法 36 巻 2 号 72 頁以下。

〔23〕 Schmidt-Aßmann, a. a. O., Rn. 20~22.

〔24〕 BVerfGE 50, 195 (202f.)（乡镇重组）; 56, 298 (320ff.)（计划高权）; 59, 216（乡镇名称变更）; BVerwGE 77, 128, 134（计划高权）.

〔25〕 对于飞行场设置许可程序，参见第二节第三款。

〔26〕 BVerwG DVBl. 1969, 362; BVerwGE 56, 110 (135ff.); BVerwG DÖV 1979, 517; BVerwG DÖV 1980, 135; BVerwG NVwZ 1988, 731; BVerwGE 81, 95 (106).

〔27〕 BVerwGE 6, 101; 19, 121; BVerwG DVBl. 1970, 580; BVerwGE 45, 207; BVerwG DVBl. 1984, 88; BVerwGE 95, 333; BVerwG DÖV 1995, 512.

但是，第一，在事务一元化进行的州，任意性事务、义务性事务与指定事务之间的差异仅为监督范围、程序样态的相对差异。[28]第二，在维持自治事务和委任事务的事务二元论的州，事务不是委任给机关，而是委任给团体，亦即对外部基本上不是国家而是地方自治体负责任（成为职务责任诉讼、行政诉讼的被告[29]），因而，仍有必要允许地方自治体对国家主张"权利"。[30]故而，至少在指定事务的监督上，以及今后对于委任事务的监督，也应当承认违法的监督措施会构成《行政法院法》第 42 条第 2 款的"权利"损毁，[31]它也涉及法律保留。[32][33]在机关出借（Organleihe）[34]的情况下，将地方自治体的机关纳入国家的行政组织，将国家事务委诸该机关，这时难以承认地方自治体的"权利"，因为机关出借多数是适用于作为乡镇联合体的县市，它在基本法上的保障比乡镇更弱（参见《基本法》第 28 条第 2

368

---

〔28〕　对于其详情，vgl. Schmidt-Aßmann, a. a. O., Rn. 37-39.

〔29〕　Vgl. Meissner, in：Schoch/Schmidt-Aßmann/Pietzner（Hrsg.），VwGO Komm., § 78 Rn. 34.

〔30〕　Vgl. Lange, Innenrecht und Außenrecht, in：Hoffmann-Riem/Schmidt-Aßmann/Schuppert, Reform, S. 311-3.

〔31〕　Schmidt-Aßmann, a. a. O., Rn. 45；Wahl/Schütz, a. a. O., Rn. 106. 关于实行事务一元化的北莱茵-威斯特法伦州，Erichsen, Kommunalrecht N-W, S. 318.

〔32〕　例如，在实行事务一元化的巴登-符腾堡州，指定事务的监督根据是《巴登-符腾堡州乡镇法》第 129 条与"个别的法律"（同条第 1 款）（另参见同法第 2 条第 3 款、第 4 款）。

〔33〕　另外，巴伐利亚州限制委任事务的部门监督范围，这对于维持事务二元论的州来说是一个例外。《巴伐利亚州乡镇法》第 109 条第 2 款第 2 句说，"介入行政裁量，必须限于下列情形：（一）公共福祉或者个人在公法上的请求权需要指定或决定；或者，（二）根据《基本法》第 84 条第 5 款或第 85 条第 3 款，联邦政府作出指定"。而该法第 120 条规定了乡镇对通过行政行为的法监督和部门监督提出不服申诉的地方。由此可以理解为，违反第 109 条第 2 款第 2 句的部门监督属于《行政法院法》第 42 条第 2 款的"权利"损毁（Knemeyer, Bayerisches Kommunalrecht, Rn. 327；Kopp, a. a. O., § 42 Rn. 95 m. w. N.）。对其详情，参照、人见・前揭。

〔34〕　对其详情，参照、塩野「地方公共団体の長の地位に関する一考察」同『国と地方公共団体』227 頁以下。

款），[35]而国家依然对外部负有责任（对于职务责任，例如，《巴登-符腾堡州县市法》第 53 条第 2 款、第 56 条第 2 款）。[36]

（c）最后，关于③的社会保险和职能团体，联邦宪法法院否定其基本权利主体性，[37]也很难承认其基本法上的"自治行政权"。但是，第一，有时法律认可自治行政主体对国家的起诉权能——《手工业法》第 8 条第 4 款（对于行政机关例外承认手工业者登记的决定，手工业职能团体的起诉）、第 12 条（对于属于工商业职能团体的企业的手工业者登记决定，工商业职能团体的起诉）、第 16 条第 3 款（手工业职能团体的项目停止处分申请权、对于拒绝申请处分的起诉权能）。第二，有时法律允许自治行政主体参与行政程序，这样的例子不胜枚举。程序参与原则上应当不仅被理解为行政机关广泛收集信息、确保行政决定客观公正的手段，也是自治行政主体可以作为权利通过裁判方式加以贯彻。当然，并不能从程序参与权，推导出可以裁判方式就行政决定内容合法性进行争议的权能。[38]第三，如果行政机

---

〔35〕 Schmidt-Aßmann, a. a. O., Rn. 40, 137f., 149. 作为市县自治行政权的一般性说明，vgl. BVerfGE 79, 127（150f.）；83, 363（383）. 对其详情，参照、Maurer, Verfassungsrechtliche Grundlagen der kommunalen Selbstverwaltung；Schmidt-Aßmann, Perspektiven der Selbstverwaltung der Landkreis, in: Schoch（Hrsg.）, Selbstverwaltung der Kreise, S. 20ff., S. 75ff.

另外，《巴登-符腾堡州行政（组织）法》第 13 条规定，"下级行政机关如下：（一）在县（Landkreis），县厅（Landratsamt）。以及在第 16 条规定的事务范围内，大县市〔Große Kreisstadt，一定的中等规模共同体，《巴登-符腾堡州乡镇法》第 3 条第 2 款〕，根据第 14 条，行政共同体〔Verwaltungsgemeinschaft，小规模共同体的联合，《巴登-符腾堡州乡镇法》第 59 条以下〕。（二）县级市〔Stadtkreis，兼有县功能的大规模联合体，《巴登-符腾堡州乡镇法》第 3 条第 1 款、第 131 条第 1 款〕"。也就是说，该州区分了法的形式，以州下级行政机关作为县的机关时是机关出借（参见《巴登-符腾堡州县市法》第 1 条第 3 款），作为共同体时是团体的指定事务〔参见《巴登-符腾堡州行政（组织）法》第 13 条第 3 款〕。

〔36〕 Vgl. Meissner, a. a. O., Rn. 33.

〔37〕 BVerfGE 21, 362（年金保险主体）；39, 302（伤病保险）；68, 193〔手工业者同业公会（Innung）〕.

〔38〕 BVerwG DVBl. 1958, 391.（在律师会可以参加律师业许可程序时，否定律师会对许可处分的起诉权能。）

关的决定内容与自治行政主体的事务内容在法律上直接关联，就承认违法的行政决定属于自治行政主体的权利侵害，自治行政主体可以裁判方式就行政决定内容的合法性进行争议。联邦行政法院认为，法律是为抑制劳动者的经济负担而限制伤病保险费率，进而为确保伤病保险主体的经济基础而限制医院的医疗费率；法律允许保险主体参与医疗费率确定程序，因而，确定处分违反限制医疗费率的规范，就侵害保险主体的权利；保险主体具有"控制"权能，不仅有行政程序参与权，也包含起诉权能。[39]

（2）国家行政组织通常金字塔式地构成，而自治行政主体的组织通常是通过在"对照机关"（Kontrastorgane）[40]之间的权力均衡来构成。为此，机关成员和机关对其他机关成员和机关主张自己的权限的争讼，在国家中通常不是主观诉讼，而在自治行政主体中通常是涉及行政法院法上（广义）主观权利的诉讼（但机关的"权限"不属于《基本法》第19条第4款的"权利"）。[41]有关地方自治体组织争讼（Kommunalverfassungsstreit），[42]尤其是大学组织争讼（Hochschulverfassungsstreit）[43]的判例正在积累。[44]也有学说设想了"职能团体"

369

---

〔39〕　BVerwGE 60, 154; BVerwG DVBl. 1984, 523.

〔40〕　Kisker, Insichprozeß, S. 38ff.

〔41〕　Schmidt-Aßmann, a. a. O., Rn. 82-84; ders., in: Maunz/Dürig（Hrsg.）, GG Komm., Art. 19 Abs. 4, Rn. 148.

〔42〕　BVerwG NJW 1980, 304（关于派别形成最低势力的地方议会事务规则受到争议，确认诉讼）; BVerwG NVwZ 1988, 1119（同，规范控制诉讼）; BVerwG DVBl. 1988, 792（议长禁止地方议会议员佩戴张贴物的措施受到争议）; BVerwG NVwZ 1989, 470; BVerwG NVwZ-RR 1993, 210（地方议会派别、议员有无提案权受到争议）; BVerwG DVBl. 1994, 866（地方自治体其他机关侵害地方议会权限时，可以提起争讼者是议会而非议员）.

〔43〕　Bethge, Wissenschaftsrecht, in: Achterberg/Püttner（Hrsg.）, Besonderes VerwR, Bd. 1, Rn. 206ff.; BVerwGE 45, 39〔教授就院系委员会（Fachbereichsrat）的构成等进行争议〕; BVerwG NVwZ 1982, 243（只有在委员会成员的权利受到侵害时，少数派才能就多数派的议决进行争议）; BVerwG NVwZ 1985, 112（地方自治体组织争讼的法理也可以适用于大学组织争讼；院系委员会就校长命令重新进行院长选举的措施进行争议的事例）.

〔44〕　对于下级审判决，vgl. Eyermann/Fröhler, a. a. O., §42 Rn. 198; Kopp, a. a. O., §42 Rn. 44; Redeker/Oertzen, a. a. O., §43 Rn. 11ff.; Wahl/Schütz, a. a. O., Rn. 97-101.

组织争讼（"Kammer"verfassungsstreit）。[45]

（3）需要附带说明的是，"自己内部诉讼"（Insichprozeß）[46]不能说是"原则上禁止"，如果有行政法院法上的（广义）权利侵害，也可以承认。[47]承认权利侵害的典型例子是，代表、表达作为财产管理者或事业者利益的机关主张所谓"国库"的利益，就其他机关的高权决定进行争议。[48]作为财产管理者、事业者的利益的表达，与涉及公共利益的高权决定，在观点和合理性基准上存在差异，各自适合的组织形态也存在差异（参见一），因而，可以设想前者的管辖机关对后者的管辖机关具有"权利"关系。

当然，如果表达"国库"利益的机关与作出高权决定的机关是同一个机关，或者在高权决定上处于原处分机关和复议机关或下级行政机关和上级行政机关的关系，或者存在针对有关纷争特别具有调整、裁断权限的共通上级机关，那么，"权利"或诉的利益就被否定。[49]另一方面，不能仅仅因代表和表达"国库"利益的机关接受作出高权决定机关的指挥监督，或者前者的机关和后者的机关接受共通机关的指挥监督，就否定"权利"（如果要否定，就难以设想可以允许的自己内部诉讼）。诚然，代表和表达"国库"利益的机关不是基本权利的主体，在实体法和程序法上受到不同于基本权利主体所受的指挥监督，但这并不是就要否定《行政法院法》上的"权利"［参见(1)(2)］。

---

〔45〕 Stober/Lahme, in: Stober（Hrsg.），Rechtsschutz im Wirtschaftsverwaltungs- und Umweltrecht，S. 92ff. m. w. N.

〔46〕 雄川「機関訴訟の法理」同『行政争訟の理論』437 頁以下，对德国的学说作出了精致的分析。

〔47〕 参照比较 BVerwGE 31, 263（267）与 45, 207。

〔48〕 Kisker, a. a. O., S. 47ff; Kopp, a. a. O., §63 Rn. 7－10; Redeker/Oertzen, a. a. O., §63 Rn. 8－8a; Wahl/Schütz, a. a. O., Rn. 102. BVerwGE 101, 47 否定了乡镇联合体的自己内部诉讼，在该案中，法务厅不能说是代表和表达作为财产管理者或事业者利益的机关，它对（东德）未解决财产问题规范厅的处分提起撤销诉讼。

〔49〕 BVerwGE 45, 207; BVerwG DÖV 1992, 265.

第三款 参与和集合化利益的表达   373

一、意义

（1）如果仅仅承认主张集合化利益（不特定多数主体的同种利益，并未被个别化为个人权利和利益）的主体可以单纯参与行政决定（如果还没有到赋予决定权限的地步），就并不与行政决定的民主正当化要求相抵触。和公众单纯参与[50]决定一样，这一参与会补强决定的民主正当性，提高决定的可接受（Akzeptanz）程度。[51]另一方面，参与过去被认为与主观权利和客观法秩序二分法的后者相关，与作为主观性地位秩序的法治国家原理的关联并未受到关注。但是，如第一款所述，如果将客观法秩序看作经衡量、调整各种利益所形成的法关系复合，就不会设想主观法和客观法的单纯二分法，而是从个别利益向关系复合的阶段性嬗变。如此，集合化利益就在这一嬗变过程中进行定位，如果不被承认自律，它就接近于个别利益阶段（"作为'总计''集合化'或者'升华'的个别利益的""集团利益"，"公益和私益之间的过渡"[52]）。如此，在行政决定之际必须有主张法的个别利益（权利）的机会，这可以说是法治国家原理的外壳（Schale），补充、补强法治国家原理的内核（Kern），那么，必须考虑也要保障主张集合化利益的机会。

（2）这种补充补强关系有以下三种（并不相互排斥）。

① 根据行政法上主观性关联的阶段性体系与客观制度的阶段性体系相对应的理论，在个别性行政决定阶段，应当允许主张个别利益； 374
在行政机关制定抽象计划或一般法规的阶段，应当以其相对应的方式，

---

［50］ 参见第一款（1）（c）。

［51］ Schmidt–Aßmann, Verwaltungslegitimation, AöR 1991, S. 373f. ; ders. , Verwaltungsverfahren, in: HdbStR, Bd. 3, Rn. 25f.

［52］ Schmidt–Aßmann, Reform, in: Hoffmann–Riem/Schmidt–Aßmann/Schuppert（Hrsg. ）, Reform, S. 38.

允许集合利益主体参与（例如行政立法程序）。[53]

②在行政机关衡量、调整个别利益和集合化利益时，亦即在以个别利益和集合化利益为一方的多极性行政法关系中，在允许主张个别利益的情况下，也应当考虑主张集合化利益的机会，以作权衡［例如涉及预防（Vorsorge）的环境法[54]］。

③根据新保护规范说，并不是能够从客观法规范或秩序中事前明确划定权利和个别利益，而常常需要一种"过程"，在客观法规范或秩序中，分析何种利益以何种方式在何种程度上相互发生关系（"利益构造"），"解读"权利。如果从理论转向实践来说，主张"集合化利益"阶段位于从客观法秩序到主观权利的过程之中，应当被认作是为了"保障权利的成立"而进行"利益探查"（Interessenermittlung）、"利益解明"（Interessenklärung）的"中间平面""制度性框架条件"[55]（例如，像《建设法典》第1条第5款和第6款那样，实施复杂或开放的利益衡量调整的情形）。

（3）另一方面，个别利益与集合化利益之间存在以下差异。

①在行政决定之际，要认可个别利益的主张，就必须绵密地分析实体法上的制度和秩序，析出实体权（保护规范说），如果完成了析出，在程序法上单纯保障行政程序参与权、诉权就足够了。要认

〔53〕Vgl. Schmidt-Aßmann, Verfahrensgedanke, in：Lerche/Schmitt Glaeser/Schmidt-Aßmann, Verfahren, S. 22ff. ; dens. , Konfliktmittlung, in：Hoffmann-Riem/Schmidt-Aßmann (Hrsg.), Konfliktbewältigung durch Verhandlungen, Bd. 2, S. 22-24; dens. Reform, in：Hoffmann-Riem/Schmidt-Aßmann/Schuppert (Hrsg.), Reform, S. 57f. ；大橋洋一「行政立法手続」法政62巻3・4号381頁以下。作为最近的论文，Pünder, Exekutive Normsetzung.

〔54〕Vgl. Schmidt-Aßmann, Reform, in：Hoffmann-Riem/Schmidt-Aßmann/Schuppert (Hrsg.), Reform, S. 28f. 根据通说，原则上不能从涉及预防的环境法规范导出个别权利，因而，更加需要允许集合利益主体参与。即使导出个别权利，考虑到下述③，也仍有必要允许集合利益主体参与［参见第四章第一节第一款一（3）②］。

〔55〕Schmidt-Aßmann, Konfliktmittlung, in：Hoffmann-Riem/Schmidt-Aßmann (Hrsg.), Konfliktbewältigung durch Verhandlungen, Bd. 2, S. 19-24; ders. , Reform, in：Hoffmann-Riem/Schmidt-Aßmann/Schuppert (Hrsg.), Reform, S. 21, S. 39; Schmidt-Aßmann, in：Maunz/Dürig (Hrsg.), GG Komm. , Art. 19 Abs. 4 Rn. 128.

可集合化利益的主张，在实体法上粗略地分析就足够了，但要使利益得到实效性和明确的表达、分节和组织（Interessendarstellung，-artikulation，-organisation），[56]亦即不要让利益主张变成无谓的仪式或搅乱程序的因素，还必须绵密地构想并构筑程序法和组织法上的制度和秩序。[57]

②　在学说史上可以这么来说。二战前的权利论将实体法上的"利益"广泛地理解为具有多样性的概念（耶林），[58]如果利益的个别性强，就不参酌程序法上的具体条件，如果个别性弱，就加以参酌——在这一意义上使实体法上要素和程序法上要素相关——承认程序法上的"援用可能性"（布勒）。但是，"援用可能性"并不是具有多样性的概念，而是一般抽象地予以把握，因而，从程序法上的具体条件导出抽象"援用可能性"的论据是暧昧的。[59]二战后的公权论狭义地把握"利益"，如果有法的利益，就承认"法之力"（巴霍夫）。论证的暧昧性消失，但概念的多样性和相关性也失去了。[60]本书的意图在于，承认实体法上"利益"和程序法上"援用可能性"或"法之力"两者的多样性，使两者重新相关起来［与"阶段性关联"相对应的"阶段性关系人的代表"（Betroffenenrepräsentanz）[61]］。

③　此外，如果与德国学说稍微保持距离，它在《基本法》第19条第4款有强烈的规定，可以这样来说。

　　""'公权'内容要求在功能上的相对化端倪，在结合'公权'
　　概念在法秩序化的程序中的不同功能时得到显现。根据实定法形

〔56〕　Schmidt‐Aßmann，Reform，in：Hoffmann‐Riem/Schmidt‐Aßmann/Schuppert（Hrsg.），Reform，S. 38f.

〔57〕　Schmidt‐Aßmann，Europäische Rechtsschutzgarantien，in：FS für Bernhardt，S. 1288f. 根据欧洲各国的制度分析，提出这种模式。

〔58〕　参见第一章第三节第二款一，特别是第三款三。

〔59〕　参见第二章第二节第三款（2）。

〔60〕　参见第三章第一节第二款二（2）。

〔61〕　Schmidt‐Aßmann，Verfahrensgedanke，in：Lerche/Schmitt Glaeser/Schmidt‐Aßmann，Verfahren，S. 26‐29.

成的特定程序形态是有助于权利保护还是主要有助于制御国家对法的适用……对参与程序所需的'法的地位'内容要求会有所不同。例如，表达在客观异议程序中异议申诉权能的'直接的个人关联'这种（缓和了的）要件，是以不同于公权的其他概念来描述……还是视为权利概念内部的内容变形，就是没有实益的用语之争。决定性因素只是认识程序目的对异议申诉主观要件要求在法上的影响。"[62]

376

二、各种形态

现行法上或者立法论上所倡导的集合化利益的"明确表达、分节和组织"方法，可以大致加以类型化。

（1）主体的类型

（a）在某些情况下，如果受到利益（不利）者主要属于固定的社会地位和身份，则允许该地位和身份的代表参与。典型的例子是，古
377 典的营业法制及其发展出来的法制常常规定，在法规命令、行政规则、技术基准制定时应当听取由企业和劳动者代表等组成的团体（Kreis）或委员会的意见。[63]

①《环境法典教授草案》规定，制定行政立法，必须听取有关利益、特别是有关各界的意见，后者由有关经济界和被承认团体［参见（b）①］选出的代表等所组成（第 152 条第 1 款、第 159 条第 1 款）。对于技术基准，只需单方面听取有关各界的意见、听取鉴定委员会的意见即可（第 162 条第 3 款）。

与此相对，《环境法典专家委员会草案》规定，由学界、被

---

[62] Ress, söR, in: Ermacora usw. (Hrsg.), Allgemeines Verwaltungsrecht, S. 118.

[63] 一般，《联邦部局共通事务规程各则》（GMBl 1976, 550）第 24 条、第 67 条、第 78 条第 1 款承认相关专家集团和团体（基本限于活动范围及于联邦全领域者）在行政立法上可以表达意见。对于该规程及下述（a）与（b）的各项制度，参照、大橋洋一「行政立法手続」同『対話型行政法学の創造』43~45 頁、48~51 頁、53~57 頁。

承认团体、有关经济界等的代表组成环境委员会（Umweltkommission）（第 17 条）。对于制定法规命令及一定的行政规则等，环境委员会可提出意见，具有提案权（第 18 条、第 19 条、第 29 条）。对于技术基准，听取环境委员会或其下属委员会的意见即可（第 32 条第 3 款）。[64]

②在污染法、循环经济及废弃物法上，对于一定的行政立法，必须听取根据情况选出的团体的意见，该团体由利害关系人、有关经济界、有关交通机构（污染法）、乡镇或乡镇团体（循环经济及废弃物法）等的代表组成（《联邦污染防止法》第 51 条、第 4 条第 1 款、第 7 条第 1 款、第 23 条第 1 款、第 29a 条第 2 款、第 32~35 条、第 38 条第 2 款、第 43 条第 1 款、第 48 条、第 53 条第 1 款、第 55 条第 2 款；《循环经济及废弃物法》第 60 条、第 6~8 条、第 12 条、第 19 条第 4 款、第 23~25 条、第 41 条第 3 款、第 48 条、第 50 条第 2 款、第 52 条第 2 款、第 54 条第 1 款）。[65]在《联邦污染防止法》上，安全技术基准由设施安全技术委员会提案，该委员会由设施运营者、职能团体的代表等组成（第 31a 条）。在《洗涤剂和清洁剂法》上，对于一定的行政立法，必须听取根据情况选出的团体的意见，该团体由消费者和有关经济界等的代表组成（第 6 条）。在《食品日用品法》上，对于法规命令，原则上必须听取根据情况选出的团体的意见，该团体由消费者、属于有关经济界等的专家组成（第 39 条）。

---

［64］　Bundesministerium für Umwelt, Naturschutz und Reaktorsicherheit（Hrsg.），UGB-KomE, S. 475f. 根据其说明，环境委员会是以荷兰的"环境保护中央评议会"为模型的。在德国的现行法上，《基因技术法》第 4 条、第 30 条规定了行政立法制定之际听取由专家、利益代表所组成的"生物学安全性中央委员会"意见的制度。

［65］　通说并不承认污染防止法上听取各界意见具有利益保护的旨趣（vgl. Jarass, BImSchG Komm. , §51 Rn. 1）。而特鲁特则承认该听取意见的旨趣在于，"代表""并没有在法上浓缩〔为权利〕，但客观法可能要求考虑的利益"，这里是"集团的典型利益"（Trute, Vorsorgestrukturen, S. 86-100）。

③ 在《机器安全法》上，对于一定的行政立法，必须听取机器安全委员会的意见，该委员会由属于法律上的事故保险机构、德国标准规格协会、雇佣者团体、工会、有关团体等的鉴定人组成（第4条、第8条、第10条）；对于设施安全的法规命令，必须听取有关各界的意见；对于技术基准，由设施生产者和运营者代表等所组成的技术委员会提案（第11条）。在《爆炸物取缔法》上，对于技术问题的法规命令，必须听取鉴定委员会的意见，该委员会由法律上的事故保险机构、经济界、工会等的代表组成（第6条第2款）。在《药品法》上，对于一定的法规命令，必须听取鉴定人委员会的意见，该委员会由属于医学及药学学界、医院、医师业、有关经济界等的鉴定人组成（第53条）。

④ 在《信用业法》上，对于禁止广告的一般措施，必须听取信用业者上层团体的意见（第23条第2款）。在《营业规则》上，对于章程，必须听取有关业者和劳动者的意见（第142条）。在准备公务员法的一般法规则时，需有职员团体的上层组织参加（《联邦公务员法》第94条）。

(b) 在某些情况下，如果受到利益（不利）者并不固定，以保护有关利益为目的、持续地开展活动、活动范围概括、加入自由——亦即可以将有关利益集合化而不混入其他利益——的团体可以参与。

① 《联邦自然保护法》第29条允许满足下列要件的被承认团体对于涉及自然保护和景观保全的行政立法、具有外部效果的计划、行政行为以及计划确定程序表达意见、阅览文书。"团体（1）并非只是一时性的，而是在章程的理念上，以促进自然保护和景观保全为主要目的。（2）在章程上至少具有包括一个州地域的活动范围。（3）具有适当实现任务的保障……（4）因追求公益目的……被免除法人税。（5）允许任何支持团体目的的人加

入。"此外，越来越多的州自然保护法允许被承认团体起诉〔66〕（被认可的团体诉讼的范围因州而异。不莱梅法第44条、黑森法第36条、汉堡法第41条、柏林法第39b条、下萨克森法第60c条、莱茵兰-普法尔茨法第37b条、萨尔法第33条、石勒苏益格-荷尔斯泰因法第51c条、布兰登堡法第65条、萨克森法第58条、萨克森-安哈尔特法第52条、图林根法第46条。另外，北莱茵-威斯特法伦法第27b条、第27c条和建设管理计划〔(c)①〕一样，也允许市民对自然保护计划发表意见。而《巴伐利亚州计划法》第23条第4款允许联邦自然保护法上的被承认团体参与国土整备程序）。

《环境法典教授草案》第131~133条允许被承认团体对需要进行环境影响评估的决定等发表意见等，并不限于自然保护领域。此外，《环境法典专家委员会草案》也允许被承认团体起诉（第41条、第42条、第45条）。

② 在某些情况下，对于强烈涉及个人人格的利益，允许通过团体积累知识和经验的个人参与，因为明确表达利益的知识和经验是由个人而非团体积累的。在《联邦社会扶助法》上，对于一般性规则，必须听取在社会保障上经验丰富、特别是属于需要保护者的介护协会和社会保障受给付者的协会的人的意见，他们参与社会扶助的不服申诉程序（第114条）。

③ 另外，行政法上也参考民事法的立法例，承认同业者团体、消费者团体的不作为请求权。《不正当竞争防止法》第13条承认，"所属企业具有相当数量，在同一市场销售同样或类似商品或服务，特别是从人、财、物来判断，可以实际履行追求营业利益的章程任务……促进营业利益的具有法人格的团体"，"章程

379

---

〔66〕　作为立法化前的学说、判例和实务的详细分析，参照、宫崎「団体の原告適格」「文化財保護と訴訟」同『行政訴訟の法理論』57頁以下、169頁以下。对于现在有关州法的解释问题、一般团体诉讼的宪法上和立法论上问题的总括，vgl. Wahl/Schütz, in: Schoch/Schmidt - Aßmann/Pietzner（Hrsg.）, VwGO Komm, §42 Abs. 2 Rn. 228ff.

上将通过启蒙和咨询实现消费者利益列为任务、具有法人格的团体"，分别为了同业者、消费者利益对违反该法者主张不作为请求权。《折扣规制法》第 12 条、《赠品规制令》第 2 条、《限制竞争防止法》第 35 条第 3 款也承认同业者团体对违反各法者的不作为请求权。《格式条款法》第 13 条承认"在有关任务领域活动的团体或者成员在 75 人以上的"消费者团体，以及同业者团体对违反该法者的不作为请求权和撤销请求权。

（c）当行政决定涉及对立性利害关系，利害关系人之间存在利害关系程度之差（大致是②与④），[67] 或者当行政决定涉及互换性利害关系（大致是①与③），[68] 总之，当利害关系人之间存在显著利害关系量和质的差异时，有很多例子承认广义利害关系人（Betroffene）参与（Partizipation）。可以分成涉及空间利用的法（①与②）和涉及经济活动的法（③与④）来整理。[69]

① 对于建设管理计划（Bauleitpläne）——土地利用准备计划（Flächennutzungsplan）和地区详细计划，必须赋予"市民""尽早"发言（Erörterung）的机会；对于再开发措施、新开发措施（Sanierungs- und Entwicklungsmaßnahmen），必须赋予"利害关系人""尽早"发言的机会（《建设法典》第 3 条第 1 款、第 137 条、第 165 条第 4 款）。[70] 不过，发言程序的瑕疵不影响计划的效力（第 214 条第 1 款第 1 项）。对于建设管理计划，允许"市民"对草案表达意见（Anregungen）（第 3 条第 2 款，另参见第 13 条）。对于规定居住建筑物内住宅数量上限的条例、地区详细

380

---

[67]　参见第四章第一节第一款。

[68]　参见第四章第一节第二款、第三款。

[69]　一般而言，《联邦行政程序法》第 13 条第 2 款规定，"行政机关可以（kann）依职权或应申请，将法的利益可能因程序开始而受到影响（berührt）的人作为参加人参与"。

[70]　关于旧《都市建设促进法》（相当于现在《建设法典》的再开发和新开发）中利害关系人参加制度，多角度分析法的意义和功能的成果，Battis, Partizipation.

计划草案纵览程序前的建设许可，允许"具有利害关系的市民"发表意见（Stellungnahme）（第 22 条第 9 款、第 33 条第 2 款）。《国土整备法》第 15 条第 6 款规定，州可以规定国土整备程序（Raumordnungsverfahren）的公众参与。[71][72]

②　在《联邦行政程序法》第 73 条的计划确定程序中，"任何利益受到项目影响（berührt）的人"，都可以提起异议（Einwendungen）［但是，如果"没有侵害他人权利，或者相关人书面明确表示同意提供所有权以及其他权利"，可以不经计划确定程序作出"计划许可"（第 74 条第 6 款）］。[73]近年来，有的法律直接规定了项目计划（例如《施滕达尔南迁回铁道路线建设法》[74]）。在环境适合性审查程序中，要听取公众的意见。听证

---

〔71〕　瓦尔（Wahl, Das Raumordnungsverfahren am Scheideweg, in: FS für Sendler, S. 213）说，国土整备程序的"将来，只有公众……参与程序。国土整备程序制度由此同时由公众确定方向。纯粹面向行政内部的国土整备程序的时代结束了"。

〔72〕　对于①的全体制度，参照、ブローム＝大橋『都市計画法の比較研究』。译语也是依据该书。

〔73〕　有可能宽泛地解释需要同意的"相关人"范围，但也有界限。BVerwGE 98, 100 认为，采取计划许可程序，替代计划确定程序，该程序不需要得到承认的自然保护团体［参见（b）①］的同意，自然保护团体可以参与计划确定程序（《联邦自然保护法》第 29 条第 1 款第 1 句第 4 项），却没有参与计划许可程序的权利（《联邦水路法》第 14 条第 1a 款的案件）。此外，BVerwGE 104, 367 认为，如果行政机关"回避所要求的计划确定程序本身"，自然保护团体的程序参与权会受到损害，但另一方面，自然保护团体不能以属于"第三人的权利受到侵害"情形为由，要求撤销计划许可程序（也就是说，"不侵害他人权利"这一采用计划许可程序的要件不是保护自然保护团体的规范。《一般铁道法》第 18 条第 2 款的案件）。因而，行政机关在裁量决定是否适用计划许可的"程序迅速化"规定时，必须充分考虑保障有机会实效性地表达所谓间接关系人的利益，他们受到生活环境上的不利，并不是权利必须转移的所谓直接关系人。关于"程序迅速化"要求与"今天行政法关系的'多极性'"之间处于紧张关系的指摘，参照、シュミット―アスマン（海老原訳）「ドイツ行政法の最近の発展（上）」自研 72 卷 9 号 22 頁。另外，关于个别法上计划许可的最近论文，Ringel, Die Plangenehmigung im Fachplanungsrecht.

〔74〕　对这种法律提起了种种宪法上的疑义（Bender/Sparwasser/Engel, Umweltrecht, Rn. 2/33-38 m. w. N.），但 BVerfGE 95, 1 判断认为合宪。详情参照、山田洋「法律による事業計画の決定」南古稀 277 頁以下。

程序必须满足计划确定程序的水准（《环境适合性审查法》第 9 条）。在《联邦污染防止法》第 10 条、《核能法》第 7 条第 4 款、《基因技术法》第 18 条的许可程序中，按照文字表述，任何人[75]都可以提出异议。[76]

③ 对于有轨电车、无轨电车、线路运输车辆的旅客运输业许可，必须听取在所申请的交通市场范围内经营有轨电车、无轨电车、线路运输车辆的企业、县市乡镇、职能团体、行业工会、交通事业的专门团体等的意见。另外，对于旅客运输业许可、规定出租车运费、运输条件的法规命令，必须听取乡镇、职能团体、行业工会、交通事业团体等的意见（《旅客运送业法》第 14 条第 1 款和第 2 款、第 51 条第 3 款）。对于货车运输业许可，必须听取有关交通事业团体、行业工会、职能团体等的意见（《货车运输业法》第 14 条第 3 款、第 39 条、第 83 条第 2 款）。

④《限制竞争防止法》赋予申请卡特尔厅"启动程序的人"，以及"利益受决定显著影响，并经卡特尔厅允许参与了程序的人和团体"（第 51 条第 2 款第 1 项和第 4 项）以抗告权（第 62 条第 2 款、第 66 条第 1 款、第 75 条第 1 款和第 5 款）。

381 在(c)的类型中，如果宽泛解释"权利损毁"范围，（权利有可能被侵害者的）权利保护的参与程序和利害关系人的参与程序之间的差别就会缩小。[77]而利害关系人参与和公众参与之间很难有质的差别。例如，建设法和计划确定程序是利害关系人参与，而核能法是公众参与，但在后者的情形下，放射能损害有可能范围极为广泛，因而，"利害关系人"无限扩展，很难区分"公众"和"利害关系

---

[75] Jarass, a. a. O., § 10 Rn. 54; Bender/Sparwasser/Engel, a. a. O., Rn. 2/47, 6/187, 8/80.

[76] 关于整个②的制度及①的国土整备程序制度，参照、山田洋『大規模施設置手続の法構造』。

[77] Vgl. Schmitt Glaeser, Die Position der Bürger, in: Lerche/Schmitt Glaeser/Schmidt-Aßmann, Verfahren, S. 55–57.

人"。[78]

最近,《环境法典专家委员会草案》第20条规定了公众参与程序,对于法规命令的草案,"任何人"都可以向前述环境委员会提出书面意见。环境委员会汇总公众意见,附具委员会的意见,在听证之际报告。对象限定于法典个别地规定可以公众参与的法规命令。

(2) 程序和组织的类型

在以上主体单纯参与行政决定程序制度之外,为了表达集合化利益,还需要以特别的形态构成行政程序和组织。

(a) 首先,可以考虑由民主正当化的机关明确表达集合化利益的制度。

① 即使对于一般团体诉讼采取消极态度,也可能广泛认可民主正当化的地方自治体在行政程序和诉讼中代表和表达地区居民利益的权限。[79]迄今为止,这种权限并没有获得一般概括的正面认可。[80]但是,保护具体的自治行政权,尤其是计划高权的辅助性请求权获得广泛认可,[81]也发挥着明确表达和宣示地区居民利益的功能。[82]

---

〔78〕　施密特-阿斯曼（Schmidt-Aßmann, Verwaltungslegitimation, AöR 1991, S. 372）在从利害关系人向公众的过渡形态上,举出的是《建设法典》第3条的"建设计划的相关公众（betroffene Öffentlichkeit）"〔此外, vgl. Bielenberg, in: Ernst/Zinkahn/Bielenberg（Hrsg.）, BauGB Komm., §3 Rn. 8〕。此外,有人指出,在计划确定程序中,法律有意识地规定仅利害关系人参与,而实务上通常运用公众参与。Vgl. auch Schmitt Glaeser, a. a. O., S. 54f. 不过,根据 BVerwGE 98, 339, 在欧共体指令和将其国内法化的《环境适合性审查法》第9条第1款中,必须允许"（一般）公众"获取许可申请书及其他信息（Unterrichtung）,但只要给予"'有利害关系的'公众"表达意见的机会即可（Anhörung）。

〔79〕　Schmidt-Aßmann, Planung unter dem Grundgesetz, DÖV 1974, S. 547; ders., Verwaltungsverantwortung und Verwaltungsgerichtsbarkeit, VVDStRL 34, S. 251; ders., Konzentrierter oder phasenspezifischer Rechtsschutz?, DVBl. 1981, S. 339.

〔80〕　Vgl. z. B. BVerfGE 61, 82; Redeker/Oertzen, VwGO Komm., §42 Rn. 103a.

〔81〕　参见第二款二（1）,特别是注（21）所列文献。

〔82〕　参照、塩野『地方公共団体の法的地位論』同『国と地方公共団体』38頁以下。

② 如果采取的权力分立观不是说立法权和行政权存在等级关系，行政只是执行法律，而是不仅承认立法权也承认行政权的"自立性"，为了使国家的决定合理化，将立法权的功能和行政权的功能差异化组合起来，[83]那就有如下归结。第一，如果这种权力分立观不仅适用于立法权和行政权的关系，也适用于行政权内部，就会失去权衡。也就是说，行政组织不是简单的等级构造，而必须采取具备分节和均衡机构的多元性构造。第二，利益的探查和解明并不是只在立法过程中完成，而必须在行政过程中继续进行。鉴于这两点，就必须尝试将一定的行政机关特别是合议体 [（1）（a）所示的委员会等] 作为明确表达集合化利益的"对照机关"[84]来构筑和理解。[85]

（b） 行政的非拘束性决定、中间决定可以作为明确表达、分节和组织利益的交流形态来构筑。这时，在中间决定中衡量利益，或多或少拘束最终决定，亦即将中间决定作为最终决定的一部分纳入等级结构中，并不重要。重要的是，不必拘泥于最终决定的要件，在中间决定中明确表达特定利益，在最终决定的利益衡量之际，有关利益并不受到妨碍，在这一意义上赋予中间决定独立于最终决定的意义。这可以从环境法领域举出例子。[86]

① 对于环境适合性审查的意义，可以作如下说明。

"环境适合性审查使独立、排他性表达环境利益成为可能……特别重要的是，这种图景并不是以环境利益和其他利益的衡量为特征……在许可决定中，环境保护并没有在衡量上获得实体性优位……〔但是，〕鉴于法律实务中决定的复杂性，衡量和利益列举这种间接开放的构成要件将来会增加而不是减少，因而，首先

---

[83] 参见第三章第四节第一款(3)。

[84] 参见第二款二(2)。

[85] Schmidt－Aßmann, Reform, in: Hoffmann－Riem/Schmidt－Aßmann/Schuppert (Hrsg.), Reform, S. 51-53.

[86] 对于整个(b)的制度，参照、势一「ドイツ環境行政手法の分析」法政62卷3・4号611頁以下。

重要的是不考虑对照利益的权重，在许可决定的前线筑起一个堡垒，迫使环境利益得到表达。排他性表达和独立评价的特权有利于得到强调的利益，利益侵害以这种方法'毫无粉饰地'呈现在决定者自身和公众的面前。其中的意义有所增强，事实上可以类比为衡量上的实体性优位〔规定衡量上相对优位的例子是，《联邦污染防止法》第 50 条'在采取重要的国土计划和措施之际，必须将计划特定用途的土地相互组合，尽可能避免对专门或主要用于居住的地域以及其他需要保护的地域造成不利的环境影响'〕。〔实体补偿性程序形成（materiell‐kompensatorische Verfahrensgestaltung）。〕"[87]

具体而言在下列方面存在问题。在环境适合性审查程序的最终阶段，行政机关"总括性地叙述"（zusammenfassend darstellen）（《环境适合性审查法》第 11 条）并进一步"评价"（bewerten）（第 12 条）项目对环境的影响，在决定项目容许性时"考虑"（berücksichtigen）这一评价（第 12 条）。"考虑"是以行政决定的法律根据为基准进行的，环境利益要与对立的各种利益相衡量。第 12 条规定的"以实定法律为基准"，可以解释为不仅涉及"考虑"，也涉及"评价"，因而，也有可能认为，"评价"也是以行政决定的法律根据有关环境的构成要件为基准进行的。[88]但是，如果环境适合性审查的目的在于明确表达环境利益，那么，总结该程序的"评价"就不应拘泥于行政决定的法律根据，而应当从明确表达环境利益的角度出发，将种种基准［法律、行政立法（特别是该法第 20 条第 3 项的行政规则）还有学术

 383

---

〔87〕Schmidt‐Aßmann, Die Umsetzung der UVP‐RL, in：FS für Doehring, S. 901f. 该论文分析了德国既有行政法学必须反省的地方、既有法制必须重新思考和修改的地方，以便遵守欧共体指令将环境适合性审查法制化。本款所处理的只是这些问题群的极小一部分。对于其他问题，参照、井坂「環境親和性審査とドイツ行政法」自研 70 卷 2 号 113 頁以下。

〔88〕Schmidt‐Preuß, Der verfahrensrechtliche Charakter der UVP, DVBl. 1995, S. 485f.

上的知识见解〕组合起来进行，在"评价"阶段不应涉足于各种对立性利益的衡量。[89]《环境法典教授草案》第 42 条第 1 款没有像现行法那样将"评价"与"考虑"（第 43 条）放在同一个条文中，而是与"总括性叙述"一起（"环境影响的说明"），第 3 款将"环境影响评价的目的〔综合性、领域剖视性、预防性〕实定法的环境基准、基于实定法律作出决定的可能性"列举为"评价"的基准，值得参考。[90]

② 将环境管理计划（Umweltleitplanung，《环境法典教授草案》第 19 条以下。在现行法上，《联邦自然保护法》第 5 条以下的景观计划、《联邦森林法》第 6 条以下的林业框架计划、《水经济法》第 36 条以下的水经济计划、《联邦污染防止法》第 47 条的大气保全计划等都是参考）构想为赋予环境利益以"表达和分节上的特权""独立的"计划，以下几点应予留意。第一，计划的任务首先在于表达环境保护的最佳结果。从一开始就将所有相关公益与环境利益相衡量，给出环境保护上的适度结论，这违反计划的"自我表达任务"。这种综合衡量是国土整备计划等的任务。它还应当为在环境计划中提出替代计划方案开辟一条道路，该方案并非严格受拘束于给定的国土整备目的，而是根据特别的生态学知识见解，要求变更既有的国土整备目的〔"国土整备上对流原则的生态学视角"（ökologische Perspektive des raumordnerischen Gegenstromprinzips）〕。第二，环境管理计划不应该从一开始就作为综合性国土计划的一部分来编制（一次性统合）。在环境管理计划中，应当采取二次性统合方法，首先表示环境政策上的最佳战略，在综合性国土计划中将其置于综合衡量之下，有时要削减这一战略——课予综合计划厅特别的提示理由义务。环境管理计划因含有综

384

---

〔89〕 Bender/Sparwasseer/Engel, a. a. O. , Rn. 1/119. 关于"评价"的基准，各种学说错综复杂，这里不作讨论。

〔90〕 Vgl. Kloepfer/Rehbinder/Schmidt-Aßmann/Kunig, UGB AT, S. 245f. 但是，《环境法典专家委员会草案》第 90 条第 2 款第 2 句返回到与现行《环境适合性审查法》第 12 条相同的形式。Vgl. Bundesministerium für Umwelt, Naturschutz und Reaktorsicherheit（Hrsg.）, UGB-KomE, S. 642.

合性国土计划没有的内容，故而是部分的统合。[91]

③ 纷争调停人（Konfliktmittler，《环境法典教授草案》第 54 条第
4 款；Verfahrensmittler，《环境法典专家委员会草案》第 89 条）的首
要意义在于协助利益的沟通、定式化和表达（Verständigungs-，Formu-
lierungs- und Darstellungshilfe），而非确保距离和中立性。[92]

三、与权利论的关联

387

如果将上述考察与权利论相关联，可以作如下说明。

（1）虽然决定利益表达、分节和组织方法的权限与责任首先由立
法者承担，但行政在法律的水准之上表达、分节和组织利益，或者在
法律规定不充分时，法院作出创造性的法解释，不仅是容许的，也是
可取的。

（2）与个别利益的情形相对照，集合化利益的表达、分节和组织
方法可以是多种多样的 ［一（3）］。在裁判中质疑有关集合化利益的行
政决定内容实体违法性的权能——可谓利益表达、分节和组织的最高
水准——也只不过是一个选项。故而，姑且不论正面承认这种诉权的
情形 ［二（1）（b）①的州法和《环境法典专家委员会草案》］，质疑行
政决定实体内容的诉权，并不能从表达、分节和组织集合化利益并参
与行政程序的权能导出。

388

过去，判例从行政程序参与权为实体权（或者质疑行政决定实体

---

[91]　Schmidt-Aßmann, Struktur und Gestaltungselemente eines Umweltplanungsrechts,
DÖV 1990, S. 177f.; Kloepfer/Rehbinder/Schmidt-Aßmann/Kunig, a. a. O., S. 202-204,
S. 210f.; Schmidt-Aßmann, Reform, in: Hoffmann-Riem/Schmidt-Aßmann/Schuppert (Hrsg.),
Reform, S. 60. 但是，《环境法典专家委员会草案》第 69 条以下提出了将 "环境基础计
划"（Umweltgrundlagenplanung）一次性综合进综合性国土计划的方案 ［Bundesministerium
für Umwelt, Naturschutz und Reaktorsicherheit（Hrsg.），UGB-KomE, S. 573f. ］。"在叙述国
土中重要的环境保护需求和措施时，必须考虑将其更换为拘束性决定的可能性"（第 69
条第 1 款）。

[92]　Schmidt-Aßmann, Konfliktmittlung, in: Hoffmann-Riem/Schmidt-Aßmann (Hrsg.),
Konfliktbewältigung durch Verhandlungen, Bd. 2, S. 18-20.

内容的诉权，以下同）提供根据，[93] 或者以不存在行政程序参与权作为否定实体权的根据，[94] 学说从行政程序参与权"推定"实体权，或者以前者作为后者的"凭证"。[95] 但是，承认行政程序参与权具有权利保护、明确表达、分节和组织集合化利益、行政机关单纯的信息收集等多样的宗旨；而且，在实体性权利上，即使没有明文规定，也必须承认行政程序参与权和诉权，而在集合化利益上，即使明文规定承认行政程序参与权，也未必能导出诉权，利益、行政程序参与权、诉权三者的关系也具有多样性。因而，最近的学说否定上述根据、推定、凭证，[96] 更为妥当。[97]

（3）但另一方面，行政程序参与权能旨在明确表达、分节和组织集合化利益，即使不以保护实体权为宗旨，也不应当被看作只是行政机关收集信息的一般手段。也就是说，这种行政程序参与权能与实体权无关，而应当被看作可以裁判方式加以贯彻的"权利"［贯彻狭义"自足性程序参与权"（isoliertes subjektives Verfahrensrecht）的"参与诉讼"（Partizipationsklage）[98]］。明确表达、分节和组织集合化利益的行政机关［二(2)(a)②的对照机关，合议制时机关成员也是同样的］也应看作可以裁判方式将参与权限作为"权利"加以贯彻［类推第二款二(2)的地方自治体组织争讼法理[99]］。此外，法的个别利益（实体权）受侵害者，可以争讼方式主张与该个别利益（实体权）侵害相关联的明确表达、分节和组织集合化利益的程序瑕疵（程序法

---

〔93〕 BVerwGE 2, 141; 9, 340.

〔94〕 BVerwGE 10, 122; 16, 187.

〔95〕 Wolff/Bachof, VerwR, §43 Ⅰ. b. 2 ［Bachof］; Menger, Höchstrichterliche Rechtsprechung zum Verwaltungsrecht, VerwArch 1960, S. 268. 当然，两者均指出，仅为凭证。

〔96〕 Schmidt - Aßmann, in: Maunz/Dürig（Hrsg.），GG Komm., Art. 19 Abs. 4 Rn. 151; Schmidt-Preuß, Kollidierende Privatinteressen, S. 174-6. 亦参见第二款注(38)。

〔97〕 BVerwGE 30, 347. 当然，BVerwGE 72, 226; BVerwG NJW 1987, 2829 在住宅拘束法方面，举出不存在行政程序参与权作为根据，否定了租借人的实体权。

〔98〕 Schmidt-Aßmann, a. a. O., Rn. 149.

〔99〕 参见注(85)所示。

上的"违法性关联"〔100〕）。

（a）在这一点上，二（1）（b）①的自然保护团体是模范。满足联邦自然保护法要件的团体具有要求承认的"权利"，〔101〕得到承认的团体可以裁判方式主张参与该法所定的程序。〔102〕若干州的自然保护法（柏林、黑森州、萨尔州、石勒苏益格-荷尔斯泰因州、萨克森州和图林根州）也明确规定，行政机关违法回避被承认团体具有参与权的程序时，被承认团体也有诉权。联邦行政法院描述了被承认团体的利益表达、分节和组织功能：

> "立法者让被承认团体参与的目的在于……超越各个管辖机关法定的考虑范围，以特别的样态使自然保护和景观保全的利益得以有效。""在〔被承认团体〕参与权的背后存在实体性地位，它为参与权所保护并加以贯彻，并在参与权中得到规范性表达。立法者通过被承认团体参与的规定，将自然保护和景观保全的公益在限定范围内'主观化'了，将其有力地……带入程序和决定中。通过承认以及与其相结合的参与权能，法律以特别的样态委诸团体……代表自然保护和景观保全的目的（《联邦自然保护法》第1条）。其根据在于，上述目的……以其他方法往往不能充分

〔100〕　对于程序法的违法性关联，亦即实体权受侵害者能否通过争讼方式主张某种程序上的违法事由，此外还有组织法的违法性关联，这里不作一般性探讨。无论如何，这种违法性关联不仅对第三人，也对相对人构成问题（vgl. Schmidt-Aßmann, a. a. O., Rn. 156f. ）。故而，不能说相对人和第三人不同，可以主张所有违法事由，具有要求不受一般违法行政侵害之自由的请求权［"相对人理论"。例如，第三章第二节第二款一（1）的贝特尔曼］（Krebs, Subjektiver Rechtsschutz und objektive Rechtskontrolle, in: FS für Menger, S. 203f. ）。另外，瓦尔否定"相对人理论"，但认为对于相对人来说，违法性关联是"推定"的［Wahl, in: Schoch/Schmidt-Aßmann/Pietzner（Hrsg. ）, VwGO Komm., Vorb §42 Abs. 2 Rn. 115-117; Wahl/Schütz, a. a. O., §42 Abs. 2 Rn. 48f., 70］。

〔101〕　Vgl. BVerwGE 72, 277.

〔102〕　BVerwGE 87, 62. 也参见引用这一判决的 BVerwGE 102, 358. 联邦自然保护法并不是质疑行政决定实体内容的诉权根据（BVerwG NVwZ 1997, 491）。对于有关自然保护团体诉讼的法律问题，vgl. Harings, Die Stellung der anerkannten Naturschutzverbände, NVwZ 1997, S. 538ff.

主张，或无法主张。"〔103〕

而联邦行政法院认为，自然保护团体的程序参与权并不是实现"实体权的从属功能"，而是具有"独自的权重和绝对的性质"，因而，不适用《联邦行政程序法》第 46 条。〔104〕当然，对于自然保护团体的参与权侵害，《环境法典专家委员会草案》第 45 条第 3 款设置了《联邦行政程序法》第 46 条的同样规定。〔105〕

（b）与此相对，有关各界能否通过参加诉讼实现对污染防止法的行政立法程序参与﹝二（1）（a）②﹞，尚未充分解明。〔106〕在行政立法方面，即使实体内容还是抽象的，而程序已经是具体的了，因而，参加诉讼或者对照机关的争讼也是可能的。另一方面，作为先决问题，质疑行政行为者可以主张有关各界的参与程序有瑕疵，行政立法违法无效（违法性关联）。〔107〕其根据可能在于，在行政立法程序中表达集合化利益，其目的是在行政过程的开始阶段以对应于该阶段的样态表达行政行为的有关个别利益（"关联的阶段性体系"）。

390 　　另外，联邦行政法院认为，即使职员团体的上层组织参加公务员法上的行政立法程序﹝二（1）（a）④﹞有瑕疵，该行政立法也并不无效。其原因在于，法律关于该程序的规定是模糊的，某种程序是合法还是违法并不明确，以程序瑕疵为由使行政立法无效将招致明显法的不安定性。联邦行政法院否定了将参与程序有瑕疵之行政立法的违法无效作为先决问题的主张。另一方面，判决认为，"上层团体的参与权……有争议时，可以通过请求行政法院予以保障或确认"，承认了参加诉讼的可能性（虽是黑森州公务员法的案件，但对照了联邦公务

---

〔103〕　同上。

〔104〕　BVerwGE 105, 348.

〔105〕　Vgl. auch BVerwG NVwZ 1998, 616.

〔106〕　Ule/Laubinger, BImSchG Komm. , §51 是肯定的，Jarass, BImSchG Komm. , §51 Rn. 4 是否定的。

〔107〕　当然，对于何种程度的何种程序瑕疵会使行政立法无效，原告可以援用何种程序瑕疵，众说纷纭。Trute, Vorsorgestrukturen, S. 343-345 m. w. N. 反对者，Jarass, a. a. O.

员法）。[108]当然，本判决是关于公务员劳动关系的，其射程是否及于污染法等其他行政立法参与程序，并不明确。[109]

（c）但是，联邦行政法院一般并不承认贯彻"自足性程序参与权"的"参加诉讼"。结果导致只有实体性权利有可能（或已经）受到侵害者才能在诉讼中直接或间接主张该程序瑕疵。这与《联邦行政程序法》第46条、《行政法院法》第44a条一样，可以看作以实体法为主、程序法为辅的观念［"程序法从属性（dienend）功能学理"[110]］的表现。[111]具体例示如下。

① 联邦行政法院例外地直接承认核能法、污染防止法许可程序［二(1)(c)②］的实施请求权。但是，实施请求权人仅限于实体性权利可能受到侵害者（"相对性程序权"）。[112]

---

[108] BVerwGE 59, 48. 认为参与程序有瑕疵时一般性法则无效，Ule, Beamtenrecht, §58 BRRG Rn. 4; Battis, BBG, §94 Rn. 5. 另一方面，参加诉讼的判决引用了 Lemhöfer, in: Plog/Wiedow/Beck/Lemhöfer, Kommentar zum Bundesbeamtengesetz mit Beamtenversorgungsgesetz, §94 Rn. 5, 12, 该文认为，参与程序不满足法的要求时，或者完全没有进行程序时，上层组织可以通过向行政法院提起的给付诉讼、确认诉讼来贯彻"法的请求权"。未就参加诉讼的容许性特别作出判断即进入本案审理的判决，BVerwGE 56, 308; BVerwG ZBR 1980, 186.

[109] 判决参与程序有瑕疵，行政立法也并非无效，认为该判示的射程不及于污染法上的行政立法者，Trute, a. a. O. 认为及于污染法上的行政立法者，Jarass, a. a. O.

[110] Vgl. Schmidt-Aßmann, Verwaltungsverfahren, in: HdbStR 3, Rn. 34.

[111] 对于这种判例的态度，施密特-普罗伊斯（Schmidt-Preuß, a. a. O., S. 520—530）予以肯定，而胡芬（Hufen, Fehler im Verwaltungsverfahren, Rn. 535f., 550—552）则予以批判。施密特-阿斯曼［Schmidt-Aßmann, in: Maunz/Dürig (Hrsg.), GG Komm., Art. 19 Abs. 4 Rn. 152］在整个程序（如许可、计划确定等）正在实施、而个别程序参与（如听证等）受到妨碍时，积极承认自足性程序参与权；在并未实施整个程序时，对于承认要求实施程序的自足性程序参与权，却是消极的。BVerwGE 62, 243 暗示了两者的区别，但引用了该判决的 BVerwGE 44, 235; BVerwG NJW 1981, 239 并没有对两者作出区分。以下对两者不作特别区分。另外，作为判例和学说的客观分析，参照、山田洋『大規模施設設置手続の法構造』277～281 頁。

[112] BVerwGE 61, 256; 75, 285; BVerwG NVwZ 1989, 1168; BVerwGE 88, 286; BVerfG NVwZ 1988, 1017 (§7 AtG); BVerwG DVBl. 1983, 183; BVerwGE 85, 368 (§10 BImSchG). 包含绝对性和相对性程序权的区别，vgl. Wahl/Schütz, a. a. O., Rn. 72-81.

　　② 建设管理计划制定程序 ［二(1)(c)①］ 实施请求权、[113]计划
确定程序 ［二(1)(c)②］ 实施请求权，[114]原则上是被否定的。对于
前者，《建设法典》第 2 条第 3 款规定，"不存在要求制定建设管理计
划的请求权"。在违法未实施后者的计划确定程序时，"所有权"受侵
害者只能对项目人主张消除结果请求权，[115]或者主张实体权受到某种
行政处分的侵害，[116]间接促进程序的实施。

　　③ 联邦行政法院也否定了为贯彻环境适合性审查程序参与 ［二
(1)(c)①］ 的参加诉讼。相反，如果环境适合性审查程序影响许可、
计划确定决定等行政处分的内容（没有该瑕疵，行政处分的内容就有
改变的可能性），实体权因行政处分而受到侵害者可以主张该瑕疵。[117]
但是，鉴于环境适合性审查程序并不拘泥于行政处分的实体要件细节，
而是通过概括性、综合性地评价环境影响，"明确表达、分节"环境利
益，因而尽管并不直接拘束行政处分，但在法上具有独立固有的意义

391

---

　　[113] BVerwG DVBl. 1982, 1096. 另外，巴蒂斯（Battis, Partizipation, S. 213ff.）对
《行政法院法》第 44a 条（草案）持批判态度，他说，"参加诉讼"具有"保障表达利
益论坛和利益得到考虑机会"的意义。巴蒂斯（Battis, in: ders./Krautzberger/Löhr,
BauBG Komm., 3. Aufl., § 3 Rn. 23; 6. Aufl., § 3 Rn. 4）对不承认建设管理计划参加诉
讼的通说判例持批判态度，但认为，也应当根据利益的实体保护必要性、个人关联程
度，区别对待关系人的程序权。

　　[114] BVerwG DVBl. 1967, 917; BVerwG NJW 1981, 239; BVerwGE 64, 325; BVerwG
NVwZ 1983, 672（长途道路法）; BVerwGE 44, 235; 62, 243; 78, 40; BVerwG NJW 1992,
256（水经济法）. Vgl. auch BVerwGE 41, 58.

　　[115] 参见第二节第三款。

　　[116] 为了易于争讼，BVerwG NJW 1977, 2367; BVerwG DÖV 1982, 639 将行政机关
不需要进行计划确定程序的决定视为行政行为，或与项目许可处分等同视之。

　　[117] BVerwG NVwZ 1993, 565; BVerwG NVwZ 1994, 688; BVerwGE 96, 239; BVer-
wG NVwZ 1994, 1000; BVerwG NVwZ 1995, 905; BVerwG DÖV 1995, 951; BVerwGE 98,
339; BVerwG DÖV 1996, 173; BVerwGE 100, 238（直接适用欧共体环境影响评价指令的
案件）. 赞成，Schmidt-Preuß, Die verfahrensrechtliche Charakter der UVP, DVBl. 1995,
S. 494f. 反对，Steinberg, Chancen zur Effektuierung der UVP durch die Gerichte?, DÖV
1996, S. 226-231; Ruffert, Subjektive Rechte im Umweltrecht der EG, S. 265-271, S. 275;
Wegener, Rechte des Einzelnen, S. 189-191; Kadelbach, Allg. VerwR unter europäischem
Einfluß, S. 420-423 m. w. N.

［参见二（2）（b）①］，通说判例使主张环境适合性审查程序瑕疵依存于行政处分的观点，对应于《环境适合性审查法》的"文字"（例如第9条第3款），但并不合乎"规范目的"。环境适合性审查并不源自德国的传统，暴露出了德国根深蒂固的"程序法从属性功能学理"的界限。

第二节 消除结果请求权和消除结果负担的类型 394

如前所述，[118] 在德国，消除结果请求权和消除结果负担的法理发挥着填补私人权利保护空隙的功能。对于这一法理，通常会论述其基本权利的基础、与依法律行政原理的关系、一般性要件和效果。[119] 这样的一般性考察当然是必要的。但是，如果考察一下消除结果请求权和消除结果负担法理适用的具体情形，就可以知道这一法理和其他法规范、法理相结合，或扩张其适用范围，或补充其适用范围，使行政主体的义务、私人的权利得以成立。故而，这里转换视角，将消除结果请求权、消除结果负担法理与其他法规范、法理相结合的样态予以类型化分析。虽然大致分为四个类型（第一款至第四款），但在今后，权利保护方面出现新问题时，消除结果请求权和消除结果负担法理有可能以其他样态扩张、补充其他法规范和法理的适用范围，进而形成

〔118〕 参见第三章第二节第二款一（2）。

〔119〕 作为德国最近的研究，T. Schneider, Folgenbeseitigung; Pietzko, Der materiell-rechtliche Folgenbeseitigungsanspruch; Ivo, Die Folgenbeseitigungslast; Blanke/Peilert, Die Folgenbeseitigungslast, Die Verwaltung 1998, S. 29ff. 在日语文献方面，山田準次郎「行政上の権利保護と復善請求権または結果除去請求権」同『国の無過失責任の研究』203頁以下、平井孝「Folgenbeseitigungsanspruch 思想の展開（一～三・完）」新潟3巻1号1頁以下、4号1号34頁以下、11巻1号6頁以下、高木『事実行為と行政訴訟』33頁以下、折登「結果除去請求権」民商112巻2号171頁以下、同「結果除去請求権の法的性質」法と政治47巻1号347頁以下、太田照美「結果除去請求権の法構造」民商115巻3号42頁以下、村上武則＝太田照美「第三者効力を伴う行政行為における結果除去請求権」阪法47巻1号33頁以下、村上武則＝太田照美「行政庁の不作為による侵害と結果除去請求権」阪法47巻3号1頁以下、村上武則「わが国の行政介入請求権とドイツの結果除去請求権」阪法47巻4・5号185頁以下、同「ドイツにおける公法上の結果除去請求権の内容について」園部古稀543頁以下。

消除结果请求权、消除结果负担法理的新类型。在这一意义上，消除结果请求权和消除结果负担的法理"是开放发展的"。

德国作为消除结果请求权和消除结果负担来讨论的问题，在日本很多是作为行政诉讼的问题来讨论的。这里以德国的讨论为参考，从实体法、行政程序法角度重新整理和考察日本法中的这些问题（各款的末尾）。不过，真正的、全面的探讨留待将来完成。

第一款　行政作用的反作用

（1）消除结果请求权的典型例子是，在住宅强制分配被撤销后，住宅所有者要求行政机关使被分配者退出；建筑许可被撤销后，相邻人要求行政机关拆除建筑物。[120] 一般而言，行政机关通过行政行为等行政作用（强制分配、建筑许可）实现某种状态（被分配者的使用住宅权能、建筑自由），在维持该状态丧失了法的根据时，负有恢复原状（被分配者使用住宅权能的不存在、不进行某种样态建筑的义务）的责任，私人可以要求行政机关恢复原状。行政机关作出有利于一方利益（被分配者、建筑主）的判断，并予以实现，而作出有利于相反利益（住宅所有者、相邻人）的判断，如果不负有实现它的责任，则行政机关对对立性利害关系的规范就会产生不均衡。[121]

但是，行政机关要求第三人（被分配者、建筑主）作出行为的权限，是以行政机关对消除结果请求权人（住宅所有者、相邻人）负有消除结果义务为根据，还是需要有特别的法律根据，存在争议。巴霍夫采取前说，他说，

---

〔120〕 此外，还有的例子是，在撤销道路公用废止行为的同时，要求恢复当初的道路状态。BVerwGE 80, 178.

〔121〕 另外，瓦尔特·耶利内克（W. Jellinek, Verwaltungsrecht, S. 49-51）给"传来的公法关系"举出一个例子，即"在履行了公法上的义务之后，义务却并不成立，因而，主张应当返还没有法根据的给付"，这种公法关系与实现行政行为的"本来的公法关系"具有"颠倒"（Umkehrung）的关联性（参照、田中二郎「民事事件と行政事件」同『公法と私法』243 頁、人見『近代法治国家の行政法学』185~187 頁）。

"机关执行可能违法的行政行为，并造成违法状态，通常也是在和违法受益者的关系上，从机关的权能可以导出恢复合法状态的义务和权利。否则，处于违法占有状态的受益者将比处于合法占有状态、被违法课予负担者受到更强的保护。但是，如果值得信赖保护的受益者利益优位，就必须例外地使负担者的权利后退。不过，在撤回的情形下，在决定撤回时就已经考虑了受益者的信赖保护，并不是在决定消除结果时才加以考虑。"[122]

而魏罗伊特尔采取后说，他说，

无论是行政机关介入第三人的权限，还是私人要求行使权限的权利，都不能从消除结果义务和消除结果请求权中导出。但是，通常，警察权的概括条款成为行政机关权限的根据，私人要求启动该权限的权利也得到承认，因而，实际上并没有障碍。行政机关对是否行使权限等存在裁量。但是，行政机关在裁量之际必须考虑过去违法给私人造成的侵害［消除结果负担（Folgenbeseitigungslast）］。当然，因第三人的利益等其他考虑，有时也允许不行使权限。但是，这时，消除结果请求权就变形（umwandeln）为结果代偿请求权（Folgenersatzanspruch），私人可以向行政机关请求补偿。[123]

之后，后说被认为是承认"灵活应对"的学说。[124]但是，在适用消除结果请求权的法理时，即使采取前说，也可以承认需要考虑第三人的信赖保护、保护第三人的比例原则等相反方向作用的法理，[125]以及行政机关在选择消除结果的手段上存在裁量。如果前说在行政机关对第三人的权限根据上不仅求诸消除结果请求权的法理，同时还求诸原来行政作用的法律根据，那么，前说也是成立的。

----

〔122〕　Wolff/Bachof, VerwR Ⅰ, §54 Ⅱ. h［Bachof］.

〔123〕　Weyreuther, Folgenbeseitigung, 47. DJT, B. 106-117, 128-134.

〔124〕　Ossenbühl, Staatshaftungsrecht, S. 320.

〔125〕　T. Schneider, Folgenbeseitigung, S. 162ff. ; Ivo, Die Folgenbeseitigungslast, S. 96ff. ; Blanke/Peilert, Die Folgenbeseitigungslast, Die Verwaltung 1998, S. 42ff.

（2）与德国的住宅强制分配相似，日本可以找到农地收购、出售的例子。

一般来说，农地收购、出售的撤销判决一经确定，行政厅就负有注销所有权登记的义务。有学说认为，这种恢复原状义务的根据在于判决的拘束力［《行政案件诉讼法》（以下简称《行诉法》）第33条］。但是，在恢复原状义务的情形中并不存在拘束力的典型关系，法院并未对案件尽数作出判断，行政厅具有再度判断的义务和权限。无论是存在行政行为的争讼撤销、职权撤销、撤回、无效、失效等原因，还是有违法状态，都成立恢复原状义务。[126] 因而，毋宁是从"实体法"中寻找恢复原状义务的根据。[127] 另外，也有学说认为，"'拘束力'正是个别具体地确立了实体法上的一般义务，并将其予以明确"。[128] 如果在撤销判决之际，"行政行为已经在执行时，法院可以根据申请宣告行政机关必须撤销执行及其撤销执行的方法"（德国《行政法院法》第113条第1款第2句），那么，义务就得到明确，但仅将实体法上的义务叠加起来作为拘束力来说明，其意义也不大。[129]

当然，在日本，实体法上的恢复原状请求权和义务，不是作为行政厅因作出了行政行为而负有的消除结果义务、在行政行为抗告诉讼中所主张的消除结果请求权，而是成为一般的民事诉讼对象，作为一般的民事法关系来把握。具体而言，前述注销登记义务被认为本来应是通过恢复原状（《行诉法》第13条第1项的关联请求）的民事诉讼来实现。[130] 被收购者要中断受让者的取得时效，提起撤

---

[126] 对于德国的消除结果请求权是通说。Vgl. Wolff/Bachof, a. a. O., §54 II. a. 2, c [Bachof]；Ossenbühl, a. a. O., S. 312f.

[127] 参照、塩野『行政法 II』144～145頁。这里的"实体法"是"诉讼法"的相对概念。

[128] 原田「取消判決の拘束力」ジュリ925号213頁。

[129] 参照、村上敬一「三三条註釈」園部編『注解行訴法』428～429頁。

[130] 参照、吉川「判決の拘束力」鈴木忠一＝三ヶ月監修『実務民訴講座8』268～269頁、阿部泰隆「三三条註釈」南編『注釈行訴法』308頁、竹田「判決に関する特則」渡部＝園部編『行訴法体系』411頁。

销诉讼并不够，还必须对受让者提起请求恢复原状之诉等。[131]此外，农地的被收购者可以对国家或受让者提起民事诉讼（《行诉法》第45条的争点诉讼），因而，并没有提起农地收购或出售处分无效等确认之诉的利益（《行诉法》第36条）。[132]因为并未设想通过无效等确认诉讼恢复原状，故而也并不准用判决的第三人效力（《行诉法》第38条、第32条第1款）。[133]对于争点诉讼，通说认为，将起诉通知行政厅（《行诉法》第45条第1款、第39条）是训示规定，参加行政厅不受判决效力拘束（《行诉法》第45条第2款并不准用《行诉法》第33条和《民诉法》第46条）。[134]

但是，在日本，也能认为行政厅因作出了行政行为而负有消除结果义务，在抗告诉讼中主张消除结果请求权吗？具体而言，可以有如下的解释论：①撤销判决一经确定，行政厅就负有消除结果义务。效仿前述德国《行政法院法》，也可能在判决主文或理由中"宣告"消除结果义务。②提起撤销诉讼，中断受让人的取得时效。[135]③作为行政厅消除结果的替代，也作为撤销诉讼关联请求的相关诉讼，也能认可被收购者针对国家或者受让人的民事诉讼。④可以认可以要求行政厅消除结果为目的、提起无效等确认之诉的利益。判决具有第三人效力。[136]⑤被收购者针对国家或者受让人的争点诉讼作为与无效等确认诉讼合并的民事诉讼来处理。也就是说，将通知行政厅作为强行性规定，行政厅在诉讼中立于准当事人的地位，受法院关于处分效力等的

398

---

〔131〕　最判1972年12月12日民集26卷10号1850页。远藤博也重视这一判决（遠藤『実定行政法』391頁）。

〔132〕　杉本「行訴法の解説（二）」曹時15巻4号52~53頁。

〔133〕　参照、塩野・前揭173頁。

〔134〕　杉本・前揭75~76頁。

〔135〕　上述最高法院判决似也不否定，如果让受让人参加撤销诉讼（《行诉法》第22条），时效中断。参照、鈴木康之・最判解民事篇昭和四十七年度457頁。

〔136〕　有的学说设想由相对人以外者提起诉讼等，并肯定无效等确认诉讼的判决第三人效力，这种学说正变得富有影响力。参照、塩野・前揭173~174頁。

判断的拘束。[137]

不过，需要注意的是，要恢复原状，有时还必须要求第三人（例如农地的受让人）作出一定行为。首先，根据魏罗伊特尔的学说，在没有警察权概括条款的日本，如果没有特别的法律根据，就不能通过消除结果请求权来实现恢复原状，而只能依据一般的民事法和民事诉讼等。其次，根据巴霍夫的学说，如果第三人不服从行政机关的要求，行政机关如果没有行政强制的特别法律根据，就通过民事执行程序来实现消除结果。[138]

399

第二款　违法行政作用与时间的恢复

（1）行政机关因违法拒绝申请而妨碍了相对人的行为时，行政机关要将违法形成的相对人法地位重新形成为合法状态，除了在现在的时点作出许可处分等，同时还需要进行以下事项。假定相对人已经获得许可等并作出了行为，需要考虑相对人的信赖保护要求，必须判断相对人现在的法地位。在违法拒绝职业活动许可申请的系争中，事实或者法发生变动，使得行政机关可以合法地拒绝申请，联邦行政法院第一法庭对此指出：

400

　　"课予义务诉讼基本上根据法院判决时法的状态作出判决。但是，本法庭已经反复指出，如果根据系争中生效的法，的确已经不能要求许可，但如果正确运用旧法，即使新规定生效，申请人也一定拥有许可，从法治国家的考虑来看——除非公共福祉的理由占据优位——可以要求宣告课予作出申请人职业活动许可的

---

　　〔137〕　对于一般的争点诉讼，有的学说将通知行政厅当作强行性规定，承认法院关于处分效力等的判断具有争点效力，其效力及于参加的行政厅（塩野・前揭176～179頁、塩野「無効確認訴訟における訴えの利益」同『行政過程とその統制』370～376頁）。但也有从传统的民诉理论提出批判（満田「争点訴訟の諸問題」鈴木忠一＝三ヶ月監修『新実務民訴講座10』176～180頁）。

　　〔138〕　对于通过民事程序强制行政上的义务，参照、小早川『行政法 上』241頁以下。

义务。"[139]

虽然这一判示也可以被解释为将判决基准时移至处分时，[140]但联邦行政法院第六法庭是这样来认识的：

"在诉讼法上，对于课予义务诉讼——与给付诉讼一样——下述情况是无疑的：只有在行政机关根据判决时对该案有效的法在法上负有作出行政行为的义务时，行政法院才能判决被告作出所申请的行政行为……不过，对于特定职业许可的事例，联邦行政法院第一法庭在一系列的判决中认为，这一原则的例外是合法的。但是，该法庭依据这时新法——实体——的过渡规定，对规定作出如下扩大解释。过渡规定不仅适用于已经获得许可的职业人，也适用于在比现在更有利的旧法有效时申请许可，并必须依据旧法合法获得许可的许可申请人。"[141]

这可以说是依据"法治国家的考虑""恢复原状（Naturalrestitution）的思想"[142]"消除结果请求权"[143]的实体法理。[144]

〔139〕 BVerwG DVBl. 1961, 447.（在地方法院活动的律师要求在高等法院活动的许可。）作为第一法庭的其他判决，BVerwGE 4, 81（88）（药店）；BVerwG DVBl. 1959, 664（零售业）；BVerwG DVBl. 1959, 775（同）；BVerwG DVBl. 1960, 778（汽车教练）。

〔140〕 Vgl. Ossenbühl, Staatshaftungsrecht, S. 321. BSGE 5, 238（241）（保险医师）；BGHZ 37, 179（181）（公证人）也这样解释第一法庭的判决并加以引用。

〔141〕 BVerwGE 29, 304（305）（公务员的兼职）.

〔142〕 Vgl. BVerwGE 4, 88.

〔143〕 Bachof, Rechtsprechung des BVerwG, Bd. 2, S. 359f.

〔144〕 Vgl. Eyermann/Fröhler, VwGO Komm., §113 Nr. 8b; Gerhardt, in: Schoch/Schmidt-Aßmann/Pietzner（Hrsg.）, VwGO Komm., §113 Anm. 307. 另外，乌勒（Ule, Zur Bedeutung des Rechtsstaatsbegriffs, DVBl. 1963, S. 480—482）援用了平等原则，但他（ders., Verwaltungsprozeßrecht, §57 II.1）也认可援用消除结果请求权。另一方面，科普（Kopp, VwGO Komm., §113, Nr. 99）一般反对这种法理，他指出："根据真正或不真正的法律溯及力原则，只有在涉及重要的法地位——尤其是也受基本权利保护的法地位——的案件，没有适当的过渡规定就不得侵害，在有疑义时，才作如下推定：根据合宪性解释，新法不适用于这种案件；相反，根据不成文的过渡法，依然适用旧法。"

（2）但是，一般对于建筑许可[145]（有时也对于职业许可[146]），不能说必须假定为了纠正因违法拒绝申请处分而形成的状态，就立即赋予相对人许可等，相对人已经获得许可等并正在行为。如果拒绝申请处分系争中的事实或法发生了变动，则视该变动为对申请的审查程序仍未完成而处于系属中发生的变动。不过，行政机关在行使对申请的处分裁量时，必须考虑过去违法拒绝申请妨碍相对人行为的事实，如果没有相反理由，就应当假定赋予相对人许可等，相对人已获得许可等并正在行为，裁量收缩至零（消除结果负担）。[147]

而行政主体在违法拒绝有关持续性身份关系（公勤务关系、在学关系等）的申请，妨碍相对人作为具有该身份者开展活动时，也负有消除结果的负担。也就是说，行政主体在对现在的相对人身份作出裁量性判断时，必须考虑过去违法拒绝申请妨碍相对人活动的事实。以下是一些例子。

401

①附撤回权保留的公务员（Beamter auf Widerruf）以消除结果请求权为根据，对其免职处分进行争议，主张自己本来有试用公务员（Beamter auf Probe）的地位，如无试用公务员的免职要件即不受免职。联邦行政法院否认成立消除结果请求权，其理由在于，原告并非试用的公务员而是附撤回权保留的公务员，这不可争议（原告过去并没有提起撤销诉讼等），而且，原告的主张并不是"恢复原状"（原告过去并不是试用的公务员）。[148] ②已服兵役的原告要求承认自己是兵役拒绝者。行政机关在争议期间，让原告回家休假。法院最终认可了原告是兵役拒绝者。行政机关将兵役转换为非军事性服务，但考虑了休假期间后决定了服

---

〔145〕 BVerwG DVBl. 1962, 178; BVerwG NJW 1962, 507（在相邻人就许可进行争议时法被修改的事例）; BVerwGE 41, 227.

〔146〕 BVerwG DVBl. 1986, 565（证券交易）.

〔147〕 BVerwG NJW 1968, 2350（建筑不许可）. Vgl. Weyreuther, Folgenbeseitigung, 47. DJT, B. 118–134; Rüfner, in: Erichsen（Hrsg.）, Allg. VerwR, §49 Rn. 33.

〔148〕 BVerwGE 28, 155（162）. Vgl. auch BVerwG DVBl. 1979, 852.

务的终了时间。原告要求提前结束服务期间。联邦行政法院判决如下："非军事性服务的期间……是强行性规定的。被告并没有作出不同期间规定的余地（'裁量'）。如此，即使能以恢复原状义务（所谓消除结果负担）作为根据，也因被告受法律拘束（《基本法》第 20 条第 3 款）而难以履行缩短原告服务期间的义务。消除结果义务不容许无视法律的拘束。"③由于原告的预备教员（Studienreferendar）的任用被违法延迟，原告申请教员任用也推迟至 1985 年。原告要求，如果没有推迟任用预备教员，1981 年就可以申请任用教员，因而以 1981 年而非 1985 年的条件任用教员。联邦劳动法院认为原告请求的根据在于消除结果请求权，并判断认为案件属于行政法院管辖。[149]

（3）像拒绝申请处分那样，关于行政机关在作出决定前提供信息行为的违法，联邦社会法院通过判例展开了社会法上恢复请求权（sozialrechtlicher Herstellungsanspruch）法理。因社会给付主体提供错误信息，或者未提供充分信息，相对人未能作出有利于自己的处分行为（申请等），或者作出了不利于自己的处分行为，给付主体应当假定相对人被提供适当信息，就将作出有利于自己的处分行为，或者不做不利于自己的处分行为，而采取社会保障措施。不过，联邦行政法院并没有在自己的管辖范围内明确适用这一法理的例子。[150]

402

（4）综上所述，在行政主体的违法措施妨碍了相对人的行为时，行政主体要纠正违法状态，就必须在现在时点采取过去应当采取的措施，同时，假定相对人不受妨碍就作出了行为，形成现在相对人的法

---

[149] BAG NJW 1989, 2909.

[150] 详细情况参见下列文献：Ossenbühl, a. a. O., S. 326ff. m. w. N.；Adolf, Der sozialrechtliche Herstellungsanspruch；Schmidt-De Caluwe, Der sozialrechtliche Herstellungsanspruch；Pietzner/Müller, Herstellungsanspruch und Verwaltungsgerichtsbarkeit, VerwArch 1994, S. 603ff.；Wallerath, Der sozialrechtliche Herstellungsanspruch und die Herrschaft des Rechts, DÖV 1994, S. 757ff.；前田雅子「ドイツ社会保障行政における『援助』（一）（二·完）」法叢 129 巻 4 号 77 頁以下、130 巻 2 号 81 頁以下、薄井「社会法上の回復請求権（上）（中）（下）」自研 73 巻 12 号 80 頁以下、74 巻 2 号 90 頁以下、4 号 79 頁以下。

地位（消除结果请求权）。相反，行政主体过去违法妨碍了相对人的行为，却以相对人没有作出行为为理由，拒绝在现在的时点授益相对人，这不违反信义原则吗？[151] 不过，如果是以行政机关对某人的措施为前提，其他人采取行动或者行政机关对其他人采取措施的情形（如关于都市计划的建筑许可），如果是将人的经验作为重要要素的持续性身份关系（如公勤务关系），那就不能简单地说应当"假定"行政机关采取前述恢复措施。这时，就必须既要考虑行政主体过去的违法行为，也要考虑法和事实的现实状态，以形成相对人现在的法地位（消除结果负担）。

另外，不能以消除结果请求权为根据，要求赔偿没有行政机关的违法行为就会得到的利益或可以避免的不利。原告被违法课予存入现金义务，要求补偿为履行义务而贷款的利息。联邦行政法院认为，①职务行为的直接结果为消除结果请求权所涵摄，②在间接结果上，相对人自己决定而引起的结果，并不为消除结果请求权所涵摄，因而否定了原告的请求。[152]

（5）在日本，对于行政处分时与撤销诉讼口头辩论终结时之间发生事实或法的变动的情形，是作为撤销诉讼中违法性判断基准时间问题来讨论的。这一问题应分为两个阶段来思考。①"实体法"的问题。行政处分之后发生事实或法的变动，行政厅应当如何判断、形成现在私人的法地位？消除结果请求权和消除结果负担涉及这种实体法的问题。②行政程序和诉讼程序的关系问题。法院应当将新的事实或者法纳入审理对象，对于口头辩论终结时私人的法地位作出判决吗？还是法院应当不以新的事实或法为审理对象，对于行政处分时私人的

403

---

〔151〕　参照、最判 1996 年 7 月 2 日判时 1578 号 51 页。

〔152〕　BVerwGE 69, 366. 在一个以准征收侵害的补偿请求权为根据，提出同样请求的案件中，联邦法院认为，没有侵害《基本法》第 14 条保护的法地位，驳回原告的主张。[BGHZ 83, 190 (194).] Vgl. auch BVerwG DVBl. 1963, 677; BVerwGE 35, 268; 40, 313（异议程序费用）; BVerwG NJW 1973, 1854（利息）。

法地位作出判决，而在重新的行政程序中审理和考虑新的事实或法吗？第二个问题的探讨留待他日完成。

第三款 事实行为的非目的性侵害

404

（1）行政主体通过事实行为非目的性侵害私人利益，[153] 其典型例子是污染。联邦法院认为，如果妨碍了公益和公共任务的实现，就排除对污染的防御请求权。[154] 而在污染防止法制定前，沃尔夫冈·马腾斯认为，对于高权主体根据法律实施项目所伴有的污染，承认根据《基本法》第 14 条有最低限度的财产权保护，而根据《德国民法典》第 906 条则否定防御请求权。他说：

> "对于大部分……典型的《德国民法典》第 906 条所设想的污染问题，行政法律是保持沉默的……但是，民事上的相邻法明显有助于在内容和目的的设定上划定私益范围边界，但不能承认高权行政也在原理上受相邻法拘束。""只要在高权行政领域没有污染的特别规范行为，就允许、要求将行政设施的存续、维持、操作的公法规定同时作为《基本法》第 14 条第 1 款第 2 句意义 405 上的所有权形成规定来把握。这种规定所涵盖的行政活动是合法的，包括也可能有的加害性后续效果也必须予以容忍。不过，行政法律所包含的对一般行政的委任，并不是无限制的。根据法治国家原则，所有侵害个人法地位的国家行为，都要采取符合必要性、比例性原理的方式，服从具有宪法效力的拘束。"[155]

（2）但是，联邦行政法院在一般层面上阐述如下：

---

[153] 对于法律行为的非目的性侵害，参见第四章第二节第一款二（2）（b）（c）。

[154] BGHZ 48, 98；60, 119；91, 20. 对于这些判决，参照、大塚「生活妨害の差止（六）」法协 104 卷 9 号 1310～1312 页。

[155] W. Martens, Negatorischer Rechtsschutz gegen Immissionen, in：FS für Schack, S. 89-95；W. Martens, Negatorischer Rechtsschutz im öffentlichen Recht, S. 32-35.

"与私法保护所有权不受来自私人领域的侵害一样，公法在公法的方向上保护所有权。公法也在被侵害的法益、法益的公法保护中找到基础，亦即如果该法益是所有权，就赋予防御请求权或消除（结果）请求权，这可以说是'源自所有权的'请求权。"[156]

如此，关于针对火灾警报器噪音的防御请求权，作出如下判示：

"在具有发生源设施的许可和监督权限的行政机关与设施设置者、运营者之间的关系，以及……行政机关与相关第三人之间的关系中，《联邦污染防止法》第22条以下以及第4条以下为其权利（权能）和义务提供基础。但在加害者与被害者的直接相邻关系中，法律并没有为容忍义务和防御请求权提供基础。""针对作为加害者的高权主体……要求污染不作为的请求权基础是类推适用《德国民法典》第1004条、第906条，还是《基本法》第2条第2款、第14条第1款，这一问题在这里可以搁置不论。对于防御请求权的存在并无争议。如果为实现公共任务而运营设施，引起污染，损害健康或者严重且难以容忍地（schwer und unerträglich）侵害所有权，那么，就损毁了身体不可侵犯（《基本法》第2条第2款）和所有权的基本权利（《基本法》第14条第1款），归结为对应的防御请求权……但是……《德国民法典》第906条与《联邦污染防止法》第5条第1款第1项、第22条规定了污染已经无法容忍因而违法的界限，它低于健康障害，低于重大且难以容忍的所有权侵害。"

"与此相对应，即使公共设施污染的被害者对高权主体的防御请求权基础在于基本权利，他也不负有义务容忍到健康障害、重大且难以容忍的所有权侵害的限度。一般法律规定了污染的容忍可能性，原则上对于公共设施的设置和运营也是有效的。""在《联邦污染防止法》第3条第1款、第22条第1款的意义上，对

406

---

〔156〕　BVerwG NJW 1974, 817（净水厂）；vgl. BVerwG DÖV 1971, 857 mit Anm. Bachof（在原告土地上的道路建设、挖掘）；作为最近的研究，Engler, Der öffentlich-rechtliche Immissionsabwehranspruch.

近邻造成明显的（erheblich）噪音负荷、有害的（schädlich）环境作用，也是在《德国民法典》第906条第1款的意义上对近邻的土地利用造成不限于非本质性（unwesentlich）侵害的噪音作用。相反，如果噪音不能说是《联邦污染防止法》第3条第1款、第22条第1款意义上明显的或者有害的环境作用，也就不能说是《德国民法典》第906条第1款意义上的本质性侵害。私法上和公法上的污染防止法为评价污染容忍义务的界限、污染'近邻'的合法和违法界限设定了基本基准，亦即本质性和显著性，没有理由对其作区别解释。公法的规定不亚于私法的规定，仅规定《基本法》第14条第1款第2句意义上的——私的——所有权内容和界限，因而，这种解释——鉴于土地效用及超出其边界的影响——更不能得到正当化。"

"如果移设警报器的必要费用与保护近邻不受难以容忍的噪音损害的目的不成比例……被害者……可以要求造成明显损害的设施运营者补偿被动采取防止噪音措施，亦即设置隔音窗的金钱。如果为避免污染或者减轻至可容忍的程度而采取措施，花费了不适当的高费用，这时可以从支配加害方土地利用与受到损害的土地利用的近邻关系的一般法规中产生补偿请求权。在私法的相邻关系法中，请求权……最终表现于《德国民法典》第906条第2款第2句。在公法形态的近邻关系中，请求权表现为《联邦行政程序法》第74条第2款第3句及州行政程序法的相应规定，以及关于特别公共设施的《联邦污染防止法》第41条第2款……等其他个别法律。在公法上的近邻关系中，仅存在要求针对被动性防止污染措施进行目的拘束性金钱补偿的请求权。原因在于，只有目的性拘束，才能保障公法要求的防止污染。"[157]

---

[157]　BVerwGE 79, 254; vgl. 68, 62（教会的钟声）; 81, 197（竞技场的噪音）. 另外，BVerwG NJW 1985, 1481（因道路建设导致原告土地的坍塌）; BVerwG NJW 1989, 2486（因道路建设导致垣墙的损坏。在加害者与被害者发生责任竞合时，允许以支付补偿来处理）也可以说设想了相邻关系上的一般性消除结果请求权。

根据这一判决，第一，相邻人因高权主体而面临污染，不仅基本权利保护其不受健康障害或者"重大且难以容忍的"所有权侵害，将基本权利具体化的法律也保护其不受更轻的侵害。第二，相邻人针对高权主体具有防御请求权，其"基础"是《德国民法典》第 1004 条、第 906 条的类推，还是《基本法》第 2 条第 2 款、第 14 条第 1 款，并不需要特定化。另外，这一请求权的"基准"是《联邦污染防止法》第 3 条第 1 款、第 22 条第 1 款，但"没有理由"将这一基准与《德国民法典》第 906 条第 1 款所示基准"进行区别解释"。如此，不问法的领域，被动性防止污染措施的补偿请求权可以作为一般法理得到认可。要言之，判决对民法典和污染防止法等作统一解释，不问造成污染的项目人是高权主体还是私人企业，对于相邻人依据基本权利具体化这些法律对项目人的防御请求权，作一般性和统一性的理解。

（3）为了保护相邻人不受项目的污染，有时就设计了行政机关采取程序和措施的制度。这时，前述的防御请求权可以实现促进行政机关采取程序和措施的功能。[158]此外，有时立法规定，如果项目经过含有防止污染目的的事前行政处分（许可等），就或多或少地排除针对项目人的防御请求权。不过，要如此排除防御请求权，就需要一定要件。[159]另外，事前处分排除针对项目人的请求权，其目的原本是庇护该项目活动，[160]而现在毋宁应当理解为使适应特定项目活动的防止污染特别程序和措施得到贯彻。

（4）日本最高法院以涉及"公权力的行使"为理由，驳回了大阪机场（国营机场）和厚木机场噪音的民事禁止诉讼。[161]但是，最高

---

[158]　BVerwGE 44, 235（水经济法上的水域保全义务）；BVerwG NJW 1981, 239（长途道路法上的计划确定程序）；BVerwG DVBl. 1993, 1357（道路根据 B 计划建设，但 B 计划在规范控制诉讼中被宣告无效，在没有重新制定 B 计划时，认可了沿途居民的封锁道路请求）．

[159]　参见第四章第一节第五款（2）（b）．

[160]　参见同款注（258）．

[161]　最判 1981 年 12 月 16 日民集 35 卷 10 号 1369 页、最判 1993 年 2 月 25 日民集 47 卷 2 号 643 页．

法院在公权力行使及项目的公益性上赋予了过剩的意味，而没有充分考虑防御请求权这种实体权以及防止污染的法制度构造。以下作简要阐述。

（a）大阪机场判决驳回机场供用的民事禁止诉讼，其根据在于，机场管理权与航空行政权属于同一行政机关（运输大臣）。但是，这一点是在行使航空行政权的主体与行使机场管理权的主体的关系中具有意义，但在航空行政权、机场管理权的主体与邻近居民的关系中并没有明确的意义。也就是说，如果航空行政权的主体不同于机场管理权的主体，航空行政权的主体（运输大臣）就有必要规范机场管理权的主体（国家以外的公共主体、私人企业）时，在这种规范中，或多或少地课予比例原则、正当程序要求、诉权保障等实体法和程序法上的制约，而航空行政权的主体要实现行政目的，就要花费法的和事实上的成本。如果航空行政权的主体与机场管理权的主体是同一的，就可以回避这种法的制约和成本。但是，航空行政权主体与机场管理权主体同一的意义，不多也不少，不及于这种主体与机场邻近居民的关系。

与此相对，一个可能的反驳是，航空行政权与机场管理权的主体之所以是同一的，是因为机场管理的公共性，亦即机场项目在实现航空行政上有很高的必要性，因而，不服机场管理就意味着不服航空行政。但是，一般还不能说，项目的公共性和必要性很高，就由具有行政权限的行政机关管理运营，反之，项目的公共性和必要性低，就实行由其他公共主体或私人企业管理运营项目、行政机关监督的制度。确定项目是由相关行政机关还是由其他主体管理运营，不仅要考虑项目的公共性和必要性，也要考虑相关行政机关和其他主体在多大程度上具备、能够具备实行该项目的动力和能力等。各种公共主体和私人企业在行政机关的监督下，管理运营公共性高的项目，这种制度在国家减量、规制缓和的潮流中也许会越来越多。

（b）另一方面，厚木基地判决认为，防卫厅长官对自卫队飞机的航行具有"权限"，航行必然伴有噪音等，周边居民负有"义务""容忍"。这可理解为与前述(1)中马腾斯学说对应的逻辑，即高权主

408

体依据法律举行项目带来污染，只要没有特别规定，就仅承认最低限度的基本权利保护。但是，如（2）所述，项目的公共性不受阻碍地优先于对污染的规范要求，这种逻辑在德国已经得到克服。而这一逻辑虽然意味着限制针对自卫队飞机航行的防御请求权要件和效果，但并不能成为自卫队飞机航行是行使公权力的论据。

409　更具分析性的是，判决的补充意见将防卫厅长官对自卫队飞机航行的命令理解为行使公权力。但是，正如已经有人指出的那样，[162] 这是对自卫队员的职务命令，而不是对自卫队外部的行政行为，如此理解才是自然的。

（c）最高法院的逻辑终究不是否定针对高权主体造成污染的一般防御请求权以及实现该请求权的民事诉讼的理由。

另外，德国《航空法》明确规定，设置机场的许可可以添加负担的附款，在许可时应当考虑防止噪音问题（第6条），许可在一定程度上排除对项目人的请求权。特别是对于机场等，要实施特别的计划确定程序和环境影响评估，计划一经确定，就排除拆除或变更设施的请求权（第8~10条）。对于军用机场，只有在与执行防卫任务完全不相容的情形下，才不实行许可程序；而在其他情形中，实行许可程序，个别地根据保密的需要而限制实施和公开。不实行计划确定程序（第30条，联邦行政法院判决[163]）。在日本，今后在设置机场或飞行场时，也要根据环境影响评价法采取程序。

410　<h2>第四款　信息保护与通过信息的行政作用</h2>

<h3>一、个人信息保护</h3>

（1）相对于行政机关的信息收集、加工、保存、提供，个人信息保护由人格同一性（personale Identität）的保护与社会同一性（soziale

---

〔162〕　例如，参照、高木·评释·法协112卷3号426页以下。
〔163〕　BVerwG NVwZ 1988, 1122; BVerwGE 81, 95.

Identität）的保护构成，前者旨在形成远离（Isolation）社会的个人性、私人生活，后者旨在形成个人在社会中的形象（Bild）。后者进一步包括消除社会交流的静态中不适当的个人信息，亦即传统的名誉保护，还包括限制个人信息在社会交流的动态中的利用可能性、使用可能性，亦即"自我描写权"（Recht auf Selbstdarstellung）和"信息的自我决定权"（Recht auf informationelle Selbstbestimmung），随着信息的社会价值增大和信息处理技术的发展（计算机化），这种权利近年来受到关注。[164]阻止社会交流的权利与社会行为（交流）的权利反向作用，却是社会行为（交流）权利的一般前提条件。[165]也就是说，如果没有名誉保护，名誉受损者在以后的社会行为（交流）中就处于明

---

[164]　Vgl. Schmitt Glaeser, Schutz der Privatsphäre, in: HdbStR, Bd. 6, Rn. 30-32, 42-44.

[165]　朔尔茨与皮查斯（Scholz/Pitschas, Informationelle Selbstbestimmung und staatliche Informationsverantwortung, S. 66-102）将信息自我决定权视为这样一种权利，在关于言论自由、集会自由、结社自由、职业活动自由、财产权、人格权等（《基本法》第5、8、9、12、14、2条）各种基本权利的各个交流领域阶段性地保护交流的自由。

但是，第一，交流自由不是进入具有封闭身份的个别化交流的自由，而是进入开放过程（！）的自由，通过交流的相对方或者第三人在多个方向上发展交流，信息是流通的。因而，将交流自由与信息的自我决定权看作仅为相同方向上作用，是不当的。"所有交流的基本权利至少在目标的方向上正是指向他人、社会和国家认识并'登记'这种基本权利的行使，作为旨在影响他人、国民、（间接地）国家意思形成过程的公共言论自由。需要明确主张何种意见、在集会游行中支持或者反对什么、作为成员支持何种结社。如果这种交流的基本权利同时被包含并定位于数据保护的特别基本权利，交流基本权利的内涵内容就被颠倒了。"（Schmitt Glaeser, a. a. O., Rn. 84.）

第二，在信息的自我决定权上，最重要的不是作为信息收集对象的自己的交流形态，而是他人收集、加工、传递自己信息的过程（潜在和显在的交流）形态。"数据保护不是直接针对自己活动不受妨害的自由，而是在人格领域中针对他人活动的防御……在大多数情况下，将（不被允许的）数据加工的自由妨害效果限制在收集信息的生活领域，已经纯粹是事实上不可能的事情。例如，制作参加反政府集会的'黑名单'，通常不仅产生妨害在《基本法》第8条的生活领域中发展个性机会的效果，也对《基本法》第5条、第9条、第11条、第12条等的框架中其他自由活动产生影响。我们无法正确地取出数据加工的萎缩战术所有效果，并与特定的特别基本权利保障关联起来。问题在于，人的人格的基础性存在（Grundbefindlichkeit）、一般的行为自由，它无法固定于彼此的特别自由。"（Schmitt Glaeser, a. a. O., Rn. 85f.）

411　显不利。联邦宪法法院的国情调查判决关于信息自我决定权有著名的一节。

> "个人的自我决定的前提在于……赋予每个人决定应为或不为行为的自由，也包括该决定对应的事实上行动可能性。有些人不能充分确定地预见到在社会环境的特定领域有关自己的何种信息被人知道，在某种程度上无法预见可能成为交流对象者的知识，他们通过自身的自我决定来计划和决定的自由，有可能在本质上受到妨碍。市民已经不能知晓何人在何时、何种机会下知道有关自己的何种情况，这种社会秩序以及使这种社会秩序成为可能的法秩序，与信息的自我决定权并不相容。有些人不能清楚地知道越出常规的行为是否一直被记录下来，作为信息长期保存、使用或让渡，他们会不通过这种行为而引人注意。例如，有的人考虑到参加集会或市民运动可能在行政机关登记，由此而背负风险，也许就放弃行使相应的基本权利（《基本法》第8条、第9条）。"[166]

为了保护信息的自我决定权，有必要对信息处理过程进行法的控制，过去它完全是行政的"内部"事项，但需要作为具有"外部"效果的事项来把握。也就是说，在信息处理的各个阶段，需要适用法律保留、比例原则（目的拘束）、程序保障等法理。[167]在实定法上，根据国情调查判决，1990年《数据保护法》作出修改，在信息的存储、提供、变更、消除之外，将收集和利用也作为规范的对象，此外在公共领域，在数据文档之外，将文书也作为规范的对象，信息的自我决定权受到更为概括性的保护（1977年《数据保护法》第1~3条、第9~

---

〔166〕　BVerfGE 65, 42f. 对于该判决的内容，参照、鈴木庸夫＝藤原静雄「国勢調査判決（上）（下）」ジュリ817号64頁以下、818号76頁以下。对于该判决的先行联邦宪法法院判决、学说和立法实务对该判决的反应，参照、藤原静雄「情報の自己決定権」一論94巻5号728頁以下。

〔167〕　Vgl. Schmidt-Aßmann, Grundrechtswirkungen, in: FS für Redeker, S. 238f.

11 条、第 14 条，以及 1990 年《数据保护法》第 1 条、第 3~4 条、第 13~17 条、第 20 条）。行政程序法不仅将自然人的信息也将企业秘密作为规范对象，但规定简略（《联邦行政程序法》第 30 条、《巴登－符腾堡州行政程序法》第 3a 条、《北莱茵－威斯特法伦州行政程序法》第 3a 条）。此外，参见《租税通则法》（Abgabenordnung）第 30 条以下，《社会法典》第一编第 35 条、第十编第 67 条以下，各州警察法（例如，《巴登－符腾堡州警察法》第 19 条以下、第 37 条以下）等特别法。[168]

（2）在具体实现针对行政机关的个人信息保护时，常常援用消除结果请求权。下面是联邦行政法院的有关判决。

①在某案件中，行政机关在强制住院手续终了后也保存着医师的鉴定书，请求撤回该鉴定书，被认为属于行政法院管辖。[169]战争补偿厅在提醒注意录（Warnmitteilungen）中记载着原告可能在多个机关申请，原告对此不服，但被驳回。[170]

②在某案件中，在监护机关向州部长通知青少年宿舍的有关信息时，被认为应当判断通知是按原样传递第三人的见解来解释，还是作为行政机关自身的见解来解释，如果是后者，通知中的事实是否真实。[171]原雇用当局的州作为职务协助（《基本法》第 35 条）传达给联邦直辖的公法上团体（同第 87 条第 2 款）人事考核文书里没有的事实，导致对原公务员的不利评价，却没有给原公务员充分听取意见的机会。原公务员要求传达该信息传达

412

---

〔168〕　对于 1977 年、1990 年《数据保护法》，分别参照、藤原静雄「《翻訳》西ドイツ連邦データ保護法」国学院 27 巻 1 号 51 頁以下、同「ドイツの個人情報保護制度」ジュリ増刊『情報公開・個人情報保護』287 頁以下。对于《社会法典》的数据保护，参照、大橋洋一「社会福祉行政手続の法的特質」同『行政法学の構造的変革』189~191 頁。对于各州警察法的数据保护, vgl. Friauf, Polizei- und Ordnungsrecht, in: Schmidt-Aßmann (Hrsg.), Besonderes VerwR, Rn. 121-121c.

〔169〕　BVerwG DVBl. 1970, 576.

〔170〕　BVerwGE 23, 223.

〔171〕　BVerwG NJW 1988, 2399.

・393・

违法的情况，其消除结果请求权得到承认。[172]原则上，公务员没有请求权，要求上司撤回关于服务的评价。[173]

③在某案件中，请求限制飞机事故调查报告的传达等，但被认为没有诉的利益。[174]从海洋厅到联邦高等海洋厅的审级违反禁止混合行政的要求（同第83～85条），据此，依据消除结果请求权，以给付诉讼请求撤销联邦高等海洋厅确认原告过失的判定，得到认可。[175]

此外，有人尝试着根据消除结果请求权的观念，为禁止在行政程序中使用违法收集的信息法理划定要件和效果：①违反有关行政程序中保护关系人权利的规范，收集信息（亦即不包含侵害拒绝提供信息权的情形，如果提供将导致自己受到刑罚或秩序罚）；②禁止直接使用该信息（亦即不包含依据该信息启动和继续进行程序或者收集和使用新信息）；③禁止使用将侵害第三人生命、身体等基本权利（有迫切的危险）的情形除外。另外，由于违法的信息收集将导致无法恢复的损害，侵害停止交流的权利（而不是交流程序的参与权），而且，禁止使用违法收集的信息法理受到上述限制，因而，不论行政程序是开始还是终了（尽管有《行政法院法》第44a条），都有必要承认事前或早期的权利救济和临时救济，以预防违法收集信息，或者将违法收集的信息排除出行政机关的支配范围。[176]这一见解受到关注，它在①与③上援用消除结果请求权观念，与一般地、绝对地把握权利和违法性的概括性请求权观念形成对照，根据利益状况和规范目的个别地、相对地把握权利和违法性。[177]

413

---

[172]　BVerwGE 38, 336.

[173]　BVerwGE 75, 354；BVerwG DÖV 1968, 429.

[174]　BVerwGE 14, 323.

[175]　BVerwGE 59, 319.

[176]　Stephan Südhoff, Der Folgenbeseitigungsanspruch als Grundlage verwaltungsverfahrensrechtlicher Verwertungsverbote.

[177]　参见第三章第二节第二款一。

二、通过信息的行政作用

（1）特别是近年来，行政机关向公众提供信息，作为行政作用发挥功能，受到关注。可以举出联邦行政法院的判决。[178]

①公布药品价格、效能、品质保证等一览表［透明化列表（Transparenzliste）］，以及公布前收集制药企业的信息，属于对企业的商业活动自由的"有目的的、固有的基本权利（final und grundrechtsspezifisch）"侵害，需要法律的授权。"这一……措施的……目的在于，重新整理药品市场的秩序，作为抑制药价的必然结果，为了公益而减少各个制造业者的获得利润可能性。〔此外〕授予或不授予品质保证标识，问题是国家机关在实施类似于药品许可程序的审查后作出的价值判断。这种价值判断具备公共权威且针对具体产品公布……直接影响各个制造业者的销售可能性。透明化委员会具有公共性质，其价格、效能、品质保证的标识，再加上处方医生〔在与健康保险的关系上〕受拘束于经济性原则，赋予透明化列表贯彻力，在其目的规定的意义上，相当于国家直接强制介入市场行动，课予各个企业负担。""在该案中，具有决定性意义的是，在品质保证基准的标识的同时，国家公布处方医生必然考虑的、能相互比较的药品公共一览表，由此创造条件，使理性行动的企业不拒绝所要求的协作，故而，考虑到国家创造的适应压力的能效性，可以放弃强制提供信息。"[179]

②当联邦政府向公众发出警告（Warnung），特定团体是"青年宗教和青年宗派"，它有招致精神障害、破坏人格的危险时，

---

〔178〕　作为判决的详细分析，过去有，大桥洋一「行政指導の比較法研究」同『現代行政の行為形式論』122~124页、132~134页、同「法治主義の現代的課題」同『行政法学の構造の変革』33~36页、德本広孝「インフォーマルな行政活動の法的限界」本郷法政紀要 3号124~128页；作为最近的论文，Spaeth, Grundrechtseingriff durch Information.

〔179〕　BVerwGE 71, 183.

针对团体等名誉、信教的"基本权利侵害，可以通过联邦政府向公众传递信息、进行启蒙〔所谓宣传活动（Öffentlichkeitsarbeit）〕的宪法任务和权能充分正当化"，因而，不需要法律的授权。"基本权利侵害的容许界限由宪法直接判断。"也就是说，根据"比例原则"，"警告必须存在充分动机〔例如'对保护法益的危险'等〕"，"因为国家的意见表达一般服从适当性（Sachlichkeit）要求"，"国家必须准确再现状况，避免不适当或攻击性评价"。[180]

③公布受污染的葡萄酒和灌装了的企业名单，并不是对职业活动自由的"目的性"侵害，在实质上也"没有侵害《基本法》第 12 条第 1 款保护的企业自由领域"。[181]

对于②的情形下不需要法律授权的理由，联邦行政法院在同样的案件中作出如下阐述：

②'"在仅能事实上实现而无法通过法的形式实现国家任务时，在国家以拘束性地课予或禁止行为——必要时可以强制手段予以贯彻——的方法，实现国家任务而不侵害个人权利〔时〕，关系人不仅有权继续行为，也有权表达反对意见。警告的相对人也有不服从警告的自由……如此，国家行为是'非正式'的，故而，始终无法在特定法的手段意义上形式化，它可能导致的侵害状况和效果具有多样的形态……如此，应予规范的事情形态越多，可以课予法律授权侵害的特定程度要求就越少……联邦政府的意见表达权，只能在〔存在充分动机、适当性、避免不适当评价〕场合下因相关基本权利主体而在内容上设定界限。这些要求……已经直接根据宪法而具有妥当性，因而，即使以法律进行相应的规范，也不能在法治国家的特定性要求方面得到任何东西。"[182]

---

[180]　BVerwGE 82, 76; BVerfG NJW 1989, 3269.
[181]　BVerwGE 87, 37.
[182]　BVerwG NJW 1991, 1770.

但是，这里存在两种态度，一种是从进行国家作用（Einwirkung）的一方来看，从整体上分析国家作用如何形成何种社会关系所具有的意义和目的（①），另一种是从受到国家作用（Wirkung）的一方来看，个别地分析国家作用对个人自由意思所施加的物理性和心理性拘束力（②'），两者之间存在龃龉。在如何构筑实行国家作用的制度方面，在判断法律保留之际，应当始终采取前一种分析框架。而在直接适用基本权利规定时，当然采取后一种分析框架。[183]如此思考，和②的宣传活动一样，联邦行政法院判决认为，向从事新兴宗教对策启蒙活动等的团体交付补助金，属于对新兴宗教团体信教自由的侵害。这是值得首肯的。它说，

417

　　"被告行政机关追求的行为目的是将事情的经过在整体上总结为基本权利的侵害行为，而与因果关系的链条长度无关……行政的行为目的方向是肯定基本权利侵害性的根本基准……原告的不利不仅或多或少是偶然或次要地出现的，而且是团体努力影响公众的必然而确定的结果，可谓其'背面'。因而，侵害《基本法》第4条保护的生活领域，与行为的首次效果具有紧密关联，被告行政机关的措施——如果客观上考虑整个状况——也是针对侵害的……基本权利侵害的'重大性'或'持续性'基准适用于……国家对于基本权利保护的自由领域所作单纯事实的、因而通常是非固有的（unspezifisch）作用。与这种作用相对的是……具有规范行为性质的国家古典性基本权利侵害（所谓'命令性'侵害）。后者与基本权利自由领域的目的性缩减相连，因而，重大性即使再轻，也可以防御。对于事实上的基本权利目的性侵害，也必须承认这一点。重要作用的关联性——如本案这样——并不直接而只是间接的，但尽管如此，仍在整体上受作出行为的国家支配时，也是如此。"[184]

---

〔183〕　参见第三章第四节第二款(2)，以及第四章第二节第一款二(2)(a)。
〔184〕　BVerwGE 90, 112.

这一判决继续指出，与宣传活动不同，侵害性交付补助金，需要特别的法律根据。

> "联邦政府进行宣传的权利，也包括对各个基本权利主体批判性地表达意见，超出这一点——在这一点上可以类比《基本法》第5条第1款的言论自由——其目的在于对公众发挥影响。如此来看，联邦政府的意见表达权和更广的宣传活动概念一样，首先仅表示功能或任务，同时作为——例外时根据宪法直接——侵害授权而获得充分特定的轮廓……对于事实上（'非正式'）的基本权利侵害，可以放弃详细的授权根据，而仅以将特定任务分配给实施侵害的行政主体的规范来支持。但是，只有在规范任务的内容之外，限制有关任务处理者的自由领域的授权，也能从该规范充分明确地读取出来，这才是可能的。本庭认为，联邦政府的表达意见权属于这种情形。〔与此相对〕会计法和联邦预算上构成补助基础的项目并不是授权的充分根据。〔的确，〕除形式性法律外，所有议会表明的其他意思，特别是在预算上为补助准备必要财源的措施，也作为行政的行为充分正当化根据而得到考虑。但是，〔这〕仅适用于对私人的金钱给付，不产生特殊的基本权利问题。"[185]

但是，②的判决直接适用基本权利，而不是以"宣传活动"或

---

[185] 此外，判决还认为，第一，如果给在宗教或世界观上有党派性活动的私人团体提供补助，就会侵犯国家的中立性要求；第二，不允许国家给具有言论自由的私人团体提供补助，而免除自身在表明意见时的适当性和谦抑性要求；第三，"国家有义务注意中立性，避免对于基本权利主体相互间关系，恣意或违反比例原则限制《基本法》第4条的基本权利。故而，要求〔交付补助金〕有特别的法律授权根据"。第一点包含的意思是，如果对于像思想信教自由那样"敏感的"基本权利，行政作用有可能制御私人行为，就涉及法律保留。对于第二点，的确不同于政府的宣传活动，本案是补助金的事例，私人团体承担行政任务，私人团体和行政机关之间协作的"制度和组织的法律保留"成为问题。但是，行政作用内容的法律保留是宣传活动和本案补助金的共通问题，这一问题依然存在。另参见第四章第二节第一款二(2)(a)。

"表达意见权"作为国家行为的授权根据与行为违法性的判断基准，这表明，"宣传活动"等作为授权根据并不"十分明确"，"宣传活动之下所理解的是就政府活动向市民作出说明，而不是就各个市民或团体在政府方面进行澄清"。[186]最终，在上述判决之后，就明示了关于警告等的法律根据。[187]

在判决①方面，1986年在《药品法》（Arzneimittelgesetz）插入第39a~39e条，规定了透明化委员会的设置、任务（编制透明化列表）、组织、程序、听证权和协作义务[188][被1992年《健康构造法》（Gesundheitsstrukturgesetz）废止了[189]]。在判决③方面，除了主张警察法的一般条款（例如《巴登-符腾堡州警察法》第1条、第3条）是根据之外，[190]1991年《巴登-符腾堡州食品日用品施行法》（Gesetz zur Ausführung des Lebensmittel-und Bedarfsgege-

---

　[186]　Brohm, Informelles Verwaltungshandeln, DVBl. 1994, S. 135（该论文依据的是，ブローム［大橋洋一訳］「インフォーマルな行政活動」法政60巻3・4号87頁以下）."宣传活动"成为问题的是下述这种事例。联邦行政法院认为，在政治论争的框架中表明意见，属于政府的宪法权利，不需要法律的根据，只是根据比例原则和利益衡量的法原则，攻击政府的程度决定着允许政府反驳的程度（BVerwG NJW 1984, 2591）。另外，最近的论文有，Schürmann, Öffentlichkeitsarbeit der Bundesregierung.

　[187]　参照、大橋洋一「インフォーマルな法治国」公法57号206頁。

　[188]　BGBl. Ⅰ 1986, 1296.

　[189]　BGBl. Ⅰ 1992, 2266. 与透明化列表一起，由医师和健康保险机构的联邦委员会编制的药品价格比较指针［《社会法典》第五编旧第92条第2款、第3款，它继承了《帝国保险法》（RVO）第368p条第1款］、1988年《健康保险法》法典化之际引进的将非经济性药品排除出保险对象的法规命令、列表（所谓否定列表，同第五编旧第34条第3款、第93条）也被废止了。这些经过如下整理合并为一体了：联邦委员会附属的"健康保险药品"研究所提出作为保险对象的药品列表，部长以法规命令规定该列表（所谓肯定列表），研究所编制肯定列表所列药品的价格比较（同第五编第92a条、第34a条——包括研究所的组织和程序、赋予表达意见的机会、协作义务，以及针对价格比较表的撤销诉讼规定的类推适用等）。Vgl. Philipp, Arzneimittellisten und Grundrechte, S. 41-45, S. 71-80. 但是，1995年肯定列表制度也被废止了（BGBl. Ⅰ 1995, 1986）。

　[190]　Brohm, a. a. O., S. 135f.

nständegesetzes）第 11~16 条规定了禁止销售、一般处分、公共警告、撤销一般处分和警告、向公众提供信息、听证，若干州也效仿作出规定。[191] 类似的联邦法有，《放射线损害预防法》（Strahlenschutzvorsorgegesetz）第 9 条规定了向公众推荐（Empfehlungen）特定行为样态，《机器安全法》（Gerätesicherheitsgesetz）第 5 条、第 6 条规定了禁止流通、回收命令、回收措施以及对公众的高权警告。此外，《环境法典教授草案》第 107 条、《环境法典专家委员会草案》第 214 条第 2 款规定了环境适合性行为的警告、提示（Hinweise）和推荐。[192]

（2）其中在理论上，如果"从进行国家作用的一方来看，从整体上分析国家作用如何形成何种社会关系所具有的意义和目的"，可以这样来说：和通常的行政行为一样，上述警告等的目的在于，对特定私益的追求者朝着特定行为方向进行制御（verhaltenssteuernde Realakte），以保护特定的利益。不过，因为不能像通常的行政行为那样，（仅）通过命令相对人就实现目的，因而，采取其他的制御手段和执行方法。这种警告等的特征类似于即时执行（sofortiger Vollzug）。例如，在透明化列表中，因为很难以金额的方式逐一命令降价，所以就利用经济系统和市场机制。而在危险防御行政中，相对人作出行为之后，因为命令相对人采取恢复措施也不能（完全）防止损害，因而，呼吁受保护法益的主体自卫。在环境法领域，一般人被设想为相对人，通过特定手段作出一次性命令，没有实效性，因而，通过信息流通来持续性地表示不适合环境的行为。如此，在法律保留和行政程序方面，亦即规定行政作用的目的和内容的过程，警告等原则上也应当

419

〔191〕 Maurer, Allg. VerwR, § 15 Rn. 13.

〔192〕 Kloepfer/Rehbinder/Schmidt-Aßmann/Kunig, UGB AT. 另外，关于德国环境法的现行制度，参照、勢一「ドイツ環境行政手法」法政 62 巻 3・4 号 583 頁以下所绘制的鸟瞰图。

与通常的行政行为一样受法的控制。[193]换言之，警告等的行为制御与
行政行为的行为制御被评价为"功能上等价"。不过，警告等缺乏对
相对人明确的命令，因而，不同于通常的行政行为，它原则上不受起
诉期限限制，只要有诉的利益，就允许起诉。

不过，行政机关有时并没有指出利益衡量的结果，而只是指出特
定利益是追求特定私益时应当考虑的要素、尺度和类型（例如，环境
标识——《环境法典教授草案》第108条、《环境法典专家委员会草
案》第124条。在现行法律上没有明确的根据）。这时，行政机关可
以分析，不是将朝着何种行为方向制御私人（典型是企业）的目的予
以特定化，仅仅作为执行手段予以公布，而是完全不将制御目的（要
采取的行为）特定化，提供素材，促进公众判断和讨论私人应当如何行
为。因此，制御能向"公众""开放"，这是信息这种制御媒介的特征，
它区别于命令、物理力量、金钱等。如此，就没有必要像行政行为的制
御一样，需要个别具体的法律根据、听证等正式程序的保障，如果有法
律上的一般概括性任务规定、较为非正式的程序保障，就足够了。[194]

（3）日本的通说认为，如果一定要定式化，那就是，公布信息若
旨在通过提供信息保护公众利益，就不需要法律根据、采取和行政处分
同样的程序，公布信息若旨在对项目人进行间接强制[195]或制裁，[196]

〔193〕　Vgl. Brohm, a. a. O., S. 134-136；Schmidt-Aßmann, Grundrechtswirkungen, in：
FS für Redeker, S. 236, S. 238. A. Roth, Verwaltungshandeln mit Drittbetroffenheit und Gesetz-
esvorbehalt, S. 208-213 也说，需要防止行政使用不同的"手段"，达成同样的"目的"，
却"绕过"法的拘束。

〔194〕　关于环境标识，vgl. Ossenbühl, Umweltpflege durch hoheitliche Produktkennzeich-
nung, S. 38-42. 当然，关于制度和组织的法律保留问题，需要另行探讨。关于"德国
品质保证标识协会""环境标识审查委员会"的组织、权能和责任任务（a. a. O., S. 5-
10），奥森比尔（a. a. O., S. 33-37）认为不需要法律根据，施密特-阿斯曼［シュミッ
ト－アスマン（海老原訳）「ドイツ行政法の最近の発展（上）」自研72巻9号13～
14頁］说及法律根据的必要性。对于德国的详细讨论，参照、島村「エコマークとエ
コ監査」国家112巻3・4号366頁以下。另参见本章第一节第一款(1)(c)。

〔195〕　塩野『行政法Ⅰ』200～201頁、259頁。

〔196〕　小早川『行政法上』252～253頁、316～317頁。

420 则需要法律根据，就很有必要采取和行政处分同样的程序。[197]

但在德国，旨在保护公众利益的前一种公布信息，如果侵害项目人的利益，需要法律的根据［保护义务的"正当性（Legitimität）并不代替合法律性（Legalität）"[198]］。当然，这时，如果有实定法规定了项目人的义务和责任，就没有必要连可以公布违反实定法情况这种执行法的应对都作出规定。[199]

对于后一种公布信息，在日本实定法上有一种制度是，行政厅对项目人作出"指示""劝告"，如果项目人不遵从，行政厅就"公布"这一情况（《国土利用计划法》第五章、[200]《国民生活安定紧急措施法》以及《大规模零售店铺选址法》第 9 条等）。根据第(2)部分的探讨，这种"公布"信息在广义上也以行政厅将项目人朝着特定行为方向制御为目的（verhaltenssteuernde Realakte），因而，为了确定制御的目的（要采取的行为），应当采取和行政处分的情形同样的程序。根据实定法来说，"公布"信息应当被解释为属于"不利对待"（《行政程序法》第 32 条第 2 款），邻近公布之前的"指示""劝告"应当类推适用关于"处分"（同第 2 条第 2 项）的事前程序规定。

问题就在于此。在第(1)部分分析的德国的警告等很多是实现行政目的的直接手段，而日本实定法上的"公布"信息多数具有"间接强制"或制裁的性质。但是，如果考虑到"公布"信息具有无法预测的社会波及效果，尤其是信息的社会价值增大，公布给项目人带来无法恢复的损害具有很高的盖然性。在实务中，高高在上的行政处分程序仅仅通过行政指导程序来实施。日本的这种"公布"信息是否违反比例原则，在与实现行政目的的关系上是否对第一部分探讨的个人或企业名誉或者信息的自我决定权造成不适合、不必要、不均衡的侵

［197］ 塩野・前掲、Shiono, Mittel zur Durchsetzung von Handlungspflichten der Bürger, in：FS für Lerche, S. 859f. 仲『行政手続法』70 頁、72 頁註(32)。

［198］ 参见第四章第二节第一款二(2)(c)。

［199］ Shiono, a. a. O.

［200］ 作为其实态分析，大橋洋一「国土法における行政指導」同『行政法学の構造的変革』67 頁以下、ブローム＝大橋『都市計画法の比較研究』321 頁以下。

害，仍有疑问。[201] 在探讨行政的执行体系时，不仅必须考虑"行政的实效性保障"，还要考虑私人的权利保护。

第三节　欧洲化与德国公权论　　　423

本书仅在最小限度内提及欧洲法的问题。但是，脱离欧洲的脉络谈论"德国行政法"，已经无法得到正当化。这里将分析欧洲法中的起诉权能，考察欧洲法和德国公权论的关系。

欧共体法有时通过欧共体机关直接执行（direkter Vollzug），有时通过成员国的机关间接执行（indirekter Vollzug）。现在的重点在于后一种"非集权性"执行形态。[202] 一般而言，欧洲法院（Europäischer Gerichtshof，《欧共体条约》第 240 条以下）与作为私人权利保护的一审而设置的欧洲初审法院（同第 225 条）管辖直接执行案件，成员国的法院管辖间接执行案件（严格而言，同第 226~241 条规定了欧洲法院和初审法院的专属管辖，不服从专属管辖的事项，根据该条约第 240 条，即使欧共体是当事人，也服从成员国法院的管辖）。成员国法　424院在解释欧共体法等方面存在疑问时，就采取先决决定程序，将有关问题提交给欧洲法院（同第 234 条）。[203] 以下将分析私人向欧洲法院和初审法院的起诉权能（第一款）、私人向成员国法院的起诉权能（第二款）、附带地分析成员国的国家责任（第三款），展望欧洲法与公权论的关系（第四款）。

---

　　[201]　盐野宏（塩野・前揭）也认为，"公布制度〔是〕通过公布向世人诉说，因而，撤销诉讼这种事后的救济未必是有效的手段……因为它也具有一种'示众'的要素，将公布制度化需要慎重"。而斋藤诚还认为（斎藤誠「『自治体立法』の臨界論」公法 57 号 195 頁），"极端而言，那些受到错误公布的人，就好比被置于前近代中间权力（寺庙神社豪门）中，人们对其施以'名字的诅咒'，期待其遭受'冥罚'"。（"名字的诅咒"日语原文是"名字を籠める罪"，意思是将人的姓氏写在纸上，供奉在寺院或神社内，施以诅咒，封存，以此来妨害被诅咒者的社会活动。这相当于一种私刑。——译者注）

　　[202]　EuGH Slg. 1995 Ⅰ, 3081.

　　[203]　对于以上基本构造，vgl. Schmidt-Aßmann, in: Schoch/Schmidt-Aßmann/Pietzner（Hrsg.）, VwGO Komm., Einleitung Rn. 101-107.

第一款　向欧共体法院的起诉权能

私人权利保护的主要诉讼类型是无效诉讼（Nichtigkeitsklage.《欧共体条约》第 230 条第 4 款）与不作为诉讼（Untätigkeitsklage，同第 232 条第 3 款）。不作为诉讼的起诉权能可以和无效诉讼的情形作同样理解，[204]因而，下面阐述无效诉讼的起诉权能。

《欧共体条约》第 230 条第 4 款规定，"任何自然人或法人……都可以对针对自己作出的决定提起诉讼，也可以针对命令或者针对他人作出的决定提起诉讼，只要它直接而个别地（unmittelbar und individuell）造成不利"。问题在于"个别的不利"要件。过去，欧洲法院认为，只有"决定由于特定人的特性之故，或者由于特别情况而使非相对人与所有其他人集团显著不同，因与有关非相对人相关，故而，以类似于相对人的样态将该非相对人予以个别化"，决定的非相对人才可以主张"个别的不利"。[205]如此，在针对欧共体委员会（Kommission，同第 211 条以下）交付补助金的竞业者诉讼中，法院认为，不能仅以一项措施影响了市场中的竞争关系为由，就认可和措施相对人有某种竞争关系者具有"个别的不利"，需要"特别的情况"才能认可其起诉权能。[206]此后，在其他领域，欧洲法院也认可下述竞业者或者企业团体具有起诉权能。

①欧共体命令（Verordnung，同第 249 条第 2 款）认可程序启动

---

[204] Krück, in: Groeben/Thiesing/Ehlermann (Hrsg.), Kommentar zum EWG - Vertrag, Art. 175 Rn. 16f.; Schmidt-Aßmann, in: Schoch/Schmidt-Aßmann/Pietzner (Hrsg.), VwGO Komm., Einleitung, Rn. 124. 不过，海尔布隆纳（Hailbronner, in: ders. usw., Handkommentar zum EUV/EGV, Art. 175 Rn. 10）认为，根据《欧共体条约》第 175 条的文字（"对于共同体的机关针对有关自然人或法人……不作出行为的不服"），针对不作为的诉讼不允许第三人诉讼，这不同于无效诉讼。

[205] EuGH Slg. 1963, 213. 作为引用这一部分的判决，EuGH Slg. 1983, 2559; Slg. 1986, 391; Slg. 1988, 219; Slg. 1990 Ⅰ, 2477; Slg. 1993 Ⅰ, 2487.

[206] EuGH Slg. 1969, 459.

425

申请权，并提出了申请者。例如，根据理事会（Rat，同第 202 条以下）第 17 号命令第 3 条第 2 款 b，自然人或法人享有申请权，要求确认欧共体委员会违反《欧共体条约》第 81 条（卡特尔规制）或第 82 条（滥用支配地位的规制）的行为，他们可以对拒绝（部分）申请起诉。[207] 根据理事会第 3017/79 号命令第 5 条第 1 款，企业或企业团体向委员会申请了对第三国惯常性补助金启动对抗措施程序，它们可以在法院主张根据该程序可能做到的一切。[208] 根据理事会第 2641/84 号命令第 3 条，企业申请对不公平交易习惯采取保护措施，但被委员会拒绝，它可以要求法院审查委员会决定的正当性。[209] 另外，某企业是某成员国唯一的或者共同体中最大的产品生产者，其所属同业者团体申请了启动反倾销程序，根据申请开始调查程序，在该程序中听取了该企业的意见，并在考虑了该企业所受损害之后决定反倾销关税，这时的决定可以说是有可能给该企业"直接而个别地带来不利"。[210]

②事实上申请启动程序，事实上或依据法的权能而表达意见者。例如，企业促使启动程序，根据《欧共体条约》第 88 条第 2 款享有意见表达权，并通过表达意见决定了程序的流程，只要其市场上的地位明显（spürbar）受到成员国补助（金）的侵害，而欧共体委员会的决定允许补助（金）存续，它就因此受到"直接而个别的不利"。[211] 由有关业种的重要国际生产者组成的团体，在决定有关业种的结构改革方面，尤其是有关业种补助金的方针方面，数次作为委员会的对话者活动，在补助金问题上也与委员会事务局积极谈判，而委员会决定根据《欧共体条约》第 88 条第 3 款补助金不适用申报义务，该团体

---

〔207〕 EuGH Slg. 1977, 1875；Slg. 1983, 3045.

〔208〕 EuGH Slg. 1983, 2913. 此后，关于第三国倾销和补贴的对抗措施，理事会第 2176/84 号命令以及委员会第 2177/84 号决定（Entscheidung，《欧共体条约》第 249 条第 4 款）第 5 条第 1 款也承认企业和企业团体有启动程序申请权。

〔209〕 EuGH Slg. 1989, 1781.

〔210〕 EuGH Slg. 1985, 849.

〔211〕 EuGH Slg. 1986, 391.

就受到"直接而个别的不利"。[212]

③委员会不进入《欧共体条约》第88条第2款的程序，而根据其第3款，确认有关补助金符合共通市场，"某些人、企业或者团体，尤其是竞业企业和企业团体，有时因补助金而受到利益侵害，如果适用第93条〔现第88条〕第2款程序，将作为参与人而受到程序保障"，他们可以对该决定提起无效诉讼。[213]与判决②不同，这一判决仅以法的程序参与权能和市场上的竞争关系作为根据，而没有提及事实上介入了程序（程序性要件）、具有市场的代表地位或者市场地位受到"明显侵害"（实体性要件）。对此，有学说认为，这是法院态度的软化；[214]也有学说认为，在判决③的案件中实际上也满足判决②所列程序性和实体性要件，法院态度是否变化并不明确，应当维持判决②所列要件。[215]

另外，对于接受补助金的一方，有如下判决。委员会决定禁止成员国以优惠的燃气价格方式补助园艺企业，不能说园艺企业因此受到"个别的不利"。因为它们只不过是根据在该成员国作为园艺企业的客观资格而受到不利，与所有其他处于相同状况的企业同样获得优惠。另一方面，公共主体考虑一般利益，同时保护农业领域相关经济者的共通利益，如果有义务作为园艺业组织的代表参与燃气费用的谈判、签署确定费用的协议、积极参与《欧共体条约》第88条第2款的程序、根据委员会的决定而缔结新的协议，它就可以起诉。[216]

此外，最近，欧洲初审法院在起诉权能方面作出了种种判断。[217]

第二款　向成员国法院的起诉权能

（1）在欧共体法上，对于在何种情形下必须保障私人向成员国法

----

　　[212]　EuGH Slg. 1993 Ⅰ, 1125.

　　[213]　EuGH Slg. 1993 Ⅰ, 2487；Slg. 1993 Ⅰ, 3203.

　　[214]　Sinnaeve, Der Konkurrent im Beihilfeverfahren, EuZW 1995, S. 174-176.

　　[215]　Schneider, Konkurrentenklagen, DVBl. 1996, S. 1304.

　　[216]　EuGH Slg. 1988, 219.

　　[217]　Vgl. Schwarze, Der Rechtsschutz von Unternehmen im EG, RIW 1996, S. 895-897.

院的起诉权能，并没有一般规定。重要的是欧共体法的个别规定（的解释）。

①欧洲法院在环境法的一系列判决中指出，欧共体指令（Richtlinie，《欧共体条约》第 249 条第 3 款）为个人的请求权提供根据时，成员国必须充分明确、正确地保障指令的完全适用，让权利人明确知晓自身的全部权利义务，有时可以在国内法院主张权利。这时，成员国不能以行政可以自由变更的行政惯例、外部效果不明确的行政规则（如德国的《大气污染防止技术指针》）履行指令转换（Umsetzung）义务（《欧共体条约》第 249 条第 3 款）。具体而言，下述指令被认为是为个人请求权提供了根据。《关于地下水保护的理事会指令》阻止或限制引入特定的危险物质，为个人的权利义务提供根据。[218]《关于大气中二氧化硫和悬浮细颗粒物的界限值与基准值的理事会指令》《关于铅污染环境的理事会指令》是特别为保护人类健康而作出的，在所有有可能超越限值、危害人类健康的情形下，关系人都可以主张权利。[219]《关于饮用水水质的理事会指令》是以保护国民健康为目的，在不实施指令规定的措施有可能危害人类健康时，关系人始终可以主张权利。[220]不过，《关于废弃物处理的理事会指令》规定不得危害人类健康、损害环境，因为它是纲领性质的，没有规定具体的措施，就没有为个人权利提供基础。[221]

②在经济法领域，关于规范公共团体采购契约的指令，欧洲法院认为，成员国必须转换指令，使竞争申请者可以援用要求遵守相关规定的权利，能在国内法院使权利得到贯彻。[222]另外，也有欧共体法院和成员国法院两者共同发挥作用的领域。《欧共体条约》第 81 条第 1 款（卡特尔）、第 82 条（滥用支配地位）所包含的禁止在企业之间的

428

---

[218]　EuGH Slg. 1991 Ⅰ, 825.

[219]　EuGH Slg. 1991 Ⅰ, 2567; 2607.

[220]　EuGH Slg. 1991 Ⅰ, 4983.

[221]　EuGH Slg. 1994 Ⅰ, 483. 不过，对于这一判决的解释，vgl. Ruffert, Subjektive Rechte im Umweltrecht der EG, S. 282f.

[222]　参见第四章第一节第二款一（3）。

关系上具有直接效力，使权利对企业直接成立，成员国法院必须实现该权利。[223]《欧共体条约》第 88 条第 3 款第 3 句［"在委员会针对补助（金）的共通市场适合性作出最终决定之前，成员国不得实施该措施"］也具有直接效力。也就是说，未向委员会申报（同第 1 句）或者申报后处于预备审查程序中或正式程序中（同第 2 句、第 88 条第 2 款），就实施补助措施时，关系人可以在国内法院主张实施补助措施的法行为瑕疵，要求收回补助金，有时还要采取临时措施。委员会和欧共体的法院不能未经实体审查补助措施是否符合共通市场，就宣告补助措施违法，但国内法院可以宣告其形式的违法性，可以仅以形式违法性为根据判决收回补助金等。[224]即使案件在委员会系属中，委员会尚未决定有关措施是否属于申报义务对象的"补助措施"，国内法院也可以在这一阶段不宣告自己无权限、中断程序，而参与"补助措施"概念的解释和适用。有疑义时，国内法院可以要求委员会提供信息，可以或必须将问题提交欧洲法院（《欧共体条约》第 234 条第 2 款、第 3 款），这时国内法院必须判断是否应当采取临时措施，以保护关系人的利益。[225]此外，如果条约规制补助措施的规定通过《欧共体条约》第 89 条的一般性法行为、第 88 条第 2 款程序的个别决定得到具体化，关系人可以在国内法院援用权利。[226]根据学说，上述规制成员国补助金的规范不仅保护客观的共通市场竞争体系，也保护竞争企业的利益，竞业者即使没有受到重大或恣意的基本权利侵害，也可以援用这些规范提起诉讼。[227]

（2）在保障私人向成员国"法院"起诉的权能时，欧共体法上必须保障由何种机关采取何种控制程序，就成为进一步的问题。例如，《关于采购契约的理事会指令（第 89/655 号指令）》第 2 条第 8 款要

〔223〕 EuGH Slg. 1974, 51; Slg. 1974, 409; Slg. 1980, 2481.

〔224〕 EuGH Slg. 1991 Ⅰ, 5505. Vgl. auch EuGH Slg. 1990 Ⅰ, 307; Slg. 1990 Ⅰ, 959.

〔225〕 EuGH EuZW 1996, 564.

〔226〕 EuGH Slg. 1973, 611; Slg. 1977, 595.

〔227〕 Schwarze, Subventionen und der Rechtsschutz des Konkurrenten, in: GS für W. Martens, S. 841-843. 另参见第四章第一节第二款三（2）①。

求是属于《欧共体条约》第234条的"成员国法院"的组织。在没有
这种个别规定时，下述规定提供了一般线索。①欧洲法院认为，《欧
洲人权公约》第6条第1款、第13条表达了"成员国共通宪法传统所
依据的一般法原则"。[228]第6条第1款规定，"任何人都有权要求案
件由独立的、非党派的、依据法律的裁断机关（tribunal）在适当期限
内衡平、公开地审理"。该条款所保护的市民权利和义务（civil rights
and obligations），不限于民事法上的权利义务，也包含有关行政作用的
权利义务，但并非全部涵盖。[229]另一方面，第13条规定，"在本公约
规定的权利和自由受到侵害时，即使是以公职资格行为者作出的侵
害，被侵害者也有权向国内机关提起有效的救济（remedy）"。第13
条不同于第6条，包罗性地涵盖了行政作用的有关纷争，但仅要求较
第6条宽松水准的权利保护组织和程序。[230]②"欧洲法院对于初级共
同体法的解释和次级共同体法的效力问题具有唯一权限，如果共同体
的市民必须有可能要求欧洲法院解明这一问题，那么，对于欧共体法
适用领域中国家的高权行为，国内法必须使市民可以利用满足《欧共
体条约》第234条提交权能要件的权利保护机关。"[231]第234条的"成
员国法院"必须是这样的机关：第一，由独立而不受指示拘束的成员构
成；第二，根据国内法，作为纷争裁断机关而设置，根据规则而形成，
并服从法治国家的程序规则；第三，不是衡平，而是根据法规范进行判
决；第四，作出具有拘束力的决定。[232]相较于《德国基本法》第19条

430

---

〔228〕 EuGH Slg. 1986, 1651 (1682)；Slg. 1987, 4097 (4117).

〔229〕 详细情况，vgl. Schmidt-Aßmann, in：Schoch/Schmidt-Aßmann/Pietzner（Hrsg.），
VwGO Komm.，Einleitung Rn. 135-142. 另外，对于"civil rights and obligations"这一概
念，vgl. Schmidt-Aßmann, Europäische Rechtsschutzgarantien, in：FS für Bernhardt, S. 1286f.，
S. 1294-1296. 亦参见第一章第二节第二款一最后一段。

〔230〕 Schmidt-Aßmann, in：Schoch/Schmidt-Aßmann/Pietzner（Hrsg.），VwGO Komm.，
Einleitung Rn. 144.

〔231〕 Schmidt-Aßmann, Empfiehlt es sich, das System des Rechtsschutzes und der Gerich-
tsbarkeit in der EG weiterzuentwickeln?, JZ 1994, S. 835. 着重号系作者所加。

〔232〕 Ehlers, in：Schoch/Schmidt-Aßmann/Pietzner（Hrsg.），VwGO Komm.，Anh
§40, Art. 177 EGV Rn. 13.

第 4 款对权利侵害所保障的"诉讼途径",以上①与②中所举的欧洲法的条款只是要求一般宽松水准的权利保护组织和程序。[233]

当然,在欧洲法上的"禁止歧视"(Diskriminierungsverbot)和"实效性要求"(Effektivitätsgebot)[234]中,有观点认为,根据实效性要求,禁止将欧洲法保障的权利限定在作为本案胜诉要件的违法性和原告的权利损害有关联的范围内;[235]此外,根据禁止歧视的法理,欧洲法保障的权利必须以和德国法基础上的权利同样的组织和程序加以保护。[236]诚然,在欧洲法保障的权利中,那些根据德国法适用的基准(保护规范说)也被认作"权利"的权利,必须以与德国法基础上的权利同样的组织和程序加以保护。[237]但对于不被认作权利者,就不能说不以《基本法》第 19 条第 4 款的水准加以保护就构成"歧视"。[238]也就是说,立法者既可以创设达到前一段所述欧洲法水准的特别控制机关,[239]也可以根据特别的规定(《行政法院法》第 42 条第 2 款第 1 句)以法

---

[233] Schmidt–Aßmann, Deutsches und Europäisches Verwaltungsrecht, DVBl. 1993, S. 934.

[234] 对于其根据和内容, vgl. Danwitz, Verwaltungsrechtliches System und Europäische Integration, S. 345ff. ; Kadelbach, Allg. VerwR unter europäischem Einfluß, S. 108ff.

[235] 参见本章第一节第三款注(100)。

[236] Danwitz, a. a. O., S. 243–246. 此外,鲁费特(Ruffert, SöR unter dem Einfluß des Gemeinschaftsrechts, DVBl. 1998, S. 74f.)区分了两种情形:一是德国法转换要求权利保障的欧共体指令,它必须保障德国法上的权利;二是欧共体指令具有直接效力时,诉权在德国法上根据《行政法院法》第 42 条第 2 款第 1 句而具有特别基础。

[237] Wegener, Rechte des Einzelnen, S. 301f. 此外, vgl. Classen, Die Europäisierung der Verwaltungsgerichtsbarkeit, S. 79f.

[238] Schmidt–Aßmann, a. a. O. ; Wahl, in: Schoch/Schmidt–Aßmann/Pietzner (Hrsg.), VwGO Komm., Vorb § 42 Abs. 2 Rn. 128; Wahl/Schütz, in: Schoch/Schmidt–Aßmann/Pietzner (Hrsg.), VwGO Komm., § 42 Abs. 2 Rn. 216; Remmert, Die nationale Ausgestaltung richtlinienrechtlich geforderter subjektiver Rechtsstellungen, Die Verwaltung 1996, S. 477–480; Burgi, Verwaltungsprozeß und Europarecht, S. 54.

[239] 在公共团体的采购契约方面,《预算原则法》第 57b~57c 条创设了这种机关。如果重视立法者意思,该法第 57a 条就不能被视为保护规范,因而,将允许由不满足《基本法》第 19 条第 4 款水准的机关来控制(Schmidt–Aßmann, a. a. O.)。但本书重视"地位分配的互换性利害关系",将该条解释为保护规范,采取了要求《基本法》第 19 条第 4 款水准的立场。参见第四章第一节第二款一(3)。

院作为控制机关。在没有法律的规定时，欧洲法的规定就可以被解释为属于《行政法院法》第 42 条第 2 款第 1 句所说的特别规定。[240]

第三款　成员国的国家责任

对于共同体的赔偿责任，《欧共体条约》第 288 条第 2 款规定了实体要件（"根据成员国法秩序共通的一般法原则，共同体对于机关或其职员实施职务活动时造成的损害予以赔偿"），第 235 条规定了欧共体的法院管辖。此外，在成员国违反欧共体法、侵害个人权利时，欧洲法院承认成员国的赔偿责任。赔偿责任的根据在于"欧洲经济共同体设立条约所创造的法秩序的本质"和《欧共体条约》第 10 条（成员国的协力义务）。由于在此之外没有欧共体法上的规定，成员国就在国内的赔偿法框架内赔偿。这时禁止"歧视和非实效化"。[241]实际上，欧洲法院对照共同体的赔偿责任体系，将成员国的赔偿责任要件在相当程度上具体化为以下要件(1)~(3)。另外，欧洲法院承认成员国的赔偿责任的情形有两种，一是欧共体法规定要具有完全的效力，就需要国家的行为（例如，将欧共体指令转换为国内法），若国家没有行为，个人就不能在国内法院主张欧共体法所承认的权利；二是欧共体法规定能直接适用的情形。另外，成员国基本上也必须赔偿所失利益。[242]

（1）"有关欧共体指令所规定的目的是赋予个人权利"。

首先，"重要的不是在受到不利者和职务义务之间，而是和制定了或者应当制定的法规范之间的特别的个别关系，最终问题就在于这种法规范的个别化可能性"。[243]因而，即使违反共同体法是起因于成

---

[240]　不过，韦格纳（Wegener, a. a. O., S. 295f.）认为，在法律明确承认诉权的情形之外，适用《行政法院法》第 42 条第 2 款第 1 句是没有道理的，他建议修改这一条。

[241]　参见前款注(234)所列文献。

[242]　EuGH Slg. 1991 I, 5357 [Francovich]; Slg. 1996 I, 1029. 对于欧共体判例对法国法的影响，参照、伊藤「ヨーロッパ法とフランス国家責任法」日仏法学 21 号 61 頁以下。

[243]　Pfab, Staatshaftung, S. 132f. 此外，最近关于欧共体成员国的国家责任的博士论文，Diehr, Der Staatshaftungsanspruch.

员国的立法者，也不排除责任。"原则上立法者不对个别国民承担职务义务"，据此来限制国家责任，[244]但这将使赔偿请求权"非实效化"，不能容许。[245]同样，即使违法起因于制定一般抽象规范的共同体机关，也不排除共同体的责任。[246]限制成员国和共同体的责任的，主要是要件(2)。[247]

其次，"权利"不能适用德国历来的保护规范说狭窄理解，而必须根据欧洲法的解释宽泛理解。[248]例如，关于包价旅行的指令含有一种目的，在主办者和（或）中介者不能支付或者破产时，赋予旅行者一种权利，通过基金等方式保障已付金额的偿还和旅行回程。[249]另外，欧洲法院也将"违反保护规范"作为共同体的赔偿责任要件，但比德国保护规范说更宽泛地理解这一要件。[250]

（2）"十分严重地（hinreichend qualifiziert）违反共同体法"。

这一严重性要件包含德国法上所说的"故意和过失"要素的大部分内容，[251]但不允许超出严重性要件要求故意过失要件。[252]欧洲法同样以"严重性"作为共同体立法行为的赔偿责任要件，但这一要件的内容并不明确，一般严格地判断，使人难以请求赔偿。这一点受到批判。[253]

---

[244] 德国的通说判例。Ossenbühl, Staatshaftungsrecht, S. 103-108. 结论同一旨趣，最判 1985 年 11 月 21 日民集 39 卷 7 号 1512 頁。

[245] EuGH Slg. 1996 Ⅰ, 1029. Schwarze, Der Rechtsschutz von Unternehmen im EG, RIW 1996, S. 904；Ehlers, Die Weiterentwicklung des Staatshaftungsrechts, JZ 1996, S. 783 说，以这种欧洲法判例为契机，应当重新思考德国的通说判例。实际上，Papier, Staatshaftung, in: EUDUR, Bd. 1, Rn. 32；Hermes, Staatshaftung, Die Verwaltung 1998, S. 393-397 否定德国通说判例的逻辑。

[246] Ossenbühl, a. a. O., S. 585-588.

[247] EuGH Slg. 1996 Ⅰ, 1631.

[248] Pfab, a. a. O., S. 139f., S. 144；Ossenbühl, a. a. O., S. 506.

[249] EuGH Slg. 1996 Ⅰ, 4845.

[250] Ossenbühl, a. a. O., S. 591-594.

[251] Pfab, a. a. O., S. 133f., S. 141, S. 144f；Ossenbühl, a. a. O., S. 509.

[252] EuGH Slg. 1996 Ⅰ, 1029.

[253] Ossenbühl, a. a. O., S. 594-604.

根据欧洲法院，如下两种情形，构成"严重"违反共同体法：[254]

①　"成员国明显显著地（offenkundig und erheblich）超越裁量的界限"。这里应当考虑的视角是"所违反的规定的明了性和正确性程度。所违反的规定委诸国内或共同体机关的裁量余地范围。违反是否为故意所为的问题。出现了法的错误时，是否为不可避免的。共同体机关的行为样态促成国内的措施或惯例违反共同体法而不予实施，或者引入、维持，这种情况"。[255]例如，成员国为实现指令规定的目的而需要采取某种措施，但未在指令规定的期限内采取任何措施，这就属于明显显著超越裁量的界限。[256]

②　"成员国在权利侵害的时点不需要在种种立法可能性之间进行选择，而只有显著缩减或者收缩至零的形成余地"。[257]

（3）"因果关系"。

第四款　欧洲化：权利论的再生还是黄昏

（1）欧洲法的嬗变？

欧共体是作为"目的结合体"（Zweckverband）而设立的，其行政法具有"目的性构造"（Finalstruktur），以"功能视角"为主轴。[258]这在欧洲法院关于私人起诉权能的判决中也有体现，有学者大致提出如下批判。私人的起诉权能通过裁判机关控制共同体和成员国的机关，实效性地实现作为客观法的欧共体法，它作为动因而被工具化。

434

435

---

[254]　另外，奥森比尔（Ossenbühl, a. a. O., S. 511）认为，对于成员国的行政作用，可能比立法作用的情形，更宽松地判断严重性要件。他（a. a. O., S. 513f., S. 519）认为，《德国民法典》第 839 条第 2 款限制裁判作用的职务责任，可以适用于作为欧共体成员国的国家责任。

[255]　EuGH Slg. 1996 Ⅰ, 1029. Vgl. auch EuGH Slg. 1996 Ⅰ, 5063.

[256]　EuGH Slg. 1996 Ⅰ, 4845.

[257]　EuGH Slg. 1996 Ⅰ, 2553；Slg. 1996 Ⅰ, 4845.

[258]　Schmidt - Aßmann, Deutsches und Europäisches Verwaltungsrecht, DVBl. 1993, S. 931 m. w. N.

针对共同体机关往往经过艰难的谈判调整而作出的决定，起诉权能受到《欧共体条约》第 230 条第 4 款和欧洲法院判决的严格限定，而针对成员国机关的决定，起诉权能在欧洲法院宽松地解释，因而，成员国的机关受欧共体的法院——通过第 234 条的先决决定程序而间接地——控制具有更大的可能性。或者说，在欧共体的机关发放补助金时，竞业者的程序参与和起诉都得不到保障，而在欧共体控制成员国补助金时，这些却是有保障的。这种区别是基于功能上的考虑，使权力在各机关之间最佳均衡化。[259]

但是，欧共体是"法的共同体"（Rechtsgemeinschaft）。《欧共体条约》第 220 条（"法院在解释适用本条约之际应保障法的遵守"）常常作为其根据而被援用。[260] 如此，法治国家原理具有作为主观地位秩序的面向，与此平行，[261] 欧共体作为法的共同体也"尊重基本权利，它受欧洲人权公约保障，作为共同体的一般法原则从成员国共通的宪法传统中产生"（《欧盟条约》第 6 条第 2 款）。此外，"一方面根据《欧共体条约》第 173 条〔现第 230 条〕和第 184 条〔现第 241 条〕，另一方面根据第 177 条〔现第 234 条〕，概括性的法或权利保护体系得以创立。在这一体系中，欧洲法院有权审查机关的行为合法性"。[262]

---

[259]　Danwitz, Verwaltungsrechtliches System und Europäische Integration, S. 176–178, S. 238–242; vgl. auch Kokott, Europäisierung des Verwaltungsprozessrechts, Die Verwaltung 1998, S. 362f. 关于《欧共体条约》第 230 条，vgl. Classen, Die Europäisierung der Verwaltungsgerichtsbarkeit, S. 65f. 而丹维茨（Danwitz, Die gemeinschaftsrechtliche Staatshaftung der Mitgliedstaaten, DVBl. 1997, S. 1ff.）认为，在赔偿责任上，欧洲法院重视欧共体法实效性实现的观点，比共同体的情形更容易承认成员国的责任。当然，最近有更为温和的分析。卡德尔巴赫（Kadelbach, Allg. VerwR unter europäischem Einfluß, S. 378–384, S. 441f.）分析指出，在欧共体法构想的权利保护体系中，主观性权利保护与法的实效性实现两种概念混在一起（"加载了主观权利要素的利益诉讼"）。Vgl. auch Schoch, Individualrechtsschutz, NVwZ 1999, S. 461; Kokott, a. a. O., S. 352f.

[260]　Krück, in: Groeben/Thiesing/Ehlermann (Hrsg.), Kommentar zum EWG-Vertrag, Art. 164 Rn. 4; Schmidt-Aßmann, in: Schoch/Schmidt-Aßmann/Pietzner (Hrsg.), VwGO Komm., Einleitung Rn. 105.

[261]　参见第三章第四节第一款。

[262]　EuGH Slg. 1986, 1339（1365）〔Les Verts〕.

随着欧洲一体化的进展、欧洲法体系的形成，片面强调客观法的实现失去了正当性，从正面也提出主观权利保护视角的必要性在增加。从主观性权利保护角度来看，前一段所述"区别"已经在失去合理性。[263]

不过，即使今后欧洲法形成更加明确的权利保护体系，料想也会与现在的德国法权利保护体系有极大不同。现在已经可以观察到、对预测将来具有重要意义的特征，有以下几个：①在实体法层面上，欧洲法并不像德国法那样严格要求"保护规范性""权利"的精细论证，而是大方地予以承认。欧洲法没有像德国法那样，根据是危险防御还是事前预防来区分环境法规的保护规范性，而是从各个条款逐一细致区分经济法规的保护规范性，进而重视权利人范围的划定可能性，[264]今后也很难如此。[265]②另一方面，欧洲法重视行政程序，将其视作"利益和信息的加工过程"（Informations- und Interessenverarbeitungsprozeß）。[266]如环境影响评价、环境信息、采购契约等相关指令所示，欧洲法承认利害关系人和公众在比历来德国法更早的阶段参与，或者在德国法过去作为行政内部来理解的领域参与，也未必拘泥于实体权。[267]而行政

437

---

[263]　Schmidt-Aßmann, Empfiehlt es sich, das System des Rechtsschutzes und der Gerichtsbarkeit in der EG weiterzuentwickeln?, JZ 1994, S. 834. 关于补贴, vgl. Schwarze, Subventionen und der Rechtsschutz des Konkurrenten, in: GS für W. Martens, S. 844, S. 847; Ehlers, Die Klagebefugnis, VerwArch 1993, S. 154.

[264]　参见第三章第四节第二款注（245）、第四章第一节第一款注（22）。

[265]　关于不严格区分危险防御和事前预防, vgl. Ruffert, Subjektive Rechte im Umweltrecht der EG, S. 240-252, S. 288; Kadelbach, a. a. O., S. 385f.; Schoch, a. a. O., S. 463f.; Wegener, Rechte des Einzelnen, S. 185f. 不过，反对者，Moench/Sandner, Rechtsschutz, in: EUDUR, Bd. 1, Rn. 72. 关于不强调划定可能性, vgl. Wegener, a. a. O., S. 167-172, S. 184. 不过，关于竞业者诉讼，也能看出限定权利人范围的倾向（比较参照第一款②和③）。

另外，对于共同体为保护环境而引入团体诉讼的动向, vgl. Epiney, Gemeinschaftsrecht und Verbandsklage, NVwZ 1999, S. 490f.

[266]　Trute, Die Verwaltung und das Verwaltungsrecht zwischen gesellschaftlicher Selbstregulierung und staatlicher Steuerung, DVBl. 1996, S. 961.

[267]　Vgl. Schmidt-Aßmann, Zur Europäisierung des allgemeinen Verwaltungsrechts, in: FS für Lerche, S. 522-525; Kadelbach, a. a. O., S. 425f.

程序的积极参与也常常成为向欧共体的法院起诉权能的要件（第一款）。③但是，在通过法院保护权利方面，欧洲法要求的程序和组织比《德国基本法》第 19 条第 4 款历来的解释更为宽松。例如，虽然欧洲的法院对行政裁量的控制强度因行政领域而异，但总体而言，并没有达到像德国那样以"法院完全控制原则"为出发点的高强度。[268]欧洲法对成员国"法院"要求的程序和组织水准一般也没有达到《德国基本法》第 19 条第 4 款的水准［第二款(2)］。

（2）德国法的嬗变？

如果认为欧共体条约和欧共体的法院关于起诉权能的观点与德国的保护规范说一致，或者两者相协调没有问题，[269]那是过于乐观了［参见(1)］。另一方面，如果认为应当将整个德国法单方面适合欧共体条约和欧共体的法院观点，[270]即使仅仅考虑到欧洲法尚在形成途中［参见(1)］，也能将其评价为过于短视。对于目前欧共体法有关起诉权能的观点，大致可作如下评论。规范的保护目的和实际不利要件"被功能角度的主观化原则降低了"水准。[271]或者说，问题不在于规范是仅保护一般利益还是也保护个人利益，而在于保护哪一部分公益，采用的是"一般化的保护规范说"。[272]或者说，"保护目的中统一计算（pauschalierte）的利益和利害关系人的记述"成为基准。[273]对于今后欧洲法和德国法的关系，应当假定以下两种可能。

①首先，可能有这样一种剧本：欧洲法继续强调客观法实效性实现的观点，而德国法维持《基本法》第 19 条第 4 款关于主观法的裁判保护学理的现状，欧洲法的规范领域和德国法的规范领域以不同的

---

[268] Schmidt-Aßmann, in: Schoch/Schmidt-Aßmann/Pietzner（Hrsg.），VwGO Komm., Einleitung Rn. 131. 对于德国法，Rn. 183, 189.

[269] Triantafyllou, Zur Europäisierung des söR, DÖV 1997, S. 192ff.；Frenz, SöR aus Gemeinschaftsrecht vor deutschen Verwaltungsgerichten, DVBl. 1995, S. 412 显示出这种倾向。

[270] 马辛（Masing, Die Mobilisierung des Bürgers）显示出这种倾向。

[271] Ruffert, SöR unter dem Einfluß des Gemeinschaftsrechts, DVBl. 1998, S. 71-74.

[272] Winter, Individualrechtsschutz, NVwZ 1999, S. 470.

[273] Wegener, a. a. O.；vgl. auch Kadelbach, a. a. O., S. 384-387, S. 442.

逻辑并立。在这种情况下，随着欧洲法规范事项的增加，德国适用保护规范说和权利论的领域相对缩小，其权重下降。但是，有学说认为，不以《基本法》第 19 条第 4 款的水准保护欧洲法保障的权利，就构成"歧视"[参见第二款(2)]，据此，不仅是德国的保护规范说和权利论的权重下降，《基本法》第 19 条第 4 款的体系有可能为欧洲法所"侵害"。原因在于，第一，《基本法》第 19 条第 4 款并不禁止在权利保护之外课予法院任务，但禁止这种附加的任务在量上给法院过重负担，以致妨碍权利保护任务的履行，或者在质上改变法院履行权利保护任务的本来性质。[274]如果实质上不属于《基本法》第 19 条第 4 款"权利"的事项，也以欧洲法作为权利加以保障的形式理由，均委诸《基本法》第 19 条第 4 款水准的法院控制，就有可能与上述《基本法》第 19 条第 4 款的禁止法理相抵触。[275]第二，《基本法》第 19 条第 4 款的学理通过缩小起诉权能，而非提高法院的控制强度，来与行政权的功能相区分，限定法院的功能。但是，如果欧洲法要求扩张起诉权能，同时根据禁止歧视的法理，也排除降低法院控制强度的可能性，那就失去了区别并限定法院功能的要素。[276]

②但是，对于欧洲法和成员国法的关系，不仅必须考虑成员国对接受欧洲法负有法的义务，也要考虑欧洲法对成员国的适合化和调和化施加事实上的压力。用简单的例子来说，根据将欧共体指令国内法化的法的义务，一定规模以上的采购契约可以说是外部法化，一定种类的设施设置许可被插入了环境适合性审查程序，[277]均在德国国

---

[274] Schmidt-Aßmann, Funktionen der Verwaltungsgerichtsbarkeit, in: FS für Menger, S. 110f. ; Schmidt-Aßmann, in: Schoch/Schmidt-Aßmann/Pietzner (Hrsg.), VwGO Komm. , Einleitung Rn. 170. Krit. Wegener, a. a. O. , S. 272.

[275] 虽然稍有不正确，vgl. Remmert, Die nationale Ausgestaltung richtlinienrechtlich geforderter subjektiver Rechtsstellungen, Die Verwaltung 1996, S. 484f.

[276] Danwitz, Verwaltungsrechtliches System und Europäische Integration, S. 77 – 79, S. 245-248, S. 364-366.

[277] 参见第四章第一节第二款一(3)，本章第一节第三款二(2)(b)①、三(3)(c)③。关于立法作用的国家责任，也产生了"裂缝"，涉及欧共体法的情形得到承认，而纯粹国内法的事例得不到承认（Kadelbach, a. a. O. , S. 403）。

内法上产生"裂缝"，这种"裂缝"也要求对一定规模以下的契约和一定种类以外的设施施加欧共体指令同样的规范，给国内法造成事实上的压力。反过来，欧洲法也是受到成员国法体系的事实影响而形成的。

> "基本观点具有说服力、规范技术具有实践性的要素和问题解决模式，具有施加影响的最佳时机。法秩序在相互作用的协奏中没有充分发挥影响力，就必须反躬自问，自己的法制度是否'过度教义化'，因而不能传递，或者是否没有持续性自我怀疑，故而不能充分清晰地表达自己。将规范具体化的行政规则在欧洲法院经历了败北〔第二款(1)①〕，德国裁量论的分类[278]直到现在才稍稍被考虑，其原因之一可能就在于此。"[279]

439　　　如果以这种"对流原理"、欧洲法体系和各成员国法体系的对话与学习过程为前提，那么在权利论上还可以描绘出另一种可能。也就是说，欧洲法向德国法学习主观权利的裁判保护思想、将裁量控制精致化的"规范授权说"以及比例原则等。[280]另一方面，德国法观察欧洲法，改变保护规范说和裁量论的"过度教义化"。从总体上，将相较过去，降低法院的控制强度，扩大起诉权能。[281]本书之所以对德国的权利论、保护规范说进行了内在但批判性的审视，也是因为德国

〔278〕　特别是让人想起裁量和不确定法概念的区别。对此，参见关于撤销原因的《欧共体条约》第230条第2款，明显受到法国法的影响。

〔279〕　Schmidt-Aßmann, Deutsches und Europäisches Verwaltungsrecht, DVBl. 1993, S. 928–930.

〔280〕　参见注（268）、注（269）所列之处，Schmidt-Aßmann, Europäische Rechtsschutzgarantien, in: FS für Bernhardt, S. 1290.

〔281〕　シュミット―アスマン（海老原訳）「ドイツ行政法の最近の発展（上）」自研72巻9号14~18頁。肖赫（Schoch, a. a. O., S. 465–467）认为，德国的保护规范说与欧洲法关于起诉权能的观点相比，"在构造上"没有大的不同，但"在内容上""落后于现代化"，欧洲化是"一个重新审视僵硬学理，并为推动现代化提供动力的机会"。不过，肖赫（Schoch, a. a. O., S. 466f.；Wegener, a. a. O., S. 302f.）对降低法院的控制强度持谨慎态度。

的理论学说现在需要反省和学习能力，目前也在具备这些能力。

德国权利论，是重生，抑或黄昏？[282]——但本书并没有再作谈论的能力和资格。

---

[282]　第二次世界大战结束不久，德国正立于这种歧路，对此参见第三章第一节第一款二。Vgl. auch Danwitz, a. a. O. , S. 247.

第六章
法关系论的展望

第一节　法关系论的基础

第一款　提　要

这里总结本书的考察，同时指出本书未能考察的论点。

等级秩序、各种高权和既得权的渐次解体，成为观想行政上法关系、公权的动因。个人、社会和国家从旧秩序中分化出来、社会秩序的动态化，特别得到自然法学说的尖锐描述（第一章第一节）。德国的观念论区分了个人、社会和国家，又将其相互关联，重视在社会和国家中权利义务的相关关系。但是，（各个法领域的）实定法学说首先需要分离出私法（社会）和公法（国家），将权利与义务相分离，将权利视作单方的、抽象的"力"，是自由的延伸（同第二节）。

民事法学上的权利论大致可以分为三种。意思说聚焦于形式的规范构造，因而，孕育着将民事法权利吸收进公权的可能性。利益说在现象的关联、复数主体之间关系中本质性分析"利益"，并将其作为具有程度的概念灵活处理。反过来说，它并没有以完结的方式界定法的体系或权利。折衷说图式性地将权利描述为单方的抽象的力，但近年来，制度、进而是为权利和制度提供媒介的法关系概念，受到关注（同第三节）。

公权首先是通过提取公法固有要素，亦即介入权力作用的视角而构成的（格贝尔）。有学说尝试着将公法和私法的共通要素，亦即国家作用的社会形成功能和内容予以主观法化，但仅为一段插曲。有学说以单数的个人自由为前提，将法规理解为自由的个别限制，也没有进一步将法规的内容构成为权利。有学说着眼于利益和团体，将主观法和客观法、私益和公益、个人领域和国家领域分离，因而，未能以完结的方式界定权利（第二章第一节）。

格奥尔格·耶利内克将法的体系表现为各种行为之间的关系，凯尔森表现为法规的体系，他们都在区分参与国家作用的要素（程序性权利）与国家作用内容的要素（实体性权利）的基础上建立关系，但依然以前一种要素为中心，在这一意义上将法的体系表现为金字塔，而没有将后一种要素构成独立的主观法。正是布勒，以后一种要素为中心构成公权，并尝试着在行政裁判实务和学说之间架起桥梁。布勒将法规的强行性、表示实体法要素的个人利益保护性、表示程序法要素的援用可能性作为公权成立的三要件。其中，个人利益保护性要件和民事法学上的利益说一样，在现象的关联、复数主体之间关系中本质性地、作为具有程度的概念予以把握。但另一方面，个人自由并非先于规范，行使自由者必须援用规范，国家的"行为"以形而上、比喻的方式构成，援用可能性要件也被理解为一般抽象的力（同第二节）。

形式法治国观念，即通过在形式上拘束国家机关来保护个人权利，推动了二战后公权论的发展。旧保护规范说（巴霍夫）重视国家机关的客观法义务与个人请求权之间的对应，它依据的是没有将客观法和主观法实质关联起来的形式法治国观念，结果就导致形式上强调客观法的法规或者立法者的权能（第三章第一节）。有的思考方法将国家机关的客观法义务和个人的支配权分离，孤立地、自我完结地各自把握，将客观法和主观法均看作对利益状况和社会现象封闭的一团，这一思考方法正是对应于形式法治国观念。但是，如果根据这一思考方法，就很难划定权利的外延。有的思考方法使个人的"地位"仅对应于国家机关的义务，在违反义务时才发生个人的请求权，这一思考方法与论者据以为基础的形式法治国观念存在龃龉，而毋宁适合于下述共同体恢复的观念（同第二节）。445

有的观念将主观法和客观法对利益状况和社会现象开放来把握，

将主观法和客观法、私益和公益作同质看待，双方在共同体中融合，亦即在个人和国家的对向关系中消解个人权利、复原共同体的统一性和统合，有的学说将其看作公益的"代表"，使主观法区别于客观法意义上的内涵并不明了（同第三节）。最终，有必要使主观法和客观法、私益和公益都相对化，在实质上将两者关联起来，亦即在与其他主观法、利益的关系中界定主观法、利益，将客观法、公益分解为主观法之间、私益之间的关系，由此，从多样性、复合性的角度把握主观法和私益、客观法和公益，以及两者的关系。在如此理解的、形成多极性法关系的分配行政中，相互调整和形塑各种利益，首先是立法者的任务。而从所形成的制度和秩序中解读权利，则是法解释学的任务（新保护规范说）（同第四节）。

多极行政法关系的复合体，由四层构成。

位于第一层的是个人的行为自由。个人的行为自由与法的体系有双重关联。首先，法的体系假定，自由是法体系的形成之源（积极的关联）。其次，单数的行为自由受到法体系的片段性限制，反言之，在法上限制一般行为自由需要个别地予以正当化（消极的关联）。"微观视角的法律保留"与这种消极关联相接续［第四章第二节第一款一(3)(a)、二(2)(a)］。一般在行政厅不援用法律根据即限制个人的行为自由时，个人的自由可以单独对行政厅予以贯彻。但是，行政厅通常援用法律，问题就转为行政厅的措施是否违反法律或者法律是否违宪。这时，行为自由就和第二层的实体性权利组合起来主张［同一(3)(b)(c)］。[1]

位于第二层的是各种利益之间的实体法关系。实体法关系可以通过分析和分解由法律等所形成的客观制度来构想，也可以个别利益为起点、根据宪法直接综合和构成（基本权利的规范外效果）（第四章序）。

前一种实体法关系可以作出如下类型化（以下以第四章第一节的

---

〔1〕 对于古典的防御权构造, vgl. Bauer, Altes und Neues zur Schutznormtheorie, AöR 1988, S. 615–618.

款项来表示）。

（1）对立性利害关系（第一款、第二款二）

（a）不特定多数主体的利益可分地受到保护的情形与不可分地受到保护的情形。通说原则上仅承认前一种情形具有成立权利的可能性。但是，如果为应对知识和信息的不完整性、预测的不确定性，依据抽象的构想进行不可分的保护，就应当探寻构成代表性、观念性权利的可能性。

（b）私人之间关系的个别性规范和类型性规范。通说基本上仅承认前一种情形具有成立权利的可能性。但是，对于后一种规范行为，不仅应当承认有补偿市场功能的最终目的，也有可分地保护契约当事人利益的中间目的。

（c）对立性利害关系的垂直复合和水平复合。即使一般承认各种水平性复合利益的衡量过程的可分割性，分割可能性也是有界限的，而且，分割可能性有日益缩小的趋势。

（2）互换性利害关系（第二款一、三，第三款）

（a）有关地位分配的互换性利害关系。不过，对于继续性或者连锁性法关系，有见解重视法关系的安定，退而求其次才在互换性利害关系中实现衡平。

（b）有关竞争行为的互换性利害关系。这一关系通过将市场和经济体系的符码翻译、摄取为法体系的符码来观想。（a）与（b）中的重要关系应当由法律来调整（宏观视角的法律保留）。欧共体法要求各国法体系对（a）与（b）的关系保持敏感，而且，越来越需要以法律调整这些关系。

（c）有关地位组合的互换性利害关系。这一关系在部分领域被认识为"互换性利害关系"，但在大部分领域毋宁是为"考虑要求"概念所涵盖，它与对立性利害关系具有亲和性。 447

（3）关联的阶段性体系（第四款）

行政作用在时间上连续时，使保护主观法或利益的体系与实现行政目的的客观制度相对应的法理。例如，（a）将各个行政行为或措施组合、关联起来的"计划"，应当对应于争议该组合或关联的体系；（b）将现象整体分节化、使其可以概览和制御的"部分许可、预备决定"，应当对应于争议整体现象"框架"的体系；（c）集合化利益的表达体系应当对应于行政立法。

（4）概括而持续的行政法规范行为与纤细而适应状况的民事法规范行为的相互补充秩序（第五款）

（a）两种规范行为在实体法上竞合的情形：①原则——两种规范行为处于相互辅助关系；②例外——民事法的规范行为在法律上被部分排除。

（b）两种规范行为在程序法上竞合的情形：①事前处分制的情形——原则上排除民事法的规范；②事后处分制的情形——两种规范处于相互辅助关系。

位于第二层的基本权利规范外效果通过使有关利益（侵害）的重大性和受到侵害的可能性（危险性）、与有关利益对立的利益的应予保护性、防御权和保护义务的区别相关来构成。基本权利规范外效果，由法院单独判断，无缝隙地但在最小范围内保护利益。关于法律内容的基本权利规范内效果旨在精细地衡量并调和各种利益，而非无缝隙地、纤细地衡量并调和所有（相关）利益。所谓行政作用对第三人的非目的侵害基本上不需要法律的根据。相反，根据基本权利规范外效果保护行政作用第三人不受非目的性侵害时，需要消极调整，避免与侵害保留原理、法律优位原理相抵触（第四章第二节）。

位于第三层的是行政作用的实体法上关系者与行政厅之间的程序法关系。这里仅作以下几点说明。

448　　　　——行政厅以制御私人行为为目的，无论是以命令或实力为媒介的情形（古典的行政行为），还是以信息为媒介的情形（警告等）、以金钱为媒介的情形（制御行为的补助金等），其决定制御目的的过程，应当同样受法的控制（功能等价）。也就是说，应当涉及微观视角的法律保留，应当保障行为受到制御的私人参与行政程序的权利［第四章第二节第一款二（2）（a）、第五章第二节第四款二］。

——关于程序法关系的连续性。第一，在维续行政作用形成的状态失去了法的根据时，行政主体负有恢复原状的义务。第二，在行政主体的违法措施妨害了相对人的行为时，行政主体必须在现在采取过去应当采取的措施，同时在假定相对人作出了行为的情况下，形成相对人现在的法地位。不过，在涉及继续性或连续性实体法关系时，行政主体必须考虑过去作出的违法行为，以及现实的法和事实状态，形成相对人现在的法地位（第五章第二节第一款、第二款）。

——关于第二层实体法关系与第三层程序法关系的关系。实体法上个别权利得到承认者，行政程序参与权和诉权即受保障。作为补充、补强这种法治国家原理内核的外壳，必须构想表达集合化利益的制度。表达的方法可以有多样性，因而，并不能从旨在表达集合化利益的行政程序参与权导出争议行政决定实体内容的诉权。但是，为了贯彻这种行政程序参与权，应当允许参加诉讼（第五章第一节第三款）。

位于第四层的是行政组织法关系。形成行政组织不可或缺的要素是民主正当性。民主正当性必须从国民议会充分传递给所有行政机关。不过，不能简单地说民主正当性的传递路径越多越好，亦即等级性构成议会和行政机关的关系、行政机关相互的关系更好。毋宁是权力分立原理要求国家以适当的组织分别分担并组合多样的功能和视角，作出合理的决定，或者法治国家原理要求国家适当地调整各种利益，收集并生成信息，作出合理的决定，〔2〕这些均要求议会和行政机关之间、行政机关相互之间具有多元的秩序。在自治行政主体和其他行政主体之间的关系、"对照机关"之间的关系、作出高权决定的行

449

〔2〕　Vgl. Schmidt-Aßmann, Ordnungsidee, Rn. 2/5, 2/75ff., 4/1ff., 5/18.

政机关和代表并表达作为财产管理者或事业者利益的机关之间的关系中，未必也要构想基本权利，但可以构想广义的权利（第五章第一节）。本书仅提示了上述内容，未能真正分析行政组织法关系的构造。另作以下说明。

　　——民主正当性的源泉在于国民，也在于部分国民、公众。不能放弃国民的正当化，但经由部分国民和公众的"学习过程"和补充是不可或缺的（同第一款）。
　　——关于第二层实体法关系与第四层组织法关系的关系。将作出行政决定的权能简单地赋予表达实体利益的主体，违反民主主义原理，但使这种主体与民主正当性相结合，以各种方式将其纳入行政组织，这不仅在立法上是可能的，也是宪法上的要求（自治行政主体和对照机关）（同第二款、第三款）。

第二款　从权利走向法关系

　　这里进一步总结本书。由于社会的分化、复杂化和动态化，国家法体系取代诸多高权和既得权的关系而渐渐形成，它在自然法理论和观念论中被抽象地想象为"法关系"（第一章）。与此相对，具体的法解释学首先需要以易于操作的"权利"概念记述新的国家法体系。但是，权利概念难以讲清社会的分化、复杂化和动态化，并且有部分或片面地表达社会现象的危险（第二章、第三章）。在权利概念上充分积累了讨论，这一概念的界限也得到了澄清。现在，应当尝试利用积累的讨论，构成更难操作的"法关系"概念，精确记述分化、复杂化和动态化的国家法体系（第四章、第五章）。

　　卢曼认为，由于社会的"功能分化"，社会关系变得"抽象化""特殊化"，受到"间接地""迂回地"调整，因"流动性""可变性"要求增加了，出现了"在应对复杂性上具有更高潜力"、仅为"补充性"（Komplementarität）的"权利"，取代了"互惠的"（Reziprozität）

450

"中世纪特权"。

> "不过，放弃具体的互惠性指导思想是带有危险的。不能简单地放弃权利和义务的均衡化，它必须以更为抽象的各种形式所替代……必须通过更为间接的相互结合、迂回的、可替代性丰富的诸多构造和过程来实现调整。"

但是，卢曼接着说，

> "由于社会系统复杂性的增加，通常会有更多的结果，如此就更难决定构造。而从给定的构造导出问题的解决方案则较为容易。这是因为到处都有其他的选项和替代可能性可以使用。社会结构变化和合理自我制御的高级潜力是有制度保障的——但无法利用。系统的偶然性变得无法运作。这一点在短期内几乎无法改变。在给定的社会结构和法形式的理论分析中，认识、保存，进而形成社会已经制度化的抽象系统制御的可能性，变得越发重要。在这种可能性中，'权利'是被计算在内的。"[3]

但是，像 19 世纪末到 20 世纪初的法实证主义那样，不是将法解释归结为将现象向规范命题的逻辑涵摄，而是将法解释看作视线在规范命题和现象之间往复、在实质上观想规范构造或者在法上观想现象构造，如果怀疑"给定的""制度化了的"构造安定性，法解释学毋宁必须在法上分析"诸多形式""诸多构造""诸多过程"，表达其变化潜力。有助于分析和表达的就是法关系概念。

这里以本书的具体分析为基础，思考法关系概念的一般意义。本书当然会参考德国行政法学界近年来提倡的"法关系论"。不过，"法关系论"未必能引出并提示法关系概念的潜力，所举出的例子也常常是边缘性的，而且，有时讨论甚至会与法关系概念的意义背道而驰。

---

〔3〕 Luhmann, Zur Funktion der "subjektiven Rechte", Jahrbuch für Rechtssoziologie und Rechtstheorie 1, S. 322ff.

451 为此，"法关系论"者与反对论者的讨论常常流于表面。故而，本书为深化法关系论，对"法关系论"作出批判。[4]

452 ## 一、定义

所谓法关系，是指诸多主体之间，尤其是诸多行为（可能性）之间由法决定性质的关系。[5]之所以在定义中特别包含行为（可能性），是为了周全地表达法体系的开放性和时间性（二）、多元性、灵活性和动态性（三）。[6]相反，主体和物之间、主体和规范命题之间的"法关系"观念不能周全地表达以上特性，因而，从定义中排除出去。[7]而将"法关系"限定于主体间的权利义务关系，就可能无法把握第一款所述的第二层实体法关系以外的几层。对于第二层，使用

---

[4] "法关系论"已从种种角度得到介绍和探讨。介绍阿赫特贝格的论文，间田「N・アハターベルクの『法律関係論』・『行政法関係論』」法時57巻1号107頁以下、堀内『立憲理論の主要問題』201頁以下。将过去的公权论与约阿希姆・马腾斯、鲍尔的法关系论进行比较探讨，大西「隣人訴訟に関する一考察」北法41巻5・6号591頁以下。指出法关系论无损于行政行为论的重要性，人見「行政行為概念の位置づけ」兼子仁編『西ドイツの行政行為論』34頁以下、人見「法関係論の展開とその現状」都法32巻1号105頁以下。将法关系论与"非正式行为形式论"相关联，指出两个理论的问题，宮崎「行政法関係における参加・協働・防御」兼子仁他編『手続法的行政法学の理論』81頁以下。考察内部法关系，高橋明男「行政法関係論の一側面」阪法43巻2・3号751頁以下。考察给付行政的法关系，村上武則「給付行政の法関係論」伊藤満喜寿159頁以下、村上武則「給付関係における若干の法律問題」同他編『人権の司法的救済』122頁以下。最近的论文，Vosniakou, Beiträge zur Rechtsverhältnistheorie. 列举了德国的主要文献，Bauer, Die Bundestreue, S. 270-274. 在了解"法关系论"者和反对论者的讨论现状方面，参照 Gröschner, Vom Nutzen des Verwaltungsrechtsverhältnisses, Die Verwaltung 1997, S. 301ff. ; Pietzcker, Das Verwaltungsrechtsverhältnis, Die Verwaltung 1997, S. 281ff.

[5] 参考了阿赫特贝格（Achterberg, Die Rechtsordnung als Rechtsverhältnisordnung, S. 31f.）的定义（"由法规范所形成的两个或多数主体之间的关系"）。

[6] 格奥尔格・耶利内克和凯尔森的主观法论以行为和行为之间的关系作为理论的主轴［第二章第二节第一款(2)、第二款一］。但是，a. a. O., S. 108评价这一点是"无法理解的，确实令人费解"。

[7] Vgl. a. a. O., S. 35 Anm. 72, S. 106f. ; Ehlers, Rechtsverhältnisse in der Leistungsverwaltung, DVBl. 1986, S. 913.

法关系的概念，正是为了区分被认作权利的关系与未被认作权利的关系，不应从一开始就将"法关系"限定于权利义务关系。[8]

二、法解释方法论上的意义

如果法解释者只是将现象逻辑涵摄进法规，那么，使用"权利"、权限、义务等个别性概念就足够了。如果将现象和法规统合进支撑"共同体"的"制度"，那法关系概念是不需要的。与此相对，如前所述，在法规和现象之间视线往复、在实质上形塑规范构造或者在法上形塑现象构造时，"法关系"就为规范命题和现象提供媒介，承担表达这种构造的作用。用于法解释的法关系概念对现象开放法体系，特别是明确表达法体系中的时间要素。

阿赫特贝格并不将法关系看作指导法规范解释、同时由解释形成的观念，而基本上认为是单方面由法规范所规范的现象。[9]阿赫特贝格在法规范（他律性决定因子）之外，将法关系当事人的自由意思（自律性决定因子）增加为法关系的决定因子［参见三(1)］，但将"自律性决定因子"限定于此，严格区分两个决定因子。对于法规范自身，基本上依据凯尔森的纯粹法学；对于法规范的解释方法，仅为简单列举论题解释、目的论解释以及其他解释方法。[10]因而，阿赫特贝格的"法关系论"标榜法关系的"开放性"，但毋宁是相反，它可以说是凯尔森理论的变形，贯彻着法体系的自足性、认识和决定二分论。可以参考的是"各个规范领域的具体现象构造（Sachstrukturen）"[11]以及"客观化的规范目的、规范构造、四周的规范构成"观念，[12]

453

---

〔8〕　阿赫特贝格（Achterberg, a. a. O., S. 39）也构想了"反对照的法关系"［参见三(1)］。反对者，Krause, Rechtsverhältnisse in der Leistungsverwaltung, VVDStRL 45, S. 220-222（另外，认为也应将多极性法关系分解为独立的两极性法关系）。

〔9〕　Vgl. Achterberg, Die Rechtsordnung als Rechtsverhältnisordnung, S. 111-119.

〔10〕　Vgl. a. a. O., S. 92-98.

〔11〕　Bauer, Altes und Neues zur Schutznormtheorie, AöR 1988, S. 614; ders., Geschichtliche Grundlagen der Lehre vom söR, S. 177 Anm. 102, 103.

〔12〕　第三章第四节第二款(2)④。

它们近年来在公权的具体解释论中受到重视。[13]

454
三、法解释学上的（教义学的）意义[14]

法关系的学理如下：

——表现着相互性（例如，多极性行政法关系中第二层的诸多利益间的实体法关系），即使是在行为（可能性）之间的一个关系这种最小单位中也是如此。

——表现着连续性或继续性法关系，主体之间行为（可能性）之间的复数关系是连续的（例如，在调整互换性利害关系、实现消除结果请求权时需要考虑的继续性实体法关系）。

——表现着法关系的复合，复数的单纯法关系或者连续性法关系相互关联（例如，第一款所述的四层的法关系复合）。

如此理解的种种法关系之间的关系不是一元的、绝对的，而是多元的、相对的。因而，某种法关系的形成是波动而灵活的，与其他法关系的可能性和选项不断接触（例如，行政法规范行为和民事法规范行为的相互补充秩序）。修正既有的差异，相互重新组合，或者与新的差异组合起来，由此利用既有的法关系类型，形成新的法关系，这

---

[13] 此外，参见第三章第三节第三款注(207)的亨克叙述。丹维茨（Danwitz, Zu Funktion und Bedeutung der Rechtsverhältnislehre, Die Verwaltung 1997, S. 349f.）也认可法关系论的功能，"通过考虑各个特别情况的特征（Sachverhaltsausprägungen），对规范的具体化过程施加影响"。

[14] 丹维茨（Danwitz, Zu Funktion und Bedeutung der Rechtsverhältnislehre, Die Verwaltung 1997, S. 361f.）否定法关系论具有"学理功能"，理由是法关系论并不充分具有"在行政法的规范素材中可以一般化的连接点（Anknüpfungspunkte）"。但是，学理"从功能和成立来看，并不是将法律上的概念作为问题，但尽管如此，制御着规范的适用，因而，其意义可以大大超出个别法律上的概念"（a. a. O.）。因此，学理与规范的"连接"，并不意味着学理将规范命题上的概念直接采用为关键概念，而是意味着学理将看上去散乱的规范（上的概念）整合关联起来，并将规范的旨趣推及一见就并不适用规范的领域。在这一意义上，法关系论充分与规范素材"连接"，能够实现学理的功能。

种可能性始终是广泛开放的（法关系的动态性。例如，关于竞争行为或者地位组合的"互换性利害关系"的构成与扩张）。[15]

关于以上各点，下面对过去的"法关系论"进行检视。

（1）阿赫特贝格

阿赫特贝格之所以倡导"法关系论"，正是为了表达法体系的复杂性和多元性。但是，阿赫特贝格所列的法关系类型有：①两极抑或多极；②一方主体的权利与另一方主体的义务是不对应的（反对照的），抑或对应的（对照的），抑或一方主体的义务（权利）与另一方主体的义务（权利）相结合（非对照的、多对照的）；③完全或者直接由法规范（他律性决定因子）形成，抑或仅部分或者间接由法规范形成、部分委诸法关系当事人自由形成（自律性决定因子）；④一次性抑或继续性；⑤法规范仅对一种法关系有效（一价），抑或对多种法关系有效（多价），抑或通过"变换"扩张有效范围。法关系间的关系类型有：①暂定的和最终的法关系，②派生关系，③连续关系，④事前、主要和事后法关系，⑤矛盾关系（参见二）。[16]这些都是形式的范畴，并不是根据具体的法解释论同时为其提供根据的类型。阿赫特贝格所列的机关担当者、下位机关、机关、组织成员、组织之间的法关系范畴，[17]仅表现了等级关系，而没有表现关系的交叉性和多维性（特别参见第一款关于"第四层"的记述）。

455

（2）鲍尔

鲍尔倡导"法关系论"，是为了在整体上统合并考虑宪法（尤其是基本权利）和法律、相关的规范群、权利和义务、相对人和第三人。[18]鲍尔在一般层面上明确提及了从公权向法关系的视角转换。但

─────────

〔15〕　对于以上说明（区分了学理性任务与启发性任务），vgl. Schmidt-Aßmann, Reform, in: Hoffmann-Riem/Schmidt-Aßmann/Schuppert（Hrsg.）, S. 44f. Vgl. auch Hill, Rechtsverhältnisse in der Leistungsverwaltung, NJW 1986, S. 2603.

〔16〕　Achterberg, Die Rechtsordnung als Rechtsverhältnisordnung, S. 73-86.

〔17〕　A. a. O., S. 36-38.

〔18〕　Bauer, Geschichtliche Grundlagen der Lehre vom söR, S. 161-185; ders., Altes und Neues zur Schutznormtheorie, AöR 1988, S. 612-614, S. 624-628.

是，在各个论点上，并没有充分挖掘出法关系概念的潜力。第一，鲍尔认为，法关系"基本上"是通过基本权利来形塑，通过法律予以"具体化"，他批判重视法律的保护规范说。[19]使法关系的形态多样分化的不是基本权利，而是具有种种内容的法律。[20]第二，鲍尔提及从国家和市民之间的"'一般权力关系'向'一般法律关系'"的转换，进而是"国家公权"的复权。[21]但他更应当明确的是法关系的分化和复合：私人之间"水平关系"或诸多利益之间的实体法关系（第二层）与国家和私人之间的"垂直关系"或程序法关系（第三层）。这样才能准确地把握鲍尔也重视的"多极性行政法关系"。[22]对于第二点，将在下一项中再作阐述。另外，鲍尔将"法关系论"用于分析联邦制，这超出了本书的范围。[23]

---

〔19〕 Vgl. dens. , Geschichtliche Grundlagen der Lehre vom söR, S. 184; dens. , Altes und Neues zur Schutznormtheorie, AöR 1988, S. 627f.

〔20〕 另参见第三章第四节第二款、第四章第二节第一款二（1）。

〔21〕 Ders. , SöR des Staates, DVBl. 1986, S. 208ff. 作为赞成者，例如 Scherzberg, Grundlagen und Typologie des söR, DVBl. 1988, S. 131.

〔22〕 Schmidt-Preuß, Kollidierende Privatinteressen, S. 140f. , S. 436-439. （"行政法关系尚未尽数利用迄今自身的多极性潜力"。）另参见第二章第二节第五款分析的有关租税法关系的讨论。

另外，布勒克曼（Bleckmann, Nochmals: SöR des Staates, DVBl. 1986, S. 666f.）认为，19 世纪为了"保护市民基本权利免受国家无限制高权的侵害"，援用了国家公权的观念，但"此后的立法、学说和判例大致依据法国行政法而进入'制度'路径，亦即通过发展客观法的法规……限制国家权力的行使"，因而，国家公权观念已经不需要了。但是，如鲍尔所示，从 19 世纪后半叶至 20 世纪初构想国家公权的学说，并不是像布勒克曼那样设想与既得权相对置的诸多高权，而是仅从国家作用内容中剥离出参与权力作用的角度来构成"公权"，或者使用"国家公权"概念仅是在制定法实证主义上简单记述国家作用内容的界限（外在体系）。而庞大的"公权论"存在自身表明，与法国不同，德国公法理论不仅需要客观法的构成，也需要主观法的构成。布勒克曼的批判是失当的。Vgl. Bauer, Duplik, DVBl. 1986, S. 667f. 作为介绍，川上「『国家』の公権論」雄川献呈上 119 頁以下。

〔23〕 Bauer, Die Bundestreue, S. 275ff. 作为批判性书评，海老原·国家 108 卷 5·6 号 729 頁以下。

(3) 亨克和约阿希姆·马腾斯

亨克阐述了从权力关系走向法关系的论题（之后，将其订正为在法治国家中权力关系也是法的关系），构想了实体法与"形式法"的复合关系。但是，他依然困于高位的秩序和统一体理念。[24]

相反，约阿希姆·马腾斯完完全全地否定市民服从行政的高权性权力观念，认为行政和市民同等受法律拘束，服从裁判。也就是说，

> 行政法规范并不是"行政的行为""行政决定"的"判断规范"，而是市民和行政两者的"行为规范"。[25]行政程序法只不过是承认行政机关的"程序主导权能"；而市民不服行政行为，负有在期限内起诉的负担，这一机制（Zugzwang）在私人间关系督促程序等类似例子中也能看到；承认行政机关强制执行权能的制度也是基于紧急的必要性。因而，哪一种法制度都不需要采用"支配服从关系"来说明。[26]

这一学说对于过剩地承认行政的行为权力性倾向，或者相反，仅从私人防御权力性行为角度构成理论的倾向，都具有论战的意味。这些倾向也许是过去的，但对片面强调行政决定的执行实效性倾向、仅从执行实效性角度构成理论的倾向敲响警钟，现在也不失其必要性。

> "似乎依然难以摆脱将行政视作先验性一体的形象。因为简单空间性对象性形象和比喻易于理解，传统的观念就被保存下来。在这种基础上，行政仍然显现为一个统一体。不过，行为非常容易的观点规定着程序法和〔行为〕形式论，行政决定正成为体系构成要素的全部支点。但是，现代行政法的特征是'制御

456

---

〔24〕 参见第三章第三节第三款一（2）。

〔25〕 J. Martens, Der verwaltungsrechtliche Nachbarschutz, NJW 1985, S. 2302f. ; ders. , Der Bürger als Verwaltungsuntertan?, KritV 1986, S. 114–120.

〔26〕 Ders. , NJW 1985, S. 2303; ders. , KritV 1986, S. 106–110.

法'（Steuerungsrecht），这也可能有助于保存传统观念。〔如果不注意这一点，〕就会重新出现将市民当作制御客体（Steuerungsobjekt）的错误观念。"〔27〕

但是，市民和行政的等同理论具有对抗单方性倾向的意味。但因为是无差别的，就无法为多姿多彩地发展控制行政的法理提供基础。

首先，民主主义原理与以其为基础的国家组织法将具有基本权利自由的个人组织为能行使国家权力的机关（《基本法》第 20 条第 2 款）。反过来说，行使国家权力的主体必须得到民主主义的正当化。如此，民主主义原理创造出个人和国家机关之间的差异、两者之间的非对称性关系。民主主义原理以公众的非制度性对话为出发点，民主主义原理意味着由此构成可以行使国家权力的机关并予以制度化。根据权力分立原理，行政机关由法律指挥、受法院控制，但行政机关也是具有民主正当性、能行使国家权力的机关，并无不同。〔28〕

从这种法关系的第一层（自由）与第四层（组织法）的区别，并不能得出具体的结论，诸如个人在何种场合以何种形态行使自由受到法的限制、国家机关在何种场合以何种形态可以合法地行使国家权力。只有构成并分析法关系的第二层（实体法）和第三层（程序法），才能得出具体的要件。但是，第一层和第四层的区别是构成并分析第二层和第三层的原动力与驱动力。也就是说，个人具有任意追求任意利益的自由、一般行为自由，在法上对其加以限制需要正当化。〔29〕而行政机关没有基本权利（使用私法形式也是如此），〔30〕受基本权利拘束（《基本法》第 1 条第 3 款）。〔31〕不仅如此，被民主正当化、能行

457

〔27〕　Schmidt-Aßmann, a. a. O., S. 17f.

〔28〕　参见第五章第一节第一款。Vgl. auch Schmidt-Aßmann, Rechtsformen des Verwaltungshandelns, DVBl. 1989, S. 539.

〔29〕　参见第一款关于第一层的叙述。

〔30〕　参见第五章第一节第二款注(16)、注(17)。

〔31〕　参见第四章第一节第二款注(127)。

使公权力的行政机关受公共利益拘束（使用私法形式也是如此）——如果动态地来表达——其行为需要正当化。[32]因而，在理论上也必须深入分析并明确表达行政机关援用公共利益的意味、一般行政机关行为的正当化根据，在此基础上构想控制行政的法理。在法关系的第二层上，本书尝试着根据"基本权利的规范内效果"分析并分解"客观法"和"公益"；在第三层上，尝试着依据"国家作用所具有形成社会关系的意味和功能"[33]的分析，来划定法律保留和行政程序法理的范围。[34]其结果是，相比根据"基本权利的规范外效果"从外侧限制行政机关的行为，这样可以更为细致地观察并控制行政机关的行为。

约阿希姆·马腾斯很早就正当地认为，对于建设法上的相邻人诉讼，以"行政的行为"的"判断规范"为中心来思考，不应切断建设主-行政机关的关系与相邻人-行政机关的关系分别处理，而应观想为受"行为规范"规范的建设主-相邻人的关系。[35]但是，仅是简单地将建设主、相邻人和行政机关在"行为规范"上并列，并不能解明建设主-行政机关的关系、相邻人-行政机关的关系以及建设主-相邻人的关系。约阿希姆·马腾斯又正当地关注了市民与行政机关的协作。[36]此外，黑贝勒认为，"行政法关系可以成为'基本法中'行政法的新阿基米德支点"，他说，"行政和市民在行政法关系中做'同样的事情'（gemeinsame Sache）"。[37]但是，如前一段所见，市民与行政机关具有不同的法准则，"在根据基本法的行政关系中，市民和国家正

458

〔32〕　参见第四章第一节第五款注（260）。此外，vgl. Krause, Rechtsverhältnisse in der Leistungsverwaltung, VVDStRL 45, S. 220-222.

〔33〕　参见第五章第二节第四款二。

〔34〕　参见第一款的相关地方。

〔35〕　J. Martens, NJW 1985, S. 2304-2308；ders., KritV 1986, S. 122-126.

〔36〕　Ders., KritV 1986, S. 128f.

〔37〕　黑贝勒〔Häberle, Das Verwaltungsrechtsverhältnis, in：ders., Die Verfassung des Pluralismus, S. 250, S. 252. Ders., VVDStRL 45, S. 252（Aussprache）〕倡导由行政行为和行政法关系支撑行政法体系的"双脚理论"。

是不做'同样的事情'"（施密特-阿斯曼），[38]那正是协作的重要性和危险性，是对协作进行法的分析（Gratwanderung!）的出发点。

（4）给付行政中的法关系

"给付行政中的法关系"是 1986 年德国国家法学者大会的主题。其中，法关系位于"中间的抽象水准"，成为行政法学上的概念。[39]但是，黑泽曼·迈耶认为，如果只是将其静态地理解为行政法总论命题与解决个案的中间抽象程度概念，法关系就不是一个"阿基米德支点"，而是"明希豪森的辫子"，也就是"迄今提出的最无内容的法的道具"，"我不能避免提出这样一种观点，当我听到法关系的概念时，它完全没有增加任何认识，因而，应当停止说'法关系'，没有必要提出"。黑泽曼·迈耶的下述批判是有效的："中间的抽象水准是可以安眠的水准。也就是说，因为距离地面很远，就不需要考虑被它打搅，因为距离理念也很远，就不需要从根本上考虑。如果要清晰地概括说，那就是没有价值"。[40]法关系应当被动态地理解为媒介概念，用于参照行政法各论改革行政法总论，同时参照行政法总论整理行政法各论的秩序［参照领域（Referenzgebiet）的观念[41]］。下面列举成为反省行政法总论契机的"给付行政中的法关系"。更为真正的探讨，需要独立的论文，从法的角度将给付行政领域结构化。

（a）公共主体向受给付者提供财物或服务，这种实体法关系可以看作单纯的一个两极性法关系，但是，（即便有重复）可以一分为二，使其对应于各自适合（adäquat）的行为形式或程序（进而可以使其对

〔38〕 Schmidt-Aßmann, a. a. O. , S. 17f.

〔39〕 Krause, a. a. O. , S. 223；Öhlinger, Rechtsverhältnis in der Leistungsverwaltung, VVDStRL 45, S. 200f. , S. 208f. 从否定"法关系论"的立场出发, Schnapp, Rechtsverhältnisse in der Leistungsverwaltung, DÖV 1986, S. 814；Löwer, Rechtsverhältnisse in der Leistungsverwaltung, NVwZ 1986, S. 794f.

〔40〕 H. Meyer, VVDStRL 45（Aussprache）, S. 272；VVDStRL 47（Aussprache）, S. 241. 对此发言，亦请参见下述评论：村上武则「給付行政に関する覚え書き」阪法 48 卷 4 号 20~22 頁。

〔41〕 Schmidt - Aßmann, Reform, in: Hoffmann - Riem/Schmidt - Aßmann/Schuppert（Hrsg.）, S. 14f.

应于各自适合的组织。参见关于公企业的第五章第一节第二款一）。

　　——公共主体决定向不特定多数或特定的受给付者安定地供 459
给什么以及多少财物或服务，才符合公共利益。这种实体法关系
适合以通常的行政决定形式和程序来调整。实际上在多数场合，
行政行为、行政契约的形式和程序得到制度化。[42]不过，行政立
法、行政计划的程序在缓慢地健全。[43]

　　——给付主体根据受给付者的需求，现实提供（相互提供）
财物或服务。这种实体法关系通常是继续性、相互性、个别性
的，需要根据情况细致地调整。为此，预先在特定的某个时点定
型地以行政行为等通常行政决定的程序来调整，是不适当甚至是
不可能的。[44]反而是适用或类推适用民事法有很大的余地。[45]
此外，需要"将过去和一次性决定程序合在一起制定的法规则，
发展为'关于现实给付过程的程序法'"，并设计行政程序来调
整这种实体法关系。[46]

（b）给付行政，尤其是社会法中的行政程序为构想"作为沟通过
程的行政法"（大桥洋一）提供了重要素材。

　　——在社会法领域，没有行政机关的建议、教示、提供信息
等，私人通常就不能适当地表达自己的利益；而没有私人的协
力，行政机关也无法获得其措施所需的信息。最终与其他法领域

---

〔42〕　Ehlers, Rechtsverhältnisse in der Leistungsverwaltung, DVBl. 1986, S. 915; Schmidt-
Aßmann, Verfahrensstrukturen in der Leistungsverwaltung, VR 1989, S. 41f.；大橋「社会福
祉行政手続の法的特質」同『行政法学の構造の変革』181 頁。

〔43〕　Schmidt-Aßmann, a. a. O.；大橋・同 192~194 頁。

〔44〕　Vgl. Krause, a. a. O., S. 239-243; Ehlers, a. a. O., S. 914.

〔45〕　Hill, a. a. O., S. 2609f.；Öhlinger, a. a. O., S. 207; Schmidt-Aßmann, a. a. O.；
大橋・同 180 頁。

〔46〕　Krause, a. a. O., S. 226f.；Schmidt-Aßmann, Reform, in：Hoffmann-Riem/
Schmidt-Aßmann/Schuppert（Hrsg.），S. 32f.；大橋・同 194~195 頁。

相比，会更细致地课予行政机关提供信息等义务、课予私人协力义务。[47]另一方面，又强烈要求私人与行政机关之间"距离的保护"，如数据保护等。[48]

——同样在社会法领域，不是国家最终满足私人的要求，反言之，不是最终实现行政目的，换言之，不是形成特定的实体法关系，而仅仅是设定社会的沟通框架、促进社会的沟通（"媒介行政"[49]）。

（c）在给付行政领域，近来提出了有关"民间化"（角松生史）的法的问题。

460　　　——对于国家应当在多大程度上考虑安定地给社会供给怎样的财物或服务，应当以怎样的手法来实现（国家是仅为私人活动设定框架，还是负有建议责任、监督责任，抑或形成组织责任？在社会"不适当履行任务"时，国家是否负有代为履行任务的责任、国家甚至负完全的履行责任？），[50]其解答随着社会状况的变化而变化，无法先验地回答。如果国家的照顾、投入的实现手法不充分，就可能产生侵害社会国家原理和社会权等问题；反之，如果过度，就可能产生侵害企业活动的自由和财产权等问题。[51]

---

〔47〕　Schnapp, a. a. O., S. 816f.; Hill, a. a. O., S. 2607f., S. 2611f.; Öhlinger, a. a. O., S. 192 - 194; Schmidt - Aßmann, Verfahrensstrukturen in der Leistungsverwaltung, VR 1989, S. 39; 大橋・同181~187頁。大桥洋一（同173~174頁）分析指出，与德国相反，日本"厚生行政的现状是……还没有达到充分享受到行政程序法所要求的程序保障水准"。

〔48〕　参见第五章第二节第四款一。

〔49〕　Schmidt-Aßmann, Das allgemeine Verwaltungsrecht als Ordnungsidee, S. 153f.

〔50〕　Schmidt - Aßmann, Reform, in: Hoffmann - Riem/Schmidt - Aßmann/Schuppert（Hrsg.）, S. 43f.

〔51〕　塩野『行政法Ⅲ』71~72頁。角松「『民間化』の法律学」国家102巻11・12号719頁以下、大脇「民営化法理の類型論の考察」法政66巻1号285頁以下。

————在上述方向上的各个手法及其相互关系，亦即"规范行为的构造"（Regelungsstruktur），可以法关系的概念进行有益的解析，[52]但其详细探讨留待他日完成。

四、启发性意义

463

法关系概念指出了法体系直面的问题，并提供了解决问题的场所。一个长期以来被提出但依然有待解决的问题是，法体系如何应对自身的界限。

这一问题是法可以或者应当如何规范社会的子系统或部分领域，它们具有自己的话语、逻辑和合理性，描写、组织和制御自己。拉德尔提出了后现代法的答案，即提高社会部分领域的学习能力、灵活性和多样性，以及关系网络化。[53]不过，拉德尔并不总是明确区分法引入社会部分领域的学习能力、灵活性和多样性与法的灵活性和学习能力等。[54]但是，国家法学者必须明确，国家法体系只不过是社会的部分领域，它在提升社会各部分领域的学习能力、灵活性和多样性、实现关系网络化中应当承担（可以承担）的角色，必须以国家法体系自身的语言描写国家法体系自身如何创造出学习能力、灵活性和多样性，以及国家法体系自身构成怎样的关系网络（法关系！）。否则，我们就同时面临完全相反的疑虑：社会的部分领域是否不从属于国家法体系，反之，国家法体系是否不从属于社会的部分领域。

"法的体系必须以实定法规范为出发点，对于它的自我描写，

464

---

〔52〕　Trute, Die Verwaltung und das Verwaltungsrecht zwischen gesellschaftlicher Selbstregulierung und staatlicher Steuerung, DVBl. 1996, S. 951f.

〔53〕　Ladeur, Postmoderne Rechtstheorie; ders., Das Umweltrecht der Wissensgesellschaft. 拉德尔法理论的深入分析，村上淳一『ドイツ現代法の基層』94頁以下、同「ポストモダンの法理論」岩波講座『社会科学の方法Ⅵ』271頁以下。

〔54〕　Hagenah, Prozeduraler Umweltschutz, S. 52. 另外，对于通过法的创造与法的创造，vgl. Hoffmann-Riem, Ermöglichung von Flexibilität und Innovationsoffenheit im Verwaltungsrecht, in: ders./Schmidt-Aßmann (Hrsg.), Innovation und Flexibilität, S. 13f.

由功能系统特殊雕琢的社会学的社会理论并不提供可以转用的知识成果。但是，也许它可以成为一个刺激。这是因为法的体系在其自然法、超越论或者逻辑公理性基础崩溃之后，也可能认为自己也许对四处寻找的社会理论前提感兴趣。"[55]

其中，从法体系的内部来观察，可以将法体系自身的界限分为三种，这是较为常见的。三种界限主要是在法关系的第三层（程序法关系）以及第四层（组织法关系）应对。不过，本书考察过的法关系第二层（实体法关系）也与三种界限不无关系，因而，本书也附带说明一下在第二层中如何应对三种界限。

（1）在经验法则在社会上没有固定和共有时，知道法制定和法解释的应有基础事实的界限。首先，社会部分领域的知识存在于何处，国家机关有时并不知道。有时有关部分领域在战略上妨害知识的生成或转移，即使不妨害，知识也因与其生成过程紧密结合，很难传递到该部分领域的外部。原本就未必存在必要的知识。以少数因子与小规模尺度所进行的（思考）试验，并不对应于实际的大规模（社会）空间，其中多数因子可能是复合的。而知识也依存于特定时间的状况和"视野"，因而是不确定、暂定、可变的。这对于预测（Prognose）尤其如此，它不能依存于线性因果关系、均衡模式，而必须使用非线性的不均衡模式。最后，生成知识的"学术"领域，需要多元性和竞争，而多元性和竞争又容易与非学术性要素相联结（"学术的政治化"与"政治的学术化"）。[56]

没有充分解决这种知识界限的实体法，有关于预防的环境法、关于市场结构的经济法等，它们没有将具体个别的不利归责于具体的个别行为，而是基于抽象的"构想"进行规范。我们应当探寻两种可能性，一是对应于这种客观法上的规范行为，认可集合化利益的表达，

〔55〕 Luhmann, Das Recht der Gesellschaft, S. 565.

〔56〕 Hagenah, a. a. O. , S. 16—19.

二是构成具有观念性和代表性的主观法。[57]

（2）在制定和解释法时所作法的评价与法的判断的界限。首先，有时（如行政计划），一般无法预先将法的评价中的关联利益予以定型化，而必须每次探查。有时（如社会福利行政），利益是个性化的，无法一般性、定型地予以评价；有时（如环境利益），利害关系分散，难以将其汇聚为"现在和将来不特定多数人的利益"。此外，使多种利益复杂组合的构成要件（如建设计划法）、纳入可变性和流动性的构成要件（如核能法上的"现在的学术和技术水准"），在解释上带有困难。

在这种法的评价的界限中，为了应对其中极小一部分，应当使表达利益的法的手段多元化。例如，应当通过表达集合化利益的机会，来补充、补强保障个别性权利的程序参与权和诉权；也可以将自治行政和"对照机关"作为表达并进一步汇聚利益的一种机制来把握。[58]

（3）法的体系作为社会的子系统，相对于其他子系统和部分领域所具有的界限。如前所述，这是经常讨论的"界限"，（1）与（2）的多数界限也与这一"界限"有关。问题在于，法的体系应当在何种情况下如何保护、补充、补强其他部分领域，与其协作，或者对其贯彻自身的要求。 466

对于实体法，本书说过，例如，法的体系根据"私人间关系的类型性规范"补充市场体系时，应当根据法体系的逻辑，将契约当事人的利益作为权利予以保护；再如，法的体系应当对市场体系保持敏感，将市场体系的符码翻译并摄取为法体系的符码，构想"有关竞争行为的互换性利害关系"。[59]

第二节　经由适用法关系论的行政诉讼法理论改革

上一节抽象勾勒了法关系论，本节将其具体适用于行政诉讼法的理论。选择行政诉讼法理论作为检验法关系论的素材，有两点理由： 467

---

[57]　参见第一款（1）（a），特别是第四章第一节第一款一（3）、第二款二（1）。

[58]　参见第一款的第三层和第四层，特别是第五章第一节。

[59]　参见第一款（1）（b）、（2）（b），特别是第四章第一节第一款二、第二款三。

第一，法关系论可以较为形式或直接地适用于行政诉讼法的理论，因而，行政诉讼法理论可以成为如实反映法关系论的场所。第二，本书重点考察的是上一节所述法关系的第一层和第二层，亦即个人的行为自由与实体法关系，只是概略地考察了第三层和第四层，亦即程序法关系与组织法关系。将法关系论适用于行政诉讼法理论问题，可以在本书的考察中大致处理。虽说如此，在本节的论述上，必须与上述两点理由相对应，作两点保留：第一，将法关系论适用于行政诉讼法理论，方法并不是一种，不能说从法关系论中可以一义性地得出特定的行政诉讼法理论。本节提出的当然只是适用法关系论、构筑行政诉讼法理论的一种可能性。第二，本节的论述是大致暂定的。因为没有完整分析程序法关系和组织法关系，也就不能完整地提出行政诉讼法理论。

第一款　行政诉讼的重层理解

首先考察行政诉讼不同于民事诉讼的特征、民事诉讼对象和行政诉讼对象的区分基准。

一、过去的学说

（1）日本的行政案件诉讼法是以"抗告诉讼"即"不服行政厅行使公权力的诉讼"为中心而构成的（《行诉法》第 3 条第 1 款、第二章）。根据通说，行政行为是典型的"公权力的行使"。[60]对此，有学说倡导从两个方向将行政诉讼的对象扩张至行政行为之外。

（2）一种学说认为，不限定于行政行为的情形，而是在必要或适当的情形下，允许广泛利用抗告诉讼，特别是作为抗告诉讼中心的撤销诉讼，以"救济"国民的权利利益。[61]但是，这一学说的说明存

---

〔60〕　雄川「行政訴訟の動向」同『行政争訟の理論』153 頁。

〔61〕　原田「歩道橋反対訴訟の訴訟要件」「抗告訴訟の対象について」同『訴えの利益』121 頁以下、136 頁以下、兼子『行政法総論』228 頁以下。

在两点不足：第一，抗告诉讼、撤销诉讼制度的哪些特征有利于国民的权利救济，这一学说未必明确地予以特定化。抗告诉讼、撤销诉讼制度不利于权利救济的地方，从条文上看是一目了然的，诸如起诉期限的限制（《行诉法》第 14 条）、临时权利保护的限制（同第 25 条以下、第 44 条），而有利的地方却并不明显。[62] 第二，构筑诉讼制度，并不是仅仅考虑一方利害关系人的权利救济。它还会考虑，在有关纷争中以适合于利益对立或竞合关系特征的程序，调整并规范有关利益；（也）在诉讼程序中实现行政机关对私人所具有的权限和责任。因而，扩张抗告诉讼或撤销诉讼的利用可能性，仅仅援用一方利害关系人的权利救济是不够的，还必须考虑第四章和第五章概述的相关利益的交错状况以及行政机关的权限和责任。

（3）扩张行政诉讼对象的另一种学说并不扩张抗告诉讼、撤销诉讼的利用可能性，而是倡导活用"关于公法上法律关系的诉讼"（《行诉法》第 4 条后段），即所谓实质性当事人诉讼，它是与抗告诉讼并列的行政诉讼类型。当然，对于作为公法上当事人诉讼之对象的法律关系的特殊性，不同学者强调的程度不同。一方面，对于作为公法上当事人诉讼之对象的法律关系，有学说认为，不应在理论上一般性划定，而应由法院"从公益角度进行利益衡量判断，看其是否适于处理纷争"，"弹性、便宜地"适用公法上的当事人诉讼规定。[63] 处于中间位置的学说重视"基本权利保护"，[64] 或者重视"行政活动以实现公益为目的"，"在其违法成为诉讼审理的对象时……要求确保慎重性和准确性"，[65] 进而划定作为公法上当事人诉讼对象的法律关系。另一方面，有学说将公法上当事人诉讼的对象明确为"实体公法"关系。[66]

---

〔62〕 参见芝池『行政救济法講義』28 頁以下的分析。

〔63〕 園部「行政訴訟と民事訴訟との関係」鈴木忠一＝三ケ月監修『新・実務民訴講座 9』24 頁。

〔64〕 鈴木庸夫「四条註釈」園部編『注解行訴法』63~64 四頁。

〔65〕 加藤幸嗣「三九条~四一条前注」園部編『注解行訴法』474 頁以下。

〔66〕 参见高木・序章注(10)的引用。

过去的观点认为，如果某法关系或权利是公法关系或公权，原则上就适用公法的规范和法理，而不适用私法的规范和法理。这是通过公法与私法的二分法来确定法关系、法规范的性质。但是，二战后的行政法学克服了这种观点，更为细致地分析法规范和法理的功能，以划定法关系和权利适合适用有关法规范和法理的范围。[67] 从法关系的角度来说，关于行政的法关系应当由多样化的法规范和法理的组合来规范。就这里的问题而言，应当组合比公法、公益等更为细致的表现差异的概念，来确认行政诉讼制度相对于民事诉讼的性质，划定作为行政诉讼对象的法关系的范围。

二、法关系论的观点

虽然不能照搬上述扩张行政诉讼范围的学说，但其中的问题意识和各种指摘包含着重要内容。这里，沿着一（3）末尾所述的方针，反思通说的抗告诉讼中心主义、行政行为中心主义。

（1）根据德国《联邦行政程序法》第35条的定义，行政行为是指，"机关在公法领域为了规范个案而采取的旨在对外部产生直接法效果的处分、决定以及其他高权性措施"。这种行政行为以这种"责任分配"、[68] 社会中国家功能分化的观点为基础，[69] 国家机关有权限和责任，对私人的法地位进行"规范"，缩减社会生活上的不确定要素，使社会秩序安定。

对于"规范"力的意义，以及规范力和公定力的关系，仍需要真正的探讨，[70] 这里权且作如下理解。所谓规范力，是指一种形式规则，

---

〔67〕 特别是，塩野『行政法 I』24 页以下。

〔68〕 施密特-阿斯曼（Schmidt-Aßmann, Ordnungsidee, S. 260.）分别明确指出行政行为的"安定化功能""明确化功能"，vgl. Rüfner, Die Rechtsformen der sozialen Sicherung und das Allgemeine Verwaltungsrecht, VVDStRL 28, S. 205f.；Vogel, VVDStRL 28（Aussprache）, S. 269f.

〔69〕 地方自治体机关的行政行为，也作同样理解。

〔70〕 塩野「行政事件訴訟法改正論議管見」成蹊法学 43 号 61 页以下。

即私人必须承认[71]规范行为的内容，要阻止规范行为的实现，就必须主张该规范行为违反上位规范欠缺效力。此外，公定力意味着或多或少地对私人阻止规范行为实现的程序进行实质限制的观点。

要在实定法上原本就承认行政机关决定的规范力和公定力，亦即承认行政行为的存在，法律就必须采用行政行为的规范力和公定力观念。此外，必须以法律将公定力具体化，规定如何在何种程度上限制私人阻止实现规范行为的程序。现行的行诉法对"行政厅的""处分或裁决"设置了如下规定，但如果不以"处分或裁决"是行政行为为前提，就不能很好地说明这些规定。反言之，通过这些规定，具有规范力和公定力的行政行为观念，在现行法上得到采用和具体化。[72]第一，不问"处分"的内容，一般性地以要求撤销处分或裁决的诉讼、"要求确认存在与否或有无效力的诉讼"的形式予以法定化（《行诉法》第3条），这可以说是处分或裁决具有规范力的表征。第二，不问"处分"的内容，一般性地承认处分或裁决具有第三人效力（《行诉法》第32条第1款），其目的在于，法院通过具有规范性质的判决替代行政厅撤销具有规范性质的处分。同样，处分无效等确认判决可被理解为替代行政厅宣告处分无效等，因而，处分无效等确认判决也有第三人效力［参见第五章第二节第一款(2)］。第三，处分或裁决的撤销诉讼的起诉期限限制（《行诉法》第14条，尤其是《行政不服审查法》第14条、第45条）可以说是承认了处分或裁决的公定力，并将其具体化。

在上述关于诉讼程序的客体、时间、主体的特征方面，还有很多应予指摘之处，但在分析行政诉讼相对于民事诉讼的性质上重要的是下面一点：上述诉讼法上的特征，与行政行为的固有性质相对应，与本案审理的事项并不直接相关，在这一意义上可谓诉讼的外在特征。完全体现这种特征者，限于行政行为的事后诉讼。

471

---

〔71〕　对于"承认"，参见第一章第三节第一款二（比尔林）、第二章第二节第一款(2)（格奥尔格·耶利内克）。

〔72〕　关于"理论上所设想的公定力是否以及以何种方式在现行法上得到实际承认"，其说明方法参照、小早川『行政法上』269頁以下。

另外，在上述行政行为的效果法定之外，还有要件法定的问题。也就是说，要将行政机关的某行为认作行政行为，（在多大程度上）需要法律的根据吗？例如，最高法院将法定外公共用物和公用物的使用许可认作没有直接法律根据的行政行为，[73]因为这是将行政财产的目的外使用许可（《国有财产法》第18条，《地方自治法》第238-4条、第238-7条）解作行政行为，也可以看作"当然解释"。[74]德国在一般层面上有多种学说，有的允许没有法律根据的行政行为；[75]有的认为，如果行为与行政行为规范的法关系密切相关，允许没有直接法律根据的行政行为；[76]有的要求明确的法律根据。[77]

（2）作为"规范"的行政行为被认为是实现公共利益的一种手段。但是，行政机关负有实现公共利益的任务，并不限于行政行为的情形。正如反复指出的那样，国家机关不同于私人，在所有活动上都不具有基本权利的自由，而是负有实现公共利益的任务。[78]与（1）所述一起，这是社会中国家功能分化的另一种意义。

所谓公共利益的实现，现在更具体一点就是指：第一，不是将特定利益作为自己利益来主张和追求，而是将全体社会利益集合化，将异类的利益相互衡量或调整，在结果上是在社会中分配行为可能性和财产（利益的要素。具体在第四章已作论述）。第二，为了适当地开展分配，以适当的样态在社会中生成并收集种种信息，并以决定等形

---

[73] 最判 1953 年 12 月 23 日民集 7 卷 13 号 1561 頁、最判 1982 年 10 月 7 日民集 36 卷 10 号 2091 頁。

[74] 塩野『行政法 III』281~282 頁、286~287 頁。

[75] Maurer, Allg. VerwR，§10 Rn. 5ff.

[76] 奥斯特洛（Osterloh, Erfordernis gesetzlicher Ermächtigung?, JuS 1983, S. 284f.）根据"统一形成关于公法上法关系的程序的一般思想"，分别从通过行政行为形成法关系的权能导出通过行政行为清算法关系的"附随权能"，从通过行政行为规范第一次性行为义务的权能导出通过行政行为实现第二次性赔偿义务的"附随权能"。

[77] Hill, Das hoheitliche Moment, DVBl. 1989, S. 323f.

[78] 参见本章第一节第二款三（3），以及同款注（27）~注（30）所列文献。

式汇总和提出（信息的要素）。[79]

因而，与民事诉讼相比，审理行政机关是否适当地实现了公共利益的诉讼，具有与上述两点相对应的特征。具体而言，这种特征体现在行政行为诉讼中，也体现在不采取行政行为形态、有关财产的给付决定、警告和公告的内容的诉讼等之中。

472

① 第一，存在与诉讼有多种多样关系的主体。首先是应当与特定利益保持距离的行政机关。还有与不特定多数人的利益具有种种样态关系的个别利益主体，行政机关将不特定多数人的利益集合化予以衡量和调整。不同利益的主体之间关系有时也是复杂的（第四章第一节第一款至第三款已作分析）。要言之，很多场合很难将个别利益或者个别利益之间的关系、与行政机关应当形成的客观秩序截然分离来观想，行政诉讼即使被标榜为主观诉讼，也必然有内在的"客观化倾向"。[80]因而，对于原告资格、共同诉讼、诉讼参加、共通代理人（参见德国《行政法院法》第 67a 条）、模范程序（参见同第 93a 条）、团体诉讼、撤销判决第三人效力的扩张等方面，[81]必须发展理论和制度。

② 第二，作为诉讼对象的典型，在行政机关对私人的个别利益进行衡量调整并作出决定（行政行为等）之际，行政机关的信息加工过程受到古典行政程序法理的下述控制。一般而言，行政机关必须收集证据、认定事实，为自己的判断提供根据（"行政厅的调查义务"[82]），

---

〔79〕 "利益"和"信息"，施密特–阿斯曼［Schmidt-Aßmann, Reform, in: Hoffmann-Riem/Schmidt-Aßmann/Schuppert（Hrsg.），Reform, S. 36ff.］是列为行政法总论"指导认识的新概念"，而霍夫曼–里姆［Hoffmann-Riem, Flexibilität und Innovationsoffenheit, in: ders./Schmidt-Aßmann（Hrsg.），Innovation und Flexibilität, S. 22ff.］是列为表示行政法"应当注意的领域"的"关键概念"。

〔80〕 参照、雄川「行政訴訟の客観化の傾向と原告適格法」同『行政争訟の理論』380 頁以下、同「訴の利益と民衆訴訟の問題」同『行政争訟の理論』287 頁以下。相反，法国被视为客观诉讼的越权诉讼也能说存在"主观的要素"（同书第 375页、第 386 页）。

〔81〕 对于"类型化规范行为"［第四章第一节第一款二(2)］的撤销判决第三人效力，有相关讨论（参照、塩野『行政法Ⅱ』139~140 頁）。

〔82〕 参照、小早川「調査・処分・証明」雄川献呈中 266 頁以下。

再向私人展示其证据、事实和推论过程（"行政过程说明责任"[83]），保障私人提出主张和证明的机会。行政机关的这种义务、责任的内容和程度因行政机关所作决定的内容和决定过程的阶段而异，日本的《行政程序法》通过设定和公告处分基准、告知、提供听证以及辩明机会、阅览文书、提示理由等制度将其具体化。

行政机关的这种义务和责任在诉讼阶段也是妥当的，而且是最强有力地被课予的。因而，在行政诉讼中，可以说应当强烈课予行政机关证据开示义务[84]和主张责任[85]。另外，也可以将这种"调查义务""说明责任"部分课予法院，引进职权调查证据和职权探知（参见德国《行政法院法》第86条第1款）。[86]此外，在行政机关具有裁量权或者相当于裁量的认定事实权限时，针对其将事实涵摄于要件决定措施的推论过程，或者根据证据认定事实的推论过程，行政机关在诉讼中必须说明其合理性，并和当事人私人，以及/或者法院进行讨论。另一方面，法院经讨论，如果能判断认为行政机关所说明的推论过程自身是合理的，就必须予以承认。[87]为此，"告诉我事实，赋与

---

〔83〕 参照、加藤幸嗣「三九条~四一条前注」園部編『注解行訴法』498頁。

〔84〕 行诉法没有特别规定，但今后可能使用信息公开法（另参见《民事诉讼法》附则第27条）。

〔85〕 参照、小早川·前揭273頁。

〔86〕 参照、小早川·前揭269頁。

〔87〕 虽然仅为一般层面而论，但最判1988年7月14日判時1297号29頁指出："法院在审查设立公益法人不许可处分是否适当时，如果在该不许可处分中主管机关以一定事实为基础得出不许可结论的判断过程，作为在其立场上作出判断的应有状态，具有大致的合理性……上述不许可处分就没有因超越裁量权范围或滥用裁量权而违法。"而最判1992年10月29日民集46卷7号1174頁的下述判词使用了"主张、证明责任"的概念，但其旨趣却是和正文中所述一致。"在核反应堆设置许可处分的撤销诉讼中……被告行政厅所作判断有不合理之处的主张、证明责任本来应由原告承担，但如果考虑到核反应堆设施安全审查的有关资料均由被告行政厅持有等情况，就需要被告行政厅首先……根据相当的根据和资料主张并证明被告行政厅的判断没有不合理之处，包括具体的审查基准以及调查审议和判断过程等。如果被告行政厅未尽上述主张、证明，就事实上推认被告行政厅所作判断有不合理之处。"此外，亦参见 Schmidt-Aßmann, in: Schoch/Schmidt-Aßmann/Pietzner（Hrsg.）, VwGO Komm., Einl. Rn. 191; Gerhardt, in:

473

你法律"的法谚或者自由心证主义[88]有可能并不照样具有妥当性。法院在判断行政机关所示推论过程不合理时，原则上不作出内容完结的判决，要求行政机关根据判决旨趣对案件再度审查判断（《行诉法》第33条规定的判决拘束力[89]）。

以上①与②所列的诉讼特征是与本案审理的事项直接关联的。如果与(1)的考察结果合在一起总结，可以这样来说明。行政行为的事后诉讼具有和行政行为固有性质相对应的特征。但是，它是外在的特征，即使形成民事诉讼的特别规则，也很难说形成与民事诉讼平行的行政诉讼范畴。与此相对，关于行政机关实现公共利益的适当性诉讼特征，的确最明了地体现在关于行政行为的诉讼中（行政行为是"汇聚公法全部要求的聚光镜"[90]），但并不是仅仅体现在这种场合（例如其他给付决定、警告和公告）。这一特征大致具备尽可能形成与民事诉讼平行的行政诉讼范畴的实质。

(3) 如(2)所述，行政机关负有实现公共利益的任务，并由规定公共利益的内容以及实现公共利益的程序和组织的法规范（法律保留等基本法理、宪法、行政法规范等）授权和规范（以下称作"实现公共利益授权规范"）。但是，行政组织同时管理财产，有时还有项目实施主体的性质。如此，作为财产管理和项目实施主体的行政组织与私人之间的关系受规范私人之间关系的民事法的规范。修正主体说被视为德国二战后公法与私法论的通说，亦即仅适用于至少以国家以及其他

Schoch/Schmidt-Aßmann/Pietzner（Hrsg.），VwGO Komm.，Vorb §113 Rn.20 所描述的"由讨论设定方向""受限制的裁判控制模式"。真正的探讨留待他日完成。

[88] 参照、高桥宏志『民诉法』268 页以下、291 页以下。对于修正这一原则、对重要的间接事实适用辩论主义的学说，以及法院的法律观点指摘义务，也参见同页。

[89] 参见下一款(2)(b)。

[90] 使用了关于许可制度 Wahl/Hermes/Sach，Genehmigung zwischen Bestandsschutz und Flexibilität，in：Wahl（Hrsg.），Prävention und Vorsorge，S.225 的语词，Schoch，Der Verwaltungsakt zwischen Stabilität und Flexibilität，in：Hoffmann-Riem/Schmidt-Aßmann（Hrsg.），Innovation und Flexibilität，S.207 的表达。

行政主体、行政机关为一方当事人的关系的规范是公法规范，也适用于无论谁，包括国家以及其他行政主体、行政机关、都能是当事人的关系的规范是私法规范。[91]在这一限度上这一见解可予肯定。

474　　　如此，行政组织与私人之间的关系受实现公共利益授权规范和民事法规范双方的规范，这并不矛盾。这也是因为民事法规范以个人的意思自由为前提，但其内容是衡量并调整个别主体之间的利害、形成法的关系。[92]这一前提的领域首先受实现公共利益授权规范的规范。也就是说，行政组织从一开始就被认为没有意思自由，而是被课予采取适于实现公共利益的程序、作出适当判断的任务，另一方当事人私人因为法律而被限制自由，或者通过同意而在一定范围内放弃自由。行政组织和私人之间的关系是根据实现公共利益授权规范主要从宏观角度形成的，进一步由民事法规范进行规范，这能以行政行为先行时的"两阶段说"[93]来图式性表达。[94]不仅如此，援用民事法规范和民事法学说是基本适当的，它们显示着精细化利益衡量和调整的基准与程序。[95]

　　　在行政组织和私人之间的关系受民事法的规范时，行政组织仍受到宪法，尤其是基本权利和人权规定的拘束。"行政私法"的观念就表明了这一点。[96]但是，民事法规范保护私人利益的水准通常高于基

---

　　〔91〕 作为严密的说明，vgl. Ehlers, in：Schoch/Schmidt-Aßmann/Pietzner（Hrsg.），VwGO Komm. § 40 Rn. 225ff.

　　〔92〕 参见第四章第一节第五款（1）。

　　〔93〕 也包括批判，vgl. Ehlers, a. a. O.，Rn. 245ff.

　　〔94〕 例如，在最判 1953 年 2 月 18 日民集 7 卷 2 号 157 页的事例中，国家是否应当收购农地，直接是解释适用《自耕农创设特别措施法》要件并作出判断的事项，而非解释适用《民法》第 177 条可以作出判断的问题。相反，在最判 1984 年 12 月 13 日民集 38 卷 12 号 1411 页的事例中，将民事法上信赖关系的法理适用于公营住宅使用关系，并无障碍。

　　〔95〕 另外，行政组织一方面具有作为实现公共利益主体的行为合理性，一方面具有作为财产管理主体、有时还是作为项目实施主体的行为合理性，也并无矛盾，反而是一种要求。参照、山本隆司「独立行政法人」ジュリ1161 号 129 頁以下。

　　〔96〕 Vgl. Ehlers, in：Erichsen（Hrsg.），Allg. VerwR，S. 63ff.

本权利的规定，[97]或者在解释适用之际具有吸收宪法规定的空间，[98]因而，就没有必要直接适用一般抽象的宪法规定，后者表明的是最低的法益保护水准。[99]当然，只要有关民事法规范并不违宪，就不应否定民事法规范的适用。[100]相反，如果以行政组织追求的是不特定多数人的利益（所谓公益），以其与特定私人（例如因公共设施而受到污染者）的利益相对立为由，否定有关特定私人和行政组织之间的关系受民事法规范，那就是片面和过于草率的。[101]在解释适用民事法规范时，可以考虑这种"公益"。如果这仍然不充分，那就应当完善特别的实体法方案、程序和组织，以相互调整对立性利益，而不仅仅是单方地、一般性地标榜"公益"。[102]

第四章第一节第五款已经讲到，当实现公共利益授权规范（行政法规范）与民事法规范保护同种利益时，两种规范处于相互补充的关系。当两种规范同样适用于行政组织时，两种规范终究不是相互排斥，而应看作以上述重叠的方式发挥功能。

475

（4）在(3)中指出，国家组织受民事法的规范，但有时在某种意义上却相反，国家组织将作出行政行为的权限委任给私人。这种情形过去是作为特许（Beleihung）来讨论的，第三人私人可以对受任者私

[97]　参见第五章第二节第三款(2)的排放例子。

[98]　例如，在最判 1960 年 3 月 31 日民集 14 卷 4 号 663 页的事例中，最高法院适用了《民法》第 177 条，但宽泛承认了国家的背信弃义的恶意（参照、高桥滋·解说·行政百选 I 12 页以下）。所考虑的是，国家在宪法上负有不过度侵害不动产第一受让人财产权的义务。另外，最判 1989 年 6 月 20 日民集 43 卷 6 号 385 页认为，国家"在私法上的行为"不属于《宪法》第 98 条第 1 款的"关于国务的其他行为"，不适用《宪法》第 9 条。但是，应当正确而言，国家"在私法上的行为"也受宪法拘束，包括第 9 条，只是国家违反宪法的行为未必就否定了与特定私人之间形成契约关系的效力。

[99]　当然，就像公共采购契约选择相对方那样，民事法不规范的事项，仍有必要由平等原则等基本权利规定加以规范。

[100]　勒尔（Röhl, Verwaltung und Privatrecht, VerwArch 1995, S. 578）指出："基本权利对于行政在私契约上的行为也是有效的。不过，没有必要直接援用基本权利，来解决具体的法的问题……私法具有处理基本权利问题的充分机制。"

[101]　参见第五章第二节第三款(1)。

[102]　参见同款(3)。

人提起行政行为撤销诉讼等。[103]但是，"特许概念基本上是依据自行界定行政行为（或者法律的下位法规范）的权限。虽然行政法一般认为，在其他场合下，其他的行为形式早已取代行政行为，而且从法治国家、尤其是实效性权利保护的角度将其与行政行为等置是重要的，但尽管如此，特许的学理却一直没有受到触动"。[104]今后，需要纳入视野的不仅仅是行政行为和即时执行，还有国家机关以种种样态和程度委诸私人实现公共利益的情形，亦即广义上对行为可能性和财产的分配，例如补助金的分配、[105]警告和公告、[106]代替许可认可的基准认证、准备并实质性界定行政机关决定的信息加工等。在这种情况下，行政机关逐一监督受任者私人所采取的措施，是缺乏实效性的，否则就有可能损害自主性。[107]相反，重要的是受任者私人具备适当的程序和组织，以确保专业性、中立性或者与特殊利益的距离、透明性、主张并表达所有相关利益的均等场所和机会等（"程序和组织事前考虑"的"私行政法"）。[108]考虑到受任者私人自身的程序和组织责任、第三人私人的实效性权利保护必要性，有必要承认两者之间的诉讼，类似于具有(2)①、②特征的行政诉讼。详细探讨则是将来的课题。

479

三、解释论和立法论的方向

上述结论是简单的。关于国家或其受任者私人所作行政行为的诉讼，适合于设置诉讼外形的特别规则［二(1)］，关于国家或其受任者私人实现公共利益的适当性的诉讼，包括以关于行政行为的诉讼为模型

---

〔103〕　对于德国的情形，vgl. Meissner, in：Schoch/Schmidt-Aßmann/Pietzner（Hrsg.），VwGO Komm. § 78 Rn. 25.

〔104〕　Di Fabio, Verwaltung und Verwaltungsrecht zwischen gesellschaftlicher Selbstregulierung und staatlicher Steuerung, VVDStRL 56, S. 271-273.

〔105〕　对于德国法，参照、米丸『私人による行政』197 页以下。

〔106〕　例如第五章第二节第四款二注(184)、注(185)的判例。

〔107〕　当然，与此相反，施密特-普罗伊斯（Schmidt-Preuß, Verwaltung und Verwaltungsrecht zwischen gesellschaftlicher Selbstregulierung und staatlicher Steuerung, VVDStRL 56, S. 175f., S. 181-183）重视"国家的最终决定权限"。

〔108〕　Schmidt-Aßmann, Ordnungsidee, 6/30.

的诉讼，适合于形成不同于民事诉讼的行政诉讼范畴［二(2)］。

（1）但是，将这一观点引入现行法的解释论中，带有困难。原因在于，现行的行诉法，第一，对于"行政厅的处分以及其他行使公权力的行为"（《行政法》第3条第2款，以下称作"处分"），规定了撤销诉讼和无效等确认诉讼的诉讼形式和起诉期限；第二，同样以"公权力的行使"为基准，划定作为行政诉讼中心的抗告诉讼范围；第三，设置了公法上的当事人诉讼，作为不同于抗告诉讼的其他诉讼类型。这一构造的问题在众所周知的即时执行或即时强制的处理上显现出来。即时强制从立法一开始就作为相当于"公权力的行使"的事实行为，和行政行为一样成为抗告诉讼的对象（参见《行政不服审查法》第2条第1款*）。但是，从字义来看，在观念上是无法"撤销"事实行为的；[109] 对于即时强制限制起诉期限基本上是不妥当的，只要有诉的利益，就应当允许起诉。[110] 因而，有学说倡导将"公权力的行使""纯化"为行政行为，活用公法上的当事人诉讼。但是，如果将该学说带入现行法的构造，区分关于行使公权力的无名抗告诉讼与公法上的当事人诉讼的意义和基准，现在将沦为形式。[111]

（2）最终在解释论上只能在某些地方留下无理之处，但这里还要

480

---

* 　2014年修法之后，原《行政不服审查法》第2条第1款的定义不复存在。——译者注

[109] 　作为彻底的批判，高木「三条註釈」南編『条解行訴法』62~68頁。

[110] 　参照、塩野『行政法Ⅰ』211頁。

[111] 　高木・前揭37~40頁（"最好将'公权力的行使'概念解作包括'作出处分'和'不作处分'的其他说法"）、同「公法上の当事者訴訟」争点227頁（"作为残余概念的当事人诉讼"）。另外，参照、加藤幸嗣「公権力の行使と当事者訴訟」雄川献呈下200~203頁（"存在一种融通性，能由抗告诉讼和当事人诉讼争议行使公权力的纷争，关于行使公权力之纷争的抗告诉讼制度可以在适用范围上适当伸缩……行使公权力的概念作为区分抗告诉讼和当事人诉讼的概念发挥作用，是有一定界限的"）、鈴木庸夫「四条註釈」園部編『注解行訴法』65頁（"当事人诉讼的范围是……从接近于抗告诉讼到无限接近于民事诉讼"）。

与此相对，参照、小早川「抗告訴訟の本質と体系」『現代行政法大系4巻』156頁："不服行政厅行使公权力的相关人对行政活动主体……提起诉讼，要求不以行使公权力为内容的某种给付或确认法律关系等……原告请求的内容不外乎为主张不服行政厅行使公权力的直接归结，那它仍然是……一种抗告诉讼。"

作如下思考。第一，在事物的性质上，撤销诉讼与无效等确认诉讼的对象仅限于狭义"处分"，即行政行为。换言之，行诉法在文字上将"其他行使公权力的行为"也包含在撤销诉讼与无效等确认诉讼的对象中，最终会被理解为一种徒劳。[112]第二，"公权力的行使"划定了抗告诉讼的对象，除了行政行为、即时强制，它还包括其他给付决定、警告和公告等。[113]换言之，一般而言，将"公权力的行使"解释为国家机关或其受任者私人对私人所作的关于行为可能性和财产的广义分配的决定［二(2)］。因此，应当活用"关于"行使公权力的无名抗告诉讼，例如，要求确认行政机关等关于私人法地位（义务、接受给付权等）的判断违法性的诉，或者要求行政机关采取措施或不行使权限的诉等。不作为确认违法诉讼的对象也不必限于行政行为。如此，这一诉讼类型的原告所需的"申请"权根据，也不限于严格意义上的"法令"（《行诉法》第 3 条第 5 款），也包含具有一定限度外部效果的行政规则等。[114]

在用语上，例如，《基本法》第 19 条第 4 款保障裁判的权利保护（"任何人因公权力而受到权利损毁，都可以提起诉讼……"），它所说的"公权力"可以被广义解释，不限于行政行为，也包括"公法"形式的行为，甚至还包括"直接有助于实现公共任务"的"私法"行

---

〔112〕《行诉法》第 44 条限制临时的权利保护，该条所说的"公权力的行使"，也应仅指狭义的处分。但这里对于有很多讨论的这一条文的解释论以及扩充临时权利保护的立法论不作探讨。

〔113〕 盐野宏（塩野『行政法Ⅰ』172~173 頁、201 頁）认可对公告及其之前的劝告提起撤销诉讼。他（塩野「補助金交付決定」雄川献呈中 307 頁以下）认为，对于依据补助纲要作出的交付补助金决定，"利用行诉法的体系解决案件具有合理性"，同时质疑将其解作"处分"。根据正文的见解，应允许对这些情形提起无名抗告诉讼、不作为的确认违法诉讼，要求确认行政机关的判断违法。同样，开发许可中的公共设施管理者的同意（《都市计划法》第 32 条）也不是狭义的"处分"，但作为"公权力的行使"，可以成为诉讼的对象（但是，最判 1995 年 3 月 23 日民集 49 卷 3 号 1006 頁说，"拟进行开发行为者……无法得到同意，即使不能进行开发行为，也不能说其权利或法的地位受到侵害"）。

〔114〕 原本甚至认为，"既然在法令的解释上承认特定人有申请权，就未必需要明文规定可以提出申请"〔杉本「解説（一）」曹時 15 巻 3 号 373 頁。当然，反对者，園部「三条五項註釈」同編『注解行訴法』42 頁〕。

为。[115] 从实质上来说，学说对于狭义的"处分"，已经通过克服"实体性权力说"、确立"纯程序性权力说"，[116] 摆脱了"命令与强制"（Befehl und Zwang）的观念。但对于一般的"行使公权力"，也有上述那种摆脱命令与强制观念的必然性和必要性。这不仅在诉讼程序上，在事前程序和不服审查程序方面也是妥当的。也就是说，《行政程序法》和《行政不服审查法》所说的"相当于行使公权力的行为"基本上也应如前一段所述解作广义的分配决定（在事物的性质上，《行政不服审查法》限制不服申诉期限的第 14 条和第 45 条，仅适用于狭义处分）。[117] 不过，不能否定的是，与决定的主体和所决定的事项等相应，采取不同形态的程序，在不得已的情形下省略程序（参见《行政程序法》第 2~4 条、《行政不服审查法》第 4 条等）。

（3）作为行诉法的立法论，应当明确区分仅适用于狭义"处分"的规定与适用于一般"公权力的行使"的规定。至于是否像现在这样，采用将撤销诉讼规定适当准用于其他抗告诉讼的体例，或者使用"处分""公权力的行使""抗告诉讼"等用语，都是立法技术的问题，这里搁置不论。

另外，某一行为是否构成行政行为，或者案件是适用实现公共利益授权规范还是适用民事法规范，有时会有不同的解释，最终就由法院作出判断。此外，如前所述，由于实现公共利益授权规范与民事法规范重叠地规范同一个法关系，案件就能同等地适用两种规范，也能适用兼有实现公共利益授权规范与民事法规范性质的规范。因此，如

481

---

〔115〕　Schmidt-Aßmann, in: Maunz/Dürig（Hrsg.），GG Komm., Art. 19 Abs. 4 Rn. 59f., Rn. 64f.

〔116〕　小早川·前揭 150 頁以下。

〔117〕　对于并非基于字面上的"法令"的申请以及给付决定也适用《行政程序法》的必要性，参照、小早川编『行政手続法逐条研究』72~74 頁、84~86 頁的盐野宏发言；对于公告也应当适用《行政程序法》，参见第五章第二节第四款二（3），此外一般性说明，芝池「二条注释」室井＝芝池＝浜川编『コメ行政手続法·行審法』18 頁。另外，对于行政不服审查，「事後救済制度調査研究委員会報告書」ジュリ1137 号 175 頁提出了一种观点，"考虑在处分以外的行政决定中将希望共同完善的部分制度化"。

果原告提出明确的请求目的和原因，就不应当认为连将诉是抗告诉讼还是民事诉讼都需要特定化；尤其是作为评价规范的问题，法院不应当拘泥于这些诉讼程序之间的区别。[118]

第二款　从撤销诉讼中心主义走向概括性抗告诉讼观

根据第一款描述了轮廓、与民事诉讼作过对比的行政诉讼特性，本款将解析行政诉讼自身的构造。对象是行政诉讼的典型，即关于行政行为的抗告诉讼。行政诉讼法在"概括性地"认识抗告诉讼（《行诉法》第3条第1款）的基础上，[119]界定了抗告诉讼的几个类型（第3条第2~5款）。但在之后，使概括性抗告诉讼概念固定下来、使抗告诉讼各个类型意义相对化的理论，虽然有关于个别论点的重要指摘，但没有充分发展，反而是今天还能看到以诉讼类型为中轴的思考根深蒂固。下面在预先提出关于概括性抗告诉讼概念的主题之后，检验过去关于各个诉讼类型的观点。

（1）概括性抗告诉讼概念

在出发点上，对审理对象的诉讼标的作出定义来看，以明确表达前款二（2）①、②所列关乎本案审理的行政诉讼特性。[120]其特性在于，以行政机关的分配为主题，被告行政机关负有调查和说明责任。作为表达这一特性的诉讼标的，可作如下定义："行政机关关于私人法地位（义务、接受给付权、其前提要件等）判断的违法性。"如果根据"利益"和"信息"要求［前款二（2）］或者重层的行政法关系的观念（前节第一款）来分解诉讼标的，就可以分为"行政机关所判断的私人法地位"这种实体法关系与"行政机关判断程序的违法性"这种程序法关系。这种诉讼标的概念以通说的撤销诉讼诉讼标的定

---

[118]　对于诉讼法中评价规范的意义，参照、新堂『新民訴法』44~46頁。

[119]　也包括法律制定的过程，参照、小早川「抗告訴訟の本質と体系」『現代行政法大系4巻』141頁以下、148頁以下。

[120]　诉讼标的可谓诉讼法理论的"基本概念""础石"（参照、高橋『民事訴訟法』24頁）。当然，"诉讼标的不失为一个基准的定位，但并不是绝对的基准"（同书56頁）。

义，亦即"行政行为的违法性"[121]为模范，也可以与其他抗告诉讼的诉讼标的作统一说明。如果之后基本上根据抗告诉讼的共通观点来判断诉讼标的具体范围（以能在多大范围内追加和替换理由、转换违法行为的形式呈现的客观范围，以及作为违法判断基准时间问题呈现的时间范围）、诉的利益、原告资格等就足够了，[122]就没有必要按照抗告诉讼的类型来建立特别的容许性判断基准。

但是，即使在今天，强调撤销诉讼特殊性或者特别限制撤销诉讼以外的抗告诉讼容许性的倾向也没有被克服。以下将予以探讨。

（2）撤销诉讼

（a）有观点认为，撤销诉讼的特征在于"排除"行政行为的"公定力"，[123]应将这种特征反映于撤销诉讼的诉讼标的构成上。[124]但从逻辑上说，并非私人原则上必须承认行政行为，通过撤销判决解除承认义务，而是相反，如前款二（1）所述，私人原则上可以违反上位规范为由否认行政行为的效力（规范力），但其主张的程序被限定于带有起诉期限限制的撤销诉讼（公定力）。如此理解，才是妥当的。若此，就没有必要将撤销判决看作"排除"行政行为的某种"力"。撤销判决固有的意义可以被看作法院代替行政厅撤销行政行为。[125]无论

〔121〕　姑且不论理论构成，在诉讼标的中包含"行政行为的违法性"，这一点大体见解一致（参照，雄川『行政争讼法』58 页以下）。不过，参见注（126）。

〔122〕　例如，最判 1979 年 12 月 25 日民集 33 卷 7 号 753 页，海关关长的"通知"作为狭义的行政处分来构成，认可了撤销诉讼，但坦率而言，这一案件应当是将原告是否存在不进口物品的义务作为诉讼标的，如此争议才有现实的利益。

〔123〕　例如，越山「抗告訴訟の対象」鈴木忠一＝三ケ月章監修『新・実務民訴講座 9』30~31 頁。

〔124〕　三ケ月「執行に対する救済」同『民事訴訟法研究 2 卷』62 頁。

〔125〕　对于三月说，雄川一郎（前揭書 61 頁、65 頁）说道，撤销诉讼的"形成功能不应当被看作公定力的排除，而应看作行政行为存在自身的丧失，它是一种为公定力提供基础的有权行为"，他认为，撤销诉讼是形成诉讼，其诉讼标的就是行政行为的违法性本身。小早川光郎（前揭論文 157 頁）作出了慎重而精确的说明："以判决宣告处分或裁决的撤销，其结果是明确地确定行政活动主体应当如同未曾作出过该处分或裁决而采取行动。"此外，也参照周知的文献，白石「公法関係の特質と抗告訴訟の対象」岩松還暦 437 頁以下，白石健三将撤销诉讼理解为行政厅是否存在具体权限的确认诉讼。

如何思考，和其他抗告诉讼一样，撤销诉讼的主要意义应当在于，行政机关说明自己判断的合法性，并通过诉讼程序纠正违法的行政作用。[126]

　　（b）对于这种理论问题与时间的结合，有观点认为，由各个作为规范作用的行政行为来划定撤销诉讼的诉讼标的。其显著的例子是最高法院的判决："第一次更正处分被第二次更正处分撤销，第三次更正处分是不同于第一次更正处分的新行政处分……如此，本案之诉只是要求撤销第一次更正处分，在作出第二次更正处分之后，它就丧失了其利益。"[127]多数说认为，撤销判决的既判力并不为行政行为的禁止反复效力提供基础，[128]这也是以由各个规范作用划定诉讼标的的观点为前提的。

485　　但是，行政厅在诉讼前、诉讼中、诉讼后都具有持续性地作出规范作用的权限和责任，按照每个规范作用分断诉讼标的的观点并不符合这种行政厅权限和责任的持续性。在说撤销诉讼的诉讼标的是"行政行为的违法性"时，其中的"行政行为"应当是指规范的内容及其决定程序，[129]换言之，是（1）中所述的实体法关系和程序法关系，在诉讼前、诉讼中、诉讼后都能连续。有观点认为，和一般的抗告诉讼一样，撤销诉讼的目的在于排除违法状态，[130]从这一意义来说，这一观点是正当的。对于前面的最高法院判例，如果以总额主义为前提来说，作为诉讼标的的实体法关系是原告不负 X 日元以上的税，如田中

---

[126]　当然，最近有见解不以"行政行为的违法性"作为诉讼标的，不承认撤销判决的既判力，因而否定撤销判决既判力及于其后国家赔偿请求诉讼的可能性（冈光「三二条註释」南编『条解行诉法』734 頁以下、春日「七条註释」園部编『注解行诉法』79 頁以下）。但是，这一见解并不符合正文所述的撤销诉讼制度旨趣（参照、塩野『行政法Ⅱ』70 頁）。在德国，行政法院在撤销诉讼中所作的行政行为违法性的判断，对其后普通法院的职务责任诉讼也有拘束力［参见第三章第二节第三款注（146）以及 Clausing, in Schoch/Schmidt–Aßmann/Pietzner（Hrsg.），VwGO Komm. § 121 Rn. 29］。

[127]　最判 1967 年 9 月 19 日民集 21 卷 7 号 1828 頁。

[128]　例如，村上敬一「三三条註释」園部编『注解行诉法』419 頁。

[129]　参见第三章第一节第二款一（2）。

[130]　田中二郎「抗告訴訟の本質」同『司法権の限界』81 頁以下。

二郎反对意见所述，没有必要每次更正处分都要合并或变更诉。有力说认为，撤销判决的禁止反复效力的根据在于既判力，[131]这一观点是正当的。

　　如此看来，过去的观点可以总结为："原告因撤销诉讼的驳回请求判决而被遮断行政行为所有违法事由的主张，但即使有撤销判决，行政厅也可以援用诉讼中未曾审理和判断的行政行为根据事由重复行政行为。"[132]这一观点可以这样来定位，它认可驳回请求判决具有通常范围的既判力，同时仅认可撤销判决在限定范围内的既判力。最近的有力说认为其中没有理由，因而，认可撤销判决也有真正的既判力。也就是说，它遮断行政厅事后援用在诉讼标的范围内行政行为的根据事由重复作出行政行为。[133]如果进一步来考虑，还可以明确地勾勒出讨论错综复杂的撤销判决"拘束力"（《行诉法》第 33 条第 1 款）的轮廓。亦即，拘束力的固有意义在于，法院以程序瑕疵或裁量逾越滥用为理由撤销行政行为时，并没有对案件作出最终判断，而要求行政厅考虑法院的判断，重新作出判断。[134]

（3）确认无效诉讼

　　在确认无效诉讼的诉的利益上，围绕《行诉法》第 36 条的逐字解释存在众所周知的讨论。但在这里，直接按照可以设想的"关于现

〔131〕　田中・前揭书 84 页、雄川・前揭书 221 页。在德国也是用既判力来说明的（Clausing, a. a. O., Rn. 81f.）。

〔132〕　对于驳回请求判决的既判力，参照、冈光・前揭 752 页；对于撤销判决的效力范围，参照、村上・前揭 424~425 页。

〔133〕　塩野・前揭书 147 页。过去，阿部「三三条註释」南编『注释行诉法』311 页。

〔134〕　对于"重作"，参照、小早川「取消判决の拘束力」同『行政诉讼の构造分析』239 页。与此相对，对于行政厅的恢复原状义务或消除结果义务，有时基于拘束力进行说明，参见第五章第二节第一款；对于禁止反复效力，参见前述内容。A 与 B 处于互换性利害关系，授予予 B，A 对争议该行政行为具有原告资格，这也有用拘束力概念来加以说明的（最判 1993 年 12 月 17 日民集 47 卷 10 号 5530 页），但本来是"权利"构造的问题（参见第四章第一节第二款一）。

在法律关系的诉"的各个类型来检查该条的根本观点，亦即确认无效诉讼"以作为过去事实状态的行政处分违法性为诉讼标的"，因而，它只是"关于现在法律关系的诉"的"补充"。[135] 从结论而言，考虑这种补充性的必要性很小。

① 如（2）（b）所作说明，作为行政诉讼对象的行政行为并非"过去的事实状态"，而是指实体法关系和程序法关系本身。因而，行政处分（例如课税处分）的确认无效诉讼的对象可以说是现在的法关系（例如租税债务）。[136] 当然，如果从处分时至口头辩论终结时发生了事实状态或者法状态的变动，使该法关系发生变动，那不是在本案中，而是作为诉讼要件的诉的利益消灭问题来审理判断的。在这一点上，确认无效诉讼不同于以现在的法关系为对象的诉讼。[137] 但是，即使是事后发生事实状态和法状态的变动，作出行政处分的行政厅也有责任调查和说明，因而，这一变动可以说是与关于行政处分瑕疵的本案密切关联的事项。在抗告诉讼中，作为诉讼要件的原告资格问题审理的事项与本案中审理的事项，未必在逻辑上能够一义性区分。[138] 因此，不必重视事实状态和法状态的变动是否不在本案中，而是作为诉讼要件来审理的问题。

但是，过去有一种强烈的倾向是，将作为抗告诉讼的确认无效诉讼限定为旨在形式上请求确认行政处分无效的诉讼，将形式上以行政处分所规范的法关系作为对象的诉讼解作公法上的当事人诉讼或者民事诉讼。这种观点将抗告诉讼的意义看作"公定力"的"排除"，不

---

〔135〕　参照、村上敬一「無効等確認の訴え」『現代行政法大系 4 卷』275 頁、285 頁。

〔136〕　参见雄川一郎所说的"实质性"确认无效诉讼论，雄川「無効確認訴訟」同『行政争訟の理論』222 頁以下。

〔137〕　参照、村上・前掲 292 頁。

〔138〕　这一点在最判 1994 年 9 月 27 日判时 1518 号 10 頁中有明确的表现，过去安念润司指出过［安念「取消訴訟における原告適格（四）」国家 99 卷 7・8 号 483 頁以下］。他说：根据保护规范说，"原告最终胜诉所需要件有一定的总量，打比喻来说，它呈圆柱形状，其前半部分是本案前的审理对象，剩余部分就自动纳入本案审理的对象……若此，即使在保护规范说中，原告资格问题最终也被埋没于作为诉讼标的的违法性主张中……"

需要"排除""公定力"的行政处分无效情形在形式上限定抗告诉讼的范围。[139]但是，姑且不论排除公定力观念自身的问题［参见(2)(a)］，将抗告诉讼的主要意义看作所谓公定力的排除，却是有疑问的。如下文所述，抗告诉讼的主要意义在于其他点上，即使是行政处分无效的情形，即使对于在形式上以行政处分所规范的法关系为对象的诉讼，采取抗告诉讼的程序也是适当的。首先，确认行政处分无效的请求及判决的形式自身，就具有与规范力这种行政处分特性相对应的意味［参见第一款二(1)］。如此，即使是行政处分无效的情形，也有必要采取与利害关系多样性和复杂性以及行政厅调查说明责任相对应的诉讼程序［参见同款二(2)］。[140]

②　如此以行政处分（例如惩戒处分）所规范的基本的法关系（例如公务员的地位）为要件，个别的法关系（例如工资请求权）派生性成立的情形，不是以个别法关系为对象的诉，而是要求确认处分无效的诉，有诉的利益吗？这时，可以与民事诉讼中从彻底或概括性解决纷争的角度承认确认之诉的利益的事例一样，[141]承认诉的利益。

③　最后，在行政处分完成执行或实现之后，要求恢复原状者提起确认处分无效诉讼，有诉的利益吗？这种情况下，从原告应当选择一种实效性诉讼形态去实现权利的角度来看，[142]通常认为，对行政主体和第三人提起恢复原状的给付诉讼（公法上的当事人诉讼或争点诉讼）是适当的，提起确认无效诉讼则没有利益。[143]但在这时，必须考虑到行政厅作出了处分，依然对处分负有责任，亦即说明处分的适当性，若处分合法有效则维持其执行和实现的状态，若处分违法无效则负有恢复原状的责任。对应于行政厅这种责任的诉讼程序就是作为抗

487

---

〔139〕　另参照、村上·前揭268~270页。

〔140〕　明显的例子是通过换地处分确认无效诉讼请求重新换地的案件，最判1987年4月17日民集41卷3号286页。

〔141〕　参照、高橋·前揭书226页以下。

〔142〕　参照、高橋·前揭书206页以下。

〔143〕　例如，农地收购处分完成之后，应当提起的不是确认处分无效诉讼，而是请求农地交付诉讼等。参照、雄川·前揭219~220页。

告诉讼的确认无效诉讼［参见第一款二(2)］。因而，针对行政主体和第三人的给付诉讼应当作为合并了确认无效诉讼的诉讼来对待。此外，行政厅对恢复原状本来就负有责任，根据要求其采取措施的目的，也应承认仅提起确认无效诉讼的利益。当然，如果行政厅需要要求第三人作出行为恢复原状，但对第三人又没有强制执行权限，那么，仅仅以确认无效诉讼作为恢复原状的手段，就过于间接迂回，因而，也许难以承认仅提起确认无效诉讼的利益（以上参见第五章第二节第一款）。

（4）课予义务诉讼

课予义务诉讼是无名（法定外）抗告诉讼的一种,*至今仍有人倾向于将其理解为与撤销诉讼性质不同的诉讼，并提出特别的容许要件。但是，如果逐一探讨被认为是（或曾经是）课予义务诉讼和撤销诉讼之间质的差异要素，就会发现，这些要素的确必须考虑，但并不是课予义务诉讼异质性的根据。[144]

488 　①第一，有可能主张课予义务诉讼与行政权和司法权的权力分立原理相抵触。[145]的确，即使允许法院自身撤销行政行为，作出行政行为也可能违反权力分立原理。[146]但是，例如，在现在的德国，法院通过"强制金"间接强制作出行政行为的制度（《行政法院法》第172条），被认为不违反权力分立原理，反而是实效性权利保护（《基本法》第19条第4款）的要求。[147]何况日本所设想的课予义务诉讼并不带有强制执行，不能说它违反权力分立原理。相反，因为不带有强

---

　　* 日本2004年修改《行政案件诉讼法》（即《行诉法》），已将课予义务诉讼法定化。——译者注

　　[144] 阿部泰隆过去论证了这一点，阿部「義務づけ訴訟論」「義務づけ訴訟論再考」同『行政訴訟改革論』223頁以下、305頁以下。以下只是其确认而已。

　　[145] 参照、田中二郎『行政法上』308頁。

　　[146] 当然，德国和日本都有观点认为，这也不违反权力分立原理。参照、阿部「義務づけ訴訟論」『行政訴訟改革論』288~289頁。

　　[147] Pietzner, in: Schoch/Schmidt-Aßmann/Pietzner (Hrsg.), VwGO Komm., Vorb § 167 Rn. 8f., § 172 Rn. 5f., Rn. 11.

制执行，课予义务诉讼的实效性就成为问题，而这是在不作为违法确认诉讼以及撤销判决后行政厅的消除结果义务中也出现的问题。

②第二，特别是在实务中，有一种根深蒂固的观点认为，课予义务诉讼侵害"行政厅的首次判断权"，因而，应当限制。[148]的确，在没有作为规范的行政行为状况下，法院也通过判决对当事人进行规范，在这一意义上可以说课予义务诉讼侵害了"首次判断权"。但是，这种讨论赋予了"规范"这一形式过剩的意义。[149]如果从实质上来看行政厅和法院对案件的"判断"过程，在课予义务诉讼中，行政厅首次表示关于案件的判断，法院以所示判断为基础进行审理和判断，在裁量逾越滥用时，行政厅考虑法院的判断重新作出判断（"指令判决"）。[150]这一意义的"行政厅的首次判断权"，无论是撤销诉讼还是课予义务诉讼，都应当而且能够予以确保。[151]当然，这不仅是权限，也是责任。但是，如果原告有原告资格，诉有现实的利益，属于诉讼标的范围内的事项，那就不能否定被告行政厅在诉讼的审理程序中负有调查和说明责任。[152]因而，问题就是具体的原告资格、诉讼标的的范围等。下面按照课予义务诉讼的类型加以考察。

③首先，有力的观点认为，对于拒绝申请处分，不允许提起法定外的课予义务诉讼，而必须提起法定的撤销诉讼。[153]但是，拒绝申请处分的撤销诉讼与课予义务诉讼只有形式的差异，这种撤销诉讼与课予义务诉讼并无实质不同。是否属于形成诉讼的分类本身没有多大的

〔148〕 对于裁判例的动向，参照、濱「無名抗告訴訟」ジュリ925 号 114 頁以下。

〔149〕 为此，阿部・前揭論文 274 頁说道，在德国询问"课予义务诉讼是否侵害行政厅的首次判断权"的问题时，"很难让人理解日本的问题意识，得到合乎要点的回答"。

〔150〕 参见第一款二(2)③。此外对于"指令判决"，参见第四章第二节第二款一(1)。

〔151〕 参照、阿部・前揭論文 275~276 頁、282 頁以下。

〔152〕 阿部泰隆（阿部・前揭論文 278~279 頁）认为，首次判断权可以转换为"义务"，但并非"特权"

〔153〕 塩野「無名抗告訴訟の問題点」同『行政過程とその統制』320 頁、小早川「抗告訴訟の本質と体系」『現代行政法大系四卷』161 頁。反对的观点，阿部「義務づけ訴訟論再考」同『行政訴訟改革論』324~326 頁。

489　意义。[154]例如，在德国，虽然将课予义务诉讼明确归类为"给付诉讼"，[155]但针对拒绝申请处分的课予义务诉讼准用撤销诉讼的不服申诉前置和起诉期限的规定（德国《行政法院法》第68条第2款、第74条第2款）。违法判断的基准时间也应当根据消除结果义务或消除结果负担、禁止规避行政程序等实质要素来决定，即使将课予义务诉讼的基准时间解作处分时，也并无不妥。[156]问题在于判决效力的客观范围。即使一般对于撤销判决，在诉讼标的的全体范围内基于既判力承认禁止反复效力［参见(2)(b)］，对于拒绝申请处分的撤销判决，例外地根据《行诉法》第33条第2款并不遮断根据不同于判决理由中判断为违法的拒绝申请事由的其他事由再度拒绝申请，如果解释为在这一意义上限定了既判力范围，[157]那就与能承认既判力的课予义务判决之间产生差别。但是，《行诉法》第33条第2款只是规定，即使有拒绝申请处分的撤销判决，原申请也不失去效力，[158]而并不含有拒绝申请处分的撤销判决与其他撤销判决的效力内容和范围都进行区别的意思。如此来看，拒绝申请处分撤销判决与课予义务判决可以有同样内容的既判力。相反，在课予义务诉讼中，存在行政程序瑕疵或者裁量逾越滥用的情形，或者在狭义理解诉讼标的的具体范围时，不是作出课予义务判决，而是作出连案件的最终判断都没有的指令判决。

　　④其次，有力的观点认为，在行政厅不对申请作出应答时，基本上不允许课予义务诉讼，而只允许不作为的确认违法诉讼。[159]的确，

---

　　〔154〕　"形成之诉是分类缺乏实质的概念，原本就是不安定的"（高橋·同書72~73頁）。

　　〔155〕　Pietzcker, in：Schoch/Schmidt-Aßmann/Pietzner（Hrsg.），VwGO Komm.，Vorb § 42 Abs. 1 Rn. 4.

　　〔156〕　参见第五章第二节第二款(1)。阿部「義務づけ訴訟論」同『行政訴訟改革論』301~303頁区分场合进行考察。

　　〔157〕　塩野『行政法Ⅱ』142~143頁、147~148頁、189頁。

　　〔158〕　参照、杉本「解説（二）」曹時15巻4号535頁。

　　〔159〕　小早川·前揭。反对者，塩野『行政法Ⅱ』189~190頁。激烈的反对者，阿部「義務づけ訴訟論再考」同『行政訴訟改革論』324~327頁。

这一观点对应立法者的意思，〔160〕法定的不是在容许性上有①与②那样基本疑义的课予义务诉讼，而是没有那种疑义的不作为确认违法诉讼。但是，如①与②所述，消除了疑义，就应当如此理解，亦即将不作为的确认违法诉讼法定化，其旨趣在于明确容许仅以程序法关系［参见（1）］为诉讼标的、能够简易迅速实施的诉讼。虽说容许这种不作为的确认违法诉讼，但并没有理由否定也以实体法关系为诉讼标的、更需要成本、难以实施的课予义务诉讼。如果原告选择课予义务诉讼，案件就会在诉讼程序中得到处理，而如前所述，〔161〕就不得不勘查行政厅有无违反应答义务，有无直接保护原告权利的必要性。

　　⑤最后，对于第三人要求启动规制权限的课予义务诉讼，第三人有无提起这种诉的原告资格首先就是问题。但是，如果承认第三人起诉要求撤销许可等处分的可能性，根据下述理由也应当同样承认起诉要求作出规制性处分的可能性。〔162〕行政厅的活动无论是行使还是不行使权限，都意味着在社会中进行广义的分配。行使权限也罢、不行使权限也罢，行政厅都负有责任说明自己的活动。〔163〕当然，行政厅被促使行使权限，滥用权限的危险性很高，因而，也有观点认为，私人和法院容忍行政厅不行使权限更好。但这是天真的想法。不仅是行政厅逾越法律界限行使权限，而且从宏观上看，行政厅积极行使某法律上的权限，消极行使其他法律上的权限，亦即选择性行使权限，都可以说侵害依法律行政原理。返回根本上来说，为了防止滥用权限，重要的是在立法论和解释论上不过度承认行政厅正式或非正式的权限。〔164〕简单地否认课予义务诉讼，只会增加行政厅可以行使而利害关系人和法院无法控制的权限领域。最终，具有提起这种课予义务诉

490

<hr />

〔160〕　参照、杉本「解説（一）」曹時 15 卷 3 号 371~372 頁。
〔161〕　塩野・前揭。
〔162〕　经典的研究成果是第四章第二节第二款一（3）所举的原田『行政責任と国民の権利』。
〔163〕　参见第三章第一节第二款一（2），以及前款二（2）。
〔164〕　参见第四章第一节第五款（1）（a）。

讼的原告资格者基本上以与撤销诉讼第三人的原告资格同样的基准来判断。

不过，如果问题只是命令等的事后处分，那与许可等的事前处分情形不同，第三人有可能通过民事诉讼实现该规制法规［第四章第一节第五款(3)］。但是，即使在允许这种民事诉讼的情形下，也不应一概排除第三人提起课予义务诉讼。根据案件和法领域的不同，两种诉讼应当相互辅助地发挥功能。的确，在第三人充分具有必要知识信息的案件和法领域中，民事诉讼更容易发挥功能，因而，允许行政厅有广泛的裁量去控制规制前的调查、程序的开始和继续。但是，在多数案件和法领域中，第三人缺乏充分的必要知识信息，这时，行政厅的上述裁量受到限制，课予义务诉讼得到广泛认可［同款(3)(b)］。

(5) 预防性不作为诉讼

同为无名抗告诉讼，预防性不作为诉讼并没有像课予义务诉讼那样在原理上被否定。尽管如此，仍有一种倾向是，预防性不作为诉讼仅限于撤销诉讼无法保护权利时的"补充"，因而，对其确立特别的容许性要件。[165]但应当注意的是，对于预防性不作为诉讼的容许性，最高法院并没有设定特别要件，而是以有无一般诉的利益为基准进行判断。[166][167]当然，撤销诉讼通常可以在行政处分执行或实现之前提起，在这一意义上也是一种预防性诉讼。[168]此外，行政处分的事前有时也包括听证程序。因而，在判断预防性不作为诉讼的一般性"诉的利益"时，必须考虑撤销诉讼能否实效性地保护权利。这一点与"补充说"无异。[169]但是，"诉的利益"的框架比"补充说"更容易纳入

---

〔165〕 参照、塩野「無名抗告訴訟の問題点」同『行政過程とその統制』326 頁以下。

〔166〕 最判 1972 年 11 月 30 日民集 26 巻 9 号 1746 頁、最判 1989 年 7 月 4 日判時 1336 号 86 頁。与此相对，后一判决的伊藤正己补充意见举出了无名抗告诉讼的三个容许性要件进行判断。

〔167〕 濱・前掲論文 119 頁。

〔168〕 塩野『行政法Ⅱ』65 頁所说的"禁止功能"。

〔169〕 阿部「公権力の行使に対する差止訴訟」同『行政訴訟改革論』384～385 頁，也许就是因为如此，才提倡"缓和的补充说"。

合乎纷争实态、实效性解决纷争的视角。例如，如果在对违反义务作出制裁性处分（例如惩戒）之前，现实中发生义务是否存在的纷争，就有确认义务存在与否的"诉的利益"。或者，如果对个别性行政处分要件（例如作为河川法上处分要件的河川区域）现实地产生纷争，为彻底全面地防止将来的纷争，就有确认该要件的"诉的利益"。[170]令人遗憾的是，在最高法院出现的案件本能利用"诉的利益"框架的优势，尽管有过这种案件，但最高法院并没有利用它，而是采取僵硬的态度，视预防性不作为诉讼为例外。

第三款　原告资格的法关系论理解

495

在前款中说到，重要的不是强调撤销诉讼的特殊性，给其他各种抗告诉讼类型设置特别的容许性要件，而是以所有抗告诉讼共通的观点探讨原告资格、诉的利益、诉讼标的范围等。这里作为本书的结尾，仅讨论涉及全书的原告资格问题，不过只是粗放的一般性展望。

众所周知，对于撤销诉讼的原告资格，原田尚彦教授批判了通说的"法律保护的利益救济说"，倡导"值得保护的利益救济说"，[171]其意义大致如下。

（1）第一，原田说批判了"受保护的利益"说使原告资格依存于立法者的意思。的确，法律通常以形成客观秩序为直接目的，并不决定原告资格的有无和范围，直接决定它也不是法律的任务。[172]尽管如此，仅仅问法律保护的利益，会导致过度重视措辞或立法者意思，或

496

---

〔170〕　承认纷争的成熟性，参照、阿部·前揭论文390~391页、同「法の不明确性と行政诉讼の课题」189~191页。另参见注（141）。

〔171〕　原田「诉えの利益」同『诉えの利益』3~12页。

〔172〕　例如，参见第三章第一节第二款二（2）、同第三节第三款二（1）（b）。此外，德国很多法律直接限制了原告资格（权利人）的范围，甚至都存在宪法上的问题。对此，参见同第四节第二款（2）⑤。

者陷入恣意的判断。[173] 但是，对于原田说所倡导的"值得保护的利益"基准，其疑问在于，脱离各自法制度的目的和内容，一般性地评价并区别某利益是否值得保护，是否具有界限（例如，一般可以说生命、身体、健康值得保护，但一般就很难说财产性利益是否值得保护），[174] 是否需要考虑与该利益相对立的利益的保护必要性。[175] 在主张纤细利益（例如风险的程度）、各种利益汇聚且冲突激烈的现代，这种疑问愈发强烈。

因此，本书意识到法解释论的任务是从各种客观法规范解读受保护利益，旨在蓄积解释的基准和主题。如此，分析法规范有目的地衡量并调整各种利益的功能，将规范构造表现为表示各种利益衡量调整过程的多极性法关系的复合，从中析出受保护利益。[176]

当然，现在学说和实务中的见解差异日益限缩于"规定了处分的行政法规范，并不完全是将不特定多数人具体利益完全吸收消解于一般公益之中，而是含有应当将其作为归属于各个人的个别性利益予以保护的目的"，[177] 在多大程度上、如何得到承认。[178] 因而，本书也分

---

〔173〕　最近的指摘，芝池「取消訴訟の原告適格」京大法学部百周年論集 2 卷 92~95 頁（狭义"法律保护的利益"说的破绽）。

〔174〕　另外，最判 1997 年 1 月 28 日民集 51 卷 1 号 250 頁提及，都市计划法作为各个人的个别利益也保护"生命、身体的安全等"，但不包括可以继承的财产性利益。但是，能否说都市计划法不保护第三人的财产性利益，也有疑问。

〔175〕　参见第三章第一节第二款一(1)、同第二节第二款。

〔176〕　参见第三章第四节第二款(2)。

〔177〕　最判 1989 年 2 月 17 日民集 43 卷 2 号 56 頁的表达。

〔178〕　小早川光郎（小早川「抗告訴訟と法律上の利益」成田古稀 46 頁以下）作出如下分析：最高法院要求以下要件，才承认原告资格。第一，原告的"利益属于有关处分的法令所保护的利益范围"（"保护范围要件"）。第二，"有关法令并不是将原告等个别关系者的利益只是作为该法令所保护的公益的一部分加以保护，而是有别于公益、个别且直接地加以保护"（"个别保护要件"）。"值得保护的利益说"也要求"保护范围要件"，因而，该说可与判例相对立的地方是"个别保护要件"。但是，在这一要件的判别上，判例引入的不仅是"完全从相关法令的一般抽象内容——法令的规定及其解释——决定的方法"，也有"一并考虑各个具体案件情况决定的方法"。如果推进这一倾向，"与值得保护的利益说之间的主要对立将半数消解"。

析了不特定多数人利益集合化的多种样态，尝试着从中析出各个人的受保护利益。[179] 根据本书的分析框架，大致可以将最高法院的观点整理为：在不特定多数人的生命、身体等可分地受到保护时，承认相关各个人的原告资格；[180] 而在一般消费者利益等受到类型化规范，[181] 以及文化价值等不可分地受到保护时，[182] 不承认各个人的原告资格。[183] 一般而言，在类型化规范方面，不承认第三人的原告资格，仍有疑问。[184]

（2）原田说的第二个意义在于，它说到应当将撤销诉讼发展为维持并保障行政作用客观合法性的程序。当然，从行政和司法的功能分立角度而言，法院承担纯粹客观，即与特定利益或特定权限保护无关的行政监督功能，是有界限的。[185] 一般也不能说个人实施诉讼是适于保障行政作用合法性的实效性程序。但是，认识不特定多数人的集合化利益，它位于将个人个别利益汇聚成客观秩序（或者相反，从客观秩序中读出个别利益）的中间阶段，并具备明确分节、表达集合化利益的程序和组织，以补充保护个别利益的程序，这也可以说是法治国家原理的派生要求。[186] 这种程序和组织应当根据利益的性质设计种种形态，以便能明确分节、表达集合化利益，未必需要采取个人或团体对实体法的解释适用进行争议的诉讼（以下称作"团体诉讼等"）形态。但是，承认团体诉讼等也是一个有力的选择。设计并形成表达

497

---

〔179〕　主要是第四章第一节第一款至第三款。

〔180〕　前揭最判 1989 年 2 月 17 日、最判 1993 年 9 月 22 日民集 46 卷 6 号 571 页·1090 页、前揭最判 1997 年 1 月 28 日。参见第四章第一节第一款一。

〔181〕　最判 1989 年 4 月 13 日判時 1313 号 121 页。参见同二。

〔182〕　最判 1989 年 6 月 20 日判時 1334 号 201 页。

〔183〕　另外，也让人想起基本权利的规范外效果（参见第四章第二节第一款）。亦参照、最判 1987 年 11 月 24 日判時 1284 号 56 页。

〔184〕　参见第四章第一节第一款二。

〔185〕　这一点涉及"司法权""法律上的争讼"观念，近年来也有很多探讨，这里无法详细展开。

〔186〕　也包括以下本段的叙述，参见第五章第一节第三款。而对于法治国家原理的理解，参见本章第一节第一款注(2)的文献。

集合化利益的程序和组织、根据情形承认团体诉讼等，首先是立法者的任务。但是，即使没有法律的明文规定，在一定程度上也可能通过解释，承认适于表达集合化利益并实际承担这种任务的个人或组织具有原告资格，允许其实施团体诉讼等，特别在立法尚不完善的阶段是有必要的。[187]

（3）最后谈一下序章引用判例［注（18）］、第四章第一节第四款也提及的行政计划的处分性，亦即争议行政计划的诉的利益问题。一般而言，过去有一种倾向是，以计划侵害各个人各个利益的强度或迫切性为基准判断处分性或诉的利益。但重要的毋宁是，从更为宏观的角度，以对应于阶段性行政决定程序特性的形态，构想权利保护机制。下面将具体阐述。

首先，对于所谓"静态"计划（例如都市计划法上的地域指定），[188]如果以制约各个土地利用的迫切性为基准来看，计划对土地利用的制约"就像新……制定科以制约的法令一样，只是对有关地域内不特定多数人一般抽象的制约"，并不"直接对上述地域内的个人产生具体的权利侵害"。[189]但是，如第四章第一节第四款所述，在与后续处分的关系上说静态计划是"一般抽象的"，不能把握计划的特质。计划的特质毋宁在于，将地域内关于空间利用的行政厅措施或私人地位相互组合并关联起来。这种组合和关联的基本骨格是在计划的阶段被决定的。因而，如果其自身就是具体的计划，关于这种组合和关联的纷争就可以说是在计划的阶段成熟的。相反，在后续的个别处分阶段，行政厅越来越难以纠正这种组合和关联，因而，也就减少了私人恢复权利的空间。

其次，最高法院对于第二种市街地再开发项目计划肯定了所谓"动

498

〔187〕 欧共体的例子，参见第五章第三节第一款。另参照、小早川・前揭論文 51 頁以下。

〔188〕 对于"静态"计划与后述"动态"计划含义，参照、塩野他「現代型行政訴訟の検討課題」ジュリ925 号 22 頁以下。

〔189〕 否定地域指定的处分性，参照、最判 1982 年 4 月 22 日民集 36 卷 4 号 705 頁。另外，否定地区计划的处分性，亦参照、最判 1994 年 4 月 22 日判時 1499 号 63 頁。

态"计划的处分性,〔190〕否定了土地区划整理项目计划的处分性。〔191〕这种区别还是源自个人财产权转移的迫切性或强度,前者大,后者小。〔192〕但这里同样重要的毋宁是阶段性决定程序的特性。也就是说,动态计划（项目计划）是变更当前空间利用、设计项目之后空间利用的决定,而后续换地计划和处分则是并不过度侵害个人财产权的转移财产权的决定。在这一意义上,两者在决定的事项上是基本不同的,而且是在对各个事项作出具体决定之前进行的。因而,即使在土地区划整理的情形下,关于项目自身的纷争也是在项目计划阶段成熟的。〔193〕

---

〔190〕　最判 1992 年 11 月 26 日民集 46 卷 8 号 2658 頁。另外,以不服申诉规定为线索,认可了市町村土地改良项目的项目施行认可处分的处分性,参照、最判 1986 年 2 月 13 日民集 40 卷 1 号 1 頁。

〔191〕　最判 1966 年 2 月 23 日民集 20 卷 2 号 271 頁、最判 1992 年 10 月 6 日判時 1439 号 116 頁。

〔192〕　也包括以下叙述,详细参照、山本隆司・評釈・自研 71 卷 3 号 130 頁以下。

〔193〕　另外,在承认计划具有处分性时,是否遮断在后续处分阶段主张计划的瑕疵,需要个别地探讨,需要考虑分阶段确定决定的合理性和必要性,以及应当保障私人实效性主张权利及保护权利的机会。参照、小早川「先決問題と行政行為」田中古稀上 385 頁以下、396 頁以下。当然亦参照、福井「土地収用法による事業認定の違法性の承継」成田古稀 281 頁。

事项索引

(页码为本书边码)

人名索引

(页码为本书边码)

法令索引（欧盟、德国）

判例索引（欧盟、德国）

■ **Europäischer Gerichtshof**

■ Bundesverfassungsgericht

■ Bundesverwaltungsgericht

判例索引（日本）

文献一览（欧文）

Achterberg, Norbert: Die Rechtsordnung als Rechtsverhältnisordnung: Grundlegung der Rechtsverhältnistheorie (1982).

Adolf, Hans—Peter: Der sozialrechtliche Herstellungsanspruch (1991).

Affolter, Albert: Staat und Recht, Hirths Annalen 1903, S. 161ff.

Affolter, Friedrich: Das intertemporale Recht: Das Recht der zeitlich verschiedenen Rechtsordnungen, Bd. 1, 1. Teil (1902).

Aicher, Josef: Das Eigentum als subjektives Recht: Zugleich ein Beitrag zur Theorie des subjektiven Rechts (1975).

Alexy, Robert: Das Gebot der Rücksichtnahme im baurechtlichen Nachbarschutz, DÖV 1984, S. 953ff.

—Theorie der Grundrechte (1985).

Anderbrügge, Klaus: Völkisches Rechtsdenken: Zur Rechtslehre in der Zeit des Nationalsozialismus (1978).

—Verwaltungsrechtliche Aspekte der volksgenössischen Rechtsstellung, ARSP Beiheft 18 (1983), S. 128ff.

Angermeier, Heinz: Königtum und Landfriede im deutschen Spätmittelalter (1966).

—Das alte Reich in der deutschen Geschichte: Studien über Kontinuitäten und Zäsuren (1991).

Anschütz, Gerhard: Der Ersatzanspruch aus Vermögensbeschädigungen durch rechtmäßige Handhabung der Staatsgewalt, VerwArch 5 (1897), S. 1ff.

—Die gegenwärtigen Theorieen über den Begriff der gesetzgebenden Gewalt und den Umfang des königlichen Verordnungsrechts nach preussischem Staatsrecht, 2. Aufl. (1901).

—Art. "Gesetz", in: K. F. v. Stengel/M. Fleischmann (Hrsg.), Wörterbuch des Deutschen Staats— und Verwaltungsrechts, Bd. 2, 2. Aufl. (1913), S. 212ff.

—Deutsches Staatsrecht, in: F. v. Holtzendorff/J. Kohler (Hrsg.), Enzyklopädie der Rechtswissenschaft in systematischer Bearbeitung, Bd. 4, 7. Aufl. (1914), S. 1ff.

Bachmann, Hanns-Martin: Die naturrechtliche Staatslehre Christian Wolffs (1977).

—Zur Wolffschen Naturrechtslehre, in: W. Schneiders (Hrsg.), Christian Wolff 1679-1754: Interpretationen zu seiner Philosophie und deren Wirkung: Mit einer Bibliographie der Wolff-Literatur (1983), S. 161ff.

Bachof, Otto: Begriff und Wesen des sozialen Rechtsstaates: Der soziale Rechtsstaat in verwaltungsrechtlicher Sicht, VVDStRL 12 (1954), S. 37ff.

—Reflexwirkungen und subjektive Rechte im öffentlichen Recht, in: GS für W. Jellinek (1955), S. 287ff.

—Verfassungsrecht, Verwaltungsrecht, Verfahrensrecht in der Rechtsprechung des Bundesverwaltungsgerichts, Bd. 1, 3. Aufl. (1966); Bd. 2 (1967).

—Die verwaltungsgerichtliche Klage auf Vornahme einer Amtshandlung: zugleich eine Untersuchung über den öffentlichrechtlichen Folgenbeseitigungsanspruch nach Aufhebung eines rechtswidrigen Verwaltungsaktes, 2. Aufl. (1968).

—Die Dogmatik des Verwaltungsrechts vor den Gegenwartsaufgaben der Verwaltung, VVDStRL 30 (1972), S. 193ff.

Bähr, Otto: Der Rechtsstaat: Eine publizistische Studie (1864).

Bartlsperger, Richard: Das Dilemma des baulichen Nachbarrechts, VerwArch 1969, S. 35ff.

—Der Rechtsanspruch auf Beachtung von Vorschriften des Verwaltungsverfahrensrechts: Zur Auslegung des § 36 Abs. 1 Satz 1 BBauG sowie zu den Urteilen des BVerwG vom 6. 12. 1967 (DVBl. 1968, 651) und vom 13. 6. 1969 (DVBl. 1970, 60), DVBl. 1970, S. 30ff.

—Subjektives öffentliches Recht und störungspräventive Baunachbarklage, DVBl. 1971, S. 723ff.

—Organisierte Einwirkungen auf die Verwaltung: Zur Lage der zweiten Gewalt, VVDStRL 33 (1975), S. 221ff.

Battis, Ulrich: Partizipation im Städtebaurecht (1976).

—Bundesbeamtengesetz, 2. Aufl. (1997).

Battis, Ulrich/Krautzberger, Michael/Löhr, Rolf - Peter: Baugesetzbuch, Kommentar, 3. Aufl. (1991); 6. Aufl. (1998).

Bauer, Hartmut: Geschichtliche Grundlagen der Lehre vom subjektiven öffentlichen Recht (1986).

—Subjektive öffentliche Rechte des Staates—Zugleich ein Beitrag zur Lehre vom subjektiven öffentlichen Recht, DVBl. 1986, S. 208ff.

—Duplik auf die Replik von Albert Bleckmann, DVBl. 1986, 666f. , DVBl. 1986, S. 667f.

—Altes und Neues zur Schutznormtheorie, AöR 113 (1988), S. 582ff.

—Die Schutznormtheorie im Wandel, in: D. Heckmann/K. Meßerschmidt (Hrsg.), Gegenwartsfragen des öffentlichen Rechts (1988), S. 113ff.

—Zum öffentlichrechtlichen Nachbarschutz im Wasserrecht, JuS 1990, S. 24ff.

—Die Bundestreue: Zugleich ein Beitrag zur Dogmatik des Bundesstaatsrechts und zur Rechtsverhältnislehre (1992).

Bekker, Ernst I. : System des heutigen Pandektenrechts, Bd. 1 (1886).

Bender, Bernd: Staatshaftungsrecht, 3. Aufl. (1981).

Bender, Bernd/*Sparwasser*, Reinhard/*Engel*, Rüdiger: Umweltrecht: Grundzüge des öffentlichen Umweltschutzrechts, 3. Aufl. (1995).

Bernatzik, Edmund: Kritische Studien über den Begriff der juristischen Person und über die juristische Persönlichkeit der Behörden insbesondere, AöR 5 (1890), S. 169ff.

Bernhardt, Rudolf: Zur Anfechtung von Verwaltungsakten durch Dritte, JZ 1963, S. 302ff.

Bethge, Herbert: Wissenschaftsrecht, in: N. Achterberg/G. Püttner (Hrsg.), Besonderes Verwaltungsrecht: Ein Lehrbuch, Bd. 1 (1990), S. 697ff.

Bettermann, Karl August: Wesen und Streitgegenstand der verwaltungsgerichtlichen Anfechtungsklage, DVBl. 1953, S. 163ff.

—Zur Lehre vom Folgenbeseitigungsanspruch, DÖV 1955, S. 528ff.

—Kein Folgenbeseitigungsanspruch bei Wiedereinweisung des Räumungsschuldners?, MDR 1957, S. 130ff.

—Der Schutz der Grundrechte in der ordentlichen Gerichtsbarkeit, in: ders. /H. C. Nipperdey/U. Scheuner (Hrsg.), Die Grundrechte, III/2 (1959), S. 779ff.

—Klagebefugnis und Aktivlegitimation im Anfechtungsprozess, in: H. R. Külz/R. Naumann (Hrsg.), Staatsbürger und Staatsgewalt: Jubiläumsschrift zum hundertjährigen Bestehen der deutschen Verwaltungs-gerichtsbarkeit und zum zehnjährigen Bestehen des Bundesverwaltungsgerichtes, Bd. 2 (1963), S. 449ff.

—Die Legitimation zur verwaltungsgerichtlichen Anfechtung: Nach österreichischem und deutschem Recht, in: FS für H. Schima (1969), S. 71ff.

—Die Rechtsweggarantie des Art. 19 Abs. 4 GG in der Rechtsprechung des Bundesverfassungsgerichts, AöR 96 (1971), S. 528ff.

—Über die Legitimation zur Anfechtung von Verwaltungsakten, in: Gedankschrift für M. Imboden, Bd. 1 (1972), S. 37ff.

Bierling, Ernst R. : Juristische Prinzipienlehre, Bd. 1 (1894).

Blanke, Hermann−Josef/*Peilert*, Andreas: Die Folgenbeseitigungslast im System des Staatshaftungsrechts, Die Verwaltung 1998, S. 29ff.

Blankenagel, Alexander: Klagefähige Rechtspositionen im Umweltrecht: Vom subjektiven Recht eines Individuums zum Recht eines individualisierten Subjekts, Die Verwaltung 1993, S. 1ff.

Bleckmann, Albert: Subjektive öffentliche Rechte des Staates—Erwiderung auf den gleichnamigen Aufsatz von Hartmut Bauer, DVBl. 1986, 208, DVBl. 1986, S. 666f.

Böckenförde, Ernst−Wolfgang: Entstehung und Wandel des Rechtsstaatsbegriffs (1969), in: ders. , Recht, Staat, Freiheit: Studien zur Rechtsphilosophie, Staatstheorie und Verfassungsgeschichte (1991), S. 143ff.

—Art. "Organ, Organismus, Organisation, politischer Körper", in: O. Brunner/W. Conze/R. Koselleck (Hrsg.), Geschichtliche Grundbegriffe, Bd. 4 (1978), S. 561ff.

—Der Staat als Organismus: Zur staatstheoretisch−verfassungspolitischen Diskussion im frühen Konstitutionalismus (1978), in: ders. , Recht, Staat, Freiheit, S. 263ff.

—Gesetz und gesetzgebende Gewalt: Von den Anfängen der deutschen Staatsrechtslehre bis zur Höhe des staatsrechtlichen Positivismus, 2. Aufl. (1981).

—Grundrechte als Grundsatznormen: Zur gegenwärtigen Lage der Grundrechtsdogmatik (1990), in: ders. , Staat, Verfassung, Demokratie: Studien zur Verfassungstheorie und zum Verfassungsrecht (1991), S. 159ff.

Boldt, Hans: Deutsche Staatslehre im Vormärz (1975).

—Deutsche Verfassungsgeschichte: Politische Strukturen und ihr Wandel, Bd. 1, 2. Aufl. (1990).

Bornhak, Conrad: Preußisches Staatsrecht, Bd. 1, 2. Aufl. (1911).

—Grundriß des Deutschen Staatsrechts, 7. Aufl. (1926).

Brandt, Hartwig: Landständische Repräsentation im deutschen Vormärz: Politisches Denken im Einflußfeld des monarchischen Prinzips (1968).

—Urrechte und Bürgerrechte im politischen System vor 1848, in: G. Birtsch (Hrsg.), Grund− und Freiheitsrechte im Wandel von Gesellschaft und Geschichte: Beiträge zur Geschichte der Grund− und Freiheitsrechte vom Ausgang des Mittelalters bis zur Revolution von 1848 (1981), S. 460ff.

Brandt, Reinhard: Eigentumstheorien von Grotius bis Kant (1974).

Breuer, Rüdiger: Das baurechtliche Gebot der Rücksichtnahme—ein Irrgarten des Richterrechts, DVBl. 1982, S. 1065ff.

—Baurechtlicher Nachbarschutz, DVBl. 1983, S. 431ff.

—Ausbau des Individualschutzes gegen Umweltbelastungen als Aufgabe des öffentlichen Rechts: Postulate, Kritik und Alternativen, DVBl. 1986, S. 849ff.

—Die staatliche Berufsregelung und Wirtschaftslenkung, in: J. Isensee/P. Kirchhof (Hrsg.), Handbuch des Staatsrechts der Bundesrepublik Deutschland, Bd. 6 (1989), S. 957ff.

Brinz, Alois: Lehrbuch der Pandekten, Bd. 1, 2. Aufl. (1873).

Brohm, Winfried: Rechtsschutz im Bauplanungsrecht: Gesetz—Verbindliche Planung—Nachbarrechte (1959).

—Verwaltungsgerichtsbarkeit im modernen Sozialstaat, DÖV 1982, S. 1ff.

—Zum Funktionswandel der Verwaltungsgerichtsbarkeit, NJW 1984, S. 8ff.

—Die Konkurrentenklage, in: FS für Menger (1985), S. 235ff.

—Rechtsstaatliche Vorgaben für informelles Verwaltungshandeln, DVBl. 1994, S. 133ff.

—Öffentliches Baurecht, 2. Aufl. (1999).

Brunner, Otto: Die Freiheitsrechte in der altständischen Gesellschaft (1954), in: ders., Neue Wege der Verfassungs- und Sozialgeschichte, 2. Aufl. (1968), S. 187ff. [石井紫郎他訳『ヨーロッパ——その歴史と精神』(1974)].

Bucher, Eugen: Das subjektive Recht als Normsetzungsbefugnis (1965).

Bühler, Ottmar: Die subjektiven öffentlichen Rechte und ihr Schutz in der deutschen Verwaltungsrechtsprechung (1914).

—Buchbesprechung zu: O. Mayer, Deutsches Verwaltungsrecht, 2. Aufl., VerwArch 27 (1919), S. 283ff.

—Zur Theorie des subjektiven öffentlichen Rechts, in: FG für F. Fleiner (1927), S. 26ff.

—Allgemeines Steuerrecht (1927).

—Der Einfluss des Steuerrechts auf die Begriffsbildung des öffentlichen Rechts, VVDStRL 3 (1927), S. 102ff.

—Altes und Neues über Begriff und Bedeutung der subjektiven öffentlichen Rechte, in: GS für W. Jellinek (1955), S. 269ff.

Bullinger, Martin: Öffentliches Recht und Privatrecht (1968).

Bundesministerium für Umwelt, Naturschutz und Reaktorsicherheit (Hrsg.): Umweltgesetzbuch: Entwurf der Unabhängigen Sachverständigenkommission zum Umweltgesetzbuch beim Bundesministerium für Umwelt, Naturschutz und Reaktorsicherheit (1998).

Burgi, Martin: Verwaltungsprozeß und Europarecht: Eine systematische Darstellung (1996).

Caemmerer, Ernst v. : Das Problem des Kausalzusammenhangs im Privatrecht (1956), in: ders. , Gesammelte Schriften, Bd. 1 (1968), S. 395ff.

—Wandlungen des Deliktsrechts (1960), in: ders. , Gesammelte Schriften, Bd. 1, S. 452ff.

—Die absoluten Rechte in § 823 Abs. 1 BGB (1961), in: ders. , Gesammelte Schriften, Bd. 1, S. 554ff.

Canaris, Claus - Wilhelm: Systemdenken und Systembegriff in der Jurisprudenz— entwickelt am Beispiel des deutschen Privatrechts, 2. Aufl. (1983) ［木村弘之亮他訳 『法律学における体系思考と体系概念: 価値判断法学とトピク法学の懸け橋』 (1996) ］.

Christiansen, C. : Ueber erworbene Rechte (1856).

Classen, Claus Dieter: Die Europäisierung der Verwaltungsgerichtsbarkeit: Eine vergleichende Untersuchung zum deutschen, französischen und europäischen Verwaltungsprozeßrecht (1996).

Coing, Helmut: Geschichte und Bedeutung des Systemgedankens in der Rechtswissenschaft (1957/58), in: ders. , Gesammelte Aufsätze zu Rechtsgeschichte, Rechtsphilosophie und Zivilrecht: 1947-1975, Bd. 1 (1982), S. 191ff.

—Zur Geschichte des Begriffs "Subjektives Recht" (1959), in: ders. , Gesammelte Aufsätze, Bd. 1, S. 241ff.

—Bemerkungen zum überkommenen Zivilrechtssystem, in: FS für Dölle, Bd. 1 (1963), S. 25ff.

Conrad, Hermann: Die geistigen Grundlagen des Allgemeinen Landrechts für die preußischen Staaten von 1794 (1958).

Conrad, Hermann/*Kleinheyer*, Gerd (Hrsg.): Vorträge über Recht und Staat von Carl Gottlieb Svarez (1746-1798) (1960).

Dann, Otto: Die Proklamation von Grundrechten in den deutschen Revolutionen von 1848/ 49, in: G. Birtsch (Hrsg.), Grund- und Freiheitsrechte im Wandel von Gesellschaft und Geschichte: Beiträge zur Geschichte der Grund- und Freiheitsrechte vom Ausgang des Mittelalters bis zur Revolution von 1848 (1981), S. 515ff.

Dantscher von Kollesberg, T. R. : Die politischen Rechte der Unterthanen, 1. -3. Lieferung (1888-94).

Danwitz, Thomas v. : Verwaltungsrechtliches System und Europäische Integration (1996).

—Zu Funktion und Bedeutung der Rechtsverhältnislehre, Die Verwaltung 1997, S. 339ff.

—Die gemeinschaftsrechtliche Staatshaftung der Mitgliedstaaten—Entwicklung, Stand und Perspektiven der Europäischen Haftung aus Richterhand—, DVBl. 1997, S. 1ff.

Denzer, Horst : Moralphilosophie und Naturrecht bei Samuel Pufendorf : Eine geistes- und wissenschaftsgeschichtliche Untersuchung zur Geburt des Naturrechts aus der Praktischen Philosophie (1972).

Dernburg, Heinrich : Das bürgerliche Recht des Deutschen Reichs und Preußens, Bd. 1 (1902).

Di Fabio, Udo : Die Ermessensreduzierung—Fallgruppen, Systemüberlegungen und Prüfprogramm—, VerwArch 1995, S. 214ff.

—Verwaltung und Verwaltungsrecht zwischen gesellschaftlicher Selbstregulierung und staatlicher Steuerung, VVDStRL 56 (1997), S. 235ff.

Diehr, Uwe : Der Staatshaftungsanspruch des Bürgers wegen Verletzung des Gemeinschaftsrechts durch die deutsche öffentliche Gewalt (1997).

Dietlein, Johannes : Die Lehre von den grundrechtlichen Schutzpflichten (1992).

Dipper, Christof : Art. "Freiheit", in : O. Brunner/W. Conze/R. Koselleck (Hrsg.), Geschichtliche Grundbegriffe, Historisches Lexikon zur politisch-sozialen Sprache in Deutschland, Bd. 2 (1975), S. 446ff. , S. 488ff.

Dreier, Horst (Hrsg.) : Grundgesetz, Kommentar, Bd. 1 (1996).

Drews, Bill/*Wacke*, Gerhard/*Vogel*, Klaus/*Martens*, Wolfgang : Gefahrenabwehr : Allgemeines Polizeirecht (Ordnungsrecht) des Bundes und der Länder, 9. Aufl. (1986).

Dürig, Günter : Kommentierung von Art. 1 Abs. 1 (1958); von Art. 3 Abs. 1 (1973), in : ders. /Th. Maunz (Hrsg.), Grundgesetz.

Dürr, Hansjochen : Das Gebot der Rücksichtnahme—eine Generalklausel des Nachbarschutzes im öffentlichen Baurecht, NVwZ 1985, S. 719ff.

—Die Entwicklung der Rechtsprechung zur Antragsbefugnis bei der Normenkontrolle von Bebauungsplänen, NVwZ 1996, S. 105ff.

Ebel, Wilhelm : Geschichte der Gesetzgebung in Deutschland, 2. Aufl. (1958) ［西川洋一訳『ドイツ立法史』(1985) ］.

Eckhardt, Ernst : Die Grundrechte—vom Wiener Kongress bis zur Gegenwart : Ein Beitrag zur deutschen Verfassungsgeschichte (1913).

Ehlers, Dirk : Verwaltung in Privatrechtsform (1984).

—Rechtsverhältnisse in der Leistungsverwaltung, DVBl. 1986, S. 912ff.

—Die Klagebefugnis nach deutschem, europäischem Gemeinschafts- und U. S. -amerika-
nischem Recht, VerwArch 1993, S. 139ff.

—Die Weiterentwicklung des Staatshaftungsrechts durch das europäische Gemein-
schaftsrecht, JZ 1996, S. 776ff.

Engler, Karen: Der öffentlich-rechtliche Immissionsabwehranspruch (1995).

Enneccerus, Ludwig/*Nipperdey*, Hans C. : Allgemeiner Teil des Bürgerlichen Rechts, 15.
Aufl. , 1. Halbband (1959).

Epiney, Astrid: Gemeinschaftsrecht und Verbandsklage, NVwZ 1999, S. 485ff.

Erichsen, Hans-Uwe: Verfassungs- und verwaltungsrechtsgeschichtliche Grundlagen der
Lehre vom fehlerhaften belastenden Verwaltungsakt und seiner Aufhebung im Prozeß—
ein dogmengeschichtlicher Beitrag zu Rechtsbindung, Rechtswidrigkeit und Rechtsschutz
im Bereich staatlicher Eingriffsverwaltung (1971).

—Kommunalrecht des Landes Nordrhein-Westfalen (1988).

—Allgemeine Handlungsfreiheit, in: J. Isensee/P. Kirchhof (Hrsg.), Handbuch des Sta-
atsrechts der Bundesrepublik Deutschland, Bd. 6 (1989), S. 1185ff.

Erichsen, Hans-Uwe (Hrsg.): Allgemeines Verwaltungsrecht, 11. Aufl. (1998).

Ernst, Werner/*Zinkahn*, Willy/*Bielenberg*, Walter/*Krautzberger*, Michael (Hrsg.), Baug-
esetzbuch, Kommentar (Losebl.), Stand: 1997.

Esser, Josef: Einführung in die Grundbegriffe des Rechtes und Staates: Eine Einführung in die
Rechtswissenschaft und in die Rechtsphilosophie (1949).

Esser, Josef /*Weyers*, Hans-Leo: Schuldrecht, Besonderer Teil, 6. Aufl. (1984).

Eyermann, Erich/*Fröhler*, Ludwig/*Kormann*, Joachim: Verwaltungsgerichtsordnung, Kom-
mentar, 9. Aufl. (1988).

Finkelnburg, Klaus/*Ortloff*, Karsten-Michael: Öffentliches Baurecht, Bd. 2, 3. Aufl.
(1994).

Fleiner, Fritz: Einzelrecht und öffentliches Interesse (1908).

—Institutionen des Deutschen Verwaltungsrechts, 8. Aufl. (1928).

Forsthoff, Ernst: Lehrbuch des Verwaltungsrechts, Bd. 1, 3. Aufl. (1953); 6. Aufl.
(1956).

Frenz, Walter: Subjektiv-öffentliche Rechte aus Gemeinschaftsrecht vor deutschen Ver-
waltungsgerichten, DVBl. 1995, S. 408ff.

Frers, Dirk: Die Klagebefugnis des Dritten im Gewerberecht (1988).

Friauf, Karl H. : Der Rechtsschutz des sog. Dritten in der verwaltungsgerichtlichen Rechtsprechung: Zur neueren Judikatur des Bundesverwaltungsgerichts und der Oberverwaltungsgerichte (seit 1967), JurA 1969, S. 3ff. und JurA 1970, S. 652ff.

—Polizei- und Ordnungsrecht, in: Schmidt-Aßmann (Hrsg.), Besonderes Verwaltungsrecht, 11. Aufl. (1999).

Friedrich, Manfred: Zwischen Positivismus und materialem Verfassungsdenken: Albert Hänel und seine Bedeutung für die deutsche Staatsrechtswissenschaft (1971).

—Paul Laband und die Staatsrechtswissenschaft seiner Zeit, AöR 111 (1986), S. 197ff.

Friedrichs, Karl: Art. "Subjektives Recht", in: F. Stier - Somlo/A. Elster (Hrsg.), Handwörterbuch der Rechtswissenschaft, Bd. 5 (1928), S. 823ff.

Friesenhahn, Ernst: Der Rechtsschutz im öffentlichen Recht nach dem Bonner Grundgesetz, DV 1949, S. 478ff.

Gallwas, Hans-Ullrich: Faktische Beeinträchtigungen im Bereich der Grundrechte: Ein Beitrag zum Begriff der Nebenwirkungen (1970).

Gassner, Erich: Anfechtungsrechte Dritter und "Schutzgesetze", DÖV 1981, S. 615ff.

Gerber, Carl F. v. : Ueber öffentliche Rechte, Unveränderter Abdruck der 1852 erschienenen 1. Auf. (1913).

—Grundzüge des deutschen Staatsrechts, 3. Aufl. (1880).

Gernhuber, Joachim: Die Landfriedensbewegung in Deutschland bis zum Mainzer Landfrieden von 1235 (1952).

Gerstner, Stephan: Die Drittschutzdogmatik im Spiegel des französischen und britischen Verwaltungsgerichtsverfahrens: Eine vergleichende Untersuchung zur öffentlich-rechtlichen Klagebefugnis am Beispiel des Umweltschutzes (1995).

Gierke, Otto v. : Labands Staatsrecht und die deutsche Rechtswissenschaft, Schmollers Jahrbuch 7 (1883), 4. Heft, S. 1ff.

—Deutsches Privatrecht, Bd. 1 (1895).

—Johannes Althusius und die Entwicklung der naturrechtlichen Staatstheorien: Zugleich ein Beitrag zur Geschichte der Rechtssystematik, 5. unveränderte Ausg. (1958).

Giese, Friedrich: Grundrechte (1905).

Gluth, Oscar: Genehmigung und subjektives Recht, AöR 3 (1888), S. 569ff.

Grimm, Dieter: Die Entwicklung der Grundrechtstheorie in der deutschen Staatsrechtslehre des 19. Jahrhunderts, in: G. Birtsch (Hrsg.), Grund- und Freiheitsrechte von der ständischen zur spätbürgerlichen Gesellschaft (1987), S. 234ff.

Groeben, Hans v. d. /*Thiesing*, Jochen/*Ehlermann*, Claus–Dieter（Hrsg.）: Kommentar zum EWG–Vertrag, 4. Aufl.（1991）.

Gröschner, Rolf: Vom Nutzen des Verwaltungsrechtsverhältnisses, Die Verwaltung 1997, S. 301ff.

Groß, Thomas: Die Autonomie der Wissenschaft im europäischen Rechtsvergleich（1992）.

—Kriterien des Drittschutzes bei Tarifgenehmigungen, DÖV 1996, S. 52ff.

Günther, Horst: Art. "Herrschaft", in: O. Brunner/W. Conze/R. Koselleck（Hrsg.）, Geschichtliche Grundbegriffe, Historisches Lexikon zur politisch – sozialen Sprache in Deutschland, Bd. 3（1982）, S. 14ff., S. 39ff.

Gusy, Christoph: Polizeirecht, 3. Aufl.（1996）.

Häberle, Peter: Das Verwaltungsrechtsverhältnis—eine Problemskizze, in: ders., Die Verfassung des Pluralismus: Studien zur Verfassungstheorie der offenen Gesellschaft（1980）, S. 248ff.

—Die Menschenwürde als Grundlage der staatlichen Gemeinschaft, in: J. Isensee/ P. Kirchhof（Hrsg.）, Handbuch des Staatsrechts der Bundesrepublik Deutschland, Bd. 1（1987）, S. 815ff.

Habermas, Jürgen: Theorie des kommunikativen Handelns, Bd. 1（1981）［河上倫逸他訳『コミュニケイション的行為の理論（上）』（1985）］.

Haenel, Albert: Deutsches Staatsrecht, Bd. 1（1892）.

Hagenah, Evelyn: Prozeduraler Umweltschutz: Zur Leistungsfähigkeit eines rechtlichen Regelungsinstruments（1996）.

Hailbronner, Kay/*Klein*, Eckart/*Magiera*, Siegfried/*Müller – Graff*, Peter – Christian: Handkommentar zum Vertrag über die Europäische Union（EUV/EGV）, Stand: 1991.

Hain, Karl–Eberhard/*Schlette*, Volker/*Schmitz*, Thomas: Ermessen und Ermessensreduktion—ein Problem im Schnittpunkt von Verfassungs – und Verwaltungsrecht, AöR 1997, S. 32ff.

Hammerstein, Notker: Samuel Pufendorf, in: M. Stolleis（Hrsg.）, Staatsdenker in der frühen Neuzeit（1995）, S. 172ff.［佐々木有司・柳原正治訳『一七・一八世紀の国家思想家たち——帝国公（国）法学・政治学・自然法論』（1995）］.

Harings, Lothar: Die Stellung der anerkannten Naturschutzverbände im verwaltungsgerichtlichen Verfahren, NVwZ 1997, S. 538ff.

Hassemer, Winfried: Art. "Rechtssystem und Rechtsdogmatik", in: A. Erler/E. Kaufmann（Hrsg.）, Handwörterbuch zur deutchen Rechtsgeschichte, Bd. 4（1990）, S. 384ff.

Hattenhauer, Hans: Allgemeines Landrecht für die Preußischen Staaten von 1794, Textausgabe (1970).

Heck, Philipp: Begriffsbildung und Interessenjurisprudenz (1932).

Hegel, Georg W. F. : Grundlinien der Philosophie des Rechts (Naturrecht und Staatswissenschaft im Grundrisse) (1821) [藤野渉・赤澤正敏訳「法の哲学」『世界の名著・ヘーゲル』(1967)].

Hellmuth, Eckhart: Naturrechtsphilosophie und bürokratischer Werthorizont: Studien zur preußischen Geistes- und Sozialgeschichte des 18. Jahrhunderts (1985).

Henke, Wilhelm: Das subjektive öffentliche Recht (1968).

—Die Rechtsformen der sozialen Sicherung und das Allgemeine Verwaltungsrecht, VVDStRL 28 (1970), S. 149ff.

—Die Lehre vom Staat: Zur Roman Herzogs Allgemeiner Staatslehre, Der Staat 1973, S. 219ff.

—Zur Lehre vom subjektiven öffentlichen Recht (1974), in: ders. , Ausgewählte Aufsätze: Grundfragen der Jurisprudenz und des Öffentlichen Rechts (1994), S. 23ff.

—Das subjektive Recht im System des öffentlichen Rechts (1980), in: ders. , Ausgewählte Aufsätze, S. 41ff.

—Juristische Systematik der Grundrechte (1984), in: ders. , Ausgewählte Aufsätze, S. 67ff.

—Recht und Staat: Grundlagen der Jurisprudenz (1988).

—Wandel der Dogmatik des öffentlichen Rechts (1992), in: ders. , Ausgewählte Aufsätze, S. 178ff.

Hensel, Albert: Steuerrecht, 2. Aufl. (1927).

—Der Einfluss des Steuerrechts auf die Begriffsbildung des öffentlichen Rechts, VVDStRL 3 (1927), S. 63ff.

Hermes, Georg: Das Grundrecht auf Schutz von Leben und Gesundheit: Schutzpflicht und Schutzanspruch aus Art. 2 Abs. 2 Satz 1 GG (1987), S. 145ff.

— Der Grundsatz der Staatshaftung für Gemeinschaftsrechtsverletzungen, Die Verwaltung 1998, S. 371ff.

Herrnritt, Rudolf H. : Grundlehren des Verwaltungsrechtes: Mit vorzugsweiser Berücksichtigung der in Österreich (Nachfolgestaaten) geltenden Rechtsordnung und Praxis dargestellt (1921).

Hespe, Klaus: Zur Entwicklung der Staatszwecklehre in der deutschen Staatsrechtswissenschaft des 19. Jahrhunderts (1964).

Hill, Hermann: Rechtsverhältnisse in der Leistungsverwaltung, NJW 1986, S. 2602ff.

—Das hoheitliche Moment im Verwaltungsrecht der Gegenwart, DVBl. 1989, S. 321ff.

Hinske, Norbert: Staatszweck und Freiheitsrechte: Kants Plädoyer für den Rechtsstaat, in: G. Birtsch (Hrsg.), Grund- und Freiheitsrechte von der ständischen zur spätbürgerlichen Gesellschaft (1987), S. 375ff.

Hofacker, Wilhelm: Die subjektiven öffentlichen Rechte, DJZ 1935, S. 723ff.

Hoffmann, Michael: Der Abwehranspruch gegen rechtswidrige hoheitliche Realakte (1969).

Hoffmann – Riem, Wolfgang: Ermöglichung von Flexibilität und Innovationsoffenheit im Verwaltungsrecht—Einleitende Problemskizze, in: ders. /E. Schmidt–Aßmann (Hrsg.), Innovation und Flexibilität des Verwaltungshandelns (1994), S. 9ff.

—Öffentliches Recht und Privatrecht als wechselseitige Auffangordnungen—Systematisierung und Entwicklungsperspektiven, in: ders. /E. Schmidt–Aßmann (Hrsg.), Öffentliches Recht und Privatrecht als wechselseitige Auffangordnungen (1996), S. 261ff.

Hofmann, Hasso: Zur Lehre vom Naturzustand in der Rechtsphilosophie der Aufklärung (1982), in: ders., Recht–Politik–Verfassung: Studien zur Geschichte der politischen Philosophie (1986), S. 93ff.

Höhn, Reinhard: Das subjektive öffentliche Recht und der neue Staat, DRW 1 (1936), S. 49ff.

Hölder, Eduard: Pandekten, Allgemeine Lehren: Mit Rücksicht auf den Civilgesetzentwurf (1891).

—Ueber objectives und subjectives Recht (1893).

—Buchbesprechung zu: Bierling, Prinzipienlehre, Kritische Vierteljahresschrift für Gesetzgebung und Rechtswissenschaft, 3. F., Bd. 1 (1895), S. 1ff.

—Buchbesprechung zu: B. Windscheid/Th. Kipp, Lehrbuch des Pandektenrechts, 8. Aufl., Kritische Vierteljahresschrift für Gesetzgebung und Rechtswissenschaft, 3. F., Bd. 9 (1904), S. 224ff.

Holzhauer, Heinz: Art. "Imperium", in: A. Erler/E. Kaufmann (Hrsg.), Handwörterbuch zur deutschen Rechtsgeschichte, Bd. 2 (1978), S. 330ff.

Huber, Ernst R.: Die Rechtsstellung des Volksgenossen: Erläutert am Beispiel der Eigentumsordnung, ZgestStW 96 (1936), S. 438ff.

—Verfassungsrecht des Großdeutschen Reiches, 2. Aufl. (1937).

—Die volksgenössische Rechtsstellung in der Verwaltung, ZAkDR 4 (1937), S. 323ff.

—Die Verwirkung der volksgenössischen Rechtsstellung im Verwaltungsrecht, ZAkDR

4, S. 366ff.

—Wirtschaftsverwaltungsrecht, Bd. 1, 2. Aufl. (1953).

—Dokumente zur deutschen Verfassungsgeschichte, Bd. 1 (1961).

Huber, Peter—Michael: Konkurrenzschutz im Verwaltungsrecht: Schutzanspruch und Rechtsschutz bei Lenkungs— und Verteilungsentscheidungen der öffentlichen Verwaltung (1991).

Hufen, Friedhelm: Fehler im Verwaltungsverfahren, 3. Aufl. (1998).

Humboldt, Wilhelm v. : Ideen zu einem Versuch, die Grenzen der Wirksamkeit des Staats zu bestimmen (1792).

Ilting, Karl—Heinz: Art. "Herrschaft", in: O. Brunner/W. Conze/R. Koselleck (Hrsg.), Geschichtliche Grundbegriffe, Bd. 3 (1982), S. 33ff.

Immenga, Ulrich/*Mestmäcker*, Ernst—Joachim (Hrsg.): GWB, Kommentar, 2. Aufl. (1992).

Isensee, Josef: Das Grundrecht auf Sicherheit: Zu den Schutzpflichten des freiheitlichen Verfassungsstaates (1983).

—Das Grundrecht als Abwehrrecht und als staatliche Schutzpflicht, in: ders./P. Kirchhof (Hrsg.), Handbuch des Staatsrechts der Bundesrepublik Deutschland, Bd. 5 (1992), S. 143ff.

Ishikawa, Toshiyuki: Friedrich Franz von Mayer: Begründer der "juristischen Methode" im deutschen Verwaltungsrecht (1992).

Ivo, Malte: Die Folgenbeseitigungslast (1996).

Janssen, Wilhelm: Art. "Friede", in: O. Brunner/W. Conze/R. Koselleck (Hrsg.), Geschichtliche Grundbegriffe, Historisches Lexikon zur politisch—sozialen Sprache in Deutschland, Bd. 2 (1975), S. 543ff.

Jarass, Hans D. : Der Rechtsschutz Dritter bei der Genehmigung von Anlagen: Am Beispiel des Immissionsschutzrechts, NJW 1983, S. 2844ff.

—Drittschutz im Umweltrecht, in FS für Lukes (1989), S. 57ff.

—Verwaltungsrecht als Vorgabe für Zivil— und Strafrecht, VVDStRL 50 (1991), S. 238ff.

—Bundesimmissionsschutzgesetz, Kommentar, 3. Aufl. (1995).

Jarass, Hans D./*Kloepfer*, Michael/*Kunig*, Philip/*Papier*, Hans—Jürgen/*Peine*, Franz—Joseph/*Rehbinder*, Eckard/*Salzwedel*, Jürgen /*Schmidt—Aßmann*, Eberhard: Umweltgesetzbuch, Besonderer Teil (1994).

Jellinek, Georg: System der subjektiven öffentlichen Rechte, 1. Aufl. (1892); 2. Aufl. (1905).

—Buchbesprechung zu: O. Mayer, Deutsches Verwaltungsrecht, 1. Aufl., VerwArch 5 (1897), S. 304ff.

—Allgemeine Staatslehre, 3. Aufl. (1914) ［芦部信喜他訳『一般国家学』(1974)］.

Jellinek, Walter: Buchbesprechung zu: O. Bühler, söR, AöR 32 (1914), S. 580ff.

—Verwaltungsrecht, 3. Aufl. (1931).

—Das Reflexrecht im öffentlichen Recht, Saarländische Rechts - und Steuerzeitschrift 1952, S. 81ff.

Jesch, Dietrich: Gesetz und Verwaltung: Eine Problemstudie zum Wandel des Gesetzmäßigkeitsprinzipes (1961).

Jhering, Rudolf v. : Die Reflexwirkungen oder die Rückwirkung rechtlicher Thatsachen auf dritte Personen, Jherings Jahrbücher 10 (1871), S. 245ff.

—Geist des römischen Rechts auf den verschiedenen Stufen seiner Entwicklung, 1. Teil, 7. und 8. Aufl. (1924); 3. Teil, 1. Abteilung, 6. und 7. Aufl. (1924).

Kadelbach, Stefan: Allgemeines Verwaltungsrecht unter europäischem Einfluß (1999).

Kant, Immanuel: Grundlegung zur Metaphysik der Sitten (1785) ［篠田英雄訳『道徳形而上学原論』(1976 改訳)、野田又夫訳「人倫の形而上学の基礎づけ」『世界の名著・カント』(1979)］.

—Kritik der praktischen Vernunft (1788) ［波多野精一『実践理性批判』(1979 改訳)］.

—Über den Gemeinspruch: Das mag in der Theorie richtig sein, taugt aber nicht für die Praxis (1793).

—Die Metaphysik der Sitten (1797) ［加藤新平・三島淑臣訳「人倫の形而上学（法論）」『世界の名著・カント』］.

Kasper, Franz: Das subjektive Recht- Begriffsbildung und Bedeutungsmehrheit (1967).

Kaufmann, Erich: Über den Begriff des Organismus in der Staatslehre des 19. Jahrhunderts (1908), in: ders. , Gesammelte Schriften, Bd. 3 (1960), S. 46ff.

Kelsen, Hans: Hauptprobleme der Staatsrechtslehre: Entwickelt aus der Lehre vom Rechtssatze, 1. Aufl. (1911); 2. um eine Vorrede vermehrte Aufl. (1923).

—Allgemeine Staatslehre (1925) ［清宮四郎訳『一般国家学』(1971)］.

—Reine Rechtslehre: Einleitung in die rechtswissenschaftliche Problematik, 1. Aufl. (1934)［横田喜三郎『純粋法学』(1935)］.

—Reine Rechtslehre: Mit einem Anhang: Das Problem der Gerechtigkeit, 2. Aufl. (1960).

Kersting, Wolfgang: Art. "Vertrag, Gesellschaftsvertrag, Herrschaftsvertrag", in: O. Brunner/W. Conze/R. Koselleck (Hrsg.), Geschichtliche Grundbegriffe, Bd. 5 (1990), S. 901ff.

Kirchhof, Paul: Der allgemeine Gleichheitssatz, in: ders./J. Isensee (Hrsg.), Handbuch des Staatsrechts der Bundesrepublik Deutschland, Bd. 5 (1992), S. 837ff.

Kisker, Gunter: Insichprozeß und Einheit der Verwaltung: Zur Frage der Zulässigkeit von Insichprozessen vor den Verwaltungsgerichten (1968).

Klein, Friedrich: Tragweite der Generalklausel im Art. 19 Abs. 4 des Bonner Grundgesetzes, VVDStRL 8 (1950), S. 67ff.

Klein, Hans H.: Die Grundrechte im demokratischen Staat: Kritische Bemerkungen zur Auslegung der Grundrechte in der deutschen Staatsrechtslehre der Gegenwalt (1972).

—Die grundrechtliche Schutzpflicht, DVBl. 1994, S. 489ff.

Kleinheyer, Gerd: Art. "Grundrechte, Menschen‒ und Bürgerrechte, Volksrechte", in: O. Brunner/W. Conze/R. Koselleck (Hrsg.), Geschichtliche Grundbegriffe, Bd. 2 (1975), S. 1047ff.

Kippel, Diethelm: Art. "Freiheit", in: O. Brunner/W. Conze/R. Koselleck (Hrsg.), Geschichtliche Grundbegriffe, Bd. 2 (1975), S. 469ff.

—Politische Freiheit und Freiheitsrechte im deutschen Naturrecht des 18. Jahrhunderts (1976).

— "Libertas commerciorum" und "Vermögens‒Gesellschaft": Zur Geschichte ökonomischer Freiheitsrechte in Deutschland im 18. Jahrhundert, in: G. Birtsch (Hrsg.), Grund‒ und Freiheitsrechte im Wandel von Gesellschaft und Geschichte (1981), S. 313ff.

—Persönlichkeit und Freiheit: Das "Recht der Persönlichkeit" in der Entwicklung der Freiheitsrechte im 18. und 19. Jahrhundert, in: G. Birtsch (Hrsg.), Grund‒ und Freiheitsrechte von der ständischen zur spätbürgerlichen Gesellschaft (1987), S. 269ff.

Kloepfer, Michael/*Rehbinder*, Eckard/*Schmidt‒Aßmann*, Eberhard/*Kunig*, Philip, Umweltgesetzbuch: allgemeiner Teil, 2. Aufl. (1991).

Knauth, R.: Die Verwaltungsgerichtsbarkeit im neuen Reich, RVwBl 1933, S. 885ff.

Knemeyer, Franz‒Ludwig: Bayerisches Kommunalrecht, 7. Aufl. (1991).

Koellreutter, Otto: Das Verwaltungsrecht im nationalsozialistischen Staat, DJZ 1934, S. 625ff.

—Deutsches Verfassungsrecht: Ein Grundriss (1935) 〔矢部貞治・田川博三訳『ナチ

ス・ドイツ憲法論』（1939）］.

—Grundsätzliches zur Frage der Verwaltungsgerichtsbarkeit, RVwBl 1936, S. 885ff.

—Deutsches Verwaltungsrecht: Ein Grundriss, 2. Aufl. (1938).

Kohlmann, Günter: Das subjektiv-öffentliche Recht auf fehlerfreien Ermessensgebrauch (1964).

Kokott, Juliane: Europäisierung des Verwaltungsprozessrechts, Die Verwaltung 1998, S. 335ff.

König, Sigurd: Drittschutz: Der Rechtsschutz Drittbetroffener gegen Bau- und Anlagengenehmigungen im öffentlichen Baurecht, Immissionsschutzrecht und Atomrecht (1993).

Kopp, Ferdinand O.: Mittelbare Betroffenheit im Verwaltungsverfahren und Verwaltungsprozeß, DÖV 1980, S. 504ff.

—Verwaltungsgerichtsordnung, Kommentar, 10. Aufl. (1994).

—Verwaltungsverfahrensgesetz, Kommentar, 6. Aufl. (1996).

Körber, Torsten: Die Konkurrentenklage im Fusionskontrollrecht der USA, Deutschlands und der Europäischen Union (1996).

Kormann, Karl: System der rechtsgeschäftlichen Staatsakte: Verwaltungs- und prozeßrechtliche Untersuchungen zum allgemeinen Teil des öffentlichen Rechts (1910).

—Grundzüge eines allgemeinen Teils des öffentlichen Rechts, Hirths Annalen 1911, S. 904ff.

Köttgen, Arnold: Deutsche Verwaltung, 2. Aufl. (1937).

Kracht, Harald/*Wasielewski*, Andreas: Integrierte Vermeidung und Verminderung der Umweltverschmutzung, in: H. -W. Rengeling (Hrsg.), Handbuch zum europäischen und deutschen Umweltrecht, Bd. 1 (1998), S. 1070ff.

Krause, Peter: Rechtsverhältnisse in der Leistungsverwaltung, VVDStRL 45 (1987), S. 212ff.

Krebs, Walter: Kontrolle in staatlichen Entscheidungsprozessen: Ein Beitrag zur rechtlichen Analyse von gerichtlichen, parlamentarischen und Rechnungshof-Kontrollen (1984).

—Subjektiver Rechtsschutz und objektive Rechtskontrolle, in: FS für Menger (1985), S. 191ff.

—Baurecht, in: E. Schmidt-Aßmann (Hrsg.), Besonderes Verwaltungsrecht, 11. Aufl. (1999), S. 327ff.

Kunig, Philip: "Dritte" und Nachbarn im Immissionsschutzrecht, in: GS für W. Martens (1987), S. 599ff.

—Anmerkung, DVBl. 1988, S. 237ff.

Kuriki, Hisao: Die Rolle des Allgemeinen Staatsrechts in Deutschland von der Mitte des 18. bis zur Mitte des 19. Jahrhunderts—Eine wissenschafts - und dogmengeschichtliche Untersuchung, AöR 99 (1974), S. 556ff.

Kutscheidt, Ernst: Immissionsschutzrechtliche Vorsorge und Drittschutz, in: FS für K. Redeker (1993), S. 439ff.

Laband, Paul: Das Staatsrecht des Deutschen Reiches, Bd. 1, 5. Aufl. (1911); Bd. 2, 5. Aufl. (1911).

Ladeur, Karl–Heinz: Die Schutznormtheorie—Hindernis auf dem Weg zu einer modernen Dogmatik der planerischen Abwägung?, UPR 1984, S. 1ff.

—Drittschutz bei der Genehmigung gentechnischer Anlagen, NVwZ 1992, S. 948ff.

—Postmoderne Rechtstheorie: Selbstreferenz—Selbstorganisation—Prozeduralisierung (1992).

—Rechtsdogmatische Grundlagen des Nachbarschutzes im Wasserrecht, UPR 1992, S. 81ff.

—Das Umweltrecht der Wissensgesellschaft: Von der Gefahrenabwehr zum Risikomanagement (1995).

Laforet, Wilhelm: Deutsches Verwaltungsrecht (1937).

Landau, Peter: Neue Forschungen zum Preußischen Allgemeinen Landrecht, AöR 118 (1993), S. 447ff.

Landwehr, Götz: Königtum und Landfrieden: Gedanken zum Problem der Rechtsbildung im Mittelalter, Der Staat 7 (1968), S. 84ff.

Lange, Klaus: Innenrecht und Außenrecht, in: W. Hoffmann–Riem/E. Schmidt–Aßmann/ G. F. Schuppert (Hrsg.), Reform des Allgemeinen Verwaltungsrechts: Grundfragen (1993), S. 307ff.

Larenz, Karl: Rechtsperson und subjektives Recht: Zur Wandlung der Rechtsgrundbegriffe, in: G. Dahm/E. R. Huber/K. Larenz/K. Michaelis/F. Schaffstein/W. Siebert, Grundfragen der neuen Rechtswissenschaft (1935), S. 225ff.

—Gemeinschaft und Rechtsstellung, DRW 1 (1936), S. 31ff.

—Zur Struktur "subjektiver Rechte", in: FG für Sontis (1977), S. 129ff.

—Allgemeiner Teil des deutschen Bürgerlichen Rechts, 7. Aufl. (1989).

—Methodenlehre der Rechtswissenschaft, 6. Aufl. (1991).

Laubinger, Hans–Werner: Der öffentlich–rechtliche Unterlassungsanspruch, VerwArch 80 (1989), S. 261ff.

Layer, Max: Principien des Enteignungsrechtes（1902）.

Lerche, Peter: Übermaß und Verfassungsrecht（1961）.

—Wirtschaftliche Agenda der Gemeinden und Klagerecht Privater, JurA 1970, S. 821ff.

Link, Christoph: Herrschaftsordnung und bürgerliche Freiheit: Grenzen der Staatsgewalt in der älteren deutschen Staatslehre（1979）.

—Naturrechtliche Grundlagen des Grundrechtsdenkens in der deutschen Staatsrechtslehre des 17. und 18. Jahrhunderts, in: G. Birtsch（Hrsg.）, Grund- und Freiheitsrechte von der ständischen zur spätbürgerlichen Gesellschaft（1987）, S. 215ff.

Loening, Edgar: Die deutsche Verwaltungsrechtspflege, Schmollers Jahrbuch N. F. 5（1881）, S. 363ff.

—Lehrbuch des Deutschen Verwaltungsrechts（1884）.

Lorenz, Dieter: Der Rechtsschutz des Bürgers und die Rechtsweggarantie（1973）.

Löwer, Wolfgang: Rechtsverhältnisse in der Leistungsverwaltung, NVwZ 1986, S. 793ff.

Lübbe-Wolff, Gertrude: Die Grundrechte als Eingriffsabwehrrechte: Struktur und Reichweite der Eingriffsdogmatik im Bereich staatlicher Leistungen（1988）.

Luhmann, Niklas: Zur Funktion der "subjektiven Rechte", Jahrbuch für Rechtssoziologie und Rechtstheorie 1（1971）, S. 321ff.

—Rechtssystem und Rechtsdogmatik（1974）［土方透訳『法システムと法解釈学』（1988）］.

—Soziale Systeme: Grundriß einer allgemeinen Theorie（1984）.

—Das Recht der Gesellschaft（1993）.

Maier, Hans: Die ältere deutsche Staats- und Verwaltungslehre, 2. Aufl.（1980）.

Mansfeld, Richard: Der publicistische Reactionsanspruch und sein Rechtsschutz im Herzogthum Braunschweig（1895）.

Marburger, Peter: Ausbau des Individualschutzes gegen Umweltbelastungen als Aufgabe des bürgerlichen und des öffentlichen Rechts, 56. DJT（1986）, C.

Martens, Joachim: Der verwaltungsrechtliche Nachbarschutz—eine unendliche Geschichte?, NJW 1985, S. 2302ff.

—Der Bürger als Verwaltungsuntertan?, KritV 1986, S. 104ff.

Martens, Wolfgang: Öffentlichrechtliche Probleme des negatorischen Rechtsschutzes gegen Immissionen, in: FS für F. Schack（1966）, S. 85ff.

—Negatorischer Rechtsschutz im öffentlichen Recht: dargestellt anhand der gerichtlichen Praxis zum Unterlassungs- und Beseitigungsanspruch gegen hoheitliche Realakte（1973）.

Masing, Johannes: Die Mobilisierung des Bürgers für die Durchsetzung des Rechts: Europäische Impulse für eine Revision der Lehre vom subjektiv-öffentlichen Recht (1997).

Maunz, Theodor: Das Ende des subjektiven öffentlichen Rechts, ZgestStW 96 (1936), S. 71ff.

Maurer, Hartmut: Verfassungsrechtliche Grundlagen der kommunalen Selbstverwaltung, in: F. Schoch (Hrsg.), Selbstverwaltung der Kreise in Deutschland: Bestand und Perspektiven der kreislichen Selbstverwaltung (1996), S. 1ff.

—Allgemeines Verwaltungsrecht, 11. Aufl. (1997).

Mayer, Friedrich F. v. : Grundzüge des Verwaltungs – Rechts und – Rechtsverfahrens (1857).

—Grundsätze des Verwaltungs – Rechts mit besonderer Rücksicht auf gemeinsames deutsches Recht, sowie auf neuere Gesetzgebung und bemerkenswerthe Entscheidungen der obersten Behörden zunächst der Königreiche Preußen, Baiern und Württemberg (1862).

Mayer, Otto: Buchbesprechung zu: G. Jellinek, System der söR, AöR 9 (1894), S. 280ff.

—Buchbesprechung zu: G. Anschütz, Theorien, AöR 17 (1902), S. 464ff.

—Deutsches Verwaltungsrecht, Bd. 1, 3. Aufl. (1923).

Medick, Hans: Naturzustand und Naturgeschichte der bürgerlichen Gesellschaft: Die Ursprünge der bürgerlichen Sozialtheorie als Geschichtsphilosophie und Sozialwissenschaft bei Samuel Pufendorf, John Locke und Adam Smith (1973).

Medicus, Dieter: Allgemeiner Teil des BGB, 3. Aufl. (1988).

Meinck, Jürgen: Weimarer Staatslehre und Nationalsozialismus: Eine Studie zum Problem der Kontinuität im staatsrechtlichen Denken in Deutschland 1928 bis 1936 (1978).

Menger, Christian-Friedrich: Der Begriff des sozialen Rechtsstaates im Bonner Grundgesetz (1953).

—System des verwaltungsgerichtlichen Rechtsschutzes: Eine verwaltungsrechtliche und prozeßvergleichende Studie (1954).

—Über die Identität des Rechtsgrundes der Staatshaftungsklagen und einiger Verwaltungsstreitsachen, in: GS für W. Jellinek (1955), S. 347ff.

—Höchstrichterliche Rechtsprechung zum Verwaltungsrecht, VerwArch 1959, S. 193ff. ; VerwArch 1964, S. 73ff.

—Der Schutz der Grundrechte in der Verwaltungsgerichtsbarkeit, in: K. A. Bettermann/

H. C. Nipperdey/U. Scheuner（Hrsg.），Die Grundrechte，Ⅲ/2（1959），S. 717ff.

—Zum baurechtlichen Nachbarschutz，VerwArch 1978，S. 313ff.

Merkel，A. ：Juristische Encyclopädie（1885）.

Merkl，Adolf：Allgemeines Verwaltungsrecht（1927）.

Meyer，Georg：Das Recht der Expropriation（1868）.

—Der Staat und die erworbenen Rechte（1895）.

Meyer，Georg/*Anschütz*，Gerhard：Lehrbuch des deutschen Staatsrechts，7. Aufl.（1919）.

Meyer – Hesemann，Wolfgang：Methodenwandel in der Verwaltungsrechtswissenschaft（1981）.

—Modernisierungstendenzen in der nationalsozialistischen Verwaltungsrechtswissenschaft，ARSP Beiheft 18（1983），S. 140ff.

Mirbt，Hermann：Grundriß des deutschen und preußischen Steuerrechts（1926）.

Moench，Christoph/*Sandner*，Wolfram：Rechtsschutz vor deutschen Gerichten，in：H. – W. Rengeling（Hrsg.），Handbuch zum europäischen und deutschen Umweltrecht，Bd. 1（1998），S. 1608ff.

Murswiek，Dietrich：Die staatliche Verantwortung für die Risiken der Technik：Verfassungsrechtliche Grundlagen und immissionsschutzrechtliche Ausformung（1985）.

Mutius，Albert v. ：Konkurrentenklage im Beamtenrecht?，VerwArch 1978，S. 103ff.

Naumann，Richard：Vom vorbeugenden Rechtsschutz im Verwaltungsprozeß，in：GS für W. Jellinek（1955），S. 391ff.

Nawiasky，Hans：Forderungs– und Gewaltverhältnis：Ein Beitrag zum allgemeinen Teil des privaten und öffentlichen Rechts，in：FS für E. Zitelmann（1913），S. 3ff.

—Die steuerrechtlichen Grundverhältnisse，in：ders. ，Steuerrechtliche Grundfragen（1926），S. 34ff.

—Allgemeine Rechtslehre als System der rechtlichen Grundbegriffe，2. Aufl.（1948）.

—Allgemeine Staatslehre，3. Teil（1956）.

Neuner，C. ：Wesen und Arten der Privatrechtsverhältnisse：Eine civilistische Ausführung，nebst einem Anhange，den Grundriß zu einem neuen Systeme für die Darstellung des Pandektenrechts enthaltend（1866）.

Nikisch，Arthur：Zivilprozeßrecht（1950）.

Oestreich，Gerhard：Geschichte der Menschenrechte und Grundfreiheiten im Umriß，2. Aufl.（1978）.

Öhlinger, Theo: Rechtsverhältnis in der Leistungsverwaltung, VVDStRL 45, S. 182ff.

Ossenbühl, Fritz: Welche normativen Anforderungen stellt der Verfassungsgrundsatz des demokratischen Rechtsstaates an die planende staatliche Tätigkeit? dargestellt am Beispiel der Entwicklungsplanung, 50. DJT (1974), B.

——Vorrang und Vorbehalt des Gesetzes, in: J. Isensee/P. Kirchhof (Hrsg.), Handbuch des Staatsrechts der Bundesrepublik Deutschland, Bd. 3 (1988), S. 315ff.

——Verwaltungsrecht als Vorgabe für Zivil- und Strafrecht, DVBl. 1990, S. 963ff.

——Umweltpflege durch hoheitliche Produktkennzeichnung (1995).

——Staatshaftungsrecht, 5. Aufl. (1998).

Osterloh, Lerke: Erfordernis gesetzlicher Ermächtigung für Verwaltungshandeln in der Form des Verwaltungsaktes?, JuS 1983, S. 280ff.

Papier, Hans – Jürgen: Kommentierung von Art. 34 (1987), in: Th. Maunz/G. Dürig (Hrsg.), Grundgesetz.

——Der Bebauungsplan und die Baugenehmigung in ihrer Bedeutung für den zivilrechtlichen Nachbarschutz, in: FS für F. Weyreuther (1993), S. 291ff.

——Staatshaftung bei der Verletzung von Gemeinschaftsrecht, in: H. – W. Rengeling (Hrsg.), Handbuch zum europäischen und deutschen Umweltrecht, Bd. 1 (1998), S. 1450ff.

Pauly, Walter: Der Methodenwandel im deutschen Spätkonstitutionalismus: Ein Beitrag zu Entwicklung und Gestalt der Wissenschaft vom Öffentlichen Recht im 19. Jahrhundert (1993).

Peine, Franz–Joseph: Das Gebot der Rücksichtnahme im baurechtlichen Nachbarschutz, DÖV 1984, S. 963ff.

Pfab, Susanne: Staatshaftung in Deutschland: Die Reformaufgabe und ihre Vorgaben in der rechtsstaatlichen Garantie des Artikel 34 Grundgesetz und durch die Erfordernisse des Gemeinschaftsrechts (1997).

Pfeiffer, Burghard W. : Practische Ausführungen aus allen Theilen der Rechtswissenschaft: Mit Erkenntnissen des Oberappellationsgerichts zu Cassel, Bd. 1 (1825).

Philipp, Albrecht: Arzneimittellisten und Grundrechte: Eine verfassungsrechtliche Untersuchung der Ausschlüsse von Arzneimitteln von der Verordnungsfähigkeit zu Lasten der gesetzlichen Krankenversicherung aus der Sicht der Hersteller und der Verbraucher (1995).

Pietzcker, Jost: Der Staatsauftrag als Instrument des Verwaltungshandelns: Recht und Praxis der Beschaffungsverträge in den Vereinigten Staaten von Amerika und der Bundesrepublik Deutschland（1978）.

— "Grundrechtsbetroffenheit" in der verwaltungsrechtlichen Dogmatik, in: FS für O. Bachof（1984）, S. 131ff.

—Änderungen des Rechtsschutzes bei der Auftragsvergabe, in: FS für K. Redeker（1993）, S. 501ff.

—Die deutsche Umsetzung der Vergabe- und Nachprüfungsrichtlinien im Lichte der neuen Rechtsprechung, NVwZ 1996, S. 313ff.

—Das Verwaltungsrechtsverhältnis—Archimedischer Punkt oder Münchhausens Zopf?, Die Verwaltung 1997, S. 281ff.

Pietzko, Gabriele: Der materiell-rechtliche Folgenbeseitigungsanspruch（1994）.

Pietzner, Rainer/Müller, Judith: Herstellungsanspruch und Verwaltungsgerichtsbarkeit, VerwArch. 1994, S. 603ff.

Plog, Ernst/Wiedow, Alexander/Beck, Gerhard/Lemhöfer, Bernt: Kommentar zum Bundesbeamtengesetz mit Beamtenversorgungsgesetz（Stand: 1995）.

Preu, Peter: Polizeibegriff und Staatszwecklehre: Die Entwicklung des Polizeibegriffs durch die Rechts- und Staatswissenschaften des 18. Jahrhunderts（1983）.

—Freiheitsgefährdung durch die Lehre von den grundrechtlichen Schutzpflichten—Überlegungen aus Anlaß des Gentechnikanlagen-Beschlusses des Hessischen Verwaltungsgerichtshofs, JZ 1990, 88, JZ 1991, S. 265ff.

—Die historische Genese der öffentlichrechtlichen Bau- und Gewerbenachbarklagen（ca. 1800-1970）（1990）.

—Subjektivrechtliche Grundlagen des öffentlichrechtlichen Drittschutzes（1992）.

Puchta, Georg F. : Cursus der Institutionen, Bd. 1（1841）.

—Pandekten, 3. Aufl.（1845）.

Pünder, Hermann: Exekutive Normsetzung in den Vereinigten Staaten von Amerika und der Bundesrepublik Deutschland: eine rechtsvergleichende Untersuchung des amerikanischen rulemaking und des deutschen Verordnungserlasses mit Blick auf die in beiden Ländern bestehende Notwendigkeit, sachgerechte und demokratisch legitimierte Normen in einem kostengünstigen und rechtsstaatlichen Grundsätzen entsprechenden Normsetzungsverfahren zu erlassen（1995）.

Pütter, Johann S. : Beyträge zum Teutschen Staats- und Fürsten-Rechte, 1. Teil（1777）.

—（übersetzt von C. A. F. Graf v. Hohenthal）Anleitung zum Teutschen Staatsrechte, 1.

Theil（1791）.

Raiser, Ludwig: Der Stand der Lehre vom subjektiven Recht im Deutschen Zivilrecht, JZ 1961, S. 465ff.

—Rechtsschutz und Institutionenschutz im Privatrecht, in: summum ius summa iniuria （1963）, S. 145ff.

Ramsauer, Ulrich: Die faktischen Beeinträchtigungen des Eigentums （1980）.

—Die Bestimmung des Schutzbereichs von Grundrechten nach dem Normzweck, VerwArch 1981, S. 89ff.

—Die Rolle der Grundrechte im System der subjektiven öffentlichen Rechte, AöR 111 （1986）, S. 501ff.

Redeker, Konrad: Das baurechtliche Gebot der Rücksichtnahme, DVBl. 1984, S. 870ff.

—Neue Experimente mit der VwGO?, NVwZ 1996, S. 521ff.

Redeker, Konrad / *Oertzen*, Hans–Joachim v. : Verwaltungsgerichtsordnung, Kommentar, 12. Aufl. （1997）.

Regelsberger, Ferdinand: Pandekten, Bd. 1 （1893）.

Rehbinder, Eckard: Prinzipien des Umweltrechts in der Rechtsprechung des Bundesverwaltungsgerichts: das Vorsorgeprinzip als Beispiel, in: FS für Sendler （1991）, S. 269ff.

—Anpassung an veränderte Daten als Pflicht oder Obliegenheit im Zivilrecht, in: W. Hoffmann–Riem/E. Schmidt–Aßmann （Hrsg. ）, Innovation und Flexibilität des Verwaltungshandelns （1994）, S. 355ff.

Remmert, Barbara: Die nationale Ausgestaltung richtlinienrechtlich geforderter subjektiver Rechtsstellungen: Am Beispiel der Umweltinformationsrichtlinien und der Richtlinien zur Vergabe öffentlicher Liefer– und Bauaufträge, Die Verwaltung 1996, S. 465ff.

Ress, Georg: Das subjektive öffentliche Recht, in: F. Ermacora/G. Winkler/F. Koja/H. P. Rill/B. –C. Funk （Hrsg. ）, Allgemeines Verwaltungsrecht （1979）, S. 105ff.

Richter, Lutz: Das subjektive öffentliche Recht, AöR N. F. 8 （1925）, S. 1ff.

Ringel, Hans–Jürgen: Die Plangenehmigung im Fachplanungsrecht: Anwendungsbereich, Verfahren und Rechtswirkungen （1996）.

Rittner, Fritz: Das deutsche Öffentliche Auftragswesen im europäischen Kontext, NVwZ 1995, S. 313ff.

Robbers, Gerhard: Sicherheit als Menschenrecht: Aspekte der Geschichte, Begründung und Wirkung einer Grundrechtsfunktion （1987）.

Röhl, Hans Ch. : Der Wissenschaftsrat: Kooperation zwischen Wissenschaft, Bund und

Ländern und ihre rechtlichen Determinanten（1994）.

—Verwaltung und Privatrecht: Verwaltungsprivatrecht?, VerwArch 1995, S. 531ff.

Rönne, Ludwig v. / *Zorn*, Philipp: Das Staatsrecht der Preußischen Monarchie, Bd. 2, 5. Aufl.（1906）.

Rosin, Heinrich: Buchbesprechung zu: Sarwey, Verwaltungsrechtspflege, Deutsche Litteraturzeitung 1881, S. 528ff.

—Souveränetät, Staat, Gemeinde, Selbstverwaltung, Hirths Annalen 1883, S. 265ff.

Roth, Andreas: Verwaltungshandeln mit Drittbetroffenheit und Gesetzesvorbehalt（1991）.

Roth, Wolfgang: Faktische Eingriffe in Freiheit und Eigentum: Struktur und Dogmatik des Grundrechtstatbestandes und der Eingriffsrechtfertigung（1994）.

Ruffert, Matthias: Subjektive Rechte im Umweltrecht der Europäischen Gemeinschaft: Unter besonderer Berücksichtigung ihrer prozessualen Durchsetzung（1996）.

—Dogmatik und Praxis des subjektiv-öffentlichen Rechts unter dem Einfluß des Gemeinschaftsrechts, DVBl. 1998, S. 69ff.

Rüfner, Wolfgang: Die Rechtsformen der sozialen Sicherung und das Allgemeine Verwaltungsrecht—Einordnung des Rechts der sozialen Sicherung in das（allgemeine）Verwaltungsrecht, VVDStRL 28（1970）, S. 187ff.

Rupp, Hans Heinrich: Zur neuen Verwaltungsgerichtsordnung: Gelöste und ungelöste Probleme, AöR 85（1960）, S. 302ff.

—Buchbesprechung zu: Henke, söR, DVBl. 1969, S. 221f.

—Ermessensspielraum und Rechtsstaatlichkeit, NJW 1969, S. 1273ff.

—Kritische Bemerkungen zur Klagebefugnis im Verwaltungsprozeß, DVBl. 1982, S. 144ff.

—Die Unterscheidung von Staat und Gesellschaft, in: J. Isensee/P. Kirchhof（Hrsg.）, Handbuch des Staatsrechts der Bundesrepublik Deutschland, Bd. 1（1987）, S. 1187ff.

—Grundfragen der heutigen Verwaltungsrechtslehre: Verwaltungsnorm und Verwaltungsrechtsverhältnis, 2. Aufl.（1991）.

Salzwedel, Jürgen: Anmerkung, ZfW 1988, S. 341ff.

Sarwey, Otto v.: Das öffentliche Recht und die Verwaltungsrechtspflege（1880）.

—Allgemeines Verwaltungsrecht（1887）.

Savigny, Friedrich C. v.: System des heutigen Römischen Rechts, Bd. 1（1840）［小橋一郎訳『現代ローマ法体系第一巻』（1993）］.

Schäfer, Herwig: Die Rechtsstellung des Einzelnen—Von den Grundrechten zur volksgenössischen Gliedstellung, in: E. -W. Böckenförde（Hrsg.）, Staatsrecht und Staatsrechtslehre im

Dritten Reich (1985), S. 106ff.

Schapp, Jan: Das subjektive Recht im Prozeß der Rechtsgewinnung (1977).

—Das Zivilrecht als Anspruchssystem, JuS 1992, S. 537ff.

Schenke, Wolf-Rüdiger: Die Konkurrentenklage im Beamtenrecht, in: FS für O. Mühl (1981), S. 571ff.

—Bauordnungsrecht, in: N. Achterberg/G. Püttner (Hrsg.), Besonderes Verwaltungsrecht, Bd. 1 (1990), S. 433ff.

—Rechtsprobleme des Konkurrentenrechtsschutzes im Wirtschaftsverwaltungsrecht, NVwZ 1993, S. 718ff.

— "Reform" ohne Ende—Das Sechste Gesetz zur Änderung der Verwaltungsgerichtsordnung und anderer Gesetze (6. VwGOAndG), NJW 1997, S. 81ff.

Scherzberg, Arno: Grundlagen und Typologie des subjektiv-öffentlichen Rechts, DVBl. 1988, S. 129ff.

Scheuner, Ulrich: Die Rechtsstellung der Persönlichkeit in der Gemeinschaft, in: Hans Frank (Hrsg.), Deutsches Verwaltungsrecht (1937), S. 82ff.

—Staatszielbestimmungen (1972), in: ders. , Staatstheorie und Staatsrecht: Gesammelte Schriften (1978), S. 223ff.

—Die rechtliche Tragweite der Grundrechte in der deutschen Verfassungsentwicklung des 19. Jahrhunderts (1973), in: ders. , Gesammelte Schriften, S. 633ff.

—Die Staatszwecke und die Entwicklung der Verwaltung im deutschen Staat des 18. Jahrhunderts, in: GS für H. Conrad (1979), S. 467ff.

—Begriff und rechtliche Tragweite der Grundrechte im Übergang von der Aufklärung zum 19. Jahrhundert, Der Staat, Beiheft 4 (1980), S. 105ff.

—Die Verwirklichung der Bürgerlichen Gleichheit: Zur rechtlichen Bedeutung der Grundrechte in Deutschland zwischen 1780 und 1850, in: G. Birtsch (Hrsg.), Grund- und Freiheitsrechte im Wandel von Gesellschaft und Geschichte (1981), S. 376ff.

Schlichter, Otto: Baurechtlicher Nachbarschutz, NVwZ 1983, S. 641ff.

—Das baurechtliche Gebot der Rücksichtnahme, DVBl. 1984, S. 875ff.

Schlink, Bernhard: Freiheit durch Eingriffsabwehr—Rekonstruktion der klassischen Grundrechtsfunktion, EuGRZ 1984, S. 457ff.

Schlossmann, Siegmund: Der Vertrag (1876).

Schmidt, Jürgen: Aktionsberechtigung und Vermögensberechtigung: Ein Beitrag zur Theorie des subjektiven Rechtes (1969).

—Ein soziologischer Begriff des "subjektiven Rechts", Jahrbuch für Rechtssoziologie und Rechtstheorie 1（1971）, S. 299ff.

— Nochmals: Zur "Formalen Struktur" der "Subjektiven Rechte", Rechtstheorie 10（1979）, S. 71ff.

Schmidt, Reiner: Der Rechtsschutz des Konkurrenten im Verwaltungsprozeß, NJW 1967, S. 1635ff.

—Öffentliches Wirtschaftsrecht, Allgemeiner Teil（1990）.

Schmidt-Aßmann, Eberhard: Grundfragen des Städtebaurechts（1972）.

—Planung unter dem Grundgesetz, DÖV 1974, S. 541ff.

—Verwaltungsverantwortung und Verwaltungsgerichtsbarkeit, VVDStRL 34（1976）, S. 221ff.

—Institute gestufter Verwaltungsverfahren: Vorbescheid und Teilgenehmigung—Zum Problem der Verfahrensrationalität im administrativen Bereich, in: FG BVerwG（1978）, S. 569ff.

—Konzentrierter oder phasenspezifischer Rechtsschutz? Zu zwei Flughafenentscheidungen des Bundesverfassungsgerichts, DVBl. 1981, S. 334ff.

—Anwendungsprobleme des Art. 2 Abs. 2 GG im Immissionsschutzrecht, AöR 106（1981）, S. 205ff.

—Das allgemeine Verwaltungsrecht als Ordnungsidee und System: Insbesondere zur Bedeutung von Rechtsform und Verfahren im Verwaltungsrecht（1982）.

—Der Verfahrensgedanke in der Dogmatik des öffentlichen Rechts, in: ders./P. Lerche/ W. Schmitt Glaeser, Verfahren als staats- und verwaltungsrechtliche Kategorie（1984）, S. 1ff.

—Kommentierung von Art. 19 Abs. 4（1985）, in: Th. Maunz/G. Dürig（Hrsg.）, Grundgesetz.

—Funktionen der Verwaltungsgerichtsbarkeit, in: FS für Menger（1985）, S. 107ff.

—Der Rechtsstaat, in: J. Isensee/P. Kirchhof（Hrsg.）, Handbuch des Staatsrechts der Bundesrepublik Deutschland, Bd. 1（1987）, S. 987ff.

—Zum staatsrechtlichen Prinzip der Selbstverwaltung, in: GS für W. Martens（1987）, S. 249ff.

—Verwaltungsverfahren, in: J. Isensee/P. Kirchhof（Hrsg.）, Handbuch des Staatsrechts der Bundesrepublik Deutschland, Bd. 3（1988）, S. 623ff.

—Der Beitrag der Gerichte zur verwaltungsrechtlichen Systembildung, VBlBW 1988, S. 381ff.

—Die Umsetzung der EG-Richtlinie über die Umweltverträglichkeitsprüfung (UVP-RL) vom 27. Juni 1985 in das nationale Recht, in: FS für K. Doehring (1989), S. 889ff.

—Verfahrensstrukturen in der Leistungsverwaltung, VR 1989, S. 37ff.

—Die Lehre von den Rechtsformen des Verwaltungshandelns—Ihre Bedeutung im System des Verwaltungsrechts und für das verwaltungsrechtliche Denken der Gegenwart, DVBl. 1989, S. 533ff.

—Struktur und Gestaltungselemente eines Umweltplanungsrechts, DÖV 1990, S. 169ff.

—Konfliktmittlung in der Dogmatik des deutschen Verwaltungsrechts, in: W. Hoffmann-Riem/E. Schmidt-Aßmann (Hrsg.), Konfliktbewältigung durch Verhandlungen, Bd. 2 (1990), S. 9ff.

—Verwaltungslegitimation als Rechtsbegriff, AöR 116 (1991), S. 329ff.

—Zur Reform des Allgemeinen Verwaltungsrechts—Reformbedarf und Reformansätze, in: ders./W. Hoffmann-Riem/G. F. Schuppert (Hrsg.), Reform des Allgemeinen Verwaltungsrechts: Grundfragen (1993), S. 11ff.

—Die Wissenschaftsfreiheit nach Art. 5 Abs. 3 GG als Organisationsgrundrecht, in: FS für W. Thieme (1993), S. 697ff.

—Grundrechtswirkungen im Verwaltungsrecht, in: FS für K. Redeker (1993), S. 225ff.

—Zur Europäisierung des allgemeinen Verwaltungsrechts, in: FS für Lerche (1993), S. 513ff.

—Deutsches und Europäisches Verwaltungsrecht—Wechselseitige Einwirkungen, DVBl. 1993, S. 924ff.

—Empfiehlt es sich, das System des Rechtsschutzes und der Gerichtsbarkeit in der Europäischen Gemeinschaft weiterzuentwickeln?, JZ 1994, S. 832ff.

—Zur Funktion des Allgemeinen Verwaltungsrechts, Ein Exposé, Die Verwaltung 1994, S. 137ff.

—Planung als administrative Handlungsform und Rechtsinstitut, in: FS für Schlichter (1995), S. 3ff.

—Europäische Rechtsschutzgarantien: Auf dem Wege zu einem kohärenten Verwaltungsrechtsschutz in Europa, in: FS für Bernhardt (1995), S. 1283ff.

—Öffentliches Recht und Privatrecht: Ihre Funktionen als wechselseitige Auffangordnungen—Einleitende Problemskizze, in: ders./W. Hoffmann-Riem (Hrsg.), Öffentliches Recht und Privatrecht als wechselseitige Auffangordnungen (1996), S. 7ff.

—Perspektiven der Selbstverwaltung der Landkreis, in: F. Schoch (Hrsg.), Selbstverwaltung der Kreise in Deutschland (1996), S. 75ff.

—Das allgemeine Verwaltungsrecht als Ordnungsidee: Grundlagen und Aufgaben der verwaltungsrechtlichen Systembildung（1998）.

—Kommunalrecht, in: ders.（Hrsg.）, Besonderes Verwaltungsrecht, 11. Aufl.（1999）.

Schmidt-De Caluwe, Reimund: Der sozialrechtliche Herstellungsanspruch: Eine Untersuchung der Entstehung und Entwicklung eines besonderen Haftungstatbestandes im Sozialrecht, seines Verhältnisses zum Sozialverfahrens- und zum Staatshaftungsrecht sowie eine Kritik seiner bisherigen Dogmatik（1992）.

Schmidt-Preuß, Matthias: Kollidierende Privatinteressen im Verwaltungsrecht: Das subjektive öffentliche Recht im multipolaren Verwaltungsrechtsverhältnis（1992）.

—Buchbesprechung zu: P. -M. Huber, Konkurrenzschuz, Die Verwaltung 1994, S. 414ff.

—Der verfahrensrechtliche Charakter der Umweltverträglichkeitsprüfung, DVBl. 1995, S. 485ff.

—Verwaltung und Verwaltungsrecht zwischen gesellschaftlicher Selbstregulierung und staatlicher Steuerung, VVDStRL 56（1997）, S. 160ff.

Schmitt, Carl: Verfassungslehre, 6. Aufl.（1954）［尾吹善人訳『憲法理論』（1972）、阿部照哉他訳『憲法論』（1974）］.

Schmitt Glaeser, Walter: Die Position der Bürger als Beteiligte im Entscheidungsverfahren gestaltender Verwaltung, in: P. Lerche/W. Schmitt Glaeser/E. Schmidt-Aßmann, Verfahren als staats- und verwaltungsrechtliche Kategorie（1984）, S. 35ff.

—Schutz der Privatsphäre, in: J. Isensee/P. Kirchhof（Hrsg.）, Handbuch des Staatsrechts der Bundesrepublik Deutschland, Bd. 6（1989）, S. 41ff.

Schnapp, Friedrich E. : Rechtsverhältnisse in der Leistungsverwaltung, DÖV 1986, S. 811ff.

Schneider, Franz: Das Abgabengewaltverhältnis: Grundzüge eines materiellen Teils（1918）.

Schneider, Franz: Pressfreiheit und politische Öffentlichkeit: Studien zur politischen Geschichte Deutschlands bis 1848（1966）.

Schneider, Jens-Peter: Konkurrentenklagen als Instrumente der europäischen Beihilfeaufsicht, DVBl. 1996, S. 1301ff.

Schneider, Tobias: Folgenbeseitigung im Verwaltungsrecht: Eine Untersuchung zu Rechtsgrund, Tatbestand und Rechtsfolgen des öffentlich-rechtlichen Folgenbeseitigungsanspruchs（1994）.

Schoch, Friedrich: Vorläufiger Rechtsschutz und Risikoverteilung im Verwaltungsrecht（1988）.

—Der Verwaltungsakt zwischen Stabilität und Flexibilität, in: Hoffmann-Riem/Schmidt-

Aßmann (Hrsg.), Innovation und Flexibilität des Verwaltungshandelns (1994). S. 199ff.

—Individualrechtsschutz im deutschen Umweltrecht unter dem Einfluß des Gemeinschaftsrechts, NVwZ 1999, S. 457ff.

Schoch, Friedrich/*Schmidt-Aßmann*, Eberhard/*Pietzner*, Rainer (Hrsg.), Verwaltungsgerichtsordnung, Kommentar (Stand: 1998).

Scholz, Rupert: Wirtschaftsaufsicht und subjektiver Konkurrentenschutz: Insbesondere dargestellt am Beispiel der Kartellaufsicht (1971).

—Die öffentlich-rechtliche Konkurrentenklage in der Rechtsprechung der Verwaltungs- und Zivilgerichte, Wirtschaftsrecht 1972, S. 35ff.

—Verwaltungsverantwortung und Verwaltungsgerichtsbarkeit, VVDStRL 34 (1976), S. 145ff.

Scholz, Rupert /*Pitschas*, Rainer: Informationelle Selbstbestimmung und staatliche Informationsverantwortung (1984).

Schulze, Hans K. : Art. "Dominium (öffentl. -rechtl.) ", in: A. Erler/E. Kaufmann (Hrsg.), Handwörterbuch zur deutchen Rechtsgeschichte, Bd. 1 (1971), S. 754ff.

Schulze, Hermann: Das Preussische Staatsrecht auf Grundlage des deutschen Staatsrechts, Bd. 1, 2. Aufl. (1888).

Schuppe, Wilhelm: Der Begriff des subjektiven Rechts (1887).

Schur, Wolfgang: Anspruch, absolutes Recht und Rechtsverhältnis im öffentlichen Recht entwickelt aus dem Zivilrecht (1993).

Schürmann, Frank: Öffentlichkeitsarbeit der Bundesregierung: Strukturen, Medien, Auftrag und Grenzen eines informalen Instruments der Staatsleitung (1992).

Schwab, Dieter: Art. "Eigentum", in: O. Brunner/W. Conze/R. Koselleck (Hrsg.), Geschichtliche Grundbegriffe, Bd. 2 (1975), S. 65ff.

Schwabe, Jürgen: Probleme der Grundrechtsdogmatik (1977).

Schwarze, Jürgen: Subventionen im Gemeinsamen Markt und der Rechtsschutz des Konkurrenten: Grundzüge und neuere Entwicklungen, in: GS für W. Martens (1987), S. 819ff.

—Der Rechtsschutz von Unternehmen im Europäischen Gemeinschaft: Grundlagen und neuere Entwicklungen, RIW 1996, S. 893ff.

Schwennicke, Andreas: Die Entstehung der Einleitung des Preußischen Allgemeinen Landrechts von 1794, IUS COMMUNE, Sonderhefte 61 (1993).

Sendler, Horst: Der Nachbarschutz im Städtebaurecht Teil 1——Nachbarschutz im Planbereich, BauR 1970, S. 4ff.

Seydel, Max v. : Grundzüge einer allgemeinen Staatslehre (1873).

—Bayerisches Staatsrecht, Bd. 1, 2. Aufl. (1896).

Shiono, Hiroshi: Mittel zur Durchsetzung von Handlungspflichten der Bürger im japanischen Verwaltungsrecht; in; FS für P. Lerche (1993), S. 851ff.

Siber, Heinrich: Der Rechtszwang im Schuldverhältniss nach deutschem Reichsrecht (1903).

—Schuldrecht (1931).

Sinnaeve, Adinda: Der Konkurrent im Beihilfeverfahren nach der neuesten EuGH – Rechtsprechung, EuZW 1995, S. 172ff.

Skouris, Wassilios: Verletztenklagen und Interessentenklagen im Verwaltungsprozeß: Eine rechtsvergleichende Studie zur Anfechtungslegitimation des Bürgers (1979).

Spaeth, Wiebke: Grundrechtseingriff durch Information: Zur Verfassungsmäßigkeit von verhaltenssteuernden Warnungen und Empfehlungen der Bundesregierung (1995).

Stahl, Friedrich J. : Die Philosophie des Rechts, Bd. 2, 1. Abt. , 3. Aufl. (1854); 2. Abt. , 3. Aufl. (1856).

Starck, Christian: Praxis der Verfassungsauslegung (1994).

Steinberg, Rudolf: Grundfragen des öffentlichen Nachbarrechts, NJW 1984, S. 457ff.

—Öffentlich-rechtlicher Nachbarschutz im Gaststättenrecht, DÖV 1991, S. 354ff.

—Chancen zur Effektuierung der Umweltverträglichkeitsprüfung durch die Gerichte?, DÖV 1996, S. 221ff.

Stengel, Karl F. v. : Lehrbuch des Deutschen Verwaltungsrechts (1886).

—Die Verwaltungsgerichtsbarkeit und die öffentlichen Rechte, VerwArch 3 (1895), S. 177ff.

Stengel, Karl F. v. /*Giese*, Friedrich: Art. " Oeffentliche Rechte und Pflichten", in: K. F. v. Stengel/M. Fleischmann (Hrsg.), Wörterbuch des Deutschen Staats- und Verwaltungsrechts, Bd. 3, 2. Aufl. (1914), S. 4ff.

Stern, Klaus/*Sachs*, Michael: Das Staatsrecht der Bundesrepublik Deutschland, Bd. Ⅲ/1 (1988).

Stober, Rolf (Hrsg.): Rechtsschutz im Wirtschaftsverwaltungs- und Umweltrecht (1993).

Stödter, Rolf: Öffentlich-rechtliche Entschädigung (1933).

Stollberg-Rilinger, Barbara: Der Staat als Maschine: Zur politischen Metaphorik des absoluten Fürstenstaats (1986).

Stolleis, Michael: Gemeinwohlformeln im nationalsozialistischen Recht (1974).

—Verwaltungslehre und Verwaltungswissenschaft 1803-1866, in: K. G. A. Jeserich/H. Pohl/ G. -C. v. Unruh (Hrsg.), Deutsches Verwaltungsgeschichte, Bd. 2 (1983), S. 56ff.

—Verwaltungsrechtswissenschaft und Verwaltungslehre 1866-1914, in: K. G. A. Jeserich/

H. Pohl/G. -C. v. Unruh (Hrsg.), Deutsches Verwaltungsgeschichte, Bd. 3 (1984),
S. 85ff.

—Die "Wiederbelebung der Verwaltungslehre" im Nationalsozialismus (1984), in:
ders., Recht im Unrecht: Studien zur Rechtsgeschichte des Nationalsozialismus (1994),
S. 171ff.

—Verwaltungsrechtswissenschaft im Nationalsozialismus (1985), in: ders., Recht im Un-
recht, S. 147ff.

—Geschichte des öffentlichen Rechts in Deutschland, Bd. 1 (1988); Bd. 2 (1992).

—Im Bauch des Leviathan—Staatsrechtslehre im Nationalsozialismus (1989), in: ders.,
Recht im Unrecht, S. 126ff.

—Art. "Rechtsstaat", in: A. Erler/E. Kaufmann (Hrsg.), Handwörterbuch zur deutchen
Rechtsgeschichte, Bd. 4 (1990), S. 367ff.

Südhoff, Stephan: Der Folgenbeseitigungsanspruch als Grundlage verwaltungsverfahren-
srechtlicher Verwertungsverbote (1995).

Suhr, Dieter: Buchbesprechung zu: Henke, söR, Der Staat 1970, S. 550f.

Tatarin = Tarnheyden, Edgar: Werdendes Staatsrecht: Gedanken zu einem organischen und
deutschen Verfassungsneubau (1934).

Tezner, Friedrich: Buchbesprechung zu: G. Jellinek, System der söR, Grünhuts Zeitschrift
21 (1894), S. 107ff.

Thoma, Richard: Grundrechte und Polizeigewalt, in: Festgabe zur Feier des fünfzigjährigen
Bestehens des Preußischen Oberverwaltungsgerichts (1925), S. 183ff. [苋原明訳「基
本権と警察権」山梨学院大学法学論集 5 号 (1982) 74 頁以下].

—Die juristische Bedeutung der grundrechtlichen Sätze der deutschen Reichsverfassung im
allgemeinen, in: H. C. Nipperdey (Hrsg.), Die Grundrechte und Grundpflichten der
Reichsverfassung, Bd. 1 (1929), S. 1ff.

—Das System der subjektiven öffentlichen Rechte und Pflichten, in: G. Anschütz/
R. Thoma (Hrsg.), Handbuch des Deutschen Staatsrechts, Bd. 2 (1932), S. 607ff.

—Der Vorbehalt der Legislative und das Prinzip der Gesetzmäßigkeit von Verwaltung und
Rechtsprechung, in: G. Anschütz/R. Thoma (Hrsg.), HDStR 2, S. 221ff.

Thon, August: Rechtsnorm und subjectives Recht: Untersuchungen zur allgemeinen Re-
chtslehre (1878).

Thoss, Peter: Das subjektive Recht in der gliedschaftlichen Bindung: Zum Verhältnis von
Nationalsozialismus und Privatrecht (1968).

Triantafyllou, Dimitris: Zur Europäisierung des subjektiven öffentlichen Rechts, DÖV 1997, S. 192ff.

Trute, Hans-Heinrich: Vorsorgestrukturen und Luftreinhalteplanung im Bundesimmissions-schutzgesetz (1989).

—Die Forschung zwischen grundrechtlicher Freiheit und staatlicher Institutionalisierung: Das Wissenschaftsrecht als Recht kooperativer Verwaltungsvorgänge (1994).

—Verzahnungen von öffentlichem und privatem Recht—anhand ausgewählter Beispiele, in: W. Hoffmann-Riem/E. Schmidt-Aßmann (Hrsg.), Öffentliches Recht und Privatrecht als wechselseitige Auffangordnungen (1996), S. 167ff.

—Die Verwaltung und das Verwaltungsrecht zwischen gesellschaftlicher Selbstregulierung und staatlicher Steuerung, DVBl. 1996, S. 950ff.

Tuhr, Andreas v. : Der Allgemeine Teil des Deutschen Bürgerlichen Rechts, Bd. 1 (1910).

Ule, Carl Hermann: Zur Bedeutung des Rechtsstaatsbegriffs in der Rechtsprechung des Bundesverwaltungs-gerichts, DVBl. 1963, S. 475ff.

—Beamtenrecht (1970).

—Verwaltungsprozeßrecht: Ein Studienbuch, 9. Aufl. (1987).

Unger, Joseph: System des österreichischen allgemeinen Privatrechts, Bd. 1, 5. Aufl. (1892).

Unruh, Peter: Zur Dogmatik der grundrechtlichen Schutzpflichten (1996).

Vitzthum, Stephan Graf: Linksliberale Politik und materiale Staatsrechtslehre Albert Hänel 1833-1918 (1971).

Vosniakou, Ekaterini: Beiträge zur Rechtsverhältnistheorie: Verwaltungsrechtsverhältnis und Fortschreibung der Verwaltungsrechtsdogmatik (1992).

Wahl, Rainer: Der Regelungsgehalt von Teilentscheidungen in mehrstufigen Planungsver-fahren: Zugleich eine Auseinandersetzung mit dem Urteil des Bundesverwaltungsgerichts vom 22. 3. 1974, DÖV 1975, S. 373ff.

—Rechtliche Wirkungen und Funktionen der Grundrechte im deutschen Konstitutionalismus des 19. Jahrhunderts (1979), in: E. -W. Böckenförde (Hrsg.), Moderne deutsche Verfassungsgeschichte 1815-1914, 2. Aufl. (1981), S. 346ff.

—Der Nachbarschutz im Baurecht, JuS 1984, S. 577ff.

—Das Raumordnungsverfahren am Scheideweg, in: FS für H. Sendler (1991), S. 199ff.

—Abschied von den "Ansprüchen aus Art. 14 GG", in: FS für K. Redeker (1993), S. 245ff.

—Kommentierung von § 6 GenTG (1994), in: R. v. Landmann/G. Rohmer, Umweltrecht, Bd. 2.

—Die doppelte Abhängigkeit des subjektiven öffentlichen Rechts, DVBl. 1996, S. 641ff.

Wahl, Rainer/*Hermes*, Georg/*Sach*, Karsten: Genehmigung zwischen Bestandsschutz und Flexibilität, in: Wahl (Hrsg.), Prävention und Vorsorge: Von der Staatsaufgabe zu den verwaltungsrechtlichen Instrumenten (1995), S. 217ff.

Wahl, Rainer/*Masing*, Johannes: Schutz durch Eingriff, JZ 1990, S. 553ff.

Wallerath, Maximilian: Der sozialrechtliche Herstellungsanspruch und die Herrschaft des Rechts—Zur Bewältigung von Herstellungsanlagen in sozialen Hilfs - und Förderungssystemen, DÖV 1994, S. 757ff.

Wegener, Bernhard W., Rechte des Einzelnen: Die Interessentenklage im europäischen Umweltrecht (1998).

Welzel, Hans: Die Naturrechtslehre Samuel Pufendorfs: Ein Beitrag zur Ideengeschichte des 17. und 18. Jahrhunderts (1958).

—Naturrecht und materiale Gerechtigkeit, 4. Aufl. (1962).

Weyreuther, Felix: Empfiehlt es sich, die Folgen rechtswidrigen hoheitlichen Verwaltungshandelns gesetzlich zu regeln (Folgenbeseitigung, Folgenentschädigung), Gutachten B für den 47. DJT (1968).

—Das bebauungsrechtliche Gebot der Rücksichtnahme und seine Bedeutung für den Nachbarschutz, BauR 1975, S. 1ff.

—Die Rechtswidrigkeit eines Verwaltungsaktes und die "dadurch" bewirkte Verletzung "in... Rechten" (§ 113 Abs. 1 Satz 1 und Abs. 4 Satz 1 VwGO), in: FS für Menger, S. 681ff.

Wieacker, Franz: Privatrechtsgeschichte der Neuzeit: unter besonderer Berücksichtigung der deutschen Entwicklung, 2. Aufl. (1967).

Wilke, Dieter: Vom Abbau des Verwaltungsrechtsschutzes und von der Resistenz des Drittschutzes, in: GS für E. Grabitz (1995), S. 905ff.

Willoweit, Dietmar: Rechtsgrundlagen der Territorialgewalt: Landesobrigkeit, Herrschaftsrechte und Territorium in der Rechtswissenschaft der Neuzeit (1975).

—Die Entwicklung und Verwaltung der spätmittelalterlichen Landesherrschaft, in: K. G. A. Jeserich/H. Pohl/G. -C. v. Unruh (Hrsg.), Deutsche Verwaltungsgeschichte,

Bd. 1（1983），S. 66ff.

—Deutsche Verfassungsgeschichte：Vom Frankenreich bis zur Teilung Deutschlands，2. Aufl.（1992）.

Windscheid，Bernhard/*Kipp*，Theodor：Lehrbuch des Pandektenrechts，Bd. 1，9. Aufl.（1906）.

Winter，Gerd：Individualrechtsschutz im deutschen Umweltrecht unter dem Einfluß des gemeinschaftsrechts，NVwZ 1999，S. 467ff.

Winters，Peter J.：Johannes Althusius，in：M. Stolleis（Hrsg.），Staatsdenker in der frühen Neuzeit（1995），S. 29ff.

Wolff，Christian（Hrsg.）：Grundsätze des Natur－und Völckerrechts，worinn alle Verbindlichkeiten und alle Rechte aus der Natur des Menschen in einem beständigen Zusammenhange hergeleitet werden（1754），in：M. Thomann（Hrsg.），Christian Wolff Gesammelte Werke，Ⅰ，Abt.，Bd. 19（1980）.

Wolff，Hans J.：Über die Gerechtigkeit als principium juris，in：FS für W. Sauer（1949），S. 103ff.

—Der Abwendungsanspruch aus öffentlichen Reflexrechten insbesondere im Fürsorgerecht，in：FS zur Feier des 25 jährigen Bestehens der Westfälischen Verwaltungsakademie（1950），S. 119ff.

—Rechtsgrundsätze und verfassunggestaltende Grundentscheidungen als Rechtsquel-len，in：GS für W. Jellinek（1955），S. 33ff.

—Verwaltungsrecht Ⅰ：Ein Studienbuch，4. Aufl.（1961）；7. Aufl.（1968）；8. Aufl.（1971）.

Wolff，Hans J./*Bachof*，Otto：Verwaltungsrecht Ⅰ：Ein Studienbuch，9. Aufl.（1974）；Ⅲ，4. Aufl.（1978）.

Wolff，Hans J./*Bachof*，Otto/*Stober*，Rolf：Verwaltungsrecht Ⅰ：Ein Studienbuch，10. Aufl.（1994）.

Wolzendorff，Kurt：Buchbesprechung zu：O. Bühler，söR，VerwArch 23（1915），S. 125ff.

Zachariä，Heinrich A.：Deutsches Staats－und Bundesrecht，1. Theil，3. Aufl.（1865）.

Zeuner，Albrecht：Gedanken zur Unterlassungs－und negativen Feststellungsklage，in：FS für H. Dölle，Bd. 1（1963），S. 295ff.

Zitelmann，Ernst：Internationales Privatrecht，Bd. 2（1912）.

Zorn，Philipp：Das Staatsrecht des Deutschen Reiches，Bd. 1，2. Aufl.（1895）.

Zuleeg，Manfred：Hat das subjektive öffentliche Recht noch eine Daseinsberechtigung?，DVBl. 1976，S. 509ff.

文献一覧（日文）

青井秀夫「法における類型の問題への一試論（2）——法律学的思考とパタン」法学 49 巻 5 号（1985）1 頁以下.

青柳幸一「基本権の多次元的機能（1）」慶大法研 55 巻 4 号（1982）23 頁以下.

芦部信喜『憲法学 II 人権総論』（1994）.

阿部泰隆「義務づけ訴訟論」（1977）同「行政訴訟改革論」（1993）223 頁以下.

——「公権力の行使に対する差止訴訟」（1984）同『行政訴訟改革論』365 頁以下.

——「義務づけ訴訟論再考」（1985）同『行政訴訟改革論』305 頁以下.

——『国家補償法』（1988）.

——「法の不明確性と行政訴訟の課題——最近の判例を中心にして」（1990）同『行政訴訟改革論』167 頁以下.

——『行政の法システム（上）』（新版、1997）.

——「裁量収縮論の擁護と水俣病国家賠償責任再論」淡路剛久＝寺西俊一編『公害環境法理論の新たな展開』（1997）135 頁以下.

アリストテレス（山本光雄訳）『アリストテレス全集 15・政治学』（1969）.

安念潤司「取消訴訟における原告適格の構造（1）～（4・完）」国家 97 巻 11＝12 号 1 頁以下、98 巻 5＝6 号 50 頁以下、98 巻 11＝12 号 84 頁以下、99 巻 7＝8 号 1 頁以下（1984～86）.

井坂正宏「環境親和性審査とドイツ行政法——環境親和性審査法 12 条のもたらした問題について」自研 70 巻 2 号（1994）113 頁以下.

石川健治「財産権条項の射程拡大論とその位相——所有・自由・福祉の法ドグマーティク（1）」国家 105 巻 3＝4 号（1992）149 頁以下.

石川敏行「ドイツ公権理論の形成と展開（1～4・完）」新報 84 巻 1＝2＝3 号 151 頁以下、4＝5＝6 号 113 頁以下、7＝8＝9 号 83 頁以下、85 巻 1＝2＝3 号 115 頁以下（1977~78）.

──「ドイツ公権理論の限界──公法実証主義時代を中心にした批判的考察（1）
（2・完）」新報86巻4=5=6号113頁以下、7=8=9号135頁以下（1979~80）.

──「いわゆる『法学的方法』について──ドイツ行政法学史から見た」雄川
献呈・上（1990）89頁以下.

石崎誠也「西ドイツ建築法における「隣人利益の配慮原則──二重効果的行政
行為の取消理由に関連して（1）（2）」新潟19巻1号（1986）54頁以下、20
巻2号（1987）122頁以下.

──「西ドイツにおける『二重効果的行政行為』論」兼子仁編著『西ドイツの
行政行為論』（1987）221頁以下.

──「隣人保護的配慮原則に関する西ドイツ連邦行政裁判所判例の展開」新潟
22巻4号（1990）59頁以下.

石部雅亮『啓蒙的絶対主義の法構造──プロイセン一般ラント法の成立』
（1969）.

市村光恵『憲法要論』（1904）.

──『行政法原理』（1906）.

──『改版行政法原理』（1911）.

──『帝国憲法論』（改訂13版、1927）.

伊藤洋一「ヨーロッパ法とフランス国家責任法」日仏法学21号（1998）61頁
以下.

稲葉馨「国賠訴訟における『反射的利益論』」小嶋退職『憲法と行政法』
（1987）595頁以下.

上杉慎吉『帝国憲法述義』（1914）.

──『新稿憲法述義』（4版、1925）.

宇賀克也『国家責任法の分析』（1988）.

──「規制権限の不行使に関する国家賠償」判タ833号（1994）38頁以下.

──『国家補償法』（1997）.

薄井一成「ドイツにおける社会法上の回復請求権（上）（中）（下）」自研73
巻12号80頁以下、74巻2号90頁以下、4号79頁以下（1997~1998）.

碓井光明「課税要件法と租税手続法との交錯」租税11号（1983）14頁以下.

──「公共契約締結手続の司法審査─政府部門の行為の法的統制の可能性」ジ
ュリ1156号（1999）123頁以下.

海老原明夫「カメラールヴィッセンシャフトにおける『家』──J・H・G・フォ

ン・ユスティの思想を中心として（1）」国家 94 巻 7 = 8 号（1981）451 頁以下.

——「ゲルバーの法理論——倫理的秩序・法・法律」片岡輝夫他著『古代ローマ法研究と歴史諸科学』（1986）251 頁以下.

——「ドイツ国法学の『国家学的』方法について」『国家学会百年記念　国家と市民』第 1 巻（1987）355 頁以下.

——「ドイツ法学継受史余滴・自由権は権利か（その1）（その2）（その3）」ジュリ 945 号 12~13 頁、947 号 12~13 頁、948 号 12~13 頁（1989~90）.

——「ドイツ法学継受史余滴・紛争解決と訴権論（その1）～（その3）」ジュリ 958 号 10~11 頁、960 号 12~13 頁、961 号 14~15 頁（1990）.

——「公権としての権利保護請求権」法協 108 巻 1 号（1991）1 頁以下.

遠藤博也「行政法上の請求権に関する一考察」北法 38 巻 5 = 6 号 I（1988）1 頁以下.

——「収用裁決取消判決の第三者効について——取消請求権に関する一考察」北法 39 巻 5 = 6 号 II（1989）527 頁以下.

——『実定行政法』（1989）.

——「取消請求権の構造と機能」雄川献呈・下（1990）149 頁以下.

——「戦争と平和の法——ホッブスの自然状態について」北法 40 巻 5 = 6 号 I（1990）1 頁以下.

——「キーウィタースとレース・プーブリカ——ロックの市民社会について」北法 41 巻 5 = 6 号（1991）253 頁以下.

——「取消請求権に関する一考察」高柳古稀（1991）457 頁以下.

太田照美「ドイツにおける行政法上の結果除去請求権の法構造」民商 115 巻 3 号（1996）42 頁以下.

大塚直「生活妨害の差止に関する基礎的考察——物権的妨害排除請求と不法行為に基づく請求との交錯（6）」法協 104 巻 9 号（1987）1249 頁以下.

——「水俣病判決の総合的検討（5）」ジュリ 1097 号（1996）76 頁以下.

大西有二「取消違法事由の制限に関する一考察——西ドイツ計画法と保護規範説の適用をめぐって」北法 40 巻 4 = 5 号上（1990）1763 頁以下.

——「公法上の建築隣人訴訟——西ドイツの行政判例における『権利』『権利毀損』および『違法事由』（1）～（4）」北法 41 巻 1 号 1 頁以下、2 号 581 頁以下、3 号 1113 頁以下、4 号 1521 頁以下（1990~91）.

——「ドイツ公法上の隣人訴訟に関する一考察——三つの権利論と《行政法関

係説》」北法 41 巻 5 ＝ 6 号（1991）591 頁以下．

大橋智之輔「ドイツにおける法承認論——ビーアリング、ラウン等」天野、矢崎、八木還暦『現代の法思想』（1985）2 頁以下．

大橋洋一「法律の留保学説の現代的課題——本質性理論（Wesentlichkeitstheorie）を中心として」（1985）同『現代行政の行為形式論』（1993）1 頁以下．

——「行政指導の比較法研究」（1990）同『現代行政の行為形式論』103 頁以下．

——「計画間調整の法理——自治体計画策定権限の憲法保障を中心として」（1992～93）同『現代行政の行為形式論』（1993）251 頁以下．

——「行政学と行政法学の融合試論」（1994）同『行政法学の構造的変革』（1996）275 頁以下．

——「公物法の日独比較研究」（1994～95）同『行政法学の構造的変革』207 頁以下．

——「法治主義の現代的課題——行政法学の学際化に関する一考察」（1995）同『行政法学の構造的変革』25 頁以下．

——「社会福祉行政手続の法的特質」（1995）同『行政法学の構造的変革』172 頁以下．

——「国土法における行政指導」（1995）同『行政法学の構造的変革』67 頁以下．

——「インフォーマルな法治国」公法 57 号（1995）201 頁以下．

——「行政立法手続の比較法研究」（1996）同『対話型行政法学の創造』（1999）34 頁以下．

大村敦志『消費者法』（1998）．

大脇成昭「民営化法理の類型論的考察：ドイツ法を中心として」法政 66 巻 1 号（1999）285 頁以下．

雄川一郎『行政争訟法』（1957）．

——「行政訴訟の動向」（1965）同『行政争訟の理論』（1986）142 頁以下．

——「行政行為の無効確認訴訟に関する若干の問題」（1967）同『行政争訟の理論』211 頁以下．

——「機関訴訟の法理」（1974）同『行政争訟の理論』431 頁以下．

——「訴の利益と民衆訴訟の問題——主観的訴の利益の拡大とその限界に関する一般理論への試論」（1976）同『行政争訟の理論』287 頁以下．

——［行政訴訟の客観化の傾向と原告適格法」（1982）同『行政争訟の理論』380 頁以下．

奥田昌道『請求権概念の生成と展開』（1979）．

奥平康弘「ドイツの『基本権』観念——その成立にかんする若干の考察」東京
　大学社会科学研究所編『基本的人権 3 歴史 II』（1968）143 頁以下．

——「人権体系及び内容の変容」ジュリ 638 号（1977）243 頁以下．

乙部哲郎「〈紹介〉E・シュミット-アスマン『秩序観念および体系としての行政
　法総論』」神院 14 巻 3 号（1983）283 頁以下．

折登美紀「ドイツ行政裁判における結果除去請求権——違法な行政活動に対す
　る救済」民商 112 巻 2 号（1995）171 頁以下．

——「結果除去請求権の法的性質」法と政治 47 巻 1 号（1996）347 頁以下．

加藤幸嗣「公権力の行使と当事者訴訟」雄川献呈・下（1990）177 頁以下．

加藤新平『新版法思想史』（1973）．

——『法哲学概論』（1976）．

角松生史「『民間化』の法律学——西ドイツ Privatisierung 論を素材として」国家
　102 巻 11 ＝ 12 号（1989）719 頁以下．

兼子一『実体法と訴訟法』（1957）．

金子宏「租税法学の体系——特に行政法との関係を念頭において」公法 34 号
　（1972）251 頁以下．

——『租税法』（第 7 版、1999）．

兼子仁「特殊法の概念と行政法」（1974）同『行政法と特殊法の理論』（1989）
　266 頁以下．

——「現代行政法における行政行為の三区分」（1976、補訂 1987）同『行政法
　と特殊法の理論』（1989）31 頁以下．

——『行政法総論』（1983）．

——『行政法学』（1997）．

川上宏二郎「西ドイツにおける『国家』の公権論——バウアーの見解に対する
　ブレックマンの批判とバウアーの反論」雄川献呈・上（1990）119 頁以下．

神橋一彦「公権論に於ける基本権の位置づけ—行政行為に於ける憲法と法律の
　交錯（1）～（3・完）」法学 58 巻 3 号 473 頁以下、4 号 645 頁以下、6 号 1111
　頁以下（1994～95）．

——「行政法に於ける『義務』の概念——その序論的考察」管野古稀（1999）
　465 頁以下．

栗城壽夫「十八世紀ドイツ国法理論における二元主義的傾向（1）～（13）」法
　雑 10 巻 4 号 1 頁以下、11 巻 1 号 87 頁以下、12 巻 1 号 67 頁以下、4 号 105 頁以

下、13 巻 1 号 128 頁以下、14 巻 1 号 39 頁以下、4 号 37 頁以下、15 巻 2 号 69 頁以下、17 巻 1 号 60 頁以下、3 号 28 頁以下、22 巻 4 号 1 頁以下、24 巻 1 号 1 頁以下、4 号 1 頁以下（1964~78）.

――「ドイツ国家目的論史小考」法雑 25 巻 3＝4 号（1979）222 頁以下.

来栖三郎『契約法』（1974）.

黒田覚『ウイン学派の法律学と其の諸問題』（1927）.

桑原勇進「国家の環境保全義務序説（2）――基本権との関係を中心に」自研 71 巻 6 号（1995）81 頁以下.

――「いわゆる行政の危険防止責任について――基本権保護義務の立場からの 試論」東海法学 18 号（1997）9 頁以下.

越山安久「抗告訴訟の対象」鈴木忠一＝三ケ月章監修『新・実務民訴講座第 9 巻』（1983）27 頁以下.

古城誠「競業者訴訟の原告適格――原告適格の紛争選別機能」雄川献呈・下 （1990）207 頁以下.

――「消費者訴訟の原告適格」北法 40 巻 5＝6 号上（1990）1413 頁以下.

小早川光郎「取消訴訟と実体法の観念」（1973）同『行政訴訟の構造分析』 （1983）1 頁以下.

――「取消判決の拘束力――越権訴訟における取消の観念に関する一考察」 （1976）同『行政訴訟の構造分析』207 頁以下.

――「先決問題と行政行為――いわゆる公定力の範囲をめぐる一考察」田中古 稀・上（1976）371 頁以下.

――「抗告訴訟の本質と体系」雄川一郎＝塩野宏＝園部逸夫『現代行政法大系第 4 巻』（1983）135 頁以下.

――「調査・処分・証明――取消訴訟における証明責任問題の一考察」雄川献 呈・中（1990）249 頁以下.

――「行政の過程と仕組み」高柳古稀（1991）151 頁以下.

――「抗告訴訟と法律上の利益・覚え書き」成田古稀（1998）43 頁以下.

――『行政法上』（1999）.

小早川光郎（編）『行政手続法逐条研究』（1996）.

小山剛『基本権保護の法理』（1998）.

斎藤誠「条例制定権の歴史的構造――『アウトノミー』と『自主法』（1） （2）」自研 66 巻 4 号 103 頁以下、5 号 97 頁以下（1990）.

――「自治法理の史的展開（1）」国家 106 巻 11＝12 号（1993）903 頁以下.

――「薬事法制・薬務行政における国家責任の考察――HIV 訴訟和解をめぐって」ジュリ1093 号（1996）62 頁以下．

櫻井敬子「資金交付活動の統制に関する考察（1）（2）（3・完）」自研 68 巻 11号 78 頁以下、12 号 112 頁以下、69 巻 1 号 106 頁以下（1992~1993）．

佐々木惣一『日本行政法原論』（1910）．

――『日本行政法論総論改版』（1924）．

佐々木有司「バルトルスの政治思想（2）――普遍的帝国と《civitas sibi princeps》」国家 89 巻 3 = 4 号（1976）113 頁以下．

佐藤英世「競争者訴訟の構造」阪本昌成 = 村上武則編『人権の司法的救済』（1990）163 頁以下．

塩入みほ「公権の生成と歴史的展開――ドイツ公権論考察（1）（2・完）」民商 112 巻 2 号 203 頁以下、3 号 379 頁以下（1995）．

――「公権論の新たなる発展――理論的新傾向とその実践的機能の考察（1）~（3・完）」自研 71 巻 10 号 97 頁以下、72 巻 1 号 103 頁以下、4 号 103 頁以下（1995~96）．

――「公権論における基本権の放射的効力」慶應義塾大学大学院法学研究科論文集 39 号（1998）95 頁以下．

――「ドイツ建設法における隣人の公権――保護規範説、基本権援用論、隣人配慮要請の適用関係について（上）（下）」自研 75 巻 4 号 89 頁以下、7 号 92頁以下（1999）．

塩野宏『オットー・マイヤー行政法学の構造』（1962）．

――「資金交付行政の法律問題――資金交付行政と法律の根拠」（1964）同『行政過程とその統制』（1989）35 頁以下．

――「紹介　マルティン・ブリンガー『公法と私法』」（1969）同『公法と私法』（1989）146 頁以下．

――「公法・私法概念の確立」（1970）同『公法と私法』3 頁以下．

――「無効確認訴訟における訴えの利益」（1970）同『行政過程とその統制』342 頁以下．

――「行政作用法論」（1972）同『公法と私法』197 頁以下．

――「〈紹介〉O・バッホフ、W・ブローム『行政の現代的課題と行政法のドグマーティク』」（1974）同『公法と私法』328 頁以下．

――「地方公共団体の法的地位論覚書き」（1981）同『国と地方公共団体』（1990）1 頁以下．

――「公法・私法概念の再検討〈日本国憲法の下における〉」（1983）同『公法と私法』103頁以下.

――「行政法の対象と範囲」（1983）同『公法と私法』237頁以下.

――「無名抗告訴訟の問題点」（1983）同『行政過程とその統制』305頁以下.

――「地方公共団体の長の地位に関する一考察」（1987）同『国と地方公共団体』214頁以下.

――「補助金交付決定をめぐる若干の問題点」雄川献呈・中（1990）281頁以下.

――『行政法Ⅱ』（第2版，1994）.

――『行政法Ⅲ』（1995）.

――「行政事件訴訟法改正論議管見」成蹊法学43号（1996）45頁以下.

――『行政法Ⅰ』（第2版増補，1999）.

塩野宏ほか「研究会・現代型行政訴訟の検討課題」ジュリ925号（1989）2頁以下.

事後救済制度調査研究委員会報告書「行政救済制度の課題」ジュリ1137号（1998）159頁以下.

芝池義一「ドイツにおける公法学的公用収用法理論の確立（1）～（3・完）」法叢92巻1号62頁以下、93巻2号21頁以下、4号40頁以下（1972～3）.

――「行政決定と第三者利益の考慮」論叢132巻1＝2＝3号（1992）87頁以下.

――『行政救済法講義』（1995）.

――「取消訴訟の原告適格判断の理論的枠組み」京都大学法学部創立百周年記念論文集第2巻（1999）69頁以下.

――『行政法総論講義』（第3版、1999）.

島村健「エコマークとエコ監査――公法学的観点からする考察」国家112巻3＝4号（1999）355頁以下.

シュミット―アスマン，E.（海老原明夫訳）「ドイツ行政法の最近の発展（上）（下）」自研72巻9号3頁以下、10号21頁以下（1996）.

白石健三「公法関係の特質と抗告訴訟の対象」岩松還暦（1956）419頁以下.

白藤博行「〈紹介〉H・バウアー『新旧保護規範論』」札院6巻1号（1990）147頁以下.

新堂幸司『新民事訴訟法』（1998）.

神宝秀夫『近世ドイツ絶対主義の構造』（1994）.

須貝脩一『租税債務関係の理論』（1961）.

——「課税処分の性質に関する論争または租税債務関係理論のその後の発展」柳瀬退職（1972）45 頁以下．

杉本良吉「行政事件訴訟法の解説（2）」曹時 15 巻 4 号（1963）499 頁以下．

鈴木庸夫＝藤原静雄「西ドイツ連邦憲法裁判所の国勢調査判決（上）（下）」ジュリ 817 号 64 頁以下、818 号 76 頁以下（1984）．

勢一智子「ドイツ環境行政手法の分析」法政 62 巻 3 = 4 号（1996）583 頁以下．

妹尾雅夫「ドイツ行政訴訟論（1）（2）——新たな展開に対する洞察」早稲田政治公法研究 8 号 225 頁以下，9 号 169 頁以下（1979~80）．

——「ドイツ公権理論をめぐる法理論的側面と法実践的側面——ヴィルヘルム・ヘンヶ理論の受容と批判をめぐる考察」早稲田政治公法研究 10 号（1981）187 頁以下．

園部逸夫（編）『注解行政事件訴訟法』（1989）．

高木光「事実的侵害」（1981）同『事実行為と行政訴訟』（1988）299 頁以下．

——「公共事業の差止」（1982）同『事実行為と行政訴訟』33 頁以下．

——「事実行為と行為形式論」（1982~1985）同『事実行為と行政訴訟』99 頁以下．

——「処分性、原告適格拡大論の再検討」（1985）同『事実行為と行政訴訟』331 頁以下．

——「行政手法論」（1986）同『技術基準と行政手続』（1995）85 頁以下．

——「実効性確保」公法 49 号（1987）186 頁以下．

——「当事者訴訟と抗告訴訟の関係『メンガー＝雄川理論』の意義」雄川献呈・中（1990）341 頁以下．

——「公法上の当事者訴訟」成田頼明編『行政法の争点』（新版，1990）226 頁以下．

高橋明男「ドイツにおける行政法関係論の一側面——法関係論との関連からみた行政『内部法』関係」阪法 43 巻 2 = 3 号（1993）751 頁以下．

高橋滋「解説」塩野宏＝小早川光郎＝宇賀克也編『行政判例百選 I』（第 4 版，1999）12 頁以下．

高橋信隆「隣人保護に関する予備的考察」熊本大学教育学部紀要人文科学 36 号（1987）1 頁以下．

高橋宏志『重点講義民事訴訟法』（1997）．

田上穰治「自由権の本質」美濃部還暦『公法学の諸問題第 1 巻』（1934）179 頁以下．

田中二郎「民事事件と行政事件」（1934）同『公法と私法』（1955）209 頁以下．

――『行政法総論』（1957）．

――「抗告訴訟の本質――その訴訟物を中心として」（1967）同『司法権の限界』（1976）73 頁以下．

――『新版行政法上巻』（全訂第 2 版，1974）．

種谷春洋「イェリネックにおける status libertatis 概念の考察」杉村還暦（1978）47 頁以下．

玉井克哉「ドイツ法治国思想の歴史的構造（1）～（5・完）」国家 103 巻 9 = 10 号 1 頁以下、11 = 12 号 1 頁以下、104 巻 1 = 2 号 1 頁以下、5 = 6 号 1 頁以下、7 = 8 号 1 頁以下（1990~1991）．

――「法律の『一般性』について」芦部古稀・下（1993）383 頁以下．

徳本伸一「〈紹介〉ケメラー『不法行爲法の変遷』」法学 31 巻 4 号（1967）107 頁以下．

徳本広孝「インフォーマルな行政活動の法的限界――ドイツにおける学説と判例を素材に」本郷法政紀要 3 号（1994）109 頁以下．

中川義朗『ドイツ公権理論の展開と課題――個人の公法的地位論とその権利保護を中心として』（1993、初出 1973~87）．

――「取消訴訟における『第三者』の原告適格の基準としての基本権適用論序説――ドイツ法との比較研究」手島還暦（1993）239 頁以下．

――「ドイツにおける多極的行政法関係論と第三者の法的地位論」熊本法学 92 号（1998）1 頁以下．

中込秀樹 = 市村陽典 = 綿引万里子 = 深山卓也『行政事件訴訟の一般的問題に関する実務的研究』（1995）．

中里実「国家目的実現のための手法――公的介入の諸形態に関する覚書」市原古稀（1993）47 頁以下．

仲正『行政手続法のすべて』（1995）．

中山信弘「特許無効審判における請求人適格」豊崎追悼（1981）195 頁以下．

――「無効審判のあり方」日本工業所有権法学会年報 5（1982）208 頁以下．

錦織成史「民事不法の二元性（3）――ドイツ不法行為法の発展に関する一考察」法叢 98 巻 4 号（1976）68 頁以下．

西埜章『国家賠償法』（1997）．

野村治一「公権の本質について」同志社論叢 50 号（1935）743 頁以下．

野村淳治『行政法総論上巻』（1937）．

濱秀和「無名抗告（法定外抗告）訴訟」ジュリ925号（1989）114頁以下.

原田尚彦「行政行為の取消訴訟制度と原告適格（訴の利益）——ドイツにおける判例の動向を中心にして」（1963）同『訴えの利益』（1973）245頁以下.

——「訴えの利益」（1965）同『訴えの利益』1頁以下.

——「行政法における公権論の再検討——公権を論ずる意義に関連して」（1968）同『訴えの利益』27頁以下.

——「歩道橋反対訴訟の訴訟要件——昭和45年10月14日東京地裁決定を中心として」（1970）同『訴えの利益』121頁以下.

——「抗告訴訟の対象について——処分性の拡大要因と縮小要因」（1971）同『訴えの利益』136頁以下.

——『行政責任と国民の権利』（1979）.

——「取消判決の拘束力」ジュリ925号（1989）210頁以下.

樋口陽一「資本主義社会と個人——岡田与好『経済的自由主義』」（1988）同『何を読みとるか・憲法と歴史』（1992）160頁以下.

——『比較憲法』（第3版、1992）.

——『憲法』（改訂版、1998）.

人見剛「西ドイツ行政法学における行政行為概念の位置づけ」兼子仁編著『西ドイツの行政行為論』（1987）1頁以下.

——「ドイツ行政法学における法関係論の展開とその現状」都法32巻1号（1991）105頁以下.

——『近代法治国家の行政法学』（1993）.

——「地方自治体の自治事務に関する国家の裁定的関与の法的統制」都法36巻2号（1995）59頁以下.

平井孝「西ドイツ国家補償理論におけるFolgenbeseitigungsanspruch（「FBA」）思想の展開（1～3・完）」新潟3巻1号1頁以下、4巻1号34頁以下、11巻1号6頁以下（1970～78）.

平井宜雄「不法行為責任の範囲に関する法的構成（2）——民法第709条を中心として」法協85巻7号（1968）953頁以下.

——『損害賠償法の理論』（1971）.

——『債権各論Ⅱ　不法行為』（1992）.

福井秀夫「土地収用法による事業認定の違法性の承継」成田古稀（1998）251頁以下.

藤田宙靖『公権力の行使と私的権利主張——オットー・ベール『法治国』の立

場とドイツ行政法学」（1978）.

――「行政活動の公権力性と第三者の立場――『法律による行政の原理』の視点からする一試論」雄川献呈・上（1990）171頁以下.

――「ドイツ環境法典草案について」自研68巻10号（1992）3頁以下.

――『行政法Ⅰ』（第3版改訂版、1995）.

藤田宙靖＝K・F・レンツ訳「ドイツ環境法典――総論編（案）（1）（2）」自研68巻10号116頁以下、11号105頁以下（1992）.

藤原静雄「西ドイツ国勢調査判決における『情報の自己決定権』」一論94巻5号（1985）728頁以下.

――「〈翻訳〉西ドイツ連邦データ保護法」国学院27巻1号（1989）51頁以下.

――「西ドイツ行政裁判所法上の規範審査制度の展開――地区詳細計画の訴訟統制」雄川献呈・中（1990）437頁以下.

――「ドイツの個人情報保護制度」ジュリ増刊『情報公開・個人情報保護』（1994）287頁以下.

ブローム，ヴィンフリート（大橋洋一訳）「インフォーマルな行政活動――法治国家の変遷について」法政60巻3＝4号（1994）87頁以下.

ブローム，W.＝大橋洋一『都市計画法の比較研究《日独比較を中心として》』（1995）.

穂積八束「公権は人格権なり」（1894）『穂積八束博士論文集』（増補改版、1943）287頁以下.

――「公権利の観念」（1905）『穂積八束博士論文集』707頁以下.

――『憲法提要上巻』（1910）.

堀内健志『立憲理論の主要問題――Rechtssatz論の方法と構造』（1987）.

前田達明「〈紹介〉Hans Stoll著『不法行為法における因果関係と規範目的』（1）」法叢86巻4号（1970）53頁以下.

――『不法行為帰責論』（1978、初出1967）.

前田雅子「ドイツ社会保障行政における『援助』に関する一考察（1）（2・完）」法叢129巻4号77頁以下、130巻2号81頁以下（1991）.

間田穆「N・アハターベルクの『法律関係論』・『行政法関係論』」法時57巻1号（1985）107頁以下.

松本和彦「防禦権としての基本権の意義と可能性――ドイツ基本権解釈学における一局面」阪法41巻1号（1991）243頁以下.

――「基本権の保障と制約に関する一考察――ドイツにおける防禦権のドグマ―

ティクの法的構造（1）（2）」民商 111 巻 1 号 25 頁以下、2 号 223 頁以下（1994）.

三ケ月章「執行に対する救済」（1955）同『民事訴訟法研究第 2 巻』（1962）47 頁以下.

三島淑臣「カントの法哲学・その現代との関わりを中心に」廣松渉＝坂部恵＝加藤尚武編『講座ドイツ観念論　第 2 巻＝カント哲学の現代性』（1990）243 頁以下.

満田明彦「争点訴訟の諸問題」鈴木忠一＝三ケ月章監修『新・実務民事訴訟講座 10』（1982）163 頁以下.

南博方（編）『注釈行政事件訴訟法』（1972）.

——（編）『条解行政事件訴訟法』（1987）.

美濃部達吉「エリネック氏公権論の梗概」（1903）同『憲法及憲法史研究』（1908）609 頁以下.

——『憲法撮要』（4 版、1926）.

——『日本行政法上巻』（1936）.

宮崎良夫「ドイツ連邦共和国の行政裁判制度改革——ナチス体制からボン基本法にかけて」東京大学社会科学研究所編『戦後改革 4　司法改革』（1975）359 頁以下.

——「ナチズムと行政法学」東大社研編『ファシズム期の国家と社会 5　ヨーロッパの法体制』（1979）65 頁以下.

——「行政訴訟における団体の原告適格——西ドイツの判例、学説および立法の展開」（1981）同『行政訴訟の法理論』（1984）57 頁以下.

——「文化財保護と訴訟」（1982）同『行政訴訟の法理論』155 頁以下.

——「西ドイツの行政法学」（1983）同『行政訴訟の法理論』297 頁以下.

——『法治国理念と官僚制』（1986）.

——「行政法関係における参加・協働・防御——日本とドイツの行政法学説」兼子仁＝磯部力編『手続法的行政法学の理論』（1995）67 頁以下.

三吉修「西ドイツ建築法における公法上の隣人訴訟の歴史的展開」和歌山大学経済学部経済理論 181 号（1981）46 頁以下.

棟居快行「公用収用法理の展開と発展可能性——損失補償制度の一考察（1）～（5）」神戸 32 巻 2 号 367 頁以下、3 号 575 頁以下、4 号 833 頁以下、33 巻 1 号 53 頁以下、2 号 269 頁以下（1982～83）.

村井正「公権論序説——『いわゆる給付行政と私人』のための序章」関法 16 巻 4＝5＝6 号（1967）189 頁以下.

——「租税法律関係の性質」金子宏他編『租税法講座第 1 巻』（1974）170 頁

以下.

村上淳一『近代法の形成』（1979）.

——『ゲルマン法史における自由と誠実』（1980）.

——『ドイツ現代法の基層』（1990）.

——「ポストモダンの法理論」岩波講座『社会科学の方法Ⅵ・社会変動のなか
の法』（1993）261 頁以下.

村上武則「西ドイツにおける給付行政の法関係論について」伊藤満喜寿（1990）
159 頁以下.

——「給付関係における若干の法律問題」村上＝阪本昌成編『人権の司法的救
済』（1990）115 頁以下.

——「わが国の行政介入請求権とドイツの結果除去請求権」阪法 47 巻 4＝5 号
（1997）185 頁以下.

——「給付行政に関する覚え書き」阪法 48 巻 4 号（1998）1 頁以下.

——「ドイツにおける公法上の結果除去請求権の内容について」園部古稀
（1999）543 頁以下.

村上武則＝太田照美「ドイツにおける第三者効力を伴う行政行為における公法上
の結果除去請求権について」阪法 47 巻 1 号（1997）33 頁以下.

——「ドイツにおける行政庁の不作為による侵害と結果除去請求権による救済」
阪法 47 巻 3 号（1997）1 頁以下.

村上裕章「越権訴訟の性質に関する理論的考察（1）（2・完）」九大法学 57 号
1 頁以下、58 号 187 頁以下（1989）.

室井力＝芝池義一＝浜川清編『コンメンタール行政法Ⅰ 行政手続法・行政不服審
査法』（1997）18 頁以下.

森田寛二「『社会的法治国』の論理と『実質的法治国』拒否の論理——E－W・
ベッケンフェルデ『法治国概念の成立と変遷』の書評」法学 37 巻 3＝4 号
（1974）146 頁以下.

柳沢弘士「ケメラーの民事不法理論（1）～（3・完）——不法行為法における
行為不法理論と不法類型論についての覚書」日法 31 巻 1 号 89 頁以下、2 号
111 頁以下、4 号 101 頁以下（1965~66）.

柳瀬良幹「既得権の理論——国権の一般的限界としての既得権学説の素描」
（1934）同『行政法の基礎理論（2）』（1940）121 頁以下.

山下末人「ライザー（Ludwig Raiser）の『制度（Institution）』理論について——
私的自治の濫用（2）」関学 43 巻 1 号（1992）69 頁以下.

山田準次郎「行政上の権利保護とWiedergutmachungsanspruch（復善請求権）または Folgenbeseitigungsanspruch（結果除去請求権）——行政行為の形式的取消のみでは国民の権利保護は行われない」（1963~66）同『国の無過失責任の研究』（1968）203 頁以下.

山田洋『大規模施設設置手続の法構造——ドイツ行政手続論の現代的課題』（1995）.

——「法律による事業計画の決定——ドイツの投資措置法をめぐって」南古稀（1999）277 頁以下.

山元一「《法》《社会像》《民主主義》——フランス憲法思想史研究への一視角（1）~（5・完）」国家 106 巻 1 = 2 号 1 頁以下、5 = 6 号 46 頁以下、9 = 10 号 1 頁以下、107 巻 3 = 4 号 74 頁以下、9 = 10 号 147 頁以下（1995~1996）.

山本弘「権利保護の利益概念の研究（1~3・完）」法協 106 巻 2 号 1 頁以下、3 号 68 頁以下、9 号 1 頁以下（1989）.

山本隆司「評釈」自研 71 巻 3 号（1995）130 頁以下.

——「独立行政法人」ジュリ 1161 号（1999）127 頁以下

吉川正昭「判決の拘束力」鈴木忠一 = 三ケ月章監修『実務民事訴訟講座 8』（1970）259 頁以下.

米丸恒治「政府契約締結の争訟的統制——EC 法によるドイツ公共調達法の新展開を中心に」鹿法 31 巻 1 号（1995）1 頁以下.

——「EU 公共調達法の展開とドイツ法の『欠陥』」行財政研究 28 号（1996）29 頁以下.

——「ドイツ公共調達法と司法審査の保障——委託発注法改正法による裁判的統制の展開」立命 261 号（1998）734 頁以下.

——「公共委託発注のための法根拠改正法（ドイツ）——公共調達法制の競争制限禁止法への組み込みと裁判的統制の展開」立命 262 号（1998）1283 頁以下.

——『私人による行政一——その法的統制の比較研究』（1999）.

和田英夫「反射的利益論（1）~（3・完）」法時 41 巻 1 号 53 頁以下、2 号 85 頁以下、3 号 50 頁以下（1969）.

——「〈資料〉憲法原理の変革と反射的利益——バッハフ論文の紹介によせて」法論 42 巻 2 号（1969）113 頁以下.

渡部吉隆 = 園部逸夫編『行政事件訴訟法体系』（1985）.

译后记

　　毫无疑问，《行政上的主观法与法关系》是一本难读的书，即使是日本人读起来也会头疼。将其译成中文，难度自然不容小觑。这种难度首先源自研究主题，法、权利、法关系都是法学中最基础的概念，越基础，就越抽象，就越为难解；其次源自知识的隔阂，我们未必熟悉作者所梳理的学说史；另外还源自作者对某些术语的独特理解和较多德国文献的直接或间接引用。本书的前三章属于学说史的梳理，因为作者基本上不作过多阐发，仅作一两句的点评，这对于不熟悉相关内容的读者而言，难度不小。要读出作者与其他人不同的解读之处，更是不易。不过，每一个部分的开头和结尾，作者都有几句话的提示说明和总结评价；在全书的最后一章第一节也有一个"提要"作出总括说明。结合这两个部分，或许有助于理解作者的思路和意图。在阅读出现迷糊的状态时，请不要忘了读一读这两个部分。甚至可以一开始就来读一读"提要"，做一个梗概的了解。

　　毫无疑问，《行政上的主观法与法关系》是一本难得的书，即使你有读不明白的地方，也会深感佩服。本书虽然大部分都是在梳理德国的学说和司法实践，但山本先生所倡导的法关系论既非德国现有的理论，也未曾在德国或日本有过全面实践，而是山本式的理论，有其独特的理解和贡献。书名中的"主观法"是 subjektives Recht，通常被译作权利或主观权利，但作者仍特意使用"主观法"的概念，它不限于权利义务，组织关系也可以适用"主观法"论；书名中的"法关系"也不限于主体之间的关系,诸多行为(可能性)之间也能形成法关系。山本先生将现代行政理解为分配行政,构筑了四层多极行政法关系的复合体。其法关系论不仅可以适用于自由和行政实体法关系,还可以适用于行政程序法关系,特别是还涵盖了行政组织法关系。这是一个区别于既有各种理论尝试的完整的行政法体系。山本先生的理论是极具张力和极富魅力的,给人很多启迪。山本先生在本书之后的诸多研究都可以说是处于本书的延长线上。这又不禁让人感叹,作者在十分年轻的时候就已经具备了极深的洞察力。当然,对于其法关系论对行政法总论的重构,或许要等待将来的山本行政法教科书出版,才能一览全貌。

山本隆司教授可谓当代日本行政法学的第一人,山本行政法在日本的影响也与日俱增。对于山本隆司教授,近些年在国内渐渐有了一定介绍,主要是刘宗德教授、袁浦教授的两篇译文以及我的两篇译文。2020 年 1 月至 2021 年 1 月,托日本国际交流基金的福,我有机会在日本东京大学访学,当时的指导教授就是山本隆司先生。虽是初次接触,但毫无距离感。在两次面谈之后,东京开始疫情肆掠,很遗憾未能再有很多的当面亲炙机会。藉此访学的契机,我集中学习了山本老师的多数著述,在回国前的两个月里还通过网络视频数次向山本老师请益(每次都是山本老师预约好 zoom 并发来地址)。这一年的访学是安静而充实的。

在本书翻译过程中,曾就第一章第一节第一款中的欧洲法制史术语请教过高仰光教授。2024 年 1 月,在本书翻译完成之后,和中国人民大学法学院王世杰博士、程皓楠、陈靓雯、楚天舒、王钧民、谭耀淇等博士生,以及东京大学法学院博士生吴金晶一起集中一周学习,每天七八个小时,逐字逐句地阅读了译稿,既加深了对本书的理解,也在不少地方完善了译稿。感谢大家的帮助。当然,即便如此,仍无法保证万无一失。尤其是原书使用了很多外来词,偶尔发现错译之处,便惊出一身冷汗。

感谢山本老师的信任，但愿中文译本不辱使命。感谢中国人民大学法学院的大力帮助，感谢中国政法大学出版社的长期支持！

开卷有益，但愿你能感受到学术的无穷魅力！

王贵松

2024 年 8 月 31 日